公司金融

赵昌文 龚 朴 朱武祥 主编

科学出版社
北 京

内 容 简 介

本教材是国内八所重点大学公司金融知名专家关于公司金融学科多年探讨的结果。为改变传统《公司金融》教材存在的种种问题，本教材沿"公司与公司金融—公司投资决策—公司融资决策"线索展开，将烦琐的一般金融理论（时间价值理论、投资组合理论、资本资产定价理论、无套利理论、信息经济学、制度经济学、公司治理等）有机融合于公司投资决策、融资决策两大问题中，理顺了几大核心金融学原理对相关公司金融决策问题的支持，处理好一般金融理论与公司金融决策的关系，为复杂经营环境下各类公司的金融决策问题提供整体解决方案。

本教材适合工商管理类、经济学类、金融学类专业高年级本科生、研究生、MBA学生，以及经济、管理相关领域的研究人员、从业者阅读。

图书在版编目（CIP）数据

公司金融/赵昌文，龚朴，朱武祥主编. —北京：科学出版社，2016
ISBN 978-7-03-047864-1

I. ①公… II. ①赵… ②龚… ③朱… III. ①公司—金融 IV. ①F276.6

中国版本图书馆 CIP 数据核字（2016）第 056840 号

责任编辑：兰　鹏　王丹妮 / 责任校对：冯红彩
责任印制：吴兆东 / 封面设计：蓝正设计

科学出版社 出版
北京东黄城根北街 16 号
邮政编码：100717
http://www.sciencep.com
北京富资园科技发展有限公司印刷
科学出版社发行　各地新华书店经销

*

2016 年 6 月第　一　版　　开本：787×1092 1/16
2025 年 8 月第二次印刷　　印张：25 1/2
字数：605 000
定价：58.00 元
（如有印装质量问题，我社负责调换）

编 委 会

主任

　　赵昌文　　　　　　　　四川大学　　　　　　　　　　　　教授

编委（按姓氏拼音排序）

　　龚　朴　　　　　　　　华中科技大学　　　　　　　　　　教授
　　黄登仕　　　　　　　　西南交通大学　　　　　　　　　　教授
　　李善民　　　　　　　　中山大学　　　　　　　　　　　　教授
　　李心丹　　　　　　　　南京大学　　　　　　　　　　　　教授
　　曾　勇　　　　　　　　电子科技大学　　　　　　　　　　教授
　　张　维　　　　　　　　天津大学　　　　　　　　　　　　教授
　　朱武祥　　　　　　　　清华大学　　　　　　　　　　　　教授

前　言

公司从本质上看是资产的集合。资产之所以具有价值，是因为其能为持有者带来未来的现金流；资产价值的大小是其所能产生的未来现金流的现值和。公司之所以可以理解为资产的集合，同样也是因为其能为所有者带来现金流。公司价值的源泉有两个：一是通过有效的投资决策，增加未来现金流，控制资产风险水平；二是通过有效的融资决策，降低资金成本和风险，降低价值评估过程中的折现率。公司未来的现金流取决于资产的获利能力，折现率取决于资本成本，资本成本取决于融资工具选择与资产风险特性。由此可见，所有公司金融决策问题都可以统一为投资决策和融资决策两大类问题。

公司投资决策集中体现在资产负债表左边资产的配置，包括流动资产的配置、实物资产的配置、项目投资、金融资产的配置、对外股权投资和战略性并购。公司融资活动同样是价值创造的环节，它涉及公司的风险和融资成本，涉及资产负债表右边项目的选择，包括资本结构、债务融资、权益融资及各种创新性融资工具的选择。

公司金融以制度经济学理论、代理理论、信号理论、控制理论、投资组合理论、资本结构理论、股利政策理论、资本资产定价理论、有效市场理论、期权定价理论、金融中介理论、市场微观结构理论等为基础，谋求解决以公司投资决策、融资决策为核心的一系列公司金融决策实务问题。

公司金融是以公司价值和股东财富创造为目标，分析公司融资、投资策略，研究融资、投资决策方法的学科。传统公司金融主要讨论四个问题，即资本预算、融资决策、股利决策、运营资本管理。事实上，这四个问题，以及近年新出现的其他公司金融决策问题都可以归结为以最大化公司价值和股东财富为目标，在权衡风险和收益基础上的投资决策问题和融资决策问题。

当前，国内外传统《公司金融》教材主要包括以罗斯等为代表的以讨论公司金融决策实务为主的《公司理财》和以让·梯若尔为代表的以讨论公司金融理论为主的《公司金融理论》。《公司金融理论》教材以信息经济学、博弈论为工具，讨论了公司金融的若干前沿理论问题，适合作为公司金融学者、博士生进行理论研究的参考书。传统《公司理财》教材主要存在以下问题。

（1）传统《公司理财》以公司金融实务为主，相关金融理论问题分布在"投资学""金融衍生产品""金融市场与金融机构""公司金融理论"等学科中，理论与实务分离，增大了学习难度。

（2）传统《公司理财》知识点杂乱堆砌，相互之间内在逻辑不清楚，没有贯穿始终的"一根红线"，学生无法形成"公司金融"学科的整体框架，通常只知道"大象"的一部分。

（3）传统《公司理财》侧重投资决策，对公司融资决策相关问题缺乏系统讨论，事实上，融资决策问题在公司金融决策中具有更为重要的地位。

（4）传统《公司理财》在投资决策方面侧重于公司实物资产投资、项目投资决策，而对金融资产投资、战略性股权投资、投资过程中的风险管理及投资后的公司治理问题关注不够。

（5）国内早期《财务管理》教材体现中文"财务"的味道比较浓厚，将财务学科当做会计学科的延续；近年国内《财务管理》教材以广泛借鉴国外成熟的《公司理财》的内容体系为主。

为改变传统《公司金融》教材存在的种种问题，本教材沿"公司与公司金融—公司投资决策—公司融资决策"线索展开，将烦琐的一般金融理论（时间价值理论、投资组合理论、资本资产定价理论、无套利理论、信息经济学、制度经济学、公司治理等）有机融合于公司投资决策和融资决策两大问题中，以理顺几大金融学原理对相关公司金融决策的支持，为复杂经营环境下各类公司的金融决策提供整体解决方案。本书适应于"公司金融""财务管理""金融学""金融工程"等本科专业和MBA的"公司金融"课程，其基本结构如下。

第一部分（第一至二章），讨论公司及公司的金融原理，分别讨论了公司金融的一般原理和基于制度经济学、管理经济学视角的公司特性，以及公司金融决策的宏观环境。

第二部分（第三至四章），讨论公司投资决策理论，分别讨论了企业短期资产配置理论、实物资产配置与项目投资决策理论、金融资产配置理论。

第三部分（第五至八章），讨论公司的融资决策理论，分别讨论了企业融资工具体系、资本结构决策、债务融资工具及决策方法、股权融资工具与决策方法、一体化融资工具与决策方法。

第四部分（第九至十章），再次讨论企业投资决策，即对外战略性股权投资—兼并收购，和投资过程中涉及的风险问题。

本书由赵昌文教授、龚朴教授和朱武祥教授担任主编，并负责全书总设计和统稿工作，具体分工如下：第一章导论（清华大学朱武祥教授）；第二章公司（西南交通大学黄登仕教授、周嘉南副教授）；第三章金融资产投资决策理论（电子科技大学曾勇教授、李强副教授）；第四章公司金融长期决策与流动性管理（天津大学张维教授、任达副教授）；第五章资本结构（华中科技大学龚朴教授、张兆芹博士）；第六章债务融资（南京大学李心丹教授、俞红海副教授）；第七章股权融资（四川大学赵昌文教授、杨安华副教授）；第八章结构化和非标准化融资模式（四川大学赵昌文教授、杨安华副教授）；第九章公司并购（中山大学李善民教授、陈玉罡教授）；第十章风险管理（天津大学张维教授、任达副教授）。

另外，电子科技大学的王志刚博士，天津大学的林忠国老师、邹高峰老师，华中科技大学何旭彪博士、滕敏博士，南京大学的李冬昕助理教授，在本书的编写过程中，给予了支持和帮助，在此一并表示感谢。

由于编者水平所限，加之时间仓促，书中难免存在不足之处，恳请广大读者和同仁不吝赐教，提出宝贵意见，为今后再版修订工作提供参考。

编　者
2016年1月

目　录

第一章
　　导论 1

第二章
　　公司 10
　　第一节　三种意义下的公司 12
　　第二节　公司治理 22
　　第三节　公司金融环境 36

第三章
　　金融资产投资决策理论 52
　　第一节　投资组合理论 53
　　第二节　资本市场均衡与资本资产定价 62
　　第三节　套利定价理论及模型估计 66
　　第四节　项目估值和资本成本 75

第四章
　　公司金融长期决策与流动性管理 86
　　第一节　传统项目投资决策 87
　　第二节　基于期权的投资决策 99
　　第三节　流动资产投资决策 115

第五章
　　资本结构 132
　　第一节　MM 理论 134

第二节	权衡理论	137
第三节	委托代理理论	142
第四节	信号传递理论	147
第五节	行为公司金融理论	152
第六节	信贷配给	156

第六章 债务融资 167

第一节	债务融资概论	168
第二节	债务融资中的信用评分方法	171
第三节	间接债务融资工具	180
第四节	直接债务融资工具	185
第五节	债务融资工具创新	196

第七章 股权融资 205

第一节	私募股权融资	208
第二节	公开发行股票	234

第八章 结构化和非标准化融资模式 262

第一节	信托融资模式	263
第二节	项目融资模式	268
第三节	融资租赁模式	272
第四节	资产证券化融资模式	275
第五节	平台融资模式	282
第六节	投保一体化融资模式	283
第七节	众筹融资模式	286

第九章 公司并购 289

第一节	并购动因与并购绩效	290
第二节	企业的估值技术	320

第十章 风险管理 348

第一节	风险管理的一般框架与基本原理	350
第二节	客户信用风险管理	357

第三节 价格波动风险管理...366
第四节 利率风险管理...371
第五节 汇率风险管理...378
第六节 流动性风险管理...385

第 一 章

导 论

  自 19 世纪中期,随着有限责任公司法律的出现,有限责任公司不断涌现,有限责任公司通过金融市场大规模筹集社会资本的活动开始活跃。1866 年,英国韦氏词典(Webster)出现"finance"一词,并将其定义为"筹集或提供资本的活动",中文称为"金融"。公司金融(corporate finance),由"corporate"+"finance"构成,顾名思义,它不是指单一资产和个人或家庭的金融活动,而是有限责任的法人企业的金融活动。"corporate finance"在中国有不同的译法,或译为"公司财务",或译为"公司理财",或译为"公司金融",也有直接译为"财务管理"的。显然,就中文的字面意思来看,"财务"、"理财"和"金融"这些概念是有显著区别的。一般而言,企业的"财务"或"理财"是以现金收支为主的企业资金活动的总称,是建立在企业会计信息基础上的管理。而公司金融所研究的内容则要庞大得多,它不再局限于企业内部,因为现代公司的生存和发展都离不开金融系统,必须要注重研究企业与金融系统之间的关系,以综合运用各种形式的金融工具与方法,进行风险管理和价值创造,这是现代公司金融学的一个突出特点。同时,就企业内部而言,公司金融所研究的内容也比"财务"或"理财"要广,它还涉及与公司融资、投资、收益分配及治理结构方面的内容。

一、公司金融与相关学科的关系

1. 公司金融与会计学的联系与区别

  首先,会计是公司金融的先修课程,公司金融基础模型——自由现金流的计算和预测,需要用到会计科目,通过对会计科目的调整计算出自由现金流。但会计学与公司金融的差异甚大,其原理、模型方法和作用大不相同。

  会计学包括财务会计和成本会计,是对已经完成的投资和商业交易按照约定的准则进行核算。按照不同的准则,企业的财务状况和经营活动可归类为三张报表——基于权责发生制的资产负债和损益表,以及基于现金收付制的现金流量表。通过财务报表多种指标分析,对经营活动状况进行诊断分析和评价,为改善经营质量和策略提供建议。

  公司金融基于投资价值原理,关注的是公司或业务、项目投资机会的未来预期现金流。

在投资尚未发生前，预先进行投资价值及风险评估，进而设计投融资及风险管理方案。

2. 公司金融与财务管理的联系与区别

广义的财务管理（financial management），或者公司财务，包括投融资内容。狭义的财务管理是在投资确定后，在经营过程中，基于公司的财务报表计算各种指标数值，包括效益指标——净资产收益率，效率指标——多种周转率、成本结构、利润率，财务风险指标——流动比率、速动比例、资产负债率等，对公司经营状况进行诊断、分析、评估和预测，提出经营改善建议。财务管理包括应收账款管理、现金管理、存货管理、投资管理等。这些分析所依据的原理、模型与公司金融不同。

早期公司投融资活动比较单调，包含在财务管理中。但随着商业环境，特别是金融市场环境变化，公司金融与财务管理的差异日益明显。

随着公司投资活动日益活跃，投资方式也日益多样化，包括合作投资、国内外兼并收购等，面对的商业环境更为复杂和不确定。另外，随着金融市场发展的深化，融资工具日益丰富，公司融资选择余地越来越大。

融资工具日益丰富。一方面，信贷、信托、融资租赁等各种结构化的融资工具的发展；另一方面，金融市场证券化加快，形成了包括私募市场、三板市场、创业中小板、主板等多层次股票市场，优先股、可转换公司债券（简称可转换债券）等混合权利的证券化融资工具，以及债券、ABS（asset-backed security，即资产支持证券）、REITs（real estate investment trusts，即房地产信托投资基金）等固定收益证券化融资工具也在陆续引入。公司金融活动对公司业务发展和竞争优势增强日益重要，成为公司的重要活动。

此外，公司金融不仅仅是公司内部的活动，也是金融市场、金融中介机构的重要活动。实际上，公司金融已经是商学院金融学的一个重要专业方向，公司金融与投资学（investment）一起成为商学院金融学的两大组成部分。公司金融不只是一门课，还是一个学科、一个课程体系——股权投资包括风险投资、私募股权投资；股票市场融资包括 IPO（initial public offerings，即首次公开募股）、SEO（seasoned equity offering，即增发）、可转换债券、优先股、公司价值分析、兼并收购等多门课程；固定收益融资包括信托、融资租赁、资产证券化等。

因此，我们认为，公司金融应该从公司财务管理中独立出来。这也是为什么我们把"corporate finance"译为"公司金融"而不是"公司理财"或者"公司财务"。

二、公司金融的基本架构及关键内容

公司金融可以归纳为一个中心，两大理论基础，三个核心内容，四类量化模型。

1. 一个中心：股东价值最大化

首先，公司发展的目标是什么？不同的人追求的指标可能不一样。公司金融着重从投资人角度看，特别是从股东角度评价。如果你投资一家企业，你看重什么指标？希望最大化什么指标？你当然会说，投资的目的是赚钱，希望被投资企业赚钱最大化。

其次，如何度量公司赚钱的水平和能力？采用什么指标？销售额增长？净利润增长？资产规模增长？投资回报率？按照公司金融原理，这些指标都有局限性。具体分析如下。

销售额：销售额是按照会计权责发生制核算的。销售额代表公司的经营规模，如沃尔玛年营业额为 3 000 亿美元，但销售额大，不等于公司赚钱能力强。一方面，很多货款可能收不回来；另一方面，获得销售额需要投入的资源能力较多、成本较高，扣除这些成本后，股东可能所剩无几，达不到收益要求，可能还不如存款利率高，甚至亏损，无钱可分！

净利润：净利润也是基于权责发生制核算的，因此，利润不等于现金，净利润高不等于可用于投资或分配的现金多。假设两家同行企业净利润相同，如都是1 000万元，但现金质量未必相同。A公司现金可能超过1 000万元，B公司的现金流可能低于1 000万元。此外，由于竞争优势、商业模式和行业地位不同，公司维持净利润或净利润增长所需要的投资规模也不同。例如，A公司维持发展需要投资500万元，B公司可能需要1 000万元。因此，净利润不能一致性地反映公司收益的真正水平和质量。在现实中，一些公司虽然账面上有利润，但却陷入了财务危机，甚至破产清算；另外，一些公司账面利润一直亏损，但投资者趋之若鹜！

资产规模：资产规模大，不等于赚钱能力强；反之，资产规模小，不等于赚钱能力差。例如，微软、苹果等高科技公司通常都是轻资产，但赚钱能力明显超过不少钢铁、水泥等重资产公司。此外，假设两条高速公路投融资模式、规模相同，资产规模及结构相同。但一条车水马龙，收费高，收入多，并且稳定增长；另外一条车辆少，收费低，收入少，并且一直低迷。两条高速公路的赚钱能力截然不同。

最后，衡量公司赚钱能力不是看1年、2年、3年。与贸易不同，公司发展过程由一系列投资经营活动构成，包括投资项目和并购企业。项目或企业并购投资通常需要在未来比较长的时间内产生收益。显然，公司拟投资的项目或者企业未来能够产出的收益越高，持续时间越长，风险越低，这样的公司越值得投资。

因此，对股东来说，公司发展的目标应该是赚钱持续时间长、风险低、规模大，公司金融称之为投资价值。公司金融会告诉你如何科学地定义和度量公司的投资价值。

2. 两大理论基础

公司金融由"公司"+"金融"构成，其理论基础为企业理论和金融理论。

1）企业理论

什么是企业？也许你认为这个问题与公司金融关系不大，因为通常讨论公司金融问题往往假设企业已经存在了。但实际上，理解什么是企业很重要。看待企业有不同角度。例如，战略理论认为，企业是一组资源能力和活动的结合，通过组合人财物完成产供销活动，创造收益。从会计角度，按照会计准则，企业可归类为三张报表。

按照新制度学派的定义，企业是一系列契约的集合体（Jensen and Meckling, 1976），包括明确的契约和隐含的不明确契约。契约参与者提供各自的资源能力，组成企业。如果把企业资源能力提供者合力创造的收益比喻为一张大饼，参与者按各自的贡献大小和风险承担多少分享收益。收益分配方式可以是固定分配、剩余分配及"固定+剩余"组合分配。自然，贡献大的多得，风险承担多的多得。此外，贡献固定者分享固定收益，贡献变化者分享变动收益。通常债权人、供应商、经销商、员工等承担的风险少，因此，这些参与者分享固定收益；而股东承担的风险大，分享剩余收益。企业理论给公司金融的一个中心——股东价值最大化的理论基础，提供了理论基础。

2）金融理论

金融理论是关于在不确定条件下，如何有效优化配置金融资本的一系列原理和量化模型的一套知识体系，其包括资产估值、风险管理。金融理论为以下提及的公司金融三个核心内容提供了原理和量化模型。

3. 三个核心内容

1）投资价值：定义及度量

金融最关键的活动是筹集资本。公司融资来源包括外部融资、创始人投资、公司自有资本，投入对象包括投资项目、企业股权。为此，首先需要评估拟投资的项目是否具有投资价值，或者说该投资机会的期限收益率是否能够满足资本提供者的要求；如果是对已有公司进行股权投资（包括参股和并购），投资金额应该占目标企业多大的股份比例需要评估拟投资企业的股权价值。

因此，公司金融第一个核心内容是投资价值评估。公司金融会进一步给出投资价值概念的定义、自由现金流项目构成和投资价值度量模型。

2）融资产品及解决方案设计

公司发展战略、商业模式、投资计划及产业竞争格局，决定了公司或项目预期现金流的分布特征和融资需求。如何根据其现金流的期限分布特征——波动性、持续性、收益水平，结合公司当前资产负债率或财务危机风险状况，考虑金融市场条件（监管法规及政策、会计及税收政策、投资者偏好），设计或选择适当的融资工具，满足公司及资本提供者双方的要求。这是公司金融第二个核心内容。

现实中，公司未来预期收益的期限分布特征多样化。有些行业高度波动，如钢铁、石油；有些行业稳定增长，如著名旅游景点经营公司；有些行业则不确定，如技术更新换代快的科技企业。

公司在融资时关注三大问题：如何降低融资成本，不仅仅是每笔融资的时点成本，更关注降低综合融资成本。如何匹配企业的现金流入与固定的现金流出，降低财务危机风险，包括期限、波动性匹配等，这需要通过灵活设计融资合约。有哪些对公司经营行为的约束或限制条件。资本提供者，特别是债务资本提供者，出于风险控制的需要，往往会对企业设置多种限制条件，包括资产抵押、财务比例、红利政策、投融资行为等，限制了公司经营的灵活性和自由度。

金融市场发展的内容之一就是不断丰富金融工具，以满足现金流分布、收益率水平、风险等方面差异的公司的需要。例如，针对缺乏抵押物、高成长的中小企业，可以选择私募股权融资；对于资产负债率高的大公司，可以选择股权融资，也可以选择优先股、永续债、可转换债券、可转换优先股等。公司金融将介绍这些金融工具的特征及适用环境。

3）风险管理

由于企业或项目的投资价值估算都是基于企业未来经营环境和自身资源能力、行为——战略决策、商业模式、经营策略和管理机制等的假设，而企业未来的经营环境和自身行为是变化和不确定的。公司及资本提供者预期的投资价值面临不能实现的风险，甚至出现本金损失，需要进行风险管理，包括公司自身投资及资本提供者的风险管理。这是公司金融的第三个核心内容。

公司角度的风险管理，又包括实业投资机会实施过程中的风险管理和累积的融资结构带来的财务危机风险管理。在企业发展过程中，什么样的融资结构可以降低企业陷入财务危机的风险？如何及时调整资本结构？

对资本提供者来说，不管是债务融资还是股权融资，都面临预期或融资合约上约定的投资收益不能实现的风险，需要进一步制定风险管控措施。

风险管理是金融市场发展的另一个重要内容和提供的价值——不断推出成本更低、效果更好的风险管理工具和机制。公司金融将介绍风险管理的内容，包括原理、策略、工具、交易结构和机制。

4. 四类量化模型

在所有"工商管理"学科中，只有金融有基于自身科学定义、原理基础上的量化计算模型，比较常见的有四类量化模型。

1) 未来预期自由现金流贴现模型

未来预期自由现金流贴现模型（discounted cash flow，DCF）是基于复利原理转换而来的，是公司金融最基础的模型，用于评估投资机会的投资价值。该模型有多种形式，如股权资本自由现金流贴现模型、全部资本自由现金流贴现模型、调整现值模型等，适用不同的情景。

外部商业环境变化及企业战略规划、商业模式及经营管理策略的调整都会反映在经营现金流、自由现金流上。因此，自由现金流贴现模型是公司的金融模型，是公司金融最基础的本质模型，也是商业运作方案设计、分析诊断模型。自由现金流贴现模型不只用来对投资机会进行被动的估值，还可以用来审视公司战略规划、商业模式及业务组合的问题，为公司整体金融策略、具体项目的投融资及风险管理方案设计提供依据。

2) 资本成本估算模型

资金是公司经营过程中的重要要素之一。公司雇佣的资本，就像采购原材料、雇佣员工一样，也要支付其成本——相对于购买资金需要支付的价格。资金成本在评价投资机会价值的自由现金流贴现模型中，就是贴现率。从资金供应者角度，就是期望或者要求的投资期限收益率。

投资者面临的风险包括宏观经济等系统风险和行业、企业层次的非系统风险。如何给资本定价，依据什么原理和模型。也许你会说，收益率当然是越高越好，但资金提供者之间也是竞争的，特别是金融市场存在套利机制。要价太高，公司就可能选择其他投资者。

因此，资金的定价需要给出科学原理，构建基于科学原理的资本定价量化模型。金融理论区分了投资者面临的风险类型，基于金融市场套利机制、分散组合原理和风险补偿要求，提出了资本资产定价模型（capital asset pricing model，CAPM），用于确定股权资本。

公司融资往往是由不同融资工具组合而成的，通常在资产负债表中分为债务和股权——其比例称为"资本结构"。公司金融理论给出了多种类型的资本组合的综合成本计算模型，称为"加权平均资本成本模型（weighted average cost of capital，WACC）"。

此外，由于企业的资本结构不同，财务危机风险程度也不同。金融理论还给出了资本结构调整的股权资本成本计算模型。

3) 可比公司估值模型

由于资本市场发展，以及公司的投资价值公开表现和交易，形成了一系列可参照的公司价值数值。因此，基于交易导向的投资者，在公司并购、股权投资时，往往会采用可比公司估值模型。

可比估值理念是"一价原理"，即投资者对未来获利预期相同的资产应该支付相同的价格，或者说投资者对相同质量的资产不会支付更高价格。

可比公司估值过程：通过参考市场上已交易的"可比"公司价值（V）与某一可观测的价值相关因素 y 的比值 V/y，再乘以待估企业该项指标值 y^*，估算出待估企业价值 V^*，即

$$V^*=y^* \times (V/y)$$

可比公司估值模型大量应用于交易导向的投资，包括 VC（venture capital，即风险资本）、PE（private equity，即私募股权投资）、IPO、并购重组等。由于可比指标选择不同，可比估值模型有多种形式，如市销率、市盈率、市净率、EBITDA（earnings before interest, taxes, depreciation and amortization，税息折旧及摊销前利润）倍数等。这些模型并不相互排斥，而是适用于不同的行业和不同成长阶段的企业。

4）期权定价模型

期权是一种权利，又称为或有权、选择权。持有人具有按事先约定的条件和价格买入或卖出某项资产的权利，但不是义务（可以不执行）。其包括：看涨期权，即持有人在约定时间内，有权按预先设定的价格买入资产。看涨期权可以抓住资产价格未来可能上升的机会。看跌期权，即持有人在约定时间内，有权按预先约定的价格卖出资产。看跌期权可以规避资产价格下跌的风险。期权定价模型就是对或有权进行定价，主要有布莱克-休斯模型和 Cox 提出的二叉树模型。

三、现实中遇到的公司金融问题

企业经营活动中，将会面临以下决策问题。

1. 企业投资决策

公司经常要进行项目投资，如何评价一个项目是否值得投资？投资都面临风险，如何评估和管理风险？

问题 1：广深高速公路核准收费期限 30 年，总投资 120 亿元，建设期 3 年。正式通车后运营收费，每年收费 16 亿元，如何评价该投资是否有利可图？

很多企业在类似决策时是这么做的：估算出净利润，如何计算回收期，不超过自身投资回收期要求就可以。这样计算正确吗？公司金融告诉你，这样计算是错误的。

据统计，2002 年以来，广深高速公路平均每年路费收入达 28 亿元。业内人士保守评估，1997~2001 年，广深高速公路每年至少有 15 亿元的路费收入。到 2012 年，累计收费已超过 410 亿元，是投资的两倍多。一些社会人士认为，如果基础设施收费超过投资的两倍、三倍，就是暴利和违法。这样计算正确吗？公司金融告诉你，不正确。如何科学评价高速公路投资项目是否暴利？

问题 2：2006 年，高盛领衔的三家财团与中国工商银行（简称工行）签订入股协议，以 37.8 亿美元购入工行 10%的股份。其中，高盛及其旗下基金出资 26 亿美元占股 7%。至 2013 年 5 月，通过 6 次减持，高盛累计套现金额达 98.6 亿美元，如不考虑汇率因素和每年分红，高盛 7 年获利 72.6 亿美元。是否暴利？2005 年 6 月，美国银行与中央汇金投资有限责任公司（简称中央汇金公司）签订《股份及期权认购协议》，斥资 25 亿美元按净资产溢价 15%的价格购入 175 亿股中国建设银行（简称建行）股份。2008 年 5 月 27 日，美国银行以每股 2.42 港元行权价行使认购期权，从中央汇金公司手中购买 60 亿股建行 H 股。2008 年 11 月 30 日，美国银行再次行使认股期权，从中央汇金公司购买 195.8 亿股建行 H 股，每股行权价格为 2.80 港元（市价为 4 港元）。美国银行投资建行合计成本约 120 亿美元：按建行 H 股 2008 年 12 月 1 日收盘价 4.28 港元计算，美国银行所持建行 H 股市值为 1 913.7 亿港元，合 247 亿美元，浮盈约 127 亿美元。是否暴利？

高盛投资工行和美国银行投资建行，谁的投资收益率更高？

问题 3：某城市轻轨项目总投资 35 亿元，投资和建设采用 BOT（build operate transfer，即建设-经营-转让）模式，建设期 3 年，运营期 30 年。假设投资方要求的收益率不低于 10%。

如何评价该项目是否值得投资？如果该项目达不到投资者要求的收益率，能否设计一个可行的投融资方案？

2. 兼并收购决策

现实中，公司之间经常发生兼并收购。如何评估并购目标公司价值？如何控制投资风险？

问题 1：Skype 公司 2010 年营业收入 8.6 亿美元，尚处于亏损状态，2010 年 5 月 10 日，其被微软以 85 亿美元收购，相当于其 2010 年营收的 10 倍。2014 年 2 月 19 日，Facebook 斥资 190 亿美元收购尚未盈利的 WhatsApp（120 亿美元 Facebook 股票+40 亿美元现金+30 亿美元创始人及员工限制性股票）。微软、Facebook 出价为什么这么高？

问题 2：福建雪津啤酒，于 1986 年成立。2000 年起，产销量以年超 10 万吨的速度增长，人均创税利名列全国前茅，是福建最大的啤酒企业，福建市场占有率达 45%。2005 年其规模近 80 万吨，全国排名第八位，净资产 5.6 亿元。比利时英博投资公司出价 52 亿元收购福建雪津啤酒，相当于其净资产的 9.3 倍。燕京啤酒收购福建惠泉啤酒公司，出价为惠泉啤酒净资产的 120%。为什么估值差异这么大？你也许会说，对并购企业进行资产评估不就可以了吗？现实中，很多企业的股权交易，都是请资产评估事务所按重置成本法评估。但公司金融告诉你，这样的计算所依据的原理和方法都是错误的。

问题 3：A 公司是一家医药行业大企业，B 公司是一家具有研发优势的小企业，拥有一些专利，目前处于亏损状态，且 B 公司愿意被 A 公司收购。A、B 两公司对 B 公司的未来成长假设不同，导致估值差异很大，如何解决？

3. 企业融资决策

问题 1：某公交运营企业车辆占该市公交汽车总数的 48%，运量占 50%，每天运送 250 万乘客，月均营业收入达 5 600 万元，需投资 6 亿元购买 1 200 辆新车。但公司运营收入只能提供 6.5% 的收益率，投资者需要 15% 的收益率，如何解决收益差异？能否设计可行的融资方案满足投资者的收益率及风险控制要求？

问题 2：某市从事花炮生产的企业近 1 000 家，大多数建在农村，土地是租赁的集体土地，缺少符合商业银行贷款风险防范要求的抵押品，从银行贷款非常困难。能否设计金融解决方案？

问题 3：某高成长的科技公司先期投入 5 000 万元开发某项技术，预计还需要 5 000 万元才能投入商业应用，某战略投资者愿意提供该项投资，新投入的 5 000 万元应该占多大的股份比例？

问题 4：国内某著名光伏公司陷入财务危机，引入战略投资者投入 10 亿元。投资者面临哪些风险？战略投资者以何种融资工具进入？如何控制风险？

问题 5：某公司资产负债率为 68%，同行业平均水平为 52.20%。流动比率、速动比率和营运资金均处于可比上市公司中最差水平。该公司迫切需要通过股权融资，增加流动资金，偿还贷款，降低资产负债率。但公司认为公司股价低于内在价值，股票融资有损原股东利益。如何融资？

问题 6：某集团公司下属子公司欲新建一条 12 亿元生产线。按银行要求，公司必须自筹

30%的项目自有资金，其余70%银行贷款。但公司短期内拿出3.6亿元资金困难大。如何解决企业资本金融资？

4. 产品定价和营销

问题1：某公司推出蒸汽凝结水处理设备系统，应用于石化、电力、钢铁等行业。处理量为100吨/时的设备系统使用寿命6年，年回收凝结水量80万吨。扣除年运行成本，每年可为客户节约1 000万元。公司按成本加成法定价650万元是否合适？是否还有其他更科学的定价方法？如果客户感觉设备价格比较贵，如何销售？能否进一步设计客户不出钱还能赚钱的投资模式？

问题2：某公司提供分布式太阳能发电系统技术及服务，以大型连锁超市为重要客户——每天长时间开灯照明，24小时开启冷柜保持产品新鲜；同时拥有大片闲置房顶，是应用太阳能技术的绝佳对象。但先期巨大投入使客户望而却步。能否设计融资解决方案？

此外，为什么有些亏损的公司，股票市值很高？而一些公司净利润不少，股票市值却一直低迷？

以上问题，经济管理类其他学科，如战略、营销、会计等都回答不了，但如果你学完了公司金融，这些问题就可以迎刃而解！

四、如何学好公司金融？

商业世界对公司金融专业知识和服务的需求日益旺盛，但怎样才能学好公司金融呢？

1. 扎实掌握公司金融原理和量化分析模型

公司金融相当于"理科基础（原理）+工科技能（解决方案设计）"。首先要理解公司金融原理——投资价值原理、期权原理，扎实掌握公司金融的核心分析模型方法——自由现金流贴现模型及敏感性分析方法，正确计算投资机会的自由现金流。其次，应用公司金融原理和分析模型，基于企业现实约束，评价投资机会价值，明确其实现投资价值需要的条件，识别和评估风险；针对企业面临的约束，设计投融资及风险管理方案。

2. 了解公司战略、产业组织等学科的理论及知识

公司金融是服务企业发展的。仅仅学好公司金融原理和分析模型还不够。因为公司金融分析模型依据的假设与公司战略、竞争优势、外部商业环境密切相关。

不同的战略，进入的产业或产业链环节不同，加上经营计划、经营策略，公司对资金的需求、消耗模式及密集程度会不同，投资价值高低、风险、融资需求及策略也会不同。发展的结果又反过来影响公司的金融健康状况，除了会反映在公司当期财务绩效，还会影响今后的发展。不少行业优秀企业，就是因为战略冒进而陷入财务危机。因此，学好公司金融，需要了解战略、产业组织、商业模式等方面的知识。

公司金融的基本模型——自由现金流贴现模型，实际上是商业经营方案的设计、分析、评价、诊断模型。依据该模型，我们可以明确符合投资收益要求的投资价值对应的关键假设条件，为进一步设计投融资方案和风险管理方案或者商业条款谈判提供依据；可以评价战略、经营策略的合理性和风险，为调整战略和投资机会提供依据。

3. 阅读财经期刊和专著，了解公司金融最新动态

学好公司金融，仅仅学习教科书是不够的。现实中，公司金融故事不断发生，需要敏于发现，勤于探究；平时要多阅读财经报刊，如《新财富》《证券市场周刊》；要多关注现实中的金融解决方案，研读典型、精彩的公司金融案例，特别是在业内一直领先的企业，后来居上的企业，以及陷入财务危机的行业优秀企业，学习商业智慧和策略，培育公司金融专业思维。

4. 了解和理解政策法规、会计、税法等

现实中的金融解决方案设计是否可行，是否可以落地，与政策法规、会计准则、税法等密切相关，这些约束性规则往往也在变化。例如，优先股要想计入权益资本，条款设计需要同时满足会计准则和监管机构设置的规定。因此，需要及时了解和理解。当然，公司金融解决方案的设计和执行，并非凭借一己之力来单打独斗，而需要不同专业人士的团队合作。但能够有所了解和理解政策法规、会计及税法等约束规则，有益于公司金融的现实操作。

最后，公司金融不仅仅是大学的一门课程，还需要在工作中持续学习、不断思考。

参考文献

Jensen M C, Meckling W H. 1976. Theory of the firm: managerial behavior, agency costs and ownership structure. Ssrn Electronic Journal, 3 (76): 305-360.

第二章

公　司

>> 引导案例

天使 or 魔鬼？

　　公司对于它的投资人而言，既可能在某些时候成为赋予宝藏的天使，也可能转瞬之间变身为吞噬现金的魔鬼。如果你 10 年前以 10 美元的价格投资了在美国 NASDAQ（National Association of Securities Dealers Automated Quotations，即纳斯达克）市场上交易的苹果公司的股票并一直持有，你会发现 10 年后的今天，在苹果公司风靡世界的电子产品的支撑下，你的这笔财富已经增长了近 45 倍，年收益率高达 400%[①]，见图 2-1。这样算来，相对这个世界上大多数的投资机会，购买苹果公司的股票给投资者带来了无与伦比的丰厚回报。

　　然而对于国美电器（H 股代码：00493）的投资人而言，则远没有这么幸运了。2008 年 11 月，公司创始人、第一大股东、董事长黄光裕因操纵股价被逮捕入狱，陈晓临危受命，加之国美电器 2007 年发行的 46 亿港元可转换债券，由于预期股价走低，大多数债券持有人于 2010 年 5 月要求提前赎回，此时的国美电器面临着巨大的经营风险和资金短缺的双重压力。在此背景下，国美电器股价大幅下跌，由 4.5 港元跌至 1 港元，短短四五个月，股东财富缩水了近 80%。为解决资金问题，2009 年 6 月以陈晓为首的管理团队引入贝恩资本，后者由于看好国美电器新组建的核心领导团队和这家公司的后续成长潜力，以购买新的可转换债券注资国美电器 15.9 亿元，这在很大程度上解决了国美电器的资金困局。之后贝恩资本于 2010 年成功转股，正式成为国美电器的第二大股东。就在公司的管理团队从打击中复

[①] 2003 年 7 月，苹果公司股票的单价仅略高于 10 美元，时隔 10 年，2013 年 7 月股票的平均价格约为 425 美元。而在稍早时候，即 2012 年 9 月，伴随着市场对新推出的 iphone 5 的追棒，苹果公司的股票一度飙升超过 700 美元，详见 http://www.nasdaq.com/symbol/ aapl/historical#.UWdnJBDMhHk。

图 2-1　苹果公司过去 10 年股价走势

苏,市场认电器开始步入合理的股权结构和董事会决策机制时代,股价开始逐渐回升之际,在国美电器内部爆发了中国资本市场有史以来最为轰轰烈烈的权力争夺战,即"黄陈大战"[1],而这场大战消耗了公司的大量资源,降低了经营效率,公司内部高管团队人心惶惶,也极大地动摇了市场投资者对国美电器的信心,最直接的后果是前期一度重回 3.5 港元的国美电器股价开始持续下跌。况且近年来传统家电零售业受到电子商务的巨大冲击,而这场长期的内部权力斗争使国美电器在线上业务的拓展上停滞不前,转型缓慢,苏宁已趁国美电器内乱超越其而坐上行业第一把交椅,而国美电器自身的经营业绩大幅下滑,2012 年首次出现年报亏损,而股价也于 2012 年中期跌破 1 港元,历经一年,直至 2013 年 7 月底,股价始终在 0.7 港元上下徘徊(图 2-2)。这样的结果,不光市场上的小股东损失惨重,就连当时积极投资国美的第二大股东——贝恩资本,恐怕也是始料未及的。

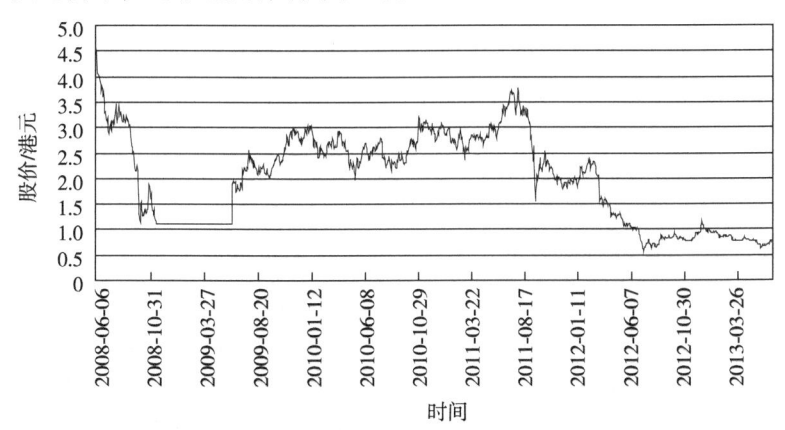

图 2-2　国美电器过去 5 年股价走势

上述两家公司只是我们所选取的大家熟悉的两个典型例子。其实在全球的各个资本市场上,每天都在上演着公司的故事,市场用股价这种特殊的金融学语言记录着公司的起落、投

---

[1] "黄陈大战",即第一大股东黄光裕家族与管理层核心人物陈晓之间开展的一系列针锋相对的、意图获得国美电器实际掌控权的曲折斗争。该斗争始于 2010 年 5 月,以 2011 年 3 月陈晓离开国美电器为终结。在这场争斗中,身为第二大股东的贝恩资本先支持陈晓,随后转而支持黄光裕家族,前后转变的态度耐人寻味。

资者几家欢喜几家愁的故事。让我们引用中央电视台财经频道制作的大型纪录片《公司的力量》中的开篇语来代替本章的引言。

"在过去的几个世纪里,公司改写了人与人相处的秩序、国与国竞争的规则。今天我们生活的这个世界,从有形到无形的种种成就,纷纷写下公司之名。公司是一种组织,一种制度,一种文化;公司是一种生存方式,也是一种生活方式。

"……公司为81%的人口解决工作机会,构成了全球经济力量的90%,制造了全球生产总值的94%。全球100大经济体中,51个是公司,49个是国家。世界上有161个国家的财政收入比不上沃尔玛公司,全球最大的10个公司的销售总额,超过了世界上最小的100个国家国内生产总值的总和。

"……数百年中,公司热闹过也沉寂过。它生存下来,强壮起来,并且一点点地渗入社会的血脉中,终于把自己变成无处不有的存在。那么,公司究竟是一种什么样的组织,它是如何诞生的呢?"

■ 第一节 三种意义下的公司

早在16世纪末17世纪初,在个人信用尚未建立的年代,伴随着海上贸易的蓬勃兴起,欧洲的一些国家纷纷以国家特许贸易的方式,授权商人组建公司。1600年,"伦敦商人在东印度贸易的公司"依靠众多投资人,筹集了72 000英镑,组建船队扬帆出海。1602年,"荷兰联合东印度公司"借助国家信誉,向所有市民公开发行股票,持股者包括了商人、水手、技工,还有市长的女仆,它实际上成了世界上第一家上市公司[1]。而时隔200多年,直至1872年,一家中国公司——轮船招商局诞生了,它的出现打破了外国商人对航运业的垄断,也标志着近代中国第一家股份制公司的成立。而21世纪的今天,在历经历史的辗转变迁之后,招商局集团现已发展成为总部设在香港,中央直接管理的国有重要骨干企业,旗下囊括了招商银行、招商地产等9家中国境内公司和招商局国际有限公司、招商轮船等5家香港企业,直接或间接控股及持股28家分别在香港、上海、深圳三地证券交易所交易的上市公司,管理着3.59万亿元的资产[2]。

作为以营利为终极目标的一种企业形态,公司区别于其他组织形式,如个体企业、合伙企业的一个重要特征,即"有限责任"。不同于小说《威尼斯商人》中"割肉还债"的情景,公司的出资人只需以自身的出资额承担责任,正是这种特性减小了投资者的风险,在公司漫长的发展历程中,吸引了难以计数的个人及机构投资者,为千千万万的公司输送了血液,公司才得以取代其他企业形态,成为当今社会主流的营利组织模式。然而,正如Black和Scholes(1973)所指出的,有限责任使公司股东的收益类似于一个看涨期权,期权的执行价等于公司负债的账面价值。而股权的这种特性导致了资产替代效应(Jensen and Meckling, 1976)和投资不足(Myers, 1977)的问题。因此,也正是因为"有限责任",助长了资本的贪婪和道德风险,一些公司在利益的驱动下全然不顾风险,通过过高的杠杆操作获利,最终全盘失控,如2008年轰然倒塌的雷曼兄弟公司;也有一些公司的大股东和高管为了满足个人私欲而不择手段,肆意侵害小股东、债权人等其他利益相关者的权益,如2000年爆发出特大财务丑闻的

---

[1] 《公司的力量》节目组. 公司的力量. 太原:山西教育出版社, 2010.
[2] 招商局集团网址, http://www.cmhk.com/index.html.

安然公司。

对股东来说，投资是为了分享公司创造的价值。那么，在某一时期，公司究竟是增加了还是毁损了股东的价值，股东将通过何种渠道来获悉呢？除了大家所熟知的公司财务报表以外，公司所发布的信息披露，如并购、增发新股等强制性信息披露、盈利预测等自愿性信息披露，以及分析师对公司及其所处行业的盈利预测分析等，构成了股东了解公司的信息集合。由于定期的财务报告综合反映了公司在某一时点的财务状况和某一时期的经营成果和现金流量，为投资者全面了解公司的运营情况和风险提供了可贵的资料，因此也成为最为首要和基本的用于评估公司价值和预期其未来盈余的材料[1]。

也许你不禁要问，如果财务报表反映公司的价值，那么公司价值又是如何实现的呢？有趣的是，不同领域的学者会从不同的角度看待和探索这个问题。在经济学家眼里，公司价值的实现过程是相关各方通过缔结一系列合约，促成生产要素的最优化配置从而产生最大的产出。在管理学家眼里，公司价值的大小则取决于管理者是否能恰当行使计划、决策、组织、领导和控制五项基本管理职能。而在金融学家眼里，公司价值的实现离不开资本和资本市场，公司与资本在追求双方一致利益与解决双方利益冲突的道路上共同成长。

一、经济学视角下的公司[2]

1937年，一位名叫罗纳德·哈里·科斯（Ronald H. Coase）的学者以他的本科论文为基础发表了《企业的性质》（The nature of the firm）一文。该文打破了新古典微观经济学对企业的研究视角[3]，独辟蹊径地提出了为什么企业会成为市场活动中的基本组织单位，为什么每种要素所有者不是以自己的产品直接参与市场交换，而是把各自的要素组合为企业，然后以企业作为产品的出售者参与市场交易的根源性问题。在文中，科斯创造性地使用了"交易成本"（transaction costs）这一术语来解释"公司为什么会存在"。所谓交易成本，即"利用价格机制所产生的费用"或"利用市场的交换手段进行交易的费用"，包括提供价格的费用、讨价还价的费用、订立和执行合同的费用等。科斯认为，当市场交易成本高于企业内部的管理协调成本时，公司便产生了，公司的存在正是为了节约市场交易费用，即用费用较低的公司内部交易代替费用较高的市场交易。而当市场交易的边际成本等于公司内部管理协调的边际成本时，就是公司规模扩张的界限。之后，科斯在另一篇著名的论文《社会成本问题》中，从火车行驶所造成的外部影响的例子出发，阐明了产权的分配对资源配置效率的影响。他认为，如果没有交易成本，那么无论初始产权如何配置，通过交易都可以达到资源配置最优化（即帕累托最优），然而因为现实世界中交易成本总是无法避免的，因此不同的权利界定和分配会带来不同效益的资源配置，所以产权制度的设置是优化资源配置的基础，这就是著名的科斯

---

[1] 绝大多数的估值模型的重要参数都来源于财务报表，如自由现金流量模型。而市盈率模型则需要将财务数据和资本市场上的价格结合起来。如果想对基于财务报表的公司价值评估的方法有更深入的了解，可参考彭曼所著《财务报表分析与证券价值评估》（2007年）。

[2] 关于公司性质的经济学分析，可参考科斯关于公司性质和边界的论文合集《企业、市场与法律》（2009年），或由威廉姆森整理的论文合集《企业性质：起源、演变和发展》（2010年）。关于契约理论，可进一步参考博尔顿和德瓦特里庞所著《合同理论》（2010年）。

[3] 新古典微观经济学家将市场看做是无摩擦的，把公司看做在既定市场环境中既定存在的组织，用生产函数和投入成本构造模型，并且使厂商的实际行为以边际原理为准则，以此来决定企业的最优生产选择如何随着投入和产出价格的变动而变动，进而获取最大利润。

定理。在科斯之后，Cheung（1983）对企业性质进行了更广义的阐述。他提出企业与市场从本质上讲并没有根本的不同，而仅仅是契约安排的两种不同形式而已。在企业中，拥有私有生产要素的所有者按照事前签订的合约将要素使用权让渡给代理人以获取收益，而合约规定要素所有者必须遵守合约条款，而不能完全通过市场价格来做出决策。因此，Cheung 认为企业并不是市场的替代品，而仅仅是用要素市场取代了产品市场，或者说是"一种合约取代了另一种合约"。

20 世纪 70~90 年代，是现代企业理论蓬勃发展的时期，在这一阶段产生了诸多不同的学派，如以威廉姆森（Williamson，1975，1980）为代表的"资产专用性理论"，以阿尔钦和德姆塞茨（Alchian and Demsetz，1972）为代表的"团队生产理论"，格罗斯曼、哈特和莫尔（Grossman and Hart，1986；Hart and Moore，1990）所提出的"不完全契约理论"，以及杨瑞龙和周业安（2001）的利益相关者理论等。

1. 资产专用性理论

资产专用性理论认为，资产的专用性是决定交易费用的重要因素，从而成为决定企业和市场的不同制度结构的核心变量。在生产要素的交易中，资产的专用性表现为地理区位的专用性、人力资产的专用性、物理资产的专用性、完全为特定协约服务的资产，以及名牌商标资产的专用性等。威廉姆森提出，随着资产专用性程度的增加，交易者所选择的使交易费用最小化的契约必然会倾向于向内部组织或关系型契约的方向移动。当资产专用性较弱时，该资产适合市场交易，而当资产专用性很强时，内部组织由于权威的监督和长期雇佣关系的存在，显得比外部市场更有优势，此时采用企业制度将最小化交易成本。因此，在交易频率很高或交易经常发生时，不完全契约和资产专用性将最终导致企业的合并或纵向一体化，也最终决定企业的边界。

2. 团队生产理论

团队生产理论认为企业产生的实质是进行团队生产，也就是说，当团队生产的总产出大于团队成员分别生产的总和，而且增加的部分足够用以弥补组织和管理约束团队成员的成本，此时更有效率的团队生产就会被采用，于是企业就这样产生了。而相较于市场，企业的最大优势在于其拥有更强的对要素生产率和报酬的计量能力以及对内部机会主义的监督能力，从而节约更多的交易成本。阿尔钦和德姆塞茨认为，由于团队生产具备不可分割性，使对团队成员的劳动投入和效率非常难以进行准确度量，而这导致团队成员产生偷懒的机会主义行为，同时也增加了相应的监督费用。因此，在团队生产理论的观点中，对事后的机会主义行为的监督成本是决定企业规模的重要因素。

3. 不完全契约理论

"不完全契约理论"以契约的不完全性为研究起点，以企业的财产权或剩余控制权的最佳配置为研究目的。该理论认为，由于人们所普遍存在的有限理性、信息的不完全性以及交易事项的不确定性，使在契约中完全明晰所有可能性的成本过高，从而拟定完全契约成为不可能完成的任务。在此背景下，不完全契约出现了。格罗斯曼、哈特和莫尔认为不完全契约是交易费用产生的根源。他们提出，由于不完全契约的存在，所有权就不能像传统产权理论那样以资产这一通常术语来界定。因为在契约中，可预见、可实施的权利对资源配置并不重要，关键的是在那些契约中未提及的关于资产用法的控制权力，即剩余控制权。因此，对一项资产的所有者而言，关键是对该资产拥有的剩余权力。因此他们将所有权定义为拥有剩余控制权或事后的控制决策权。在他们的观点中，企业之所以替代市场，是因为企业可以通过对剩余控制权的安排，使对投资行动最重要的一方拥有剩余控制权，从而降低不完全契约带来的低效率。

4. 利益相关者理论

除了以上关于企业理论的三种经济学说以外，我国学者杨瑞龙和周业安提出了"利益相关者"理论。他们建立了一个综合的理论模型，该模型延伸了企业的参与主体，并将资产专用性、团队生产的监督，以及非对称信息对契约产生的影响结合在一起。他们认为企业是一种"关系契约"的网络。在这种网络中，拥有独立产权和契约自由以及某种相通意识或共同目标的要素所有者，即"利益相关者"，他们按照正式或非正式的规则，形成特定的所有权结构来共同分担责任、分配权力和分享利益，并把要素组合起来形成专业化组织，在不确定的环境中根据约束条件的变化不断调整权责利关系。契约当事人作为企业"真实的利益相关者"以独立平等的产权主体身份向企业投入某种"专用性"资产，其在企业所有权结构中的权能和权益，在市场原则和法律规范上是彼此平等的，他们都具有要求和分享企业所有权的平等地位与天然权利。至于他们在事实上和博弈结果上是发挥委托人还是代理人，是监督管理者还是生产劳动者职能，是获得固定收入还是获得剩余收益，抑或是双重职能和权益都要求以及按什么样的比例要求，那是在定价特性、资产专用性大小、非对称信息分布状况、监督难易程度等外部环境约束下当事人进行理性选择的结果。

尽管上述的学派各自所站的角度有所差异，但无不遵循着一个基本观点，即企业是由一系列的契约结合而成的。正是从这个观点出发，张维迎（1995）将现代企业理论统称为企业契约理论。与新古典经济学最大的不同之处在于，契约理论对企业的"生产"和"交易"做了区别，其最关注的是企业的各种"交易"，而不是企业的"生产"特性。在该理论下，企业被视为一个有效率的契约关系网络，是各种要素投入者为了各自的目的而联合起来的一个网络。而企业契约理论也为公司的金融学理论发展奠定了坚实的基础。正是从公司的契约理论出发，公司金融学发展和建立了自己的理论模型和框架。

二、管理学视角下的公司

与经济学家更看重公司的"交易"与"契约"的本质不同的是，管理学家更看重公司的"生产"的特性。自 20 世纪 80 年代，基于新古典经济学的"生产函数"概念，一些管理学家开始探究企业通过生产获取超额利润的内在推动力。在这种研究视角的驱动下，管理学家指出企业的竞争优势并非来自外部市场的力量，而是内生于企业的，由此提出了企业核心竞争力论。这种从管理学角度提出的企业理论，又经历了资源依赖—企业能力—企业知识三个逐步进化的认识阶段。

1. 资源依赖论

资源依赖论属于组织理论的一种重要流派，其核心假设是组织需要通过获取环境中的资源来维持生存。该理论认为，不同的企业所拥有的资源表现出极大的差异，而且这些资源并不能完全自由的流动，甚至一些重要的资源无法在市场上以定价的方式进行交易。例如，组织才能这种资源，相比于机器设备这些有形的资产，它可能为企业带来更长期的竞争优势，然而却不一定能从市场上购买到。此外，任何一家企业都不可能完全拥有所需要的一切资源，从而在资源与企业所追求的发展目标之间一定会存在着一些差距。为了获取这些资源，企业就会想方设法地与其他拥有或控制这些资源的组织进行互动，从而导致企业对资源的依赖性。也正是因为对资源的需求和依赖性，企业会通过改变组织形态来改变其对资源的掌握和依赖程度。例如，企业会通过纵向合并来消除与其上下游供应链的共生式依赖；通过横向并购吸收竞争者以消除竞争中的不确定性；或者通过多元化的并购策略将其业务扩展到多个行业，以避免过度依赖单个行业的关键资源。

该理论认为，那些能够获得长期竞争优势的企业，正是通过审慎而理性的管理，有效选择和充分利用那些有价值的同时又是稀缺的、难以复制的、不可替代的资源，并通过不断的资源积累，获得超额利润。而又因为资源总量有限，不足以供社会上所有的人和企业消耗，且要素市场的不完善性使其他企业获取、模仿或替代这些关键资源存在着现实障碍，由此导致企业的可持续竞争优势和企业间盈利能力的长期差异。

2. 企业能力论

如果说资源依赖论还在讨论企业通过掌握外部关键资源来获得竞争力，那么企业能力论则更多得将关注重心放在企业自身的能力上。该理论认为能够有效地利用、开发企业内部资源的能力，才是决定企业绩效与获得竞争优势的关键因素。因此，企业之间的能力差异是决定企业之间绩效差异的根本原因，而要提高企业的绩效，关键在于培养、整合及持续更新企业内部特有的、具有高价值的并很难被其他竞争者模仿的能力。具体而言，企业能力论又包括了"资源基础理论"（Wernerfelt, 1984; Barney, 1986, 1991）、"企业动力理论"（Teece et al., 1990）、"企业知识基础理论"（Demsetz, 1989）和"核心竞争力理论"（Prahalad and Hamel, 1990）等。尽管企业能力论并没有形成一个完整统一的框架，但概括地讲，这些理论都有一个共同点，即把注意力从关注企业外在的产业机会和市场吸引力转向了企业内在的自身资源与能力，从企业内部生产能力的角度论述企业的异质性，从企业的战略能力、流程能力、市场能力等方面来理解企业自身的创新力及其竞争行为的多样性。值得一提的是，在企业诸多能力中，Prahalad 和 Hamel（1990）提出了企业核心能力的概念。他们将核心竞争力界定为"组织中的积累性知识，特别是关于如何协调不同的生产技能和有机结合多种技术流的学识"，并提出了识别核心能力的三项标准。一是提供进入多种产品市场的潜在可能性；二是向终端产品附加明显的使用价值；三是竞争对手难以模仿。

企业能力论为企业的多元化经营提供了新的解释，它认为正是企业的核心竞争力，即企业的能力，使企业各种表面看上去不相关的、区别很大的业务能够有机地统一，使多元化企业成为一个高效运转的整体，从而为理解企业多元化的相关性提供了新视角。

3. 企业知识论

虽然企业能力论对企业竞争优势形成根源的认识起到了很大的推动作用，但却没有解释为什么一些企业会拥有核心能力，以及某些企业在获取了核心能力之后反而出现了"核心刚性"，最终丧失竞争优势的问题。由此，管理学者进一步探究了影响企业核心能力的深层次因素，他们发现企业知识，以及与知识密切相关的认知学习，是起决定性作用的因素。

企业知识论认为，从本质上讲，企业是一个获取、共享与利用知识的学习性系统。企业所拥有的知识存量与知识结构，特别是它所拥有的难以被竞争对手模仿的隐性知识，决定了企业挖掘未来成长机会、优化配置资源的方法和能力，从而为企业能够可持续的高效利用各种资源提供了可行性。从这个角度讲，企业内的知识存量与知识结构是决定企业绩效的最深层的因素，也是形成企业可持续竞争优势的根本推动力。要提高企业绩效与核心竞争力，就应该在企业内部构建一个能够有效吸收、保持、共享和转移知识活动的微观机理，并使该运行系统能够长期有活力地运行下去。

综上所述，管理学强调了公司内部所具备的知识和能力提高了公司对资源利用的效率，构成了公司获取超额利润，取得竞争优势的源泉。然而，管理学较少地考虑了外部资源（特别是资本）对公司的性质及公司价值所产生的巨大推动力，而这正是本章最为核心的内容，也是下一小节将进行详细阐述的内容，即金融学视角下的公司。

三、金融学视角下的公司

从财务的角度来看，公司的价值由两部分构成：一是公司的在位资产，即目前已拥有的资产的价值，如存货、固定资产及专利等；二是公司拥有的潜在的增长机会的价值，这种价值可能无法在公司财务报表中直接反映出来，但却是公司价值增长的源泉。金融学家认为，金融资本，无论是债权资本还是股权资本，在公司价值的实现过程中都起到了重要的推动作用。公司为了实现其潜在的增长价值，以其在位资产作担保，可以获得债权人的资本，但更多则需借助股权资本的支持。而这些资本进入公司之后，将公司的增长潜力转换为更多的现实资产。公司的价值就是在这样一轮一轮的资本引入中逐渐增长的。

尽管 2008 年爆发的全球金融危机使金融市场和金融工具饱受诟病，但在金融学家眼里，资本市场仍然是公司不可或缺的伙伴。融资的意义不仅仅在于为公司提供其发展所需要的资金，而是对公司存在着更为深远的影响。根据 2011 年美国金融学会（American Finance Association）主席 R. G. Rajan 的观点，公司的性质与融资是相辅相生的，公司的创新性和差异化催化了企业主寻求外部融资的必要性，而融资反过来对公司组织结构的演进、创新能力的发展起到了核心推进作用。通过构造一个动态演进的逻辑数理模型，Rajan 向我们展示了在一个公司的生命周期内，不同形式的融资对企业主及其他重要的企业参与者，如合作者、员工的动机与行为所产生的深刻影响，并揭示了其进一步影响公司的创新能力和组织结构标准化的进程。本小节我们将主要参考 Rajan 的模型，给读者做一个较为直观的关于金融学视角下如何认识公司性质的阐释。

1. 为什么要融资？

起初，一位追求长期超常回报［正的净现值（NPV）］的创业者必须让他的企业做到与众不同，即差异化（differentiate）他的企业。这可能意味着他发明了难以复制的新产品，或设计出比竞争对手更有效率的业务模式，或者挖掘到新的顾客群体和市场需求。然而，差异化一方面许以未来可能的高额回报，另一方面也给创业者组建公司并有效运行带来了不小的麻烦。Williamson（2002）认为，创业型的公司是一些人和资产通过组合和合作所形成的组织结构，在该组织里，大部分的人和资产都是难以替代的。然而，由于项目蕴含高风险和不确定性，失败的可能性较大，以及对资产和技术知识深度专业化的要求很高，创业者将会很难像普通的企业那样，通过订立标准的合约找到合作者（independent collaborator）[①]。首先，合作

[①] 这里的合作者是指独立的拥有资产的组织和个人，如上游生产某种关键部件的厂家。他们可以选择为下游的大众客户提供通用型的产品，也可以选择与创业者合作，专业生产某种特殊的产品。

者参与的意愿较弱,因为若合作者把自己拥有的资产专业化以配合创业者的需求时,很可能使该资产通用性受损从而降低价值。其次,即使合作者有意愿加入进来,由于企业创新过程具有很大的不确定性,企业主也无法通过制定详尽具体的合约去描述和约束合作者的行为,因此事前签订合同的效率较低。最后,即使这些合作者最终加入进来,由于担心企业失败的风险和自己所拥有资产的外部价值的损失,一方面导致这些合作者与企业主合作的程度会随着企业差异化程度的上升而下降,另一方面又会导致合作者要求分享更多的公司价值,而这两方面的原因均会阻碍企业主追求创新,差异化的程度降低,从而减少公司价值。

因此,与其寻求与拥有关键资产的合作者订立合约来开展合作,更有效率的做法是企业主直接拥有关键资产的控制权,并聘用人员开展合作。Rajan(2012)证明了当企业主直接拥有资产时,企业主会选择最优的差异化程度,而合作者也会完全配合企业主的差异化,公司的价值由此增加。然而,现实中的企业主可能并不足够富有,如果他想拥有关键资产,就只能通过外部融资的方式来获取资金。试想一位企业主找到了拥有关键资产的合作者,通过向资本市场借债得到现金,把关键资产从该合作者手中购买过来的情形。这时债权人的收益分为两种情况,当项目成功时债权人得到事前约定好的固定收益,而当项目失败时债权人则能够接管这些资产,并与合作者一起分享将这些资产用于其他用途所能实现的收益。在此背景下,由于减少了当项目失败时外部使用资产所能产生的价值,合作者将愿意付出更多的合作,而这将增加公司的价值。从企业主的角度,由于债权人仅要求固定回报,所以加大差异化,以获取更高的超额期望收益是其最优的选择。由此我们可以发现,融资的意义并不仅仅在于解决了企业在初始创建和发展过程中的资金问题,它在企业产权结构的改进和运行效率的提高上也起到了非常关键的作用。它使企业主拥有关键资产的产权能够实现,从而帮助企业更好地进行创新并实现价值的最大化。

2. 为什么是股权融资?

如上所述,对于一个创新型企业的企业主而言,融资是必需的,然而他很可能发现债权人的大门对他始终是关闭的。原因是对于这种类型的企业,债权人最为关注的企业清算价值(liquidation values)比较低。首先,从债权人的角度,即便他能在项目失败时获得该企业的关键资产,如品牌、专利,但因为过于专业化,这些资产的市场价值可能很低,也可以拆开来进行单独出售。其次,一旦企业主能够获得债权资本,为了追求自身更好的回报可能会增加其创新和差异化的程度,这种机会主义行为将进一步损害企业的清算价值。最后,创新型企业的成功概率比较低,且随着企业主差异化程度的加深,成功的概率会进一步下降。因此,除非债权人能在合同里严格限制并实时监控企业的差异化程度,否则他对给处于初创阶段的企业提供资金通常是缺乏兴趣的。

那么此时,企业主需解决的问题是:怎样才能在获得资金的同时又不会使其追求创新的脚步受阻。如上所述,创新降低了企业的清算价值,但却增加了企业持续经营的价值。在此背景下,只有让提供资金的人分享企业的持续收益,才能保证创新型企业的高效成长。这就解释了我们一开始提出的问题,即为什么是股权融资,而非债权融资,在推进创新型企业的进程中起到了重要的作用。不同于债权人,凭借权益资本进入企业的风险投资和私募基金将成为企业的大股东,甚至是控制性股东,这些外部股东将和企业主一起分享后者创造的价值,而这些价值大大得益于企业的创新和初创阶段企业的运行灵活性。然而,如果这家企业始终保持着差异化的运行模式,则会导致企业主和一些核心员工难以被替代,可能出现的后果就是企业主反过来剥夺外部股东的权益，甚至通过另行组建公司让外部股东拥有的资产成为一个空壳。为了防范这种情况，风险投资和私募基金进入公司之后，将尽量要求公司进行组织结构和人力资源的标准化改造（standardization）。标准化的目的在于使公司的人力资源可以被代替，确保即使企业主和关键员工离开这家公司，公司的价值也不会遭受太多的损失[①]。此外，风险投资和私募基金需要通过转让股权，主要是 IPO 的方式，将权益变现后退出，而在他们退出前，必须完成对公司标准化改造的大部分进程。这是因为，站在分散型股东的角度，如果这家公司在上市之后仍然在不规范的运行机制下运营，且过于依赖某个创始人或团队，则相比于那些上市前集中持股的股东，他们将更难避免被企业内部人剥夺利益的可能。基于这样的市场预期，这家公司将很难上市，即便上市，IPO 价格也不会太理想。所以，为了在未来获得尽可能高的收益，这些公司上市前的外部股东将会有足够的动机去推动企业的标准化进程。

标准化进程反映了外部股东的要求，那么企业主本人又是否有足够的动力去做这样的改革呢？最直接的，因为标准化将导致独特的人力资源重要性的大幅下降，增加了企业主被替代的风险，因此这可能并不符合企业主的利益。然而，当风险投资和私募基金进入企业并占有一定股权之后，他们很可能将企业的标准化进程写入合约，如限期要求企业主雇用一个首席运营官（chief operating officer，COO）、外部聘请财务总监（chief financial officer，CFO）或者将一个运营单位设立为一个独立的分支结构，否则企业主将丧失一部分的现金流权或控制权（Kaplan and Stromberg, 2003），从而迫使企业主阶段性的实现标准化。此外，企业主本身也是拥有股权的，从他所扮演的股东角色出发，他也同样能从企业标准化中受益，与外部股东一起分享未来企业价值的实现。

因此，当公司接纳了私募股权后，企业就将逐渐从一个完全追求创新和差异化的组织开始演变和过渡，成为一个虽保有关键资产和创新性，但遵循标准的业务流程、设置通用的组织结构和人员配备的组织，一个更为大众化的公司。从这个角度来看，私募股权融资并不仅仅是代替债权人向创新性企业提供其赖以发展的资金，更为重要的是，它将推动整个公司朝着一个有着较为完善的内部治理结构迈进，从而有力地将公司推向更为广阔的资本市场。

到目前为止，已经有许多实证研究领域的论文证明了风险资本在公司标准化过程中所起到的作用。Hellmann 和 Puri（2002）发现在高新技术产业中，相比其他公司，有风险资本融资的公司更可能且倾向于更快的更换企业的创始人。Kaplan 等（2009）则发现，在有风险资本融资的公司中，46%的初创期企业在声明其差异化特征时囊括了管理层和雇员的专业技能，然而位于 IPO 阶段或已经上市的公司里，仅有 16%的企业声明其管理层的专业化是区别其他企业的显著特征。同时他们还发现，在初创期有 46%的公司拥有专利权，而在 IPO 阶段，这一比例上升为 60%，而上市以后拥有专利的公司比例继续提高到 66%。这些统计结果表明，当风险资本介入后，公司启动并完成了标准化进程，这一方面表现为人力资源的可替代性大大增强，另一方面表现为企业的知识产权形成了更为正式的专利技术[②]。由此可见，公司的创新、标准化和融资是紧密相连的。公司的创业者凭借一个与众不同的创新性想法，吸引大量的风险资本为其提供资金，以获得关键性资产的掌控权。接着，公司会用其组织结构、人力

---

① 事实上，即便中途没有替换，创始人终将因为年龄、精力、身体等个人原因退出企业。
② 之所以说专利是更正式的，是因为专利其实是专有技术等知识产权标准化后的产物。因此可以理解为，在企业标准化进程中，除了人力资源被标准化了，专业化资产也被标准化了。

资源等的标准化作为回报，使风险资本和创业者从公司上市后的价值实现中获得高收益。

3. 融资偏好

如上所言，在公司发展的前期，股权资本在多个方面，尤其是推动公司标准化方面，起到了关键的作用。而当公司完成标准化过程之后（通常是在创始人退出管理层，管理者由不是股东的职业经理人代替的阶段），在面临一个新的投资项目时，是会继续选择股权融资或是选择通过负债融资，这是一个值得讨论的问题。

如果公司的管理者不分享公司的价值，只要这个新项目具有正的净现值，那么无论采用何种融资方式，股东都无所谓，因为他将享有项目全部的收益。然而，通常管理者会分享公司的价值[1]，这时采用不同的融资方式就可能会对股东产生较大的影响。试想如果公司发行新的权益资本来给新项目提供资金，那么新股东至少会要求等同于项目成本的回报，而老股东则需要让渡一部分项目收益给管理者。这时如果老股东所分享的项目收益低于该项目的成本（即新股东的索取权），意味着相比不进行新项目投资的情形，老股东享有的企业价值会下降，而管理者所享有的价值却必然会比不做新项目投资时更高，这部分转移的价值也被称为"管理者租金"（Lambrecht and Myers，2008）。在这种情况下，老股东通常要求提高项目的最低回报率（hurdle rate），而这就会造成投资不足，即公司会放弃一些对公司整体而言是具有正净现值的项目。

为了改善投资不足的情况，采用负债的方式对这个新项目进行融资也许是个可行的做法。由于债权人的索取权是刚性的且排在股东之前，因此如果老股东分享的收益无法完全偿还负债，这时管理者必须拿出一部分租金来共同偿还负债，也就意味着相比权益融资方式下完全由老股东"承担项目成本"的情形，此时管理者将和老股东共同投资这个项目，从而会减轻公司投资不足的情况。

有趣的是，如果在公司发展的前期，公司的标准化程度进行得更好，那么公司的股东将会在与管理层谈判企业价值分享时占据更多的上风[2]，从而获得更大比例的收益，这种状况将缓解增发融资时公司投资不足的情况。因此，公司的组织结构和运营模式在一定程度上会影响公司的融资决策，我们也可以预见标准化程度不同的公司会有不同的融资偏好，标准化程度高的公司可能会更倾向于权益融资，而标准化程度低的公司则更青睐负债融资。

事实上我们的预测不一定准确，因为关于公司融资偏好的影响因素有很多，也由此形成了诸多关于资本结构的理论，如代理理论、基于不对称信息的融资优序理论及市场择时理论等。本小节并不打算为大家一一展开介绍，我们的重点是给大家介绍在公司的成长过程中，其组织结构的演变、创新能力的提升与融资方式的相互作用与影响，展示资本在公司价值创造中所表现出来的力量。

4. 公司成长形态的演变对公司金融的意义

在前文，我们论述了当关键资产是不可替代的，并且合作成本很高时，对企业主而言，最有效率的方式是通过融资获得大量资金从而拥有对关键资产的所有权，这也就意味着公司可能需要控制位于其供应链的上游企业，以纵向收购的方式达成控制资产的目的，以保证最大限度的合作以及保护公司的创新能力。在此前提下，我们可以预见公司的规模比较大，资

---

[1] 这是因为股东需要给经理以激励，以避免其可能出现的道德风险。

[2] 公司标准化的程度越高，管理层的不可替代性就越弱，因此股东在与管理层谈判时可以通过威胁换掉现任管理层而获取更多的收益。

本密集的程度也会比较高。然而，进入 21 世纪以来，随着信息技术的蓬勃发展和全球经济的兴起，公司所处的环境发生了显著的改变。这些变化是否会对公司的性质及其融资行为带来不同的影响？这正是本小节想要讨论的问题。

从公司所处环境的角度出发，近些年来出现了以下四点显著的特征。

（1）在全球范围内，许多国家逐步取消了行业准入禁令，开放了国内产品市场，鼓励跨境贸易，放松了对国际资本流动的监管。这使以前被监管和限制使用的某些资产现在可以被广泛使用，从而降低了获取资产的门槛和成本。

（2）伴随着科学技术的进步，实物资产的通用程度在逐渐提高。相比过去，机器设备变得更加具有灵活性，生产中间产品的厂商可使用设备，同时满足许多下游企业的不同需求，并能以较低的成本转变设备的用途。

（3）信息技术的日新月异和互联网的普及，使信息更容易获取，也更容易交换。这使即便地理位置距离很远的人相互之间也可以保持非常紧密的联系，沟通、交流和监督变得更加容易，且成本低廉。

（4）在全球范围内，行业质量标准不断被制定、修订和接纳，并成为产品销售的必备条件。这使许多零件、设备和产品的异质性缩小，通用性增强，也减少了信息不对称的程度。

在新环境下，公司可能会呈现出不同于以往传统企业的特征，主要表现在以下三个方面。

（1）公司标准化程度的改变。由于实物资产可获得性增强及其通用性的提高，实物资产渐渐不再构成企业的关键资产。取而代之的，是品牌和专利等这些无形资产构成了公司的差异化特质。与实物资产不同的是，这些无形资产的使用和更新在更大程度上依赖于人的创造力和革新。为了更好地发挥这些无形资产的作用，公司必须保留具有创新精神和差异化特质的核心人才，而这可能使公司的标准化程度有所下降。

（2）公司规模的改变。由于合作成本降低，许多公司通过收购获得关键资产所有权来增加运行效率所取得的效果不再如以前那么明显了。我们看到当今有很多创新型的公司选择保留其核心的品牌和专利技术，而将生产制造环节全部外包。因此，当合作成本下降时，公司可以利用与合作方签订合同的方式代替以往控制对方的方式，而这将导致公司规模减小。但是，另一方面，由于无形资产和实物资产的重要性此升彼降，对资本密集化程度的要求减弱，加上合作成本降低，会形成由多成员构成的跨国公司，如全球性的会计事务所和律师事务所，它们共享一个品牌、数据库及客户。

（3）公司组织结构扁平化。在当今市场需求差异化更为明显，且变化很快的背景下，事前可能没人知道公司发展的确切方向，因此今天我们会看到更多的合作联盟，而非一家公司，共同开展一个创新性项目。此外，一个企业主可能需要与他的下级展开更多更直接的交流，所以公司的层级会减少，组织结构从垂直式的层层领导变得更加扁平。

那么，新的特征会对公司的融资行为造成哪些影响呢？从理论上讲，首先，如果合作成本低，那么创新型公司不需要全部通过购买的方式获得关键资产，因此对融资的需求在数量上可能会有一定程度的下降，这就意味着创新型公司获得投资的可能性增加。其次，因为资产通用性的提高，债权人可能会发现企业的清算价值不再像以往那么低，所以可能给创新型公司提供贷款。再次，当无形资产取代实物资产成为企业的关键资产时，公司的人力资源的可替代性会减弱，这意味着股东必须给管理者更高的报酬以及股权激励，让其分享更多的企业价值。最后，由于公司标准化程度的减弱，且管理者分享了更高的收益份额，公司在后面的发展阶段中可能会更加倾向于债权融资以减少所谓的"管理者租金"。

四、小结

本节首先介绍了公司的来源、公司的性质，以及经济学和管理学中有关公司的相关理论。其次重点从金融学的角度阐释了公司价值创造的过程，以及公司与资本、资本市场之间存在的紧密联系。可以发现，资本在公司价值创造中发挥了强大的作用，资本与公司之间并不仅仅是提供资金与使用资金的关系，资本的进入会深刻影响到公司的创新能力、运作模式和组织结构，从而在推动公司价值实现的进程中显得非常重要。最后论述了在新的市场环境下公司性质和特征的变化，并进一步讨论了这些变化可能对公司的融资行为以及资本的作用所带来的新的影响。

第二节 公司治理

在前一节中，我们从经济学、管理学和金融学多视角讨论了公司的本质及其价值实现方式。然而，若要保证公司股东价值的实现，完善的公司治理结构是必要条件之一。公司治理，想必各位读者对这个词并非完全陌生，毕竟它在当今各类媒体的财经新闻中频频出现。然而，你真的了解公司治理的含义吗？为什么它如此重要，它在公司价值实现中究竟扮演了什么样的角色？好的公司治理有统一的范式吗？本节将引领你去认识公司治理的内涵、公司治理的模式、公司治理存在的根源及它的具体构成要素。

郑红亮等（2011）指出，如果说公司治理结构（structure）是一种制度安排（institutional arrangements），那么公司治理体制（system）可看做制度安排与制度环境（institutional environments）的统一，其包含公司治理结构和与治理结构有关的宏观环境因素。公司治理结构是公司治理体制的微观基础，公司治理体制包括公司治理结构在内。公司治理的外部制度环境是公司治理体制的重要组成部分，其包括政治环境、经济环境、法律环境和社会文化环境等。因此在本节中，我们将首先阐述公司治理产生的根源，即公司的两大代理问题，以及公司内部治理结构的构成要素；其次介绍世界范围内有代表性的两大公司治理模式及其发展历程；特别地，我们将公司金融与公司治理结构结合起来，对公司的融资结构与公司治理相辅相成的关系给予介绍；最后进一步阐述公司所置身其中的其他外部治理机制。

一、代理理论与公司治理

（一）公司的代理问题[①]

1. 委托代理关系的产生

试想一下，你不懂得投资股票，于是你把钱交给了一位学金融专业的人士，希望他能用他的专业知识帮你进行投资。在这个过程中，你成了委托人，而专业人士成了代理人，他代理你进行股票投资，你们构成了委托代理关系。

你会担心什么？你会不会担心这位专业人士的投资水平并不高，或者，你会不会担心这位专业人士滥用你的资金？是的，你应该会担心。因为在最终结果没有明朗之时，你并不知

[①] 关于委托代理与公司内部治理更为详细的讨论，可参考 Donaldson 和 Davis（1991）。

道这位专业人士是否真的有水平,或是否会滥用你的资金。这就是委托人和代理人之间存在的信息不对称。由于委托人和代理人始终都不可能是同一个人,而每个人接受的教育背景和形成的思想都有所差异,所以信息不对称问题总是存在的,作为委托人的你不可能了解作为代理人的所有信息。

如果将上述的投资人看做股东,金融专业人士转换为职业经理人,上述委托代理问题就是企业经营过程中面临的主要问题。股东出资并聘请职业经理人管理企业,但股东并不知道职业经理人是否真的有水平,或是否真心实意地站在股东的角度来管理企业。股东所追求的是投资收益的最大化,但职业经理人追求的是自身职业的发展。这两个目标并不总是统一的。例如,职业经理人的薪酬常常随着其管理企业的规模增大而增长,因此职业经理人会通过做大企业规模来获取更高的薪酬,但规模增长并不一定为股东创造更多的价值。正如前文的价值管理中所提到的,只有在公司的税后净利润率超过资本成本时,扩大规模才能增加公司的价值,而职业经理人却有可能牺牲公司价值而片面追求公司规模的增长。

当职业经理人在最大限度地增进自身效用的同时做了不利于股东的行为时,经济学将其称为"道德风险"(moral hazard)。例如,职业经理人追求公司规模增长以增加自身薪酬的同时损害了公司价值,就是一种道德风险。但如果职业经理人追求公司规模增长时并没有损害股东利益,就不存在道德风险。信息不对称是道德风险产生的根源。

信息不对称还会导致另外一个问题——逆向选择(adverse selection)。对股东来说,希望能用合适的薪酬聘请到水平高的职业经理人。但由于无法事前全面了解职业经理人的经营水平,因此股东通常会对职业经理人自述的经营水平打一个折扣,其支付的薪酬也相应地打了一个折扣。这样,觉得自己应拿到 200 万元薪酬的职业经理人不会接受 150 万元薪酬的工作,而那些觉得自己只能拿到 120 万元薪酬的职业经理人会抢着应聘这一工作。最终股东支付 150 万元薪酬聘请的职业经理人可能是只能拿到 120 万元薪酬的职业经理人,这不仅给现任职业经理人多支付了 30 万元薪酬,还没有聘请到合适的职业经理人。这就是逆向选择,一种由于信息不对称而造成市场资源配置扭曲的现象。

2. 第一类委托代理问题

股东与职业经理人之间存在的委托代理问题在学术领域被称为第一类代理问题。Jensen 和 Meckling(1976)提出了代理成本理论,他们指出由于职业经理人不能拥有100%的剩余收益,因此职业经理人不会100%地站在股东利益的角度来考虑问题。有些职业经理人可能会将公司资源用于个人享受(如建豪华办公室、配备豪华汽车等),从而导致职业经理人的利益与股东利益产生冲突。为缓解这一冲突,股东可以通过监督职业经理人的工作或采用激励的方式,但这无疑加大了股东的成本,这一成本就是代理成本。

代理成本包含三种:第一种是委托人的监督成本,即委托人通过监督代理人或激励代理人以使代理人能尽可能为委托人的利益服务;第二种是代理人的担保成本,即代理人担保不会损害委托人利益,一旦损害了,则代理人给予赔偿;第三种是剩余损失,即代理人代行决策与委托人自行决策之间产生的价值损失。

Jensen 和 Meckling(1976)还提到了债权人与股东之间的代理问题。由于债权人的目标是让负债公司能稳健地偿还债务,而股东的目标是让投资快速增值。稳健地偿还债务与投资快速增值的目标有时是相互融合的,但有时却是相互冲突的。例如,目前公司有一个项目需要投资,但该项目的风险比较大,成功可以获得丰厚的回报,失败则亏损严重。对债权人来说，其并不希望公司投资这一项目，因为一旦失败有可能难以偿还负债，即便成功，债权人也无法享受丰厚回报。但股东则更愿意推进这一项目，因为项目成功后可以获得丰厚的回报。当公司最终投资了这一高风险的项目时，股东与债权人之间的利益冲突就变得尖锐了。这相当于股东罔顾债权人的利益做了投资高风险项目的决策。此时，债权人是委托人，而股东是代理人。债权人将资金借给公司的初衷是获得稳健的回报，但股东却将此资金投向了风险高的项目上。从这个意义上讲，作为代理人的股东侵犯了作为委托人的债权人利益。要缓解这一问题，债权人可在签订债务契约时，明确要求公司不投资高风险的项目，或在投资高风险项目时提前偿还债务。

3. 第二类委托代理问题

Johnson 等（2000）提出了掏空（tunneling）的概念，指出控股股东会为了自身利益从公司转移资源。这意味着公司的控股股东与中小股东之间也存在利益冲突，于是学者提出了第二类委托代理问题，即中小股东作为委托人、控股股东作为代理人之间的利益冲突[①]。Johnson 等（2000）认为掏空有两种形式：一是控股股东通过自我交易将资源转移，包括直接窃取（outright theft）或欺诈（fraud）这些不合法的手段，也包括出售资产、签订有利于控股股东的转移定价合同、超乎寻常的经理薪酬、贷款担保、对公司机会的掠夺等合法手段；二是控股股东不需要转移资产而通过稀释股权、冻结小股东股权、内部人交易、渐进式收购（creeping acquisition）等方式进行掏空。要缓解这一层面的代理问题，通常都需要在保护投资者的相关法律或公司章程中对控股股东的权利形成一定的制约。La Porta 等（2002）指出，保护投资者的相关法律能在一定程度上抑制控股股东的掏空行为。

（二）公司内部治理结构的构成要素

1. 产权

造成代理问题的根源是信息不对称。由于信息不对称，签订契约的双方无法根据对方的全部信息来详细地制定合约条款并约束双方的行为。正是因为契约的不完全性，企业才得以存在。将无法市场化的交易内化为企业内部交易并不意味着能解决非完美契约带来的问题，而只是在原有问题之上形成的另外一种机制，这种机制优于原有机制。但问题仍然存在，这就是企业内部的委托代理问题。外部市场机制解决不了的问题转移到了企业内部。而无论选择外部市场机制还是选择企业内部机制，产权的界定都非常重要。Alchian（1965）指出"产权是指个人拥有使用某项资源的权利……这个权利需要规矩、社会习俗、排斥来支持，还需要正式颁布法律，政府使用强力和惩罚等措施予以保障。"当产权能很容易并清晰地界定时，签订外部市场契约会是最优的机制；相反，当产权不能清晰地界定或界定成本（交易成本）很高时，签订企业内部契约会是最优的机制。管理层所创造的价值到底是其管理能力带来的还是股东的资本带来的，在很难界定清楚的情况下，股东与管理层的内部契约是最优的选择。但当股东的资本所带来的价值已经不再重要时，管理层就可能通过管理层收购的方式从企业内部契约机制转换为外部市场机制。如果资本和管理层能力创造的价值相当，但又无法清晰

[①] 关于控股股东与中小股东之间委托代理问题的讨论，可参考 La Porta 等（1998）、La Porta 等（1999）、Johnson 等（2000）、La Porta 等（2002）。

地界定，给予管理层一定的产权会是一种优化机制[①]。

2. 股权结构

外部市场机制无法达成的交易内化为企业机制。企业机制不像市场机制那么简单，在逐渐演变过程中形成的现代企业机制包含三个层面，即股东大会、董事会、经理层。这种层级制尽管是不完美契约下的一种优化机制，但仍存在着诸多的治理问题。公司治理不仅存在于上层与下层之间，在同一层面也存在。

股东大会处于公司组织结构最上层，也是公司的最高权力中心。股东是公司的所有者，与债权人不同，股东拥有所有权。正是因为股东有所有权，因此股东有权力对公司事务进行投票。又由于公司事务是由投票权决定的，而投票权与股东拥有的股份有关，投票权的分配决定了每一个股东权力的大小。

不同的国家有不同的投票权分配机制，如美国曾有一股多票制，即有的股东拥有的股票上附有多份投票权。在遭遇敌意收购的时候，拥有多份投票权的股东可以利用其投票权对抗收购方的敌意收购。在中国，明确规定"一股一权，同股同权"，这意味着拥有相同股份的股东投票权也是相同的。

在"一股一权"的制度下，股权比例决定了投票权的分配，并决定了股东对公司事务决策权力的大小。拥有50%以上股份的股东占据了绝对控股地位，并对只需要投票过半数即可通过的公司事务拥有绝对的决策权。这时产生的问题是"一股独大"，中小股东对公司事务缺乏影响力。从逻辑上看，拥有多数股份的股东应当享有对公司事务的决策权，因为其投资的资金最多，最终享有的收益或承担的损失也最多。由于他需要从对公司事务的决策中获得最大收益或决策失误后承担最多损失，因此将更多的决策权赋予控股股东是恰当的。但控股股东却有可能利用这样一种控制权上的优势侵占中小股东的利益，从而造成控股股东与中小股东之间的利益冲突。在公司股权集中的国家，这一利益冲突甚至超过了股东与管理层之间的利益冲突。让该问题雪上加霜的是，La Porta 等（1999）发现除了英美以外，大多数国家都存在着金字塔式股权结构（图2-3），部分上市公司为同一控制人所拥有。

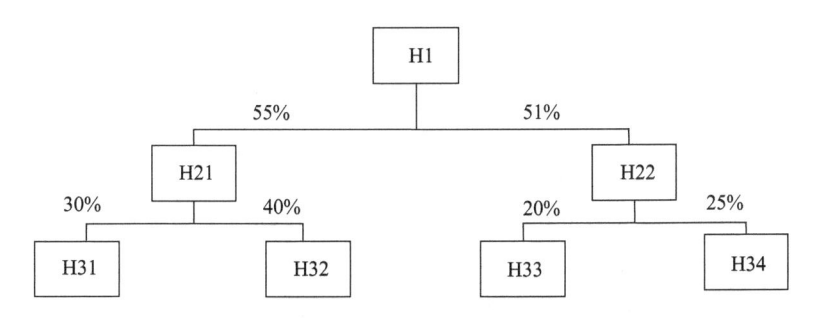

图 2-3 金字塔式股权结构

图 2-3 描绘了金字塔式的股权结构。H1 是终极控制人，分别控制了 55%的 H21 股份和 51%的 H22 股份，而 H21 又控制了 30%的 H31 股份和 40%的 H32 股份，H22 控制了 20%的 H33 股份和 25%的 H34 股份。根据 LLSV[②]的发现，控制权取决于控制链条上最弱的环节。因

---

① 关于产权与公司治理问题的讨论，可参考 Coase（1937）、Alchian（1965）、Alchian 和 Demsetz（1972）、Grossman 和 Hart（1986）、哈特（2006）。

② 指 La Porta、Lopez-de-Silanes、Andrei Shleifer 和 Robert W. Vishny。

此，从控制权来看，H1 对 H31 的控制权为 30%，对 H32 的控制权为 40%，对 H33 的控制权为 20%，对 H34 的控制权为 25%。但是，H1 能得到的现金流权却不同于控制权。如果 H31 产生了 100 元的现金流，则 H1 能得到的现金流权为 100×30%×55%=16.5（元），即 H1 拥有 H31 的现金流权为 16.5%。这里我们可以看到，H1 对 H31 的控制权（30%）大于现金流权（16.5%），产生了控制权与现金流权的分离。Claessens 等（2000）发现东亚 9 国的平均现金流权是 15.7%，平均最终控制权是 19.77%，小公司的现金流权和控制权的分离程度更大。这一分离使终极控制人有动机剥夺中小股东的利益，因为终极控制人获得现金流权小于其控制权，这会促使其利用控制权获得超出现金流权的收益。终极控制人利用控制权来侵占中小股东的利益的方式被称为掏空。掏空的行为包含直接窃取、欺诈等不合法的手段，也包含转移定价（通过关联交易进行）、超额经理补偿、贷款担保等合法手段（Johnson et al.，2000）。如果没有一个能保护中小股东利益的治理机制，股权集中的公司将面临融资成本高昂或难以融资的困境。

那么，是不是分散的股权结构更优呢？分散的股权结构也存在着另一委托代理问题，即对管理层缺乏监督。由于股权分散，所有的股东都不愿意投入精力和时间来监督管理层，都试图"搭便车"，最终导致公司的实际控制权落入管理层手中。如果管理层的利益与股东的利益不一致，对管理层缺乏监督就会导致所有股东利益受损。

目前，对股权结构的研究正转移到对投票机制的研究上。不同的股权结构，如果采用不同的投票机制，或许能在一定程度上改进公司治理。但什么样的机制是最优的，学术界仍没有形成定论。

3. 董事会结构

董事会是由股东大会选举产生的。对董事会席位的争夺构成了控制权争夺不可或缺的环节。如何构造一个合理的董事会是公司治理中讨论最多的一个问题。

由于董事会是由股东投票选举产生，因此投票机制的设计对权力制衡起着重要的作用。选举董事时根据投票的方式可以划分为一般投票制和累积投票制。

一般投票制是指股东所持的每一普通股仅拥有一份表决权，选举时对每位候选人进行单独投票，股东可将表决权投给任意一位候选人，获得表决权股份半数以上的候选人当选董事。假设某公司有两位股东，甲股东占 51%（51 万股）的股份，乙股东占 49%（49 万股）的股份。在一般投票制下，甲股东提名的候选人每人可以得到 51 万票，而乙股东提名的候选人每人只能得到 49 万票。甲股东可以完全控制董事会。

累积投票制是指在选举两名及以上董事时，股东所持的每一有表决权的股份拥有与应选董事人数相等的投票权。股东可以将所持股份的全部投票权集中投给一位候选董事，也可以分散投给数位候选董事。参加股东大会的股东所代表的有表决权股份总数与应选董事人数的乘积为有效投票权总数。投票结束后，在得票数达到表决权股份数半数以上的候选人中从高到低依次产生当选的董事。在累积投票制下，非控股股东至少能够将自己提名的部分候选人选入董事会。例如，有 100 股的某公司如果采用累积投票制选举 A、B、C、D、E 五位董事，则总票数为 100×5=500（票）。甲股东拥有 255 票，乙股东拥有 245 票。只要乙股东分别将 123 票和 122 票投给自己的两位候选人，就能保证这两位候选人被选入董事会。因为甲股东 124 票和 123 票投给自己的候选人后，只剩下 8 票可以投给第三个候选人了。无论甲股东如何分配其选票，都无法将乙股东的候选人排挤在董事会之外。

中国自 2002 年《上市公司治理准则》颁布之日起将累积投票制引入上市公司的董事监事选举中。准则规定：控股股东持股比例超过 30%的上市公司在董事选举中采用累积投票制。2005 年修订的《中华人民共和国公司法》（简称《公司法》）将累积投票制推广到了所有公司。

除通过投票制的设计可以约束控股股东的权力和董事的权力外，适当的董事会规模和引入独立董事制也是公司治理提升的一个手段。

中国《公司法》规定，股东人数较少或规模较小的有限责任公司可不设董事会，不设董事会的有限责任公司由执行董事召集和主持股东会议。如果有限责任公司设置董事会，成员为 3~13 人。对于股份有限公司，董事会成员为 5~19 人。从《公司法》的规定来看，对董事会成员人数是有上下限的，且为了保证决议能按少数服从多数的原则通过，董事会人数通常都为单数。董事会人数较少，董事会容易被控股股东全面控制；董事会人数较多，又可能造成决策效率低下。董事会人数也会对累积投票制的效果产生影响。董事会人数较多时，中小股东更有机会将自己的候选人选入董事会，从而对控股股东形成一定的制约作用。

独立董事是指不在公司担任除董事外的其他职务，并与其所受聘的公司及主要股东不存在可能妨碍其进行独立客观判断关系的董事。早在 1940 年，美国颁布的《投资公司法》就确立了独立董事制度，规定投资公司中应该有不少于 40%的独立人士担任董事，以防止控股股东和管理层利用其控制权损害公司利益。20 世纪 70 年代，美国许多知名公司的董事爆发行贿丑闻，对公司治理的要求迫使美国证券监督委员会在 1976 年颁布新的关于独立董事的法例。新法规定，所有上市公司必须在 1978 年 6 月 30 日以前设立并维持一个专门的独立董事组成的审计委员会。独立董事制度成为美国加强公司治理的一个手段。

中国正式引入独立董事制度是从 2001 年 8 月中国证券监督管理委员会（简称中国证监会）发布《关于在上市公司建立独立董事制度的指导意见》开始的，该文件强制要求所有上市公司建立独立董事制度。为了完善独立董事制度，2004 年 9 月中国证监会又发布了《关于加强社会公众股股东权益保护的若干规定》。2005 年修订的《公司法》第 123 条也明确规定了设立独立董事制度。

4. CEO 的任命与更替

从公司层级来看，股东大会和董事会是权力机构，而经理层是执行机构。作为经理层的最高层管理人员——首席执行官（chief executive officer，CEO），其主要责任就是执行权力机构做出的决策。由于执行机构是为权力机构服务的，因此 CEO 的任命应当交由权力机构。董事会是代表股东大会对公司日常经营进行决策的机构，多数情况下都是董事会来决定 CEO 的任命。

有时董事长与 CEO 由同一人担任，这在公司治理领域被称为"两职合一"。委托代理理论认为，当董事长与 CEO 两职合一时，董事会对 CEO 的监督功能弱化，容易导致 CEO 的行为与股东的利益背离。但现代管家理论（stewardship theory）[①]则认为委托代理理论对 CEO 有机会主义行为的假定并不合适，CEO 自身有追求尊严、信仰和内在工作满足的动机，这会促使他们更好地经营公司，做一个好的管家。在两职合一的情况下，CEO 有更多的创新自由，能适应多变的市场环境，从而对公司有利。实证的结果各有不同，一部分支持委托代理理论，认为应实行两职合一；另一部分则支持现代管家理论，认为两职合一有利于创新。

---

① Donaldson L, Davis J H. Stewardship theory or agency theory: CEO governance and shareholder returns. Australian Journal of Management, 1991, 16（1）：49-64.

当 CEO 的经营业绩不佳时，董事会有更替 CEO 的权力。在两职合一的情况下更替 CEO 比两职分离的情况下更替 CEO 的难度要大。影响 CEO 经营绩效的因素有很多，如宏观经济、市场环境、董事会的决策、内部管理等。将 CEO 的经营绩效直接与企业绝对绩效联系在一起并不一定是合适的，采用与同行业企业相比、与过往业绩相比的方法并以价值创造为基础进行评估能更全面地了解 CEO 是否存在有意损害股东利益的行为。

5. 高管薪酬与激励

当作为资本拥有方的股东聘用了作为管理才能拥有方的经理层后，委托代理问题也随之产生。无论给出多么高的薪酬，这种代理问题都不可能消失。一方面是因为无法衡量管理层所拿的薪酬与其产生的业绩是否匹配，即使公司有很好的业绩，高管人员可能只付出了自己一半的努力。如果他们更努力，公司的业绩会更好。另一方面是因为股东无法对高管人员进行密切的监督，以保证其每时每刻都在努力为股东创造价值，并使付出的薪酬与股东得到的回报相匹配。

支付高薪是否能缓解代理问题？当高管的能力超过其薪酬时，增加薪酬有利于缓解代理问题；但当高管的能力低于其薪酬时，增加薪酬只会使代理问题更为严重。薪酬是可度量的，但高管的能力如何度量则是一件难度很大的事情。由于企业是处于发展过程中的，而高管的能力也是动态变化的，因此将高管的薪酬与公司业绩绑定的做法可以在一定程度上从业绩的变化来判断高管能力的高低。

高管人员通常有自己的追求，如职位升迁、薪水上涨，而这些往往与其管理的企业规模有关。管理的企业规模越大，其薪酬水平越高，但追求规模并不意味着对股东有利。当资本成本高于公司经营净利润率时，追求规模只能毁损公司的价值，从而让股东受损。为了让高管人员的行为与创造价值相联系，制订高管人员的薪酬方案时也应将薪酬与公司价值创造相关联。

在将高管薪酬与公司价值创造相联系时，还需注意平衡短期价值创造和长期价值创造的问题。如果给予高管人员的短期薪酬在其总体薪酬中比重太高，就会导致高管人员为了获得短期薪酬去创造短期价值，这有可能损害公司长期创造价值的能力。例如，缩减研发费用可以提升公司短期经营利润率，能带来公司短期价值的提升，但这种行为却会损害公司的长期价值。因此，在薪酬设计中，应平衡短期薪酬和长期激励性报酬，才能使股东的价值最大化。

在设计长期激励性报酬时，通常包括排名制激励、股票期权、限制性股票等。

排名制激励是根据公司的排名情况支付股票的一种方式。这种方式不以公司的绝对业绩为标准来衡量高管的努力程度，而是以相对业绩为标准，有利于最大限度地激发高管人员的潜力。例如，公司如果进入同行业的前 10 名，就按名次 N 来支付 1 000 股的（11–N）倍股票，即如果公司排在第 10 名，则支付 1 000×（11–10）=1 000（股）作为激励；如果公司排在第 2 位，则支付 1 000×（11–2）=9 000（股）。

股票期权是给高管人员在某一期限以一个固定的执行价格来购买公司股票的权利。例如，目前公司的股票市价是 30 元，股东希望公司未来有新的增长并提升股价，可以给高管人员设置一个股票期权：在未来 3 年内，每年年底允许高管人员以 30 元的执行价购买公司股票。当然，高管人员要得到这一权利需要达到一定的创值标准，如创造多少的经济附加值（EVA）。通过高管人员的努力，公司的价值创造得越多，高管人员以 30 元执行价购买的股票未来的获利空间越大。不过实施时需注意，在资本市场的效率不高时，高管人员的努力可能无法通过股票价格反映出来。

限制性股票是事先就将股票授予高管人员，但如果未能达成事先约定的条件，这些股票将被公司收回。这一措施是将高管人员绑定在公司内部，以实现长期共同发展的目标。对于处于创业期的民营企业来说，给予限制性股票能更好地激励高管人员与公司长期共同发展。

二、公司治理体制的模式

在世界范围内，有两大类典型的公司治理机制，即莫兰德（1999）所谓的市场导向模式和网络导向模式，前者以英美两国为代表，后者则以德日两国为代表，因此也被称为英美模式和德日模式。这两种模式在股权结构、董事会结构等诸多方面存在显著的差异，各自有着鲜明的特征。我们将在这一部分为大家分别进行介绍。

1. 英美模式

从美国管理革命的历程来看，随着工业上市公司的兴起，资本与管理的结合导致了两权分离，也奠定了美国的管理控制格局，使管理者作为内部人更多地掌控了公司的权力，导致外部股东和员工权力被边缘化。由于过度相信管理能力能为企业带来巨大的价值，导致不少企业走上了多元化的道路，其结果证明盲目地依靠管理能力进行的多元化是失败的。这些失败首先通过控制权市场对管理层权力的更替加以纠正。但管理层在此过程中学会了制定反收购措施，并限制了控制权市场的作用，从而为自己构造了"堑壕"。控制权市场的逐渐失效催生了机构投资者的积极干预行为。美国管理革命的历史就是控制权在各个相关利益者之间分配和博弈的历史[1]。英美模式主要的公司治理特征如下。

（1）股权结构分散，自然人持股比重很大。英国持有股票的自然人占总人口的30%以上，这一比例在美国更是高达50%以上。由于有着追逐自身利益的强烈动机，但对公司的影响力并不高，因此自然人需要借助股票市场采用"用脚投票"的方式来约束经营者的行为。

（2）股东选举董事。公司的最高权力机关是股东会或股东大会，然后通过选举产生董事，构成董事会。为了避免董事会由内部人控制，出现了独立董事或非执行董事。同时，为了监督董事是否以股东利益为重，在董事会中形成了一些委员会，如审计委员会、薪酬委员会、提名委员会等。

（3）管理人员的薪酬高。经理人的薪酬通常包括薪金、奖金、持股或股票期权等，其主要目标是将经理人的目标与股东的目标更可能地拉近。根据韩翼（2007）的研究，美国至少有85位经理人的年收入超过230万美元，总裁的收入是本国基本工资的109倍，而英国总裁的收入也是本国基本工资的35倍。

（4）控制权市场发挥外部治理作用。由于英美国家的股权结构分散，且股东善于"用脚投票"，因此，一旦公司的经理层得不到股东的青睐，收购方就可能通过收购完成对原有经理层的替换。

2. 德日模式[2]

目前大多数研究公司治理的文献都是围绕美国的治理机制，并将美国的治理机制看做全

---

[1] 对美国公司治理的发展演变的详细过程，可参考黄一义的《从两权分离到两权合流——美国公司治理100年》(《新财经》，2005年第2期和第4期)。

[2] 对日本公司的公司治理改革可参考黄亚南的《公司治理的本质和形式：日本的经验教训》(《上海经济研究》，2009年)。

球的范本。然而，美国两权分离的机制是与其管理革命相连的。制度背景不同，治理机制也会有所不同，不能用同一种治理机制去解决所有的问题。

尽管日本的很多企业都属于现代股份制公司，从形式上来看其治理主体是股东，但这些股东在股东大会上基本上保持沉默。其原因是第二次世界大战之后为了清除战前财阀对公司的影响，日本在1950年修订了《商法》。《商法》对股东大会的权力做出了限制，并强化了董事的作用。为了阻止外资收购本土企业，日本企业采取了交叉持股的方式。由于股权分散化且没有相应的发言权，日本的个人投资者更多的是用股票来投机。即便是交叉持股形成的法人股东，其主要作用也不是治理公司内部，而是对抗外部的敌意收购。交叉持股的法人股东极少出售所持的股份，在日本称为"安定股东"。这类持股人既不对公司治理发表任何意见，也不"用脚投票"。由于股东的治理作用弱化，在日本的公司治理中起作用的就是以银行为主的金融机构。但他们对公司的治理并不是依据股东的地位，而是依据债权人的地位，其原因在于日本公司的负债额大大超过其自有资本总额。与银行保持密切的长期关系，能够减少信息不对称带来的代理费用；当公司陷入经济危机时，有银行的帮助能够更快地摆脱困境。这种与企业有持续性交易关系的公司治理模式被称为"内部型公司治理"（Sheard，1997）。内部型公司治理模式的优点在于经营和雇佣关系的稳定，节省了监视和干涉成本，并能将一些成本内化；而缺点在于不透明，当遇到不确定性的时候有效性会下降。

20世纪90年代以后，日本的泡沫经济崩溃，导致日本企业的业绩持续下降。而美国在信息技术经济的支持下繁荣昌盛，美国企业超越了日本的企业。于是，日本开始认为美国的公司治理模式是一种更为优秀的模式，并引入了一些美国的公司治理制度。不过，这一形式上的引进却忽略了本质上的差异，并没有给日本带来明显的改善。2005年东京证券交易所对此进行了调查研究，调查结果表明，日本公司非常关心公司治理改革，98.6%的被访公司关心公司治理改革，84%的公司对上市公司的公司治理准则具有认知度，认为这种准则类的指导文件很有必要的占81%。在这些调查对象中，希望引进美国公司治理方式的仅占4.3%，而42%的公司认为可以形成日本统一的公司治理方式，50%的公司认为可以根据上市公司的公司治理准则形成各家企业各自的方式。由于美国的公司治理方式在日本并没有得到认同，所以设置审核委员会、提名委员会、薪酬委员会3个委员会的新公司治理体系在日本企业中没有得到普及。从东京证券交易所发布的《东证上市公司公司治理白皮书2007》的统计数据中可以看到，2006年设置了3个委员会的公司仅仅占东京证券交易所上市企业的2.5%。旧公司治理体系仍构成了日本的主导体系，而且采用旧公司治理体系的企业中引入了外部独立董事的也仅有40.8%，其中80%只有不到2人在内的外部独立董事。在这一改革过程中，日本公司逐渐意识到，解决信息不对称问题才是公司治理能发挥作用的关键。如果仅仅引进美国的公司治理模式的形式，而忽略了对信息不对称问题的解决，就无助于公司治理的改善和公司业绩的提升。

德日模式下主要的公司治理特征如下。

（1）银行作为大股东，且交叉持股。在德国、日本，主银行同时持有公司的股权和债权。在这一模式下，大股东既作为权益所有者又作为债权人发挥着重要的监管作用。通常，主银行的持股是长期的，这有利于保持股权的稳定并保证公司长期的发展。黄亚南（2009）指出，以主银行为中心的金融机构对日本公司治理起了如下的作用：与主银行保持的长期关系能削减信息不对称带来的代理费用，以及在银行支持下而避免破产的破产费用；银行对陷入困境的公司派遣经理层可以比较快地改善公司的经营状况，发挥银行的监督作用；金融机构的持股对企业生产起到了提升作用。

（2）董事会的结构和作用不同于英美。黄亚南（2009）指出，在日本，负责把企业做大的最高业务命令执行者的代表董事（称为"社长"）从形式上看是董事会成员的董事互选产生的，并且董事之间有相互监督的义务，而董事是由股东大会选举任命的。但是实际上，有董事提名权和实际任命权的是社长本人，由社长任命的董事选举任命人为社长几乎是理所当然的。同时为了获得社长的信任和重用，几乎没有一个董事会对社长行使监督的权力，但这并不意味着社长不受监督。社长通常是前任提名，从公司内部提升上来。新社长往往在无形中受到前社长的压力，因为前任社长通常担任董事会的会长，保留对社长的监督权力。但是，在日本的公司法中并没有社长、会长的职务规定，只有代表董事。社长和会长通常都可以担任代表董事。而代表董事是董事互选产生的，所以，公司法中也就没有明确规定会长监督社长的条文。这一非正式的监督关系之所以能发挥作用，又是通过社长的任期制来实现。社长一般任2年，可以连任，但通常不超过10年。一旦出现问题，以会长为首的势力将会迫使社长引咎辞职。但即使业绩再好，也不能超过10年。

英美国家没有设置监事会，而德国的公司则一般设有监事会和管理委员会，监事会是最终管理机构，主要由重要股东组成（祖良荣，2004）。从层级来说，德国的监事会处于董事会之上，监事会负责监督董事会，董事会是决策机关。

（3）重视职员的作用。日本公司的职员有权对公司发展中的基本问题发表建议，并可以从公司获得的经济利益中享有优先分配权。日本公司的职员遵循终身雇佣制，因此对企业有强烈的认同感和归属感，并自觉将自己的利益与公司的利益联系在一起。在德国，监事会成员由股东代表和职员代表共同组成。在德国的大企业中，职员代表在监事会的席位可能超过50%。

三、融资结构与公司治理[①]

公司的融资结构是指公司的资金来源结构，即通过不同来源筹集到的资金之间的比例关系。融资结构的内涵有以下几种：一是公司内源融资与外部融资之间的比例关系；二是公司外部融资中通过银行进行的间接融资与通过证券进行的直接融资之间的比例关系；三是通过证券进行的直接融资中股票融资和债券融资之间的比例关系；四是股权融资与债权融资之间的比例关系。第四种与第三种有所区别，第三种是指证券融资中股票和债券的比例，第四种的债权融资包含了银行间接融资。如果分别考察股权融资和债权融资，则股权融资中包括内部股权投资者和外部股权投资者，债权融资中包括短期债务持有人和长期债务持有人。当公司的投资项目是既定的，则融资结构中股权融资与债权融资的比例决定了股权投资者和债权投资者对项目享有的权益。负债越高，外部股权投资者越少，则内部股权投资者拥有越多的权益，但当负债导致公司陷入破产境地时，债权人拥有的权益比内部股权投资者更多。不同的融资结构既会影响企业的融资成本，也会影响公司的价值；而不同融资结构形成的股权持有人、债权持有人及公司管理层之间的关系对公司治理也产生着重要的影响。融资结构对公司治理产生的效应主要表现在两个方面，即股权融资的公司治理效应和债权融资的公司治理效应。

[①] 关于资本结构与公司治理问题的更多讨论，可参考 Stulz（1988）、Harris 和 Raviv（1990）、Israel（1991）。

（一）股权融资的治理机制及其效率

如果公司采用股权融资的方式向外部股东获取融资，外部股东就成为公司的所有者，拥有公司的剩余索取权和控制权。外部股东要实现对公司的治理可以通过内部治理机制并借助于外部治理机制来完成。

公司内部的治理机制包括股东大会的投票、董事会的选举和监督、控制权的争夺等。内部的治理机制通常在公司章程中设定，在一定程度上构成了股东与管理层不完全合同的补充，以对代理关系加以约束。同样由于信息和合同的不完全性，公司章程中规定的这些内部机制也不能十全十美。需要注意的是，这些内部治理机制只能缓解代理问题，无法完全解决代理问题，即无法让管理层追逐的利益与股东追逐的利益完全一致。

由于股东大会是最高权力机构，因此股东大会的投票机制是否合理对公司的治理有着至关重要的作用。在股权融资的过程中，如何将权力合理地配置在各个股东手上，并保证公司在权衡各项利弊之后尽可能地为各方创造更大的价值是一个值得思考的问题。如果未解决好这方面的问题，向外部股东融资会变得困难，使企业难以发展。累积投票制是一个赋予中小股东更多权力的机制。

董事会作为决策机构对公司的发展起着很重要的作用，但其常常被控制在大股东手中。在董事会成员中引入非执行董事或独立董事有助于缓解这一问题。不过，其能否有效监督董事会仍值得怀疑，因为部分独立董事可能与大股东存在千丝万缕的关系。若非如此，这些独立董事似乎无法进入董事会。有些情况下，独立董事也存在无法做好监督工作的客观原因，如监督不会为他们带来显著的经济利益，独立董事由于本身就有其他的工作而不可能在监督上投入太多的精力等。

当中小股东对现有的管理层不满时，他们还可以发起代理权争夺来给管理层施加压力以改变公司的经营状况。由于多数的中小股东并不常常参与公司的投票，而这些投票权是可以委托给他人的，因此有争夺欲望的股东可以从中小股东手中搜集投票代理权。需要注意的是，在征集代理权时应有一个比现有管理层更好的关于公司未来发展的规划，这样才能吸引到足够的支持。即使未能获得最终的代理权争夺的胜利，也能引导现有的管理层考虑新的规划。

当内部机制失效时，有时要依赖外部机制来解决股权融资中的代理问题。一方面可以通过经理人市场的争夺迫使管理层做出有利于提升公司价值的决策，另一方面也可以通过直接的敌意收购来完成对管理层的替代。但需要了解的是，经理人市场是根据经理人的短期成败来评价的，这会打击经理人冒险的精神，并不利于企业的长远发展。对于那些处于创业成长期的企业，适当地鼓励冒险对企业的发展更有好处。

（二）债务融资的治理机制及其效率

公司的融资既可以通过股权融资来完成，也可以通过负债融资来完成。不同的融资方式将为公司带来不同的利益相关者，也对公司的治理产生了不同的影响。许多文献研究了负债融资对公司治理的影响，形成了如下理论[1]。

1. 激励理论

根据代理理论，管理层拥有的股份和剩余索取权越少，愿意努力的程度就越小，偷懒和

---

[1] 王满四. 负债融资的公司治理效应及其机制研究. 浙江大学博士学位论文，2003.

谋取私利的可能性就越大。而这也导致了管理层只拥有部分股份的企业的价值小于管理层拥有全部股份时的价值，两者之差构成了外部股权融资的代理成本。如果管理层通过向外部股东融资，则必然稀释其剩余索取权，从而带来更大的代理成本。在投资者保护不足的环境中，如果外部股东是理性的，他们将由于代理问题的存在而不太愿意给管理层融资。在融资结构中引入债权融资，将有利于缓解这一代理冲突。债权融资与股权融资的不同在于债权融资对现金流有严格的要求，这会促使管理层不滥用公司的自由资金用于个人享受。因此，债权融资将对公司治理起正面作用。

Grossman 和 Hart（1982）认为债务是一种担保机制，能够降低由所有权和控制权分离产生的代理成本。其核心观点是管理层的效用依赖于其目前的职位，如果公司破产，则管理层将丧失目前职位给其带来的好处。对管理层来说，他们需要在获取的私有收益与企业破产给自己带来的损失之间进行权衡。但是，负债融资可能造成的破产与负债融资的比例正相关。负债融资越高，破产可能性越高，对管理层造成的约束也越大，从而更可能降低代理成本。如果融资完全通过股权融资，而没有任何负债融资，破产的可能性为零，管理层就有可能将所有的现金用于谋取其私有利益。Harris 和 Raviv（1990）认为在清算企业对股东更有利的情况下，管理层仍希望能继续运营企业，因为其职位与企业的存续有关。这种利益冲突是不可能通过建立在现金流量和投资费用基础上的合约来消除的。但如果企业的融资中有负债融资，债权人在企业运营不佳时可迫使管理层清算企业，从而缓和这一代理冲突。Stulz（1988）认为管理层不太愿意将现金作为股利支付给股东，因为他们想控制更多的资金用于扩大企业规模，从而提升自己的薪酬水平。当企业没有更好的能创造价值的项目时，管理层仍不愿意将现金支付给股东就造成了严重的代理问题。融资结构中有负债融资将可以减少管理层滥用资金进行投资的状况，从而缓解这一冲突。

2. 控制权理论

股东之所以拥有控制权，是因为其承担了投入资本的所有风险。因此，企业的经营决策权应归属于股东。但这一情况只存在于企业处于正常状态时。一旦企业处于破产状态，企业的控制权将从股东手中转移至债权人手中。因此，负债融资量的多少能够影响企业控制权的转移，从而对公司治理产生一定的影响。

Aghion 和 Bolton（1992）证明了在一个多期环境中，一旦有不利的、公开观测的收益信息时，将控制权转移给债权人将可能成为一个最优的选择。对负债融资量的选择就相当于对控制权分配的选择。最优的负债比例是在该负债水平上导致企业破产时将控制权从股东转移给债权人。该模型有一个假设，即管理层拥有不可证实且不能转让的在职私有收益，而企业可以产生的可证实的货币收益较少，这必然导致同时追求货币和私有收益的管理层与仅追求货币利益的资本家之间的利益冲突。如果货币收益与总收益是单调递增关系，则由股东来控制能够带来最优的结果；如果管理层的私有收益与总收益存在单调递增关系，则由管理层来控制能带来最优的结果；如果货币收益与总收益之间的关系不是单调的，或管理层的私有收益与总收益的关系不是单调的，则控制权的相机配置能带来最优的结果，即正常的经营状态下由管理层来控制企业，反之由股东来控制。一旦企业临近破产，则债权人获得控制权。

Stulz（1988）、Harris 和 Raviv（1990）、Israel（1991）还分析了负债融资对代理权竞争的影响。通常，在企业的投资总量不变的情况下，融资结构中增加债务融资的比例将相对扩大管理层的股权比例（假设管理层有股权）。当企业的负债融资增加时，管理层控制的资源相应增大，管理层掌控企业控制权的概率也相应增加。这使得在代理权争夺中管理层的主动性增强，从而降低了潜在竞争者夺取代理权的可能性。同时，由于管理层的股权比例相对增加，在控制更多资源的同时其所拥有的剩余索取权也相应增加，因此管理层的偷懒和谋求私有利益的动机会降低，从而降低了代理成本。但这是否意味着负债越多越好呢？答案是否定的。对管理层来说，债务的数量不可能是无限扩大的。负债融资维持在一定限度内能使管理层的偷懒和谋求私有收益的动机降低，但超过一定限度会进一步降低潜在竞争者夺取代理权的可能性，这反过来限制了控制权市场对效率低的管理层进行更替，从而给管理层构造了"堑壕"。公司的融资结构也是影响控制权市场的一个重要因素。由于债权人不拥有公司的投票权，因此拥有股份的管理层在融资时会倾向更多地采用负债融资的方式而不是股权融资的方式，这样能够便于管理层扩大自己的资源控制权。而且，由于其让渡给外部股东的控制权有限，因此能在一定程度上抵御潜在的收购方，降低控制权被夺取的概率。负债越高，被收购成功的可能性越低。

2009年的诺贝尔经济学奖获得者 Williamson（1985）在 Coase（1937）的交易成本理论基础上，从资产专用性的角度分析了债权与股权对公司治理的不同效应。他认为，最好不要将债权和股权仅仅看做融资工具，而是将它们看成可以相互取代的治理方式。其中，债权发挥的是制约的作用，而股权发挥的是自由裁量的作用。当公司需要融资时，到底是采用债权融资的方式还是股权融资的方式，取决于项目资产的特征。如果项目的资产可以重新配置，选择债权融资是最优的方式，即便在破产的情况下，这些资产仍可以通过处置来回收一些价值；但如果项目的资产具有很高的专用性，由于破产后项目资产的价值无法收回，这时最好采用股权融资的方式。因此，在现实中，经常可以看到一些依赖于人力资源的高科技企业通常采用股权融资的方式，而一些有大量固定资产的企业则常常采用债权融资的方式。

四、其他外部治理机制

除内部治理机制外，一些外部治理机制也能在一定程度上缓解委托代理问题。常见的外部治理机制包括控制权市场、投资者法律保护、信息披露、媒体治理等。

1. 控制权市场

公司通过在要素市场上购买生产要素并生产出产品在产品市场上出售来实现资源的优化配置。如果不考虑公司的组织和管理能力，要素市场和产品市场的竞争能促使公司达成最优状态。然而，由于市场摩擦的存在，要素市场和产品市场可能失效，并不能督促公司达成最优。当公司的管理层未能达成最优状况，就需要第三个市场——公司控制权市场来对此进行纠正（Marris，1963）。Jensen 和 Ruback（1983）进一步将控制权市场看做不同的管理团队竞争控制公司资源权力的一个竞技场，并认为它构成了经理人劳动市场的一个重要组成部分。郑志刚（2006）认为 Jensen 和 Ruback 等看到了变化中的技术和市场条件会对公司资产的重组提出要求，而具有全新管理理念的管理团队往往更容易实现变革。旧的管理团队向新的管理团队的过渡通过接管而成功实现。这一市场为公司控制权的转移提供了可供选择的途径，为实现企业资源的优化组合创造了条件。

控制权市场（market for corporate control）的范围很广，包括之前提到的公司接管（corporate takeovers）、杠杆收购（leveraged buyouts）以及公司重组（corporate restructurings）等在内的公司战略而实现的公司资产控制权力转移的各种市场行为都涵盖在内。对控制权的争夺则包含兼并（merger）、敌意和友好要约收购（hostile and friendly tender offer）及代理权竞争（proxy contests）等。

当一个公司的管理层在组织要素和生产产品上的效率较低时，就可能出现新的管理层对其进行接管，以纠正这种低效率，控制权市场就提供了控制权转移的场所。与控制权转移相伴随的就是原来的管理层被更替。当控制权发生真实转移时并带来了效率的提高，控制权市场起到的是优化资源配置的作用。但控制权市场有时并不发挥这种实际作用，而是对公司的现有管理层构成了一种威胁或约束（discipline），即如果管理层不努力从股东利益角度出发，那么有的新的股东就可能通过收购公司的控制权来完成对原管理层的更替，这种约束作用提升了公司治理。

Grossman 和 Hart（1980）探讨了控制权市场发挥的经济作用，其观点是，企业的外部环境会影响到原管理层与股东所缔结的合约。如果外部环境发生变化，可能导致原有的合约变为低效率的合约。例如，随着企业的成长，原有的管理层可能无法适应这种增长，不能带来效率的提高，于是需要新的一方介入获得控制权，并替换原来的管理层，形成新的合约。这种控制权的更替带来了效率的改善。

然而，有一个问题值得探讨，即控制权的更替是否一定能带来效率的提升？Allen 等认为控制权转移能够至少部分地改善劣质收购的价值毁损状况。但 Offenberg 等（2014）却发现劣质收购公司在控制权转移的过程中并不能创造价值。他们认为，也许因为对劣质收购公司进行兼并的公司管理者过度自信，高估了控制权转移所能创造的价值，而支付过高的溢价。陈玉罡等（2012a）在对 2000~2008 年 136 个发生了收购行为随后其控制权又被易主的上市公司样本进行研究后发现，控制权市场的惩戒作用能起到一定效果，控制权易主能够改善价值毁损的状况。控制权易主之后 5 年，价值毁损的状况得到明显改善。

控制权转移能否实现，还要看收购方能否突破目标公司的反收购壁垒。如前文所述，目标公司可以设置预防性的反收购措施，如毒丸计划、金色降落伞、董事轮换制等，也可以在袭击者出现时采用主动性的反收购措施，如寻找白衣骑士、实施帕克曼防御等。倘若目标公司内部有反收购措施，这实际上为现有的管理层构造了"堑壕"，使其在一定程度上避免了外部袭击者的袭击，从而导致控制权市场的"威胁"作用大大降低，公司受到的外部治理减弱。Masulis 等（2007）研究发现有很多反收购条款的收购公司在收购公告前后经历了显著较低的超额收益，由于此类收购公司更不容易受到控制权市场的约束，所以市场给出了较低的超额收益。他们还发现，在竞争性行业或 CEO 与董事长两职分离的收购公司这种超额收益较高。Wang 和 Xie（2009）还发现在控制权转移过程中，公司治理差的公司控制权转移到公司治理好的公司能产生更高的收益，且这种收益与双方控制权的差异程度正相关[1]。

2. 其他外部治理机制

La Porta 等（2002）开创了"法与金融"的研究领域，指出一国的投资者法律保护状况与该国上市公司的价值是正相关的，即投资者法律保护越好，公司的价值越高。Gompers 等（2003）构造了单个公司的治理指数（SSE corporate governance index，G-index）来反映股东与管理层的权力对比。管理层权力越大，G-index 越高。通过实证研究，他们发现买入 G-index 低的公司股票并卖出 G-index 高的公司股票可以获得 8.5%的显著超额收益。Klapper 和 Love（2004）则在 La Porta 等（2002）研究国家层面投资者保护程度以及 Gompers 等（2003）研

---

[1] 关于公司治理和并购之间的讨论，可参考 Morck 等（1990）、Masulis 等（2007）。

究公司层面投资者保护程度的基础上分析了新兴国家的这两个层面的投资者保护程度之间的关系，发现当一个国家的投资者保护程度不强时，通过加强公司层面的投资者保护程度能提升公司绩效。

委托代理问题产生的根源在于信息不对称，这点在中小股东与管理层之间体现得更为明显。由于中小股东参与公司经营决策的机会不多，只能通过公开披露的信息来了解所投资的公司的经营状况。因此，缓解股东与管理层之间、中小股东与大股东之间的代理问题，离不开一个好的信息披露制度。2006年12月13日由中国证监会通过的《上市公司信息披露管理办法》详细规范了信息披露义务人的信息披露行为。这些规定中的信息披露属于强制性的信息披露。除此之外，上市公司还可以实施自愿性的信息披露以减少信息不对称带来的不利影响（如公司估值较低）。对于自愿披露信息的公司，可以理解为该公司向外界传递着一种正面信号，也可以在一定程度上认为该公司的代理成本比没有进行自愿信息披露的公司要低。

对于任何一个公司，都不愿意主动披露负面信息。因此，负面信息的披露通常需要通过媒体来完成。负面信息的披露一方面会影响股价，从而影响股东的财富；另一方面也会影响高管人员的声誉，从而影响其未来的薪酬水平。媒体对负面信息的披露有助于公司改变目前的状况，从而对公司也起到一种外部治理的作用。

五、小结

本节阐释了公司治理产生的源头，即由于存在道德风险和逆向选择所导致的委托代理问题。股东与职业经理人之间存在的委托代理问题构成了第一类代理问题，公司的控股股东与中小股东之间的利益冲突构成了第二类委托代理问题。而公司治理正是试图缓解上述两类主要的代理冲突。公司内部治理结构包括了产权配置、股权结构、董事会制度、高管激励，而外部治理机制则包括了控制权市场、投资者法律保护等。

在世界范围内，公司治理体制可分成英美模式和德日模式。这两种模式有着迥异的特征，但并不存在哪一类模式更优的结论。

此外，本节还指出，公司不同的融资结构形成的股权持有人、债权持有人及公司管理层之间的关系对公司治理也产生着重要的影响。

第三节　公司金融环境

公司所从事的一切活动都是在它所处的宏观经济环境中展开的，并受到环境中诸多因素的制约和影响。国家某个时期所实行的宏观经济政策、货币政策、利率政策和汇率政策等的改变，都会对公司的战略目标、经营活动及财务活动产生深远的影响。而公司所处的金融环境，包括金融市场的成熟程度、金融渠道的广度和深度、金融监管的规范性等方面，则会对公司的金融活动产生最直接的影响。因此在本节中，我们将为读者介绍公司所处的经济与金融环境的范畴、构成要素及对公司产生的作用。

一、经济环境

（一）财政政策和公司金融决策

财政政策是指为了促进就业水平提高，减轻经济波动，防止通货膨胀，实现稳定增长而对政府支出、税收和债务水平所进行的安排，或者是关于政府收入和支出水平的决策。财政政策由政府收入和支出两个方面构成。政府支出包括政府购买和转移支付，政府购买是指政府对商品和服务的购买。政府转移支付是指政府在社会福利保险、贫困救济和各种补助等方面的支出。政府收入是指税收和公债。税收是政府收入中最主要的部分，是国家为了实现其职能按照法律预先规定的标准，强制地、无偿地取得财政收入的一种手段，税收具有强制性、无偿性、固定性三个基本特征。公债是政府对公众的债务，或公众对政府的债权。当税收不足以弥补支出时，政府就会发行公债。

财政政策可以通过影响整个经济社会对商品和劳务的总需求来影响商业环境。对公司来说，财政政策对其投融资的调节是通过财政收入和支出两方面来实现的。收入方面主要是通过税收优惠增加企业利润，增强其投资能力，从而增加投资总量；相反，公司所得税过高就会通过影响企业利润留存从而影响投资积极性；等等。支出方面主要是通过政府购买、财政资金的带动效应，促进公司的投资扩张，当然，财政政策要避免形成对公司和其他社会投资的"挤出效应"。

（二）货币政策、利率政策和公司金融决策

1. 货币政策

货币政策是指中央银行通过控制货币供应量（即全社会总的购买力）来调节利率、信贷进而影响投资、消费和总需求，以达到一定经济目标的行为。货币政策的效率依赖于货币政策目标是否实现。而货币政策的目标有最终目标、中间目标和操作目标之分。一般来说，货币政策的最终目标和国家宏观经济政策目标是一致的，即经济增长、充分就业、物价稳定、国际收支平衡。根据《中华人民共和国中国人民银行法》第 3 条规定，中国货币政策最终目标为"保持货币币值的稳定，并以此促进经济增长"。

货币政策工具是中央银行为实现货币政策目标而采取的具体手段。货币政策工具可分为一般性工具和选择性工具。一般性工具指中央银行所采用的、能够对整个金融系统的货币信用扩张与紧缩产生全面影响的手段，是最主要的货币政策工具，包括再贴现政策、公开市场业务和存款准备金率。再贴现政策（rediscount policy）是中央银行通过制定或调整再贴现率来调节市场货币供应量的一种政策手段，再贴现率是商业银行将其贴现的未到期票据向中央银行申请再贴现时的预扣利率。公开市场业务是指中央银行在金融市场上公开买卖政府债券（如国库券、公债等）以调节货币供应量及利率的行为。存款准备金是指金融机构为保证客户提取存款和资金清算需要按照规定集中于中央银行的存款，存款准备金占其存款总额的比例就是存款准备金率。在现代金融制度下，金融机构的准备金分为两部分，一部分以现金的形式保存在自己的业务库，另一部分则以存款形式存储于中央银行，后者即存款准备金。而存款准备金又分为法定准备金和超额准备金。法定准备金指凡商业银行必须按照一定比率提留并存入中央银行的准备金。超额准备金是金融机构自身决定并存放在中央银行、超出法定存款准备金的部分，主要用于支付清算、头寸调拨或作为资产运用的备用资金。

2. 利率政策和公司金融决策

利率是一定时期内利息额与借贷资金总额的比率，表明单位货币在单位时间内的利息水平，通常由一国的中央银行控制，并作为宏观经济调控的重要工具之一。与此前所提及的存款准备金率、公开市场业务和再贴现等数量型的货币政策工具不同，利率（加息或减息）属于价格型工具，通过调整价格来控制对货币的需求。目前，中国人民银行采用的利率工具主要有调整中央银行基准利率，调整金融机构法定存贷款利率，制定金融机构存贷款利率的浮动范围，制定相关政策对利率结构和档次进行调整等。

从利率政策与公司金融决策的关系看，按照宏观经济学理论，投资需求取决于资本边际效率和利率水平的对比关系，在资本边际效率既定的前提下，投资需求与利率水平呈反向关系。因为利率水平会直接影响商业借款的成本，提高贷款利率意味着企业借款成本的上升，从而使投资回报率降低，不利于公司的扩张。由于中国的企业绝大多数仍以从银行等金融机构的间接融资为主，而且平均负债率较高，所以，利率政策对公司投融资决策的影响很大。此外，当利率变化频繁、波动增加时，企业对未来投资收益的不确定性会增加，从而影响投融资的积极性。利率政策还会影响金融资产结构，从而影响股票价格、资金流向等证券市场基本因素的变化。

（三）汇率政策与公司金融政策

汇率政策是指一个国家（或地区）为调节进出口贸易及资本流动以达到国际收支均衡的目标，通过法律或政策规定，把本国货币与外国货币的比价控制在适度的水平而采取的政策手段。两种货币实际所代表的价值量是汇率决定的基础，此外，影响汇率的主要因素是国际收支，即外汇市场的供给和需求关系，其中，外贸收支对汇率变动起决定性的作用。以下一些因素也会影响汇率，如通货膨胀率、利率、投机行为、政府干预等。除了货币的供给和需求之外，宏观经济的其他方面也会对汇率产生影响。例如，国民经济的总支出决定了商品需求，而商品的需求则会影响商品的进出口进而影响汇率。

汇率政策虽然不能改变汇率的基本趋势，但一国政府可以根据本国货币走势，采取加剧本币汇率的下跌或上涨的措施。当然，除了一些特殊原因外，如应对金融危机鼓励出口而采取量化宽松的货币政策导致本国货币大幅贬值，一般情况下各国均将保持汇率稳定作为基本的政策目标。

汇率政策工具主要有汇率制度的选择、汇率水平的确定，以及汇率水平的变动和调整。汇率制度传统上分为固定汇率制（fixed exchange rate system）和浮动汇率制（floating exchange rate system）两大类。固定汇率制是指一国货币与另一国货币的兑换比率基本固定，固定汇率并非汇率完全固定不动，而是围绕一个相对固定的平价上下波动。当汇价涨或跌到上限或下限时，中央银行就要采取干预措施。而浮动汇率制是相对于固定汇率制而言的，指一个国家不规定本国货币与外国货币汇率的上下波动幅度，汇率根据市场供求关系自由涨跌，货币当局不进行干涉。当然，实际上各国政府为了维持汇率的稳定，或出于某种政治及经济目的，都或多或少地对汇率的波动采取干预措施。

较低的汇率意味着在国际市场上国内商品更加便宜，出口需求会增大。同时，也意味着进口商品比较昂贵，进口需求就会降低。较高的汇率则与之相反，出口需求降低，进口需求增加。因此，汇率政策给企业在国际贸易中带来了很多不确定性。但是，进出口企业也可采取一定的措施来降低汇率风险，主要有以下几点：①可以通过购买外汇期货固定未来的融资成本；②可以通过直接交换商品来规避汇率波动带来的风险；③如果汇率的波动对企业的影响较大，企业就可以将自己的目标市场放到价格不敏感型消费者居多的市场。

在开放经济条件下，汇率也是影响公司投融资决策的重要因素，主要表现在：一是汇兑损益可以影响公司利润进而影响其投资能力；二是企业在海外发行债券，会涉及发行国的利率和汇率并最终影响企业的融资成本和投资收益；三是企业的海外投资也必须考虑汇率因素对投资回报的最终影响。

二、金融环境

（一）金融市场

1. 金融市场概念

金融市场（financial market）是交易金融资产的场所。在金融市场中，资金由买方流向之前持有金融资产的卖方，资金供给者和资金需求者双方通过信用工具进行交易，实现资金融通。市场资金的供给者通常又叫做盈余方（surplus units），他们的收入大于支出，从而为金融市场提供净储蓄。市场资金的需求者通常又叫做赤字方（deficit units），他们的支出大于收入，因此需要从金融市场获得资金。资金从盈余方流向赤字方对于整个经济的运行都是至关重要的，因为对资金盈余方来讲，他们通常没有合适的可营利的投资机会。如果没有金融市场，资金很难从没有投资机会的盈余方转移到拥有投资机会的赤字方，最终，双方将会因无法达成交易而都不能得到收益。

2. 金融市场的作用

金融系统通常涉及如图 2-4 所示的四个方面，即公司金融、金融市场、投资管理和金融机构。

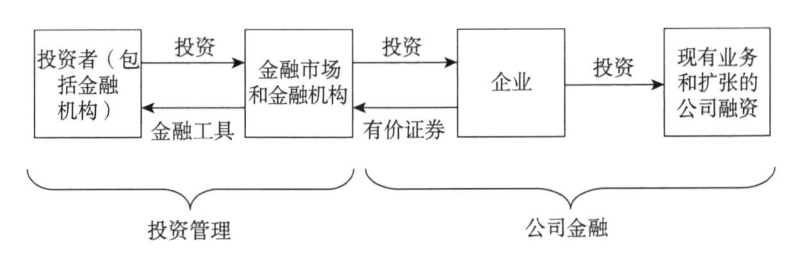

图 2-4 金融市场为公司金融和投资管理提供条件

公司金融包括公司如何获得更多的资金以及如何进行投资来扩大经营收益等策略。金融市场引导资金从投资者手中投向需要资金的企业，使企业筹得经营和发展所需要的资金。企业可以通过货币市场筹集短期资金以满足日常经营所需的流动资金；资本市场则有助于企业筹集长期资金从而满足企业未来发展的需要。投资管理是关于投资者如何进行投资的策略，投资者可以在金融市场中选择各种金融工具进行投资，确保所投资的企业能够使自己获得的收益最大。图 2-4 中的金融机构是金融市场的交易媒介，通过金融机构，投资者能够将资金融通给企业，其本身也可以直接将自身资金融通给企业。

3. 金融市场与公司财务决策

金融市场与企业财务决策有着非常直接的联系。首先，企业的财务决策需要通过金融市场来实施。无论企业进行融资还是一些投资活动，都需要在金融市场中得以实现。例如，企业需要借助于金融市场的媒介作用，找到资金盈余方；通过发行股票等金融工具，实现企业融资。同时，企业也可以在金融市场购买多种证券，实现有效地投资组合。其次，金融市场上的各种动向影响企业的财务决策。企业可根据金融市场的变化趋势，调整自身的资本结构，确定适宜的负债比率。企业也会因为所持股票的股价未达到预期而将其转让。最后，企业的财务决策会对金融市场产生反作用。最典型的例子莫过于2009年美国通用汽车重组方案被否决，美国股市暴跌，继而影响到原油市场与亚洲股票市场。

（二）金融市场的参与者

金融市场的参与者即为金融市场的交易者，可以表现为自然人、法人或者政府。这些交易者可以是资金的供给者，也可以是资金的需求者，并在一定条件下可以互换角色。具体来说，金融市场的参与者一般包括政府、企业、金融机构、个人和中介机构。

1. 政府

政府是金融市场上主要的资金需求者，同时也是债券的发行主体。除此之外，政府在金融市场中也扮演着监管者和调节者的角色，具有双重身份。首先，中央政府和地方政府都会通过发行债券来筹集资金，用于基础设施建设或者弥补财政赤字。其次，中央银行的职能包括实施货币政策、维护金融稳定和提供金融基础设施服务。中央银行可通过在金融市场上公开买卖有价证券的方法调节货币供应量，可通过向金融市场注入流动性来维护金融稳定，与金融界密切合作，协调支付交易的组织和技术问题。最后，政府会通过颁布财政政策或者法律法规直接向金融市场施加压力进行监管和引导，同时也会授权中央银行等监管机构对金融市场进行监管，以此来保证金融市场稳定发展。

2. 企业

企业通常作为最大的资金需求者参与金融市场活动。在经营过程中，企业会因自身发展的需要或者改善内部财务结构的原因在金融市场上进行筹资活动。它们会采用发行股票或债券、贷款、融资租赁等方式筹集所需资金。同时，企业也是金融市场的资金提供者。它们会将暂时闲置的资金投资于金融市场获得收益，或者在金融市场上进行套期保值来分散风险。

3. 金融机构

金融机构泛指各类从事金融活动的组织。金融机构的作用是将资金盈余方与资金赤字方联系起来，达到汇集资金、分散风险、期限变换及规模效应的目的。金融机构包括存款性金融机构和非存款性金融机构。存款性金融机构是指可以通过吸收各种存款而获得可利用资金，并将之贷给需要资金的各经济主体及投资于证券等以获取收益的金融机构（图2-5）。目前，我国的存款性金融机构包括商业银行和农村信用合作社。商业银行是以经营存贷款为主要业务，以营利为目的的金融机构。它既是金融市场上的资金供给者，同时也是资金需求者。商业银行的资金来源主要是各项存款，包括活期存款和定期存款，居民储蓄存款、企业存款和同业存款等，此外，还有金融债、银行资本金和留存收益。商业银行运用其集中的货币资金从事放款、投资（证券投资、现金资产投资、同业业务类投资）、租赁、买卖外汇、票据贴现等业务。同时，商业银行还发挥着信用中介、支付中介等功能。与商业银行相比，传统的信用合作社是非营利性的，资金来源和服务对象均局限于本社会员。现代意义上的信用合作社已经突破本社会员的限制，其资金来源和服务对象与商业银行差别不大，农村信用社的资金来源和资金用途与商业银行已基本相同。

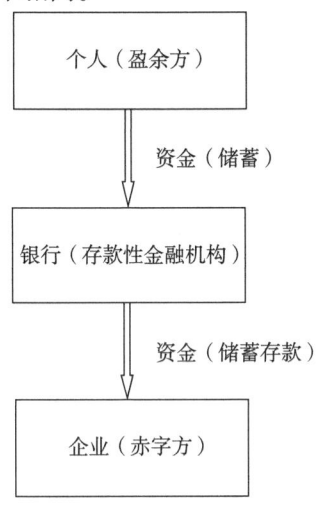

```
┌──────────────────┐
│   个人（盈余方）  │
└────────┬─────────┘
         │ 资金（储蓄）
         ▼
┌──────────────────────┐
│ 银行（存款性金融机构）│
└────────┬─────────────┘
         │ 资金（储蓄存款）
         ▼
┌──────────────────┐
│   企业（赤字方）  │
└──────────────────┘
```

图 2-5　存款性金融机构的媒介作用

非存款性金融机构是指资金从存款以外的渠道获取，如发行证券或以契约性的方式获得资金。非存款性金融机构主要包括保险公司、养老基金、证券公司及投资基金等，它们在金融市场上扮演着重要的角色。保险公司是指经保险监督管理机构批准设立，依法登记注册，从事保险业务的金融机构。保险公司为死亡、疾病及意外事故提供保险，将从投保人处收取的保费投资于金融市场及其他领域，从这个角度来讲，保险公司为资金需求者提供了资金。保险公司投资的证券表现如何直接关系到它们的投资收益。养老基金是一种用于支付退休收益的基金，由政府、企业和个人共同缴纳。基本养老保险基金的来源主要包括：一是企业缴纳的基本养老保险费，其按企业职工工资总额和当地政府规定的比例在税前提取；二是个人缴纳的基本养老保险费；三是国家财政补贴。企业缴费于税前提取也体现了国家补贴。养老基金投资范围限于银行存款、国债和其他具有良好流动性的金融工具，包括上市流通的证券投资基金、股票、信用等级在投资级以上的企业债券、金融债券等有价证券。证券公司是专门从事各种有价证券及其相关业务的金融企业。证券公司的主要业务可分四类，即承销业务、代理买卖业务、自营买卖业务和投资咨询业务。证券公司的主要资金来源是发行股票或债券，它们是证券市场最活跃的金融机构之一。证券投资基金，就是由众多投资者出资，投资的资金由专业基金管理机构和人员负责进行管理的资金运作方式。证券投资基金一般由发起人设立，通过发行证券募集资金，之后由基金托管人委托职业经理人员管理，专门从事投资活动。证券投资基金资金来源于公众、企业、团体和政府机构，投资基金的投资领域可以是股票、债券，也可以是实业、期货等，而且对一家上市公司的投资额不得超过该基金总额的10%（这是我国的规定，各国都有类似的投资额限制）。这使投资风险随着投资领域的分散而降低，所以它是介于储蓄和股票两者之间的一种投资方式。

无论是存款性金融机构还是非存款性金融机构，它们都在金融市场中起着重要作用。第一，金融机构为借款人储蓄提供了方便的渠道。因为有了金融机构，所以借款人不需要为其存款寻找一个合适的贷款人，只需要将钱存入金融机构。借款只需要决定借款期限以及他想得到的回报，之后金融机构将会为他提供适合他的金融工具。第二，金融机构为贷款人提供了稳定的资金来源。一旦出现资金短缺的情况，贷款人都可以找到能够提供贷款的金融机构。第三，金融机构可以将借款人零散的存款整合，并将整合的资金以不同的数额进行放贷。第四，个人借款人承担的风险将会因为金融机构的资金整合降低。这是因为金融机构出面将存款贷给大量的个人或组织，发生的资本损失或者由于贷款人违约而造成的损失都会由金融机构有效地分散和承担。最终这些损失也是由全部的借款人共同承担。第五，由于整合了大量资金，金融机构可以为投资者提供包含不同证券的多样化投资组合，如信托基金和投资信托。第六，金融机构可以提供期限转换业务。它们可以为最需要流动性的借款者与最渴望长期贷款的贷款者牵线搭桥，通过提供不同的金融工具使双方各取所需，最好的例子就是养老金和住房按揭。综上可见，金融机构在金融市场的构成与发展中是不可或缺的存在。

4. 个人

在世界各国，个人都是金融市场上重要的资金供给者，或者说是金融工具的主要认购或投资者。一方面，个人投资者通过购买有价证券、期货、外汇等各种金融工具实现投资或投机的目的，成为资金供给者；另一方面，他们通过变现、抵押等方式将所持有的金融资产变现，成为资金需求者。同时，由于个人投资者多元化和分散化的特点，金融市场才具有了聚集资金和分散风险的功能。

5. 中介机构

金融中介与服务机构是指在金融市场上充当交易媒介、从事资金融通交易或促使交易顺利进行的各类组织和机构，主要包括证券交易所、商品交易所、登记结算公司、会计师事务所、律师事务所、资产评估师事务所、信用评级机构及投资咨询公司等。这些金融中介与服务机构为金融市场提供了多样化的服务，实现了资金流与物流、信息流的高效整合与匹配，使资源配置效率化，是不可缺少的中间环节。

（三）金融市场的分类

1. 货币市场和资本市场

按融资期限长短，金融市场可以分为短期金融市场和长期金融市场。短期金融市场又称为货币市场（money market），是指融资期限在一年以下的金融市场。长期金融市场又称为资本市场（capital market），是指融资期限在一年以上的金融市场。

发达的货币市场上的金融工具一般包括国库券、大额可转让定期存单、商业票据、银行承兑汇票、银行间存款等。目前，我国的货币市场已初具规模，交易的金融工具主要包括国库券、国债回购协议、商业票据、银行承兑汇票、中央银行票据、企业短期融资券等。货币市场的参与者主要包括政府（财政部与中国人民银行代表政府）、工商企业、银行和其他金融机构，单笔的交易金额很大，因而属于批发市场。总体上看，货币市场是一个风险较小的市场。这是因为货币市场工具期限短，流动性强，易变现且价格稳定。当然，风险通常与收益成正比，货币市场不太可能为投资者带来丰厚利润或投资回报，也不会使投资者遭受重大财产损失。货币市场对企业的发展起着重要作用，可以为企业提供短期融资。除此之外，因为货币市场具有传导货币政策的功能，企业可以根据货币市场中的市场利率和货币供应量的变化情况推断出国家的货币政策，从而调整自身的发展决策。

资本市场的交易对象是股票、债券和证券投资基金。与货币市场相比，资本市场融资期限长，至少在一年以上，也可以长达几十年，甚至无到期日。资本市场中资金借贷量大，价格变动幅度大，投资者所承受的风险较大，但是得到的收益也较高。我国典型的资本市场包括国债市场、股票市场、企业中长期债券市场和中长期放款市场。图 2-6 描绘了资本市场中的参与者，在资金需求者与资金供应者之间，各种金融机构起到了桥梁的作用。

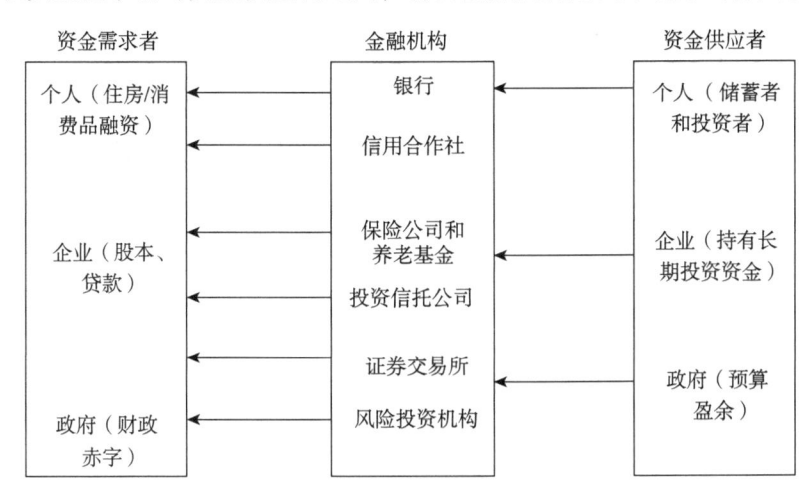

图 2-6 资本市场参与者

资本市场对企业的发展也至关重要。首先，资本市场是筹集资金的重要渠道。由于资本市场上的金融工具收益较高，能吸引众多的投资者，他们在踊跃购买证券的同时，向市场提供了源源不断的巨额长期资金来源。其次，资本市场是资源合理配置的有效场所。在资本市场中企业产权的商品化、货币化、证券化，在很大程度上削弱了生产要素部门间转移的障碍，也有助于生产要素在部门间的转移和重组，实现资源的有效配置。再次，资本市场有利于企业重组。企业可以通过发行股票组建股份公司，也可以通过股份转让实现公司的重组，以调整公司的经营结构和治理结构。最后，资本市场有利于促进产业结构向高级化方向发展。资本市场是一个竞争性的市场，筹资者之间存在着直接或间接的竞争关系，只有那些有发展前途且经营状况良好的企业才能在资本市场上立足。这样，资本市场就能筛选出效率较高的企业，同时也能激励所有的上市公司更加有效地改善经营管理。正是通过这种机制的作用，促成了资源的有效配置和有效利用，从而使产业结构得以优化。

2. 一级市场和二级市场

一级市场（primary market）又称为初级市场或者发行市场，是有价证券的发行市场，证券发行人通过发行新的股票或者债券获得新的融资。一级市场发行证券的方式有两种：一种是私募发行，即证券发行人将证券销售给特定的机构；另外一种是公募发行，是指证券发行人向社会广大投资者公开出售证券。初级市场是一个无形的市场，交易并不是在特定的场所内进行。新承销的证券也不会在任何有组织的场所中进行，而是通过电信网络，将发行人和投资者连接起来。初级市场为资金需求者提供筹措资金的渠道，并为资金供应者提供投资机会，实现储蓄向投资的转化；同时，初级市场内形成资金流动的收益导向机制，促进资源配置的不断优化。

二级市场（secondary market）又称为次级市场、交易市场，它是有价证券的流通市场，是发行的有价证券进行买卖交易的场所。根据其组织形式，二级市场又可分为场内交易市场和场外交易市场。场内市场就是指资金需求方和供应方在证券交易所进行交易，一般是有形市场。场外交易市场又称柜台交易市场，是指证券交易双方在证券交易所之外的场所进行交易。场外交易的成交价格是由交易双方协商决定，可能会与交易所的价格相同。

二级市场与一级市场关系密切，既相互依存，又相互制约。一级市场所提供的证券及其发行的种类、数量与方式决定着二级市场上流通证券的规模、结构与速度，而二级市场作为证券买卖的场所，对一级市场起着积极的推动作用。运作良好的二级市场可以将一级市场的证券快速有效地流通到最适合的投资者手中，缩短证券的变现时间，保证整个融资渠道的顺利运行。同时，一级市场上证券发行的情况与二级市场内证券的供求情况和价格水平息息相关。没有二级市场的存在，一级市场无法发展，证券的发行与流通也不可能实现。

（四）金融市场工具

1. 货币市场工具

货币市场也称短期资金市场，是指期限在一年以内的金融工具交易市场。货币市场主要由五个子市场构成，它们分别是同业拆借与回购协议市场、票据市场、大额可转让定期存单市场、货币市场共同基金和短期政府债券市场，见图2-7。

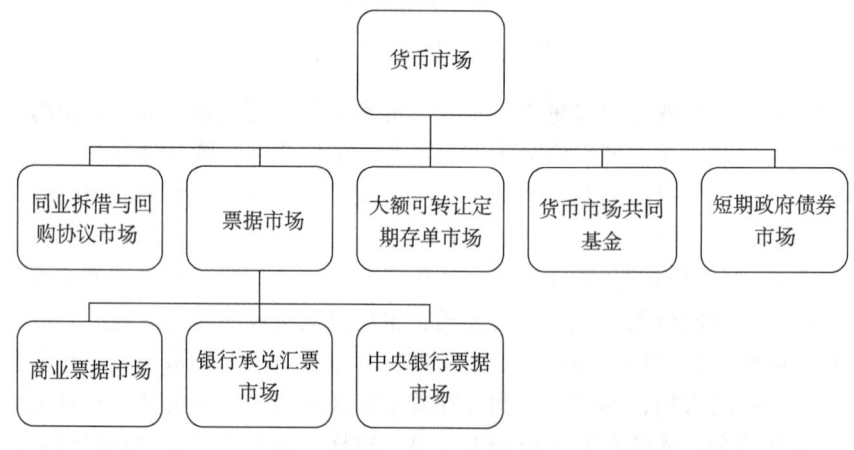

图2-7 货币市场结构

同业拆借是指金融机构之间以货币借贷方式进行短期资金融通。同业拆借市场的拆借期限以1~2日最为常见，最短的是隔夜拆借。拆借期限一般不会超过1个月，但少数拆借的交易期限也有可能长达一年。同业拆借市场有两个利率，拆进利率表示金融机构愿意借入的利率。拆出利率表示愿意借出的利率。在直接交易情况下，拆借利率由交易双方通过直接协商确定；在间接交易情况下，拆借利率根据借贷资金的供求关系通过中介机构公开竞价或从中撮合而确定，当拆借利率确定后，拆借交易双方就只能是这一既定利率水平的接受者。目前，国际货币市场上较有代表性的同业拆借利率有美国联邦基金利率、伦敦同业拆借利率（London interbank offered rate，LIBOR）、新加坡同业拆借利率和香港同业拆借利率。回购协议（repos）是指资金融入方在出售证券的同时和证券购买者签订的、在一定期限内按原定价格或约定价格购回所卖证券的协议。回购协议实质上是一种短期质押融资方式，那笔被借款方先售出后又购回的金融资产即是融资质押品或担保品。回购协议的一般期限是 1~180 天，期限为 1 日则称隔夜回购。一项回购协议包含两项交易：一是在协议生成日借款人出售证券取得资金；二是在到期日借款人支付包含利息的现金取回证券。

票据是指出票人依法签发的由自己或指示他人无条件支付一定金额给收款人或持票人的有价证券。根据其性质与特征的不同，票据可分为本票、汇票和支票三种不同的形式。根据出票目的的不同，票据又可分为商业票据（commercial paper）和银行承兑汇票（banker's acceptance）。商业票据是信誉卓著的大公司为了筹措资金，以贴现出售给投资者的一种短期无担保承诺凭证。商业票据的期限一般在 9 个月以下，其可靠程度依赖于发行企业的信用程度。银行承兑汇票是由在承兑银行开立存款账户的存款人出票，向开户银行申请并经银行审查同意承兑的，保证在指定日期无条件支付确定的金额给收款人或持票人的票据。对出票人签发的商业汇票进行承兑是银行基于对出票人资信的认可而给予的信用支持。银行承兑汇票是由付款人委托银行开具的一种远期支付票据，银行具有见票即付的义务。纸质银行承兑汇票的承兑期限最长不超过 6 个月，电子银行承兑汇票的承兑期限最长不超过 1 年。

大额可转让定期存单（negotiable certificates of deposits，CDs）是由商业银行发行的、可以在市场上转让的存款凭证。大额可转让定期存单的期限一般为 14 天到一年，金额较大，一般最少为 10 万美元。存单持有者有两个选择：一是将其持有至到期，收回利息和本金；或者在到期之前以市场价格将其卖掉。大额定期存单一般由较大的商业银行发行，这是因为这些机构商业信誉较高，可以降低筹资成本，并且发行规模大，容易在二级市场流通。大额可转让定期存单与定期存款的区别在于：首先，定期存款是记名不可转让的，存单通常是不记名可以转让的；其次，定期存款金额不固定，大小不等，可能有零数，存单金额则都是整数，按标准单位发行；最后，定期存款的利率一般是固定的，到期才能提取本息，存单则有固定利率也有浮动利率，不得提前支取，但可在二级市场上转让。

货币市场共同基金（money market fund，MMF）也称货币市场基金或货币基金，是一种特殊类型的共同基金，它由基金管理人将许多零散的机构及个人投资者的资金汇集起来，再投资货币市场工具（如国库券、商业票据和银行承兑汇票等）。货币市场共同基金是一种开放式基金。货币市场共同基金产生的最初目的在于给投资者提供稳定或高于商业银行等存款金融机构存款利率的市场利率水平，因此，货币市场基金产生之后，就在各种短期信用工具中进行选择组合投资。货币市场基金投资的高质量证券具有流动性高、收益稳定、风险小等特点，满足了资金较少的小投资者的需要，因为小投资者一般不能直接参与货币市场交易，只能够选择购买短期政府债券。因此，货币市场共同基金的出现很受投资者欢迎。

短期政府债券是政府部门作为债务人承担到期偿付本息责任，期限在一年以内的债务凭证。短期政府债券面额较小，但流动性强，违约风险小，并且收益免税。这些因素增大了国库券对投资者的吸引力。我国于 1981 年开始发行国库券，但是，当时的国库券实际上是中长期债券。直到 1994 年，我国政府发行了期限在一年以内的国库券，这才是真正的短期政府债券。

2. 资本市场工具

资本市场是指期限在一年以上各种资金借贷和证券交易的场所。资本市场工具包括股票、债券、资产证券化工具及其他资本市场工具（capital market instruments）。

股票是由股份有限公司在筹集资本时向出资人发行的股份凭证，也叫做权益证券。它代表持股人在股份公司的所有权，体现在两种基本权益上：一是股东在利润分配和资产清偿上有完全的权益；二是股东拥有对公司经营的监督管理权，如选举董事、决定公司重大事项等。股票持有人对公司负有责任，这是因为股票持有人对公司的经营承担风险，其责任限度为股票投资额。股票是一种没有偿还期限的有价证券，只要公司存在，其所发行的股票就会一直存在。股票在股票市场上可以随时买卖，具有很强的流通性。同时，股票持有人有权从公司获得股息和红利，也可以通过低买高卖获得利润。然而，股票投资具有较大的风险，这种风险主要来源于股价的波动。

债券（bond）是按照法定程序发行的，要求发行人（也称债务人或借款人）按约定的时间和方式向债权人或投资者支付利息和偿还本金的一种债务凭证。资本市场中流通的债券为中长期债券，其特点为期限较长、收益固定、相对流动性较差、投资风险较低且有节税效果。按发行主体的不同，债券可分为政府债券、公司债券、金融债券与国际债券。政府债券是指中央政府、政府机构和地方政府发行的债券，它以政府的信誉作保证，因而通常不需要抵押品，其风险在各种投资工具中是最小的。公司债券是非金融机构企业为筹借运营资本而发行的债券，代表公司的债务，该合同要求不管公司业绩如何都应优先偿还其固定收益，否则将在相应破产法的裁决下寻求解决。公司债券的风险小于股票，但高于政府债券。金融债券由银行和一流的非银行金融机构发行，筹集的资金用于发放贷款和投资。与公司债券相比，金融债券发行条件比较宽松。国际债券是发行人为筹措资金，在国外金融市场上以外国货币为面值发行的债券。国际债券的重要特征是发行者和投资者属于不同的国家，筹集的资金来源于国外金融市场。国际债券的发行和交易，既可用来平衡发行国的国际收支，也可用来为发行国政府或企业引入资金从事开发和生产。

资产证券化（securitization）是指通过发行由能产生收入的资金带来的稳定现金流量支持的可上市买卖证券来筹集资金的过程。换言之，资产证券化即指一系列有收入的资产的现金流量进行转化再组合成为适销的证券。典型的资产证券化类型有住房抵押贷款证券化（指以住宅抵押贷款未来现金流为支撑发行证券的行为）和资产支撑证券化（指让渡非住宅类资产收益权达到融资）。一方面，资产证券化的产生对金融市场的发展有积极影响：资产证券化增加了银行资产流动性，提高银行创利能力；提高银行资产质量，有利处理不良贷款；丰富了金融市场工具，促进了债券市场的发展。另一方面，资产证券化也面临着很大的风险，包括欺诈风险、法律风险、金融管理风险及等级下降风险。

其他资本市场工具包括信托投资基金和交易所交易基金等。信托投资基金也叫投资信托，即集合不特定的投资者，将资金集中起来，设立投资基金，并委托具有专门知识和经验的投资专家经营操作，使中小投资者都能在享受国际投资的丰厚报酬不同的减少投资风险。常见的信托投资基金包括公司型投资基金、契约型投资基金、封闭型基金、开放型基金、国内基金和国际基金等。投资信托流动性强，为投资者提供了多样化的服务和稳定的收益。交易所交易基金（exchange traded funds，ETF）指的是可以在交易所交易的基金。交易所交易基金从法律结构上说仍然属于开放式基金，但它主要是在二级市场上以竞价方式交易；并且通常不准许现金申购及赎回，而是以一揽子股票来创设和赎回基金单位。对一般投资者而言，交易所交易基金主要还是在二级市场上进行买卖。

3. 金融衍生产品

金融衍生产品（derivatives）是指其价值依赖于基础资产价值变动的合约。这种合约可以是标准化的，也可以是非标准化的。标准化合约是指其标的物（基础资产）的交易价格、交易时间、资产特征、交易方式等都是事先标准化的，因此此类合约大多在交易所上市交易，如期货。非标准化合约是指以上各项由交易的双方自行约定，因此具有很强的灵活性，如远期协议。根据产品形态，金融衍生产品可分为远期、期货、期权和互换四大类。公司可以灵活利用金融衍生产品从事套期保值交易以规避风险，而关于金融衍生产品品种在本书后面的章节中会有较为详细的介绍，此处不予赘述。

三、小结

本节结合我国的实际情况，对公司所处的宏观经济环境及金融环境进行了介绍，分析了财政政策、货币政策、利率政策及汇率政策对公司金融的影响，并介绍了金融市场的分类、功能，以及金融市场工具等基础性内容，着重阐述了金融市场对公司的重要作用。

▶本章小结

在本章的末尾，让我们回到本章最初的案例。无论是苹果还是国美电器，作为公司这种形态的存在，它们的目标都应是为股东创造更多的价值。然而由于公司是由各利益相关方通过缔结一系列不完全契约而连接起来的营利组织，在公司价值实现过程中，必须建立系统的公司内部治理结构来缓解各类委托代理关系所产生出来的代理成本，并构建完整的外部治理机制来保障股东利益的体现以及公司价值的增长。如果公司治理机制不完善，则会阻碍公司的发展和股东价值的实现。此外，公司在价值增长过程中，都会借助资本的力量，因此公司的成长离不开它所处的宏观经济环境和金融市场，公司也应充分利用这些政策和金融市场工具，抓住机会，从而得到长远而充分的发展。

参考文献

博尔顿 P，德瓦特里庞 M. 2008. 合同理论. 费方域，蒋士成，等译. 上海：格致出版社，上海人民出版社.
陈玉罡. 2011. 并购中的价值驱动指标体系. 北京：经济科学出版社.
陈玉罡，陈文婷，李善民. 2012a. 控制权易主对改善价值毁损状况的影响研究. 软科学，12：117-121.
陈玉罡，陈文婷，林静容. 2012b. 控制权市场的制度变革改善了公司治理和并购绩效吗. 经济研究工作论文.
杜晶. 2006. 企业本质理论及其演进逻辑研究. 经济学家，（1）：115-120.
冯根福，吴林江. 2001. 我国上市公司并购绩效的实证研究. 经济研究，（1）：54-61.
干春晖. 2004. 并购经济学. 北京：清华大学出版社.
哈特 O. 2006. 企业、合同与财务结构. 费方域译. 上海：上海人民出版社.
韩翼. 2007. 公司治理机制的国家间差异：美日欧比较及其对中国的启示. 经济社会体制比较，3（3）：98-104.
黄亚南. 2009. 公司治理的本质和形式：日本的经验教训. 上海经济研究，4：65-72.
科斯 R H. 2009. 企业、市场与法律. 盛洪，陈郁译. 上海：格致出版社.
李善民，王彩萍，曾昭灼，等. 2004. 中国上市公司资产重组长期绩效研究. 管理世界，（9）：131-136.
李峥，孙永祥. 2002. 融资结构与公司治理. 经济评论，（4）：86-90.
陆瑶. 2010. 激活公司控制权市场对中国上市公司价值的影响研究. 金融研究，（7）：144-157.
莫兰德 P. 1999. 不同公司体制中的替代性约束机制. 郑红亮译. 改革，3（2）：47-51.
宁凌，李丽. 2003. 企业发展历史与企业性质再研究. 当代财经，（10）：71-74.

彭曼. 2007. 财务报表分析与证券价值评估. 第 3 版. 北京：北京大学出版社.

孙永祥. 2001. 所有权、融资结构与公司治理机制. 经济研究,（1）：45-53.

孙永祥. 2002. 公司治理结构：理论与实证研究. 上海：上海人民出版社.

王满四. 2003. 负债融资的公司治理效应及其机制研究. 浙江大学博士学位论文.

威廉姆森 O E, 温特 S G. 2007. 企业的性质：起源、演变和发展. 姚海鑫，邢源源译. 北京：商务印书馆.

杨华，陈晓升. 2009. 上市公司股权激励理论、法规与实务（修订版）. 北京：中国经济出版社.

杨瑞龙，周业安. 1997. 一个关于企业所有权安排的规范性分析框架及其理论含义——兼评张维迎、周其仁及崔之元的一些观点. 经济研究,（1）：12-22.

杨瑞龙，周业安. 2001. 企业共同治理的经济学分析. 北京：经济科学出版社.

殷醒民. 1999. 企业购并的金融经济学解释. 上海：上海财经大学出版社.

张维迎. 1995. 企业的企业家——契约理论. 上海：上海三联书店.

郑红亮，刘汉民，唐牡丹，等. 2011. 中国公司治理问题研究综述：2000~2010 年. 经济研究参考,（42）：32-50.

郑志刚. 2006. 外部控制、内部治理与整合——公司治理机制理论研究文献综述. 南大商学评论,（9）：74-101.

朱宝宪，王怡凯. 2002. 1998 年中国上市公司并购实践的效应分析. 经济研究,（11）：20-26.

祖良荣. 2004. 欧洲公司治理体制与企业社会责任重组. 产业经济研究, 5：13-19.

宫岛英昭，原村健二，稲垣健一.2006.進展する改革と 日本企業の再生. 财务省财务综合政策研究所.

Aghion P, Bolton P. 1992. An incomplete contracts approach to financial contracting. The Review of Economic Studies, 59（3）：473-494.

Alchian A A. 1965. Some economics of property rights. Originally published in Il Politico, 30：816-829.

Alchian A A, Demsetz H. 1972. Production, information costs, and economic organization. American Economic Review, 62（5）：777-795.

Aloke G. 2001. Does operating performance really improve following corporate acquisitions? Journal of Corporate Finance, 7：151-178.

Amihud Y, Lev B. 1981. Risk reduction as a managerial motive for conglomerate mergers. Bell Journal of Economics, 12：605-617.

Ang J, Cole R, Lin J. 1999. Agency costs and ownership structure. Journal of Finance, 55：81-106.

Barney J B. 1986. Strategic factor markets: expectations, luck, and business strategy. Management Science, 32：1231-1241.

Barney J B. 1991. Firm resources and sustained competitive advantage. Journal of Management, 17（1）：99-120.

Black F, Scholes M. 1973. The pricing of corporate liabilities. Journal of Political Economy, 81：637-659.

Cheung S N S. 1974. A theory of price control. Journal of Law and Economics, 17（1）：53-71.

Cheung S N S. 1983. The contractual nature of the firm. Journal of Law and Economics, 26（1）：1-21.

Claessens S, Djankov S, Lang L H P. 2000. The separation of ownership and control in East Asian corporations. Journal of Financial Economics, 58（1~2）：81-112.

Coase R H. 1937. The nature of the firm. Economica, 4：386-405.

Demsetz H. 1989. Perfect competition, regulation, and the stock market. The Organization of Economic Policy, 2：225-241.

Donaldson L, Davis J H. 1991. Stewardship theory or agency theory: CEO governance and shareholder returns. Australian Journal of Management, 16 (1): 49-64.

Firth M. 1980. Takeovers, shareholder returns and the theory of the firm. Quarterly Journal of Economics, 94: 235-260.

Gompers P A, Ishii J L, Metrick A. 2003. Corporate governance and equity prices. Quarterly Journal of Economics, 118 (1): 107-155.

Grossman S J, Hart O D. 1980. Takeover bids, the free-rider problem, and the theory of the corporation. The Bell Journal of Economics, 11 (1): 42-64.

Grossman S J, Hart O D. 1982. Corporate financial structure and managerial incentives// McCall J J. The Economics of Information and Uncertainty. Chicago: University of Chicage Press: 107-140.

Grossman S J, Hart O. 1986. The costs and benefits of ownership: a theory of vertical and lateral integration. Journal of Political Economy, 94: 691-719.

Gugler K, Mueller D C, Yurtoglu B B, et al. 2003. The effect of mergers: an international comparison. International Journal of Industrial Organization, 21: 625-653.

Harris M, Raviv A. 1988. Corporate control contests and capital structure. Journal of Financial Economics, 20: 55-86.

Harris M, Raviv A. 1990. Capital structure and the informational role of debt. Journal of Finance, 45: 321-349.

Hart O, Moore J H. 1990. Property rights and the nature of the firm. Journal of Political Economy, 98 (6): 1119-1158.

Haspeslagh P, Noda T, Boulos F. 2001. Managing for value: it's not just about the numbers. Harvard Business Review, 79 (7): 64-73, 144.

Healy P M, Palepu K G, Ruback R S. 1992. Do mergers improve corporate performance? Journal of Financial Economics, 31 (2): 135-175.

Hellmann T, Puri M. 2002. Venture capital and the professionalization of start-up firms: empirical evidence. Journal of Finance, 57: 169-197.

Israel R. 1991. Capital structure and market for corporate control: the defensive role of debt financing. Journal of Finance, 46 (4): 1391-1409.

Jensen M C. 1986. Agency costs of free cash flow, corporate finance, and takeovers. American Economics Review, 76 (2): 323-329.

Jensen M C. 1988. Takeovers: their causes and consequences. Journal of Economics Perspectives, 2 (1): 21-44.

Jensen M C, Meckling W. 1976. Theory of the firm: managerial behavior, agency costs and capital structure. Journal of Financial Economics, 3: 305-360.

Jensen M C, Ruback R S. 1983. The market for corporate control: the scientific evidence. Journal of Financial Economics, 11: 5-50.

Johnson S, La Porta R, Lopez-de-Silanes F, et al. 2000. Tunneling. American Economic Review, (90): 22-27.

Kaplan S. 1989. The effects of management buyouts on operating performance and value. Journal of Financial Economics, 24 (2): 217-254.

Kaplan S, Stromberg P. 2003. Financial contracting theory meets the real world: an empirical analysis of venture capital contracts. Review of Economic Studies, 70: 281-315.

Kaplan S, Sensoy B, Stromberg P. 2009. Should investors bet on the jockey or the horse? Evidence from the evolution of firms from early business plans to public companies. Journal of Finance, 64: 75-114.

Klapper L F, Love I. 2004. Corporate governance, investor protection, and performance in emerging markets. Journal of Corporate Finance, 10 (5): 703-728.

La Porta R, Lopez-de-Silanes F, Shleifer A, et al. 1998. Law and finance. Journal of Political Economy, 106: 1113-1155.

La Porta R, Lopez-de-Silanes F, Shleifer A, et al. 1999. Corporate ownership around the world. Journal of Finance, 54: 471-517.

La Porta R, Lopez-de-Silanes F, Shleifer A, et al. 2002. Investor protection and corporate valuation. Journal of Finance, 57: 1147-1170.

Lambrecht B, Myers S. 2008. Debt and managerial rents in a real-option model of the firm. Journal of Financial Economics, 89: 209-231.

Lang L, Stulz R, Walking R A. 1989. Managerial performance, Tobin's Q, and the gains from successful tender offers. Journal of Financial Economics, 24: 137-154.

Lang L, Stulz R, Walkling R A. 1991. A test of the free cash flow hypothesis: the case of bidder return. Journal of Financial Economics, 29: 315-335.

Lieberman M, Montgomery D. 1988. First mover advantages. Strategic Management Journal, 9: 41-58.

Manne H G. 1965. Mergers and the market for corporate control. Journal of Political Economy, 73: 110-120.

Marris R. 1963. A model of the "managerial" enterprise, auarterly. Journal of Economics, 77: 185-209.

Masulis R, Wang C, Xie F. 2007. Corporate governance and acquirer returns. Journal of Finance, 62(4): 1851-1890.

Morck R, Shleifer A, Vishny R. 1990. Do managerial objectives drive bad acquisitions? Journal of Finance, 45: 31-48.

Myers S. 1977. Determinants of corporate borrowing. Journal of Financial Economics, 5: 147-175.

Offenberg D, Straska M, Waller G. 2014. Who gains from buying bad bidders? Journal of Financial and Quantitative Analysis, Forthcoming, 49 (2): 513-540.

Pound J. 1992. Belong takeovers: politics comes to corporate control. Harvard Business Review, 93: 83-92.

Prahalad C K, Hamel G. 1990. The core competence of corporations. Harvard Business Review, 68 (3): 79-91.

Rajan R G. 2012. Presidential address: the corporation in finance. Journal of Finance, 4: 1173-1216.

Roll R. 1986. The hubris hypothesis of corporate acquisitions. Journal of Business, 59: 197-216.

Sheard P. 1997. Mein Banku Shihon Shugi no Kiki (Main Bank Capitalism in Crisis). Tokyo: Toyo Keizai Shimposha.

Stulz R. 1988. Managerial control of voting rights: financing policies and the market for corporate control. Journal of Financial Economics, 20: 25-54.

Teece D J, Pisano G, Shuen A. 1990. Dynamic capabilities and strategic management. Strategic Management Journal, 18 (7): 509-533.

Wang C, Xie F. 2009. Corporate governance transfer and synergistic gains from mergers and acquisitions. Review of Financial Studies.

Wernerfelt B. 1984. A resource-based view of the firm. Strategic Management Journal. 5 (2): 171-180.

Williamson O E. 1975. Markets and Hierarchies: Analysis and Antitrust Implications. New York: Free Press.

Williamson O E. 1980. The organization of work a comparative institutional assessment. Journal of Economic Behavior & Organization, 1 (1): 5-38.

Williamson O E. 1985. The Economic Institution of Capitalism. New York: Free Press.

Williamson O E. 2002. The theory of the firm as governance structure: from choice to contract. Journal of Economic Perspectives, 16: 171-195.

Zingales L. 2000. In search of new foundations. Journal of Finance, 4: 1623-1652.

第三章

金融资产投资决策理论

> 引导案例

分散投资：不把鸡蛋放在一个篮子里

一家制药公司有两个投资策略可选。

策略1：投资一种新药的研发，投资需要2亿元，新药研发成功的可能性为50%，成功后可获得10亿元的回报，一旦失败，投资全部损失。显然，50%的成功率说明这种新药开发的风险很大[①]。如果我们用预期回报和回报的标准差来分别度量新药的收益和风险，那么这种新药的预期回报是5亿元，回报的标准差也是5亿元。

策略2：将2亿元平均投入两种新药的开发，即分散投资一种新药开发的组合。假定新药研发的不足资金可以通过外部融资解决，并且这两种药品的开发成功率仍然是50%，成功后的回报仍然是投资的5倍，并且两种药品在不同领域，研发成功与否完全无关。这样可能的结果是：两种新药的研发都成功，获得10亿元回报，可能性为25%；两种新药的研发均失败，投资全部损失，可能性为25%；一种新药的研发成功，另一种新药的研发失败，获得5亿元回报，可能性为50%。这样，在分散投资的情况下，投资的预期回报还是5亿元，回报的标准差却是3.54亿元，显然，投资的不确定性相对于全部资金仅投资于一种新药的研发明显下降。

从上面这个简单例子可以看出，在不增加投资的情况下，只是把投资方式从集中变为分散，公司就可以在不减少预期收益的情况下，减少研发投资的风险。由于风险规避是理性投资行为的特征，因此，我们可以说风险分散是经济学里唯一"免费的午餐"。

俗话说，不要把鸡蛋放在一个篮子里。无论是多元化战略、风险投资，还是保险公司的经营、商业银行的中小企业贷款，更不用说证券投资基金的运作，都不同程度地遵循了这个谚语中"东方不亮西方亮"的基本道理，而把这句谚语发展为金融理论的就是1990年诺贝尔

[①] 实际上，新药研发投资大、周期长、风险高，一个新化学实体药物的开发周期在10年以上，成本在10亿美元以上。参见刘伯宁的《全球新药研发困难重重，未来新药研发何去何从？》（《中国医药报》，2011年2月22日）。

经济学奖获得者马科维茨（Harry Markowitz）。投资组合的实质就是通过将资金分散投资于一系列的机会或资产，可以在相同的预期收益情况下降低风险，或者在控制风险水平的情况下提高预期收益。

第一节　投资组合理论

一、系统风险与个别风险

上面的例子其实可以推广到一般情况。

首先，考虑资金 I 分散投资于 n 种资产或项目，第 i 种资产的投资资金为 I_i，其收益率为 $\tilde{r}_i$，则

$$\tilde{r}_i = \frac{\tilde{p}_{i,1} + \tilde{d}_{i,1} - p_{i,0}}{p_{i,0}} \tag{3-1}$$

其中，$p_{i,0}$ 为资产的期初价格；$\tilde{p}_{i,1}$ 和 $\tilde{d}_{i,1}$ 为资产期末的价格和分红派息。则资产组合到期的收益率为

$$\tilde{r}_p = \left[\sum_{i=1}^n I_i(1+\tilde{r}_i) - I\right]\Big/I = \sum_{i=1}^n w_i \tilde{r}_i \tag{3-2}$$

可见，投资组合的收益率为各资产或项目收益率的加权平均。其中，权重 w_i 为第 i 种资产期初的投资比例。进一步，我们可以得到资产组合收益率的均值和方差为

$$E(\tilde{r}_p) = \sum_{i=1}^n w_i E(\tilde{r}_i) \tag{3-3}$$

$$\sigma_p^2 = \sum_{i=1}^n \sum_{j=1}^n w_i w_j \sigma_{ij} \tag{3-4}$$

其中，$\sigma_{ij} = \mathrm{Cov}(\tilde{r}_i, \tilde{r}_j)$，为第 i 种和第 j 种资产收益率的协方差。

其次，依照前面的例子，假定各项目比例投资相同，各项目收益率的均值和方差相同，分别为 $\bar{r}$ 和 σ^2，并且各项目能否成功相互独立，我们可以得到

$$E(\tilde{r}_p) = \bar{r}$$

$$\sigma_p^2 = \frac{\sigma^2}{n}$$

即，随着分散程度的提高，投资组合的风险将越来越小，直至趋向于零。也就是说，投资的风险可以通过分散投资的方式完全消除掉。

实际上，各项目成功与否可能受到一些共同因素的影响，如经济环境、行业状况等，因此，各项目或资产的收益率之间存在一定的相关性。假定项目收益率之间的相关系数为 ρ，则投资组合收益率的方差为

$$\sigma_p^2 = \frac{\sigma^2}{n} + \frac{n-1}{n}\rho\sigma^2$$

可见，随着分散程度的提高，投资组合的风险也越来越小，但不会趋向于零，而是趋向于 $\rho\sigma^2$。

从上面的简单分析中我们可以知道，分散投资的效果与资产或项目收益不确定性之间的关联程度有关，关联程度越低，分散效果越好；反之，关联程度越高，分散效果越差，在完全相关的极端情况下（$\rho=1$），投资组合起不到分散效果。而一种资产或一个项目的收益如果与其他资产或项目关联程度越低，说明该资产或项目收益的不确定性更多来自于不影响其他资产或项目收益的特殊或个别风险因素，而非共性或整体性的风险因素。因此，我们把可以通过投资组合分散掉（消除掉）的风险称作个别风险或可分散化的风险，而把无法通过投资组合分散掉（消除掉）的风险称作不可分散风险，或系统风险、市场风险。资产或项目承担的总体风险是由系统风险和个别风险两部分组成的。

上面项目收益相互独立和相关两种情况下投资组合总体风险随分散程度的变化过程如图 3-1 所示。

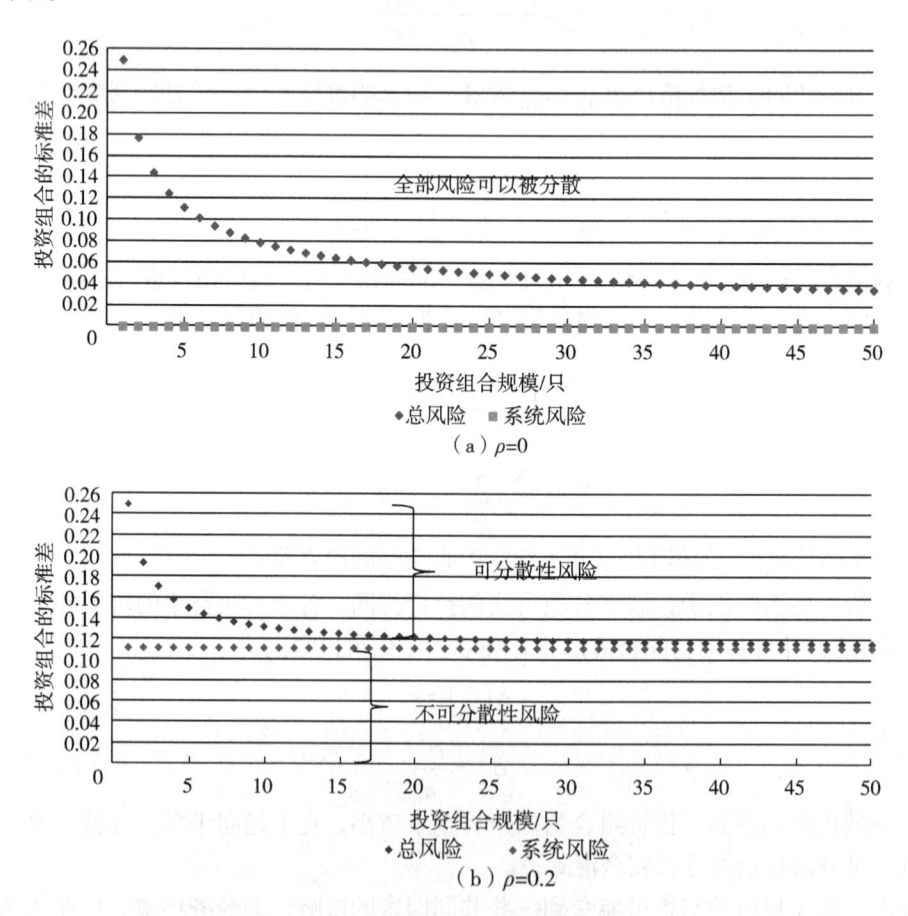

图 3-1 投资组合总体风险随分散程度的变化过程

项目收益率的标准差 $\sigma=0.25$

下面我们再结合实际数据，看看投资组合的分散效果。

首先我们考察上证 50 成份股。我们的数据以 2010 年 7 月 1 日调整的上证 50 指数中的 50 只成份股为样本，数据区间为 2010 年 7 月 1 日至 12 月 31 日的日收益率数据（已考虑复权），每只股票有 124 个交易日。证券组合的构建过程和方法如下：①从 50 只股票中随机抽取 1 只股票，计算其日收益率的标准差；②从剩余 49 只股票中随机抽取第 2 只股票，分别以等权和加权（以 2010 年 7 月 1 日各股票的流通市值为权重）方式构造投资组合，并计算证券组合收益率的标准差；③从剩余 48 只股票中随机抽取第 3 只股票，分别以等权和加权方式构造投资组合，并计算证券组合收益率的标准差；④以此类推，直到组合规模为 50 只股票为止；⑤为降低随机抽样误差，使曲线更加平滑，重复上述随机抽样步骤 100 次，这样得到规模 i（$i=1, 2, \cdots, 50$）下的 100 个证券组合收益率标准差，取这 100 个标准差的平均值作为规模 i 下的组合收益率标准差。

下面，我们进一步结合基金的持股数量考察投资组合的分散效果。

我们从 2010 年 7 月 1 日至 12 月 31 日 231 只股票型开放式基金中剔除日净值增长率标准差异常大的基金，得到 224 只基金样本，我们用这期间各基金日净值增长率的标准差度量基金总体风险程度。在此期间，各基金持股市值、债券市值、银行存款占其总净值的平均比例分别为 84.6%、2.32% 和 9.54%，此外有的基金还持有少量的权证和其他资产。由于股票型开放式基金的投资收益主要由其股票组合决定，而债券市值、银行存款的波动相对较低，基金单位净值增长率的波动应该主要反映其股票组合的波动。我们分别统计持股数量在 20 只、30 只……100 只以下，以及 100 只以上的基金数量及其组内平均标准差，结果如表 3-1 所示。

表 3-1 基金持股数与日净值增长率标准差

持股数/只	基金数/只	平均标准差/%
20 以下	7	1.402 7
20~30	9	1.334 8
30~40	38	1.308 4
40~50	38	1.122 1
50~60	47	1.133 4
60~80	30	1.141 7
80~100	31	1.139 5
100 以上	24	1.138 0

上证 50 成份股投资组合规模与风险分散化效果如图 3-2 所示。

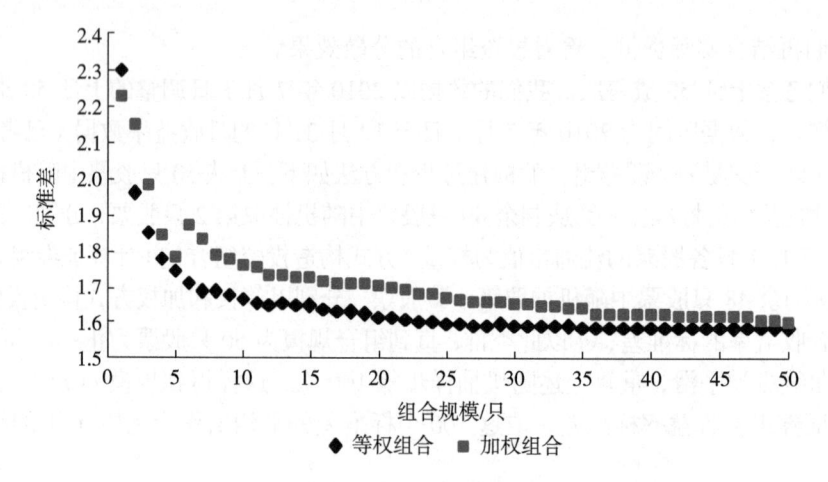

图 3-2　上证 50 成份股投资组合规模与风险分散化效果

股票型开放式基金持股数量与风险分散效果如图 3-3 所示。

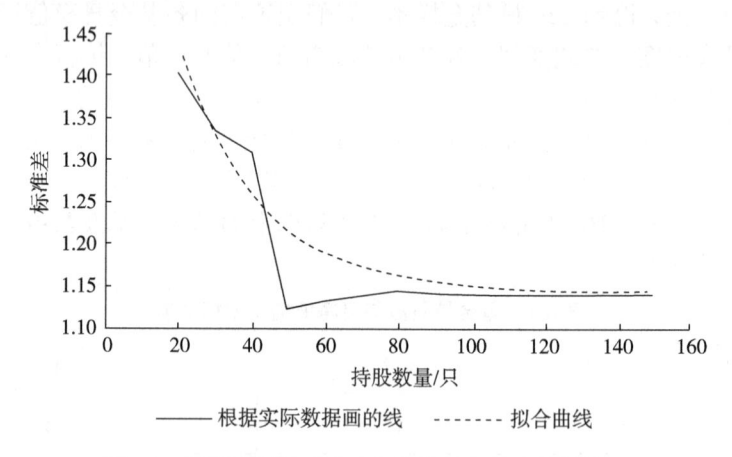

图 3-3　股票型开放式基金持股数量与风险分散效果

从上面的分析可以看出，投资组合风险分散的原理是：总体风险随参与组合的证券数目增加而减少；个别风险随投资分散化而减小，系统风险随投资分散化而平均化。图 3-4 反映了风险分散的原理。

结合我国股市的实际情况可以看出，当组合规模达到 50 只股票时，等权组合的标准差相对组合规模为 1 只股票时的标准差下降了 31.2%，这表明样本股票的总风险中系统风险占 68.8%，即使考虑基金的分散效果，系统风险也占 50.6%，而一些相对成熟的证券市场系统风险占总风险的比例要低得多，如中国香港和日本证券市场的这一比例仅为 15.0% 和 23.4%，这说明我国股市系统风险比较高。我国 A 股市场高达 50%~60% 以上的系统风险主要来源于政策风险，以及大量散户跟风投机行为造成的股票价格变化的高度相关性，这都不利于风险的分散。

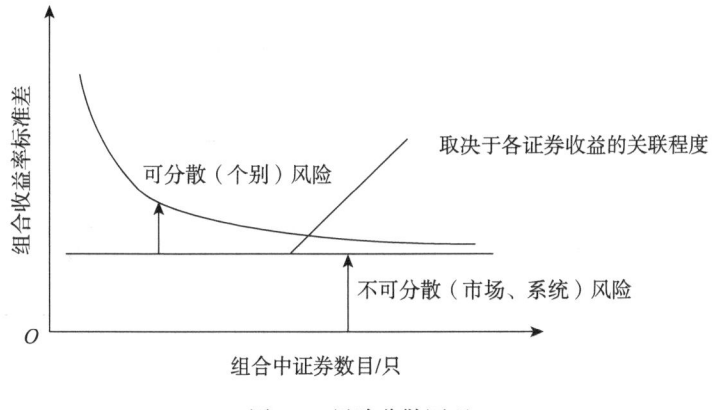

图 3-4 风险分散原理

二、均值-方差证券组合选择

在前面风险分散的讨论中我们已经采用收益率的均值和方差或标准差作为投资项目或证券投资的营利性指标和风险指标。采用收益率的方差或标准差作为风险测度是因为不确定性伴随的风险往往既意味着意外损失的可能，也意味着意外收获（超出预期的收益）的机会，而损失和机遇通常是相伴相生的，因此，偏离预期（预期之外）的程度是风险测度的常用方式。此外，采用收益率而非直接采用价格指标是为了基准的标准化，更重要的是价格随时间不确定变化的过程往往是非平稳的，而经过价格差分处理的收益率过程基本可以看做是平稳的，即具有相对稳定的均值和方差（标准差）。

如果用收益率的均值和方差（或标准差）能够反映投资者在风险状况下收益与风险的权衡，自然理性的投资者在构建投资组合时的基本准则应该是：在给定要求的预期收益率情况下，承担的风险越低越好；在给定可接受的风险水平情况下，预期收益率越高越好。这就是投资组合选择的均值-方差准则。下面我们先看一个两只股票组合的例子。

有两只股票 PN 和 QT，其 2007 年 3 月 1 日至 2013 年 7 月 31 日期间（考虑现金红利再投资）月收益率的统计量是：PN 的月收益率均值 1= 0.69%，QT 的月收益率均值 2= 1.65%；前者的收益率标准差 1= 0.10，后者的收益率标准差 2= 0.15；二者收益率相关系数= 0.51。它们的初始价格分别为：PN 初始股价 1=46.79（元/股），QT 初始股价 2=24.55（元/股）。两只股票的股价（调整送股、配股、拆细等之后的日收盘价的可比价格）变化过程如图 3-5 所示。所用数据来自国泰安 CSMAR 数据库。

在收益率均值和标准差坐标平面上，两只股票对应着图 3-6 中的两个点。

显然，如果投资者只能在两只股票中选择一只进行投资，理性的投资者会毫不犹豫地选择第一只，因为这只股票具有更高的预期收益率和更低的风险。然而，如果考虑这两只股票的投资组合，投资者可以选择的范围就变成了图 3-7 中的一条曲线，这条投资组合线上每一个点代表一个可行的投资组合，也包括两只股票对应的两点。显然，在这样一个扩大的投资组合选择范围内，理性的投资组合应该选择方差最小的投资组合对应的顶点（图 3-7 中的灰点）及顶点以上的半段曲线上，因为相对于顶点以下的半段，都可以在上半段找到对应的投资组合，具有相同的风险水平，但预期收益率更高。上半段曲线上的投资组合具有承担的风险越大，预期收益率越高的特点，这些可行的投资组合就被称为有效组合。而具体在有效组

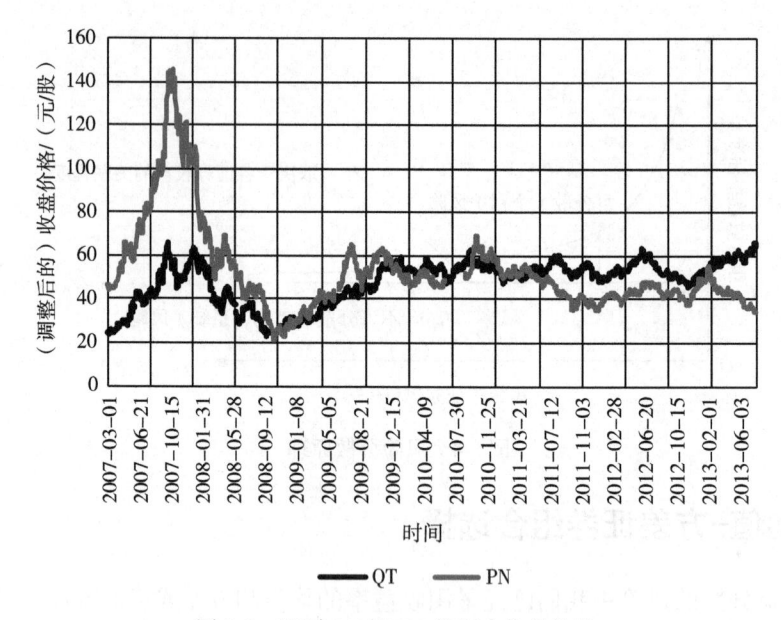

图 3-5 股票 QT 和 PN 的历史收盘价格

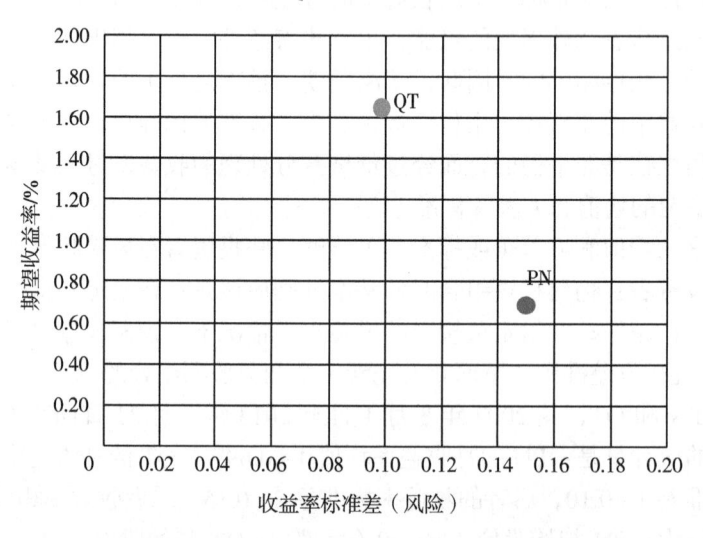

图 3-6 股票 QT 和 PN 的预期收益率与收益率标准差

合中选择哪一个组合则取决于投资者收益与风险的权衡。对于那些风险承担意愿或能力比较弱的投资者，他们的选择会更靠近顶点，而对那些风险承担意愿和能力比较强的投资者，他们的选择会更远离顶点，即为争取更高的预期收益去承担更大的风险。

从这个简单的例子中可以看出，通过分散投资，可以在初始的证券或资产基础上扩展出一个可行的投资组合集，而其中的有效投资组合集是理性投资者应该选择的投资组合，而对每个投资者最优的投资组合则取决于其收益与风险的权衡。

一般情况下，可行的证券组合是图 3-8 中的一个可行投资组合区域，其边界上风险增加预期收益也相应增加的部分对应着有效投资组合，也称为有效边界。投资者的最优投资组合选择即是其期望效用无差异曲线与有效边界的切点。

图 3-8 中切线的方程我们可以写为

$$U = E(\tilde{r}) - \mathrm{var}(\tilde{r})/\tau \tag{3-5}$$

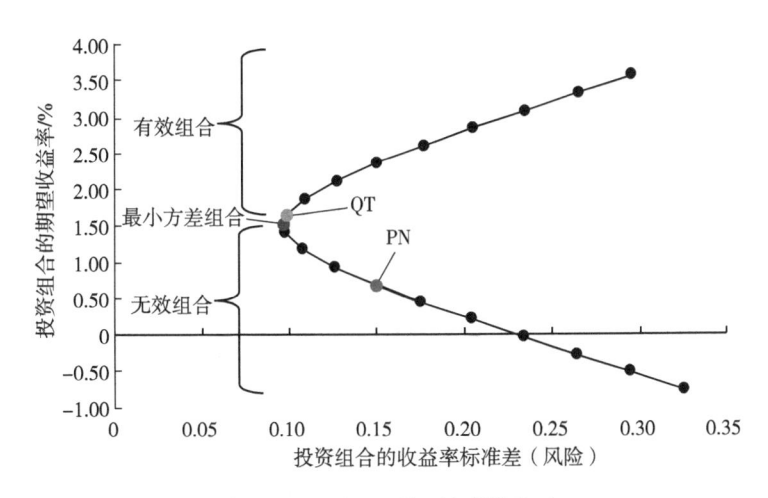

图 3-7　QT 和 PN 的可行投资组合

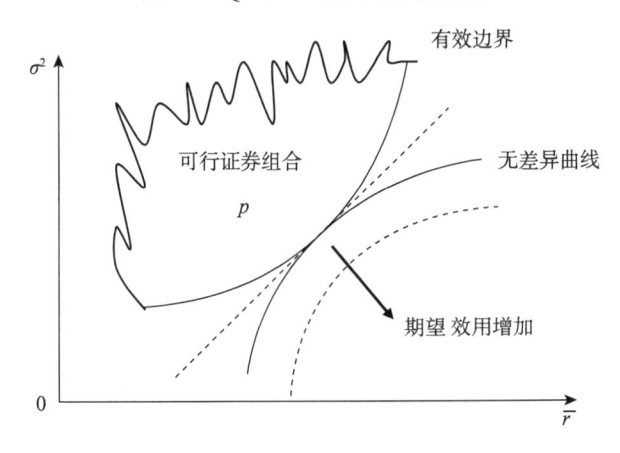

图 3-8　可行集、有效边界与最优证券组合

式（3-5）中的 τ 可以理解为风险容忍度。这样，式（3-5）右边就是风险调整的预期收益率，或投资者在切点处的期望效用对应的确定性收益率，即确定性等价量（certainty equivalence）。由此，投资者承担风险的能力或意愿越强，风险容忍度越高，即 τ 越大，相同预期收益率下的风险调整越小，确定性等价量越大，期望效用越高，投资者的最优组合选择越会沿有效边界向预期收益率高的方向移动，即为取得更高的预期收益而承担更大的风险。

式（3-5）也可以用来确定有效组合集，通过改变 τ 并最大化风险调整的预期收益率，即不断调整图 3-8 中切线的斜率并寻找切点，就可以确定出全部的有效投资组合。具体的最大化问题如下：

$$\begin{cases} \max U = \overline{r}_p - \dfrac{1}{\tau}\sigma_p^2 \\ \text{s.t.} \sum_i w_i = 1 \end{cases} \quad (3\text{-}6)$$

其中，$\sum_i w_i = 1$，即投资比例之和为 1，也称为资本预算约束。

由拉格朗日乘子法得

$$L = \sum_i w_i \overline{r}_i - \frac{1}{\tau} \sum_i \sum_j w_i w_j \sigma_{ij} - \eta \left(\sum_i w_i - 1 \right)$$

$$\frac{\partial L}{\partial w_i} = 0, \overline{r}_i - \frac{2}{\tau} \sum_j \sigma_{ij} w_j^* - \eta^* = 0$$

令

$$r = \begin{bmatrix} \overline{r}_1 \\ \vdots \\ \overline{r}_n \end{bmatrix}, w = \begin{bmatrix} w_1 \\ \vdots \\ w_n \end{bmatrix}, R = \begin{bmatrix} 1 \\ \vdots \\ 1 \end{bmatrix}, \Sigma(\sigma_{ij})_{n \times n}$$

即得

$$w^* = \frac{\Sigma^{-1} R}{R^T \Sigma^{-1} R} + \frac{\tau}{2} \Sigma^{-1} \left(r - \frac{R^T \Sigma^{-1} r}{R^T \Sigma^{-1} R} R \right) \tag{3-7}$$

其中，上标 T 和 * 分别代表矩阵的转置运算和最优证券组合。式（3-7）中的第 1 项对应最小方差组合（$\tau=0$），第 2 项为调整项。由此可见，有效投资组合的投资比例是 τ 的线性函数，任意两个有效组合的再组合可以得到全部有效组合，而且有效组合集是一个凸集。因此，有效组合集满足两基金分离，即在任意两个对应不同有效组合的基金之间分配资金就可以得到（生成）全部有效组合（有效组合集）。

由式（3-7）以及 $\overline{r}_p = (w^*)^T r$、$\sigma_p^2 = (w^*)^T \Sigma (w^*)$ 还可得

$$\sigma_p^2 = b^T E^{-1} b = m_{11} \overline{r}_p^2 + m_{12} \overline{r}_p + m_{22}$$

其中，$b = [\overline{r}_p, 1]^T$，$E = A \Sigma^{-1} A^T = (m_{ij})_{2 \times 2}^{-1}$，$A = [r, R]^T$。即在均值-方差平面上，有效边界对应于一条抛物线（顶点以上的半段），而在均值-标准差平面上对应着一条双曲线的半段（图 3-9）。

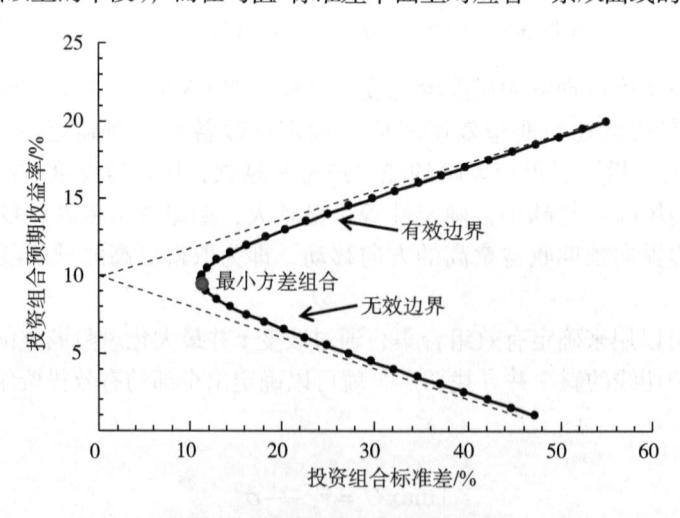

图 3-9 风险资产组合的有效边界

该图为三种风险证券组合的结果，其中虚线为渐近线。这三种风险资产的预期收益率和收益率标准差分别为 8%、12%、6% 和 15%、20%、30%，且证券 1 和证券 2 收益率之间的相关系数为 -0.1，证券 1 和证券 3 收益率之间的相关系数为 0.50，证券 2 和证券 3 收益率之间的相关系数为 0.20

更进一步，在投资组合中我们还可以考虑无风险资产。

如果增加无风险资产，投资比例为 w_0，$w_0 = 1 - \sum_i w_i$，无风险收益率为 r_f（小于最小方差组合的收益率），则由 $\max \bar{r}_p - \frac{1}{\tau}\sigma_p^2$ 可得

$$w^* = \frac{\tau}{2}\bm{\Sigma}^{-1}(\bm{r} - r_f\bm{R}) \tag{3-8}$$

存在无风险资产时的有效边界如图 3-10 所示，有效边界的方程为

$$\sigma_p = (\bar{r}_p - r_f)\Big/\sqrt{(\bm{r} - r_f\bm{R})^\mathrm{T}\bm{\Sigma}^{-1}(\bm{r} - r_f\bm{R})}$$

其中，切点组合（tangent portfolio）只包含风险证券，其投资比例权重向量为

$$\bm{w}^{\mathrm{tangent}} = \frac{\bm{\Sigma}^{-1}(\bm{r} - r_f\bm{R})}{\bm{R}^\mathrm{T}\bm{\Sigma}^{-1}(\bm{r} - r_f\bm{R})} \tag{3-9}$$

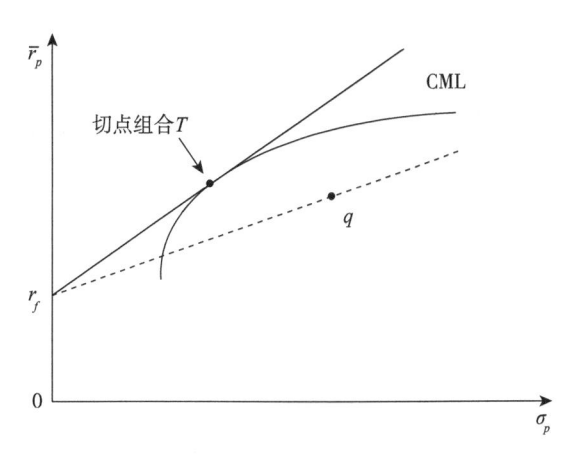

图 3-10 存在无风险资产时的最优证券组合

因此，当存在无风险资产时，有效证券组合由无风险资产和切点组合的组合构成，即资金只需在无风险资产与切点证券组合之间进行分配。在均值-标准差平面上有效边界是从无风险资产点出发的，与风险资产组合边界相切的切线，所有具有均值-方差（标准差）偏好的投资者都会在切线上选择其最优的投资组合。具体的选择取决于投资者的风险偏好：风险承担意愿和能力强的投资者会顺着切线往上选择，甚至从卖空无风险资产（按无风险利率借款）投资于切点组合（切点以上部分）；风险承担意愿和能力弱的投资者会把资金更多配置在无风险资产上，甚至不承担任何风险，全部配置在无风险资产上。

此外，对于任意一个由无风险资产和风险证券组合 q 构成的组合，若用其收益率的标准差作为风险的测度，其收益率的均值与无风险利率之差为它的风险溢价，则其单位风险所带来的风险溢价被称为它的夏普比（Sharpe ratio），公式为

$$\text{Sharpe ratio} = \frac{\bar{r}_q - r_f}{\sigma_q}$$

由图 3-10 可知，由无风险资产和风险证券组合 q 构成的组合的夏普比不随风险证券组合

q 的权重的变化而改变。此外，切点组合 T 在所有可行风险证券组合中夏普比最高。在具有均值-方差偏好且存在无风险证券时，投资者总会选择夏普比最高的组合，即切点组合，因为这个组合带来的单位风险溢价最高。

第二节　资本市场均衡与资本资产定价

一、引例：资本市场均衡的特征

我们通常都说：高风险高收益。是否所有的高风险都能得到高的回报或补偿？风险的补偿又取决于哪些因素？在投资者都按照均值-方差组合证券选择理论理性选择其投资组合从而形成对资产的需求时，资本市场的均衡会有什么样的特点？下面我们先来看一个简单的情况。

根据投资组合理论我们知道，当存在无风险资产时，理性的投资者应该在无风险资产与切点证券组合之间配置资金，具体的配置取决于各投资者的风险偏好，即收益与风险的权衡。也就是说，所有理性投资者持有的风险证券组合与切点证券组合的结构完全一样，即投资者持有的风险证券之间的相对比例与切点组合中风险证券之间的相对比例完全一样。假如市场上的风险资产只有长虹和建行两只股票，它们目前的股价分别是 2.16 元/股和 4.79 元/股，发行在外的股份分别为 46.16 亿股和 2 500.11 亿股，市值分别是 99.71 亿元和 12 001 亿元，风险证券市场总市值是 12 100.71 亿元，两只股票市值占总市值的比例分别是 0.82% 和 99.18%。假定根据长虹和建行两只股票历史收益率的数据估计它们的预期收益率、收益率方差（标准差）和协方差（相关系数），再结合市场的无风险利率我们得出切点证券组合的结构，即长虹和建行在切点证券组合的投资比例分别为 1.5% 和 98.5%。进一步假定投资者投入股票市场的资金就是 12 100.71 亿元[①]，这样我们就可以计算投资者对长虹的股票需求为 12 100.71 × 1.5% ÷ 2.16=84.03（亿股）。显然，长虹股票的需求大于供给，这种情况下长虹股票的价格将上涨。同样的道理，建行股票的供给大于需求，建行股票的价格将下降。由此可见，在市场的投资者都按照投资组合理论的原则行为并且都具有相同的信息和处理信息的能力的条件下，只有当切点证券组合的结构与按各股票市值比例构成的市场证券组合的结构完全一样时，股票价格的调整才会停止，股票市场的均衡才会形成。所以，我们看到，市场均衡的特征表现为市场证券组合就是切点证券组合。

二、资本资产定价模型

上述引例的直观可以推广到一般情况。首先我们假定投资者在信息处理能力和投资行为方面是同质的，即所有的投资者关于证券的预期收益率、收益率的方差或标准差及证券的收益率的协方差或相关系数具有相同的认识，所有投资者都按照投资组合理论的原则选择符合其偏好的最优证券组合。下面我们分两种情况讨论。

[①] 否则，风险证券市场供需总量将不平衡。

首先假定存在无风险资产。

根据有效证券组合的确定方法，投资者的最优证券组合选择可以表示为如下风险调整的预期收益率最大化问题：

$$\max_{w_1,\cdots,w_n} U = \overline{r}_p - \frac{1}{\tau}\sigma_p^2$$

$$\overline{r}_p = r_f + \sum_{i=1}^{n} w_i(\overline{r}_i - r_f)$$

$$\sigma_p^2 = \sum_i \sum_j w_i w_j \sigma_{ij}$$

上述问题的一阶条件[①]为

$$\sum_j \sigma_{ij} w_j = \frac{\tau}{2}(\overline{r}_i - r_f)$$

由此可得

$$\boldsymbol{w} = \frac{\tau}{2}\boldsymbol{\Sigma}^{-1}(\overline{\boldsymbol{r}} - r_f \boldsymbol{R})$$

其中，$\boldsymbol{w} = (w_1, w_2, \cdots, w_n)^{\mathrm{T}}$ 为投资比例向量；$\overline{\boldsymbol{r}} = (\overline{r}_1, \overline{r}_2, \cdots, \overline{r}_n)^{\mathrm{T}}$ 为预期收益率向量；$\boldsymbol{R} = (1,1,\cdots,1)^{\mathrm{T}}$ 的元素均为 1；$\boldsymbol{\Sigma} = (\sigma_{ij})_{n \times n}$ 为收益率协方差矩阵。相应的，切点证券组合的投资比例向量为

$$\boldsymbol{w}^{\text{tangent}} = \frac{\boldsymbol{\Sigma}^{-1}(\overline{\boldsymbol{r}} - r_f \boldsymbol{R})}{\boldsymbol{R}^{\mathrm{T}} \boldsymbol{\Sigma}^{-1}(\overline{\boldsymbol{r}} - r_f \boldsymbol{R})}$$

投资者在风险资产和无风险资产中的投资比例分别为

$$1 - w_f = \boldsymbol{R}^{\mathrm{T}}\boldsymbol{w} = \frac{\tau}{2}\boldsymbol{R}^{\mathrm{T}}\boldsymbol{\Sigma}^{-1}(\overline{\boldsymbol{r}} - r_f \boldsymbol{R})$$

$$w_f = 1 - \boldsymbol{R}^{\mathrm{T}}\boldsymbol{w} = 1 - \frac{\tau}{2}\boldsymbol{R}^{\mathrm{T}}\boldsymbol{\Sigma}^{-1}(\overline{\boldsymbol{r}} - r_f \boldsymbol{R})$$

即投资者在无风险资产和切点组合之间的资金分配取决于投资者的风险容忍度 τ，τ 越大，承担风险的意愿或能力越强，资金越多地分配在切点组合上；反之，资金越多地分配在无风险资产上。

设投资者 k 的资金占市场总资金的比例为 I_k，风险容忍度为 τ_k，则有

$$\sum_j \sigma_{ij} w_j^{(k)} = \frac{\tau_k}{2}(\overline{r}_i - r_f) \tag{3-10}$$

对式（3-10）集结（aggregation）可得

$$\sum_j \sigma_{ij} \left(\sum_k I_k w_j^{(k)} \right) = \frac{1}{2}\left(\sum_k I_k \tau_k \right)(\overline{r}_i - r_f)$$

令 $\tau_M = \sum_k I_k \tau_k$，$\tau_M$ 为市场平均的风险容忍度；$\sum_k I_k w_j^{(k)}$ 为所有投资者投入第 j 种证券的资金占市场总资金的比例。与引例中的道理相同，市场均衡时，投资者投入第 j 种证券的资金

[①] 由于协方差矩阵的正定性，该条件既是最优证券组合的必要条件，也是充分条件。

比例将与第 j 种证券市值占总市场价值的比例 w_j^M 相同。因此，市场均衡时有

$$\sigma_{iM} = \sum_j w_j^M \sigma_{ij} = \frac{\tau_M}{2}\left(\overline{r}_i - r_f\right) \tag{3-11}$$

由此可得

$$\overline{r}_i - r_f = \frac{2}{\tau_M}\sigma_{iM} \tag{3-12}$$

$$\overline{r}_M - r_f = \frac{2}{\tau_M}\sigma_M^2 \tag{3-13}$$

其中，$\overline{r}_M$、σ_M^2 分别为市场证券组合的期望收益率和收益率方差。由此可见，市场的风险补偿（风险升水，risk premium）$\overline{r}_M - r_f$ 既取决于市场风险的大小 σ_M^2，也取决于市场整体（平均）的风险容忍度。市场整体上对风险越容忍，承担风险的意愿和能力越强，风险补偿越低。进一步，我们有

$$\overline{r}_i = r_f + \beta_i\left(\overline{r}_M - r_f\right) \tag{3-14}$$

其中，$\beta_i = \sigma_{iM}/\sigma_M^2$ 反映了各证券收益率与市场证券组合收益率的关联程度。同时，σ_{iM} 或 β_i 对市场风险的贡献的式子如下：

$$\sigma_M^2 = \sum_i w_i^M \sigma_{iM}, \quad 1 = \sum_i w_i^M \sigma_{iM}/\sigma_M^2 = \sum_i w_i^M \beta_i$$

因此，β_i 可以反映各证券承担的市场风险大小。

由式（3-14）可以看出，市场均衡时，各证券的均衡预期收益率由推迟消费的补偿（r_f）和承担风险的补偿两部分组成。进一步，只有证券承担的市场风险才得到了补偿，而非市场风险部分并未得到补偿。

为了进一步加深市场风险定价的理解，我们考察如下的收益率生成方程：

$$\tilde{r}_i = \alpha_i + \beta_i \tilde{r}_M + \tilde{\varepsilon}_i \tag{3-15}$$

其中，$\beta_i = \sigma_{iM}/\sigma_M^2$；$E(\tilde{\varepsilon}_i) = 0$；$\mathrm{Cov}(\tilde{r}_M, \tilde{\varepsilon}_i) = 0$。式（3-15）实际上可以看做证券 i 的收益率 $\tilde{r}_i$ 关于市场证券组合收益率 $\tilde{r}_M$ 的回归式，其中残差 $\tilde{\varepsilon}_i$ 与 $\tilde{r}_M$ 不相关。由此可得

$$\sigma_i^2 = \beta_i^2 \sigma_M^2 + \sigma_{\varepsilon_i}^2 \tag{3-16}$$

即证券 i 的总风险可以分解为与市场风险相关和与市场风险无关两部分，而只有与市场风险相关的部分才在均衡预期收益率中得到了补偿。

式（3-14）即是 Sharpe 著名的 CAPM 的证券市场线（security market line，SML），如图 3-11 所示。

进一步，对任何证券组合，我们还有如下关系：

$$\beta_p = \mathrm{Cov}(\tilde{r}_p, \tilde{r}_M)/\sigma_M^2 = \sum_i w_i \beta_i$$

因此，均衡时 SML 不仅适用于单个证券，也适用于任何证券组合，包括市场证券组合，而市场证券组合的 β 为 1。

下面我们考察不存在无风险资产情况下的资本市场均衡。

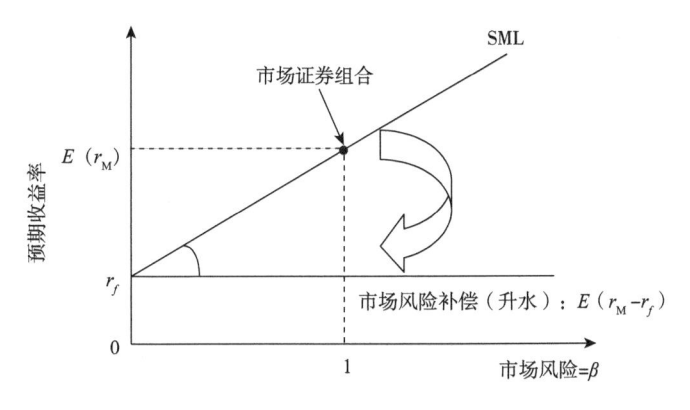

图 3-11　证券市场线

这种情况下，投资者的最优证券组合选择可以表示为

$$\max_{w_1,\cdots,w_n} U = \bar{r}_p - \frac{1}{\tau}\sigma_p^2$$

$$\text{s.t.} \sum_i w_i = 1$$

相应的一阶条件为

$$\sum_j \sigma_{ij} w_j = \frac{\tau}{2}(\bar{r}_i - \eta)$$

其中，η 为资本预算约束 $\sum_i w_i = 1$ 对应的拉格朗日乘子。对于投资者 k，有

$$\sum_j \sigma_{ij} w_j^{(k)} = \frac{\tau_k}{2}(\bar{r}_i - \eta_k) \tag{3-17}$$

对式（3-17）关于 k 集结并利用市场均衡的特征可得

$$\sigma_{iM} = \frac{\tau_M}{2}(\bar{r}_i - \eta_M) \tag{3-18}$$

其中，$\eta_M = \sum_k I_k \tau_k \eta_k \Big/ \sum_k I_k \tau_k$。进一步，我们有

$$\sigma_M^2 = \frac{\tau_M}{2}(\bar{r}_M - \eta_M) \tag{3-19}$$

由此可得

$$\bar{r}_i - \eta_M = \beta_i(\bar{r}_M - \eta_M) \tag{3-20}$$

$$\bar{r}_p - \eta_M = \beta_p(\bar{r}_M - \eta_M)$$

其中，$\beta_p = 0$ 对应于零贝塔证券组合，故零贝塔证券组合预期收益率 $\bar{r}_z = \eta_M$。式（3-20）即为著名的零贝塔 CAPM。

第三节 套利定价理论及模型估计

一、引例：因素风险与定价

在 CAPM 一节中，我们利用如下的收益率生成方程说明市场风险定价：

$$\tilde{r}_i = \alpha_i + \beta_i \tilde{r}_M + \tilde{\varepsilon}_i$$

其中，$\beta_i = \sigma_{iM}/\sigma_M^2$；$E(\tilde{\varepsilon}_i) = 0$；$\text{Cov}(\tilde{\varepsilon}_i, \tilde{r}_M) = 0$。

我们把上述方程略加修改，就形成如下的单因素（市场指数）模型：

$$\tilde{r}_i = a_i + b_i \tilde{r}_M + \tilde{\varepsilon}_i \tag{3-21}$$

其中，$E(\tilde{\varepsilon}_i) = 0$；$\text{Cov}(\tilde{\varepsilon}_i, \tilde{r}_M) = 0$；$E(\tilde{\varepsilon}_i \tilde{\varepsilon}_j) = 0 (i \neq j)$。

式（3-21）意味着除了市场指数代表的市场风险以外，其他影响证券收益率的因素均是个别因素。根据风险分散的原理，一个足够分散化的投资组合能够基本上消除非因素风险（非市场风险）对证券组合收益率的影响，只保留因素风险（市场风险）。

假定证券均衡的预期收益率与因素风险程度 b（证券收益率相对于市场指数的变动敏感程度）之间不满足 CAPM 那样的线性关系。各证券的预期收益率与 b 的关系都分散在图 3-12 中的曲线上，其中大写英文字母 A~H 表示其中的八种证券。连接 r_z、C 和 H 的直线表示由证券 C 和证券 H 通过线性组合形成的证券组合，其中连接 r_z 和 C 的线段表示卖空证券 H 并用卖空所得的资金持有证券 C 形成的证券组合。特别地，可以通过卖空证券 H 并持有证券 C 构造因素风险为零、预期收益为 r_z 的投资组合。同理，也可通过卖空证券 F 并持有证券 D，或者同时卖空证券 H 和 F 并同时持有证券 C 和 D 构造具有预期收益为 r_z 的投资组合。由于分散在曲线上的证券种类很多，我们可以通过平均投资于上述零因素风险证券组合构造一个充分分散化的投资组合，这个组合的预期收益率为 r_z，既无因素风险，也几乎没有非因素风险。

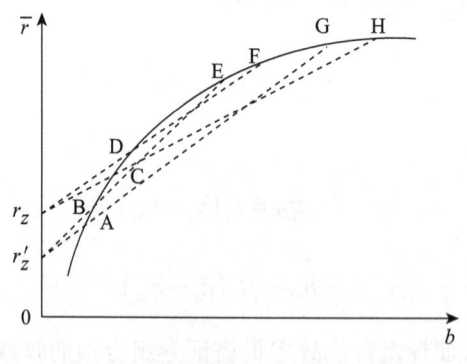

图 3-12　单因素无风险套利示意图

利用完全相同的方法可以得到预期收益率为 r_z' 的充分分散化的投资组合，这个组合同样不具有因素风险，也同样几乎没有非因素风险。因为 $r_z > r_z'$，我们可以通过卖空预期收益率为 r_z 的投资组合并持有预期收益率为 r_z' 的投资组合来构造一个套利组合，即卖空 r_z 投资组合并将卖空所得用于买入 r_z' 投资组合，构造这个组合的成本为零，而到期时几乎可以肯定获得

$r_z - r'_z$ 的收益。因此，这个套利组合无须成本，却几乎可以肯定地获得正的收益，即存在几乎无风险的套利机会。显然，加大交易规模将很快消除 r_z 与 r'_z 的差异，从而形成无套利机会的均衡。因此，资本市场上的无套利均衡意味着 $\bar{r}$ 与 b 之间的关系应是线性的，即存在 λ_0 和 λ 使如下式子成立：

$$\bar{r}_i = \lambda_0 + \lambda b_i \tag{3-22}$$

其中，λ 为单位因素风险的补偿（升水）。如果存在无风险资产，无风险收益率为 r_f，式（3-22）应为

$$\tilde{r}_i = r_f + \lambda b_i \tag{3-23}$$

利用一价定律（即本质上相同的东西应该值相同的价钱）或占优原理（即本质上任何方面都不比另一个差的东西应该值更多至少不低的价钱）的破坏来赚取收益的行为称为套利（arbitrage）。例如，如果同一种证券在不同的市场上定价不同，那么在价格水平较高的市场上卖空该证券，同时用卖空所得在价格水平较低的市场上买入该种证券，就可以不花成本地获取（套取）价差收益。显然，这种套利行为会直接改变这两个市场上该种证券的供求和价格，并最终导致二者的价格相同。因此，在一个高度竞争、流动性很强的资本市场中，这种套利机会一旦出现，就会立即引起市场的反应，直至套利机会消失。此时，资本市场达到均衡，市场上的资产之间的价格联系恢复正常。

1976年，Stephen Ross 提出了著名的套利定价理论（arbitrage pricing theory，APT）。APT的出发点是假设资产的收益率受一些共同因素的影响，其核心思想是对于一个充分分散化的资产组合而言，只需几个共同因素就可以解释风险补偿的影响程度，且当市场达到均衡时，不存在无风险的套利机会，资产的均衡价格得以实现。

二、套利定价理论

（一）多因素模型与因素风险

在 APT 中，上述单因素模型一般化为如下多因素模型：

$$\tilde{r}_i = a_i + b_{i1}\tilde{F}_1 + \cdots + b_{iK}\tilde{F}_K + \tilde{\varepsilon}_i \tag{3-24}$$

其中，$E(\tilde{\varepsilon}_i) = 0$，$E(\tilde{\varepsilon}_i \tilde{F}_k) = 0$，$E(\tilde{\varepsilon}_i \tilde{\varepsilon}_j) = 0 \, (i \neq j)$；$\tilde{F}_1, \tilde{F}_2, \cdots, \tilde{F}_k$ 为各证券收益的共同影响因素；$\tilde{\varepsilon}_i$ 为各证券收益的个别影响因素。这里，因素可包括市场指数、利率（长期利率、短期利率）、工业生产增长率、石油价格变动率、不同等级债券利率差等。进一步，我们用相应因素对应的证券组合收益率表示 $\tilde{F}_1, \tilde{F}_2, \cdots, \tilde{F}_k$，如指数证券组合、工业指数证券组合、债券指数等。$b_{i1}, b_{i2}, \cdots, b_{ik}$ 称为因素灵敏度（因素负荷，factor loading）。

由式（3-24）可得一个证券组合的收益率为

$$\tilde{r}_p = a_p + b_{p1}\tilde{F}_1 + \cdots + b_{pK}\tilde{F}_K + \tilde{\varepsilon}_p \tag{3-25}$$

其中，$a_p = \sum_i w_i a_i$；$b_{pk} = \sum_i w_i b_{ik}$；$\tilde{\varepsilon}_p = \sum_i w_i \tilde{\varepsilon}_i$。对式（3-25）计算期望值和方差可得

$$\bar{r}_p = a_p + b_{p1}\bar{F}_1 + \cdots + b_{pK}\bar{F}_K \tag{3-26}$$

$$\sigma_p^2 = \sum_{k=1}^{K} b_{pk}^2 \sigma^2(\tilde{F}_k) + \sum_{k=1}^{K}\sum_{l=1}^{K} b_{pk} b_{pl} \mathrm{Cov}(\tilde{F}_k, \tilde{F}_l) + \sum_{i=1}^{n} w_i^2 \sigma_{\varepsilon i}^2 \tag{3-27}$$

式（3-27）右边的前两项为证券组合的因素风险，又称为系统风险。第三项为非因素风险，又称为非系统风险，将因分散而消除。我们把非因素风险已完全或基本消除的组合称为充分分散化的投资组合（well-diversified portfolios）。

APT 成立的关键是投资者会尽量发现套利机会并构造一个套利组合进行套利。如果一个证券组合的构造成本为零，并且在任一时期的任何一个状态下收益均非负，并且至少在一个状态下有正的收益，则该证券组合就称为套利组合。具体地讲，在因素模型下套利组合需要同时具备如下三个特征：①它是一个自融资（self-finance），即无须初始投资的组合，表达式为 $\sum_i w_i = 0$；②套利组合的因素风险为零，这一特征可表示为 $\sum_i w_i b_{ik} = 0$；③在充分分散化时套利组合的预期收益为正。

对于一个无风险套利组合，任何投资者，无论其风险厌恶程度或财富状况如何，都愿意尽可能多地拥有该资产组合的头寸。而那些大量头寸的存在将会导致某些证券价格上涨或下跌，直至套利机会完全消失，由此我们可以推导出市场不存在套利机会时的证券价格水平。

（二）APT 的推导

我们首先看一种特殊的情况，即不含非因素风险（$\tilde{\varepsilon}_i \equiv 0, \forall i$）的因素模型。假定无风险收益率为 r_f，对于每一种证券我们构造如下证券组合：

$$\left(1 - \sum_{k=1}^{K} b_{jk}\right) r_f + \sum_{k=1}^{K} b_{jk} \tilde{F}_k \tag{3-28}$$

将上面的组合与第 j 种证券的收益率 $a_j + \sum_{k=1}^{K} b_{jk} \tilde{F}_k$ 相比较，我们可以根据无套利均衡的思想得出如下结论：

$$a_j = \left(1 - \sum_{k=1}^{K} b_{jk}\right) r_f$$

否则，将出现无风险套利的机会。例如，如果 $a_j > \left(1 - \sum_{k=1}^{K} b_{jk}\right) r_f$，我们就可以通过卖空式（3-28）所示的第 j 种证券对应的证券组合，同时将卖空所得购买第 j 种证券构造一个套利组合，这个套利组合的因素风险被完全对冲，只剩下确定的收益 $a_j - \left(1 - \sum_{k=1}^{K} b_{jk}\right) r_f$，这显然是一个无风险套利的机会。无套利均衡形成时，各证券均衡的预期收益率符合如下线性定价关系：

$$\bar{r}_i = r_f + \sum_{k=1}^{K} b_{ik}\left(\bar{F}_k - r_f\right) \qquad (3\text{-}29)$$

其中，$\left(\bar{F}_k - r_f\right)$ 为因素 k 的单位因素风险升水。

在分析不含非因素风险的套利定价关系时只需要无套利假设，然而，当考虑含有非因素风险的多因素模型的套利定价关系时，还需要充分分散化的假设。为了反映证券数的增加对充分分散化消除非因素风险的作用，我们记具有 n 种风险证券的经济中，各风险证券的收益率满足：

$$\tilde{r}_j^n = a_j^n + \sum_{k=1}^{K} b_{jk}^n \tilde{F}_k^n + \tilde{\varepsilon}_j^n, \quad j=1,2,\cdots,n \qquad (3\text{-}30)$$

其中，$E(\tilde{\varepsilon}_j^n) = 0$；$E(\tilde{\varepsilon}_j^n \tilde{F}_k) = 0$；$E(\tilde{\varepsilon}_i^n \tilde{\varepsilon}_j^n) = 0 \, (i \neq j)$。进一步假定 $\sigma^2[\tilde{\varepsilon}_j^n] \leqslant \bar{\sigma}^2$ 表示非因素风险有界；$n > K$，以避免退化。

对于任意小的 $\varepsilon > 0$，设有 $N(n)$ 种证券的 a_j^n 与 $\left(1 - \sum_{k=1}^{K} b_{jk}^n\right) r_f$ 的差距超过 ε，即

$$\left| a_j^n - \left(1 - \sum_{k=1}^{K} b_{jk}^n\right) r_f \right| \geqslant \varepsilon, \quad j = 1, 2, \cdots, N(n)$$

由此，我们通过持有（卖空）第 j 种证券和卖空（持有）第 j 种证券对应的证券组合 [式（3-28）] 构造 $N(n)$ 个套利组合，这些套利组合没有因素风险。当 $a_j^n - \left(1 - \sum_{k=1}^{K} b_{jk}^n\right) > 0$ 时，其收益为

$$a_j^n - \left(1 - \sum_{k=1}^{K} b_{jk}^n\right) r_f + \tilde{\varepsilon}_j^n, \quad j = 1, 2, \cdots, N(n)$$

当 $a_j^n - \left(1 - \sum_{k=1}^{K} b_{jk}^n\right) < 0$ 时，其收益为

$$\left(1 - \sum_{k=1}^{K} b_{jk}^n\right) r_f - a_j^n - \tilde{\varepsilon}_j^n, \quad j = 1, 2, \cdots, N(n)$$

进一步对这 $N(n)$ 个套利组合再按相同投资比例（$1/N(n)$）再组合，所得套利组合的预期收益为

$$\frac{1}{N(n)} \sum_{j=1}^{N(n)} \left| a_j^n - \left(1 - \sum_{k=1}^{K} b_{jk}^n\right) r_f \right| \geqslant \varepsilon > 0$$

即其预期收益为正。由于各证券的非因素风险不相关，该套利组合收益的方差为

$$\frac{1}{N^2(n)} \sum_{j=1}^{N(n)} \sigma^2(\tilde{\varepsilon}_j^n) \leqslant \frac{\bar{\sigma}^2}{N(n)}$$

显然，由于非因素风险有界，当$N(n)$趋向于无穷大时该收益方差趋向于零。即对于任意小的定价偏差$\varepsilon>0$，如果随着经济中风险资产越来越多，与线性定价的偏差高于ε的资产数目$N(n)$也越来越多并且无界的话，我们将获得一系列渐进套利机会，这些套利机会的预期收益为正，而收益的方差将越来越小，直至极限情况下趋向于零，即存在极限套利机会。反之，在充分分散化和不存在极限套利机会的情况下，与线性定价的偏差高于ε的资产数目$N(n)$不会随着风险资产数量的增加而无限增加，即$N(n)$存在上界，这意味着在充分分散化的条件下，线性定价对绝大多数资产都成立，不符合线性定价的资产仅仅是有限的。这就是APT的主要经济含义。

（三）资本资产定价模型与套利定价理论

若CAPM与APT均成立，则

$$\begin{cases} \bar{r}_i = r_f + (\bar{r}_M - r_f)\beta_i \\ \bar{r}_i = r_f + \sum_{k=1}^{K} b_{jk}(\bar{F}_k - r_f) \end{cases}$$

由$\tilde{r}_i = \alpha_i + \sum_k b_{ik}\tilde{F}_k + \tilde{\varepsilon}_i$可知，$\mathrm{Cov}(\tilde{r}_i, \tilde{r}_M) = \sum_k b_{ik}\mathrm{Cov}(\tilde{F}_k, \tilde{r}_M) + \mathrm{Cov}(\tilde{\varepsilon}_i, \tilde{r}_M)$，由于充分分散化，$\tilde{r}_M$仅包含因素风险，故可以认为$\mathrm{Cov}(\tilde{\varepsilon}_i, \tilde{r}_M) = 0$，且

$$\beta_i = \sum_k b_{ik}\mathrm{Cov}(\tilde{F}_k, \tilde{r}_M)/\sigma_M^2 \qquad (3\text{-}31)$$

得

$$\bar{r}_i = r_f + (\bar{r}_M - r_f)\sum_k b_{ik}\mathrm{Cov}(\tilde{F}_k, \tilde{r}_M)/\sigma_M^2 \qquad (3\text{-}32)$$

即

$$\lambda_k = \bar{F}_k - r_f = (\bar{r}_M - r_f)\mathrm{Cov}(\tilde{F}_k, \tilde{r}_M)/\sigma_M^2 \qquad (3\text{-}33)$$

CAPM与APT在均衡思想上存在很大差异。CAPM的均衡是投资者风险/收益权衡后集体行动的结果，市场价格一旦失衡，就会有许多投资者调整自己的证券组合来重建均衡。而套利无须风险/收益权衡，其思想极为朴素，就是"无本万利的事情谁不喜欢"。因此，一旦出现套利机会，理论上只需少数几位套利者通过尽可能大地构建套利组合即可重建市场均衡。由此可见，套利所导致的市场效率要高于一般均衡。

当然，许多实际因素（卖空的限制、信息的成本、模型的偏差、数据的误差、时机的把握、持有成本、基于绩效的评价等）使无成本、无风险的套利几乎不存在。然而，在一个竞争性的市场上，高速的数据处理和通信手段支持着大额的套利资金，往往能迅速消除套利机会，由于时间非常短，所需成本和承担的风险往往相当低。

三、CAPM和Fama-French三因子模型的估计

本小节我们要结合中国证券市场的数据，介绍CAPM和一个得到广泛应用的因素定价模

型（Fama-French 三因子模型）的估计方法。

（一）CAPM 的估计

1. 实证模型

标准的 CAPM 模型为

$$E(r_i) = r_f + \beta_i[E(r_M) - r_f]$$

写成回归模型如下：

$$r_{it} - r_{ft} = \alpha_i + \beta_i(r_{Mt} - r_{ft}) + \varepsilon_{it} \tag{3-34}$$

其中，r_{it} 表示证券 i 在 t 时期的收益率；r_{Mt} 表示市场组合在 t 时期的收益率；r_{ft} 表示 t 时期的无风险收益率，随机扰动项 $\varepsilon_{it} \sim \text{i.i.d.}N(0, \sigma_i^2)$[①]。

2. 样本数据

选取 2002 年 6 月 30 日之前在沪市上市的股票，剔除 ST、*ST 及长期停牌的股票后，共收集到 568 只股票样本。每只股票选取 2013 年 1 月至 2012 年 12 月共 10 年 120 个月复权后的月收盘价数据，当月停盘无交易的，以上一个月收盘价替代。月无风险利率 r_{ft} 以对应月份的三个月银行存款年利率除以 12 代替，市场组合的收益率 r_{Mt} 以对应月份的上证综指收益率代替。数据来源于 Wind 资讯。

3. 回归结果

对 568 只股票分别进行上述回归模型的 OLS（ordinary least squares，即普通最小二乘）回归，得到回归模型各参数的估计量。表 3-2 报告了前 10 只股票的估计结果，其中，$\hat{\beta}$ 描述了单个证券市场风险的大小。可以发现，在 120 个月数据的回归模型中，10 只股票的 $\hat{\beta}$ 均是显著异于 0 的，并且模型对数据的拟合程度较好。

表 3-2 个股超额收益率关于市场风险升水的回归

证券代码	证券简称	α_i 估计值	t 值	β_i 估计值	t 值	R^2
600000	浦发银行	0.012 1	1.644 2	1.081 5***	12.581 2	0.575 0
600005	武钢股份	0.009 5	1.045 8	1.409 2***	13.316 8	0.602 5
600006	东风汽车	−0.003 6	−0.513 7	1.070 5***	13.081 1	0.593 9
600007	中国国贸	0.007 1	0.859 3	0.902 7***	9.300 7	0.425 1
600008	首创股份	0.001 5	0.213 4	1.111 0***	13.150 6	0.596 5
600009	上海机场	0.006 1	0.860 0	0.813 7***	9.796 2	0.450 6
600010	包钢股份	0.011 1	1.153 3	1.116 3***	9.959 1	0.458 8

---

① independent and identically distributed，即独立同分布。

续表

证券代码	证券简称	α_i 估计值	t 值	β_i 估计值	t 值	R^2
600011	华能国际	0.005 5	0.706 8	0.885 0***	9.790 7	0.450 3
600016	民生银行	0.015 2	2.329 7	0.988 4***	12.991 5	0.590 6
600019	宝钢股份	0.004 9	0.754 0	1.158 6***	15.201 9	0.663 9

***表示在1%的显著性水平下显著异于0

（二）Fama-French 三因子模型

1. 相关背景

从 Roll（1977）之后，有关 CAPM 有效性的检验逐步转向多变量的检验，即检验除 β 之外，还有哪些其他经济因素可解释证券期望收益率的变化，在 20 世纪 80 年代之后，这已成为 CAPM 及资产定价研究的主要方向。从这个意义上讲，尽管 CAPM 不可检验，但对 CAPM 的实证研究进一步加深了人们对资产定价的理解。

近 30 年来，学者研究发现，除 β 之外，还有其他很多经济因素都会影响证券期望收益。例如，Banz（1981）发现，流通市值（market equity，ME）较小的公司股票平均收益大大高出根据 CAPM 估计的收益率，而 ME 较大的公司股票平均收益则小得多。又如，Chan 等（1991）发现，公司账面/市值比（book-to-market equity，BE/ME）与其期望收益率显著正相关。

Fama 和 French（1992）考察了这些 CAPM 并未考虑的因素对资产期望收益的联合作用，发现在控制 β 的影响后，ME 和 BE/ME 均与证券期望收益率显著正相关，并且从理性定价的角度可以清晰地阐述其经济内涵：理性的市场定价已经将公司未来的盈利信息反映在了 ME 当中，当前 ME 相对其 BE（book equity，即账面）偏低的公司是因为投资者已经预期到其未来前景不利，因而 BE/ME 较高的公司未来盈利水平将低于 BE/ME 较低的公司，投资风险更大，理性投资者当然要求更高的期望收益作为补偿；类似地，由于小规模公司对未来经济环境和行业前景的依赖性更大，进而业绩的不确定性也越大，理性的投资者会要求更高的期望收益来补偿这一风险。因此，Fama 和 French（1992）确认了 ME 和 BE/ME 这两个因素确实是资产定价时必须要考虑的风险因素，Fama 和 French（1993）则在此基础上提出了著名的 Fama-French 三因子资产定价模型。

类似市场组合相对无风险资产的超额收益代表市场风险补偿的做法，Fama 和 French（1993）创造性地构造了两种特殊的资产组合，并以这两种组合的超额收益率来描述与 ME 和 BE/ME 相关的风险因子，再与市场风险因子一起，建立了新的资产定价模型，即 Fama-French 三因子模型。

2. 构造规模与账面/市值比风险因子的基本方法

将全样本 1963~1991 年的所有股票分别独立地按 ME 分成大（B）、小（S）两组，再按 BE/ME 分成高（H）、中（M）、低（L）三组，相互交叉形成 6 个组合，即 SL、SM、SH 和 BL、BM、BH；考虑到公司规模与 BE/ME 是不断变化的，因此每年都重新进行一次这样的分组排序，并在每次分组后计算这 6 个组合未来 12 个月的月收益率，这样将得到 6 个组合的月收益率序列。

1) 规模因子的构造

计算小规模股票组合与大规模股票组合之间的月超额收益率序列。

$$\text{SMB}_t = (\text{SL}_t - \text{BL}_t + \text{SM}_t - \text{BM}_t + \text{SH}_t - \text{BH}_t)/3 \tag{3-35}$$

SMB（small minus big，即规模因子）剔除了 BE/ME 对证券期望收益的影响，因此可完全代表规模效应；类似市场组合超额收益率以无风险收益率为基准，SMB 以大规模股票组合收益率为基准（因为大规模股票组合的规模风险较小，对应的风险收益也较小），因而可视为承担规模风险的超额收益率。

2) 账面/市值比风险因子的构造

计算高 BE/ME 组合与低 BE/ME 组合之间的月超额收益率序列。

$$\text{HML}_t = (\text{SH}_t - \text{SL}_t + \text{BH}_t - \text{BL}_t)/2 \tag{3-36}$$

HML（high minus low，即账面/市值比风险因子）剔除了规模对证券期望收益的影响，因此可完全代表 BE/ME 效应。类似市场组合超额收益率以无风险收益率为基准，HML 以低 BE/ME 组合收益率为基准（因为低 BE/ME 组合的 BE/ME 风险最小，对应的风险收益也最小），可视为承担 BE/ME 风险的超额收益率。

3. 三因子模型的估计和检验

定义了规模因子和 BE/ME 这两种风险因子以后，加上 CAPM 中的市场风险因子，Fama-French 三因子模型可表述为

$$E(r_i) - r_f = b_i[E(r_M) - r_f] + s_i E(\text{SMB}) + h_i E(\text{HML}) \tag{3-37}$$

写成时间序列回归模型为

$$r_{it} - r_{ft} = \alpha_i + b_i(r_{Mt} - r_{ft}) + s_i(\text{SMB}) + h_i(\text{HML}) + \varepsilon_{it} \tag{3-38}$$

Fama 和 French（1993）通过构造 25 个股票组合，进一步检验了三因子模型对证券期望收益率的解释能力，并与 CAPM 进行了对比。研究表明，同时引入市场风险因子、SMB 和 HML 的三因子模型，在 CAPM 的基础上大大提高了对股票组合期望收益率的解释能力，25 个组合中有 21 个拟合系数 R^2 高于 0.9，这说明三因素模型更加接近现实市场中的价格行为。

4. Fama-French 三因子模型的应用

使用 568 只股票 10 年共 120 个月的月收益率构造 10 个组合进行实证检验，三因子月度数据来源于 RESSET 金融研究数据库，构造方法与 Fama 和 French（1993）相同。采取逐月滚动方式构造组合，在月份 t，所有样本股票按照流通市值的大小排序划分为 10 组，第 1 组为最小规模组合，第 10 组为最大规模组合，然后分别计算 10 个组合在第 $t+1$ 个月的收益率，组合月收益率取组内所有股票按流通市值加权的平均收益率，这样可构造出 10 个组合的月收益率序列。

对上述 10 个组合的月收益率序列，分别进行 CAPM 回归和三因子模型回归，比较其拟合效果。从表 3-3 可以发现，10 个组合三因子模型的拟合系数均大大高于其 CAPM 的拟合系数，表明三因子模型能够更好地解释组合期望收益的变化。从回归系数来看，10 个组合中，除最大规模组合之外，其他 9 个组合的 SMB 系数均显著为正，而 HML 无显著效应，这是因为我们构造组合时只针对规模大小而没有对 BE/ME 进行排序，因而各组合的 BE/ME 并没有显著差异。

表 3-3　CAPM 与 Fama-French 三因子模型回归结果比较

组合	a	b	s	h	t_a	t_b	t_s	t_h	R^2
				CAPM 模型回归结果					
1	0.019 1**	0.998 4***			2.518 3	11.268 5			0.520 5
2	0.013 7*	1.025 0***			1.927 1	12.357 4			0.566 2
3	0.011 2	1.005 7***			1.615 9	12.464 9			0.570 4
4	0.008 3	0.998 4***			1.266 4	13.042 7			0.592 5
5	0.007 6	1.023 6***			1.203 3	13.909 2			0.623 1
6	0.005 7	1.020 9***			1.000 0	15.411 8			0.670 0
7	0.006 6	1.017 3***			1.210 6	16.044 3			0.687 5
8	0.006 1	1.051 4***			1.177 6	17.535 7			0.724 4
9	0.004 1	1.012 6***			0.909 9	19.423 1			0.763 3
10	0.004 0*	1.023 2***			1.802 2	39.902 8			0.931 5
1~10	**0.013 4***	**−0.023 2**			**1.758 4**	**−0.261 4**			**0.000 6**
				Fama-French 三因子模型回归结果					
1	0.011 7***	1.052 0***	1.712 2***	0.083 9	3.336 1	25.414 4	20.497 9	0.623 5	0.901 0
2	0.006 6*	1.067 4***	1.595 2***	0.200 5	1.895 9	26.149 3	19.367 6	1.511 6	0.900 7
3	0.004 3	1.045 1***	1.530 7***	0.212 3	1.214 7	25.096 8	18.215 3	1.569 2	0.891 8
4	0.002 1	1.035 8***	1.387 3***	0.166 1	0.566 6	23.465 1	15.575 8	1.158 4	0.871 9
5	0.002 0	1.063 8***	1.297 9***	0.071 3	0.524 2	24.102 6	14.573 5	0.497 1	0.871 9
6	0.000 5	1.054 2***	1.180 6***	0.116 3	0.138 1	26.791 1	14.867 9	0.909 6	0.889 9
7	0.002 1	1.047 0***	1.010 8***	0.080 3	0.570 0	23.566 9	11.275 7	0.556 0	0.854 9
8	0.002 2	1.078 0***	0.885 9***	0.062 9	0.568 6	23.813 4	9.698 1	0.427 4	0.851 5
9	0.001 3	1.032 9***	0.633 8***	0.023 0	0.355 9	23.282 1	7.080 2	0.159 7	0.837 9
10	0.004 1*	1.017 8***	−0.052 4	0.059 0	1.833 5	38.916 6	−0.993 7	0.694 3	0.932 7
1~10	**0.005 8***	**0.035 9**	**1.764 6*****	**0.024 0**	**1.958 8**	**1.021 4**	**24.863 6**	**0.209 8**	**0.851 2**

*、**、***分别表示在 10%、5% 和 1% 的显著性水平下显著异于 0

注：加粗一行表示对于卖空最大规模组合、买入最小规模组合的套利组合，三因模型的回归结果

从 α 来看，10 个组合中除最大规模组合外，三因子模型的 α 在 CAPM 的基础上均有较大幅度的下降，这说明组合的 CAPM 超额收益很大一部分是对规模风险的正常补偿。为进一步检验 SMB 对超额收益的影响，我们可构造这样一个套利组合：卖空最大规模组合，所得资金全部买入持有小规模组合，再检验该组合的超额收益（表 3-3 中以 "1~10" 标识）。可以发现，在 CAPM 模型下，由于该组合对冲了大部分市场风险，因而市场因子无显著影响，拟合系数几乎为 0；而在三因子模型下，SMB 对该组合的收益率具有显著的解释能力，拟合系数高达 0.851 2，并且 α 从 0.013 4 大幅下降为 0.005 8，表明最小规模组合相对最大规模组合的超额收益在很大程度上都是因承担了更大的规模风险而获得的合理收益补偿。

由以上实证结果不难发现，相对 CAPM 模型，Fama-French 三因子模型对证券期望收益有显著的额外解释能力，因此三因素模型在理论与实务界越来越广泛地被应用于资产定价、交易策略评估等重要领域。随着研究的不断深入，许多研究发现三因子模型依然存在超额收

益，为解释这些不能被市场风险、规模风险和 BE/ME 风险所解释的超额收益，学者们在研究特定问题时甚至提出了四因素、五因素模型。

最后，CAPM 和 Fama-French 三因子模型共同的前提是，市场价格是理性定价的结果，如果投资者行为并非完全理性并且会对资产价格造成系统性的偏差，那么规模效应、BE/ME 效应等均可以从非理性行为角度来解释。因此，现代资本市场理论中另一个重要的研究领域是检验市场上是否存在各种非理性的"异象"，即关于有效市场假说（efficient markets hypothesis，EMH）的检验。从这个角度来讲，EMH 是所有资产定价理论的基础。

第四节 项目估值和资本成本

一、折现率与机会成本

在资产估值或项目评估时，我们通常用净现值方法来估计价值，但确定采用什么样的折现率合适却并不容易。在概念上，针对特定资产或项目预期现金流所适用的折现率应该反映所投资金的机会成本。那么，什么才是我们拟估值或评估的资产或项目的机会成本？是否所有放弃的机会的最大收益率就是机会成本？

机会成本的概念源于经济学，即将资金投资于拟评估资产或项目而放弃投资于别的投资机会所能产生的预期回报率。然而，基础经济学讨论机会成本的概念时并未考虑不确定性和风险，因此，在没有不确定性的世界里，机会成本自然就应该是所有放弃的机会的最大预期报酬率。但是，一旦引入不确定性，并非所有放弃的机会与待估资产或项目都是可比的，关键在于风险状况不可比。

按照一价定律的思想，只有风险可比的投资机会所产生的预期回报率才可以作为待评估资产或项目的机会成本，而那些风险状况不可比的机会是不能作为机会成本的考虑范畴的。换言之，拟投资产/项目或可比机会自身风险的大小才是真正决定适用的折现率的关键。进一步，从投资者的角度来看，其愿意投资拟评估资产或项目的前提是，该资产或项目的预期回报率必须高于其将资金投资于别的风险可比的机会的预期回报率，因此，资产或项目评估时所用折现率通常又可以称作必要报酬率，或者拟投资产或项目所占用的资金的资本成本。如果可比的投资机会是股票或债券等资本市场上交易的金融产品，而这些金融产品的市场定价及交易使企业资产的未来现金流得以"变现"，因此，可比机会股票或债券的预期回报率又可以称作市场资本化率，同样可以作为拟评估资产或项目的折现率。因此，资产或项目估值时，折现率、机会成本、必要报酬率、资本成本和市场资本化率几个术语在本质上都是等价的。

二、加权平均资本成本

（一）WACC 的本质及应用

在实际工作中，分析人员经常将 WACC 用于项目评估的折现率。在完美资本市场条件下（无破产、无税收和无股东—债权人代理问题），根据 MM 定理有

$$V^U = V^L \equiv E + B$$

现考虑如下业务完全相同（相应的风险也相同）、未来永续性现金流均为 EBIT（earnings before interest and tax，即息税前利润）的两家企业：一家是无杠杆的全权益融资企业，其资产回报率或资本成本为 $\bar{r}_0$；另一家是权益和债务价值分别为 E 和 B，权益和债务资本成本分别为 $\bar{r}_E$ 和 $\bar{r}_B$ 的杠杆企业。

对全权益融资企业而言，其价值为永续现金流 EBIT 按 $\bar{r}_0$ 折现的现值，即

$$V^U = \frac{\text{EBIT}}{\bar{r}_0} \tag{3-39}$$

对杠杆企业而言，股东和债权人每期获得的现金流分别为 $\bar{r}_E E$ 和 $\bar{r}_B B$，从而企业每期总的现金流可以重新表示为

$$\text{EBIT} = \bar{r}_E E + \bar{r}_B B \tag{3-40}$$

因此，如果将股东和债权人看成一个整体，杠杆企业价值可以表示为

$$V^L = \frac{\text{EBIT}}{\bar{r}_{\text{WACC}}} = \frac{\bar{r}_E E + \bar{r}_B B}{\bar{r}_{\text{WACC}}}$$

其中，$\bar{r}_{\text{WACC}}$ 为权益和债务资本成本的加权平均。进一步根据 $V^L \equiv E + B$ 容易得

$$\bar{r}_{\text{WACC}} = \frac{E}{B+E}\bar{r}_E + \frac{B}{B+E}\bar{r}_B = \bar{r}_0 \tag{3-41}$$

式（3-41）的经济含义在于：只要两家企业的业务及风险相同，杠杆企业的 WACC 与其资本结构无关，都等于全权益融资企业的资本成本。从机会成本的角度来看，如果投资者投资了全权益融资企业，其所放弃掉的正是购买杠杆企业权益和债务组合的投资机会，因此，只要两家企业的业务相同，杠杆企业的 WACC 和全权益融资企业的资本成本互为机会成本。

换个角度看，按照资产负债表中"资产 = 负债 + 权益"的基本平衡关系，企业资产可以看做其权益（股票）和债务（债券）的组合，根据资产组合的贝塔等于股票和债务贝塔的加权平均得

$$\beta_A = \frac{E}{B+E}\beta_E + \frac{B}{B+E}\beta_B \tag{3-42}$$

其中，B 和 E 分别为权益和债务的市场价值；β_E 和 β_B 分别为二者的贝塔，β_A 为资产的贝塔。对该式简单变形得

$$\beta_E = \beta_A + \frac{B}{E}(\beta_A - \beta_B)$$

可以看出，当 $\beta_A > \beta_B$ 时，债务比例越高，权益贝塔 β_E 较之资产或业务贝塔 β_A 越大，这正是债务融资杠杆作用的体现。

根据 CAPM，企业所有资产或已投项目平均的回报率将由如下式子确定：

$$\begin{aligned}
\overline{r}_A &= r_f + \beta_A\left(\overline{r}_M - r_f\right) \\
&= r_f + \left(\frac{E}{B+E}\beta_E + \frac{B}{B+E}\beta_B\right)\left(\overline{r}_M - r_f\right) \\
&= \frac{E}{B+E}\left[r_f + \beta_E\left(\overline{r}_M - r_f\right)\right] + \frac{B}{B+E}\left[r_f + \beta_B\left(\overline{r}_M - r_f\right)\right] \\
&= \frac{E}{B+E}\overline{r}_E + \frac{B}{B+E}\overline{r}_B
\end{aligned} \qquad (3\text{-}43)$$

其中，$\overline{r}_A$ 为企业所有资产的平均回报率。

对照式（3-41）和式（3-43），可以发现：

$$\overline{r}_A = \overline{r}_{\text{WACC}} = \overline{r}_0$$

即企业的 WACC 与资产回报率相同，故 WACC 的本质可以理解为将企业所有已投项目或业务作为一个整体进行评估时所适用的统一折现率，或者 WACC 是企业所有已投项目平均回报率的另一种表现形式（即资本化形式），这也正是 WACC 被广泛用于价值评估的初衷。

按照机会成本的概念，在项目评估过程中，只有拟投项目是对现有整体业务的简单扩张，其估值才可以利用现有业务的回报率作为机会成本予以折现。相反，如果企业拟投项目涉及新行业、新领域或新产品线等的投资，其风险状况和已有项目或现有业务往往并不一样，此时已有项目或现有业务的回报率就不是拟投项目的机会成本。如果是要直接利用 WACC 作为拟投项目价值评估的折现率，除了要求其业务及风险与企业现有业务或项目相同外，还需有个重要的假设——拟投项目的资本结构与企业现有资本结构一样，或者，新增投资并未改变企业的资本结构（至少长期或者目标资本结构是如此）。因为一旦考虑企业所得税，资本结构的（长期）改变会带来债务利息税盾的变化，进而使 WACC 也变化，此时 WACC 将不再作为拟投项目的机会成本，详细的分析见下一小节考虑企业所得税的情形。

首先来看一个利用已投项目或现有业务的回报率进行新项目评估的例子。

假设一家全股权融资的能源设备公司属下三个部门：新能源部门，占公司市场价值的 15%，项目平均回报率为 20%；火电设备部门，占公司市场价值的 35%，项目平均回报率为 15%；水电设备部门，占公司市场价值的 50%，项目平均回报率为 12%。显然，公司已有业务或已投项目的加权平均报酬率为 0.15×20%+0.35×15%+0.50×12% = 14.25%。但是，如果采用 14.25% 作为公司拟投项目的折现率，会出现什么情况呢？

如果是新能源部门的拟投项目，用 14.25% 作为净现值计算时的折现率，则很可能因为用了一个比较低的折现率把不应该投资的项目评价为净现值为正的项目，因为新能源部门业务的风险要明显高于公司的平均水平。反之，如果是水电部门的拟投项目，则很可能因为用了一个比较高的折现率而把应该投资的项目评价为净现值为负的项目。

再来看一个比较极端的例子。

25 年期、年付息 100 美元、面值为 1 000 美元的美国国债的市场售价是 1 000 美元，某家公司通过关系以 980 美元的价格买到。设该公司目前的 WACC 是 16%，如果按 16% 折现对该投资机会进行评估，则有

$$\begin{aligned}
\text{NPV} &= -980 + \frac{100}{1+16\%} + \frac{100}{(1+16\%)^2} + \cdots + \frac{100+1\,000}{(1+16\%)^{25}} \\
&= -345.83
\end{aligned}$$

因此，结论是不应该投资该国债。但我们换个角度来看，实际上该公司只需要以980美元的价格购入，转手在市场上以1 000美元的价格卖出就能赚钱。那么，到底公司该不该购买国债呢？这个问题的关键是：是否应该将公司的WACC作为投资国债的机会成本？

事实上，由于美国国债的投资是相当安全的，而公司已有业务或项目的风险要大得多，二者的风险状况根本不可比，因此，不能将公司已有项目或业务对应的WACC作为投资国债的机会成本。正确的折现率应该是10%（国债到期收益率的近似值），根据该折现率，投资国债的净现值为20美元。

类似的，我们来看下面的例子。

某全股权融资的钢铁企业正在考虑兼并如下一家水泥公司。钢铁企业的股权资本成本为14.5%，而水泥公司的业务由70%的传统水泥和30%的特种水泥构成。传统水泥投资的平均回报率为15.4%，特种水泥为17.8%，因而水泥公司的平均回报率为0.70×15.4%+0.3×17.8%=16.12%。

进一步，假定水泥公司股票具有"公平"定价，即投资100美元未来每期可获得永续性现金流为16.1%×100=16.1（美元）。现有一家投资银行报告称，可以以每股105美元的价格帮助收购水泥公司的全部股票。如果以钢铁企业的资本成本14.5%折现，则收购的净现值为–105+16.1/0.145=6.03（美元），即可以接受投资银行建议的收购价。但这样计算是错误的，水泥公司与钢铁企业不同，以钢铁企业的资本成本去折现水泥公司的收购是不恰当的。正确的折现率应该是水泥公司的市场资本化率16.1%，这样收购的净现值为–105+16.1/0.161=–5（美元），投资银行提供的收购价显然太高。实际上，由于水泥公司股票的定价公平，能够接受的最高收购价就是每股100美元。

（二）考虑企业所得税的扩展情形

现实中，如果扩展考虑存在企业所得税的情形，设企业所得税税率为τ。对杠杆企业而言，股东和债权人每期可获得的预期现金流分别为$\bar{r}_E E$和$\bar{r}_B B$，企业每期总的息税前现金流可以表示为

$$\text{EBIT} = \frac{\bar{r}_E E}{1-\tau} + \bar{r}_B B \tag{3-44}$$

该现金流同时也是业务及风险完全相同的全权益融资企业的息税前现金流。

根据被折现的预期现金流和与之相匹配的折现率的不同，通常有如下两种方法用于杠杆企业价值的评估。

1. 调整现值法

按照调整现值法（adjusted preset value，APV），杠杆企业价值等于全权益融资企业价值与债务利息税盾的现值之和，即

$$\begin{aligned} V^L &= V^U + \frac{\tau \times \bar{r}_B B}{\bar{r}_B} \\ &= \frac{\text{EBIT}(1-\tau)}{\bar{r}_0} + \tau B \\ &= E + B \end{aligned} \tag{3-45}$$

其中，第一项为全权益融资企业价值，等于其永续性现金流按照$\bar{r}_0$折现的现值；第二项为债

务利息抵税带来的税盾价值，等于永续性现金流 $\tau \times \overline{r}_B B$ 按照 $\overline{r}_B$ 折现的现值。

2. WACC 法

按照该方法，企业可以看做一个整体，将其税后现金流 EBIT$(1-\tau)$ 按照经所得税调整的 WACC 进行折现，即

$$V^L = \frac{\text{EBIT}(1-\tau)}{\overline{r}_{\text{WACC}}} \qquad (3\text{-}46)$$

将式（3-44）的 EBIT 代入式（3-46），并令 $V^L = E + B$ 可得

$$\frac{\left(\dfrac{\overline{r}_E E}{1-\tau} + \overline{r}_B B\right)(1-\tau)}{\overline{r}_{\text{WACC}}} = E + B$$

据此容易得到考虑所得税情形下杠杆企业的 WACC，即

$$\overline{r}_{\text{WACC}} = \frac{E}{B+E}\overline{r}_E + \frac{B}{B+E}(1-\tau)\overline{r}_B \qquad (3\text{-}47)$$

由式（3-47）可知，由于债务利息抵税作用的存在，只需将无所得税情形下的 WACC 表达[式（3-41）]中 $\overline{r}_B$ 替换为相应的税后资本成本 $(1-\tau)\overline{r}_B$，即为考虑所得税情形下的 WACC。

需要指出的是，考虑企业所得税的情形下，即便拟投项目与某杠杆企业的业务完全相同，我们也不可以直接将该杠杆企业的 WACC 作为项目价值评估的折现率。

将式（3-44）代入杠杆企业的 APV 价值估计式（3-45）有

$$V^L = \frac{\left(\dfrac{\overline{r}_E E}{1-\tau} + \overline{r}_B B\right)(1-\tau)}{\overline{r}_0} + \tau B = E + B$$

由此可得

$$\overline{r}_E = \overline{r}_0 + (1-\tau)\frac{B}{E}\left(\overline{r}_0 - \overline{r}_B\right) \qquad (3\text{-}48)$$

进一步，将式（3-48）代入式（3-47）有

$$\overline{r}_{\text{WACC}} = \overline{r}_0 - \frac{B}{E+B}\tau\overline{r}_0$$

显然，$\overline{r}_{\text{WACC}} \neq \overline{r}_0 = \overline{r}_A$，即杠杆企业的 WACC 并不等于其资产的平均回报率，进而不能作为业务相同的拟投项目的机会成本。

事实上，对特定项目进行价值评估时，只要其业务与可比公司的业务或已有项目相同或类似，就可以利用可比公司的资产平均回报率作为拟投项目价值评估的机会成本，而无论可比公司是全权益融资企业还是杠杆企业，都可以利用式（3-43）予以确定具体的折现率或资本成本 $\overline{r}_A$，进而利用 APV，扣除投资成本即得项目净现值。因此，即便是考虑所得税的情形，拟投项目评估时的折现率或资本成本的确定应该根据业务相同的可比公司的权益资本成本、债务（税前）资本成本和资本结构予以计算，具体公式为

$$\overline{r}_0 = \overline{r}_A = \frac{E}{B+E}\overline{r}_E + \frac{B}{B+E}\overline{r}_B$$

当然，存在一种特殊情况：如果可比公司为杠杆企业，而拟投项目与可比公司不仅业务相同，而且资本结构也相同，那么，我们也可以将可比杠杆企业的 WACC 作为折现率，利用

WACC 方法评估拟投项目。但是，现实中业务相同且资本结构也相同的可比公司很难找到，此时，如果忽略资本结构也相同的要求，而将仅是业务相同的杠杆企业的 WACC 直接作为拟投项目的机会成本进行估值会导致错误的决策，这也正是实际工作中 WACC 常常被错误应用的问题所在。此种情形下，通常的做法是利用 APV 进行项目价值评估。

下面看一个 APV 在项目评估和股票估值中应用的例子。

你准备创立公司并投资一个与 Betaful 公司处于同一产业（即业务完全相同）的新项目。假定新公司和 Betaful 公司适用的企业所得税率均为 τ=33%。目前市场证券组合（指数）的收益率为 15%，无风险收益率为 5%。Betaful 公司按市值计算的资本结构为 80% 的权益和 20% 的债务，Betaful 公司股票的贝塔为 $\beta_E^{\text{Betaful}}=1.3$，进一步假定 Betaful 公司财务状况很好，债务基本没有风险，即 $\beta_B^{\text{Betaful}}=0$。

根据 CAPM，Betaful 公司的权益资本成本和（税前）债务资本成本分别为

$$\begin{aligned}\bar{r}_E^{\text{Betaful}} &= r_f + \beta_E^{\text{Betaful}}\left(\bar{r}_M - r_f\right) \\ &= 5\% + 1.3 \times (15\% - 5\%) \\ &= 18\%\end{aligned}$$

$$\begin{aligned}\bar{r}_B^{\text{Betaful}} &= r_f + \beta_B^{\text{Betaful}}\left(\bar{r}_M - r_f\right) \\ &= 5\% + 0 \times (15\% - 5\%) \\ &= 5\%\end{aligned}$$

利用考虑所得税情形下的式（3-48），Betaful 公司的 WACC 为

$$\begin{aligned}\bar{r}_{\text{WACC}}^{\text{Betaful}} &= 80\% \times \bar{r}_E^{\text{Betaful}} + 20\% \times (1-33\%) \times \bar{r}_B^{\text{Betaful}} \\ &= 80\% \times 18\% + 20\% \times (1-33\%) \times 5\% \\ &= 15.07\%\end{aligned}$$

由于新项目和 Betaful 公司的资本结构不同，Betaful 公司 WACC 的 15.07% 并不能作为新项目价值评估的机会成本或折现率。然而，由于新项目与 Betaful 公司的业务完全相同，那么二者业务的风险进而贝塔应该相同，因此，利用 Betaful 公司的股票贝塔和债务贝塔，容易获得新项目的资产贝塔为

$$\begin{aligned}\beta_A &= \beta_A^{\text{Betaful}} \\ &= 80\% \times \beta_B^{\text{Betaful}} + 20\% \times \beta_B^{\text{Betaful}} \\ &= 80\% \times 1.3 + 20\% \times 0 \\ &= 1.04\end{aligned}$$

根据 CAPM，新项目投资的机会成本或利用 APV 进行价值评估所适用的折现率为

$$\begin{aligned}\bar{r}_A &= r_f + \beta_A\left(\bar{r}_M - r_f\right) \\ &= 5\% + 1.04 \times (15\% - 5\%) \\ &= 15.4\%\end{aligned}$$

显然，该值并不等于 Betaful 公司 WACC 的 15.07%，如果错误地利用 Betaful 公司的 WACC 进行折现，将会高估新项目的净现值。

进一步，如果新公司或拟投项目 60% 的资本通过发行股票筹集，40% 通过发行债券筹集，

且同样假定债务风险可以忽略不计。由于新公司的资产贝塔为股票贝塔和债务贝塔的加权平均，可以得

$$\beta_A = 1.04 \\ = 60\% \times \beta_E + 40\% \times 0$$

由此得 $\beta_E = 1.73$，进而新公司的权益资本成本为

$$\overline{r}_E = 5\% + 1.73 \times (15\% - 5\%) \\ = 22.3\%$$

显然，由于新公司较之 Betaful 公司的负债比例更高，从而其权益资本成本也大于 Betaful 公司的权益资本成本 18%。若假设新公司下一年的预期股利为每股 0.6 元，之后每年预期股利按每年 10%稳定增长，那么利用简化的固定股利增长率模型，新公司的股票价格应为

$$P_0 = \frac{D_1}{k-g} = \frac{0.6}{22.3\% - 10\%} = 4.88 \text{（元）}$$

进一步，由于新公司的债务假定为无风险，则（税前）债务资本成本为

$$\overline{r}_B = r_f + 0 \times (\overline{r}_M - r_f) \\ = 5\% + 0 \times (15\% - 5\%) \\ = 5\%$$

根据式（3-47），计算得新公司的 WACC 为

$$\overline{r}_{WACC} = 60\% \times \overline{r}_E + 40\% \times (1 - 33\%) \times \overline{r}_B \\ = 60\% \times 22.3\% + 40\% \times (1 - 33\%) \times 5\% \\ = 14.72\%$$

可以看出，由于新公司较之 Betaful 公司具有高的负债比例，进而高的债务利息税盾，其 WACC 也小于 Betaful 公司 WACC 的 15.07%。

三、资本成本的估计

1. 债务资本成本的估计

通常而言，企业的债务构成包括短期借款、应收账款、其他应付款等流动负债和长期借款、应付债券等非流动负债。严格来讲，各类债务按其资本成本及占总债务相应比例的加权平均即为企业债务总的资本成本，或者，各类债权人要求的回报率的加权平均为企业总债务的资本成本。

流动负债中，诸如应付账款等通常及时偿还会享受折扣，那么应付账款总额扣除折扣额即为应付账款的现值。与短期银行借款利息通常需要在获得借款之时就予以扣除的情形类似，该类债务可以看做一个零息票债券。记应付账款的折扣率或短期借款的利率为 d，应付账款或短期借款本金为 M，期限为 t 天（假设 1 年包括 365 天），可得如下现值公式：

$$(1-d)M = \frac{M}{(1+r)^{\frac{t}{365}}}$$

其中，r 为此类短期债务的（年化）资本成本，其本质为零息票债券的到期收益率。

类似的，如果是长期银行借款和长期债券等非流动负债，同样可以根据债券市场价值或长期借款信息算得其到期收益率作为各自的资本成本。对于长期银行借款，未来一系列待付利息和待偿本金的现值之和为借款的当前市场价值。由于当前市场价值（债券的价格）等于未来借款到期需要偿还的本金额（债券的面值），因此，银行借款可以看做一种平价发行的债券，贷款利率相当于债券的票面利率，同时也是平价债券的到期收益率，三者同为银行借款的资本成本。

此外，诸如应付工资、应付税费等立即支付并不享受折扣、或者延迟支付并不受到惩罚的债务，说明相应的债权人（员工、税务部门）要求的回报率为零，从而资本成本也为零。由于这些短期或流动负债资本成本为零，加之短期负债的临时调整通常不会改变或影响企业的长期或目标资本结构，因此，实际工作中前述 WACC 测算的通常习惯是忽略流动或短期负债，而只考虑非流动或长期负债。

2. 权益资本成本的估计

根据 CAPM，股票的预期回报率由无风险利率、市场预期回报率和股票贝塔共同确定。对于无风险利率，现实中通常采用 3 月或 1 年期银行定期存款利率、短期国债收益率等相对风险低的资产收益率近似代替，而市场组合收益率的估计通常利用股票指数收益率代替。

如果企业为市场交易历史数据的上市公司，那么，根据上一节，我们可以利用其股票和股票指数的历史收益率数据（通常用较为平稳的月度收益率数据），采用式（3-34）的回归模型得到公司股票贝塔的估计值，进而由 CAPM 公式最终确定权益资本成本。

如果企业为非上市公司，并无股份或股票的市场交易数据，那么我们可以找一家与其业务或已投项目类似的上市公司，利用该上市公司的数据，采用前文中 Betaful 公司举例中的类似的方法。根据上市公司的股票贝塔、债务贝塔和资本结构得到其资产贝塔，然后利用非上市公司自身的资本结构和债务贝塔反过来推算出其股票贝塔，进而由 CAPM 公式最终确定其权益资本成本。当然，由于利用一家上市公司进行上述估计可能误差较大，通常的做法是，利用同一行业中业务类似或接近的所有上市公司数据，计算行业资产贝塔的平均值，进而反过来确定非上市公司的权益资本成本。

▶本章小结

把资金分散投资于不同的资产或项目，可以降低投资的总体风险。可以通过投资组合分散掉的风险是非系统风险，因此分散化的效果取决于资产或项目收益关联的程度，即取决于系统风险的大小，系统风险无法通过分散化消除。

投资组合扩展了投资者选择的机会空间，理性的投资者应该在有效证券组合集中（有效边界上）选择符合其风险偏好（收益与风险权衡）的投资组合。有效集满足两基金分离的特点。存在无风险资产情况下，投资者只需在切点证券组合和无风险资产配置资金即可满足其最优的发现偏好。

资本资产定价模型的经济意义是：如果投资者都按照均值—方差投资组合理论理性选择其投资组合，并具有相同的信息处理能力，那么市场均衡的时候市场证券组合就是有效证券组合，从而证券的均衡收益率由推迟消费的补偿和承担市场风险的补偿两部分组成，而证券承担的非市场风险由于与市场风险不相关，不能得到补偿。

CAPM 最重要的经济预示是均衡时市场证券组合为有效组合，这就为市场证券组合的近似代表——指数基金的发展提供了理论基础。并且，CAPM 的 SML 也为基金的评价提供了方向，只有持续且在统计上显著超出 SML 的基金经理才具有选股能力，甚至击败市场。

因素模型将证券收益的风险来源直接划分为系统性的（由因素风险表示）和个别性。由于个别性风险可以通过充分分散化消除，因此，在一个可以充分分散化的证券市场，个别风险对均衡定价几乎没有影响，证券的均衡收益由其承担的因素风险和因素风险升水（补偿）决定，呈现出线性的定价关系，否则，就会出现（极限）套利机会。

无套利均衡是金融理论中最重要的概念之一，其思想源于一价定律和由其衍生的占优原理，是金融学独特的思维和分析方法。

CAPM 和 APT 的应用依赖于实际的数据。因此，了解 CAPM 和 Fama-French 三因子模型的检验方法，既有助于进一步了解理论模型，更有助于学习实证研究的方法和应用中的数据处理方法。

CAPM 模型的一个现实应用是资产或项目估值时折现率的确定。但是，折现率的选取一定要根据拟投资产或项目本身的风险情况，而非企业已投项目整体的风险状况。现实中，分析人员利用企业 WACC 作为拟投项目评估机会成本的做法往往是不妥的，因为企业现有业务或资产的风险与拟投资项目的风险可能有较大差异。

▶思考与练习

1. 分散化对个别风险和系统风险各有什么作用？

2. 在次级按揭市场上，个人的违约看起来应该是个别风险，但为什么会引发美国 2007 年的次贷危机？是什么系统性的因素在起作用？

3. 为什么理性的投资行为应该是风险规避的？在现实中有什么证据能够支撑？

4. 如果效用反映投资者的偏好，风险规避的态度对应效用函数的什么特征？

5. 通常市场上的借、贷利率不同，贷款利率 r_{fb} 会大于存款利率 r_{fl}，试在该情况下推导并在均值-标准差平面上画出有效边界。如果不允许贷款，有效边界又会是什么样？

6. 市场的风险升水与什么因素有关？在一个全民炒股的市场上，市场风险补偿会高还是低？

7. 学习了 CAPM 和 APT 后，通常人们所说的"高风险、高收益"是否还完全正确？

8. 在 CAPM 的均衡中，是否需要充分分散化的条件？在 APT 的均衡中，又是否需要？

9. 通常市场上的借、贷利率不同，贷款利率 r_{fb} 会大于存款利率 r_{fl}，即不存在一个单一的无风险利率 r_f。试在该情况下推导 CAPM。

10. 在 CAPM 和 Fama-French 三因子模型的实证检验中，均涉及分组，试针对相关模型，总结分组的作用。

11. 试总结 Fama-French 三因子模型检验时规模与 HML 的构造方法，这种构造方法对于新的风险因子检验时是否也具有参考价值？

12. 两只股票收益率的均值分别为 15%和 10%，收益率的标准差分别为 20%和 25%，两只股票收益率的相关系数为 0.90。

（1）写出这两只股票所有可行组合在均值-标准差平面上的表达式并画出相关曲线。

（2）确定最小方差组合。

（3）这两只股票是否还是理性投资者应该选择的投资组合？理性投资者应该选择的投资组合在问题（1）所画曲线中的哪一段？有什么特征？

（4）这样的组合在两只股票的投资比例上有什么特点？

13. 一家基金公司为投资者提供了两只基金。一只是安全的货币市场基金，收益率是5%。另一只是股票基金，该基金具有比较激进的收益增长目标，其历史表现的收益率均值和标准差分别为15%和20%。假定投资者拟将资金在这两只基金间配置。

（1）写出收益/风险权衡线的方程。

（2）投资者每多承担一个单位的风险，所增加的预期收益率是多少？

（3）如果一个投资者希望其投资的预期收益率达到15%的水平，该投资者应将多大比例的资金配置到货币市场基金？其承担的风险是多少？

14. 无风险资产和两种风险资产的数据如下：无风险利率为5%，风险资产1的收益率均值为15%，风险资产2的收益率均值为10%，风险资产1的收益率标准差为0.20，风险资产1的收益率标准差为0.15，两风险资产收益率的相关系数为0.5。

（1）确定切点证券组合。

（2）如果一投资者希望取得的目标收益率是14%，该投资者最后应该如何在各个资产之间分配资金？

15. 假定资本市场只有三种资产：股票A、股票B和无风险资产，他们的市值分别是750亿元、600亿元和150亿元。进一步假定资本市场已达到均衡。有三个投资者，他们准备投资资本市场的资金都是15万元，但他们的风险态度不同。具有平均风险态度的投资者拟将15 000元投入无风险资产，更保守的投资者准备在无风险资产上投资30 000元，激进的投资者准备只在无风险资产上放入5 000元。分析三个投资者在各资产上分配的资金。

16. 一个投资组合的收益率均值为12%，其收益率的贝塔为0.5，市场的平均收益率为14%，无风险利率为6%。该证券组合的价格是否达到均衡？如果没有，其收益率的阿尔法是多少？

17. 一家全权益融资的公司有三个部门：房地产部门占公司市值的50%，其资本成本是18%；租赁部门占公司市值的30%，其资本成本是15%；高科技部门占公司市值的20%，其资本成本是20%。公司加权平均的资本成本是0.5×18% + 0.3×15% + 0.2×20% = 17.5%。如果公司的财务总监准备采用17.5%作为合适的折现率评价所有的新项目，会出现什么情况？

18. 假定你准备考虑投资一个与G公司在同一产业的新项目。G公司股票的贝塔是1.4，其资本结构是70%的权益和30%的债务。市场收益率为15%，无风险利率为5%。进一步假定G公司财务状况很稳定，其债务几乎没有风险。

（1）计算G公司业务的贝塔。

（2）如果新项目的业务与G公司相似，根据CAPM，对新项目应该要求多高的回报率？

19. 过去5年中，华城基金的平均年收益率为15%，收益率标准差为0.30，市场的无风险年利率为5%，市场指数的年平均收益率为10%，标准差为0.20。试评价华城基金的表现？

20. 假定资本市场只有三种风险资产，它们的平均月收益率分别为2.13%、1.81%和1.62%，它们的月收益率与市场证券组合的月收益率的协方差分别为1.16、0.94和0.78。市场证券组合由13%的第一种资产、62%的第二种资产和25%的第三种资产构成，市场的无风险月利率为0.75%。

（1）市场证券组合的预期月收益率是多少？

（2）三种风险资产的贝塔是多少？

（3）这三种风险资产是否正确定价？

参考文献

哈根 R A. 1991. 现代投资学. 郭世坤, 等译. 北京：中国财经出版社.

曾勇，李平，王志刚，等. 2007. 组合证券投资与资本市场研究. 北京：科学出版社.

Banz R W. 1981. The relationship between return and market value of common stocks. Journal of Financial Economics, 9（1）: 3-18.

Black F. 1972. Capital market equilibrium with restricted borrowing. Journal of Business, 45（3）: 444-454.

Bodie Z, Merton R C, Cleeton D L. 2009. Financial Economics. 2nd edition. Upper Saddle River: Pearson Prentice Hall.

Campbell J Y, Lo A W, MacKinlay A C. 1997. The Econometrics of Financial Markets. Princeton: Princeton University Press.

Chan L K C, Hamao Y, Lakonishok J. 1991. Fundamentals and stock returns in Japan. Journal of Finance, 46（5）: 1739-1789.

Cochrane J H. 2001. Asset Pricing. Princeition: Princeton University Press.

Fama E F, French K R. 1992. The cross section of expected stock returns. Journal of Finance, 47（2）: 427-465.

Fama E F, French K R. 1993. Common risk factors in the returns on stock and bonds. Journal of Financial Economics, 33（1）: 3-56.

Fama E F, French K R. 2004. The capital asset pricing model: theory and evidence. Journal of Economic Perspectives, 18（3）: 25-46.

Fama E F, MacBeth J D. 1973. Risk, return, and equilibrium: empirical tests. The Journal of Political Economy, 81（3）: 607-636.

Huang C F, Litzenberger R. 1988. Foundations for Financial Economics. New York: North-Holland.

Lintner J. 1965. The valuation of risk asset and the selection of risky investments in stock portfolios and capital budgets. Review of Economics and Statistics, 47（1）: 13-37.

Markowitz H M. 1952. Portfolio selection. Journal of Finance, 7（1）: 77-91.

Markowitz H M. 1991a. Foundations of portfolio theory. Journal of Finance, 46（2）: 469-477.

Markowitz H M. 1991b. Portfolio Selection: Efficient Diversification of Investments. 2nd ed. Cambridge &Oxford: Basil Blackwell.

Mossin J. 1966. Equilibrium in a capital asset market. Econometrica, 34（4）: 768-783.

Roll R. 1977. A critique of the asset pricing theory's tests' part I: on past and potential testability of the theory. Journal of Financial Economics, 4（2）: 129-176.

Ross S A. 1976. Arbitrage theory of capital asset pricing. Journal of Economic Theory, 13（3）: 341-360.

Sharpe W F. 1964. Capital asset prices: a theory of market equilibrium under conditions of risk. Journal of Finance, 19（3）: 425-442.

Sharpe W F. 1991. Capital asset prices with and without negative holdings. Journal of Finance, 46（2）: 489-509.

第四章

公司金融长期决策与流动性管理

> 引导案例

案例1 投资项目的选择问题

C 公司考察两个投资项目 A 和 B，项目的年限均为 5 年，初始投资均为 20 000 元，项目实施后，每年产生的现金流量如表 4-1 所示。C 公司应选择哪个项目进行投资呢？

表 4-1 项目 A 和项目 B 的现金流数据（单位：元）

年数	项目 A	项目 B
1	6 000	4 000
2	6 000	4 000
3	6 000	6 000
4	6 000	9 000
5	6 000	9 000

案例2 BP 公司石油勘探问题

BP 公司打算对墨西哥湾进行海上石油勘探，并从事该地区深海石油开采。其中存在不确定的因素：OPEC（Organization of the Petroleum Exporting Countries，即石油输出国组织）成员国正就石油生产和价格展开激烈的争论，如果成员国达成一致协议，则会限量生产，石油油价维持在 30 美元/桶，BP 公司预计这个可能性是 50%；如果意见不一，则产量增加，油价维持在 10 美元/桶，BP 公司预计此可能性也为 50%。

有关投资的数据如下：初始投资 I_0 为 2 000 万美元，每年增加 10%；贴现率 i 为 10%；一年后的实际价格 p 为 10 美元/桶或 30 美元/桶，概率均为 50%；预期油价 $E(P)$ 为 20 美元/桶；目前的油价为 20 美元/桶；可变生产成本为 8 美元/桶；不存在其他固定生产成本，税率为 0；预期产量为 20 万桶/年；所有现金流在年底发生。

BP 公司面临是现在投资还是一年后投资的问题。

通过传统投资决策理论的学习，请为案例 1 中的 C 公司做出最明智的选择；通过实物期权理论的学习，请为案例 2 中的 BP 公司做出最明智的选择。

第一节　传统项目投资决策

本节主要介绍传统的投资决策理论。在介绍投资决策理论之前，首先阐明现金流的重要性。一项投资项目所产生的现金流，主要在将来产生，资金的时间价值理论认为，现在的 1 元永远比将来的 1 元更具价值，因此，很有必要介绍资金的时间价值原理，它是投资项目决策的基础。关于传统项目的投资决策理论，主要介绍净现值方法、内部收益率方法、经济增加值方法、托宾 Q 理论、溢价原理等。净现值方法和内部收益率方法被公司广泛使用，主要用于项目投资决策。而经济增加值方法、托宾 Q 理论、溢价原理主要用于投资其他公司（兼并和收购）的决策。

一、资金时间价值理论

1. 现金流的重要性

公司的财务经理在资本预算过程、融资、营运活动中，最重要的工作是创造价值。而财务经理如何创造价值？答案是：①买入资产，而且该资产产生的现金流要比成本多；②卖出股票、债券和其他金融工具，所获得的现金要比成本多。

因此，公司必须创造比其投入更多的现金流。债权人和股东所获得的现金流必须比他们投入公司的现金流要多。为理解其内在原因，我们从公司到金融市场、再从金融市场到公司的方向追踪现金流。

公司与金融市场之间的现金流如图 4-1 所示，图中的箭头表示现金流从公司到金融市场再由金融市场返回到公司。假设我们从公司的融资活动开始。为了筹集资金，公司将债券和股票卖给金融市场中的投资者，这导致现金从金融市场倒流向公司（A）。公司利用所得到的现金进行投资，购入资产（B）。公司产生的现金（C）支付给债权人和股东（F）。股东以股利的形式获得现金流，债权人获得利息和本金（当债务偿还时）。并不是所有公司现金都支付出去，一部分的现金公司留存（E），一部分以税收的形式支付给政府（D）。

如果支付给股东和债权人的现金（F）大于公司在金融市场所筹集到的资金（A），那么就产生了价值。

2. 货币的时间价值

公司财务当中一条非常重要的原则是货币的价值取决于现金流产生的时间——现在的 1 元比未来的 1 元更有价值。主要有以下原因：①风险。现在拥有的 1 元是确定的，而未来应收到的 1 元具有一定的不确定性，而且能否收到 1 元这种不确定性随着收款日的推远而增加。②通货膨胀。在通货膨胀的条件下，现在的 1 元的购买力要高于未来 1 元的购买力。③个人消费偏好。相对于未来消费，绝大多数消费者更偏好现在进行消费。

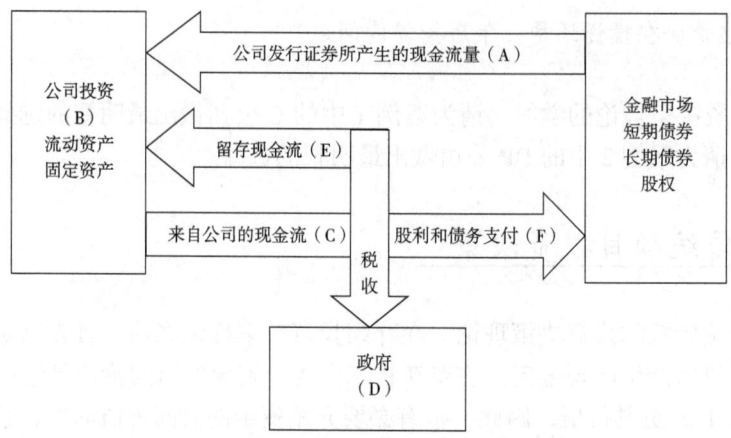

图 4-1 公司与金融市场之间的现金流

货币的时间价值比以上原因更重要。与其他商品一样，货币具有价格。如果你拥有货币，你可以将货币借给他人，如银行（储蓄存款），从而获得利息。企业如果拥有较高的非必要的现金余额，则会产生机会成本——企业失去将现金进行投资从而获得利息的机会。现在的 1 元远比一年后的 1 元更有价值，因为它可以在今天用做生产性投资而在一年后增长到不止 1 元。对下年收到的 1 元的等待含有与所放弃的投资收益等值的机会成本。由于始终存在货币投资的生产性机会，因此所有投资都包含机会成本。

3. 单利与复利

在给定年利率的情况下，一定数目的现金投资的未来值（future value）依赖于利息是以初始本金计算（单利）还是以初始本金加上累计利息的方式计算（复利）。假设你决定将 1 000 元存入银行 5 年，年利率为 10%。如果以单利的方式计算，那么 5 年后的未来值等于初始投资 1 000 元加上 500 元的利息（每年 100），也就是 1 500 元。如果以复利的方式计算，那么未来值等于初始本金加上累计利息。具体的计算结果如表 4-2 所示。

表 4-2　初始投资 1 000 元、年限为 5 年的复利（单位：元）

年	期初余额	利息	期末余额
1	1 000	100	1 100
2	1 100	110	1 210
3	1 210	121	1 331
4	1 331	133	1 464
5	1 464	146	1 610

注：年利率为 10%。

在复利的情况下，假设初始投资为 V_0，年利率为 i，年限为 n 年，可以用式（4-1）计算未来值：

$$FV_{(i,n)} = V_0(1+i)^n \tag{4-1}$$

利用式（4-1），我们可以计算出未来值为 1 611 元[①]。

[①] 与表 4-2 相比，1 元的差异主要是由计算过程中四舍五入造成的。

4. 连续复利

除非特别说明，复利或折现都是以年进行计算的。但是，更常见的情况是，合同规定的支付年限少于 1 年。例如，国债大多是以半年或者季度付息的。为了比较真实的收益或者成本，确定年百分比率（annual percentage rate，APR）或者有效年利率就变得很有必要。

在上文，我们提到 1 000 元以 10% 的年利率投资 5 年。现在假设每半年支付一次利息，则每次支付的利息率为 5%。在第一个半年，利息是 50 元，50 元的利息进行再投资，则在第二个半年，利息为 $1\,050 \times 5\% = 52.5$（元）。此时，我们依然可以利用未来值公式进行计算，只不过在这里，i 是半年的利率，n 是以半年而非年计算的期数。

1 年后，$FV_1 = 1000 \times (1+5\%)^2 = 1103$（元）；5 年后，$FV_5 = 1000 \times (1+5\%)^{10} = 1629$（元）。

值得注意的是，在每半年支付一次利息的情况下，得到的未来值比在以年计算利息的情况下的未来值大。一般情况下，在计算未来值时，每期的利率等于 i/n，其中 i 为年利率，n 为 1 年支付利息的次数。

对于年利率为 10%，我们计算不同计息频率下的 APR。

每年付息一次：$(1+10\%)^1 - 1 = 10\%$

每半年付息一次：$\left(1+\dfrac{10\%}{2}\right)^2 - 1 = 10.25\%$

每季度付息一次：$\left(1+\dfrac{10\%}{4}\right)^4 - 1 = 10.38\%$

每月付息一次：$\left(1+\dfrac{10\%}{12}\right)^{12} - 1 = 10.47\%$

每日付息一次：$\left(1+\dfrac{10\%}{365}\right)^{365} - 1 = 10.52\%$

连续复利（每时每刻都在计息）：$\lim\limits_{n\to\infty}\left(1+\dfrac{10\%}{n}\right)^n - 1 = e^{10\%} - 1 = 10.52\%$

5. 现值

评估投资价值的另一方法是计算未来现金流的现值（PV），而计算现值的过程称为折现（discounting）。

货币的时间价值原理揭示，现在的 1 元比未来将要获得的 1 元更有价值。现在的 1 元更有价值是因为现在的 1 元可以用来投资。假设 1 元用来投资，可以获得 10% 的年利率，则在年末可以获得 1.1 元。如果 10% 的利率是可以获得的最高的年利率，那么现在获得 1 元钱与一年后获得 1.1 元没有差异。换句话说，一年后的 1.1 元的现值是 1 元。

通过将未来现金流除以（1+利率），得

$$PV = \dfrac{1.1}{1+10\%} = 1$$

折现是将未来现金流转换成现值的过程。事实上，折现是与复利相反的过程。

根据式（4-1）得

$$FV_n = V_0 \times (1+i)^n$$

将上述方程两边同除以 $(1+i)^n$，得

$$V_0 = \frac{\text{FV}_n}{(1+i)^n} \quad (4\text{-}2)$$

式（4-2）可以解释为在给定年利率为 i 的情况下，n 年后获得的现金流的现值，这就是折现的过程。

二、净现值方法

1. 净现值方法被广泛使用的原因

项目的净现值等于项目周期内所有的现金流现值之和减去初始投资或花费。净现值方法衡量了参与这一项目对股东财富的预期增加值。净现值方法在投资项目决策时被广泛使用，主要有以下几点原因。

（1）净现值方法采用现金流。项目产生的现金流可被用做公司的其他方面，如支付股利、进行其他资本预算项目、支付利息等，而利润则没有这方面的用途。

（2）净现值方法包含了项目的所有现金流，其他的一些资本预算方法则忽略在某一特定日期之后的现金流。

（3）净现值方法考虑了货币的时间价值，其他的一些资本预算方法则忽略了货币的时间价值。

2. 净现值方法介绍

净现值方法衡量的是项目所带来的股东财富预期增加值，因此如果项目的净现值大于零，则接受这个项目；项目的净现值小于零，则拒绝这个项目。

若要使用净现值方法，需要明确项目预计产生的现金流情况及项目的折现率。对于项目现金流的估算，不在本章讨论范围之内。折现率又可称为必要收益率，或者资本成本，反映的是在该项目的风险水平下，使用的债务及权益的成本。关于资本成本的估算，本书其他章节会进行讨论。

给定项目的折现率 k，预期现金流 CF_t 和初始投资 I_0，就可以计算净现值，从而决定是接受还是拒绝该项目。

$$\text{NPV} = \sum_{t=1}^{n} \frac{\text{CF}_t}{(1+k)^t} - I_0 \quad (4\text{-}3)$$

3. 净现值应用举例

现在，我们回到案例 1 中项目 A 和项目 B 的评估，如果采用净现值方法，则项目 A 和项目 B 的净现值计算如表 4-3 所示。

表 4-3 项目 A 和项目 B 的净现值计算

项目 A：年数	现金流/元	10%折现因子	现值/元
0	−20 000	1.000	−20 000
1	6 000	0.909	5 454.5
2	6 000	0.826	4 958.7
3	6 000	0.751	4 507.9

续表

项目 A：年数	现金流/元	10%折现因子	现值/元
4	6 000	0.683	4 098.1
5	6 000	0.621	3 725.5
			NPV=2 744.7

项目 B：年数	现金流/元	10%折现因子	现值/元
0	−20 000	1.000	−20 000
1	4 000	0.909	3 636.4
2	4 000	0.826	3 305.8
3	6 000	0.751	4 507.9
4	6 000	0.683	6 147.1
5	9 000	0.621	5 588.3
			NPV=3 185.5

项目 A 和项目 B 的净现值均为正，这表明投资于其中任何一个项目都可以增加股东财富。由于项目 A 的净现值（2 744.7 元）小于项目 B 的净现值（3 185.5 元），项目 A 劣于项目 B。如果项目 A 和项目 B 是独立项目，则两个项目都可以投资；如果项目 A 和项目 B 是互斥项目，则应投资于项目 B。

正的净现值意味着项目的现金流足以偿还初始投资及 10%的项目融资成本，由于项目 A 和项目 B 的净现值均大于零，项目的收益均高于 10%的资本成本。

4. 净现值方法评述

净现值方法的优点包括：①考虑了资金的时间价值；②考虑了全过程的净现金流量；③考虑了投资风险，如果风险较大，则用较高的折现率，如果风险较小，则用较低的折现率。

净现值方法的缺点包括：①很难确定合适的折现率；②当项目的初始投资额度不等时，对于净现值大于零的项目，无法准确判断采用哪个项目更加合适。

三、内部收益率方法

1. 内部收益率方法简介

由资金的时间价值可知，净现值与资本成本之间存在着反向关系。图 4-2 反映出这种关系，称其为净现值曲线。其他条件不变，随着资本成本的逐渐升高，净现值由较大的值逐渐降低至零，进而变成负数。

项目的内部收益率（IRR）是使净现值等于零的资本成本。

$$\text{NPV} = \sum_{t=1}^{n} \frac{\text{CF}_t}{(1+\text{IRR})^t} - I_0 = 0 \tag{4-4}$$

由式（4-4）可知，如果项目的内部收益率大于资本成本，则意味着项目的净现值大于零；如果项目的内部收益率等于资本成本，则项目的净现值等于零；如果项目的内部收益率小于资本成本，则项目的净现值小于零。因此，如果项目的内部收益率大于资本成本，则项目可以接受；如果项目的内部收益率小于资本成本，则项目不可以接受。以上是基本的内部收益

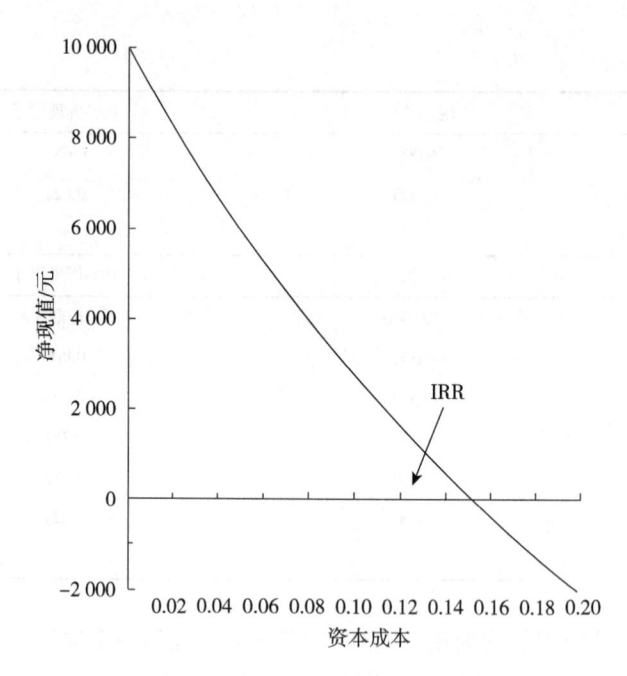

图 4-2　净现值与资本成本的关系

率法则,所以内部收益率方法是净现值方法的重要替代。

2. 内部收益率方法应用举例

再次回到案例 1 中项目 A 和项目 B 的评估。

项目 A 的内部收益率计算公式如下:

$$\frac{6\,000}{1+\text{IRR}}+\frac{6\,000}{(1+\text{IRR})^2}+\frac{6\,000}{(1+\text{IRR})^3}+\frac{6\,000}{(1+\text{IRR})^4}+\frac{6\,000}{(1+\text{IRR})^5}-20\,000=0$$

此式是关于内部收益率的多项式方程,一般情况下,很难求得该方程的解析解。可以通过试错法(trial and error)求得数值解。具体步骤如下,取 IRR=0 代入方程,可以发现方程左边大于零。取 IRR=20%代入方程,方程左边小于零。因此,内部收益率应该介于 0~20%。取 IRR=10%[①]代入方程,发现方程左边大于零,进一步可确定内部收益率介于 10%~20%。代入 IRR=15%发现方程左边大于零,可确定内部收益率介于 15%~20%。重复以上步骤,可不断缩小内部收益率的取值范围,最终得到内部收益率的近似解。

试错法的运用比较烦琐,还可以通过财务计算器和计算机软件来更精确地计算内部收益率。利用 EXCEL 中的内部收益率函数,可以求得项目 A 的内部收益率为 15.2%,项目 B 的内部收益率为 15.1%。如果项目 A 和项目 B 的资本成本为 10%,根据基本的内部收益率法则,应该接受项目 A 和项目 B;如果项目 A 和项目 B 的资本成本为 16%,则不应该接受项目 A 和项目 B。

3. 内部收益率方法评述

在判断一个项目是否能够增加股东财富的问题上,净现值方法和内部收益率方法大多数情况下能够得到一致的结论。然而,某些情况下,利用内部收益率方法对项目的排序会与净

---

① $10\% = \frac{1}{2} \times (0 + 20\%)$。

现值方法产生分歧,以下分别从独立项目和互斥项目两个方面进行阐述。

独立项目是指该项目的接受或拒绝与其他项目的接受或拒绝无关。例如,肯德基决定在某孤立小岛建立分店,该分店的建立与肯德基的其他分店的建立无关,因为在孤立小岛建立分店不会影响到其他分店的销售情况。互斥项目意味着选择一个项目的同时,需要拒绝其他项目,而被选择的项目往往是最优的。例如,选择建 20 层楼房还是 30 层楼房,在选择建 20 层楼房的同时,意味着放弃建设 30 层楼房。

1)多个内部收益率

当项目的现金流的方向经常变化时,即现金流入与现金流出交替出现时,内部收益率的计算就会出现问题,此时会出现多个内部收益率。例如,一个项目的年限为 2 年,初始投资为 10 000 元,第一年的现金流入为 26 000 元,第二年的现金流出为 16 800 元。根据内部收益率的计算公式,有

$$\frac{26\,000}{1+\text{IRR}} - \frac{16\,800}{(1+\text{IRR})^2} - 10\,000 = 0$$

由上述方程可得,IRR=20%或 IRR=40%。现在的问题是,到底应该选取哪一个值作为内部收益率呢?当选取 IRR=20%时,当项目的资本成本小于 20%,如取 10%时,由基本的内部收益率准则可知,应该接受该项目。但由图 4-3 可知,当资本成本为 10%时,项目的净现值小于零,根据净现值准则判断,应该拒绝该项目。当资本成本等于 30%时,根据内部收益率方法应该拒绝该项目,但根据净现值方法则应该接受该项目。同样,选取 IRR=40%也会碰到类似的问题。

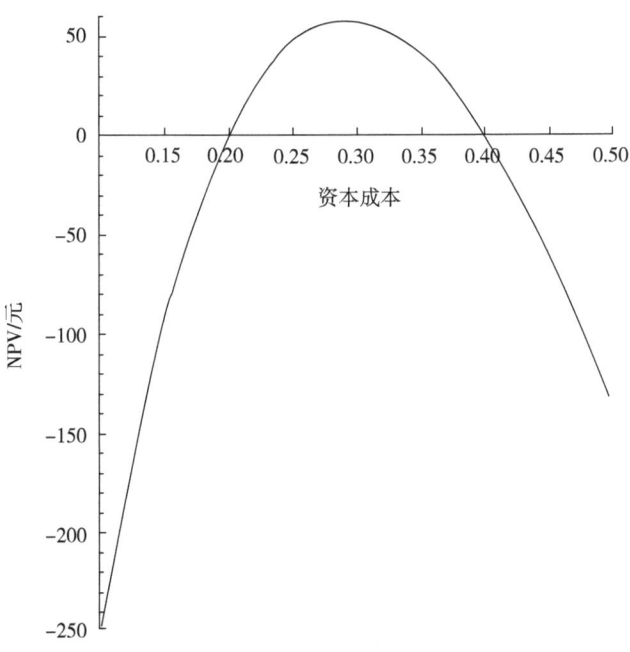

图 4-3 多个内部收益率

无论是对独立项目还是互斥项目,当项目产生多个内部收益率时,使用内部收益率方法和净现值方法会存在分歧,此时应该采用净现值方法进行判断,因为净现值方法衡量的是股东财富的增加。此外,也可以采用修正的内部收益率(MIRR)方法进行判断。关于修正的内

部收益率，将在稍后介绍。

2）互斥项目与投资规模

当投资方案相互独立、而决策只是接受或拒绝时，净现值和内部收益率基本上会得到相同的结论。当投资方案互斥时，净现值和内部收益率就可能会产生分歧。某公司正在考虑从两个项目中选择一个进行投资，两个项目的初始投资、现金流、净现值和内部收益率如表 4-4 所示。

表 4-4 互斥项目的信息

项目	0时刻现金流/元	1时刻现金流/元	净现值（25%）/元	内部收益率/%
A	-1 000 000	4 000 000	2 200 000	300
B	-2 500 000	6 500 000	2 700 000	160

项目 A 的初始投资较低，产生的现金流也较少，项目 B 的初始投资较高，产生的现金流也较高。项目 A 的净现值小于项目 B 的净现值，项目 A 和 B 的内部收益率均大于资本成本（25%），并且项目 A 的内部收益率大于项目 B 的内部收益率。该公司应该如何进行选择呢？

根据前文，净现值方法衡量的是股东财富的增加值。项目 A 的净现值小于项目 B 的净现值，因此应该选择项目 B。从另一个角度来看，相对于项目 A，项目 B 的增量投资为 1 500 000 元（2 500 000 元-1 000 000 元），在 1 时刻的增量现金流为 2 500 000 元（6 500 000 元-4 000 000 元），在 25%的资本成本下，增量净现值为

$$\frac{2\,500\,000}{1+25\%} - 1\,500\,000 = 500\,000（元）$$

增量内部收益率为

$$\frac{2\,500\,000}{1+\text{IRR}} - 1\,500\,000 = 0 \Rightarrow \text{IRR} = 66.67\%$$

因此，可将项目 B 看做两个独立项目：一个是项目 A，另一个是项目 C[①]。根据内部收益率和净现值判断准则，项目 A 和项目 C 都可以接受，因此，相对于项目 A，更应该接受项目 B。

概括起来，遇到互斥项目，可以有三种决策方法：①比较净现值；②比较增量净现值；③比较增量内部收益率与资本成本。

4. 修正的内部收益率

如前文所述，当现金流方向出现变化时，会产生多个内部收益率，可以采用修正的内部收益率解决这一问题。采用修正的内部收益率方法只能得到一个解，并且修正的内部收益率方法对项目的排序与净现值方法对项目的排序一致。

修正的内部收益率的计算分为三个步骤：①将要求收益率作为贴现率，求出所有现金流出的现值。这一步是将所有的现金流出汇总于第 0 期。②将要求收益率作为再投资或复利利率，计算所有的现金流入在项目周期最后的终值（FV）并加总。这一步是将所有的现金流入汇总与项目周期末。③找出令现金流出的现值与现金流入的终值相等的贴现率，这一贴现率即为修正的内部收益率。

图 4-4 描绘出使用某项目数据并且要求收益率为 10%的情况下修正内部收益率的计算过程。

[①] 项目 C 的初始投资为 1 500 000 元，在 1 时刻的现金流为 2 500 000 元，资本成本为 25%时的净现值为 500 000 元，内部收益率为 66.67%。

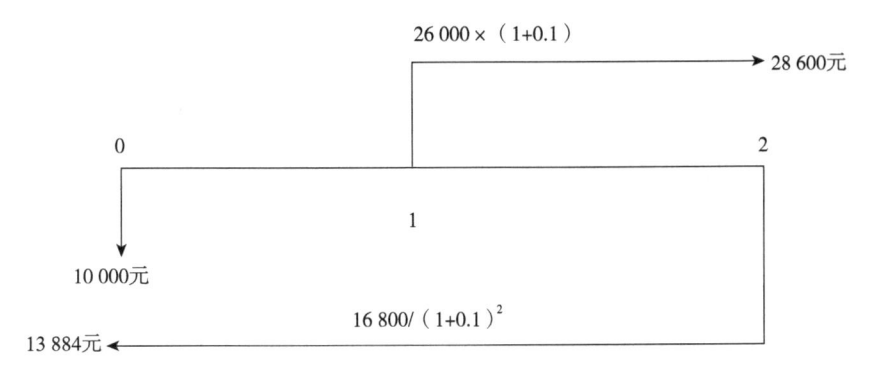

图 4-4 修正的内部收益率的计算过程

终值等于 28 600 元,现值等于 13 884 元,根据公式 $FV = PV(1+MIRR)^2$,代入相关数值,计算可得 MIRR=9.43%。由于修正的内部收益率小于要求收益率,则应该拒绝该项目。

四、经济附加值

1. 经济附加值简介

经济附加值是由美国学者 Stewart 提出,并由美国著名的咨询公司 Stern Stewart(www.sternstewart.com)注册并实施的一套以经济增加值理念为基础的财务管理系统、决策机制及激励报酬制度。经济附加值衡量过去的业绩,并且十分依赖于资本成本。经济附加值被用来评估一个公司实际创造的价值或财富是多少,其根源在于会计学中的剩余收益,剩余收益由会计利润经过资本成本调整后所得。

不过,Stern Stewart 计算经济附加值的方式较为复杂,因为它试图以各种方式调整记录的利润。调整的逻辑大致上是避免将创造价值的项目以及应视为资本而非支出的项目记录为成本。例如,研发费用、广告和促销的支出是有助于财富增值的重要途径。除此之外,与先前收购有关的任何已经摊销的商誉应该加回。这些调整的影响——在一个完整的经济附加值计算中,需要调整的项目超过 150 项——是在数值上提高利润和已有的资本。

有关这一点,假设一个全部采用股权融资的公司,其经济附加值的计算需要考虑到机会成本的调整,这里的机会成本指的是股东将资金委托给董事会所产生的成本。经济附加值的计算公式为

$$EVA = NOPAT - k \times invested\ capital \quad (4-5)$$

其中,NOPAT 为经过上述调整的税后净营业利润;k 为股东要求的收益率,已投资资本等于净资产或者股东的资金。

如表 4-5 所示,公司 A 和公司 B 具有相同的权益资本,公司 A 的税后净营业利润为 20 000 000 元,公司 B 的税后净营业利润为 10 000 000 元,利润均为正。但是,经过资本成本调整后,公司 A 的经济附加值为 5 000 000 元,公司 B 的经济附加值为 -5 000 000 元。负的经济附加值表示公司 B 带来价值的减少。

表 4-5 全权益公司的经济附加值计算

项目	NOPAT/元	Equity/元	资本成本/%	经济附加值/元
公司 A	20 000 000	100 000 000	15	5 000 000
公司 B	10 000 000	100 000 000	15	-5 000 000

2. 经济附加值的应用

上文讨论了全权益公司经济附加值的应用，其实，经济附加值具有更广泛的意义。除了专注于所有者财富的增长，经济附加值可以衡量所有投资者在项目中获得的价值的增加。用经济附加值评估经理的表现是非常好的方法，因为它不会被业务的融资方式扭曲。

在估计经济附加值时，不再采用权益成本，而是采用加权的资本成本（包括权益成本和债务成本）。为保持一致性，债务的收益也应该出现在 NOPAT，相应地，应该采用征收利息前的税后净营业利润。经济附加值的计算公式变为

$$EVA=NOPAT-(WACC \times capital\ employed) \tag{4-6}$$

在给定短期资产和负债相对波动的情况下，经常将 WACC（加权的资本成本）应用于长期资本。

某公司资产账面价值为 900 000 000 元。其中 60% 来自于权益融资，40% 来自于资本融资。权益成本和债务成本分别为 12% 和 7%。经营利润为 100 000 000 元，税率为 30%。

NPOAT=经营利润-税收=100 000 000×（1-30%）=70 000 000（元）

WACC=60%×12%+40%×7%×（1-30%）=9.16%

EVA=70 000 000-9.16%×900 000 000=-12 440 000（元）

由上面的计算可知，该公司的经济附加值为负。

3. 经济附加值评述

从表面上看，经济附加值是评价绩效简单和有效的工具，这也是它被许多企业用于内部绩效测量的原因，如被用于确定不同经营单位的表现。

但是，经济附加值方法绝不是没有问题的方法，主要有以下几方面的问题：①很少有公司拥有计算经济附加值所需的资源，从部门来看，很少有公司像 Stern Stewart 公司那样满足计算经济附加值的所有要求。②经济附加值基于账面价值，而不是市场价值。③经济附加值依赖于公平和合理方式以将公开支出分配到各部门，这是管理会计的核心。④很难确定个别经营单位的资本成本。⑤依据经济附加值（尤其是短期经济附加值）支付给经理人是不正常的。一个投资项目具有很高的现金流，从而根据经济附加值进行判断，这个项目是合适的，但该项目的净现值却小于零。同样，有些长期项目早期需要投入较多的时间和金钱，从而具有较低的经济附加值，但是具有正的净现值。

五、托宾 Q

托宾 Q 理论是由诺贝尔经济学奖获得者詹姆斯·托宾（James Tobin）于 1969 年提出的。托宾 Q 定义为企业的市场价值与资本重置成本之比。它的经济含义是比较企业的市场价值是否大于给企业带来现金流量的资本成本。

托宾 Q 值大于 1，说明企业创造的价值大于投入的资产的成本，表明企业为社会创造了价值，是"财富的创造者"；反之，则浪费了社会资源，是"财富的缩水者"。

如果托宾 Q 值很高，说明企业的市场价值高于其资产的重置成本，那么企业将会通过发行股票的方式进行低成本的融资来购置新设备，这样做是有利可图的。如果托宾 Q 值很低，由于企业的市场价值低于资本的重置成本，那么在企业需要资本的时候，它们将会购买其他企业而不会购买新的投资品，因为这样的成本更低。

六、溢价原理

本小节主要介绍基于溢价原理的两种方法，即市盈率（price-earnings ration）和控制权溢价方法。

（一）市盈率

股票的市盈率等于股票价格与每股盈利（EPS）的比值。例如，苹果公司股价为 450 美元，每股盈利为 15 美元，则苹果公司的市盈率为 30。

我们知道，同一行业的不同公司会具有不同的市盈率，是什么原因导致同一行业的公司会有不同的市盈率？这些市盈率的差异是否意味着某些公司股价被高估、某些公司股价被低估，还是其他一些原因造成市盈率的差异？

在股票的估值中，有[1]

$$\text{price per share} = \frac{\text{EPS}}{r} + \text{NPVGO}$$

两边同除以每股盈利可得

$$\text{PE} = \frac{\text{price per share}}{\text{EPS}} = \frac{1}{r} + \frac{\text{NPVGO}}{\text{EPS}}$$

上式表明，市盈率与增长机会的净现值（net present value of growth opportunity，NPVGO）有关。例如，两个公司的每股盈利均为 1 元，一个公司具有许多价值增长机会，而另一个公司不具有任何价值增长机会，具有价值增长机会的公司价值更高，因为投资者买入的是当前的收入 1 元和未来的价值增长机会。此外，根据市盈率计算公式，我们可以知道折现率 r 和每股盈利也会对市盈率产生影响。公司的市盈率与折现率负相关，而折现率与股票的风险正相关，所以公司的市盈率与股票风险负相关。公司会计方法的选择，如存货的计价方法就有先进先出法（first in first out，FIFO）和后进先出法（last-in, first-out，LIFO），在通货紧缩的环境中，LIFO 会低估存货成本而增加盈利，进而影响市盈率。

在增长机会、风险和会计方法这三个影响市盈率的因素中，增长机会对市盈率的影响最重要。例如，高科技公司的市盈率比增长机会较低的公司（如公用事业公司）的市盈率高，尽管公用事业公司一般具有较低的风险。在行业内部，增长机会的不同同样是造成市盈率差异的重要原因。谷歌公司具有高市盈率是因为其增长机会，而不是因为低风险或保守的会计方法。事实上，因为成立年限较短，谷歌公司的风险比其行业内竞争者要高。微软公司的市盈率比谷歌公司的市盈率低得多，是因为其增长机会仅占其业务收入的很小一部分，但是，不容忽略的是，微软公司的市盈率在过去十年中都很高。

（二）控制权

买入公司的少数股权与买入控制权完全不同。前者，投资者只具有投票权和分红权，不能参与或者改变公司的生产经营；后者，投资者具有改变公司生产经营方式的充分权利。因而，购买公司的控制权，除了获得公司未来现金流的要求权之外，还同时获得按照其意愿改组公司的权利。因而，购买控制权的价格要比购买少数股权需要付出更多，即存在控制权溢价。

---

[1] Ross S A, Westerfield R W, Jordan B D. Fundamentals of Corporate Finance. McGraw-Hill/Irwin, 2010.

1. 控制权溢价

图 4-5 表示了控制权溢价，图中 m 代表了对于少数股东而言的公司股票的市场价值，即在给定现有管理与战略条件下公司未来现金流的现值。对于谋求控制权的公司或个人而言，c 点代表了控制权的价值，FMV（fair market price，即公平的市场价值）在 c 点比在 m 点高出很多，差值就是控制权的溢价，它同时也是由收购创造出来的预期股东价值增加的部分。

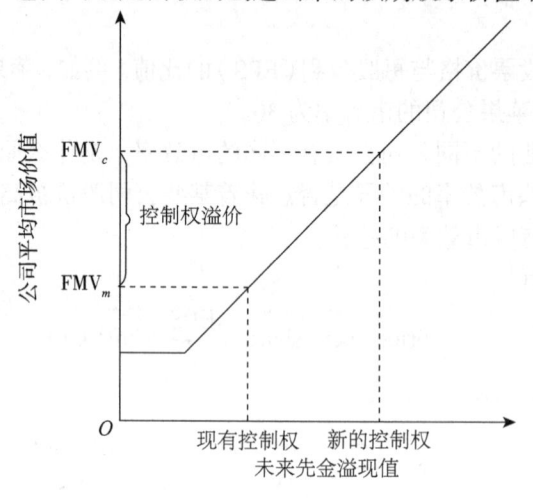

图 4-5 控制权溢价

有两种方法可以计算控制权溢价。一种比较简单的方法是首先假设兼并发生，再假设兼并不曾发生，以此来评估企业的价值，这两方面的价值差异就是控制权溢价。

$$FMV_c = FMV_m + 控制权溢价$$

另一种方法则将因收购而引起的增量现金流采用适当的折现率贴现，将所有的现值相加，即可得到控制权溢价，即

$$新增价值 = PV\{所有因收购引起的增量现金流\}$$

当然，这里涉及对增量现金流的评估及合适折现率的选取，这是该方法的难点。

2. 戴姆勒-克莱斯勒公司合并案

1998年5月7日，德国戴姆勒-奔驰集团（Daimler-Benz AG）和美国克莱斯勒公司（Chrysler Corporation）宣布合并。尽管当时该合并被看做是平等的，但现在则认为是戴姆勒公司收购克莱斯勒。该次合并的总价值约为530亿美元，是史上规模最大的工业行业收购案。克莱斯勒公司合并前每股44.88美元，而戴姆勒公司支付每股57.50美元，差值12.62美元则是控制权溢价。现在来看，这一溢价是不正确也是不理性的。

戴姆勒公司合并克莱斯勒公司许诺至少在三个方面创造出价值。第一，合并后公司的绝对规模将确保克莱斯勒公司能够获得它想要的资源，以及在采购、车辆设计和制造上可能得到的效率。第二，克莱斯勒公司是当时世界上最有效率的汽车制造商之一，因此预计克莱斯勒公司某些生产能力能够弥补梅赛德斯的不足。第三，两大厂家的生产线高度互补，且极大地提高克莱斯勒公司在海外，特别是欧洲的曝光机会。

然而，结果与预想存在差距。当1998年首次公布合并消息时，戴姆勒公司的股票在纽约证券交易所以每股98.88美元的价格进行交易。合并结束之后，戴姆勒公司的股票价格短暂攀升到110美元，然后就开始了长时间的下跌，到2005年6月，已经下滑到最低40美元左右。

同一期间，市场整体上扬了6%，而戴姆勒公司股票价格下跌了大约60%。为何会有如此大幅度的下降？简单地说，原因来自克莱斯勒公司。1990年，克莱斯勒公司创纪录地取得了42亿美元的经营利润，足足是合并后公司总利润的一半。然后到了2001年，克莱斯勒公司的管理层预计出现超过20亿美元的亏损。

对于戴姆勒与克莱斯勒合并的失败，有两个比较合理的观点。第一种观点是文化冲突。戴姆勒公司管理层作风严谨、死板、比较注重形式。而克莱斯勒则恰恰相反，管理层讲究效率、灵活、决策过程更快。两种截然不同的文化合并后必然会产生冲突。在合并后的三年内，克莱斯勒公司超过三分之二的高层管理人员辞职或被解聘。

第二种观点则更为有趣。当戴姆勒–克莱斯勒合并案宣布不久，Robert Eaton（克莱斯勒董事长，并购发起人之一）因将克莱斯勒卖给外国公司而备受攻讦。Eaton 认识到并购会牺牲克莱斯勒的独立性，对并购前景并不看好，在这种情况下，Eaton 拿了28%的收购溢价一走了之，留给戴姆勒公司收拾残局……

第二节 基于期权的投资决策

由于传统项目投资决策的局限性，我们引入实物期权投资决策理论。在介绍实物期权投资决策理论之前，很有必要介绍传统的期权理论。在传统期权理论中，主要介绍期权的定义、影响期权价格的因素、期权平价关系及期权定价模型。而在实物期权投资决策理论中，主要介绍实物期权的定义、实物期权的类型、实物期权的应用。

一、期权定价技术

（一）期权的定义

期权赋予其持有者（购买者）在给定时间（或在此时间之前的任意时刻）按规定价格买入（或卖出）一定数量某种资产的权利。按照买入或卖出权利的划分，期权可以分为看涨期权（买入标的资产）和看跌期权（卖出标的资产）。按照有效期的规定，期权可以分为欧式期权（European option）与美式期权（American option）。欧式期权只有在到期日当天或在到期日之前的某一规定时间可以行使权利。美式期权在到期日或到期日之前的任意时刻都可以行使权利。

期权的四个要素，即执行价格（exercise price 或 striking price）、到期日（maturing date）、标的资产（underlying asset）、期权费（option premium）。对期权的持有者（购买者）而言，付出期权费后，只有权利而没有义务；对期权的出售者而言，接受期权费后，只有义务而没有权利。

（二）期权的内在价值与时间价值

期权的价值（或者说价格）等于期权的内在价值加上时间价值。

1. 期权的内在价值

期权的内在价值（intrinsic value）是指假设期权立即被执行，期权的持有方可以获得的支付。用 S_0 表示标的资产的现在价格，X 表示执行价格。对于看涨期权而言，其内在价值等于 S_0-X。当然，当标的资产的市场价格低于协议价格时，期权多方是不会行使期权的，因此期权的内在价值应大于等于 0。所以，看涨期权的内在价值为 $\max\{S_0-X,0\}$，同理，看跌期权的内在价值为 $\max\{X-S_0,0\}$。对于美式期权来说，期权价值必须大于等于内在价值，因为美式期权的持有人可以通过立即执行期权以获得内在价值。

2. 期权的时间价值

对于美式期权而言，即时期权的内在价值大于零，期权的持有者通常都不会选择立即执行期权，而是继续持有①，这是因为期权具有时间价值（time value）。期权的时间价值是指在期权有效期内标的资产的价格波动为期权的持有者带来的可能收益，显然，标的资产价格的波动率越大，期权的时间价值就越大。

（三）影响期权价格的因素

期权价格的影响因素主要有六个，即标的资产的市场价格、执行价格、期权的剩余期限（距到期日时间长短）、标的资产价格的波动率、无风险利率和标的资产的收益，它们通过影响期权的内在价值和时间价值影响期权价格，见表 4-6。

表 4-6 影响期权价格的因素

因素	欧式看涨期权	欧式看跌期权	美式看涨期权	美式看跌期权
标的资产的市场价格	正向	反向	正向	反向
执行价格	反向	正向	反向	正向
剩余期限	不确定	不确定	正向	正向
价格波动率	正向	正向	正向	正向
无风险利率	正向	反向	正向	反向
标的资产收益	反向	正向	反向	正向

1. 标的资产的市场价格与执行价格

对于看涨期权而言，在执行时，其支付等于标的资产当时的市场价格与执行价格之差，因此，标的资产的价格越高、执行价格越低、看涨期权的价格就越高。

对于看跌期权而言，在执行时，其支付等于执行价格与标的资产当时的市场价格之差，因此，标的资产的价格越低、执行价格越高，看跌期权的价格就越高。

2. 期权的剩余期限

对于美式看涨期权和看跌期权而言，期权的剩余期限越长，期权的价值越大。对于欧式看涨期权和看跌期权而言，一方面，随着剩余期限的增加，期权的价值增大；另一方面，剩余期限较长的期权，其标的资产，如股票，发放大额股利的可能性也越大，而股利的发放会导致标的资产价格的下跌，因而剩余期限对于欧式期权价格的影响不确定。

3. 标的资产价格的波动率

标的资产价格的波动率越大，其价格在将来达到一个较大值或较小值的可能性也越大，对于期权的持有者而言，其获利的可能性越大。例如，对于看涨期权的持有者，当标的资产价格达到一个较大值（超过执行价格）时，会执行看涨期权，从而获得更多的支付；当标的

---

① 例如，对于标的资产无股利支付的美式看涨期权，持有者会将期权持有至到期日。

资产价格达到一个较小值（低于执行价格）时，则不会执行看涨期权。对于看跌期权，其分析与看涨期权类似。简而言之，期权赋予了其持有者在标的资产价格变动对其有利时执行期权，而价格变动对其不利时放弃执行期权的权利，因而标的资产价格的波动率越大，期权的价格越大。

4. 无风险利率

无风险利率对于期权价格存在两方面的影响。一方面，无风险利率增大，投资者要求的必要收益率也增大（折现率增大），因而，投资者未来获得的现金流的现值减小。另一方面，无风险利率增大，投资者投资于股票等资产所预期的收益也会增大，股票的价格会上升，从而看涨（看跌）期权的支付会上升（下将）。综合这两方面的影响，对于看涨期权而言，无风险利率增大，期权价格上升；对于看跌期权而言，无风险利率增大，期权价格下跌。

5. 标的资产的收益

由于标的资产分红付息等会减少标的资产的价格，而执行价格在大多数情况下不会进行调整[①]，因此，在期权有效期内，标的资产产生收益将使看涨期权价格下降，看跌期权价格上升。

（四）欧式期权平价关系

对于以无收益资产为标的的欧式看涨期权和看跌期权，存在一种价格依赖关系，这种依赖关系称为期权平价关系（call and put parity）。

以股票为标的的期权为例，假设当前股票价格为 S_0，看涨期权价格为 c，看跌期权价格为 p，到期日股票价格为 S_T，T 为距期权到期日的时间（以年计算），r 为无风险利率（连续复利），看涨期权和看跌期权的执行价格均为 X。

构建两个投资组合：投资组合 A，一份看涨期权的多头加上现值为 Xe^{-rT} 的无风险证券；投资组合 B，一份看跌期权的多头加上一单位股票。

假设不考虑交易成本和税收，两个投资组合在到期日的价值如表 4-7 所示。

表 4-7　投资组合在到期日的价值

项目		$S_T \geqslant X$	$S_T < X$
投资组合 A	看涨期权	$S_T - X$	0
	无风险证券	X	X
	总值	S_T	X
投资组合 B	看跌期权	0	$X - S_T$
	股票	S_T	S_T
	总值	S_T	X

不管在到期日股票价格如何变化，两个投资组合的价值相等。根据无套利原理，在当前时刻，两个投资组合的价值也必然相等，即

$$c + Xe^{-rT} = p + S_0 \tag{4-7}$$

---

① 一般情况下，发放现金股利不会对执行价格进行调整。当股利数额巨大时，可能会进行调整。例如 2003 年 5 月 23 日，Gucci Group NV (GUC) 宣布每股发放 13.50 欧元（大约 15.88 美元）的现金股利，并且通过 2003 年 7 月 16 日的股东大会同意，结果 CBOE（Chicago Board Options Exchange，即芝加哥期权交易所）的 OCC（Options Clearing Corporation，即期权清算公司）决定对其执行价格下调 15.88 美元。

式（4-7）就是无收益资产的欧式期权平价关系。

对于支付已知现金收益的欧式期权，假设现金收益的现值为 D。则期权平价关系应变为
$$c + Xe^{-rT} + D = p + S_0$$
关于上式的证明，我们将问题留给读者。

（五）Black-Scholes 期权定价模型

关于期权定价模型，首先想到的就是 Black-Scholes 期权定价模型。布莱克-斯科尔斯（Black-Scholes）于 1971 年提出这一期权定价模型，1973 年在经济学顶级期刊 *Journal of Political Economy* 上公开发表了这一模型。与此同时，默顿（Merton）也在 *Bell Journal of Economics & Management Science* 发表了相似的期权定价模型。所以，布莱克-斯科尔斯定价模型亦可称为布莱克-斯克尔斯-默顿定价模型。默顿扩展了原模型的内涵，使之同样运用于许多其他形式的金融交易。期权定价模型发表之后，解决了投资者对于期权合理价格的困惑，这也促成了期权交易的迅速发展。到今天，Black-Scholes 模型及其变形被交易商、保险公司、金融机构等广泛接受和使用。1997 年诺贝尔经济学奖授予了默顿和斯科尔斯，而布莱克因于 1995 年去世，未分享到这一殊荣。

1. Black-Scholes 期权定价模型的假设条件

（1）期权的标的资产为股票，当前时刻市场价格为 S。S 服从几何布朗运动，即
$$\frac{dS}{S} = \mu dt + \sigma dz \tag{4-8}$$

其中，dS 为股票价格瞬时变化值；dt 表示非常小的时间段；dz 代表变量 z 在 dt 时间内的变化，且 z 遵循标准的布朗运动（standard Brownian motion）或维纳过程（Wiener process）[1]；μ 为股票价格在单位时间内的期望收益率（以连续复利表示）；σ 为股票价格的波动率。μ 和 σ 都是已知的。

（2）股票在期权有效期内，无现金股利等收益。

（3）没有交易费用和税收，不考虑保证金问题，即不存在影响收益的任何外部因素。

（4）股票无卖空限制，且可无限拆分。

（5）无风险利率为常数，且对资金借贷无限制。

（6）不存在无风险套利机会。

2. 欧式看涨期权定价公式

在上述假设条件的基础上，Black 和 Scholes 得到了适用于标的资产无收益的欧式看涨期权价格的偏微分方程[2]，即
$$\frac{\partial f}{\partial t} + rS\frac{\partial f}{\partial S} + \frac{1}{2}\sigma^2 S^2 \frac{\partial^2 f}{\partial S^2} = rf \tag{4-9}$$

其中，f 为期权价格。这就是著名的 Black-Scholes-Merton 偏微分方程。

---

[1] 标准的布朗运动或维纳过程具有如下两个特征：①$dz = \varepsilon\sqrt{dt}$，其中 ε 服从标准正态分布；②对于任意两个不同的时间间隔 dt、dz 相互独立。

[2] 关于 Black-Scholes-Merton 期权定价公式的推导，这里不做详细阐述，感兴趣的读者可以阅读 Black 和 Scholes（1973）及 Merton（1973）的相关文献。

通过求解 Black-Scholes-Merton 偏微分方程，得到了适用于无收益资产欧式看涨期权的定价公式，即

$$c = SN(d_1) - Xe^{-r(T-t)}N(d_2) \tag{4-10}$$

其中，

$$d_1 = \frac{\ln(S/X) + (r + \sigma^2/2)(T-t)}{\sigma\sqrt{T-t}}$$

$$d_2 = \frac{\ln(S/X) + (r - \sigma^2/2)(T-t)}{\sigma\sqrt{T-t}} = d_1 - \sigma\sqrt{T-t}$$

其中，c 为无收益资产欧式看涨期权价格；$N(x)$ 为标准正态分布变量的累计概率分布函数，根据标准正态分布函数特性，我们有 $N(-x) = 1 - N(x)$。

（六）二叉树定价模型

Black-Scholes-Merton 模型的提出，为无收益资产的欧式期权找到了合理的价格，也促进了期权的快速发展。但是，由于该模型涉及比较复杂的数学推导，对大多数人而言比较难以理解和应用。二叉树模型（Cox et al., 1979）的提出，用一种比较浅显的方法推导出了期权价格。二叉树模型的优点在于其比较简单直观，不需要太多的数学知识就可以加以应用。同时，它不仅可以为欧式期权定价，还可以为美式期权定价；不仅可以为无收益资产定价，还可以为有收益资产定价，应用相当广泛，目前已经成为最基本的期权定价方法之一。

1. 两期二叉树模型

考察一个两期模型，0 期（现在）和 1 期（到期日）。如图 4-6 所示，股票当前价格为 S_0，假设股票价格在 1 期只有两种可能：上升到原先的 u（$u>1$）倍，即 uS_0；或下降到原先的 d（$d<1$）倍[①]，即 dS_0。假设价格上升的概率为 p，下降的概率则为 $1-p$。无风险利率为 r_f，期权的执行价格为 X。

为上述的期权定价，可以采用无套利方法。主要的思想是构建一个股票和无风险债券的组合来复制期权，使在 1 期组合的价值等于期权的价值，根据无套利原理，现在组合的价格等于期权的价格，从而可以为期权定价。

假设在 0 期，投资者有初始资金 V_0，其中一部分用来购买 Δ 份股票，剩余的资金（$V_0 - \Delta S_0$）投资于无风险债券，无风险利率为 r_f。在这里，选取合适的 Δ 使在 1 期股票和无风险债券的组合价值等于期权价值，即

$$\Delta u S_0 + (V_0 - \Delta S_0)(1 + r_f) = c_u = \max\{S_u - X, 0\} \tag{4-11}$$

$$\Delta d S_0 + (V_0 - \Delta S_0)(1 + r_f) = c_d = \max\{S_d - X, 0\} \tag{4-12}$$

根据无套利原理，期权的价格应为 V_0。通过求解上面的方程组可以得到 V_0 和 Δ。尽管如此，这里我们采用另一种方法。

选择合适的 q，使 $S_0 = \dfrac{1}{1+r_f}\left[qS_u + (1-q)S_d\right]$，则

[①] 注意，在较长的时间间隔内，关于股票价格运动的假设当然不符合实际，但是当时间间隔非常小的时候，股票价格只有这两个运动方向的假设是可以接受的。

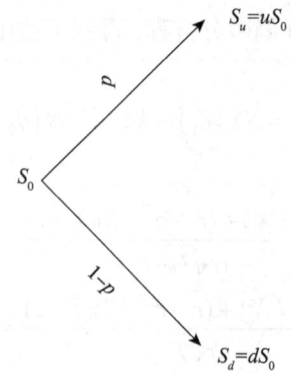

图 4-6　资产价格的变动

$$q = \frac{1+r_f - d}{u-d}, 1-q = \frac{u-(1+r_f)}{u-d}$$

式（4-11）左右两边同乘以 q，式（4-12）左右两边同乘以 $(1-q)$，然后相加，可得

$$\Delta = \frac{c_u - c_d}{S_u - S_d}, V_0 = \frac{1}{1+r_f}\big[qc_u + (1-q)c_d\big]$$

以上就是采用无套利定价方法得到的价格。

值得注意的是，当市场均衡时，不存在套利机会，此时应满足 $0 < d < 1+r_f < u$[①]，因而必然有 $0 < q < 1$，可以将 q 视作概率。在 q 这个概率测度下，我们发现所有资产（股票、无风险债券、期权）的预期收益率都等于无风险利率，因而将 q 称作风险中性概率，而上面的定价方法称为风险中性定价方法。

风险中性概率 q 不是真实的概率，股票价格真实的上升概率应为 p。在给期权定价时，我们构建了一个虚拟的世界——风险中性的世界，在风险中性的世界里，股票价格上升的概率为 q，并且所有资产的预期收益率等于无风险利率。而在真实的世界里，风险资产的预期收益率要高于无风险利率，如对于股票，有 $S_0 < \frac{1}{1+r_f}\big[pS_u + (1-p)S_d\big]$。此外，我们可以发现，期权价格与股价真实的上升或下降概率无关。

事实上，根据资产定价第一基本定理：风险中性测度存在，则无套利成立。

2. 多期二叉树模型

以上所述的两期二叉树模型虽然比较简单，但已包含着二叉树定价模型的基本原理和方法。因此，可以进一步拓展到多期二叉树模型，见图 4-7。

在第 0 期，证券价格为 S_0。在第 1 期，证券价格要么上涨到 $S_0 u$，要么下降到 $S_0 d$；在第 2 期，证券价格就有三种可能，即 $S_0 u^2$、$S_0 ud$、$S_0 d^2$，以此类推。一般而言，在第 i 期，证券价格有 i 种可能，用符号表示为 $S_0 u^j d^{i-j}$（$0 \leq j \leq i$）。

得到每个结点的股票价格之后，可以采用倒推定价法，从树型图的末端第 T 期开始往回

[①] 关于该关系的证明，我们留给读者。

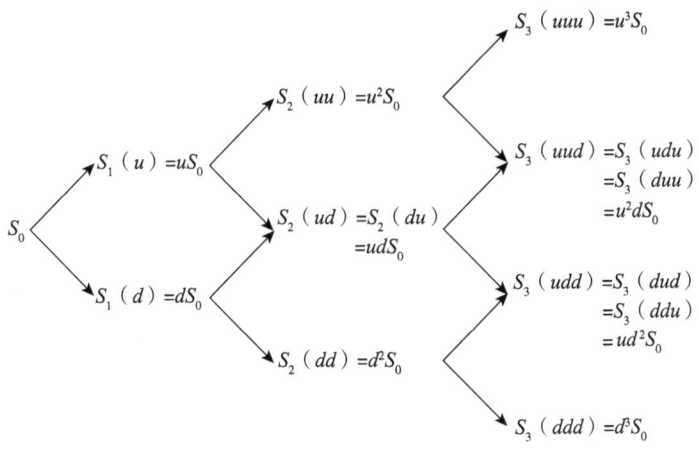

图 4-7　股票价格树形图

倒推，为期权定价。由于在第 T 期期权价值是已知的（涨期权价值为 $\max\{S_T - X, 0\}$，看跌期权价值为 $\max\{X - S_T, 0\}$），因此可在风险中性条件下求解第 $T-1$ 每一结点上的期权价值，具体做法是将第 T 期期权价值以无风险利率 r_f 折到第 $T-1$ 期。同理，要求解第 $T-2$ 期的每一结点的期权价值，也可以将第 $T-1$ 期的期权价值预期值在以无风险利率 r_f 贴现求出。依此类推。采用这种倒推法，最终可以求出第 0 期（当前时刻）的期权价值。

以上是欧式期权的情况，如果是美式期权，就要在树型图的每一个结点上，比较在本期提前执行期权和继续再持有 1 期，到下一个时期再执行期权，选择其中较大者作为本结点的期权价值。

专栏 4-1　二叉树模型为期权定价

考虑一个 3 期二叉树模型，股票价格路径如图 4-8 所示。

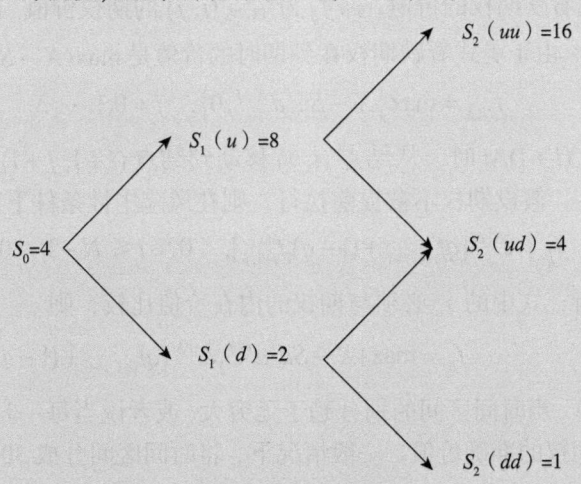

图 4-8　股票价格路径

假设股票无股利支付，无风险利率 $r_f = 0.25$，以该股票为标的资产的欧式看跌期权在 $t = 2$ 时刻到期，执行价格 $X = 5$。试计算欧式看跌期权的价格。

风险中性概率 $q = \dfrac{1 + r_f - d}{u - d} = 0.5$，$1 - q = 0.5$

$$V_2(uu) = [X - S_2(uu)]^+ = 0, \quad V_2(ud) = [X - S_2(ud)]^+ = 1, \quad V_2(dd) = [X - S_2(dd)]^+ = 4$$

$$V_1(u) = \frac{1}{1+r_f} E^Q[V_2](u) = 0.4, \quad V_1(d) = \frac{1}{1+r_f} E^Q[V_2](d) = 2$$

$$p = V_0 = \frac{1}{1+r_f} E^Q[V_1] = 0.96$$

对于美式期权，在应用二叉树模型为其定价时，需要考虑到提前执行问题。例如，当股票价格在第 1 期，下降到 2 时，此时 $V_1(d) = 2$，提前执行该美式期权获得的支付为 3，此时期权持有者会提前执行该期权，因此期权在此结点的价值为 3。通过计算，美式看跌期权的价格为 1.36。

知道股票的当前价格以及期权的到期期限、执行价格等，采用二叉树模型给期权定价，关键在于 u 和 d 的选取。Cox 等（1979）给出值是

$$u = e^{\sigma\sqrt{\Delta t}}, d = e^{-\sigma\sqrt{\Delta t}}$$

其中，Δt 表示相邻两期的时间间隔（以年为单位）；σ 为股票价格的年化波动率。在实际应用中，通常假定 Δt 很小，即划分为很多时间段，风险中性概率为

$$q = \frac{e^{r_f \Delta t} - d}{u - d}$$

注意，计算风险中性概率时，这里采用连续复利的方式，而之前采用的是复利的方式，这是两者的差别所在。

3. 二叉树模型的一般过程

这里我们给出用数学符号表示的二叉树期权定价方法，以标的资产无收益的美式看跌期权为例。将剩余期限划分成 N 个长度为 Δt 的小区间，令 f_{ij}（$0 \leq i \leq N, 0 \leq j \leq i$）为在时间 $i\Delta t$ 时第 j 个结点处的美式看跌期权的价值，称 f_{ij} 为结点 (i,j) 的期权价值。同时用 $Su^j d^{i-j}$ 表示结点 (i,j) 处的股票价格。由于美式看跌期权在到期时的价值是 $\max(X - S_T, 0)$，所以有

$$f_{N,j} = \max\{X - Su^j d^{N-j}, 0\}, \quad j = 0, 1, \cdots, N$$

当时间从 $i\Delta t$ 变为 $(i+1)\Delta t$ 时，从结点 (i,j) 移动到结点 $(i+1, j+1)$ 的概率为 q，移动到 $(i+1, j)$ 的概率为 $1-q$。假设期权不被提前执行，则在风险中性条件下有

$$f_{ij} = e^{-r\Delta t}[qf_{i+1,j+1} + (1-q)f_{i+1,j}], \quad 0 \leq i \leq N-1, \quad 0 \leq j \leq i$$

如果考虑提前执行，式中的 f_{ij} 必须与期权的内在价值比较，则

$$f_{ij} = \max\{X - Su^j d^{i-j}, e^{-r\Delta t}[qf_{i+1,j+1} + (1-q)f_{i+1,j}]\} \tag{4-13}$$

按这种倒推法计算，当时间区间的划分趋于无穷大，或者说当每一时间间隔 Δt 趋于 0 时，就可以求出美式看跌期权的准确价值。一般情况下，将时间区间分成 30 个就可得到较为理想的结果。

二、实物期权投资决策

（一）实物期权的概念

实物期权（real options），顾名思义，并非以金融资产，如股票、债券、期货等为标的，

而是以实物资产为标的的期权。Myers（1976）首次提出实物期权这一概念。他认为，一个投资项目所创造的价值，来源于两部分，一部分是投资本身创造的现金流的现值，另一部分是未来增长机会的现值。可将这种增长机会视为标的物为实物资产的看涨期权。

最初用金融期权理论来审视战略投资的想法来源于Luehrman（1998a, 1998b）的两篇文章，他认为："以金融的观点来看，企业投资是一系列的期权，而非稳定的现金流。"

实物期权反映企业进行长期投资决策时的选择权，它是企业所拥有的，能够根据不确定因素而改变投资行为的一种选择权利。实物期权拥有期权的特征，即投资的不可逆性、延迟性和选择性及投资后的各种变动弹性，反映了实际投资决策的特点。

（二）从传统净现值到扩展净现值

如前文所述，在采用净现值方法评价一个投资项目时，我们将项目的期望现金流 $E(\mathrm{CF}_t)$ 用经风险调整后的折现率 k 来折现得到项目的现值，再减去投资的现值 I_0，得到项目的净现值式（4-14）。净现值代表了进行这项投资所创造的价值，如果净现值大于零，则采用该项目；如果净现值小于零，则拒绝该项目。

$$\mathrm{NPV} = \sum_{t=1}^{T} \frac{E(\mathrm{CF}_t)}{(1+k)^t} - I_0 \quad (4\text{-}14)$$

使用传统净现值方法进行投资决策时，一个隐含的假设是：企业根据净现值做出选择（进行还是不进行投资），然后等待投资项目的自身发展，至于成功还是失败，企业不再起作用。这种方法没有考虑到市场条件变化所致风险变化时的决策变化，以及某些项目本身内涵期权时的决策情况，如投资推迟、提前结束项目等。此外，我们注意到，在计算净现值时，需要合适的折现率（资本成本），资本成本的选取会影响到项目的最终决策。但是，在计算资本成本时，现有的方法，如CAPM和WACC等，给出的往往是企业本身的资本成本，而非投资项目的资本成本。而且，随着投资项目的进行，项目风险会发生变化，这时需要对折现率进行相应的调整，而传统的净现值方法并没有考虑到这一点。

考察这样一个例子：A公司考虑投资1亿元，建立一条新生产线（表4-8）。假设投资期限是5年，若项目成功，预期现金流是6 000万元/年，若失败则为-4 000万元/年，成功的机会为50%。假设A公司对低风险投资要求8%的收益率，对中等风险投资要求15%的收益率，对高风险投资要求25%的收益率，该公司应如何选择？

表4-8　A公司生产线项目（单位：万元）

（a）传统净现值方法

	预期现金流					
	0	1	2	3	4	5
成功	-10 000	6 000	6 000	6 000	6 000	6 000
失败	-10 000	-4 000	-4 000	-4 000	-4 000	-4 000
期望	-10 000	1 000	1 000	1 000	1 000	1 000
净现值（25%）	-7 300					

续表

（b）失败后放弃

	预期现金流					
	0	1	2	3	4	5
成功	−10 000	6 000	6 000	6 000	6 000	6 000
失败	−10 000	−4 000	−4 000	2 000	0	0
期望	−10 000	1 000	1 000	4 000	3 000	3 000
净现值（25%）	−4 300					

（c）成功后继续扩充

	预期现金流							
	0	1	2	3	4	5	6	7
成功			−50 000	30 000	30 000	30 000	30 000	30 000
失败			−50 000	−20 000	−20 000	10 000	0	0
期望			−50 000	25 000	25 000	28 000	27 000	27 000
净现值（25%）	13 000							

因为该项目只有50%的可能性成功，因而采用25%的贴现率是合适的，如果采用传统净现值方法，计算可得NPV=−7 300（万元），见表4-8（a），则应该拒绝该项目。但是，如果仔细审视这个项目，在项目的进展中，如第1年就出现亏损，企业还会继续这个项目么？假设两年之后，管理层选择放弃经营，获得残值2 000万元，则修正后的净现值为−4 300万元，如表4-8（b）所示。相对于表4-8（a）中的−7 300万元，多出的3 000万元则是"放弃"的价值。

成功可以借鉴。当A公司实施该生产线项目时，发现该项目成功，从而决定继续扩充。假设两年后继续投资，其规模正好是现在的5倍。假设在现时投资已经成功的条件下，才决定继续扩充投资，扩充投资成功的概率为90%。计算可得，扩充投资的净现值为1.3亿元，见表4-8（c）。将表4-8（b）和表4-8（c）中的净现值相加，总值为2 200万元[①]。

一个值得讨论的问题是，始终采用25%的高风险必要收益率是否合适。如果没有继续扩充的阶段，采用25%的折现率是合适的。但是存在继续扩充的阶段，再采用25%的折现率会有些保守。这是因为，当公司处于继续扩充的阶段时，原来的生产线项目已经获得成功，此时继续扩充的成功概率为90%，这时可以采用一个中等风险的必要收益率（15%）进行计算，此时，净现值为2.426亿元[②]。将两个净现值相加可得该项目的预期现值为7 800万元。

因此，当投资项目含有期权时，关于净现值的准确表达式应该是

投资的净现值=忽略实物期权的净现值+实物期权的价值

[①] 注意，继续扩充是在原项目成功的基础上才得以实施，原项目成功的概率为50%，所以在计算总和时，应该是−4 300+13 000×0.5=2 200（万元）。

[②] 在头两年，按25%折现率计算（因为此时无法确定原投资项目是否成功），之后按照15%的折现率计算。

（三）从金融期权定价到实物期权定价

事实上，Black 和 Scholes（1973）已经开始运用实物期权。他们将公司的股票视为以公司总价值为标的的看涨期权。就公司股东而言，假设对股权 E 不支付红利，该公司发行了零息票债券，到期日的价值为 B。在债券到期日，如果公司总价值超过债券价值，即 $V \geq B$，股东偿还债券 B，剩余 $V-B$；如果公司的总价值低于债券价值，即 $V < B$，那么股东将违约，由于有限的债务责任，公司的全部资产将归于债权人，股权的价值为零。

公司自身价值可以视为嵌入许多实物期权。大多数公司有实际权利推迟投资、继续扩大生产规模、放弃没有价值的项目、重置公司资产等。期权定价理论可以用来计算这些权利的价值。如前文所述，在完全市场上对于期权的定价，可以通过构建标的资产加无风险债券的组合来复制期权在每一状态下的支付，从而根据无套利原理，组合的价值等于期权的价值。我们可以将无套利定价方法应用到实物期权的定价之中，与金融期权不同，在实物期权的定价中，需要找到相关的股票价格，因而，对股票价格的准确估计是实物期权定价的基础。下面的专栏会说明这个问题。

专栏 4-2　高科技公司许可证价值

某高科技公司有优先机会（许可证或专利）建立工厂以生产新产品。初始投资 I_0 为 8 000 万元。预期产品的现金流入有两种可能，即 $CF_{1u} = 18\,000$ 万元或者 $CF_{1d} = 60\,000$ 万元（两者概率相同，$p = 0.5$）。假设无风险利率为 10%，资本成本 $k = 20\%$。市场上相关交易证券（如一个没有债务的公司股票，公司只有一个项目，与许可证项目一样。）现价为 20 元，预期下一期上升到 36 元或下降到 16 元。

如果采用传统的净现值方法评估该项目，可知 $E(CF_1) = 12\,000$（万元），现值为 10 000 万元，净现值为 2 000 万元，应该接受该项目。

得到许可证或者专利生产的投资机会比立即投资更有价值，因为它允许弹性的管理，推迟投资一年，只有当条件有利时（CF_{1u} 为 18 000 万元）进行投资，项目条件不利时则不进行投资（CF_{1d} 为 6 000 万元），则许可证或者专利可以视为执行价格为 8 000 万元的看涨期权。

根据前文所述，可以采用风险中性定价方法来对该期权进行定价。

$$V_{1u} = 180 - 80 = 100, V_{1d} = 0$$

风险中性概率 $q = \dfrac{1 + r_f - d}{u - d} = \dfrac{1 + 0.1 - 0.8}{1.8 - 0.8} = 0.3$

期权的价格 $V_0 = \dfrac{q \times V_{1u} + (1-q) \times V_{1d}}{1 + r_f} = \dfrac{0.3 \times 100}{1.1} = 2\,727$（万元）

当然，也可以采用无套利方法为期权定价，采用股票和无风险债券的组合复制期权。需要购买的股票数量为

$$\Delta = \dfrac{V_{1u} - V_{1d}}{S_{1u} - S_{1d}} = \dfrac{100 - 0}{36 - 16} = 500 \text{（万股）}$$

借入的无风险债券价值（$t = 1$ 时刻）为

$$\Delta S_{1u} - V_{1u} = \Delta S_{1d} - V_{1d} = 5 \times 36 - 100 = 8\,000 \text{（万元）}$$

期权价格 $V_0 = \Delta S_0 - B/(1 + r_f) = 5 \times 20 - 80/1.1 = 2\,727$（万元）

我们发现，采用传统方法计算的净现值与用风险中性定价方法计算期权价值存在差异，

主要的原因是传统净现值计算方法使用了单一（固定）的风险调整的折现率，资产上不对称的所求不应该与标的资产有相同的风险，实物期权通过风险中性概率修正了这个错误。

值得注意的是，相关股票的选取会影响最终的期权价格，如相关公司的股票现价为20元，预计下一期上升到36元或下降到12元，则最终的期权价格为3 790万元。

（四）实物期权类型

对实物期权进行估值从而做投资决策具有两方面的优点。第一，考虑了弹性的管理，扩展了净现值方法。第二，适用于不确定环境，并能减少不确定性，将问题简化为实物期权组成的结构。

实物期权的基本类型包括但不限于推迟执行的期权（简单期权）、外部竞争下的推迟执行的期权可扩张或是缩减的期权、可舍弃而得到沉没价值或是转换用途的期权和可临时搁置的期权等。下面我们对这几种期权做简要介绍。

1. 推迟执行的期权（简单期权）

专栏就是一个可推迟执行的期权：当前景不确定时，公司更愿意进行等待而不是立即投资。可推迟执行的期权在不确定性下做不可逆的投资决策时尤为重要。这时，延迟的投资机会可以被认为是看涨期权，标的资产价格为预期的现金流入 $E(\text{CF}_t)$，执行价格投资 I_0。

推迟项目在一些情况下也是有缺点的。例如，如果项目有特殊的生命期（如专利的权限），失去早期的现金流入。专栏4-2中，传统的净现值为2 000万元，推迟执行的期权价格为2 727万元，很明显，由许可证提供排他的投资机会的价值超过立即投资的传统净现值方法。立即投资而损失的期权价值就是投资的机会成本，而只有在现金流入超过所需投入很大的时候（这里应为2 727万元或更多）才会选择立即投资。

推迟执行的期权适用于排他的投资机会。许多投资机会对竞争者有很高的进入壁垒，如开发一个没有替代品的产品专利，一个唯一的生产流程等。由于高度不确定性、长期投资和有限竞争者的特点，等待执行的期权在采掘业、农业、纸张生产和房地产开发业价值特别高。但是，在高科技行业，如电脑和电子产品，竞争者行为非常容易影响公司的投资机会。至少，外部竞争者进入的威胁可能影响期权的价值，此时期权可能会提前执行。

2. 外部竞争下的推迟执行的期权

外部竞争者进入时，可能会影响公司投资机会的价值。例如，索尼公司与1995年开发的多媒体CD面临着外部竞争者，包括东芝和松下公司进入的威胁。此时，外部竞争者会共享投资机会。

假设竞争者进入的条件相同，行业内机会均等。仍然采用专栏4-2中的例子，两者开发技术的投资花费都是8 000万元，预期现金流入的市场价值都是10 000万元。由于共享投资机会，下一期公司项目的价值可能是 $\text{CF}_{1u}=9\,000$（万元），或者 $\text{CF}_{1d}=3\,000$（万元）。执行价格为投资花费的一半，即4 000万元。采用风险中性定价方法，期权的价格为

$$V_0=[0.3\times 50+0.7\times 0]/1.1=1\,360\text{（万元）}$$

我们发现，期权的价值因外部竞争者的进入而减少。公司可能更愿意进行早期投资以防外部竞争者侵蚀投资价值，从而提高竞争地位。在本例中，如果公司提早投资，净现值是2 000万元，大于共享期权的价值1 360万元。当然，如果没有外部竞争者，公司更愿意推迟执行

期权。

3. 可扩张或是缩减的期权

一旦开始了投资项目，在不同时期，可以对投资项目进行改进，扩张就是其中的一种方法，它可能会使投资项目更具价值。表 4-8 讲述的就是扩张的例子。而当投资项目在厂商的表现不如预期的时候，可以缩减投资规模，取消原计划的投入。

继续以专栏 4-2 为例，假设项目从现在开始（第 0 年），在初始投资一年后，公司有扩张和缩减投资规模的权利。扩张时，追加投资 4 000 万元；缩减时，减少现有规模的一半，回收资金 4 000 万元。

很明显，公司决定继续扩张、缩减还是维持现有的规模不变，取决于一年后实际的市场情况。当市场情况较好（即股票价格上升）时，支付为 $\max\{0, 90-40, 40-90\} = 5\,000$（万元），此时应选择扩张。当市场情况较差（即股票价格上升）时，支付为 $\max\{0, 30-40, 40-30\} = 1\,000$（万元），此时应选择缩减。期权的价格为 $(0.3\times 50+0.7\times 10)/1.1 = 2\,000$（万元），这就是扩张和缩减给投资带来的价值。

4. 可舍弃而得到沉没价值或是转换用途的期权

投资项目开始后，在项目完成期限前，可以灵活地放弃项目得到沉没价值或是转换为其他更具价值的用途。例如，当关闭工厂后，项目含有固定资产，放弃生产能避免固定成本并可以在更好的用途使用它。

到期日（不能再做出舍弃项目决定的时候），项目价值等于现金流的现值，加上期权的价值。令投资项目的转换价值为 A（或是放弃项目后的沉没价值），转换用途的期权沉没价值的波动如图 4-9 所示。

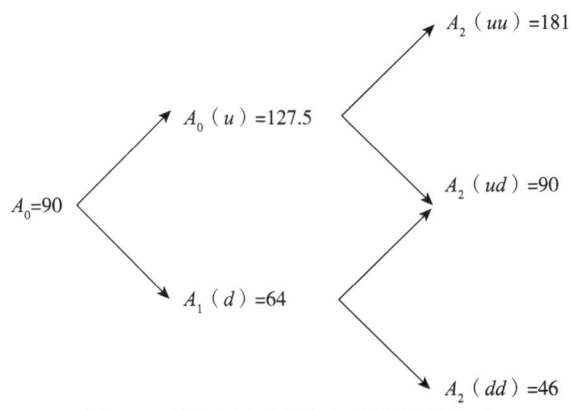

$A_0 = 90$
$A_0(u) = 127.5$
$A_1(d) = 64$
$A_2(uu) = 181$
$A_2(ud) = 90$
$A_2(dd) = 46$

图 4-9 转换用途的期权沉没价值的波动

当沉没价值大于使用价值时，则应该转换用途；当沉没价值小于使用价值时，则应继续经营。当前时刻（$t=0$），项目的沉没价值（$A=90$）低于使用价值（$V=100$），所以继续经营该项目。在 $t=1$ 时刻，市场情况较好时，$A_1(u) < \mathrm{CF}_{1u}$，则继续原项目；市场情况较差时，$A_1(d) > \mathrm{CF}_{1d}$，则应该舍弃原项目，转换用途，即

$$E_u = \max\{A_1(u), \mathrm{CF}_{1u}\} = \max\{127.5, 180\} = 180 \text{（继续原项目）}$$
$$E_d = \max\{A_1(d), \mathrm{CF}_{1d}\} = \max\{64, 60\} = 64 \text{（放弃原项目）}$$

上述的期权定价变得相对复杂，因为涉及两个价值的随机过程，而两个过程的风险中性

概率不相同。一个可行的方法是，构建一个以比值（项目价值除以沉没价值）为标的的看涨期权，看涨期权的执行价格为 1。当比值大于 1 时，继续经营该项目，比值小于 1 时，则放弃项目。假设比值的波动率为 0.25，则 $u=e^{\sigma\sqrt{\Delta t}}, d=e^{-\sigma\sqrt{\Delta t}}$。计算可得，$u=1.28$ 和 $d=0.78$。风险中性概率为

$$q = \frac{1+r_f-d}{u-d} = \frac{1+0.1-0.78}{0.5} = 0.64$$

所以以比值为标的的看涨期权价格为

$$E_0 = \left[qE_u+(1-q)E_d\right]/(1+r) = (0.64\times 0.41+0.36\times 0)/1.1 = 0.2385$$

转换经营期权价值就是上述建立在比率上的看涨期权的价值乘以项目现值，即 $0.2385\times 100 = 23.85$。

5. 可临时搁置的期权

某些情况下，可能需要临时停止生产。例如，如果现金收入不能满足可变经营成本并且在经营和闲置之间转换的成本相对较小，可能暂停经营效果较好。

考察石油价格不确定时的石油开采策略。假设每期现金流等于产量 Q 乘以当期的石油价格 S_t，减去可变成本 VC，即 $CF_t = Q(S_t - VC)$。如果没有其他额外的成本，如关停成本，有选择权的现金流不可能是负的。因为，当产品价格低的时候，即 $S_t - VC < 0$，应该暂时搁置生产。即

$$CF_t = \max\{Q(S_t - VC), 0\}$$

定价过程如图 4-10 所示，采用从后向前倒推的方法（假设一个两期的投资项目）。在末期，项目的价值等于最终现金流和停止运营的价值（零）之间的最大值。往前推，在 $t=1$ 时，项目的价值等于预期未来价值的贴现加上当期的现金流。以此类推，可以求得项目现在的价值。

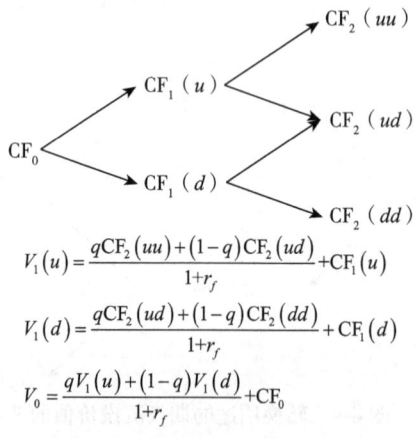

$$V_1(u) = \frac{qCF_2(uu)+(1-q)CF_2(ud)}{1+r_f} + CF_1(u)$$

$$V_1(d) = \frac{qCF_2(ud)+(1-q)CF_2(dd)}{1+r_f} + CF_1(d)$$

$$V_0 = \frac{qV_1(u)+(1-q)V_1(d)}{1+r_f} + CF_0$$

图 4-10 临时搁置的期权

一般来说，搁置或（重）开油井是有成本的。可搁置生产的期权使油井的价值不会比停止经营的剩余价值去关闭油井的成本低。同样的，当运营价值减去重开成本的值超过停止或关闭经营的价值时，应当重新启动停止经营的油井。

（五）实物期权应用举例：R&D 项目和采矿许可证

本部分介绍两个运用实物期权的例子。第一个例子是研发（research&development，R&D）项目的定价，在这个例子中，需要进行多期的投资决策，可以将其视为一个复合期权。第二

个例子是金矿开采许可证的定价。

1. R&D 项目的定价

图 4-11 为某公司项目研发以及实施之后产生的现金流。该项目需包括两个阶段，即两年的研发和四年的商业化阶段。商业化阶段的机会成本为 15%，无风险利率为 4%。

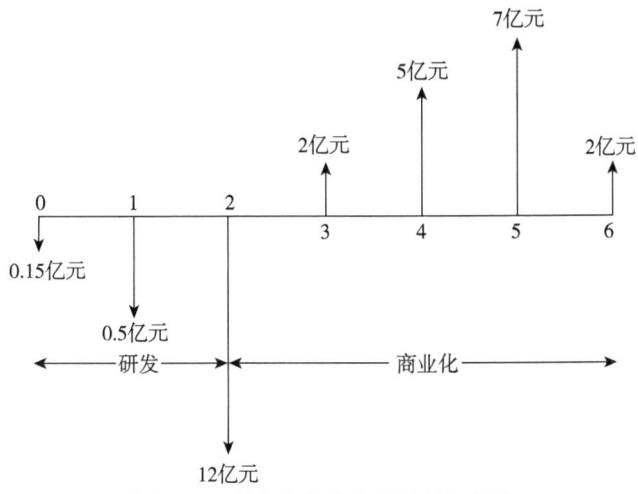

图 4-11 研发和商业化项目现金流量

如果立即进行这个项目，价值会是多少？通过计算，可以知道，在商业化阶段的现金流入的现值是 8.52 亿元（适用 15% 的经过风险调整的折现率），所有现金流出（投资）的现值是 11.72 亿元，传统的净现值等于 –3.2 亿元。

事实上，公司不是必须进行研发阶段后紧接着进行商业化阶段。投资于 R&D 是为了获得在以后的合适时机进行商业化的利益，并没有必要紧接着投资未来的商业化项目。因而，公司面临两个决策：①现在是否进行 R&D？②投资 R&D 之后，是否紧接着进行商业化投资？投资商业化的项目类似一个看涨期权，执行价格是 12 亿元，到期日 $T=2$，标的资产是商业化预期未来的现金流入（现值为 8.52 亿元）。假设在 R&D 阶段的不确定性导致上升因子 $u=1.5$，下降因子 $d=0.67$。商业化项目价值的时间序列见图 4-12。

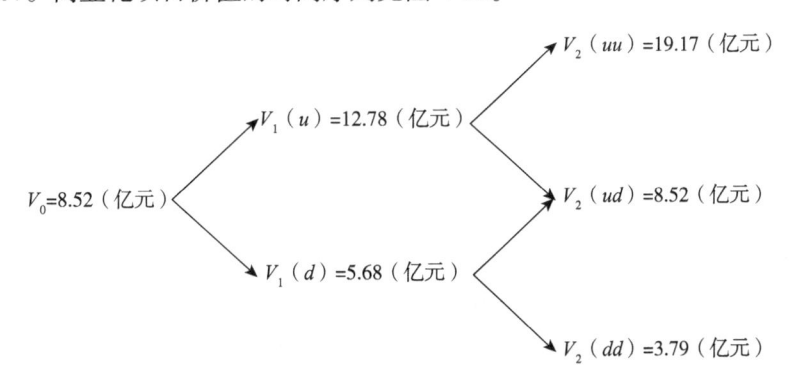

图 4-12 商业化项目价值树形图

采用风险中性定价方法为看涨期权进行定价。风险中性概率为 0.45[①]。则看涨期权价值为

$$c_0 = \frac{q^2 c_{uu} + 2q(1-q)c_{ud} + (1-q)^2 c_{dd}}{(1+r_f)^2} = \frac{0.45^2 \times (1917-1200)}{1.04^2} = 13\,400（万元）$$

对商业化投资的期权定价以后，可以回答第一个问题，即现在是否进行 R&D 投资。我们知道，R&D 投资费用的现值等于 6 300 万元（0 期和 1 期的现金流出的现值之和，按 4%的无风险利率折现），而看涨期权的价值为 13 400 万元，扩展的净现值为 7 100 万元。尽管预期现金流的现值（–32 000 万元）是负的，但 R&D 研发有助于未来获得价值增长的机会，可以在 R&D 上进行投资。

2. 矿井许可证定价

现在，我们考察一个公司是否决定投资金矿的例子。假设金矿一旦开发，不能撤回投资，不能收回成本。同时假设可以立即开始开发和挖掘，需要投资费用 $I_0 = 450$（万元）。没有可变的挖掘成本。黄金储备量（14 000 盎司[②]）和基础产量 Q_t 在每期之前是已知的（图 4-13）：预期第一年产量 Q_1 为 4 000 盎司；第二年产量 Q_2 预期为 10 000 盎司。当前金价是每盎司 300 元，下一年（$t=1$），价格可能会上升 $S_1(u)=450$（元）（$u=1.5$），或是可能下降到 $S_1(d)=200$（元）（$d=0.67$），上升和下降的概率相等。在后续的年份中（$t=2$），价格仍会上升或下降，使用相同的无风险概率。设每年无风险利率为 4%。

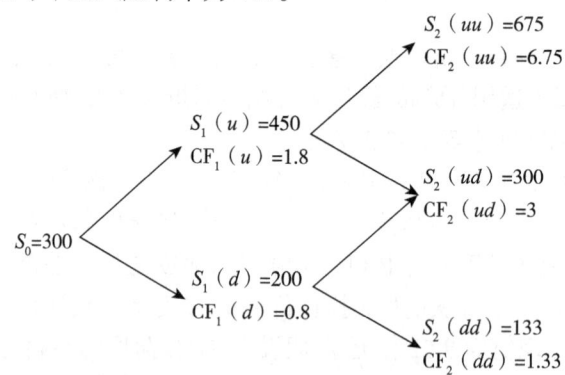

图 4-13 金价（元）与预期现金流（万元）

这是一个好的投资项目吗？是应该立即投资，还是等待金价的走势再做决定？对于立即的投资决策，需要知道资本的机会成本和它的净现值。假设资本成本与黄金的收益率相等，则

$$300 = \frac{0.5 \times 450 + 0.5 \times 200}{1+k}$$

资本成本 $k = 8.33\%$。预期的现金流入的现值等于 420 万元，净现值等于–30 万元，所以不应立即投资这个项目。

设想可以买到一年期的许可证，能使持有人等待一年，观察金价变动情况再做出是否投资的决定。如果金价下降，金矿价值 [（200×14 000=280（万元）] 低于所需投资费用，就可以放弃许可证；如果金价上升，金矿价值 [（450×14 000=630（万元）] 高于所需投资费用，

---

① $q = \dfrac{1+r_f - d}{u-d} = \dfrac{1+0.04-0.67}{1.5-0.67} = 0.45$。

② 1 盎司≈28.350 千克。

就可以进行投资。那么许可证的价值为多少？采用风险中性定价法，可以对许可证进行定价。

风险中性概率 $q = \dfrac{1+r_f - d}{u-d} = \dfrac{1.04 - 0.67}{1.5 - 0.67} = 0.45$

许可证价值 $V_0 = \dfrac{q \times c_1(u) + (1-q)c_1(d)}{1+r} = \dfrac{0.45 \times 1.8 + (1-0.45) \times 0}{1.04} = 78$（万元）

第三节 流动资产投资决策

流动资产是公司资产的重要组成部分，企业面临着流动资产的投资决策问题，即如何确定适合公司发展的流动资产规模。本节将重点介绍流动资产的持有政策、最优的现金持有水平和存货决策，以及采取何种匹配于流动资产规模所需要的融资方式等。

一、流动资产投资规模的确定

流动资产，又称为短期资产，是指可以在一年以内或者超过一年的一个营业周期内变现或运用的资产。流动资产根据其以公允价格变现的难易程度及所需时间的长短（即"会计流动性"）按照顺序列示于资产负债表上，主要包括现金、短期证券、应收及预付账款和存货等会计科目。与长期投资、固定资产和无形资产等各种长期资产相比，流动资产具有占用时间短、周转速度快、变现能力强等特点。

资产的流动性越大，对短期债务的清偿能力就越强，公司拥有较多的流动资产可在一定程度上降低财务风险。因此，企业避免财务困境的可能性与所拥有资产的流动性相关。令人遗憾的是，流动资产的收益率往往低于长期资产的收益率，流动资产过多则会影响企业的盈利水平；相反，流动资产过少，则会导致企业资金周转出现困难进而影响企业的正常经营。从某种程度上说，公司投资于流动性强的资产是以牺牲更有利的投资机会为代价的。

流动资产投资决策目标是节省流动资金的使用和占用，在风险可控范围内实现利润最大化。分析流动资产投资政策时，在不影响正常盈利情况下，降低营运资本投资可以增加营业现金净流量，节约流动资产可以提高总资产周转率，提高公司的资本收益率，增加企业价值。

合理配置流动资产的规模在公司金融中占有重要的地位，流动资产投资决策的重要内容就是如何确定公司在流动资产上的投资规模。在一定的生产周期内所需的比较合理的流动资产规模，通常是与公司总营业收入水平相比较来衡量的，应该是既能保证生产经营的正常需要，又无积压和浪费的占用量。

公司在确定流动资产的最优持有水平时，应当综合考虑公司所处的行业、风险与收益、公司规模、外部融资环境等多种因素。在理想状态下，公司各项流动资产的持有规模可根据成本—收益原则确定一个公司可以持有的理想流动资产规模。首先，公司根据正常经营和安全储备确定所需的持有数量适当的现金（泛指货币资金），其余现金则投资于有价证券，在公司需要现金时可以出售这些有价证券，但要承担交易成本。其次，在信用环境良好的前提下，公司可以放宽信用条件，这样会增加应收账款，进而刺激销售和增加利润，当然这样的后果是公司需要承担由此带来的可能产生的坏账损失。公司通过保持这样一个理想的流动资产规模，使其利润达到尽可能高的水平。但是，在现实经济中公司是很难预测未来的，公司持有的流动资产规模可能高于或者低于这样的理想水平。

二、流动资产的持有政策

按照流动资产与营业收入水平相比较，可以将流动资产的持有政策分为稳健型、激进型和适中型三种类型。稳健型流动资产持有政策将保持流动资产与销售收入的高比率，流动资产持有水平最高。激进型流动资产持有政策将维持流动资产与销售收入的低比率，流动资产持有水平最低。很多研究文献证实积极的流动资产管理策略有助于提升公司的经营绩效，但对于激进型流动资产投资政策是否有利于提高企业营利性的实证结论不尽相同，如孙羨（2012）证实流动资产、流动资产收入比与公司绩效呈负相关，即公司流动资金占收入比越高的公司其绩效越差，且对经营绩效高的企业影响显著。

（1）稳健型流动资产持有政策。该政策包括公司在一定的销售水平上持有大量的现金余额和短期证券；公司持有大规模的存货投资；放宽信用条件，从而持有高额的应收账款。由于稳健型流动资产持有政策要求更高的现金流出来融入现金、短期证券、存货和应收账款，因此这种政策的特点是成本高、收益低、风险小。同时由于向客户提供了宽松的信用政策可以有效刺激销售，以及手头存有大量的存货可以为客户提供快速的交货服务，进而增加销售量。此外，由于公司采用稳健型政策，为客户提供宽松的信用政策和快速的交货服务，也可能提高销售价格。这些都会使稳健型政策在未来获得更高的现金流入。但由于现金、短期证券的投资收益较低，较高规模的流动资产占用降低了资金营运效率，从而降低了公司的盈利水平。

（2）激进型流动资产持有政策。该政策包括公司保持较低水平的现金余额，对短期证券不进行投资；公司持有小规模的存货投资；不运行赊销，没有应收账款。该政策的特点是收益高、风险大。由于公司持有的现金、短期证券、存货和应收账款等短期资产降到了最低限度，可大大降低对资金的占用成本，提高企业收益水平。但是，较低规模的流动资产意味着公司短期债务的保障程度较弱。公司可能会因原材料等存货的短缺出现停产的现象；另外，也可能会由于公司持有的现金不足造成拖欠货款支付或者不能偿还到期债务的情况出现，增加公司的经营风险。在外部环境相对稳定，公司能够非常准确预测未来的情况下，公司可以采用该政策提升公司的盈利水平。

（3）适中型流动资产持有政策。采用适中持有政策的公司会在一定的销售水平上保持适中的流动资产，介于稳健型与激进型政策的中间，既不过高也不过低，现金流入水平能够满足公司日常支付的需要，持有的存货量也能够满足生产和销售需要，这种政策力图在收益与风险之间取得一定的平衡。在公司能够比较准确地预测未来的各种经济状况时，可以采用该政策。

确定不同持有政策下流动资产投资的最优规模，需要计算不同持有政策下发生的不同成本水平。其主要目的是平衡激进型流动资产持有政策与稳健型流动资产持有政策的成本，计算出流动资产投资总成本，以达到在各成本间的最佳平衡。这里，流动资产的管理可被认为是在随投资水平上升而上升的成本和随投资水平上升而下降的成本之间的权衡问题（罗斯等，2012）。随流动资产投资水平上升而上升的成本叫置存成本（carrying costs），随流动资产投资水平上升而下降的成本叫短缺成本（shortage costs）。

置存成本主要包括如下两类：第一类是持有流动资产的机会成本，因为与其他长期资产相比，流动资产回报率低。第二类是维持该流动资产的经济价值所要花费的成本，如存货的仓储成本。

如果流动资产的投资水平较低，就会发生缺货成本。如果一个公司持有的现金出现枯竭的情况，它会被迫出售公司持有的短期证券。若这种情况出现而又不能轻易地出售短期证券，它可能需要通过向银行借款或者不得不向客户延期付款。另外,如果一个公司没有存货(存货短缺)或者如果它不能向客户提供信用,它将失去客户。下面是公司通常情况下发生的两种短缺成本。

(1)交易成本或订购成本。交易成本是将资产转化成现金的成本,如发生的交易费用或者因急于变现不得不低价出售发生的损失;订购成本则是与订购和接收存货相关的成本,如下订单的通信成本、检验货品的成本、生产准备的成本等。

(2)与安全库存有关的成本。安全库存也称安全存储量,是指为了防止不确定性因素(如临时用量增加、交货误期等特殊原因)而预计的保险储备量(缓冲库存)。与安全库存有关的成本包括失去销售、丧失客户商誉的成本以及中断生产计划的成本。

流动资产投资总成本包括置存成本和短缺成本两部分,其中置存成本和短缺成本的基本特性如图4-14所示。流动资产投资总成本曲线的最低点(CA^*)代表流动资产的投资规模的最优水平。由于总成本曲线在最优点(CA^*)附近比较平坦,很难精确找到置存成本和短缺成本总和最小的最优平衡点(当然有时也没有必要),通常情况下在最优点附近选取一个满意点。

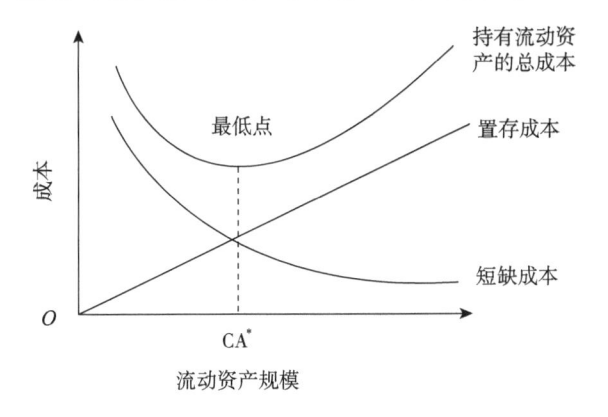

图4-14 流动资产的持有成本

如果置存成本低和(或者)短缺成本高,流动资产持有政策的最优策略就是持有大量的流动资产,即选择的最优政策是稳健型流动资产持有策略(图4-15)。相反,如果置存成本高和(或者)短缺成本低,流动资产持有政策的最优策略就是选择激进型策略,也就是说,最优策略要求少量的流动资产(图4-16)。

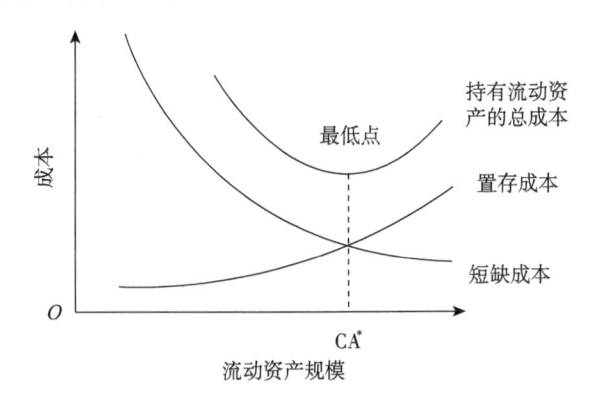

图4-15 稳健型流动资产持有策略

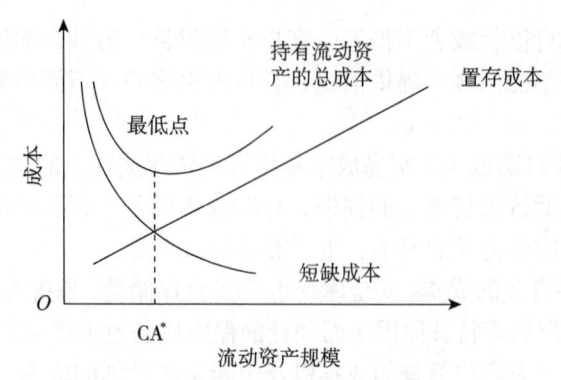

图 4-16 激进型流动资产持有策略

CA*为流动资产最优持有量,在这一点的总成本最低。置存成本随着流动资产的投资水平上升而上升。它包括机会成本和保管资产经济价值所发生的成本。短缺成本随着流动资产水平的上升而下降,它包括订货成本和流动资产不足(如现金不足)导致的成本。

Opler 等(1999)检验了上市公司持有现金(及其有价证券)的决定因素,符合前文所述的分析模型,置存成本就是持有流动资产(现金及其有价证券)的机会成本,短缺成本就是遇到好的投资机会时缺乏现金的风险,受到融资约束的企业持有更多的现金。Mikkelson 和 Partch(2003)对持有高额现金公司进行研究后发现,高额现金持有公司具有高投资机会、高研发费用,高额现金持有并没有损害企业业绩。而中国上市公司持有高额现金(及其有价证券)的原因则可归因于融资约束和代理问题,中国上市公司的再融资受到中国证监会的严格监管和复杂审批使融资约束更为突出,另外中小投资者的利益保护制度不健全导致存在严重的代理问题。

三、最优的现金持有水平

本节的现金是指狭义上的现金(而不是现金等价物),包括库存现金、商业银行的存款和未存入银行的支票等。持有现金的基本目的是满足企业的日常性收支活动,如支付工资、缴纳税金、偿还债务、派发股利等,或者满足银行要求的最低存款余额需要。现金的流入(销售回款、融资等)与现金的支出并不同步,持有一定数量的现金显得很有必要。当前确定企业最佳现金持有水平的方法主要包括成本分析模型法、存货模型法和随机模型法。

1. 成本分析模型法

成本分析模型法是通过对企业持有现金的成本进行分析,寻找持有成本最低的现金持有量的方法。企业持有现金主要包括机会成本、短缺成本和管理成本。其中机会成本、短缺成本类似于上节中的流动资产的内容。企业持有现金,就不能将它投入其他生产经营活动中,由此丧失的投资收益就是企业持有现金的机会成本,机会成本与现金持有量呈正比例关系。企业由于现金持有量不足而使企业蒙受的损失包括直接损失和间接损失,短缺成本与现金持有量呈反比例关系。而管理成本是指企业由于持有现金而发生的管理费用,包括管理人员的工资、安全措施费等,是一种固定成本,一般与现金持有量的大小无关。

上述三种成本之和最小的现金持有量为企业的最佳现金持有量。计算最佳现金持有量时,可分别计算出各方案的机会成本、管理成本和短缺成本之和,再从中挑选出总成本最低的现金持有量,即最佳现金持有量。

2. 存货模型法

利用存货模型法确定企业最佳现金持有量的方法来源于存货经济批量模型。该模型是由威廉·鲍莫尔（William Baumol）于1952年提出的。存货模型有两个假设：首先假设企业的现金收入每隔一段时间发生一次，且未来现金支出是稳定的；其次假设企业可以通过销售有价证券获得现金，也可以将多余的资金投资于有价证券，且有价证券的收益率和每次出售的交易成本都是固定的。

假设 0 时刻现金持有量为 C 元，现金支出稳定，1 时刻现金余额为 0，此时企业通过出售价值为 C 元的有价证券来补充现金，2 时现金余额再次下降到 0，如此循环往复。存货模型中现金持有量与时间的关系如图 4-17 所示。

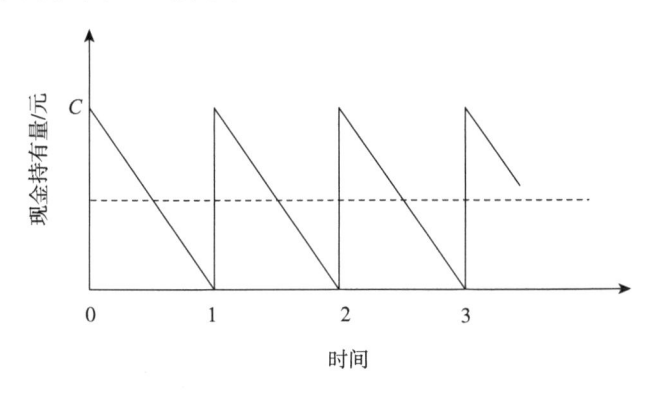

图 4-17 存货模型中现金持有量与时间的关系

存货模型中，持有现金的成本包括机会成本和交易成本。机会成本通常用有价证券的利息率来衡量，与现金余额呈正比例关系；转换成本是指现金与有价证券转换时所发生的固定成本，这种成本只与交易的次数有关，而与现金持有量的多少无关。两种成本之和最低的现金持有量即为最佳现金持有量。则有

$$\text{TC} = \frac{C}{2}i + \frac{T}{C}b \quad (4\text{-}15)$$

其中，TC 表示总成本；C 为最佳现金持有量；i 表示短期有价证券利率；T 表示一定时间内现金总需求量；b 表示现金与有价证券之间的转换成本。

式（4-15）中对 TC 求关于 C 的一阶导数，令导数为零，可求出最佳现金余额为

$$C^* = \sqrt{\frac{2Tb}{i}} \quad (4\text{-}16)$$

【例 4-1】ABC 公司预计全年现金需求总量为 20 万元，现金转换成本为每次 100 元，有价证券年利息率为 10%，通过式（4-16）计算可得，ABC 公司的最佳现金持有量为

$$C = \sqrt{\frac{2 \times 200\,000 \times 100}{10\%}} = 20\,000 \text{（元）}$$

ABC 公司的最佳现金持有量为 2 万元，即一年转换 10 次，相应地总成本为

$$TC = \frac{20\,000}{2} \times 10\% + \frac{200\,000}{20\,000} \times 100 = 2\,000（元）$$

以存货模型确定最佳现金持有量是一种简单直观的方式，但是也存在一定的缺陷。首先，模型假设未来现金均匀支出，但在实际中未来现金支出并非是均匀的；其次，模型没有考虑现金的安全量，企业不可能等到现金用完以后再通过有价证券变现取得现金；最后，现金与有价证券之间转换时的成本并不是固定不变的，它受到有价证券的价值和数量的影响。所以，相比而言，那些适用于现金流量不确定的控制最佳现金持有量的方法就拥有更加普遍的适用性。

3. 随机模型法

随机模型是由莫顿·米勒（Merton Miller）和丹尼尔·奥尔（Daniel Orr）创建的一种基于未来现金流量随机变化的现金管理模型，由该模型计算出来的合理现金流量是一个区间，随机模型的目标就是寻找最佳现金持有量的上限和下限。该模型引入了现金流入量与现金流出量两个概念，并假设日现金净流量服从正态分布，现金与有价证券可以自由兑换。

与存货模型相同，随机模型也依赖于交易成本和机会成本，且假设每次转换的交易成本是固定的，机会成本与有价证券的日利率呈正比例关系。但与存货模型不同的是，随机模型的交易次数并不是固定的，而是一个与每期现金流入、流出量相关的随机变量。期望交易成本和期望机会成本之和最小时的现金持有量为企业的最佳现金持有量。

图 4-18 描述了现金持有量随机波动的情况。企业现金持有量在上（H）和下限（L）之间随机波动，当现金持有量高于 H 时，假设为 H_1，则企业应购入 H_1-Z 单位的有价证券，使现金持有量下降；当现金持有量低于 L 时，假设为 L_1，则企业应卖出 $Z-L_1$ 单位有价证券，使现金持有量上升；当现金持有量在 H 与 L 之间随机波动时，不必进行现金与有价证券之间的转换。Z 为企业最佳现金持有量，其计算公式为

$$Z = L + \sqrt[3]{\frac{3b\sigma^2}{4i}} \qquad (4-17)$$

$$H = 3Z - 2L \qquad (4-18)$$

其中，b 为有价证券的固定转换成本；i 为有价证券的日利息率；σ 为预期企业每日现金余额变化的标准差（可根据历史资料测算）；下限 L 是固定的，一般根据企业每日现金最低需求量及管理人员风险承受程度等因素确定。

【例 4-2】ABC 公司每日最低现金需求量为 4 000 元，日现金余额的标准差为 2 000 元，每次证券的交易成本为 144 元，有价证券年收益率为 9%。确定 ABC 公司的最佳现金持有量和持有量的上限得

有价证券日利率 = 9% ÷ 360 = 0.025%

$$Z = \sqrt[3]{\frac{3 \times 144 \times 2\,000 \times 2\,000}{4 \times 0.025\%}} + 4\,000 = 16\,000（元）$$

$$H = 3 \times 16\,000 - 2 \times 4\,000 = 40\,000（元）$$

由于随机模型计算现金持有量是建立在未来现金需求量不可预测的前提下，所以由此模型计算出的现金持有量比较保守。

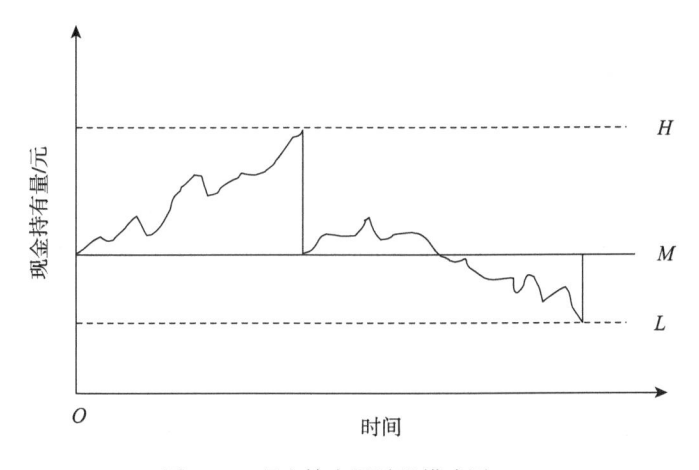

图 4-18 现金持有量随机模式图

四、存货决策

存货是企业在生产经营活动中为销售或耗用而储存的各种资产，通常包括原材料、低值易耗品、在产品、半成品、产成品、商品等。如果企业能在生产投料时随时获得所需的原材料、生产后即时销售生产的产品，那么企业的存货会很少或者不需要存货（即通常所说的零存货），无须占用资金。但实际上，存货对绝大多数企业来说都是必需的，并因此占用一部分资金。首先，保证企业的正常生产或者销售的经营需要。即使在市场有充足的物资情况下，企业也很难做到随时购入所需的各种物资，这是因为企业往往需要采购多种不同的物资，而这些供货商与企业不可能都在同一地点，在物资提供过程中可能会出现预想不到的状况，进而影响企业的正常生产或销售，一旦这种意外出现，会给企业带来很大的经济损失。另外，提前整批购入生产和销售所需的物资，与临时采购相比往往可以获得比较低的价格。当然，过多的存货要占用较多资金，同时增加仓储费保管费用，并降低因占用资金丧失的其他高收益的机会。因此，作为企业管理者有必要进行存货管理，在各种存货成本与存货收益之间权衡，确定最佳的进货量和进货时间，合理控制企业的存货水平。

1. 存货成本

企业的存货成本有四种，即采购成本、订货成本、储存成本和缺货成本。

（1）采购成本，是指由购买存货而发生的成本，通常包括物资的购买价格和运输费用，其通常由单位采购成本和购买数量的乘积决定，有时供应商为扩大销售会采取数量折扣等优惠方法。

（2）订货成本，是指为订货而发生的各种成本，包括采购人员的工资、采购部门的办公费、水电费、差旅费、邮资等。有一部分与订货次数无关，如企业设置的采购机构的基本开支（办公费、水电费等），这些是订货的固定成本；另一部分是每次订货发生的变动成本，如差旅费、邮资、检验费等，称为订货的变动成本。

（3）储存成本，是指为储存存货而发生的各种费用，通常包括支付给储运公司的仓储费、缴纳的保险费、破损和报废损失费，以及企业自设仓库发生的所有费用等；还包括资金成本，即由于投资于存货占用的资金而无法投资于其他可盈利资产所形成的机会成本。储存成本也可以分为固定成本和变动成本两部分。固定成本，即与存货的数量多少及其长短无关的成本，如仓库的折旧费、仓库人员的固定工资等。变动成本与存货的数量、储存的时间长短有关，如存货的破损（即变质损失）、缴纳的保险费。

（4）缺货成本，是指由于存货数量不能及时满足生产和销售的需要而给企业带来的损失，如因停工待料造成的停工损失（停工期间的固定成本支出等）、产成品库存货短缺造成的拖欠发货（无法按期交货需要支付的罚金等）和丧失销售机会的损失（对企业商誉的影响等）。另外如果企业采取应急措施补足存货解决存货中断的问题，紧急采购价格往往大于正常采购价格从而发生超额费用，这也是短缺成本的一部分。可以看出，缺货成本大多属于机会成本，很难准确估算出来。

2. 存货决策

若一家企业的全年存货需求量不变，增加订购批量，则会降低订货批次，订货成本减少的同时会因平均储存量增加而提升储存成本；反之，降低订货批量则会增加订货批次，使平均储存量减少而降低储存成本，但是随着订货次数的增加订货成本会上升。存货管理的目的就是通过确定合理的进货批量和进货时间（批次），使存货的总成本最低，这个批量就是经济订货量。确定经济订货量后，就能找到适宜的进货时间。

存货成本包括采购成本、订货成本、储存成本和短缺成本四种，而影响每一类存货成本的因素都很多，我们有必要简化掉一些变量，建立经济订货量的基本模型，在此基础上进行扩展可以研究更复杂情况下的经济订货量。为推导经济订货量的数学模型，做如下基本假设：①需要订货时可以立即取得存货，即企业可以及时补充存货；②存货集中到货入库而不是陆续入库；③无缺货成本，由于良好的存货管理水平不会出现缺货的情况；④年需求量稳定并且已知；⑤存货市场供应充足，不存在买不到的存货；⑥存货的单价不变。

在上述假设基础上，存货总成本可以表述为

$$\text{TC} = F_P + \frac{D}{Q} \times K_P + D \times P + F_S + \frac{Q^*}{2} \times K_S \tag{4-19}$$

其中，D 为全年存货需要量；Q 为订购批量；Q^* 为经济订购量；TC 为全年存货总成本；P 为单位采购成本；K_P 为单位存货订货成本；F_P 为订货的固定成本；K_S 为单位存货储存成本；F_S 为储存的固定成本。

当固定成本 F_P 和 F_S、单位变动成本 K_P 和 K_S、年度存货需求量 D 和采购单价 P 为常数时，式（4-22）的存货总成本主要受到采购批量的影响，见图 4-19。

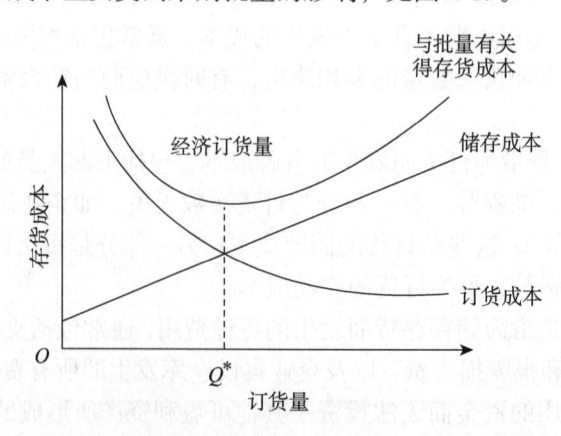

图 4-19 存货成本与订货量

经济订货量就是存货总成本 TC 极小值下的订货量，通过存货总成本 TC 对 Q 求导数并使其为 0，得到经济订货量为

$$Q^* = \sqrt{\frac{2DK_P}{K_S}} \qquad (4\text{-}20)$$

经济订购量 Q^* 可使存货总成本 TC 达到最小值。在不包括固定成本和采购成本的情况下，与经济订货量有关的存货总成本为

$$\mathrm{TC}(Q^*) = \frac{D \times K_P}{\sqrt{\dfrac{2DK_P}{K_S}}} + \sqrt{\frac{2DK_P}{K_S}} \times \frac{K_S}{2} = \sqrt{2K_P DK_S} \qquad (4\text{-}21)$$

在此基础上，适当变形可以计算每年最佳订货次数为

$$N^* = \frac{D}{Q^*} = \frac{D}{\sqrt{\dfrac{2DK_P}{K_S}}} = \sqrt{\frac{2DK_S}{2K_P}} \qquad (4\text{-}22)$$

最佳订货周期为

$$T^* = \frac{1}{N^*} = \frac{1}{\sqrt{\dfrac{DK_S}{2K_P}}} \qquad (4\text{-}23)$$

经济订货量的资金占用量为

$$M^* = \frac{Q^*}{2} \times P = \sqrt{\frac{DK_P}{2K_S}} \qquad (4\text{-}24)$$

【例 4-3】某企业每年使用某材料 10 000 吨，该材料的采购价格为每吨 2 000 元，每次的订货成本为 2 500 元，储存成本为每吨 50 元。计算该企业的经济订货量、最佳订货次数、与批量相关的存货总成本、最佳订货周期和经济订货量的资金占用量。

经济订货量为

$$Q^* = \sqrt{\frac{2DK_P}{K_S}} = \sqrt{\frac{2 \times 10\,000 \times 2\,500}{50}} = 1\,000 (\text{吨})$$

最佳订货次数为

$$N^* = \sqrt{\frac{DK_S}{2K_P}} = \sqrt{\frac{10\,000 \times 50}{2 \times 2\,500}} = 10 (\text{次})$$

经济订货量即有关的存货总成本为

$$\mathrm{TC} = (Q^*) = \sqrt{2K_P DK_S} = \sqrt{2 \times 2\,500 \times 10\,000 \times 50} = 50\,000 (\text{元})$$

最佳订货周期为

$$T^* = \frac{1}{\sqrt{\dfrac{DK_S}{2K_P}}} = \frac{1}{\sqrt{\dfrac{10\,000 \times 50}{2 \times 2\,500}}} = 0.1 (\text{年})$$

经济订货量的资金占用量为

$$T^* = \frac{Q^*}{2} \times \frac{1000}{2} P \times 2\,000 = 1\,000\,000(元)$$

上述经济订货量的基本模型是在理想状态下推导出来的，现实中很难满足这些条件，需要考虑更多的因素逐步放宽假设条件，建立经济订货量的扩展模型，确定不同状况下的经济订货量，降低存货成本。例如，放松及时补充存货的假设，不能在存货使用完之后开始订货，考虑订货提前期的情况；或者存货不能一次订货全部入库，而是一次订货分期陆续入库；或者企业设置安全库存量，防止出现缺货、供应中断的情况；或者供货商对大量购买提供数量折扣情况；等等。可以按照上述推导经济订货量的基本模型的思路，分别进行计算，这些内容可以进一步参阅专业书籍学习。

五、流动资产的融资政策

前一节讲述了流动资产的最优投资水平的决策问题，接下来我们研究流动资产的资金来源，进而确定相应的融资政策。

在一个理想的经济环境中，流动资产总是可以通过短期负债来筹措资金，长期资产可以用长期负债和所有者权益筹措资金，这种情况下的净运营运资本为零。我们可以想象这样一个场景，农产品（如小麦、玉米、棉花等）仓储商在农产品收获后，这些农产品的收购、仓储、销售在一年内全部完成，在刚刚完成收购后仓储商要保持较高水平的库存，然后在下一年农产品收获前，全部农产品销售出去，库存水平最低。收购农产品的资金可以全部来源于期限小于一年的短期银行借款，随着农产品的出售相应进行偿还这些借款。这种状况可以用图4-20来表示。当然这种情况下流动资产减去流动负债总是零。

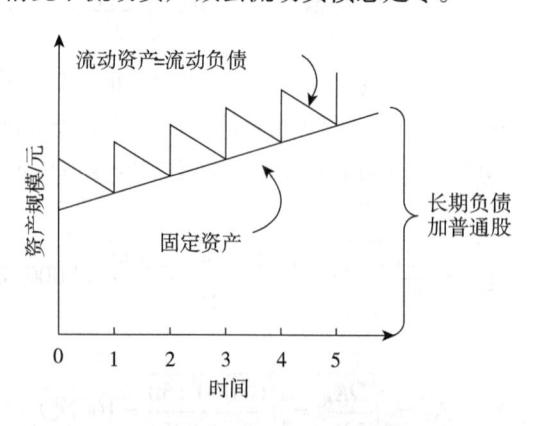

图4-20　理想经济情况下的融资策略

通常情况下按照资产的流动性可以把公司的资产分为流动资产和长期资产两大类，进一步按照流动资产的用途，又可以将流动资产划分为临时性流动资产和永久性流动资产。公司可以根据临时性流动资产、永久性流动资产和长期资产的来源制定相应的流动资产融资政策，具体包括配合型融资政策、激进型融资政策和稳健型融资政策（荆新等，2009）。

（1）配合型融资政策。配合型融资政策是指公司的负债结构与公司资产的寿命周期相对应，公司资产和资金来源在期限和数额上相匹配。我们可以想象一家成长性公司对流动资产和长期资产都有永久性的需求，总资产需求随着时间推移会表现出一种长期增长的趋势，并围绕这种趋势季节性变动和不可预测的逐日、逐月波动。采用配合型融资政策时，可以使临时性流动资产所需资金用临时性短期负债筹集；永久性流动资产和长期资产所需资金用自发性流动负债和长期负债、权益资金筹集，如图 4-21 所示。在这种政策下，只要公司短期融资计划严密，则在经营低谷时公司除自发性短期负债外没有其他短期负债；经营高峰时，公司可以通过临时性短期借款满足临时性资金需求。在现实经济活动中，由于现金流动和各类资产的使用寿命存在较大的不确定性，往往很难做到资产与负债在期限上的完全匹配。

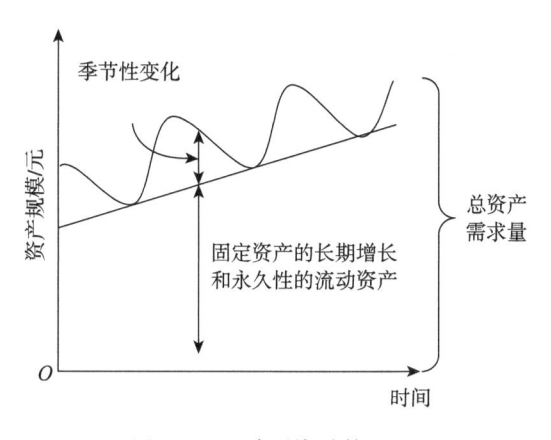

图 4-21 配合融资政策

（2）激进型融资政策。这种政策的特点是临时性短期负债不但要满足临时性流动资产的需要，还要满足一部分永久性流动资产的需要，有时甚至全部流动资产都由临时性短期负债予以支持，如图 4-22 所示。

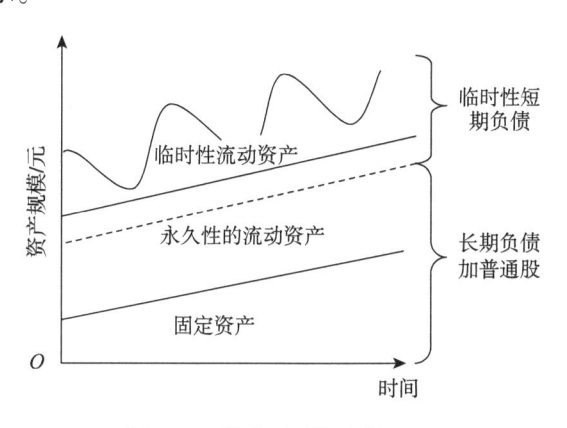

图 4-22 激进型融资政策

由于临时性短期负债的资金成本相对低于长期负债和权益资本，激进型融资政策的资本成本会低于配合型融资政策。但是，由于公司为满足永久性流动资产的长期、稳定的资金需求，必然要求临时性短期负债到期后重新借债（通常意义下的借新还旧）或者申请债务展期，这事实上加大了筹集资金和偿还借款的风险。在我国目前银行主导的金融体制下，很多公司无法进入资本市场，一方面很难从资本市场上获得长期的权益资金和债务资金，另一方面从商业银行获得的借款大都是期限较短的流动资金。因此，很多公司不得不采取这种激进型融资政策组织日常的生产经营活动。当遇到银行信贷政策发生重大变化、企业经营出现暂时性困难时（如压缩信贷规模），这些公司往往面临巨大的融资风险，在偿债后很难再次获得银行借款，无法及时弥补永久性流动资产的资金需求，进而使公司的正常经营受到重大不利影响。

更有甚者，有很多公司使用临时性短期负债用来满足长期资产的需求，使负债与资产在期限和数额上出现严重的不匹配。所以说，激进型融资政策是一种收益高、风险大的融资政策。

（3）稳健型融资政策。这种政策的特点是临时性的负债满足部分临时性流动资产需求，更有甚者是即使在季节性高峰期长期资金来源也超过总资产需求，如图4-23所示。当总资产需求从季节性高峰期下降后，公司会持有过多的现金，这些现金可用于有价证券投资，由于这种政策意味着一直存在着短期现金剩余和大量的净营运资本，所以称为稳健型融资政策。由于中长期融资的资本成本较高，尤其在生产经营的淡季，公司仍然需要负担长期债务的利息，即使将过剩的长期资金投资于短期有价证券，其投资收益也会低于长期负债的资金成本。可以看出稳健型融资政策是一种低风险、低收益的融资政策。

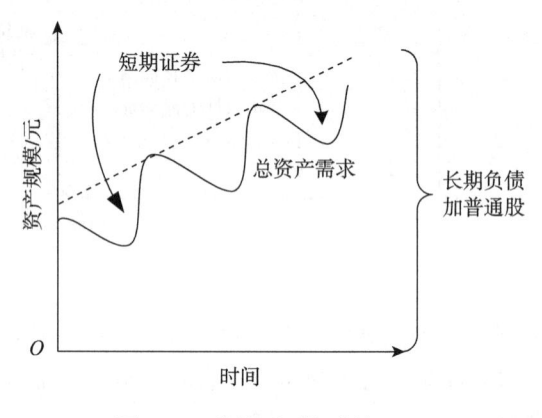

图 4-23 稳健型融资政策

其实，很难确切说明多少短期借款才是最适合的，但在决策时需要考虑如下三种因素。

（1）现金储备。稳健型融资政策意味着公司持有过剩的现金，甚至很少有短期借款。这种政策降低了公司陷入财务困境的可能性。但是，现金和短期证券的投资收益率很低。

（2）期限匹配。大部分公司以短期银行借款筹集流动资金，以长期融资方式筹集固定资产资金，而尽量避免用短期融资方式筹措长期资产。然而，这种期限不匹配的融资政策可能迫使公司不得不经常筹措资金和偿还借款（借新还旧），这具有内在的风险性——因为短期利率的波动率大于长期利率。

（3）利率期限结构。短期利率正常情况下比长期利率低，平均来说长期融资方式比短期借款的资金成本要高。

▶本章小结

本章主要介绍公司在进行项目投资决策中用到的理论依据，主要分为传统的项目投资决策理论、基于期权的项目投资决策理论和流动资产管理。

传统项目的投资决策理论主要介绍了净现值方法、内部收益率方法、经济增加值方法、托宾 Q 理论、溢价原理等。净现值和内部收益率方法是被公司广泛使用的方法，主要用于项目投资决策。而经济增加值方法、托宾 Q 理论、溢价原理主要用于投资于其他公司（兼并和收购）的决策。

基于期权的投资决策理论介绍了公司实物期权及用实物期权分析方法的基本定价原理。我们讨论了各种实物期权，如可推迟的期权、可扩张和缩减产量的期权、可放弃生产的期权、可临时搁置生产的期权，并且给出了实物期权应用的例子。

流动资产投资决策目标是确定最佳的持有规模，节省流动资金的使用和占用，最小化置存成本和短缺成本之和，在风险可控范围内实现利润最大化。按照流动资产与营业收入水平相比较，可以将流动资产的持有政策分为稳健型、适中型和激进型三种类型。企业持有现金的基本目的是满足企业的日常性收支活动，确定最佳现金持有水平的方法主要包括成本分析模型法、存货模型法和随机模型法。存货成本包括采购成本、订购成本、储存成本和缺货成本，存货决策的关键是找到使存货成本最小时的经济订货量。

▶ 思考与练习

1. 某公司要进行一项投资，需投入600万元，并在第一年垫支营运资金50万元，采用直线法计提折旧。项目寿命期为5年，每年销售收入为360万元，付现成本为120万元，企业所得税率为30%，资金成本率为10%。要求：计算该项目净现值。

2. 华胜公司准备购入一设备以扩充生产能力，现有甲、乙两个方案可供选择。甲方案：需投资300万元，使用寿命5年，采用直线法计提折旧，5年后无残值，5年中每年销售收入为150万元，每年的付现成本为50万元。乙方案：需投资360万元，另外，在第一年垫支营运资金30万元。采用直线法计提折旧，使用寿命也为5年，5年后残值收入60万元。5年中每年的销售收入为170万元，付现成本第一年为60万元，以后随着设备陈旧，将逐年增加修理费3万元。另假设所得税率为30%，资金成本率为10%。要求：①分别计算两个方案的现金流量。②分别计算两个方案的投资回收期、净现值。③试判断应选用哪个方案。

3. 某企业计划投资2 000万元，预定的投资报酬率为10%，现有甲、乙两个方案可供选择，有关资料如下表所示。

时间	甲方案净现金流量/万元	乙方案净现金流量/万元
第1年	350	800
第2年	480	630
第3年	600	550
第4年	650	400
第5年	800	300

要求：计算甲、乙两个方案的净现值，并判断应采用哪个方案。

4. 某企业投资150万元购入一台设备，无残值，可使用3年，折旧按直线法计算。设备投产后每年销售收入分别为100万元、200万元、150万元，付现成本分别为40万元、120万元、50万元。企业所得税率为30%，要求的最低报酬率10%，要求：①假使企业经营无其他变化，预测该方案未来3年每年的净现金流量。②计算该投资方案的净现值。

5. 某项目初始投资850万元，第一年年末净现金流量为250万元，第二年年末净现金流量为400万元，第三年年末净现金流量为500万元。如果资金成本为10%，要求计算该项目投资的净现值、现值指数、内部收益率。

（提示：求内部收益率时，用14%、15%贴现率测试）

附：一元复利现值系数表

n	10%	14%	15%
1	0.909	0.877	0.870
2	0.826	0.769	0.756
3	0.751	0.675	0.658

6. D 公司是一家上市公司，其股票于 2009 年 8 月 1 日的收盘价为每股 40 元。有一种以该股票为标的资产的看涨期权，执行价格为 42 元，到期时间是 3 个月。3 个月以内公司不会派发股利，3 个月以后股价有两种变动的可能，即上升到 46 元或者下降到 30 元。3 个月到期的国库券利率为 4%（年名义利率）。要求：①利用风险中性原理，计算 D 公司股价的上行概率和下行概率，以及看涨期权的价值。②利用复制原理，计算看涨期权价值。

7. D 股票的当前市价为 25 元/股，市场上有以该股票为标的资产的期权交易，有关资料如下。

（1）D 股票的到期时间为半年的看涨期权，执行价格为 25.3 元；D 股票的到期时间为半年的看跌期权，执行价格也为 25.3 元。

（2）D 股票半年后市价的预测情况如下表所示。

股价变动幅度/%	−40	−20	20	40
概率	0.2	0.3	0.3	0.2

（3）根据 D 股票历史数据测算的连续复利收益率的标准差为 0.4。
（4）无风险年利率 4%。
（5）1 元的连续复利终值如下表所示。

$\sigma\sqrt{t}$	0.1	0.2	0.3	0.4	0.5	0.6	0.7	0.8	0.9	1
$e^{\sigma\sqrt{t}}$	1.105 2	1.221 4	1.349 9	1.491 8	1.648 7	1.822 1	2.013 8	2.225 5	2.459 6	2.718 3

要求：①若年收益的标准差不变，利用两期二叉树模型计算股价上行乘数与下行乘数，并确定以该股票为标的资产的看涨期权的价格；②利用看涨期权—看跌期权平价定理确定看跌期权价格；③投资者甲以当前市价购入 1 股 D 股票，同时购入 D 股票的 1 份看跌期权，判断甲采取的是哪种投资策略，并计算该投资组合的预期收益。

8. 2009 年 8 月 15 日，甲公司股票价格为每股 50 元，以甲公司股票为标的的代号为甲 49 的看涨期权的收盘价格为每股 5 元，甲 49 表示此项看涨期权的行权价格为每股 49 元。截至 2009 年 8 月 15 日，看涨期权还有 199 天到期。甲公司股票收益的波动率预计为每年 30%，资本市场的无风险利率为（有效）年利率 7%。要求：①使用 Black-Scholes 模型计算该项期权的价值（$d1$ 和 $d2$ 的计算结果取两位小数，其他结果取四位小数，一年按 365 天计算）。②如果你是一位投资经理并相信 Black-Scholes 模型计算出的期权价值的可靠性，简要说明如何做出投资决策。

9. A 公司是一个颇具实力的制造商。公司管理层估计某种新型产品可能有巨大发展，计划引进新型产品生产技术。考虑到市场的成长需要一定时间，该项目分两期进行。第一期投资 1 200 万元于 2000 年年末投入，2001 年投产，生产能力为 50 万只，相关现金流量如下表所示。

年份（年末）	2000	2001	2002	2003	2004	2005
税后经营现金流量/万元		160	240	320	320	320

第二期投资 2 500 万元于 2003 年年末投入，2004 年投产，生产能力为 100 万只，预计相关现金流量如下表所示

年份（年末）	2003	2004	2005	2006	2007	2008
税后经营现金流量/万元		800	800	800	650	650

公司的等风险必要报酬率为 10%，无风险利率为 5%。

要求：

（1）计算不考虑期权情况下方案的净现值。

项目第一期的计划（单位：万元）

年份（年末）	2000	2001	2002	2003	2004	2005
税后经营现金流量						
折现率（$i=10\%$）						
各年经营现金流量现值						
经营现金流量现值合计						
投资						
净现值						

项目第二期计划（单位：万元）

年份（年末）	2000	2003	2004	2005	2006	2007	2008
税后经营现金流量							
折现率（$i=10\%$）							
各年经营现金流量现值							
经营现金流量现值合计							
投资（$i=5\%$）							
净现值							

（2）假设第二期项目的决策必须在 2003 年年底决定，该行业风险较大，未来现金流量不确定，可比公司的股票价格标准差为 14%，可以作为项目现金流量的标准差，要求采用 Black-Scholes 期权定价模型确定考虑期权的第一期项目净现值为多少，并判断应否投资第一期项目。

10. J 公司拟开发一种新的高科技产品，项目投资成本为 90 万元。预期项目可以产生平均每年 10 万元的永续现金流量；该产品的市场有较大的不确定性。如果消费需求量较大，经营现金流量为 12.5 万元；如果消费需求量较小，经营现金流量为 8 万元。如果延期执行该项目，一年后可以判断市场对该产品的需求，并必须做出弃取决策。等风险投资要求的报酬率为 10%，无风险的报酬率为 5%。要求：①计算不考虑期权的项目净现值；②采用二叉树方法计算延迟决策的期权价值（列出计算过程，报酬率和概率精确到万分之一，将结果填入"期权价值计算表"中），并判断应否延迟执行该项目。

期权价值计算表（单位：万元）

时间（年末）	0	1
现金流量二叉树		
项目期末价值二叉树		
净现值二叉树		
期权价值二叉树		

11. 在选择激进型流动资产持有策略和稳健型流动资产持有策略时，需要考虑哪些因素？

12. 某企业每日净现金流量的方差为 2 250 000 元，每转换一次证券的固定交易成本为 1 000 元，有价证券年收益率为 5%，每日现金余额的最低需求量为 500 000 元，计算最佳的目标现金余额持有量及持有量上限各为多少？

13. 某公司每年某型材料的使用量是 7 200 千克，该材料的单位成本是 20 元，单位存储成本是 4 元，一次订货成本是 50 元，试计算该企业的经济订货量、最佳订货次数、与批量相关的存货总成本、最佳订货周期和经济订货量的资金占用量。

参考文献

姜礼尚. 2003. 期权定价的数学模型和方法. 北京：高等教育出版社.
荆新，王化成，刘俊彦. 2009. 财务管理学. 北京：人民大学出版社.
罗斯 S A，威斯特菲尔德 R W，杰福 J F. 2012. 公司理财. 吴世农，等译. 北京：机械工业出版社.
潘飞. 2008. 管理会计. 上海：上海财经大学出版社.
孙茂竹，文光伟，杨万贵. 2010. 管理会计学. 北京：中国人民大学出版社.
孙羡. 2012. 流动资产投资政策与公司绩效关系研究——基于我国生物医药上市公司的实证分析. 工业技术经济，226（8）：126-131.
中国注册会计师协会. 2014. 财务成本管理. 北京：中国财政经济出版社.
朱叶. 2009. 公司金融. 北京：北京大学出版社.
Berk J，de Marzo P. 2009. 公司理财. 姜英兵，等译. 北京：中国人民大学出版社.
Arrow K J，Fisher A C.1974. Environmental preservation, uncertainty, and irreversibility. The Quarterly Journal of Economics，88（2）：312-319.
Black F，Scholes M. 1973. The pricing of options and corporate liabilities. Journal of Political Economy，（3）：637-654.
Cox J C，Ross S A. 1976. The valuation of options for alternative stochastic processes. Journal of Financial Economics，3（1）：145-166.
Cox J C，Ross S A，Rubinstein M. 1979. Option pricing：a simplified approach. Journal of Financial Economics，7：229-263.
Dixit A K，Pindyck R S. 1994. Investment under Uncertainty. Princeton：Princeton University Press.

Farzin Y H, Huisman K J M, Kort P M. 1998. Optimal timing of technology adoption. Journal of Economic Dynamics and Control, 22（5）: 779-799.

Harrison J M, Kreps D M. 1979. Martingales and arbitrage in multiperiod securities markets. Journal of Economic Theory, 20（3）: 381-408.

Luehrman T A. 1998a. Investment opportunities as real options: getting started on the numbers. Harvard Business Review, 76（4）: 51-60.

Luehrman T A. 1998b. Strategy as a portfolio of real options. Harvard Business Review, 76（5）: 89-99.

Merlin D, Humfer R. 1976. Applications of inventory cash management models. Modern Developments in Financial Management.

Merton R C. 1973. A rational theory of option pricing. Bell Journal of Economics & Management Science, 4: 141-183.

Merton R C. 1977. On the pricing of contingent claims and the Modigliani-Miller theorem. Journal of Financial Economics, 5（3）: 241-250.

Mikkelson W H, Partch M M. 2003. Do persistent large cash reserves hinder performance?Journal of Finance and Quantitative Analysis, 38（2）: 275-294.

Miller M H, Orr D. 1966. A model of the demand for money by firms. Quarzerly Journal of Economics, 80（3）: 413-435.

Myers S C. 1976. Determinants of corporate borrowing. Journal of Financial Economics, 5（77）: 147-175.

Opler T, Pinkowitz L, Stulz R, et al. 1999. The determinants and implications of corporate cash holdings. Journal of Financial Economics, 52（1）: 3-46.

Rubinstein M. 1976. The valuation of uncertain income streams and the pricing of options.Bell Journal of Economics, 7（2）: 407-425.

Sharpe W F. 1978. Investments. New York: Prentice-Hall.

Tobin J. 1969. A general equilibrium approach to monetary theory. Journal of Money Credit & Banking, 1(1): 15-29.

Trigeorgis L. 1988. A conceptual options framework for capital budgeting. Advance in Futures and Options Research,（3）: 145-167.

Trigeorgis L. 1993. The nature of option interactions and the valuation of investments with multiple real options. Journal of Financial Quantitative Analysis, 1（28）: 1-20.

第五章

资本结构

> 引导案例

绿城中国的杠杆化生存[①]

绿城中国控股有限公司（简称绿城）于 1995 年 1 月在浙江省杭州市成立，以房地产开发为主营业务，2006 年在香港联交所挂牌。绿城高企的负债率是业界最关心的话题，在频频出现的房地产调控面前，绿城总是在同行中率先遭遇困境，分别在 2008 年、2011 年两次濒临破产。为何绿城屡陷现金流危机，财务困境反复上演？

理想的冲突，埋下绿城模式隐患

房地产圈有一种提法叫"向万科学品牌，向绿城学品质"。绿城为了把房子打磨成"作品"：①慢工出细活，牺牲速度。2007~2010 年绿城的平均存货周转天数为 2 217 天，从资金投入到产生会计利润的平均时间在 6 年左右。同样主打高端产品的龙湖地产仅 1 108 天，房地产龙头万科则为 1 064 天。②重地段，不惜代价疯狂扫地。2009 年 7 月以后，短短 3 个月时间，绿城通过公开招拍挂和合作拿地的方式，在土地上投入超过 200 亿元，超过保利及万科。

理论上，高品质、好地段的好"作品"可以通过高价销售换取高利润，然而事实是，土地成本高、产品投入偏高，绿城的净利润率、净资产回报率均输给同行。

高杠杆撬动的"老大"梦

对兼具双低特质（低周转率和低利润率）、以"打造作品"为己任的绿城来说，在中国这样房地产宏观调控频发的大环境下，恰当的风险管理策略应该是，维持较高的现金流和较低的负债率，以备不时之需。然而，绿城有超越万科的梦想，觊觎行业老大宝座。

在中国，地产商普遍采用重资产模式运营，要扩张必须大规模储地。而要多拿地、拿好地，须有大量资金的支持。由于利润率低，绿城自身造血功能不足，其企业运营对净资产的贡献比例十分有限，其净资产增加额则主要通过 IPO、增发、债转股等资本市场运作取得。

[①] 傅硕. 绿城中国的杠杆化生存. 新财富，2012，（129）：70-81.

而要在规模上快速做大,绿城必须借助外部资金,开始激进地举债经营,绿城常年来的权益乘数一直高位运行,大幅高于同行。2010年,其权益乘数达到8.67倍。

高负债率并不一定意味着企业很危险,如果有更高的资产周转率和现金回流能力,即去存货、去财务杠杆能力特别出色,企业仍然安全。但问题就是,绿城的资产周转率在同行中明显偏低,去库存能力并不突出。站在企业经营风险的角度,绿城慢周转与高财务杠杆搭配带来的乘数效应,无异于火上浇油。

混用杠杆,走上"钢丝绳"

为了实现超越万科的理想,绿城在融资的路上一直疲于奔命,被迫走上了一条高杠杆的"钢丝绳"。绿城的发展史,某种程度上就是宋卫平一部东奔西走的融资史、一部杠杆效应不断放大的历史。

(1)大举融资。2006年7月13日,绿城在香港交易所挂牌,招股价8.22港元,集资24.5亿港元。在上市前后的15个月里,共募集资金125亿港元,使用了7种融资手段,包括私募基金入股、首次公募前可转换债券融资结构、IPO、高息票据借贷、配股增发、发行人民币可转换债券、银团贷款等。

(2)套上枷锁。2006年11月10日,绿城通过新加坡证券交易所发行优先票据,该票据原计划2013年到期,票据总额4亿美元,票面年利率9%。债券投资者为了保障自身的利益,对绿城的经营行为提出了诸多限制,成了绿城扩张计划的"枷锁"。

(3)主动违约,破产惊魂。2009年4月下旬,绿城连续密集发布13则公告,包括以现金购买任何未清偿的2013年到期的9%优先票据的要约。绿城坦承其违反了2006年优先票据的多项条款,根据约定绿城因违约面临被债权人清算的风险。适逢全球金融危机影响,亚洲企业发行的欧美债券普遍大跌,绿城债券同样大跌,绿城的赎回要约被认可。为了支付现金,绿城通过向中海信托出售部分股权,获得20亿元赎债。最终通过杠杆替代解除了破产清算的警报。

(4)债权腾挪,杠杆替代。用信托杠杆取代债务杠杆的债权腾挪术,为绿地卸去"枷锁"。信托融资并没有对绿城使用杠杆进行风险限制,更多强调的是担保和抵押物等硬性约定,解除了2006年优先票据带来对于进一步融资的限制。2009年这场堪称经典的赌博性债务重组,仍是绿城杠杆式发展的延续。

(5)取道信托,再加杠杆。2009年下半年开始,绿城开始频繁使用信托融资。2009年12月31日,与平安信托合作,以1亿元的出资换回了15亿元的现金流入。2010年1月27日,与中泰信托合作,以1.5亿元的资金撬动了15亿元的信托资金。截至2011年6月30日,绿地信托负债达49.84亿元。信托融资缓解了绿城的资金困境,利用外部财务资源放大经营规模,同时也面临高杠杆风险。

(6)危机再临。绿城不间断借新还旧维系现金流:2011年上半年,其偿还银行借款82亿元,同时又贷款96亿元;偿还信托借款25亿元,同时筹集信托贷款33亿元。到2011年,绿城负债率一度高达163.2%。而且在建项目体量庞大,总建筑面积达到1 381万平方米,需要输血。伴随着信托融资收紧和房地产市场下行,绿城再次面临危机。

去杠杆,股权交易一波三折

绿城要延续高杠杆的生存方式,似乎缺乏新的融资渠道,唯有通过变卖或转让项目股权、降低杠杆率这条渠道。

2012年6月8日,绿城和九龙仓达成认购协议及投资协议,获得九龙仓近51亿港元策略入股,完成配发后,九龙仓持有绿城股票约5.2亿股,占总股本24.6%,成为绿城第二大股东。

6月22日，绿城又与融创中国达成协议，将旗下上海玉兰花园等八个项目与融创按各50%的权益进行合作。

2014年5月，绿城"牵手"融创，融创中国发布公告称，已与绿城签订协议，将以约63亿港币的代价收购绿城24.313%的股份。此后经历"悔婚"风波，12月19日融创、绿城双双公告，终止上述股权收购协议。12月24日，绿城"情定"央企，宋卫平以60.13亿港元出让绿城24.288%股份给中交建集团，中交建与九龙仓成为并列第一大股东。2015年3月，股份出售完成，中交建朱碧新和宋卫平共担董事会联席主席。

绿城的成长史堪称一部东奔西走的融资史。早年，绿城借助海外资本市场，多种工具交替使用频繁融资，最终被一笔海外优先票据套上"枷锁"，一度濒临清盘破产，幸而2008年金融危机时债券市场暴跌，其采取主动违约、高成本信托融资杠杆替代等手段"死里逃生"。此后，绿城选择通过信托融资不断放大杠杆的险招，实现了全国化布局。到2011年，绿城资产负债率一度高达87.7%，再次走向财务危机。2012年以后通过变卖和转让股权，绿城的财务状况大为改善，资本结构得到优化，2012~2014年绿城资产负债率分别为74.48%、73.83%、72.59%。

资本结构问题在很长时间困扰着绿城，代价是惨重的。同样的问题也存在与许多企业之中。那么，公司应该如何制定资本结构决策？如何发挥杠杆效应来增加公司价值？

第一节 MM 理论

美国经济学家 Modigliani 和 Miller 于1958年发表《资本成本、公司财务和投资管理》一书，在完美市场假设下，提出了著名的不考虑所得税影响的 MM 定理，得出的结论为企业价值不受资本结构影响。此后，Modigliani 和 Miller（1963）加入所得税因素对 MM 定理进行了修正，得出企业资本结构影响企业价值，负债经营将为公司带来节税收益的结论。MM 定理为资本结构问题的研究提供了一个有用的起点和分析框架，开启了现代资本结构理论发展的新纪元。

一、无税的 MM 定理

无税 MM 理论建立在一系列假设之上，包括：①完备市场，无税收、无交易费用、无破产成本、投资者能以与公司相同的市场利率借贷资本；②完全信息，经济主体具有做出最优决策所需的一切信息，或者获取信息成本为零；③完全理性，经济主体能够合理利用自己搜集到的信息，最大化其期望效用。基于这些假设提出了资本结构无关论，认为资本结构决策无助于公司价值的提高。

假定有两家企业 A 和 B，其他经营条件一样，不同的只有资本结构。其中 A 为无杠杆企业，B 为杠杆企业（表5-1）。

表 5-1 无杠杆企业 A 和杠杆企业 B 的经营情况

项目	A（总资产8 000元；无负债；股价20元/股，股数400）			B（总资产8 000元；资产负债率0.5；利率10%；股价20元/股，股数200）		
	衰退	一般	繁荣	衰退	一般	繁荣
资产收益率/%	5	15	25	5	15	25

续表

项目	A（总资产8 000元；无负债；股价20元/股，股数400）			B（总资产8 000元；资产负债率0.5；利率10%；股价20元/股，股数200）		
	衰退	一般	繁荣	衰退	一般	繁荣
息税前利润/元	400	1 200	2 000	400	1 200	2 000
利息/元	—	—	—	400	400	400
净利润/元	400	1 200	2 000	0	800	1 600
净资产收益率/%	5	15	25	0	20	40
每股收益/元	1	3	5	0	4	8

现在，假定投资者有两种投资策略可供选择：策略1，投资者向银行借款2 000元，加上自有资金2 000元购买200股企业A的股票——自制财务杠杆策略。策略2，投资者买入100股企业B股票。这两种投资策略的成本与收益如表5-2所示。

表5-2　策略1和策略2的成本与收益（单位：元）

项目	策略1（200股A股票）			策略2（100股B股票）		
	衰退	一般	繁荣	衰退	一般	繁荣
每股收益	1	3	5	0	4	8
所有股票收益	200	600	1 000	0	400	800
偿还利息	200	200	200	—	—	—
净收益	0	400	800	0	400	800
初始成本	200×20−2 000=2 000			200×20−2 000=2 000		

依据无套利均衡理论，如果企业A的定价过高，理性投资者将不会投资该企业，而是简单地通过个人账户借款以买入企业B的股票，从而用较低的成本获得相同的投资回报收益。结果就是企业A的价值下跌，企业B的价值上涨，直至它们的价值相等，即达到均衡状态。

在均衡状态下，策略1和策略2的成本和收益相同，对投资者而言没有区别。如果投资者无法从公司的财务杠杆中获利，那么也不能从自制的财务杠杆中获利。当不考虑公司税时，企业的价值是由它的实际资产决定的，而不取决于这些资产的取得形式，即企业的价值与资本结构无关。这就是著名的MM定理命题1（无税）：杠杆企业的价值（V_L）与无杠杆企业的价值（V_U）相等，与资本结构无关，即始终有$V_L=V_U$。

上述定理的隐含假设是公司的WACC固定不变，与资本结构无关。对无杠杆公司而言，权益资本成本（r_0）等于加权平均资本成本；对杠杆公司而言，r_s为权益资本成本，r_B为债务资本成本，S为公司的权益总额，B为公司负债总额，则杠杆公司的加权平均资本成本r_{WACC}可以表示为

$$r_{WACC} = \frac{B}{B+S}r_B + \frac{S}{B+S}r_s \tag{5-1}$$

因为杠杆公司与无杠杆公司的加权平均资本成本相等，即$r_{WACC}=r_0$。可得

$$r_s = r_0 + \frac{B}{S}(r_0 - r_B) \tag{5-2}$$

权益资本成本（r_s）是企业的负债权益比的线性函数。如果r_0大于r_B，那么权益资本成本随负债权益比（B/S）的增加而提高。一般来说，r_0会超出r_B，因为权益具有风险性，即便

是无杠杆权益仍然有风险,相应地其资本成本高于无风险债务。上面论述即 MM 命题 2(无税):权益资本成本(r_s)随财务杠杆(B/S)上升。

命题 2 的含义是:①使用财务杠杆的公司,股东权益成本随着债务融资额的增加而上升;②便宜的负债带给公司的利益会被股东权益成本的上升所抵销,最后使负债公司的平均资本成本等于无负债公司的权益资本成本;③公司的市场价值不会随负债率的上升而提高,即公司资本结构和资本成本的变化与公司价值无关。

二、有税的 MM 定理

Modigliani 和 Miller(1958)的资本结构无关论以一系列严格的前提假设条件为支撑,如不存在企业所得税对企业产生税负影响,这明显与现实情况不相符,因为税收在现代社会是普遍存在的现象,也是各国政府最为主要的财政收入来源。考虑到税收的存在,Modigliani 和 Miller(1963)放松了完美市场假设中的无税收假定,着重分析了税收是如何影响企业的资本结构决策和企业价值的,提出有税 MM 定理。

企业所得税具有非中性,对利息的处理方式不同于股东收益:利息全部免税,而息后税前收益要缴纳企业所得税。换言之,支付给债权人的利息费用,税法允许企业在税前予以扣除;而支付给股东的股利作为一种利润分配,税法规定只能在税后进行。股东和债权人在所得税面前的待遇不同,引起了债券融资和权益融资的成本差异。

假定企业所得税率为 T_c,两家经营状况一致的企业(表 5-3),息税前利润均为 EBIT。无杠杆企业的应税所得额为 EBIT,公司所得税税率为 τ,总税收为 EBIT$\times\tau$,税后现金流(全为股东现金流)为 EBIT$\times(1-\tau)$;杠杆企业应税所得额为 EBIT$-r_BB$,总税收 $\tau\times$(EBIT$-r_BB$),股东现金流(EBIT$-r_BB$)$\times(1-\tau)$,债权人现金流 r_BB,流向股东和债权人的现金流合计 EBIT$\times(1-T_c)+\tau r_BB$。可见,每个时期杠杆企业的现金流量比无杠杆企业多 τr_BB,这是流向企业投资者(股东和债权人)的额外现金流,通常被称为债务的税盾。债务利息支出衍生的税盾收益加大了企业的现金流量,进而提升企业价值。

表 5-3 杠杆企业和无杠杆企业的现金流分析(单位:元)

项目	无杠杆企业			杠杆企业(负债800,利率8%)		
	衰退	一般	繁荣	衰退	一般	繁荣
息税前利润	1 000	2 000	3 000	1 000	2 000	3 000
利息	—	—	—	640	640	640
应税所得额	1 000	2 000	3 000	360	1 360	2 360
所得税(税率35%)	350	700	1 050	126	476	826
股东现金流	650	1 300	1 950	236	884	1 534
股东和债权人现金流	650	1 300	1 950	874	1 524	2 174

只要企业预期有确定的税收依托,税盾现金流与债务利息就具有相同的风险。因此,其价值能通过以利息率 r_B 作为贴现率来确定。假设现金流量是永续性的,税盾的现值是 $\dfrac{\tau r_B B}{r_B}=\tau B$。因此,提出有税 MM 定理:杠杆企业的价值($V_L$)等于相同风险等级的无杠杆企业的价值($V_U$)与税盾现值($\tau B$)之和,即

$$V_L = V_U + \tau B \tag{5-3}$$

有税 MM 定理认为，在企业所得税的作用下，企业能够通过调整资本结构，提高负债比例增加企业价值。当负债达到 100% 时，企业价值达到最大，此时资本结构最优。也就是说通过提高负债权益比，企业能降低其税收从而提高公司价值。在使企业价值最大化的强力推动下，企业似乎会采用完全债务的资本结构。

在无税 MM 定理中，权益期望收益率与财务杠杆正相关，原因是权益的风险随着财务杠杆的上升而增大。在有税 MM 定理中，这一正向关系同样成立，具体表达式为

$$r_s = r_0 + \frac{B}{S}(1-\tau)(r_0 - r_B) \tag{5-4}$$

在无税 MM 命题 2 的基础上，这里考虑了所得税的影响。因为 $1-\tau$ 总是小于 1，在财务杠杆（B/S）相同的情况下，有税的权益资本成本（r_s）总小于无税的权益资本成本。由于税盾价值，权益资本成本随财务杠杆的上升幅度小。也就是说在赋税条件下，当负债比率增加时，股东面临财务风险所要求增加的风险报酬的程度小于无税条件下风险报酬的增加程度，即在赋税条件下公司允许更大的负债规模。

第二节 权衡理论

有税 MM 理论认为债务为公司带来了税收优惠，财务杠杆的增加总能提升公司价值，暗示企业应最大限度地发行债务。然而，债务也会给公司带来压力，偿本付息是公司的责任。如果公司不能承担这些责任，公司可能面临财务困境。企业在决定资本结构时，必须要权衡负债的节税收益和破产成本，产生了权衡理论。以 MM 理论为中心的现代资本结构理论发展到权衡理论达到一个高潮。

一、静态权衡理论

权衡理论（trade-off theory）在分析资本结构如何影响企业价值时，除了税收之外，考虑了财务困境成本。权衡理论强调在权衡债务的利息抵税价值与财务困境成本现值的基础上，选择实现企业价值最大化时的最优资本结构。考虑公司税和财务困境成本时，杠杆企业的价值（V_L）等于无杠杆企业价值（V_U）加上利息抵税价值（τB）减去财务困境成本现值（FPV）。

$$V_L = V_U + \tau B - \text{FPV} \tag{5-5}$$

财务困境是企业无力向债权人按时支付到期债务。财务困境成本则是财务困境给企业本身或者说股东价值造成的损失。随着财务杠杆上升，风险增大，首先会使债权价值（债券或贷款）贬值，企业价值等于股权价值加债权价值，这也是财务困境对企业价值带来的损失，因此公司和债权人必须承担财务困境成本。此外，公司在陷入财务困境时缺乏支付能力，公司的一系列利益相关者，包括商业合作伙伴、政府税务部门、员工，都可能被迫承担部分成本。

企业陷入财务困境引发的一系列问题，会导致直接或间接财务困境成本。直接困境成本包括由于股东和债权人争执而延期清算导致的实物资产的耗损以及破产过程中发生的费用，如清算或重组的法律成本和管理成本；间接困境成本则是由于发生困境而失去的潜在收益，是一种机会成本，如经营受到影响、与客户和供应商建立的信任关系发生破坏、员工流失、投资者观望甚至撤离，间接成本通常远远高于直接成本。

> **阅读案例 5-1**
>
> ### 佳兆业债务危机
>
> 　　佳兆业成立于 1999 年，并于 2009 年 12 月在香港联合交易所主板上市。佳兆业曾是深圳的龙头房企，2013 年首次取代万科，以压倒性的优势成为当年深圳市新房住宅成交量、成交金额双料冠军。
>
> 　　2014 年年底，形势急转直下，佳兆业在深圳多处楼盘被地方政府"锁盘禁售"。之后爆出大股东郭英成家族减持和郭英成辞任的消息，2014 年 12 月 31 日生效。直接触发佳兆业未能履约与汇丰银行的融资协议：4 亿元的贷款连同应计利息本应于郭英成辞任生效当日偿还，但在辞任正式生效之日佳兆业未能按时偿还该款项。2015 年 1 月 12 日，佳兆业公告其未能支付 1 月 8 日到期的一笔 2 300 万美元（约 1.742 7 亿港元）债利息。
>
> 　　尽管早前涉违约的汇丰 4 亿元借款已接获豁免通知，无须即时偿还。但是连续违约已经严重影响到公司的正常运营，19 家金融机构对佳兆业的若干资产进行诉前财产保全，除深圳外包括上海、珠海、大连、惠州、苏州、杭州等地的多家子公司在申请查封资产名单之中，13.6 亿元资金被冻结。此外，原拟以 12 亿元出售给万科的一上海地皮交易告吹。
>
> 　　公司内部管理层的稳定性、销售业绩，均面临严重挑战与威胁。截至 2015 年 7 月 16 日，佳兆业债务重组仍未完成。即便重组计划顺利推行，佳兆业也可能面临未来在建项目的利润被削弱、原有发展战略无法实施、资金链断裂等风险。

　　财务困境成本由两个因素共同决定，即发生财务困境的可能性、财务困境成本的大小。财务困境发生的可能性受企业现金流波动程度的影响，现金流稳定的企业无法偿债而陷入财务困境的可能性低；现金流不稳定的企业更可能违约，陷入财务困境的可能性更高。

　　并不是财务困境本身的风险降低了企业价值，而是与破产相关联的成本降低了企业价值。图 5-1 列示了如何在利息抵税价值和财务困境成本现值之间进行权衡以决定最佳资本结构，τB 随着公司负债的增加而增加。在适度的负债水平上，陷入财务困境的可能性较小，因而 FPV 很小而税收优势处于支配地位。负债达到一定水平后，继续追加负债，破产概率很快上升，FPV 开始大量侵蚀公司价值。如果公司不能确保有足够的获利，那么负债的抵税优势就会被逐渐抵消甚至完全消失。某一负债水平下，追加负债产生的利息抵税现值刚好被增加的财务困境成本现值抵销时，这一负债水平就是理论上的最优水平（B^*），此时公司价值（V^*）最大。

二、动态权衡理论

　　金融市场是不完美的，MM 理论的"市场条件假设"难以满足，因此企业资本结构的调整面临成本。基于对调整成本的考虑，Brennan 和 Schwartz（1978）等放松"市场条件假设"，提出了动态资本结构模型，杠杆率会明显偏离静态权衡理论下的目标水平，发生偏离时企业调整与否取决于再平衡收益和调整成本之间的权衡。以价值最大化为目标的公司不会允许资本结构长期偏离目标水平，而是不断进行调整以尽量接近目标水平。最终随着内外部环境的变化，资本结构表现出对目标水平的偏离—趋近—再偏离—再趋近的动态调整过程。

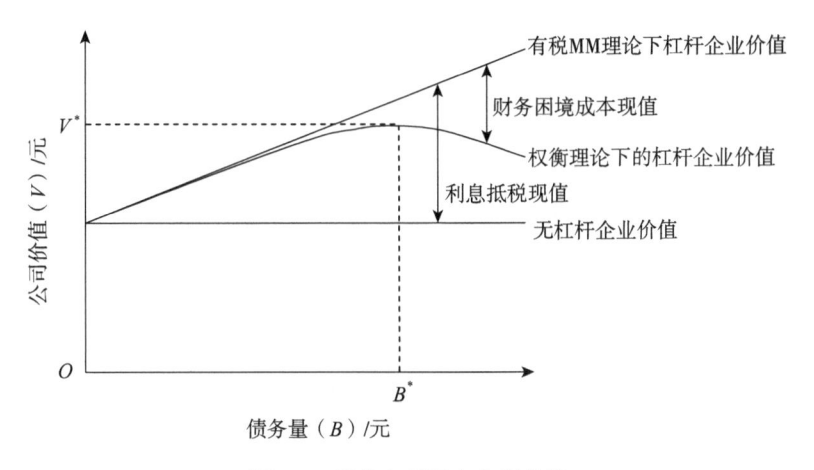

图 5-1　最优负债量和公司价值

（一）调整成本与偏离成本的权衡

静态权衡理论认为，公司存在使公司价值最大化的最优资本结构，也就是目标杠杆。公司应该对资本结构进行即时调整，使其保持在目标杠杆水平。在发生偏离时，公司可以依据不同的经营需要选取适当的调整方式，规模扩张时进行增量调整、规模不变时进行存量调整、规模缩减时进行减量调整。资本结构的偏离方向不同——杠杆不足和杠杆过度情况下，采取不同的途径（表5-4）。

表 5-4　资本结构调整方式和具体途径

调整方式	原则	实现途径	
		杠杆不足	杠杆过度
增量调整	扩大现有资产规模，追加筹资数量	增加负债规模，如向银行举借新贷款、发行新债券	追加权益资本，如公开发行、私募
存量调整	保持资产规模不变，在债务和权益之间进行转换	权益资本转为负债，如发行新债回购股票、"股转债"	债务资本转为权益，如增发新股偿还债务、"债转股"
减量调整	缩减现有资产规模，减少筹资数量	减资，如回购公司股票、发放现金红利	归还负债，如提前归还借款、提前收回债券

静态权衡理论在进行资本结构决策时，融资方式和渠道的选择是开放的，何时、采用何种方式融资取决于公司的财务分析，并不过多考虑金融市场的准入问题。现实中，金融市场的进入并不完全开放，企业在金融市场上受到诸多制约，存在不容忽视的摩擦因素。

>> 阅读案例 5-2

中小企业融资难融资贵

我国中小企业融资成本普遍较高。据调研反映，我国中小企业民间融资成本平均在20%左右，有的甚至高达50%以上。中小企业普遍面临融资难、融资贵，这是两个不同层面的问题：融资难是指资金的可得性不足；融资贵则指资金成本较高，既可指资金成本高于应有的水平，也可指资金成本超出了企业的负担能力。

企业融资主要渠道包括：商业银行；股票市场发债券、发股票，即直接金融体系；影子银行，或者叫普惠金融，实际上就是信托、租赁、小贷、担保等各种各样的金融机构。中小企业融资难、融资贵，往往是向大银行借钱，大银行信任度不够（融资难），转而取道

> 信托、租赁、担保，层层担保之后，利息节节攀升（融资贵）。
> 　　中小企业资金成本可以分为四部分，即无风险利率、风险收益部分、利率出超部分及中介费用。无风险利率是所有出借资金的基础利率，是所有资金使用方均须承担的；风险收益部分是由于中小企业风险高造成的，这部分成本也是客观的、正常的；利率出超部分和中介费用则是基于融资难产生的，是金融摩擦滋生的交易成本。

　　动态资本结构理论认为，在实际资本结构偏离目标资本结构发生时，公司不一定要很迅速向着目标水平进行再平衡，而是在偏离资本结构的成本（deviation cost）和调整资本结构的成本（adjustment cost）之间进行权衡。换个角度来讲，就是在调整成本和偏离成本之间再权衡，以总成本最小为原则选择合理的调整幅度。

　　调整成本包含固定成本和变动成本。固定成本指发行股票、债券、举债或者回购股票、偿还债务等调整发生时产生的会计费用、律师费用、资产估值费用等。不同公司之间，固定成本的绝对数额（总固定成本）差异不大，相对大小（单位固定成本）因公司规模而异，公司规模越大越能够摊薄固定成本。

　　变动成本则因公司的个体特征和市场的整体状况而异，不同公司、不同市场状态下筹集资金时面临不同的融资成本。例如，满足首次公开发行条件、具备再融资资格的公司其调整成本相对较小；公司面临的债务融资约束小，其调整成本相对越小；良好的股票市场时机下，权益融资的成本相对较低；市场化进程越高的地区，其企业的资本结构调整成本相对越低。

　　偏离成本则为公司资本结构偏离目标资本结构运营对公司价值的影响。在静态权衡理论下，目标资本结构为债务带来的边际收益（税盾价值）与边际成本（破产成本）相等时的负债水平。若公司向上偏离目标资本结构，边际成本高于边际收益，过度负债损害了公司价值；若公司向下偏离目标资本结构，边际收益高于边际成本，未充分利用负债增加公司价值。资本市场不完善或公司治理效率低下等因素导致公司无法及时获得融资资金或者融资环节过于复杂，就会产生偏离成本。

　　图 5-2 给出了资本结构调整过程的粗略示意图，横轴为实际杠杆（记作 L）相对于目标杠杆（记作 L^*）的偏离程度，O 点处实际资本结构与目标水平吻合，B 点表示 t 期目标杠杆与初始杠杆（$t-1$ 期实际杠杆）的差值 $|L_{t-1}-L^*_t|$；纵轴为成本值。对存在偏离的特定公司而言，调整成本随调整幅度的增加而增加，在实际资本结构完全调整至目标水平时（O 点），调整成本最大；完全不进行任何调整（B 点）时，调整成本为 0。而偏离成本随偏离程度的增大而增大，在完全不进行资本结构调整（B 点）时，偏离成本最大；调整至目标资本结构（O 点）时，偏离成本为 0。

　　如果公司对实际杠杆进行了局部调整，将实际杠杆与目标杠杆之间的差距缩小了 $|L_t-L_{t-1}|$，调整之后的偏离程度为 $|L_t-L^*_t|$，即由当前的 B 点调整至 A 点。那么，调整成本与 $|L_t-L_{t-1}|$ 有正向关系，偏离成本与 $|L_t-L^*_t|$ 有正向关系。公司进行资本结构调整的目标就是最小化 $|L_t-L_{t-1}|$ 对应的调整成本和 $|L_t-L^*_t|$ 对应的偏离成本之和。

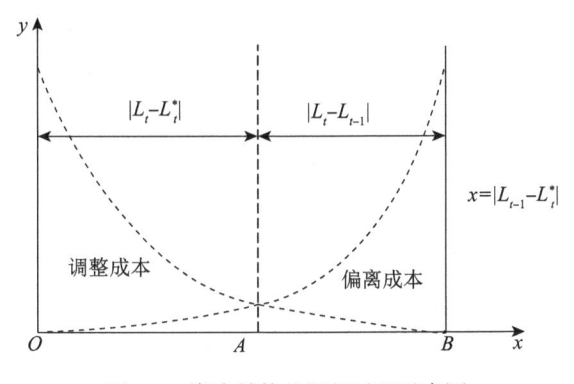

图 5-2 资本结构的调整过程示意图

(二)资本结构动态调整模型

基于调整成本和偏离成本的权衡构造以成本最小化为目标函数的优化模型,进而得到资本结构动态调整模型。本书将介绍局部调整模型和误差修正模型两个模型,后者是前者的广义形式。

1. 局部调整模型

由于公司资本结构调整的目标是最小化 $|L_t-L_{t-1}|$ 对应的调整成本与 $|L_t-L_t^*|$ 对应的偏离成本之和,构造惩罚函数

$$\Lambda = \frac{1}{2}(L_t - L_t^*)^2 + \frac{\theta}{2}(L_t - L_{t-1})^2 \tag{5-6}$$

惩罚项包含了两部分,一是实际杠杆偏离目标水平对应的惩罚项 $\frac{1}{2}(L_t-L_t^*)^2$ 与偏离成本相关,其随着偏离程度的增大而增大;二是对杠杆进行调整对应的惩罚项 $\frac{\theta}{2}(L_t-L_{t-1})^2$ 与调整成本相关,其随着调整幅度的增大而增大。管理者制定资本结构决策(确定 $L_{i,t}$)的目标就是最小化二次惩罚函数 Λ,即 $\max_{L_t} \Lambda$,有如下一阶条件:

$$\frac{d\Lambda}{dL_t} = (L_t - L_t^*) + \theta(L_t - L_{t-1}) = 0 \tag{5-7}$$

整理可得

$$L_t - L_{t-1} = \frac{1}{(1+\theta)}(L_t^* - L_{t-1}) \tag{5-8}$$

令 $\frac{1}{1+\theta} = \lambda$,可以写成以下形式,就是局部调整模型(partial adjustment model):

$$L_t - L_{t-1} = \lambda(L_t^* - L_{t-1}) \tag{5-9}$$

其中,$L_t - L_{t-1}$ 为公司在第 t 期的实际杠杆相对于期初值发生的变化,即实际调整幅度;$L_t^* - L_{t-1}$ 为公司第 t 期的目标杠杆与期初实际杠杆的差值,即进行完全调整所需幅度;参数 λ 为一个时期内实际和目标杠杆之间的差距缩小的百分比,即为资本结构的调整速度。$\lambda>1$,表明在正方向上(缩小偏离程度)调整过度;$\lambda=1$,恰好将实际杠杆调整至目标水平;$0<\lambda<1$,在正方向上调整不足;$\lambda=0$,不进行任何调整;$\lambda<0$,在反方向(扩大偏离程度)上进行调整。

静态权衡理论的潜在假设是 $\lambda=1$，目标杠杆与实际杠杆一致，即 $E(L_{i,t})=E(L_{i,t}^*)$。如果市场是完备的，公司能够始终保持目标资本结构。在市场不完备的情况下，公司出于调节成本的考虑可能偏离目标资本结构运营。但是，长远来看实际杠杆会趋近至目标杠杆，即 $0<\lambda<1$。

2. 误差修正模型

式（5-7）中的惩罚函数在影响杠杆的其他因素保持恒定的情况下成立，但是在所有变量共同变动导致目标杠杆发生变化的情况下就不成立了。补救这一问题的一种方法就是在惩罚函数中加入 $-\theta_2(L_t-L_{t-1})(L_t^*-L_{t-1}^*)$ 项，如果目标杠杆变动和实际杠杆调整在同一方向上，将有更低的成本；反之，如果两者方向相反，将有更高的成本。新的惩罚函数如下：

$$\Lambda'=\frac{1}{2}(L_t-L_t^*)^2+\frac{\theta_1}{2}(L_t-L_{t-1})^2-\theta_2(L_t-L_{t-1})(L_t^*-L_{t-1}^*) \quad (5\text{-}10)$$

相应的决策目标是最小化损失函数 Λ'，即 $\max_{L_t}\Lambda'$，有如下一阶条件：

$$\frac{d\Lambda'}{dL}=(L_t-L_t^*)+\theta_1(L_t-L_{t-1})-\theta_2(L_t^*-L_{t-1}^*)=0 \quad (5\text{-}11)$$

整理可得

$$L_t-L_{t-1}=\frac{1+\theta_2}{1+\theta_1}(L_t^*-L_{t-1}^*)+\frac{1}{1+\theta_1}(L_{t-1}^*-L_{t-1}) \quad (5\text{-}12)$$

令 $\dfrac{1+\theta_2}{1+\theta_1}=\gamma$，$\dfrac{1}{1+\theta_1}=\delta$，可以写成如下形式，即误差修正模型（error correction model）：

$$L_t-L_{t-1}=\gamma(L_t^*-L_{t-1}^*)+\delta(L_{t-1}^*-L_{t-1}) \quad (5\text{-}13)$$

其中，（$L_t^*=L_{t-1}^*$）为目标杠杆随时间发生的变动；（$L_{t-1}^*=L_{t-1}$）为上一期末实际杠杆相对于目标杠杆的偏离；γ 为应对目标杠杆变化进行调整的速度；δ 为应对实际杠杆偏离目标杠杆进行调整的速度。与局部调整模型不同的是，误差修正模型显性控制了由于影响因素受到冲击导致的目标杠杆变动。公司实际杠杆相对于目标杠杆的偏离有两种不同的来源：一是公司前一期资本结构进行局部调整之后目标杠杆与实际杠杆之间仍然存在的差异；二是资本结构决定因子受到跨期冲击，导致目标杠杆发生变化。

注意，误差修正模型是局部调整模型的一种广义形式。从优化方程来看，式（5-10）中本书假定目标杠杆不变（$L_t^*=L_{t-1}^*$）时，就得到了式（5-6）的惩罚函数。当误差修正模型[式（5-13）]中两个调整速度相等（$\beta=\gamma$）时，就退化成了局部调整模型[式（5-9）]。

第三节 委托代理理论

现代资本结构理论以 MM 定理为起点，往后沿着一左一右两条主线发展，探讨税收差异的"左翼"和破产成本的"右翼"，两大主线归结到权衡理论。到了 20 世纪 70 年代后期，现代资本结构理论的这一框架出现戏剧性变化，以信息不对称理论为核心的新资本结构理论取而代之，登上了学术舞台。新资本结构理论与信息经济学衔接，形成委托代理理论和信号传递理论两大思潮。

委托代理理论认为资本结构的安排植根于企业相关代理人和委托人之间的利益冲突之上。在代理成本理论看来，许多企业问题都可看做是代理关系的某一特例。由于现代企业里各利益相关者，如股东、管理者、债权人之间因契约产生代理问题，才会造成代理成本。本节考虑两类代理问题：管理者和股东之间的利益冲突导致的股权融资代理问题；股东和债权人之间的利益冲突导致的债权融资代理问题。

一、股权融资代理问题

现代企业拥有成千上万的股东，所有权与控制权"两权分离"。对企业拥有控制权的人通常不是所有者而是管理者。即使管理者是股东，也只拥有部分股权，其利益和所有股东的利益并不完全一致，更多关注的是自身利益而非股东利益。因此，拥有控制权的人只是股东的代理人，就会产生股权融资代理问题。

股权融资代理问题体现在很多方面：①管理者只从股东的价值增值中获取部分利益，与所有者自己经营企业相比，管理者努力程度会偏低；②管理者更关注增加企业规模而非股东价值；③管理者可能会更关注其他利益相关集团的利益；④管理者还可能进行关联交易或者内幕交易等。从股东的角度考虑，股权融资的代理问题大体可分为管理者努力程度偏低和挥霍企业现金流。管理者不拥有企业股权时，增加企业价值与管理者无关，最主要的问题是管理者努力程度偏低；管理者拥有企业股权时，增加企业价值对管理者有利，最主要的问题是管理者挥霍企业现金流。

1. 管理者不持股时的代理问题

企业是一种契约，通过契约关系框架把冲突各方引向平衡的复杂过程的中心。所有者—管理者代理关系正是其中一种契约关系，"股东委托管理者（包括授予相应的决策权）代为打理公司的一项契约"。由于契约的制定和强制执行是有成本的，成本可能使契约执行不力，就出现了代理问题。

无论是股东还是管理者，目标都是达到各自的效用最大化。如果两人的效用函数不一样，那就很难保证代理人的每一行为完全是从委托人的最优利益出发，不可避免存在利益分歧。当管理者完全不持有公司股权时，其报酬与公司价值的相关性不大。管理者增加努力为企业创造价值时，其承担努力的全部成本，而只能获得部分追加努力创造的财富；管理者增加在职消费损害企业价值时，其享受了全部收益，却只承担了在职消费带来的部分成本。

显然，管理者为了自身利益可能减少努力或者增加在职消费，造成管理的无效率。管理层持股计划则是为了解决这一代理问题的重要制度安排，让管理者的报酬与公司价值挂钩，增加所有者—管理者利益一致性。

2. 管理者持股时的代理问题

然而，管理者持股又会产生新的代理问题，主要表现在企业发行新股稀释管理者股权。当企业向外部人出售股权时，管理者持股比例下降，此时他会转向更多的非货币福利消费，挥霍公司现金流，最终损害公司价值。

假设企业的市场价值为 $\bar{V}$，管理者拥有企业股权，持股比例为 α。管理者的效用来源于：①货币性收益 αV，与企业的有效价值（$V=\bar{V}-F$）成正比；②非货币性资源 $F=F(\alpha)$，减少企业的有效价值，且与持股比例相关。

管理者的效用函数为 $U(\alpha V, F)$，是任何一个变量的增函数，且是凹函数。管理者的目标是使自身效用最大化，即 $\max_F U[\alpha(\bar{V}-F),F]$。$\alpha$ 和 $\bar{V}$ 固定不变时，管理者会选择最优的 $F^*(\alpha)$ 以使自身效用最大化，满足一阶条件 $-\alpha U_1 + U_2 = 0$，代入 $F^*(\alpha)$，则管理者效用最大值 $\xi(\alpha)$ 可以表示为

$$\xi(\alpha)=U[\alpha(\bar{V}-F^*(\alpha)),F^*(\alpha)] \quad (5\text{-}14)$$

两边对 α 求微分，可得

$$d\xi(\alpha)=(-\alpha U_1+U_2)dF^*+VU_1d\alpha=VU_1d\alpha \quad (5\text{-}15)$$

由于 V 和 U_1 都大于 0，所以 $\xi(\alpha)$ 是 α 的单调增函数。发行股权时，管理者持股比例 α 会降低，最优效用也会降低。

已知 $V=\bar{V}-F$，所以有 $dV=-dF$。通过对 $F^*(\alpha)$ 满足的一阶条件求微分，并利用包络定理可得

$$\frac{d^2U}{dF^2}\frac{dF}{d\alpha}=U_1 \quad (5\text{-}16)$$

由于 $U_1>0$、$\frac{d^2U}{dF^2}<0$，从而有 $\frac{dF}{d\alpha}<0$，F 是 α 的减函数；由于 $dV=-dF$，从而有 $\frac{dV}{d\alpha}=-\frac{dF}{d\alpha}>0$，$V$ 是 α 的增函数。企业发行新股时，企业价值会减少，并完全转嫁给管理者，最终降低管理者的效用。

$\bar{V}$ 保持不变。如果不存在代理冲突，非货币性支出为 F^*，公司的有效价值为 V^*；如果存在代理冲突，发行新股会使非货币性支出上升为 F^{**}，企业的有效价值降为 V^{**}。V^* 与 V^{**} 的差值就是这一代理问题的代理成本。

二、债权融资代理问题

当公司举债融资时，股东和债权人之间会出现利益冲突。一旦出现财务困境，利益冲突就会被放大，增加公司代理成本。

企业价值 V 可以分解为债务价值 B 和股权价值 S，即 $V=B+S$。V 保持不变时，S 的增加只能以 B 的减少为代价。在债务到期日 T：企业价值大于债务面值（$V_T>B$），债权人获得 B，股东获得剩余的 V_T-B；如果 $V_T<B$，债权人获得全部的 V_T，股东将一无所有。拥有股权类似于拥有看涨期权，在债务到期日以债务面值 B 的价格向债权人购买企业。

股权的当期价值可以表示为依托企业未来价值 V_T 的看涨期权，期权执行价格为 F。期权价值的影响因素之一是标的资产的波动性，看涨期权的价值随标的资产（企业）波动性增加而增加。因此，其他条件不变时，投资项目的风险增加，企业的波动性增加，看涨期权的价值随之增加。而债务价值等于企业价值与看涨期权价值之差，可见债务价值随投资项目风险的增加而减少。这就是股东—债权人之间的利益冲突，主要体现在高风险项目上的过度投资以及低风险项目上的投资不足。

1. 过度投资

Galai 和 Masulis（1976）描述了以牺牲债权人利益为代价的股权价值增加的典型情形。濒临破产的公司在高风险项目上孤注一掷，股东都清楚知道自己正操纵着他人（债权人）的

财富来博取生机。因为投资于风险水平很高的投资项目,会增加企业收益的波动率,增加股权价值,以债务价值的下降为代价。

考虑两个互相独立的项目,一个低风险,一个高风险。当高风险投资项目的净现值低于其他投资项目的净现值时,代理成本就产生了。企业通常应该选择净现值最高的项目,但是高杠杆企业的管理者有动机去选择高风险的投资项目,即使这将降低企业的总价值。这一价值的减少就是代理成本,即过度投资的成本。

假设有一家面临破产的公司,需偿还债务300万元。如果马上清算(不赌博),公司价值200万元,则债权人获得200万元,股东获得0,即债权的现值为200万元;股权的现值为0。

现有一个200万投资额的高风险投资项目(赌博),10%的概率获得1 000万元,其中债权人300万元、股东700万元;90%的概率获得0,债权人和股东均一无所获。则项目的期望收益为100万元,债权人的期望收益为30万元,股东期望收益为70万元。假定,投资的必要收益率为20%,参与赌博时:

项目净现值=-200+(1 000×10%+0×90%)/1.2=-117(万元)
债权的现值=(300×10%+0×90%)/1.2=25(万元)
股权的现值=(700×10%+0×90%)/1.2=58(万元)

企业通常应该选择立马清算,但是高杠杆企业会选择参与赌博(净现值为负),这样牺牲了债权现值175万元,股权现值增加了58万元。股东通过选择高风险项目,剥夺债权人的价值,获得博取高收益的机会。

2. 投资不足

Myers(1977)证明,即使当投资决策并不影响收益的波动时,投资决策中的债务影响也会导致财富损失。

当一个公司面临重大的破产可能性时,股东会发现,新的投资以牺牲股东的利益为代价却帮助了债权人。考虑一个濒临破产的房地产所有者,如果他自己花10万元修理房屋,房屋卖家能够高出15万元。显然,该投资的净现值大于0。但是,如果房屋价值的增加仍不能阻止破产,他就会拒绝这个投资机会。因为他不会用自己的资金来增加一幢不久将被银行收回的房屋的价值。

无杠杆公司会选择正净现值的项目,而杠杆公司可能放弃净现值为正但是不能给股东带来剩余价值的项目。可以说,管理者倾向于选择那些不仅可以全部偿还债务而且还能给股东带来剩余价值的投资项目。债务水平越高,经理对项目的选择性就越强,投资机会将减少,从而降低了企业价值。此时,企业常常会投资不足,企业价值的减少就是相应的代理成本。

三、代理成本与资本结构安排

由于信息不对称和不完全契约,股东、债权人、管理者之间产生代理关系,并存在利益冲突。代理成本,即代理问题带来的损失,以及为了解决代理问题所产生的成本,如监督和约束成本。合理的资本结构安排能够发挥债权人的监督作用,有效约束企业经营行为,降低代理成本。

1. 考虑代理成本的权衡理论

依据代理成本理论,资本结构决策对代理成本产生重要影响,依据冲突主体的不同,这种影响分为如下两类。

一是提高财务杠杆能够缓解所有者与管理者之间的利益冲突,降低股权融资代理成本。较高的财务杠杆增大了公司偿本付息的压力,减少了企业的闲余现金流,对管理者形成硬性约束,促使管理者制定更有效的投资决策、关注公司绩效的改善。负债融资可以作为缓解股东—管理者代理问题的一种解决机制。

二是提高财务杠杆会加剧债权人与股东之间的利益冲突,增加债权融资代理成本。随着财务杠杆上升,股东投资于高风险项目的动机加强,股东—债权人利益冲突增加。债权人若能理性预期到股东的行为,便会要求更高的利率。

随着权衡理论的发展,债务融资相关的成本和收益的考虑范围扩大,包含了资本结构对代理成本的影响。结合代理成本理论,在广义权衡理论框架下,提升财务杠杆时,股权融资代理成本(EAC)的减量(ΔEAC,现值ΔDECPV)可以看做债务融资的收益;债权融资代理成本(DAC)的增量(ΔDAC,现值ΔDACPV)可以看做债务融资的成本。因此,权衡理论是基于债务融资收益(利息抵税、股权融资代理成本的减量)和成本(财务困境成本、债权融资代理成本的增量)之间的权衡,选取最优资本结构。在式(5-5)的基础上考虑代理成本,杠杆企业的价值(V_L)可表示为

$$V_L = V_U + (\tau B + \Delta EACPV) - (FPV + \Delta DACPV) \quad (5\text{-}17)$$

2. 可转换债券与代理成本

可转换债券作为一种混合型衍生金融工具,具有"股票"和"债券"的双重属性,在一定程度上可以缓解股东与债权人、股东与管理者之间的利益冲突。

可转换债券融资降低股东与债权人之间的代理成本。可转换债券可以看做定息债券和认股权证的组合,认股权证提供了一种融资的"协同效应"。可转换债券持有者拥有公司权益的选择权,较少关注公司未来风险是否增加。因为风险增加对定息债券成本的影响在某种程度上被认股权证增加的价值抵销。认股权证的索取权改变了股东的冒险激励,一定程度上解决了债券发行后所固有的"风险转移"问题,认股权证持有者将与股东分享收益。

可转换债券融资减少管理者机会主义行为。负债水平低时,偿本付息压力不大,管理者就倾向于截留企业现金用于自身的在职消费或建造"产业帝国";负债水平高时,其未来投资机会实现的收益要首先偿付债权人,管理者(股东)可能放弃那些债权人受益而于股东无益的净现值大于零的项目。可转换债券给予持有人把债券转换为权益的单方特权,通过可转换债券持有人的转换,能够很容易地改变公司的债务水平,可以避免出现债务融资的两难境地。甚至在管理者投资决策已做出后,可转换债券持有人仍可通过潜在的行动对未来资本结构进行调整以影响管理者的投资决策。

可转换债券在降低企业代理成本方面发挥着重要的作用,如图 5-3 所示。在保持企业规模和外部融资数量不变的前提下,如果改变融资方式采用可转换债券融资,则既可以降低股权融资的代理成本,EAC 下移至 EAC′;又可以降低债务融资的代理成本,DAC 下移至 DAC′;总的代理成本曲线由 TAC 下移至 TAC′。由此可见,企业通过可转换债券融资能够降低代理成本,提高企业价值。

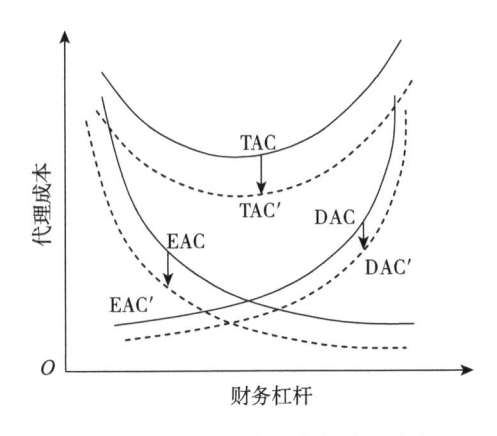

图 5-3　可转换债券融资与代理成本

阅读案例5-3

国美之争与贝恩资本

2015 年 1 月 22 日，贝恩资本尽售所持国美电器的 9.2 亿股，以较收市价折让 2.5%~5.17% 的条件套现约 10.6 亿元。随着贝恩资本的悉数套现离场，其与国美电器，包括尚在狱中的黄光裕以及淡出视野经年的陈晓错综复杂的关系终于可以画上句号了。五年半恩怨，一朝了结。

贝恩资本曾帮国美电器渡过难关，也曾在黄光裕与陈晓的"黄陈之争"期间一度成为陈晓的重要筹码。2008 年 11 月，黄光裕因涉嫌内幕交易而被警方带走。2009 年 1 月，陈晓临危受命接替黄光裕任国美电器董事局主席。此时银行压缩国美电器的贷款额度，供应商催债，国美电器资金链吃紧，同时面临 46 亿元的可转换债券赎回压力。2009 年 4 月，黄光裕同意国美电器的债务重组方案，陈晓牵线引入贝恩资本。贝恩资本认购了国美电器总价 18.04 亿港元的七年期可换股债券，国美电器才逐步走出危机恢复增长。

国美电器原股本约为 150.55 亿股，黄光裕和杜鹃持股 33.98%。2010 年 9 月，贝恩资本将所持有的 18.04 亿港元国美电器可转换债券全部转股国美电器 16.66 亿股，占股比例为 9.98%，成为公司第二大股东。黄光裕方面股权被稀释，持股比例降至 25.9%，失守资本结构的底线——持股 1/3 以上；而贝恩资本方面和陈晓站在同一阵营，成为陈晓在"黄陈之争"中的重要筹码，对黄光裕不利。

在融资方式的选择上，因为国美电器已负债累累，银行融资或发行债券会很困难，只有依靠股权转让。但大股东坚持要保证自己的控股权，折中的方法就是发行可转换债券。而且由于可转换债券具有筹资成本较低、获取长期稳定的资本供给、改善股权结构和债务结构、延长债务的有效期限、税盾作用，短期内不用还本，只需付息，可以减轻财务压力，虽然对股权存在一定的冲击风险，但这对当时的国美电器来说无疑是最好的选择。

第四节　信号传递理论

如果不对称信息发生在合同之后，委托人不能完全观察到代理人的行动，则会产生道德风险问题；如果不对称信息发生在合同之前，委托人在签订合同时并不知道代理人的类型，则会产生逆向选择问题。这一节我们主要讨论因信息不对称导致的逆向选择问题，也是解释企业寻求最优债务水平原因的另一种方式。

一、逆向选择与信号传递

传统经济学不考虑信息问题，然而在现实中，信息不对称性相当严重，进而可能产生严重的逆向选择问题，因此信息是相当重要的。美国加州大学经济学教授乔治·阿克洛夫的论文《"柠檬"市场》正式提出了逆向选择问题，在旧车市场中买卖双方对于二手车的质量信息是不对称的，即卖者知道自己车的真实质量，而买者却不知道。卖者只愿意支付平均质量的价格，导致高于平均质量的车退出市场，低于平均质量的车继续留在市场，市场平均质量降低；买者知道存在于市场的车都是低质量的车，从而降低价格，进一步导致较高质量的车退出市场，市场平均质量再次降低；如此循环。在均衡情况下，只有低质量的车成交，在极端情况下，市场可能根本不存在。

在企业融资过程中面临着同样的逆向选择问题，使资金成本过高，即使是不具有重大不确定性的好项目也得不到融资。这是因为企业内部人和外部投资者之间存在信息不对称，也就是管理者比经济活动中的其他代理人拥有更多关于企业价值的信息。

正因为现实中存在严重的信息不对称，信息的传递成了市场存在的必要条件，而且信息的传递是有代价的。如果信息的传递不需要成本，那这种信息基本是不可信的。假设有两类企业分别为好企业和差企业，好企业希望向市场表明自己是高质量的，而差企业是不乐意表明自己是低质量的。如果向市场传递信息不需要成本或者说谎不会招致损失和惩罚，则所有企业都会声称自己是好企业，这些信息就变成不可信的、无意义的。要使信息具有可信度，信息的传递必须要有成本，需满足两个条件：①传递的信息会使信息传递者遭受明显的损失；②在均衡状态，这一损失会因信息的传递而得到补偿。

企业面临不同的情况和环境，会采取不同的策略向市场传递信息，最基本的是通过债务或股票发行量间接传递自己的价值信息，接下来将根据企业采取负债总量和股票回购的信号传递模型，并用于解释企业的资本结构问题。

二、资本结构的信号传递方式

1. 债务总量作为传递的信号

信号传递必须使信息传递者遭受损失并在均衡状态获得补偿。当企业为一个项目融资时，发行债务越多，破产风险越大，则破产风险是传递信息的成本或损失。给市场传递的信息是，这是一个不确定性相对较低的好项目，从而企业能够以较低的成本融资，这是企业得到的补偿。当真实信息得到披露时，若传递的信息与真实信息一致，则这一传递的信号是有效的，并且是均衡的。

Ross（1977）认为债务发行总量 B 是企业真实价值的有效信号。假定有两个时间点，0时刻和1时刻。在0时刻，管理者和外部人具有不对称的信息，管理者知道企业的类型，而外部人却不知道。在1时刻，企业根据自身的类型获得相应的收益，企业的收益 X 是$[0, k]$上的随机变量，其中 k 表示企业的类型。

对于一个确定的企业，企业真实类型为 k_0，假定企业的收益服从均匀分布，即其收益的概率密度是常数，在$[0, k_0]$上等于 $\frac{1}{k_0}$。利率为 r。在0时刻，管理者通过发行的债务总量 B 向外界传递信息，在外部人看来企业类型为 $i(B)$，收益的概率密度为常数 $\dfrac{1}{i(B)}$，企业在 0 时刻的价值为

$$V_0 = \frac{1}{1+r}\int_0^{i(B)} \frac{1}{i(B)} x\mathrm{d}x = \frac{i(B)}{2(1+r)} \tag{5-18}$$

在 1 时刻，企业的类型得到披露，外部人和管理者都知道企业的类型为 k_0，在外部人看来，企业在 1 时刻的价值 V_1 为

$$V_1 = \int_0^{k_0} \frac{1}{k_0} x\mathrm{d}x = \frac{k_0}{2} \tag{5-19}$$

管理者不拥有股权，只获得报酬。管理者的激励方案包括两部分：第一部分与企业规模（V_0）成正比，这一部分激励可记为 $W_0 = (1+r)\gamma_0 V_0 = \dfrac{1}{2}\gamma_0 i(B)$；第二部分激励与企业的收益成正比，即与期望收益扣除破产条件下（$X<B$）的惩罚 L 后的值成正比，记为 $W_1 = \gamma_1 E(X - L\times 1_{\{X<B\}}) = \gamma_1\left[\dfrac{1}{2}k_0 - L\dfrac{B}{k_0}\right]$。其中，$\gamma_0$ 和 γ_1 非负，可以看做管理者在企业收益中所占的份额；$1_{\{X<B\}}$ 在 $X<B$ 时取值为 1，否则为 0。当管理者宣布债务水平为 B 时，外部投资者的角度来看，管理者的激励报酬为

$$W = W_0 + W_1 = \frac{1}{2}\gamma_0 i(B) + \gamma_1\left[\frac{1}{2}k_0 - L\frac{B}{k_0}\right] \tag{5-20}$$

管理者的目的是使 W 最大化，可以选择的参数只有债务总量 B，因此外部投资者把 B 作为确定企业类型的信号。当 B 较小时，管理者承担的破产成本较低，从而增加了 W_2，但较低的企业初始价值降低了 W_1；反之亦然。管理者在自身报酬最大化的驱动下，其决策问题可表述为 $\max\limits_{B} W$，即满足如下一阶条件：

$$\frac{1}{2}\gamma_0 \frac{\mathrm{d}i(B)}{\mathrm{d}B} = \gamma_1 \frac{L}{k_0} \tag{5-21}$$

由于管理层和外部投资者都会要求信号是有效的，也就是说市场通过函数 $i(B)$ 能够确认出正确的企业类型 k_0，即在 1 时刻有 $k_0 = i(B)$，代入式（5-21），得

$$i(B)\mathrm{d}i(B) = 2\frac{\gamma_1}{\gamma_0}L\mathrm{d}B \tag{5-22}$$

积分可得

$$\frac{1}{2}i^2(B) = 2\frac{\gamma_1}{\gamma_0}LB + C \tag{5-23}$$

其中，C 为常数项，且 $i(B)>0$。对于任意企业，这一关系都成立，因此有

$$k = i(B) = 2\sqrt{\frac{\gamma_1}{\gamma_0}L}\left[B + C\frac{\gamma_0}{2\gamma_1 L}\right]^{1/2} \tag{5-24}$$

上述模型表明，通过确定债务水平 B，可以传递企业类型的信息，从而影响外部投资者对企业的定价。当管理者和外部投资者在这一点达成共识之后，管理者会按照式（5-24）中 k 与 B 之间的关系行事，外部投资者也会了解这一情形。

从负债总量传递的信号来看，公司存在最优负债总量。负债总量增加，由于企业规模增加，管理者的第一部分激励增加；但是受破产惩罚的影响，管理者的第二部分激励减少。那

么在管理者进行决策时,存在最优负债量 B^*,此时管理者获得报酬最大。负债总量为达到阈值之前,对外部投资者而言,公司发行负债传递了好企业的信号;对于管理者而言,好企业也愿意选择负债融资。也就是说,在过度负债之前,负债融资都在向市场传达利好信息。

2. 股票回购作为传递的信号

Vermaelen(1981,1984)研究了股票回购的问题,管理者的股票回购行为等价于向市场宣称企业股票的价格被低估了,股票的价格将预计上涨。

当管理者想宣称股票价格被低估时,需要同时传递两个信号,即回购股票的价格 S_b 和回购股票数量占总流通股的比例 F_b。这一信息显示股票被低估的价值为 $i(S_b, F_b)$,而市场也会根据信号推测这一信息的价值为 $i(S_b, F_b)$。

在一个两阶段模型中:在 0 时刻,股票市场价格为 S_0,发行在外的股份数量为 N_0;管理者拥有私人信息,而市场没有,信息价值为 I_0;股票的真实价值为市场价格加上信息的价值,即 $\bar{S} = S_0 + \frac{I_0}{N_0}$。在 1 时刻,通过股票回购公告,信息得到披露;信息价值为 I_1。

企业回购股份的价格将比真实价值高,这是传递信号付出的成本。回购股票的数量为 $F_b N_0$,则信号传递的总成本为 $F_b N_0 (S_b - \bar{S})$,M_0 代表管理者持股数量,则管理者承担的信号传递成本为 $\frac{M_0 F_b}{1 - F_b}(S_b - \bar{S})$;$V[i(S_b, F_b)]$ 代表向市场传递信息后管理者获得的补偿。则管理者的净收益为

$$W(S_b, F_b) = V[i(S_b, F_b)] - \frac{M_0 F_b}{1 - F_b}\left(S_b - S_0 - \frac{I_0}{N_0}\right) \quad (5\text{-}25)$$

双重信号下的一阶条件表现为两个微分等式,为循环形式,解决方法是先假定 S_b 已知,求出 F_b。管理者的净收益最大化问题变为 $\max\limits_{F_b} W(F_b)$,其中:

$$W(F_b) = V[i(F_b)] - \frac{M_0 F_b}{1 - F_b}\left(S_b - S_0 - \frac{I_0}{N_0}\right) \quad (5\text{-}26)$$

其一阶条件为 $\frac{dW}{dF_b} = 0$,可得

$$\frac{dV}{di(F_b)} \times \frac{di(F_b)}{dF_b} = -\frac{M_0(S_0 + I_0/N_0 - S_b)}{(1 - F_b)^2} \quad (5\text{-}27)$$

对于有效信号,在 1 时刻,信息的真实价值被披露,并被外部投资者确认,有 $i(F_b) = I_0$。这意味着:

$$\frac{dV}{di(F_b)} \times \frac{di(F_b)}{dF_b} = -\frac{M_0(S_0 + i(F_b)/N_0 - S_b)}{(1 - F_b)^2} \quad (5\text{-}28)$$

为求解上述微分等式,先假定价值的边际收益是一个常数 ω,即 $\frac{dV}{di(F_b)} = \omega$。从而可解得

$$i(F_b) = N_0(S_b - S_0) + K\exp\left[-\frac{m_0}{\omega(1 - F_b)}\right] \quad (5\text{-}29)$$

其中,$K = e^{-C}$;$m_0 = M_0/N_0$;C 为积分常数。如果信息的价值 $i(F_b) = 0$,信号传递不具有任何

优势,不进行股票回购,则有 $F_b=0$。可以得到边界条件 $i(0)=0$,由这一边界条件可解得 C,进而得出

$$i(F_b) = N_0(S_b - S_0)\left\{1 - \exp\left[-\frac{m_0 F_b}{\omega(1-F_b)}\right]\right\} \tag{5-30}$$

从上述式子可以看出,回购价格 S_b、回购比例 F_b 都与信息价值正相关。当公司进行股票回购,回购价格越高、回购数量越大,向市场传递的积极信息价值越大。与股票回购相反,发行新股通常向市场传递消极信息,即公司股价被高估了。

阅读案例5-4

伯克希尔罕见回购

2011年7~9月,道琼斯指数从13 000点下跌到了10 000点,一个多月跌幅超20%。之前美国股市已上涨了一年多,这种下跌造成的恐慌很快开始蔓延。当时整个美国股票市场信心不再,人们怀疑经济复苏,质疑上市公司业绩,做空情绪较浓,担忧牛市已终结。然而,巴菲特站出来了,罕见地宣布:"鉴于伯克希尔股价目前被严重低估,公司将最多以较账面价值溢价10%的价格回购其A股和B股股票。"这是伯克希尔首次回购股票。

此消息一出,伯克希尔的两类股票当天大涨超过8%,而后更多的公司坚定了对股市的信心,也一度效仿巴菲特的做法,美国股市得以重拾牛市。当巴菲特做任何事情,它也许没有那么大的直接经济影响,但心理影响巨大。

三、优序融资理论

优序融资理论则是基于信号传递原理的一种资本结构理论。内部管理者比外部投资者更清楚公司的前景、风险和价值。信息不对称影响了公司在内部融资和外部融资之间的选择,也影响了发行新债与发行新股之间的选择。企业对不同融资形式所要负担的实际成本进行权衡,融资时一般会遵循内部资金融资、债务融资和外部股权融资的先后顺序。

内部资金是企业经营活动产生的资金,留存收益和折旧是其主要组成部分,具有原始性、自主性、低成本和抗风险的特点。债务融资是企业筹集生产经营所需资金的一种重要方式,包括向机构或个人投资者出售债券等有价证券、向银行等金融机构借款。外部权益融资是指股东以出让部分所有权为代价换取所需资金,所得资金可以用做日常营运资金或者长期投资,主要有公开发行和私募两种形式。

内部资金融资只受企业自身的管理和控制,不需要和外部投资者签订契约,企业具有高自主性和控制能力,不必支付相关发行费用。而外部融资的发行要支付各种成本,在进行内外部融资的选择时,公司更偏好于内部融资。因此,内部资金融资成为企业首选融资方式。

权益融资会传递公司价值被高估的信息,对于企业而言是一种负面信息。当股票价格被市场高估时,内部管理者能利用其内部信息借机向资本市场迅速发行新股。投资者意识到与内部管理者之间的信息不对称,投资者在企业宣布发行新票时不买账,导致现有股票估值下降。此外,负债融资具有节税效应且发行成本更低。在必须进行外部融资时,债务融资一般来说优先于权益融资。最后,在不得已的情况下公司才发行股票。

优序融资理论并没有给出明确的最优资本结构,权益分为内部权益和外部权益两部分,内部权益处在优先次序的最前端、外部权益处在优先次序的最末端,而财务杠杆是对其内外

部权益和负债的集中反映。

第五节　行为公司金融理论

前述资本结构理论都是建立在完全理性的假设之上，强调公司、行业、市场层面的因素对公司融资决策的影响。然而，越来越多的研究发现资本结构中还存在理性人假定下的理论无法给出解释的波动，并形成了以有限理性为前提的行为公司金融理论。

一、行为公司金融理论

传统经济学建立在一种简单而强有力的行为模式之上，个体对可得信息进行高效处理，最大化其效用函数进行决策。个体偏好具有时间一致性并独立于决策框架，仅受个体支付本身的影响，也就是理性人假定。然而在实际当中，人们常常背离理性假设，非理性行为存在于决策制定的每一个环节，产生非标准偏好、非标准信念、非标准决策。

非标准偏好包括时间偏好、风险偏好、社会偏好，时间偏好是指决策者在不同时点上对未来计划的偏好不同，不满足传统经济模型中的时间异质性假设；风险偏好指个体决策依赖于参照点的选择，如禀赋效应；社会偏好指个体决策不仅受自身支付的影响，还受他人支付的影响。非标准信念是指个体对状态分布的认识存在系统的信念偏差 $\tilde{p}(s) = p(s)$，包括过度自信、小数定律、投射偏见等。非标准决策是指个体决策制定是通过启发式方法实现的，而不是传统经济模型中解决复杂的最大化问题，个体决策时通常会忽略不太重要的因素来简化复杂的决策问题，因此会受到决策框架的影响。

在公司金融领域对非理性行为进行考虑，衍生出了行为公司金融理论。图 5-4 中，在完全理性的假设条件下形成的传统公司金融理论与有限理性假设下形成的行为公司金融理论是一种互补关系。行为公司金融理论能为现代公司金融理论未能解释的部分异象提供解释。例如，市场时机理论，假设投资者对公司价值有非理性的或高或低的估计，理性管理者将在投资者高估股价时发行股票和进行并购，解释了传统金融理论无法解释的 IPO 新股弱势异象。总的来看，行为公司金融理论关注于两种非理性，即管理者非理性及投资者非理性对公司投融资行为的影响。

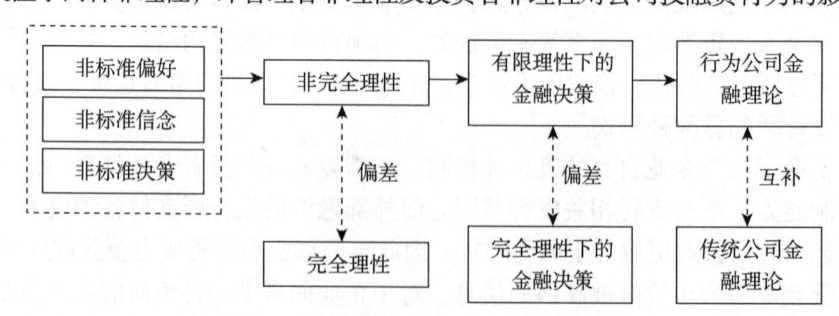

图 5-4　现代公司金融理论与行为公司金融理论

二、市场时机理论

在投资者非理性范式下，市场套利的不完全可能导致股票价格过高或过低，偏离其内在价值，被市场错误定价。随着行为金融理论的发展，市场错误定价的稳定存在得到广泛认可。

理性的管理者则会利用市场错误定价来进行投融资决策：把握市场时机，在股票被暂时性错误定价的前提下，价值被高估时发行股票、价值被低估时回购股票；迎合投资者偏好，为了使股票价格高出内在价值采取特定投资决策（表5-5）。

表5-5 投资者非理性与管理者非理性

项目	管理者理性	管理者非理性
投资者理性	现代公司金融理论	非理性管理者在有效资本市场中的行为，管理者认为自己在按公司价值最大化制定决策，事实上由于管理者行为偏误，已经偏离了这一原则，即"诚实的错误"。目前集中关注管理者过度自信对投融资决策的影响。管理者过度自信会导致投资—现金流敏感性、从事破坏企业价值的并购或连续并购；表现出内部、债务、外部权益的融资顺序偏好，采取激进的债务融资策略等
投资者非理性	非理性投资者影响证券价格，可能高估或低估股票价格，如盈余公告效应、惯性效应、成长型股票泡沫；资本市场是有限套利的，不能及时修正错误定价。理性管理者能够区分市场价格和内在价值，认识到错误定价，并对错误定价做出反应（市场时机——发行高估股票、回购低估股票）甚至助长错误定价（引导股价高于内在价值）	当投资者和管理者都为非理性时，两者相互影响，会使公司金融行为更加偏离理性状态。例如，投资者高估公司股票时，过度自信的管理者并不会意识到公司股价被高估，而是潜意识当做公司内在价值。投资者的过度乐观可能使公司股价严重偏离其内在价值，这会进一步提高管理者的过度自信水平，加剧过度投资

市场时机理论是投资者非理性假设下企业投资、融资决策研究的基础和核心，突破了传统资本结构理论关于理性人和完全套利的假设，探讨管理者怎样通过股票市场窗口机会、利用市场上暂时出现的低成本融资优势来选择融资工具，实现现有股东价值最大化并形成长期资本结构。

金融领域对市场时机的关注可追溯到Taggart（1977），他指出长期负债和权益的市场价值是公司证券发行活动的重要决定因素。Baker和Wurgler（2002）的研究表明，股票市场实际对资本结构产生显著且持久的影响，企业资本结构是管理者以往根据对市场时机的判断进行融资活动的累计结果。在市场时机的选择上，实际当中存在不同的模式。

错误定价时机模式，管理者在股价高位发行股票，低位回购股票。这一模式关系投资者或管理者的非理性。投资者方面，在情绪高涨时助推股价上涨，导致对股票价值的高估；在情绪低落时助推股价下跌，导致对股票价值的低估。管理者方面，在认为股价被高估时发行股票，利用低股权融资成本的优势；在认为股价被低估时发行债务或回购股票，回避股权融资成本过高的损失。在这种模式下，即使公司没有达到最优资本结构，随后也不需要进行调整。因此，暂时的股票错误定价对资本结构产生的影响是长期的，可以持续很久。

信息动态不对称时机模式，管理者选择在信息不对称程度低的时候发行股票，从而降低信息不对称带给股票价格的冲击。在这一模式下，管理者和投资者都是理性的。信息不对称认为管理者比其他人更了解公司投资项目的真实价值，在管理者向市场宣布前景光明的投资项目推高股价时，投资者并不完全相信，这会导致新股估价相对于没有信息不对称问题时的均衡价格要低。股价低估的程度随着信息不对称程度的增加而上升，因此管理者会在信息不对称程度较低时发行股票，如在信息披露之后宣布股票发行。

从美国成熟资本市场和其他国家不同资本市场来看，市场时机对融资决策的影响具有一致性，市场时机是制定资本结构决策时考虑的重要因素。随着我国资本市场的发展和公司融资行为的市场化发展，我国上市公司存在股票市场"圈钱"怪相，出现了股权融资偏好、资本结构异化等传统资本结构理论不能合理解释的问题。市场时机理论的提出，为这些问题的研究提供了全新的视角。

三、管理者过度自信

在管理者非理性范式下，主要研究管理者行为偏差中的乐观主义与过度自信对公司投融资决策的影响。

过度自信是一种典型的非标准信念，被看做是判断和决策中的一种"错误"，因为它导致了对于个人能力的高估或者对于对手能力、任务难度、潜在风险的低估，是普遍且稳定存在的信念偏误。管理者过度自信包括管理者对公司经营成功不切实际的预期、对投资项目失败可能性的低估以及对自己控制事态能力的高估等。由于选择性偏误（过度自信个体更易当选为管理者）、归因偏误（当选管理者的个体变得更加过度自信）及管理层工作的特殊性（复杂性高、可参照的经验少），管理者过度自信的程度高于常人。

（一）标准信念下的融资决策

Hackbarth（2008）对标准信念下的资本结构决策进行建模。信念指的是对于公司息税前利润的成长性和风险性的认知。假定公司息税前利润 $X(t) > 0$，利润是可观测的，在任意时间 $t \in (0, \infty)$ 为几何布朗运动过程，即

$$dX(t) = \mu X(t)dt + \sigma X(t)dZ(t) \quad (5-31)$$

其中，μ 为息税前利润在风险中性测度下的增长率（成长性）；$\sigma > 0$ 为息税前利润的波动性（风险）；$Z = (Z(t))_{t \geq 0}$ 为标准维纳过程。完美、理性的资本市场提供的无风险收益率满足 $r > \mu$，税率为 $\tau > 0$。投资者是同质的，并有理性预期。也就是说，$b = \{\mu, \sigma\}$ 代表理性人对公司盈利成长性和风险的信念。

管理者可以发行负债，给债权人支付利息 C。负债有利息抵税的好处，基本模型中负债永不到期，除非公司陷入财务困境（违约）。在破产的情况下，财务困境成本为无杠杆公司价值 $V_U(X)$ 的一定比例 $\alpha \in [0,1]$，重组后公司的价值为 $(1-\alpha)V_U(X)$。X_d 为公司的违约阈值。其中，无杠杆公司的价值为

$$V_U(X) = E_t\left[\int_t^{T_d} e^{-r(s-t)}(1-\tau)X(s)ds\right] = \frac{(1-\tau)X}{r-\mu} \quad (5-32)$$

管理者能够制定公司的资本结构决策，通过债务和权益的组合来为公司筹资，最大化公司价值，即管理者的目标是最大化以下认知到的公司价值函数：

$$C^*(X) \in \arg\max_C V_L(X,C) = D(X,C) + E(X,C) \quad (5-33)$$

其中，$V_L(X, C)$ 表示杠杆公司的价值，为风险负债价值 $D(X, C)$ 与杠杆权益价值 $E(X, C)$ 之和，其中

$$D(X,C) = E_t\left[\int_t^{T_d} e^{-r(s-t)}Cds + e^{-rT_d}(1-\alpha)V_U(X(T_d))\right]$$

$$E(X,C) = E_t\left[\int_t^{T_d} e^{-r(s-t)}(1-\tau)(X(s)-C)ds\right]$$

$$(5-34)$$

其中，E_t 为 $t \in [0, \infty)$ 上的条件期望算子，$T_d = \inf\{t: X(t) \leq X_d\}$ 是首次达到违约阈值的时间。

对式（5-33）进行求解，见本章附录，可得

$$D(X,C) = \frac{C}{r}\left[1 - \left(\frac{X}{X_d}\right)^a\right] + (1-\alpha)V_U(X_d)\left(\frac{X}{X_d}\right)^a, \quad \forall X \geqslant X_d$$

$$E(X,C) = (1-\tau)\left[\left(\frac{X}{r-\mu} - \frac{C}{r}\right) - \left(\frac{X_d}{r-\mu} - \frac{C}{r}\right)\left(\frac{X}{X_d}\right)^a\right], \quad \forall X \geqslant X_d \quad (5\text{-}35)$$

$$V_L(X,C) = V_U(X) + \underbrace{\tau\frac{C}{r}\left[1 - \left(\frac{X}{X_d}\right)^a\right]}_{TB(X,C)} - \underbrace{\alpha V_U(X_d)\left(\frac{X}{X_d}\right)^a}_{FPV(X,C)}, \quad \forall X \geqslant X_d$$

其中，$\left(\dfrac{X}{X_d}\right)^a$ 为违约的随机贴现因子；$a = a(\mu,\sigma) = -\dfrac{\left[\mu - \sigma^2/2 + \sqrt{(\mu - \sigma^2/2)^2 + 2r\sigma^2}\right]}{\sigma^2} < 0$。

杠杆公司价值可以分解成无杠杆公司价值 $V_U(X)$，加上利息抵税价值 $TB(X,C)$，减去财务困境成本现值 $FPV(X,C)$，即式（5-5）所讲的静态权衡理论模型。$TB(X,C)$ 在一定范围内随着 C 增加，然后由于财务困境以致损失的可能性增加，开始随着 C 下降；$FPV(X,C)$ 是 C 的增函数和凹函数。因此，存在最优利息支付水平 C^* 使杠杆企业价值最大，即

$$C^*(X:\mu,\sigma) = X\left[1 - \frac{a(\tau + \alpha(1-\tau))}{\tau}\right]^{1/a} \times \frac{a-1}{a} \times \frac{r}{r-\mu} \quad (5\text{-}36)$$

最优负债融资决策可以看做是管理者信念 $b = \{\mu,\sigma\}$ 的函数。在式（5-36）的利息支付水平下，财务杠杆为负债价值与公司价值的比率，因此公司价值最大的财务杠杆为

$$\text{LEV}^*(X) \equiv \text{LEV}^*(X, C^*(X:\mu,\sigma)) = \frac{D(X, C^*(X:\mu,\sigma))}{V_L(X, C^*(X:\mu,\sigma))} \quad (5\text{-}37)$$

（二）过度自信下的融资决策

过度自信管理者和理性投资者对于公司现金流认知存在分歧，过度自信管理者会高估投资项目的收益、低估投资项目的风险。从两个方面描述过度自信管理者的信念偏误，一是成长性认知偏误，即高估公司盈利的成长性，其信念 $\mu' > \mu$，且 $\mu' \in (\mu, r)$；二是风险认知偏误，即低估公司盈利的风险，其信念 $\sigma' < \sigma$，且 $\sigma' \in (0, \sigma)$。也就是说过度自信管理者的信念 $b' = \{\mu', \sigma'\}$，包含成长性和风险认知偏误。

对式（5-36）的最优利息支付水平的形式进行改写，得

$$C^*(X:\mu,\sigma) = Xg(X:\mu,\sigma)^{h(X:\mu,\sigma)}[1 - h(X:\mu,\sigma)]\frac{r}{r-\mu} \quad (5\text{-}38)$$

其中，

$$\begin{aligned} g(X:\mu,\sigma) &= 1 - \frac{a(\mu,\sigma)(\tau + \alpha(1-\tau))}{\tau} > 1 \\ h(X:\mu,\sigma) &= \frac{1}{a(\mu,\sigma)} < 0 \end{aligned} \quad (5\text{-}39)$$

基于链式法则对式（5-38）关于 μ 和 σ^2 求偏导，有

$$\frac{\partial C^*(\cdot)}{\partial \mu} = g(\cdot)^{h(\cdot)} \left[\frac{h(\cdot)}{g(\cdot)} \times \frac{\partial g(\cdot)}{\partial \mu} + \ln[g(\cdot)] \frac{\partial h(\cdot)}{\partial \mu} \right] [1 - h(\cdot)] \frac{r}{r-\mu}$$

$$- g(\cdot)^{h(\cdot)} \frac{\partial h(\cdot)}{\partial \mu} \times \frac{r}{r-\mu} + g(\cdot)^{h(\cdot)} [1 - h(\cdot)] \frac{r}{(r-\mu)^2}$$

$$\frac{\partial C^*(\cdot)}{\partial \sigma^2} = g(\cdot)^{h(\cdot)} \left[\frac{h(\cdot)}{g(\cdot)} \times \frac{\partial g(\cdot)}{\partial \sigma^2} + \ln[g(\cdot)] \frac{\partial h(\cdot)}{\partial \sigma^2} \right] [1 - h(\cdot)] \frac{r}{r-\mu}$$

$$- g(\cdot)^{h(\cdot)} \frac{\partial h(\cdot)}{\partial \sigma^2} \times \frac{r}{r-\mu}$$

（5-40）

下面将对函数 $g(X:\mu,\sigma)$ 和 $h(X:\mu,\sigma)$ 关于 μ 和 σ^2 求偏导有

$$\frac{\partial g(\cdot)}{\partial \mu} = -\frac{\tau + \alpha(1-\tau)}{\sigma^2 \tau} \left[1 + \frac{\mu - \sigma^2/2}{\sqrt{(\mu - \sigma^2/2)^2 + 2r\sigma^2}} \right] < 0$$

$$\frac{\partial h(\cdot)}{\partial \mu} = \frac{\sigma^2}{\sqrt{(\mu - \sigma^2/2)^2 + 2r\sigma^2}} \times \frac{1}{(\mu - \sigma^2/2) + \sqrt{(\mu - \sigma^2/2)^2 + 2r\sigma^2}} > 0$$

$$\frac{\partial g(\cdot)}{\partial \sigma^2} = \frac{[\tau + \alpha(1-\tau)] \left[(2r - \mu)\sigma^2 + 2\mu(\mu + \sqrt{(\mu - \frac{\sigma^2}{2})^2 + 2r\sigma^2}) \right]}{2\sigma^4 \tau \sqrt{(\mu - \frac{\sigma^2}{2})^2 + 2r\sigma^2}} > 0$$

$$\frac{\partial h(\cdot)}{\partial \sigma^2} = \frac{1}{4r} \times \frac{(2r - \mu) + \sigma^2}{\sqrt{(\mu - \sigma^2/2)^2 + 2r\sigma^2}} > 0$$

（5-41）

经过整理可得 $\frac{\partial C^*(\cdot)}{\partial \mu} > 0$，最优利息支付水平随着成长性信念的增加而上升。过度自信使管理者高估成长性，关于成长性的信念大于标准信念 $\mu' > \mu$。可得，对于存在成长性认知偏误的过度自信管理者，其最优利息支付水平 $C^*(X:\mu',\sigma)$ 会高于标准信念下的最优水平 $C^*(X:\mu,\sigma)$，即

$$C^*(X:\mu',\sigma) \geqslant C^*(X:\mu,\sigma) \tag{5-42}$$

经过整理可得 $\frac{\partial C^*(\cdot)}{\partial \sigma^2} < 0$，最优利息支付水平随着风险信念的下降而上升。过度自信使管理者低估公司风险，对风险的信念小于标准信念 $\sigma' < \sigma$。可得，对于存在风险认知偏误的过度自信管理者，其最优利息支付水平 $C^*(X:\mu,\sigma')$ 会高于标准信念下的最优水平 $C^*(X:\mu,\sigma)$，即

$$C^*(X:\mu,\sigma') \geqslant C^*(X:\mu,\sigma) \tag{5-43}$$

也就是说，过度自信管理者由于高估所在公司收益的成长性，低估其风险，会有更高的最优利息支付水平，即更高的负债水平。这会导致过度自信管理者认知的目标杠杆高于标准信念下的目标杠杆水平。

第六节 信贷配给

我国金融市场以银行体系为主，在企业资本结构决策中考虑信贷配给具有重要的现实意义。信贷配给，是指在固定利率条件下，面对超额的资金需求，银行因无法或不愿提高利率，

而采取一些非利率的贷款条件，使部分资金需求者退出银行借款市场，以消除超额需求而达到平衡。

一、信贷配给

若借款人愿意支付贷款人所要求的利率，甚至在愿意支付更高利率的条件下仍然不能得到所需要的贷款数额，则称借款人受到了信贷配给。现实中信贷配给十分常见：一些借款人在不能超越固定贷款额度贷款；另一些人甚至可能无法得到贷款。信贷配给不仅是信贷市场短期不均衡调整所产生的结果，亦是信贷市场长期存在的一种普遍现象。

从供需关系来看，当贷款需求大于供给的时候会导致贷款利率的上升直到供需达到平衡；需求小于供给的时候，利率会下降直到供需平衡。但是为什么在现有利率条件下贷款需求会超过供给，贷款人却不愿意提高利率来达到一个更高的均衡？一种可能的解释是，政府或机构对利率上限的限制使这种调整无法使市场达到均衡。

尽管随着我国利率市场化进程的推进（图5-5），这些限制会逐步被市场机制淘汰，但是信贷配给依然是信贷市场上的主要特征之一。得益于信息经济学的发展，得出了关于信贷配给的另一种解释，即信贷配给实际上是由于贷款人和借款人之间的信息不对称造成的均衡现象。

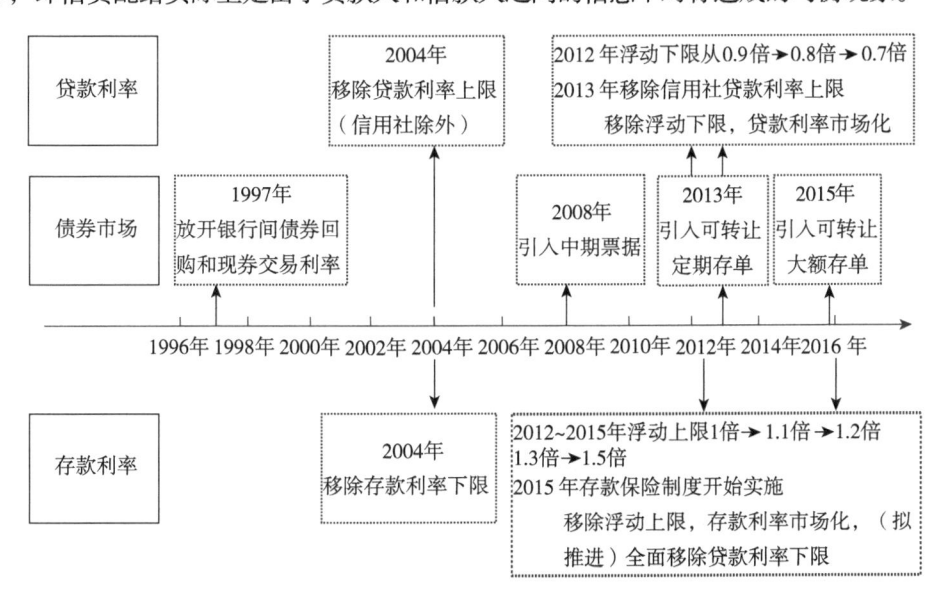

图 5-5 我国利率市场化进程

贷款人放贷的期望收益取决于贷款利率和借款人的还款概率，银行不仅关心利率水平，同时还会考虑贷款的质量和风险。如果贷款风险独立于利率水平，那么在贷款需求大于供给的情况下，银行可以通过提高利率来增加预期收益，信贷配给现象不会出现。但是由于贷款人和借款人之间的信息不对称，当银行不能观察到借款人的投资风险时，提高利率会使更多的低风险借款人退出市场，出现逆向选择问题，或者会诱使借款人选择更高风险的项目，出现道德风险问题。贷款人在分辨不出借款人信誉好坏的情况下，更愿意保持低利率以便吸引更多的高信誉借款人。从上面的分析可以看到，银行在综合考虑利率水平和还款风险等其他因素以后，往往会选择信贷配给而不是提高利率来使市场达到均衡。

在后面的分析中可以看到即使企业拥有一个净现值为正的项目，但是由于贷款人和借款人之间的信息不对称所引发的道德风险和逆向选择问题会使信贷配给发生，企业无法进行信贷融资。

二、信贷配给的道德风险解释

（一）道德风险模型

考虑一个项目融资模型（图 5-6）：企业为一个项目融资，需要投入资金 I，企业初始资产为 A，且 $A<I$，需要外部融资 $I-A$。模型主要考虑企业（借款人）和银行（外部贷款人）两个主体，不考虑企业的内部结构。企业和银行构成委托代理关系，其中银行是委托人，企业是代理人，一切运营决策由企业家控制。

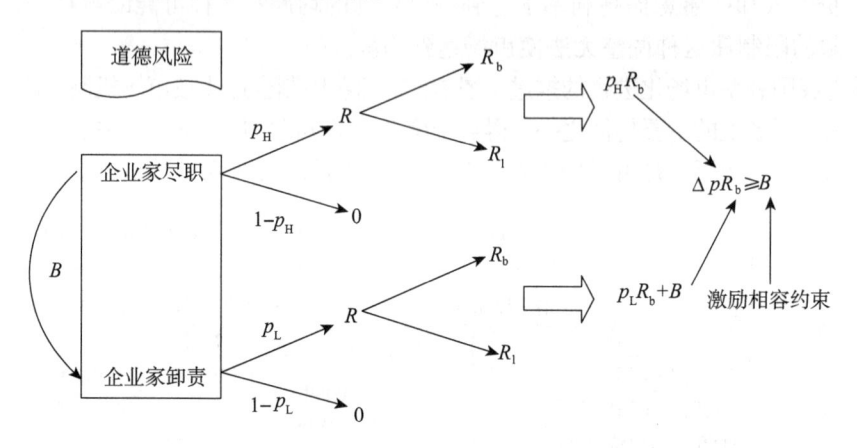

图 5-6 企业家道德风险模型

如果项目得以实施，企业能以成功概率 p 获得收益 $R>0$；以失败概率 $1-p$ 一无所获。项目取得后，企业家可以选择尽职（努力，不谋私，选择成功率高的项目）或者卸责（偷懒，谋私，选择成功率低但自己"更喜欢"的项目），这是项目受到的道德风险约束。

我们假定：若企业家尽职，成功概率为 $p=p_H$，但企业家没有私人收益；若企业家卸责，成功概率为 $p=p_L<p_H$，但企业家可以获得私人收益 $B>0$。p_H-p_L 记作 Δp。假设没有时间偏好，贴现率为 0。只有在企业家尽职的情况下，项目才具有正的净现值，即 $p_H R-I>0$。如果企业家选择卸责，则即使包括了企业家的私人收益，项目仍然具有负的净现值，即 $p_L R-I+B<0$。

贷款协议是信贷关系最重要的一环。贷款协议约定是否对项目进行融资；如果进行融资，进一步确定企业和银行对项目利润的分配（不考虑资产抵押）。企业的有限责任意味着，如果项目失败，借贷双方都获得 0。如果项目成功，借贷双方分享项目的利润 R，其中企业获得 R_b，贷款人获得 $R_l=R-R_b$。企业家在项目成功时获得 R_b，失败则获得 0，始终不会为负。

假设贷款市场是一个完全竞争的市场，贷款人为了放贷给借款人而竞争，如果某个贷款能够产生正的利润，借款人则可以转向其他贷款人直到贷款人的利润为 0。因此，贷款人有零利润约束，表示为 $p_H R_l=I-A$。

（二）信贷分析

企业家面对两种选择：尽职完成项目，项目成功率为 p_H；或者选择私人收益 B，但项目成功率会从 p_H 下降到 p_L。如果满足如下的"激励相容约束"，则企业家会选择尽职：

$$p_H R_b \geqslant p_L R_b + B \text{ 或 } \Delta p R_b \geqslant B \Rightarrow R_b \geqslant \frac{B}{\Delta p} \tag{5-44}$$

在满足企业家激励约束（尽职）的条件下，贷款人在项目成功时所能获得的收入 $R_l = R - R_b \leqslant R - \frac{B}{\Delta p}$，最大收入为 $R - \frac{B}{\Delta p}$。于是贷款人的预期可保证收入，即贷款人对企业融资项目收益的一种最好预期为 $\omega = p_H \left(R - \frac{B}{\Delta p} \right)$。

为了项目得到融资，至少要使贷款人收支相抵，即"参与约束"。企业得到贷款的必要条件是贷款人预期可保证收入大于初始借款，$\omega \geqslant I - A$，可得

$$A \geqslant p_H \frac{B}{\Delta p} - (p_H R - I) \equiv \overline{A} \tag{5-45}$$

如果企业家和贷款人之间不存在信息不对称引发的道德风险问题，则代理成本为 0，用私人收益 B 和似然率 $\frac{\Delta p}{p_H}$ 来衡量代理成本，即 $p_H \frac{B}{\Delta p} = 0$。则式（5-45）的融资条件为 $A \geqslant -(p_H R - I)$。只要企业拥有净现值为正的项目，即使企业没有初始资产也一定可以得到融资。

只要存在代理成本，$\overline{A}$ 就会增加。假设 $\overline{A} > 0$，也就是 $p_H \frac{B}{\Delta p} > (p_H R - I)$。直观的解释是：为了激励企业家，他们的期望最小支付要大于项目的净现值。因此，由于存在代理问题，企业要获得融资，必须要有足够的初始资产；企业资产不足，即便有好项目也拿不到贷款。

（1）当企业拥有足够资产（$A \geqslant \overline{A}$）时，确保能获得融资。由于贷款市场是完全竞争的，企业家会向竞争性的贷款人提供 R_l，使贷款人得不到剩余利润，只能收支相抵 $p_H R_l = I - A$，此时 $R_l = \frac{I-A}{p_H}$，则企业家分配到的收益为

$$R_b = R - R_l = R - \frac{I-A}{p_H} \geqslant R - \frac{I-\overline{A}}{p_H} = \frac{B}{\Delta p} \tag{5-46}$$

满足式（5-44）的激励相容约束的，企业家与贷款人能达成贷款合约。因此，企业要获得贷款必须有足够资产，拥有足够资产必定能获得贷款，拥有足够资产［式（5-45）］是获得融资的充要条件。

（2）当企业资产不足的情况下（$A < \overline{A}$），即使项目拥有正的净现值，企业仍得不到融资；但是企业又必须大量贷款来满足资金需求，以至必须将项目成功的绝大部分收益进行抵押。此时，企业家只能保留小部分的收益，也就失去了尽职动力。最终，借贷双方无法达成贷款协议，出现信贷配给。当企业受到配给时，即便愿意将项目的绝大部分收益都给贷款人（等同于支付高利率），贷款人考虑到道德风险的存在仍不愿意贷款。

发生配给的决定性因素有如下两个：①初始资产少，即 A 比较小；②代理成本高，即 $p_H \frac{B}{\Delta p}$

比较大。代理成本由私人收益 B 以及似然率 $\frac{\Delta p}{p_H}$ 决定。似然率表示企业家努力程度，反映企业家卸责时成功率以多大比例下降。似然率越高，企业家努力程度越高，代理成本越低，更易得到贷款；似然率越低，则对企业资产的要求更高，因此更难获得贷款。

（三）扩展与应用

前面的模型过于简化，接下来对这个模型进行扩展。

1. 利率影响

前面的道德风险模型中，在贷款市场完全竞争的前提下，没有考虑利率的问题。如果贷款利率为 r，贷款人的收支相抵条件变为

$$p_H\left(R - \frac{B}{\Delta p}\right) \geqslant (1+r)(I-A) \tag{5-47}$$

很显然，当 r 增大的时候，不等式更不容易成立。直观的解释为，当企业愿意支付更高的贷款利率时，收支相抵条件更不容易满足，因此贷款人拒绝放贷。

2. 声誉资本

在相同的有形资产条件下，贷款人倾向于向声誉更好的企业放贷。无形资产的作用，同样可以利用信贷配给模型加以解释。信誉更好的企业家，私人收益更少。假设企业家私人收益由 B 减小到了 b，卸责完成项目的可能性降低。依据式（5-45）对 $\bar{A}$ 的定义，道德风险的程度和范围缩小时，贷款人对企业的资产门槛会降低，$\bar{A}(b) < \bar{A}(B)$。

更可靠（私人收益更少）的企业贷款门槛更低，更容易获得贷款。由于信息不对称，贷款人难以直接观察到企业家的私人收益程度，可以看到的是企业的历史业绩和还款情况。贷款人利用这些信息对企业可靠性的评价，良好的声誉更易获得贷款。因此，声誉资本能够替代资产，从而降低信贷配给发生的可能性。

三、信贷配给的逆向选择模型

（一）逆向选择模型

假设企业需要投资一个金额为 I 的项目，但是没有初始资金（$A=0$）。项目成功能产生收益 R，失败收益为 0；企业家和贷款人都是风险中性，而且企业受到有限责任的保护；方便起见，利率假定为 0；贷款市场完全竞争，贷款人所得利润为 0；贷款协议规定项目成功的收益为 R，企业和贷款人分别获得 R_b 和 R_l。

企业的类型有两种：好企业项目成功率为 p，差企业项目成功率为 q，$p>q$，且 $pR>I>qR$。在贷款合同签订之前，且企业家知道自己企业的类型，但贷款人不知道，这就是逆向选择问题。

假设贷款人知道好企业和差企业分别占 α 和 $1-\alpha$，其中 $\alpha \in (0,1)$。但是由于信息不对称，贷款人分不清某个特定企业是好或差的类型。于是贷款人对企业项目成功的先验概率为 $m = \alpha p + (1-\alpha) q$，显然 $p>m>q$。

（二）信贷分析

在信息对称的情况下，好企业的项目拥有正的净现值，即 $pR-I>0$，值得注资，企业能获得最大收益 R_b，前提是贷款人满足参与约束 $p(R-R_b)=I$；差企业的项目有负的净现值，即 $qR-I<0$，不值得注资。自然，好企业能够得到融资，而差企业不能得到融资。

但当企业和贷款人之间存在信息不对称，贷款人分不清企业类型时结果就不一样了。由于贷款人在企业项目成功时才能获得收益 $R-R_b$，且贷款人对企业项目成功的先验概率为 m，因此贷款人的预期收益为 $m(R-R_b)-I$。

假设存在 α^* 和 m^*，满足 $m^*R-I=0$，即 $\alpha^*(pR-I)+(1-\alpha^*)(qR-I)=0$。

如果 $\alpha>\alpha^*$，即贷款人认为好企业占比高、差企业占比低。此时 $m>m^*$，有 $mR\geqslant I$。显然，$m(R-R_b)-I>0$，贷款人的预期收益为正，好企业和差企业都可以得到融资。对贷款人而言，属于贷款过度，因为只有好企业才值得注资，差企业本不该获得融资。

如果 $\alpha<\alpha^*$，即贷款人认为好企业占比低、差企业占比高。此时 $m<m^*$，有 $mR<I$。显然，$m(R-R_b)-I<0$，贷款人预期收益为负，就不愿意贷款了，会出现贷款市场关闭，贷款人不会向任何企业贷款的情况。这时，好企业由于被怀疑成差的企业，即使项目拥有正的净现值也同样得不到融资，便会产生信贷配给问题。对贷款人而言，出现贷款不足，因为好的企业本应得到融资。

总之，在信息对称的情况下，好企业获得注资而差企业无法获得注资。但由于借贷双方信息的不对称，在贷款人认为好企业占比很大，觉得有利可图的情况下，向好企业和差企业发放贷款，贷款质量由于差企业项目负的净现值而下降；或贷款人认为差企业占比很大的时候便会关闭市场，即使净现值为正的项目也得不到融资，导致信贷配给发生。

（三）扩展与应用

1. 利率影响

如果考虑贷款利率 r，则贷款人的预期收益为 $m(R-R_b)-I(1+r)$。很显然，在 $mR\geqslant I(1+r)$ 条件下企业才能获得融资，否则贷款人预期收益为负不愿意放贷。直观的解释为，即使企业愿意支付更高的贷款利率，但不等式条件更不容易满足，贷款人拒绝放贷。

2. 市场时机

我们往往可以观察到，当市场形势好的时候，企业更容易获得融资，下面用逆向选择模型来加以解释。

市场处于平稳状态时，贷款人认为好企业和差企业项目的成功率为 (p,q)，贷款人的预期收益 $m(R-R_b)-I$。市场处于上升阶段时，贷款人对未来的预期更好，认为企业项目成功率更高，好企业和差企业项目成功率分别为 $p+\varepsilon$ 和 $q+\varepsilon$，预期收益为 $[\alpha(p+\varepsilon)+(1-\alpha)(q+\varepsilon)](R-R_b)-I=(m+\varepsilon)(R-R_b)-I$。

因此与前面企业获得融资条件 $mR\geqslant I$ 相比，在市场繁荣的情况下，融资条件为 $(m+\varepsilon)R\geqslant I$ 更容易满足，即信贷配给更不容易发生。

阅读案例 5-5

融资半年没贷到一分钱[①]

在深圳，95%的高新技术企业把资金短缺列为企业发展面临的重大瓶颈。《人民日报》曾以《一家高科技公司融资碰壁记》为题，报道了处于金融机构林立的上海陆家嘴的某高科技公司，为其产品储备融资 500 万元资金，结果耗时半年多，没贷到一分钱，遭遇了诸多困境。创新型小微企业规模小、实力弱、轻资产的特征与目前银行担保注重固定资产抵押存在明显的矛盾，创新型小微企业往往达不到银行现行信贷管理体制所要求的抵押担保条件，那么该如何破除这个拦路虎？

为改善科技创新型小微企业融资难问题，首先要改变银行靠固定资产抵押贷款的局面。面对银行目前一味追求固定资产抵押的情况，应以不同于一般担保公司的角度研究科技企业的特点，有针对性地设计产品，特别注重对优秀"轻资产"科技型中小微企业（如拥有发明专利权、商标专用权、版权的企业）的贷款担保方式进行创新。在法律配套上，细化《中华人民共和国物权法》中"权利质权"的规定，特别是明确对"可以转让的注册商标专用权、专利权、著作权等知识产权中的财产权"等价值评估、确权的方式，以便于银行开展无形资产抵质押贷款。

▶ 本章小结

MM 理论

Modigliani 和 Miller 在完美市场假设下提出无税的 MM 定理，结论是企业价值与资本结构无关，开启了现代资本结构理论发展的新纪元。随后引入企业所得税得到有税的 MM 理论，认为由于债务的利息价值，企业负债越多越好，最优负债率为 100%。

权衡理论

权衡理论引入破产成本，最优负债率取决于负债融资收益（利息抵税价值）和负债融资成本（财务困境成本）的权衡。考虑金融市场摩擦及企业资本结构调整成本，公司资本结构趋向于最优负债率的调整，取决于调整成本和偏离成本之间的再次权衡，即动态权衡理论。

委托代理理论

每一种融资方式都伴随着一定代理关系，会产生代理成本。具体来说，管理者和股东之间的利益冲突导致股权融资代理问题；股东和债权人之间的利益冲突导致债权融资代理问题。最优的资本结构安排应该能缓解代理问题，最小化代理成本。

信号传递理论

资金需求方和提供方之间存在信息不对称，公司的任何决策，如增加负债、管理层持股、股票回购，都在向市场传递某种信息。优序融资理论就是信号传递原理的资本结构理论，给出了内部资金融资、债务融资、外部股权融资的先后顺序。

行为公司金融理论

考虑市场参与者非理性行为对公司资本结构决策的影响。越来越多的研究发现资本结构中还存在理性人假定下的理论无法给出解释的波动，但是以有限理性为前提的行为公司金融

[①] 摘自深圳特区报，2013 年 3 月 8 号。

理论是很好的补充。

信贷配给

我国金融市场以银行体系为主,信贷配给对公司资本决策具有重要意义。利率限制并不是信贷配给发生的根本原因,而是银行与企业之间的信息不对称。信贷配给问题能够通过道德风险模型和逆向选择模型得到解释。

▶思考与练习

1. 试证明,在存在个人与公司税收的条件下,股东杠杆的收益可以表述为

$$G_L = \left[1 - \frac{(1-\tau_c)(1-\tau_s)}{1-\tau_b}\right]B$$

其中,B代表杠杆企业中债券的市场价值。

2. 传统的最优资本结构理论认为公司总是在权衡负债带来的利息税盾与财务困境的可能成本。这个理论对账面的营利性和目标账面负债比之间的关系有何预言?理论的结论与实际一致吗?

3. 在 Kim 的税后模型中,他认为当存在税收低效利用或与杠杆相联系的沉没成本时,均衡状态下的税率为 t_c,它要比最高档税率低,试问,处于最高档税率下的企业的最优战略是什么?

参考文献

Baker M, Wurgler J. 2002. Market timing and capital structure. The Journal of Finance, 57(1): 1-32.

Brennan M J, Schwartz E S. 1978. Corporate income taxes, valuation, and the problem of optimal capital structure. Journal of Business, 51(1): 103-114.

Galai D, Masulis R W. 1976. The option pricing model and the risk factor of stock. Journal of Financial Economics, 1976, 3(1): 53-81.

Hackbarth D. 2008. Managerial traits and capital structure decisions. Journal of Financial and Quantitative Analysis, 43(4): 843-881.

Modigliani F, Miller M H. 1958. The cost of capital, corporation finance and the theory of investment. The American Economic Review, 48(3): 261-297.

Modigliani F, Miller M H. 1963. Corporate income taxes and the cost of capital: a correction. The American Economic Review, 56(3): 433-443.

Myers S C. 1977. Determinants of corporate borrowing. Journal of Financial Economics, 5(2): 147-175.

Ross S A. 1977. The determination of financial structure: the incentive-signalling approach. The Bell Journal of Economics, 8(1): 23-40.

Taggart R A. 1977. A model of corporate financing decisions. The Journal of Finance, 32(5): 1467-1484.

Vermaelen T. 1981. Common stock repurchases and market signalling: an empirical study. Journal of Financial Economics, 9(2): 139-183.

Vermaelen T. 1984. Repurchase tender offers, signaling, and managerial incentives. Journal of Financial and Quantitative Analysis, 19(2): 163-181.

附　录

为对式（5-33）进行求解，基于式（5-31）的几何布朗运动，考虑一项资产 $F(X)$，带来息税前利润 X_t 基础上的现金流 $\pi(X_t)$，其资产价值满足以下均衡条件：

$$rF(X_t,t) = \pi(X_t) + \frac{1}{dt}E_t[F(X_{t+dt})]$$

等式左边为投资者持有资产 $F(X)$ 要求的均衡收益，等式右边第一项是资产带来的当期现金流，第二项为从时间 t 到时间 $t+dt$ 该项资产的预期资本利得。将伊藤引理用于式（5-35），可以得到关于任何基于过程［式（5-31）］的相机权益的价值 $F(\cdot)$ 的偏微分方程，即

$$rF(X_t) = \frac{1}{2}\sigma^2 X_t^2 \frac{\partial^2 F(X_t)}{\partial X_t^2} + \mu X_t \frac{\partial F(X_t)}{\partial X_t} + \frac{\partial F(X_t)}{\partial t} + \pi(X_t)$$

一般来说，上式没有闭合解。假定

$$\pi(X_t) = mX_t + k$$

则有 $\frac{\partial F(X_t)}{\partial t} = 0$，去掉时间下标可得常微分方程

$$rF(X) = \frac{1}{2}\sigma^2 X^2 \frac{\partial^2 F(X)}{\partial X^2} + \mu X \frac{\partial F(X)}{\partial X} + mX + k$$

等式右边前两项为相机权益 F 当前的单位时间期望资本增值。在风险中性下，期望资本增值与当前现金流 $mX+k$ 之和等于无风险收益 rF。上述偏微分方程的解为

$$F(X) = A_1 X^a + A_2 X^z + \frac{mX}{r-\mu} + \frac{k}{r}$$

其中，a 和 z 为基本二次方程 $\frac{1}{2}\sigma^2 x(x-1) + \mu x - r = 0$ 的根，即

$$a \equiv a(\mu,\sigma) = -\frac{1}{\sigma^2}\left[\mu - \sigma^2/2 + \sqrt{(\mu-\sigma^2/2)^2 + 2r\sigma^2}\right] < 0$$

$$z \equiv z(\mu,\sigma) = -\frac{1}{\sigma^2}\left[\mu - \sigma^2/2 - \sqrt{(\mu-\sigma^2/2)^2 + 2r\sigma^2}\right] > 0$$

A_1 和 A_2 为未知系数，结合适当的边界条件就能求解。

（1）债务价值求解。杠杆公司的债权人收到的现金流为 C，相当于 $m=0$、$k=C$。加上边界条件：①$X \to \infty$ 时，负债价值为永续利息现金流 C 的贴现值 $\frac{C}{r}$；②$X = X_d$，公司破产，债权人拥有重组后的所有价值，即 $(1-\alpha)V_U(X)$。表示为

$$\lim_{X \to \infty} D(X,C) = \frac{C}{r}$$

$$D(X_d,C) = (1-\alpha)V_U(X_d)$$

可得公司债务价值为

$$D(X,C) = \frac{C}{r}\left[1-\left(\frac{X}{X_d}\right)^a\right] + (1-\alpha)V_U(X_d)\left(\frac{X}{X_d}\right)^a, \quad \forall X \geq X_d$$

其中，$\left(\dfrac{X}{X_d}\right)^a$ 为违约的随机贴现因子。可见风险负债的价值等于利息流 C 的贴现值和公司重组价值之和。

（2）权益价值求解。杠杆公司的股东收到的现金流为 $(1-\tau)X(t)-(1-\tau)C$，相当于 $m=(1-\tau)$、$k=-(1-\tau)C$。加上边界条件：①在 $X\to\infty$ 时，股东拥有的价值为无杠杆公司价值[式（5-32）]减去税后利息现金流的贴现值 $(1-\tau)\dfrac{C}{r}$；② $X=X_d$ 时，公司破产，杠杆公司的权益价值为0。表示为

$$\lim_{X\to\infty} E(X,C) = (1-\tau)\frac{X}{r-\mu} - (1-\tau)\frac{C}{r}$$
$$E(X_d, C) = 0$$

可得公司权益价值

$$E(X,C) = (1-\tau)\left[\left(\frac{X}{r-\mu} - \frac{C}{r}\right) - \left(\frac{X_d}{r-\mu} - \frac{C}{r}\right)\left(\frac{X}{X_d}\right)^a\right], \quad \forall X \geq X_d$$

在一定的负债水平 C 下，股东根据自身价值最大化来做出违约决策，也就是优化问题 $\max\limits_{X_d} E(X,C)$，有一阶条件

$$\frac{\partial E(X,C)}{\partial X_d} = -(1-\tau)X^a\left(\frac{1-a}{r-\mu}X_d^{-a} + \frac{aC}{r}X_d^{-a-1}\right) = 0$$

可得出违约阈值

$$X_d(X,C;\mu,\sigma) = C\left(\frac{a}{a-1}\right)\left(\frac{r-\mu}{r}\right)$$

（3）杠杆公司价值求解。杠杆公司收到的现金流（包括债权人现金流和股东现金流）为 $(1-\tau)X(t)+\tau C$，相当于 $m=(1-\tau)$、$k=\tau C$。加上边界条件：① $X\to\infty$ 时，公司价值为无杠杆公司的价值[式（5-32）]与利息抵税现值 $\tau\dfrac{C}{r}$ 之和；② $X=X_d$ 时，公司破产，公司价值为重组价值 $(1-\alpha)V_U(X)$。表示为

$$\lim_{X\to\infty} V_L(X,C) = (1-\tau)\frac{X}{r-\mu} + \tau\frac{C}{r}$$
$$V_L(X_d, C) = (1-\alpha)V_U(X_d)$$

可得杠杆公司价值的表达式

$$V_L(X,C) = V_U(X) + \underbrace{\tau\frac{C}{r}\left[1-\left(\frac{X}{X_d}\right)^a\right]}_{TB(X,C)} - \underbrace{\alpha V_U(X_d)\left(\frac{X}{X_d}\right)^a}_{FPV(X,C)}, \quad \forall X \geq X_d$$

存在最优利息支付水平 C^*，满足一阶条件 $\frac{\partial V_L(X,C)}{\partial C}|_{C=C^*}=0$。具体来看，结合违约阈值表达式，可得

$$\frac{\partial V_L(X,C)}{\partial C}=\frac{\tau}{r}\left[1-\left(1-\frac{a(\tau+\alpha(1-\tau))}{\tau}\right)X^a\left(\frac{a}{a-1}\times\frac{r-\mu}{r}\right)^{-a}C^{-a}\right]=0$$

那么最优 C^* 的表达式为

$$C^*(X;\mu,\sigma)=X\left[1-\frac{a(\tau+\alpha(1-\tau))}{\tau}\right]^{1/a}\frac{a-1}{a}\times\frac{r}{r-\mu}$$

第六章

债务融资

引导案例

中国长江三峡工程开发总公司的债务融资[①]

中国长江三峡工程开发总公司（China Three Gorges Project Corporation，CTGPC，简称三峡总公司）是由国务院批准成立的国有独资企业，成立于1993年9月27日，注册资本金39.36亿元。三峡总公司全面负责三峡工程的建设与运营。2002年9月，三峡总公司作为主发起人，设立了中国长江电力股份有限公司，经营管理葛洲坝电厂和三峡电厂发电资产。2003年11月18日，长江电力A股在上海证券交易所上市。截至2008年12月31日，总资产达到2 241亿元，2008年利润总额113亿元。2009年9月27日更名为中国长江三峡集团公司。以下是该公司2009年发行债券的具体信息。

债券名称：2009年中国长江三峡工程开发总公司企业债券。

发行总额：100亿元。

债券品种的期限及规模：本期债券分为5年期和7年期两个品种。其中，5年期品种发行规模为70亿元，7年期品种发行规模为30亿元。

债券利率：本期债券5年期品种的票面年利率为3.45%（该利率根据Shibor基准利率加上基本利差1.58%确定）；7年期品种的票面年利率为4.05%（该利率根据Shibor基准利率加上基本利差2.18%确定）。Shibor基准利率为发行首日前5个工作日全国银行间同业拆借中心在上海银行间同业拆放利率网（www.shibor.org）上公布的一年期Shibor（1Y）利率的算术平均数1.87%（保留两位小数，第三位小数四舍五入），在债券存续期内固定不变。本期债券采用单利按年计息，不计复利，逾期不另计利息。

发行方式：本期债券采用通过承销团成员设置的发行网点向境内机构投资者公开发行和在上海证券交易所向机构投资者协议发行两种方式。

---

① 2009年中国长江三峡工程开发总公司企业债券募集说明书摘要. 中国证券报，2009-04-08.

发行对象：在承销团成员设置的发行网点的发行对象为在中央国债登记结算有限责任公司开户的境内机构投资者（国家法律、法规另有规定者除外）；在上海证券交易所的发行对象为在中国证券登记结算有限责任公司上海分公司开立合格证券账户的机构投资者（国家法律、法规禁止购买者除外）。

信用级别：经中诚信国际信用评级有限责任公司综合评定，发行人的主体信用级别为AAA，本期债券信用级别为AAA。

债券担保情况：无担保。

试问：三峡总公司为什么要选择通过发行债券的方式进行融资？相比股权融资，债务融资的优点和缺点是什么？除此之外还有哪些债务融资工具？我们应该如何根据企业融资需求选择恰当的债务融资工具？本章将就这些问题展开讨论。

第一节 债务融资概论

债务融资对股权融资而言，是借款人允诺定期支付利息并到期偿还本金的一种借贷融资方式，是现代企业的主要筹资方式之一，包括银行贷款、企业债券、短期融资券、商业信用等多种资金筹集方式。通过债务融资，不仅可以解决企业经营资金的问题，而且可以使企业资金来源呈现多元化的趋势。企业在债务融资过程中，需要考虑如下决策问题[1]：①向谁借款？企业可以向银行贷款，也可以发行债券，或者采用商业信用的形式；②企业进行短期债务融资还是长期债务融资？③未来决策中的灵活性限制以及控制权向债权人转移如何设置？④是否需要进行抵押？⑤出现违约情况下的优先结构如何设置？

相对于股权融资，债务融资的基本特征是借债的公司承诺在未来某一时间给债权人一笔固定的金额[2]。从财务角度来看，债务与股权最主要的差别在于：①负债不属于公司的所有者权益，因此，债权人通常没有表决权，他们用来保护自身利益的工具就是借贷合约，又称"债务契约"；②公司对债务所支付的利息被视为一种经营费用，具有完全的抵税作用，因此，利息费用是在计算公司应税义务之前支付给债权人的，而普通股和优先股则是在计算公司应税义务之后分配给股东的；③未偿债务是公司的一项负债，如果公司不履行支付义务，那么债权人可以通过相应的法律程序向公司索取资产，而债权人的这种行为将导致公司破产清算。因此，公司进行债务融资可能会使公司陷入"债务危机"当中，而使用权益资本则不会发生这种危机。

与股权融资相比，债务融资除了具有较低的融资成本、不稀释股权以外，还具有如下多方面的作用，这也是企业偏好债务融资的原因[3]。

（1）税盾作用和财务杠杆作用。企业债务的税盾作用是指，企业向债权人支付的利息计入成本，免交企业所得税，而向股东支付的股利则来自于扣除企业所得税之后的净利润。因此，如果利率水平适当，且企业的息税前收益高于利息，那么提高企业的负债率能增加免税收益，提高企业的市场价值。

---

[1] Tirole J. The Theory of Corporate Finance. Princetion: Princeton University Press, 2006.
[2] 布雷利 CA, 迈尔斯 SC, 艾伦 F. 公司财务原理. 第8版. 方曙红, 等译. 北京: 机械工业出版社, 2007.
[3] 孙振峰. 企业债务融资研究. 复旦大学博士学位论文, 2005.

另外，当企业的息税前利润率高于企业债务的利息率时，企业债务对企业的权益资本回报率具有类似杠杆的放大作用，而如果息税前利润率低于利息率，企业债务会使权益资本回报率急剧降低，此即企业债务的财务杠杆作用。

（2）对企业管理层的约束作用。股东和债权人具有不同的利益，股东是企业的所有者，具有剩余索取权，债权人则只对其提供的资金具有本息索取权。股东和债权人通过不同的方式参与或影响企业治理，维护各自的利益，股东可以直接经营管理企业，或者委托董事会经理经营管理企业并对企业的重大决策行使投票权，债权人则通过对企业进行监督和行使相机控制权来保证其利益。

现代企业，尤其是上市公司的股权很分散，有数量众多的中小股东，理论上中小股东可以通过参与企业治理来约束企业管理层，提高企业经营业绩，但实际上中小股东很少参与公司治理。因为，一方面中小股东大都是为了获取投资或投机收益而购买企业股票，普遍将股票视为金融资产，很少声称是对企业的所有权，没有监督管理层的意识。另一方面中小股东监督管理层的成本很高，与其监督管理层所获的收益不对称，因此中小股东有强烈的动机在对企业的监督中搭便车。由此导致股权对经理的约束不力，形成了"弱所有者，强管理者"现象。债务融资要求公司定期向债权人还本付息，否则将出现破产清算的情况，这种未来现金流支付的压力迫使公司管理层经营好公司，减少其代理问题。

（3）信号传递作用。对债权人而言，企业负债率越高，风险越大。而股东则会在一定的范围内将负债率看做正面消息，公司管理层可以通过改变负债率，来传递企业获利能力和风险的信息。管理层通常具有不为股票投资者所知的企业风险与收益的内部信息，股票投资者只能通过管理层传递的信息间接地评价企业的市场价值。企业负债率高，破产概率越大，管理层自身利益受到的威胁越大，经理为了保护自己的利益就会提高经营效率，因此股票投资者会将负债率高低作为企业优劣的一个信号。负债率高的企业资产质量好，获利能力强，市场价值大；负债率低的企业则相反。

（4）转移通货膨胀风险。通货膨胀风险是企业经营过程中可能面临的一种宏观经济风险，一旦发生通货膨胀，企业的现金资产和一部分实物资产都会贬值。同时，通货膨胀具有财富再分配效应，使债权人的财富向债务人转移，企业使用债务融资，就可以借助于通货膨胀的财富再分配效应将通货膨胀风险转移给债权人。在通货膨胀率高、实际利率低的时期，企业进行债务融资的动机尤其强烈。

（5）反收购。为了防止被收购，企业可以通过提高负债率，用尽企业的借款能力，将企业现金流用于偿还债务，从而降低企业对收购方的吸引力，提高收购成本。增加企业债务可以从两个方面降低收购方的盈利预期：第一，增加债务降低了企业盈利能力，加大了企业破产概率；第二，债务增加使收购方的潜在盈利转移到了债权人手中。若债务增加能阻止敌意收购同时又不至于使企业陷入破产状态，企业经理是乐于增加债务的，在敌意收购威胁很强时，企业经理甚至会冒着使企业破产的风险去举债。

但债务融资也是一把双刃剑，在满足企业对资金需求、带来财务效益的同时，也给企业带来了风险，严重的甚至会导致财务危机，使企业面临破产风险。因此，如何正确认识企业债务融资就显得尤为重要。

在具体进行债务融资过程中，企业债务融资工具形式多样，主要包括银行信贷、企业债券、商业信用等。

（1）银行信贷。银行信贷是企业最重要的一项债务资金来源，在大多数情况下，银行也是债权人参与公司治理的主要代表,有能力对企业进行干涉和对债权资产进行保护。但银行信贷在控制代理成本方面存在缺陷:流动性低,一旦投入企业则被"套牢";信贷资产缺乏由充分竞争产生的市场价格,不能及时对企业实际价值的变动做出反应;面临较大的道德风险,尤其是必须经常面对借款人发生将银行借款挪作他用或改变投资方向,以及其他转移、隐匿企业资产的行为。

(2)企业债券。企业债券是企业依照法定程序发行,约定在一定期限内还本付息的债务凭证,在约束公司管理层代理问题方面具有银行信贷不可替代的重要作用,主要类型包括短期融资券、企业债券和中小企业集合债券等。

(3)商业信用。商业信用是企业在商品交易过程中由于延期付款或预收账款而形成的企业信贷关系。商业信用是期限较短的一类负债,且一般与特定的交易行为相联系,因此风险在事前基本上就能被锁定,相应的代理成本较低。但由于商业信用比较分散,单笔交易的额度一般较小,债权人对企业的影响很弱,大多处于消极被动的地位,即使企业出现滥用商业信用资金的行为,债权人也很难干涉。

本章主要阐述企业债务融资的基本理论,介绍债务融资分析技术——信用评分方法,并在此基础上对上述各种债务融资工具进行分析,包括间接债务融资工具和直接债务融资工具,其中间接融资主要指银行贷款,又进一步分为信用贷款和担保贷款,而直接融资又包括公开市场债务融资和非公开市场债务融资,最后探讨债务融资工具的创新。具体本章的逻辑结构如图 6-1 所示。

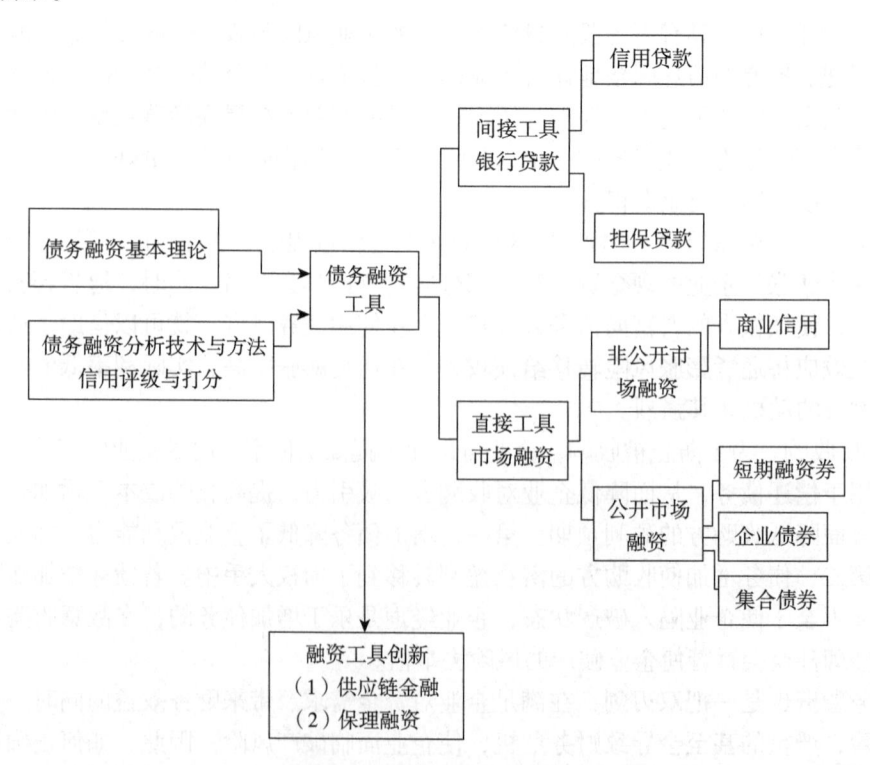

图 6-1 债务融资逻辑框架图

第二节 债务融资中的信用评分方法

一、信用评分的概念与发展

所谓信用评分（credit scoring），是以评分事项的法律、法规、制度和有关标准化的规定为依据，采用规范化的程序和科学化的方法，对评分对象履行相应经济承诺的能力及其可信任程度进行调查、审核和测定，经过同评分事项有关的参数值进行横向比较和综合评价，并以简单、直观的符号（如 AAA、BBB 等）表示其评价结果的一种评价行为。信用评分是最早开发的债务融资量化分析工具之一，目前已成为是否发放贷款、确定贷款额度、产品定价，以及提高放贷机构盈利能力和操作战略的决策支持工具。实际上，在从银行贷款到企业债券的各类债务融资工具信用分析中都会用到信用评分方法，其基本思路在本质上是相同的，即事先确认某些决定违约（与偿还款项相反的行为）概率的关键因素，然后将它们加以联合考虑或加权计算出一个数量化的分数。

从数理分析技术发展的层次上讲，信用评分的发展经历了三个历史阶段。

第一阶段，以客户分类为核心的信用分析阶段。这一阶段通过描述性统计方法，如均值、方差、概率分布等，以及聚类分析、因子分析和相关性分析等方法对客户的未来表现进行初步评估和分类。这一分析方法在 20 世纪 60 年代是主流，这也是由当时所具有的数据条件、分析技术和计算技术条件共同决定的。

第二阶段，以预测模型为核心的信用评分阶段。这是信用分析技术的重大突破，它通过内部信息和外部信息进行深度挖掘，提炼出大量反映借贷者行为特征和信用能力的衍生变量，并运用先进的数理统计方法把各种信息变量进行综合，从而系统地对客户未来信用表现做出预测。预测模型在 20 世纪八七十年代被广泛运用。

第三阶段，以决策模型为核心的信用评分阶段。决策模型比预测模型再进一步，把借贷者决策行为的影响数量化，未来信用表现不仅是借贷者自身特征的函数，而且也是借贷者未来决策的函数。决策模型分析技术在 20 世纪 90 年代中后期开始广泛应用于信贷管理之中。

> **阅读案例6-1**
>
> **信用评分的起源与发展**
>
> 信用评分源于费舍尔（Fisher）在 1936 年的一项实验。费舍尔通过测量植物的尺寸来区分两种不同的鸢尾属植物，以及通过测量体积来区分颅骨的来源，提出了第一个解决总体中分组问题的方法。20 世纪 30 年代，一些邮购公司开始使用数字的评分系统来克服信用分析员在信贷决策中标准不一致的问题。1941 年，David Durand 在《消费者分期付款信贷的风险因素》一书中，通过对商业银行发放消费者贷款的质量高低的对比分析，建立了包括九个因素的评分模型，并对九项因素进行评分，求出总和，即为消费者的资信评分。20 世纪 60 年代末信用卡在欧美金融市场的诞生，使银行和其他信用卡的发卡机构认识到了信用评分的实用性。20 世纪 80 年代，信用评分在信用卡中的成功应用使银行开始将评分用于其他产品。到 90 年代后期，它已成为欧美银行业评估并发放消费贷款的主流方法。
>
> 1968 年，美国经济学家 Alman 首次将信用评分的思想应用于企业贷款领域，提出了针对

制造型企业的 Z 分值模型。但总体而言，直到 20 世纪 90 年代，信用评分模型在中小企业贷款领域仍进展不大，这主要是由于企业的行业、产品、规模、技术等差异大，可比性较低，且违约样本少，难以确定具有普遍解释意义的风险变量的缘故。这一局面在 90 年代中期得以突破。1995 年，FairIsaac and Company 受美国风险管理协会（Risk Management Association, RMA）委托，以 17 家美国大银行提供的、长达 5 年、超过 5 000 家小企业的贷款申请信息作为样本开发出了它的第一个小企业信用评分系统（ME credits scoring system）。1996 年，这一系统用来自 25 家美国银行的数据加以进一步的完善。随后，这套系统开始在银行实务中投入运行。信用评分模型迅速成为美国银行小企业贷款的风险管理工具。到 2002 年，已有超过 350 家美国贷款机构在 100 万美元以下的贷款中采用 Fair Isaac and Company 信用评分系统。除此之外，一些其他专业研究机构和大银行也相继开发出具有自身特色的小企业信用评分系统。Mester 证实，美国有 70%的银行在小企业贷款中采用信用评分模型，表明信用评分对小企业贷款的偿还前景具有很高的可预测性，尤其是 10 万美元以下的贷款。美国一家著名的计算机软件设计商与一家银行协会合作创建了中小企业信用评分服务系统，在此过程中，银行协会的每家成员银行提供约 300 个中小企业的信贷数据（100 个好企业、100 个差企业和 100 个由好变差的企业）和两位企业所有者的消费者信用报告。银行发现，对于 10 万美元以下的贷款而言，预测中小企业贷款履约情况最重要的指标是企业所有者的信用，而非企业本身业务经营情况，企业所有者的信用记录比企业净值或营利性更具预测力，银行可以借助于类似处理消费者信贷申请那样的评分系统来处理中小企业信贷。

最先应用中小企业信用评分技术的是大银行，它们有着充足的企业历史数据以创建一个较可靠的评分模型，但大部分银行是外购评分模型。1995 年，美国的富国银行应用该技术发放了 1.08 亿美元贷款，比 1994 年增加了 61%。该技术还使该银行能够在全美 50 个州发放贷款，尽管当时它在其他州并没有分支机构。Hibernia Corporation 是美国路易斯安那州一家资产规模为 63 亿美元的银行，1993 年该行信贷人员一般每月处理 100 笔中小企业贷款申请，那时中小企业贷款总额为 1 亿美元，而至 1995 年，银行平均每月处理近 1 100 笔申请，中小企业贷款总额超过了 6 亿美元，而且所有这些业务仅需 7 位贷款人员办理。上述两家银行是许多大银行的典型代表。还有一些银行则将中小企业信用评分视为对其他分析技术的一种补充，以提高决策的精确性。

资料来源：汪莉. 基于 Logistic 回归模型的中小企业信用评分研究. 合肥工业大学硕士学位论文，2008.

二、信用评分的功能与作用[①]

信用评分行业经过多年的发展，在揭示和防范债务融资中的信用风险、降低交易成本以及协助政府进行金融监管等方面所发挥的重要作用，日益被市场各方和监管机构所认同。信用评级的结果，无论是对借贷企业、投资者，还是对银行、政府来说，都是相当重要的。

对进行借贷的企业来说，一方面，信用评分的结果往往使企业的债务融资渠道更广泛、更稳定。如果信用评分的结果广为传播、使用，并为投资者所接受，那么它将成为企业获得各种资金资源的通行证，有利于拓宽企业的融资管道。然而未被评分的企业，在进行债务融

[①] 叶尊麟. 中小企业信用评分法的应用效果与改进——以台湾联合征信中心的实际资料为依据. 暨南大学硕士学位论文，2009.

资过程中，由于投资者可能无法获取关于该企业的有关资料，也无法搞清其债务在二级市场的流动性状况，因此不愿对其投资。另一方面，当众多的投资者利用信用评分的结果来确定其投资价格时，信用评分可为新债发行节约大量费用。

对投资者来说，信用评分的结果，减少了发债企业与投资者之间的信息不对称性，从而保护了投资者的利益。对银行来说，信用评分的结果往往是银行决定是否发放贷款的一个重要依据。

对政府来说，信用评分为政府部门提供了对各类企业进行宏观控制的依据。在美国，大约有20种以上金融法规的制定，都要听取信用评分公司的意见。如果某种债券信用级别低，按美国法律规定，部分养老基金和对冲基金就不能购买。巴塞尔委员会在1988年制定的《巴塞尔协议》中，就银行法定准备金数额做出了规定，在此后的修订中，更把银行的信用等级和银行贷款的法定准备金挂钩，信用等级低的银行比信用等级高的银行准备金的比例要高得多。

归纳起来，信用评分的功能和作用主要包括如下几个方面。

1. 揭示债务人的信用风险，降低交易成本

信用评分是信用评分机构根据债务发行者提供的资料，或从它认为可靠的其他途径获得的数据对发债人的信用风险做出准确、客观、公正的评分，因此信用评分有助于揭示债务人的信用风险。另外，高等级的信用评级可以帮助企业较方便地取得金融机构的支持，得到投资者的信任，从而扩大融资规模，降低融资成本。

2. 信用评分是市场经济的"身份证"

信用评分有助于信用形式、期限、金额等的确定，只有建立在对客户信用状况的科学评估分析基础上，才能达到既从客户的交易中获取最大收益，又将客户信用风险控制在最低限度的目的。同时企业可以通过信用评分了解到竞争对手和合作伙伴的真实情况，降低企业的信息搜集成本。良好的信用等级可以提升企业的无形资产，高等级的信用是企业在市场经济中的通行证，它能够吸引投资人和客户大胆放心地与之合作。

3. 信用评分有助于改善企业经营管理

信用评分结果通过向社会公告，这本身就对企业有一定压力，将促进企业为获得优良等级而改善经营管理。同时从评分机构客观的评分中，企业还可以看到自己在哪些方面存在不足，还可以通过同行业信用状况的横向比较，从而有的放矢地整改。

4. 信用评分还可协助政府部门加强市场监管，有效防范金融风险

信用评分在政府监管方面的应用主要体现在三方面：一是根据信用级别限制被监管机构的投资范围，如许多西方国家都规定商业银行、保险公司、养老基金等机构投资者不得购买投机级（即BBB级以下，俗称垃圾债券）债券；二是根据信用评分制定金融机构的资本充足率；三是有关发债机构的信息披露和最低评分的要求。各国的监管经验表明，政府监管部门采用评分结果的做法，有助于提高信息透明度，有效防范金融风险。

三、信用评分技术体系的构架

信用评级技术体系是指信用评级机构在对被评对象的信用状况进行客观公正评价时所采

用要素的总称，包括评分要素、评分指标、评分方法、评分标准、评分权重和评分等级六方面内容。

1. 信用评分要素

建立企业信用评分技术体系，首先要明确评分的内容包括哪些方面，一般来说，国际上都围绕"5C"要素展开。"5C"是指品德（character）、能力（capacity）、资本（capital）、担保品（collateral）和环境（condition），它们都是决定信用的主要因素，其中品德和能力是内在要素，而担保品和环境则是外部要素。一个信用良好的企业应该具有良好的品德、较强的开拓能力和充实的资本。

2. 信用评分指标

信用评分指标是指体现企业信用评分要素的具体项目。从指标的量化程度与方法上看，信用评分指标可以分为定量指标与定性指标，前者来自于数学计算，量化程度高，后者来自于经验判断，量化程度低；从指标的经济内容上看，信用评分指标可以分为财务指标和非财务指标，由于企业信用在很大程度上与企业财务状况相关，财务指标在信用评分中占有极其重要的地位，但财务指标也不是唯一的评分指标，往往还需补充其他非财务的经济评分指标。在进行企业信用评分时，评分指标的选择必须以能充分体现评分的内容为条件。通过几项主要指标的衡量，就能把企业信用的某一方面情况充分揭示出来。例如，企业的盈利能力，一般可以通过销售利润率、资本金利润率和成本利润率等指标加以体现；企业的营运能力可以通过存货周转率、应收账款周转率和营业资产周转率等指标加以体现。

3. 信用评分方法

信用评分的具体方法有定量分析和定性分析，通常采用两者结合分析的方法。定量分析的方法有评估模型法等，评估模型法是以反映企业经营活动的实际资料分为分析基础，通过数学模型来测定信用风险的大小，其中早期最具代表性的是 Z 值计分法，该方法基本上以企业的财务数据为基础来进行信用评分；定量与定性相结合的方法包括综合评分法等，综合评分法是通过建立指标体系和企业评分，划分信用等级的方法。国际评分权威机构标准普尔公司在评分过程中，定量分析和定性分析都采用，但以定性分析为主。

4. 信用评分标准

要把企业的信用状况划分为不同的等级，就要对每一项指标定出不同级别的标准，以便参照定位。明确标准是建立信用评分技术体系的关键，标准定位过高，有可能把信用好的企业排挤出投资等级，反之标准定位过低有可能把信用不好的企业混入投资等级，两者都对信用评分十分不利。因此，标准的制定必须十分慎重。一般来说，信用评分的标准要根据企业所在行业的总体水平来确定，国际上通常采用全球标准，信用评分的标准要反映整个世界的水平。

5. 信用评分权重

信用评分的权重，即在评分指标体系中各项指标的重要性。企业信用评分的各项指标不可能同等重要，有些指标占有重要地位，对企业信用等级起决定性作用，其权重就应大一些，有些指标的作用可能小一些，则其权重就相对要小。在设计指标的权重时要审慎研究，在充分考虑行业、规模等因素的情况下确定各评分指标权重。

6. 信用评分等级

信用评分等级是反映企业信用等级高低的符号和级别，一般是在综合各信用评分指标状况的基础上确定的。各国对于信用等级的使用各不相同，即使是同一个国家不同的评分机构使用的等级也不尽相同，有的采用4级，有的使用5级，还有使用9级的；标识方法也不一样，如有的用A、B、C、D、E表示，有的用AAA、AA、A、BBB、BB、B、CCC、CC、C表示。

阅读案例6-2

商业银行内部评分法

目前，巴塞尔新资本协议的实施已成为国际银行业的大势所趋。十国集团、欧盟成员国在2006年年底实施新协议；澳大利亚、新加坡以及部分发展中国家，如南非、印度等也表示将采取积极的措施实施新协议。中国银行业监督管理委员会（简称中国银监会）则计划采取"两步走"和"双轨制"的实施策略：在目前条件下，中国的商业银行将先执行1988年资本协议，并按照中国银监会2003年出台的《商业银行资本充足率管理办法》的要求，提高资本充足率水平，在过渡期结束时确保大多数银行资本充足率达到8%；与此同时，中国银监会将积极鼓励大银行开发内部评分体系，并在条件成熟时采取内部评分法对其进行资本监管。从2006年1月1日起试行的《商业银行风险监管核心指标试行》，就充分体现了国际银行业监管的最新技术，如风险迁徙、预期损失与非预期损失等概念的引进和应用；对其余的商业银行，中国银监会将继续按照普通标准监管，但同时确定了差别化监管的激励原则。

巴塞尔新资本协议尽管是以发达国家，特别是十国集团国家的"国际活跃性银行"为对象制定的监管规则，但其对银行业风险管理的基本原则依然可为发展中国家银行业所借鉴。尤其是发展中大银行，因其业务规模的庞大、对国内经济的影响以及与国外金融市场的紧密联系，就更需要加快其具体的实施步伐。在新资本协议的实施过程中，内部评分法将成为发展中国家商业银行的首选途径。这主要是由内部评分法的特点所决定的。作为新资本协议的主要创新，内部评分法与标准法的根本区别在于把银行对重大风险要素的内部估计值作为计算资本的主要参数。它以银行自己的内部评分为基础，以内部评分的结果作为计提、拨备的依据，有可能在大幅度提高资本监管的风险敏感度的基础上降低银行所必需的经济资本。

内部评分法鼓励银行自主研究风险的测量和管理方法，既强化了银行进行风险管理和建立内控机制的责任，同时也增加了银行风险管理手段的灵活性，从而将提高银行的核心竞争力水平。目前内部评分法正在成为全球先进银行进行信贷风险管理的主流模式。据英国《银行家》杂志统计，1992年，已经采用内部评分体系的50家大银行，其综合竞争实力平均增长率高达1%，而未建立内部评分体系的同类型银行，其综合竞争实力的平均增长率仅为0.23%。

四、信用评分方法

信用评分是通过对客户偿还债务能力和偿债意愿的评估，来对债务偿还风险进行综合评价。经过多年的发展，目前形成了不同特点、不同风格的信用评分方法。按评分依据划分，有主观评分法和客观评分法，其中客观评分法更多地依赖于公司的财务数据进行评分，而主观评分则更多地依赖于专家综合各个方面情况进行评分。按评分方式划分，有定性分析法和定量分析法，其中定性分析主要根据除企业财务报表以外有关企业所处环境、企业自身内在素质等方面情况对企业信用状况进行总体把握；定量分析法则是以企业财务报表为主要数据来源，按照某种数理方式进行加工整理，得出企业信用结果。

目前，国际评分机构在评分过程中，定性分析和定量分析都采用，但以定性分析为主，定量分析为定性分析服务。不过对银行业来说，由于所面对的客户众多，评分人员的素质参差不齐，因此评分方法一般不以定性分析为主。国外通常使用的信用分析理论是5C原则。通过对贷款人的职业道德、业务能力、资本金实力、抵押质量及整体经济运行情况的分析，可以让银行对贷款人的整体状况有比较清晰的认识。银行对于贷款人的这五个方面进行综合评估，最后得出贷款决策。

穆迪投资者服务公司（简称穆迪公司）于1900年在美国曼哈顿成立，是全球著名的债券评级机构。穆迪公司的企业信用评分体系主要从以下八个方面进行分析：①行业发展趋势；②国家政治和监管环境；③管理层素质和承担风险态度；④公司经营及竞争地位；⑤财务状况和流动资金来源；⑥公司框架结构；⑦母公司担保及支持协议；⑧特发事件风险。

对于其中的定量指标需要分析3~5个年度的数据，主要从以下三方面展开分析。

（1）资产负债表分析。对资产各项目所占比重进行计算与衡量，同时计算负债各项目的比重；计算杠杆比率主要包括负债对资产总额比率、资本对资产比率、资产杠杆系数等比率，通过以上指标的计算初步把握企业负债经营的效益和相对应的风险。

（2）利润表分析。分析税前利润对利息支出的倍数及保障系数，这是考核企业用收益偿付利息能力的重要指标；分析资产运营效率，主要通过资产周转率、存货周转率、应收账款回收率等指标进行综合评测；分析企业收益率则主要通过资产收益率、资本回报率、股东回报率、负债成本率等指标的计算。

（3）现金流量表分析。主要衡量的指标有资本支出为折旧、摊销的倍数、现金总流量对资本支出总额的比率、营业活动现金净流量对负债总额的比率等，通过以上指标，了解企业用现金流量维持或扩大生产规模的能力及企业的偿债能力。此外，值得强调的是，穆迪公司和标准普尔公司在对企业进行信用评分时，都要对企业的信用状况进行跟踪监控，保持企业信用等级的实时准确性。

为了降低信用评分过程中的主观因素，特别是由于市场方面的需要，越来越多的数学方法被引入信用评分中，具体包括判别分析、回归分析、分类树分析、专家系统分析、神经网络分析和遗传算法分析等，具体各种方法的简要介绍如下。

1. 判别分析

在对消费者进行信用评分时，判别分析方法根据已知信用的好坏将消费者进行分类后形成若干总体，然后由这多个总体的特征找出一个或者多个判别函数（准则）。对给定的一个新观测者，根据判别函数，判断它应该属于哪个总体，以及检验两个或多个总体在所测量的指标变量上是否有显著的差异，如有，则指出是哪些指标。判别分析有许多种，包括线性判别分析和二次判别分析等。判别分析的最初工作开始于 Fisher（1936）提出的线性判别函数，而后 Durand（1941）把判别分析用到信用评价系统，他的研究显示该方法对债务的偿还情况做出很好的预警。Eisenbeis（1977，1978）把判别分析作为一种评估方法推广到商务、金融和经济领域。

2. 回归分析

线性回归。线性回归与线性判别分析在形式上非常相似，试图用评价指标的线性组合来揭示消费者的违约概率问题。线性回归主要应用于信用评分的两类划分问题（信用好和信用不好），其指标权重系数可以用最小二乘法得到。Orgler（1971）把回归分析应用于消费者贷款，并分析设计了一个评价未偿还贷款的分值卡。由于未偿还贷款包含了消费者的行为信息，他发现消费者的行为特征比申请表特征更能表明贷款的未来质量。

Logistic 回归。Logistic 回归是一种非线性分类的统计方法，用于因变量为定性指标的问题，基本假设是似然比的对数是属性的线性回归。Logistic 回归对训练样本要求表示成好坏两类人群即可，而结果都能得到精确的分值，实际上这个分值被认为是属于好（或不好）的概率。Wiginton（1980）首次把 Logistic 回归应用于信用评分，并把它与判别分析进行了比较，结果表明，Logistic 回归给出了比较好的结果。Probit 回归则是把 Logistic 回归中的似然比对数函数改变为正态分布函数的反函数。

3. 分类树分析

分类树是与判别分析及回归方法截然不同的一种统计方法，也称为递归分割算法。其基本思想是把待估消费者集合按一定的分割规则不断进行细分，最后按照集合多数的原则确定信用的好坏。该思想由 Breiman 等（1984）提出，Coffman（1986）比较了分类树和判别分析，Carter 和 Catlett（1987）等讨论了信用评分中运用分类树的一些结果情况。信用评分中的分类树如图 6-2 所示。

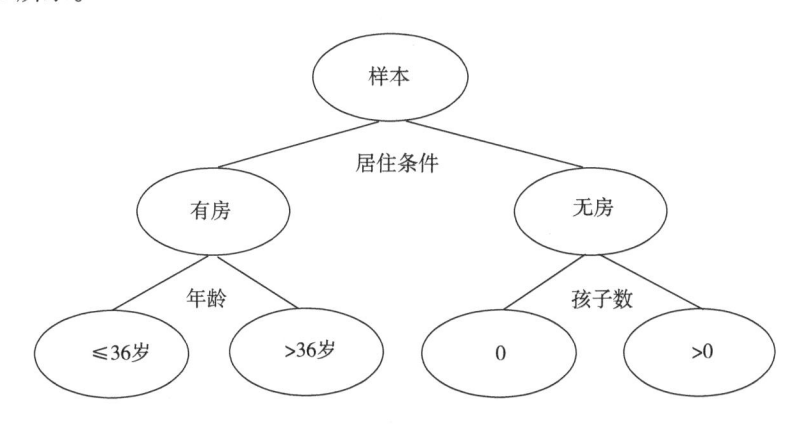

图 6-2　信用评分中的分类树

4. 专家系统分析

专家系统是一种使用知识和推理的智能计算机程序，其目的是将专家解决问题的推理过程再现而成为专家的决策工具或为非专业决策者提供专业性建议，是人工智能的一个重要分支。专家系统解释其信用评分结果的能力很强，这一点在拒绝申请人贷款需要给出合理解释的时候有很大帮助。专家系统功能的强弱主要取决于在创立系统时，对专家所掌握知识的深度挖掘程度以及这些知识与计算机程序结合的有效性。开发专家系统的过程中知识的获取始终是一个瓶颈，而推理方式的研究决定着专家系统的智能化水平，这两个方面的进展极大地影响着专家系统在信用分析领域的应用前景。

5. 神经网络分析

神经网络可以被看做是一种非线性回归的方法，被证明是一种可以解决很多问题的普遍方法，已经广泛地应用于信用评分中。人工神经网络是一种模仿人脑信息加工过程的智能化信息处理技术，具有自组织性、自适应性以及很强的鲁棒性，善于联想、综合和推广。人工神经网络模型各种各样，目前已有数十种，它们是从各个角度对生物神经系统不同层次的描述和模拟。

6. 遗传算法分析

遗传算法是模拟生物进化的自然选择和遗传机制的一种寻优算法。遗传算法对于复杂优化问题无须建模和进行复杂的运算，只需将要解决的问题模拟成一个生物进化的过程，通过复制、交叉、突变等操作产生下一代的解，并逐步淘汰掉适应度函数值低的解，增加适应度函数值高的解。

五、信用评分卡的内容及案例

信用评分卡将信用评估的要素、指标、方法等内容以表格的方式展现，是利用历史数据和统计技术，分析各种风险要素对违约率的影响程度，最终形成一个得分。根据这个得分，银行或其他债权人可以区分借贷者的风险程度，下面从评分卡分类和评分卡主要功能两方面进行分析。

1. 评分卡分类

在信用评分过程中，按照不同生命周期的管理阶段，评分卡模型有多种种类，其作用也不同。按建立模型的方式，评分卡模型可分为专家评分模型、行为评分模型；按其用途方面，评分卡模型可分为申请评分模型、响应评分模型、客户流失评分模型、欺诈评分模型。表 6-1 展示了信用评分卡的部分内容。

表 6-1 信用评分的部分举例特征项、属性和分数

居住状况	自有	租用	其他	不详		
分数	35	20	20	21		
现址时间/年	<0.5	0.5~1.5	1.5~6.5	6.5~10.5	>10.5	不详
分数	22	20	59	29	33	24
工龄/年	<0.5	0.5~1.5	1.5~2.5	>2.5	不详	
分数	12	18	29	40	26	
受教育水平	<高中	高中	大学	硕士	>硕士	不详
分数	20	30	40	45	50	30

2. 评分卡主要功能

评分卡能将"好"申请人（很可能按承诺还款的申请人）与"坏"申请人（不太可能按承诺还款的申请人）分离。得分等于或高于界限分的申请人表示其风险水平可以接受，即被认为是"好"的申请人，而低于界限分的申请人要么被拒绝，要么经受严格审查，即被认为是"坏"的申请人。在评分应用中，信贷机构可以设置自己的审批策略。例如，用户利用评分卡设置一个界限分，以此为标准自动接受高于界限分的申请人和自动拒绝低于界限分的申请人，对处于中间"灰色"区域的申请人则给予标识，留待给更有经验的信贷分析员进一步

审查。信贷机构既可以把申请得分作为决策的唯一依据，也可以把得分与其他因素综合考虑再进行决策。根据申请人群的分数分布，信贷机构可以事先确定任何给定界限策略对接受率和拖欠率的影响，据此用户能够控制自己可以承受的信贷风险。利用评分卡进行评分，还将提高信贷决策过程的准确性、工作效率和控制力度。通常在保持拖欠率不变的情况下，申请评分卡将提高接受率；当接受率保持不变时，则可以降低拖欠率；如果信贷机构想二者兼顾，则可以在提高接受率的同时降低拖欠率。

总体来说，评分卡的主要功能包括：①通过增加接受率或者降低拖欠率提高收益率；②作为一种目标工具改进贷款策略；③提高信贷决策效率和精度，节约资源并改善客户服务；④提高信贷审批环境的快速应变能力，增加用户竞争力，提高客户业务情况的管理控制能力。表 6-2 以大型工业企业为例，介绍了某银行客户信用评分卡指标体系。

表 6-2　某银行客户信用评分卡指标体系（大型工业企业）

序号	指标名称	计算方法	标准	标准分	企业指标	企业得分	计分标准说明
一	偿债能力			30			
1	资产负债率	负债总额/资产总额	50%	10			每增加 5 百分点扣 1 分
2	流动比率	流动资产/流动负债	1.5	8			每减少 0.1 扣 1 分
3	速动比率	速动资产/流动负债	1	6			每减少 0.1 扣 1 分
4	利息保障倍数	（利润总额+财务费用）/财务费用	300%	3			每减少 50 百分点扣 1 分
5	连带负债比率	或有负债/净资产	30%	3			每增加 10 百分点扣 1 分
二	获利能力			25			
1	年度利润总额		5 000 万元	5			每减少 1 000 万元扣 1 分
2	主营利润率	主营利润/销售收入	20%	8			每减少 2 百分点扣 1 分
3	总资产报酬率	年度利润总额/年均总资产	10%	4			每减少 2 百分点扣 1 分
4	销售收入增长率	三年平均增长率	10%	4			每减少 2 百分点扣 1 分，仅有两个会计年度报表的最高得 2 分，仅有一个会计年度财务报表的不得分
5	净利润增长率	三年平均增长率	10%	4			
三	经营管理			20			
1	年度净现金流量		2 000 万元	5			每减少 400 万元扣 1 分
2	年度经营净现流		1 000 万元	5			每减少 200 万元扣 1 分
3	应收账款周转率	销售收入/应收账款平均余额	400%	4			每减少 100 百分点扣 1.5 分
4	存货周转率	销售成本/存货平均余额	300%	4			每减少 100 百分点扣 1.5 分
5	管理规范性		规范	2			较为规范得 1 分，不规范得 0 分

续表

序号	指标名称	计算方法	标准	标准分	企业指标	企业得分	计分标准说明
四	履约和结算			15			
1	本行履约记录		无展期及无不良记录	3			有展期无不良记录得2分，有不良记录不得分，未发生过信贷关系得1分
2	他行履约记录		无不良记录	2			有不良记录不得分，未办理过信贷业务得1分
3	本行结算比例	企业在本行结算流水量占其总结算流水量的百分比	≥50%	5			每减少10百分点扣1分
4	本行日均存款	企业近三个月在本行的日均存款余额占其在本行信贷业务额度的百分比	≥20%	5			每减少5百分点扣1分，开户不足3个月最多得3分
五	发展与潜力			10			
1	固定资产净值率	净值/原值	65%	4			每减少5百分点扣1分
2	市场优势及前景	行业及产品市场优势及前景	好	3			较好得2分，一般得1分，无优势及前景0分
3	规划与实施条件	有无远近期经营目标，是否具备实施条件	目标和条件均齐备	3			远近期经营目标明确，具备实施的财力、技术、管理能力、人力资源和外部环境等条件，得3分；远近期目标明确，实施条件有个别缺陷，得2分；只有近期经营规划和实施条件得1分；无目标规划或无实施条件不得分。
六	修正调整项	其他影响企业信用评级的重要因素		±5			见《客户信用评级指标及记分标准表》说明
七	限定指标调整项	见附件2：客户信用等级限定指标表					
		合计得分：					

第三节 间接债务融资工具

间接债务融资是指企业通过银行等金融中介机构，以借贷方式间接进行资金融通的活动。在间接债务融资中，资金供求双方不构成直接的债权债务关系，而是分别与金融中介发生债权债务关系，其中最典型的金融中介是商业银行。从积聚资金的角度看，银行是货币资金所有者的债务人；而从贷放资金的角度看，银行又是货币资金需求者的债权人，而货币资金的供给者与需求者之间并不发生直接的债权与债务关系[1]。与企业债券等直接融资工具相比，银行贷款作为间接融资工具，能够更好地解决债权人和债务人之间的信息不对称问题，减少债

---

[1] 中国社会科学院经济研究所. 现代经济词典. 南京：江苏人民出版社，2005.

务人的代理问题，具体来说主要有以下一些优势[①]。

（1）灵活方便。企业以金融机构作为中介，可以根据其提供的融资工具和借贷方式，灵活地选择其所需的资金数量与期限。

（2）可获得性强。尤其是对中小企业而言，其信息难以标准化并传播给市场（Rajan and Zingales, 1998），只有通过银行贷款等间接融资方式获得资金。此外银行还可以通过"阶段融资"和"创业投资"等方式对中小企业进行扶持。

（3）重复博弈的信息优势。企业可以通过与银行建立长期的合作关系，在满足既定条件下获得再融资或提前还款，在陷入财务困境时，可以继续获得银行的授信。

（4）非公开协定优势。银行贷款有利于维护企业投资机会的保密性。企业一般不希望向公众披露涉及商业秘密的信息，而发行债券往往要求信息公开。如果为竞争对手获知，会影响预期收益甚至公司价值。

（5）融资成本较低。利用银行贷款可以使企业避免发行证券所需的昂贵费用以及审批手续等带来的长时间等待过程。但这并不意味着银行贷款不需要成本，事实上，银行贷款的成本低主要表现在固定成本上，而发行债券的固定成本则偏高，但可变成本较低。

银行贷款按是否需要提供担保可以分为信用贷款和担保贷款。担保贷款按照担保方式的不同，又可以分为质押贷款和抵押贷款，下面分别针对这几类银行贷款进行介绍。

一、信用贷款

信用贷款是基于借款人的信誉而发放的贷款，其特征就是债务人无须提供抵押品或第三方担保，仅凭自己的信誉就能取得贷款，并以借款人信用程度作为还款保证。企业信用贷款无须抵押，无须担保，手续简明，期限灵活，审批快捷，放款迅速，为企业提供流动资金，配合企业的不同业务需求，帮助其展开业务。

通常企业的信用贷款申请必须满足以下条件：①企业客户信用等级至少在 AA⁻（含）级以上的，经国有商业银行省级分行审批可发放信用贷款；②经营收入核算利润总额近三年持续增长，资产负债率控制在 60%的良好值范围，现金流量充足、稳定；③企业承诺不以其有效经营资产向他人设定抵（质）押或对外提供保证，或在办理抵（质）押等及对外提供保证之前征得贷款银行同意；④企业经营管理规范，无逃废债、欠息等不良信用记录。

二、担保贷款

担保贷款是指由借款人或第三方提供担保而发放的贷款。按照担保方式不同，担保贷款主要分为保证贷款、质押贷款和抵押贷款三种形式。

保证贷款指贷款人按《中华人民共和国担保法》（简称《担保法》）规定的保证方式，以第三人承诺在借款人不能偿还贷款本息时，按规定承担连带责任而发放的贷款。保证人为借款提供的贷款担保为不可撤销的全额连带责任保证，也就是指贷款合同内规定的贷款本息和由贷款合同引起的相关费用。保证人还必须承担由贷款合同引发的所有连带民事责任。为

[①] 张春. 公司金融学. 北京：中国人民大学出版社，2008；中国社会院经济研究所. 现代经济词典. 南京：江苏人民出版社，2005；孙振峰. 企业债务融资研究. 复旦大学博士学位论文，2005.

顺利取得银行贷款，企业应该选择那些实力雄厚、信誉好的法人或公民作为贷款保证人。

质押贷款是指贷款人按《担保法》规定的质押方式，以借款人或第三人的动产或权利为质押物发放的贷款，是企业在不具备信用贷款优势条件下的重要补充。可作为质押的质物包括国库券、国家重点建设债券、金融债券、AAA 级企业债券、储蓄存单等优价证券。债务人不履行债务时，债权人有权以该动产（或财产权利）折价或者以拍卖、变卖该动产（或财产权力）的价款优先受偿。移交的动产或财产权利成为"质物"，出质人应将权利凭证交与贷款人。

抵押贷款是以贷款公司提供抵押品或以第三人提供的抵押品作为还款保证而取得的贷款，如公司不能按期归还本息，银行可按贷款合同的规定变卖抵押品，以所得款项收回本息。抵押是指债务人或第三人不转移财产的占有，将该财产作为债权的担保。债务人不履行债务时，债权人有权以该财产折价或者以拍卖、变卖该财产的价款优先受偿。

担保融资的流程主要分如下几个步骤：①申请。企业提出贷款担保申请。②考察。考察企业的经营情况、财务情况、抵押资产情况、信用情况、企业主情况，初步确定担保与否。③沟通。与贷款银行沟通，进一步掌握银行提供的企业信息，明确银行拟贷款的金额和期限。④担保。与企业鉴定贷款担保及反担保协议，资产抵押及登记等法律手续，并与贷款银行签订保证合同，正式与银行、企业确立担保关系。⑤放贷。银行在审查贷款担保的基础上向企业发放贷款，同时向企业收取担保费用。⑥跟踪。跟踪企业的贷款使用情况和企业的运营情况，通过企业季度纳税、现金流的增长或减少直接跟踪考察企业的经营状况。⑦提示。企业还贷前一个月，预先提示，以便企业提早做好还贷准备，保证企业资金流的正常运转。⑧解除。凭企业的银行还款单，解除抵押登记，解除与银行、企业的担保关系。⑨记录。记录本次贷款担保的信用情况，分为正常、不正常、逾期、坏账四个档次，为后续担保提供信用记录。⑩归档。将与银行、企业签订的各种协议，以及还贷后的凭证、解除担保的凭证等整理归档、封存，以备今后查档。

（一）质押贷款

质押贷款是指贷款人按《担保法》规定的质押方式以借款人或第三人的动产或权利为质押物发放的贷款，是企业在不具备信用贷款优势条件下的重要补充。在金融实践中，提供质押已经成为企业和金融机构进行信贷合作的普遍方式。需要注意的是，出质人必须依法享有对质物的所有权或处分权，并向银行书面承诺为借款人提供质押担保，这是质押和抵押贷款的显著不同。在质押期届满之前，贷款人不得对质押物擅自处理，质押期间，质物如有损害、遗失，贷款人应承担相应的责任并负责赔偿。

质押贷款按照质押标的的不同，主要分为如下几类。

1. 存货（现货）质押贷款

存货质押贷款是指需要融资的企业（即借方），将其拥有的存货作为质物，向资金提供方（即贷方）出质，同时将质物转交给具有合法保管存货资格的物流企业（中介方）进行保管，以获得贷方贷款的业务活动，是物流企业参与下的动产质押业务[①]。

[①] 中华人民共和国国家标准《物流术语》（GB/T 183454—2006）。

2. 购货质押贷款

购货质押贷款是指企业以购买的货物作为抵押，向金融机构申请贷款的一种融资方式。当企业购货资金不足时，企业将其购买的货物抵押给银行，监管仓作为第三方承担货物监管的职责，当货物入仓后，金融机构贷款给买方完成支付。

3. 存单质押贷款

存单质押贷款是指借款人以贷款银行签发的未到期的个人本外币定期储蓄存单（也包括银行办理的与本行签订有保证承诺协议的其他金融机构开具的存单的抵押贷款）作为质押，从贷款银行取得一定金额贷款，并按期归还贷款本息的一种信用业务。存单质押贷款是利率最低、手续最为简便、办理速度最快的贷款方式。

4. 仓单质押贷款

仓单质押贷款是指银行与借款人（出质人）、保管人（仓储公司）签订合作协议，以保管人签发的借款人自有或第三方持有的存货仓单作为质押物向借款人办理贷款的信贷业务。其中仓单是指仓储公司签发给存储人或货物所有权人的记载仓储货物所有权的唯一合法的物权凭证，仓单持有人随时可以凭仓单直接向仓储方提取仓储货物。

5. 知识产权质押贷款

知识产权质押贷款是指以合法拥有的专利权、商标权、著作权中的财产权经评估后向银行申请融资的贷款方式。其中，专利质押贷款的使用最为广泛，专利质押是指专利持有人以专利出质，与质权人订立书面合同，以获取资金的方式[1]。目前知识产权质押在我国发展还较为缓慢。

6. 国债质押贷款

国债质押贷款是指借款人以未到期的国债作为质押，从贷款银行取得人民币贷款，到期一次性归还贷款本息的一种贷款业务。需注意的是，这里的国债一般指凭证式国债（一般贷款银行只接受本银行承销的1999年以后发行的凭证式国债，也有银行对国债的时间要求比较宽松），不过也有银行办理记账式国债的质押贷款。

7. 股票质押贷款

股票质押贷款是指证券公司以自营的股票、证券投资基金券和上市公司可转换债券作质押，从商业银行获得资金的一种贷款方式。股票质押率由贷款人依据被质押的股票质量及借款人的财务和资信状况与借款人商定，但股票质押率最高不能超过60%。

阅读案例6-3

南京道及天软件系统有限公司知识产权质押贷款

南京道及天软件系统有限公司原名南京金鹰软件系统有限公司，成立于1992年。公司注册资金1 000万元，是国家认定的软件开发企业、江苏省高新技术企业、南京市软件骨干企业，并获得信息产业部认证的系统集成商资质。该公司已经申请了多项国家发明专利及PCT国际发明专利，获得软件著作权证书15项，拥有自主知识产权的软件产品11

---

[1] 国家知识产权局. 专利权质押登记办法，2010.

项。2012 年，为获取发展资金，该公司将知识产权的软件产品共 5 项进行质押，合计评估价值 3 028 万元，其软件著作权权属清晰，无任何产权纠纷。

整个质押贷款过程分为六个阶段，具体如下。

第一阶段：初步书面材料审核。

江苏省技术产权交易所根据企业上报的知识产权质押贷款业务申请表、企业简介、企业前两年和当期的财务报表、软件著作权登记证书及其他相关的证明材料和所获荣誉证书等，对企业的基本情况做出判断，明确该企业可以作为知识产权质押贷款业务的目标企业。

第二阶段：将企业推荐给南京银行，并进行实地考察。

江苏省技术产权交易所将企业材料推荐给银行，并与南京银行下属操作支行组成工作小组，结合书面材料对企业进行实地考察，详细了解企业人员、技术、知识产权，以及生产、经营、销售等方面的情况，确定该企业可以作为知识产权质押款试点企业。

第三阶段：软件著作权评估。

为保证软件著作权评估的权威性和公正性，由江苏省技术产权交易所和南京银行共同认可的南京长城资产评估事务所对其质押物——5 项软件著作权进行评估。评估过程分为书面材料审核、现场勘查、市场调查、询证以及提交正式评估报告书等阶段。根据收益现值法，最后 5 项质押物的评估值合计为 3 028 万元。

第四阶段：召开技术专家论证会。

为验证企业技术的可行性，由江苏省技术产权交易所邀请知名院校的行业专家、教授召开论证会对其技术进行论证，并向银行提交书面论证意见。

第五阶段：银行最终审核。

根据以上阶段提供的所有材料，汇总后上报南京银行总行有关部门进行全面审核，最终确定企业以 5 项软件著作权作为质押物，获得期限一年的流动资金贷款。根据江苏省技术产权交易所与南京银行之间的合作协议，试点阶段企业单笔贷款金额不超过 200 万元，贷款金额以评估值的 30%为基础，最终企业获得 200 万元贷款，贷款利率在基础利率的基础上上浮 30%。

第六阶段：质押登记过户，交付源代码程序。

南京道及天软件系统有限公司作为出质人，南京银行股份有限公司作为质权人，双方填写并向国家版权局中国版权保护中心软件登记部提交计算机软件著作权质押登记申请表、营业执照副本复印件、人民币借款合同和质押合同及软件著作权登记证书，进行软件著作权质押登记过户并向银行交付经过行业专家证实的源代码程序，封存后由银行代为妥善保管。

第七阶段：发放款项阶段。

南京银行放款中心根据双方所签有关合同和质押过户登记证明文件，批准企业放款，并即日到账。南京道及天软件系统有限公司利用这部分资金，缓解了流动资金的压力，对今后市场的开拓起了"助推剂"的作用。

本案例作为江苏省首例知识产权质押贷款案例，全国首例采用无抵押、无担保形式，而直接用软件著作权作担保，向银行申请贷款的业务，充分证明了知识产权在贷款中的质押担保功能。由此可见，知识产权质押不仅是一种担保方式，还是企业新的融资手段。此种方式的推出，必将为科技型中小企业，尤其是广大的江苏科技型中小企业开辟了新的融资渠道，为解决科技型中小企业融资难的问题，起到了示范带头作用。

资料来源：段颖冰. 江苏首例知识产权质押贷款业务案例分析. 科技成果纵横，2008，（1）：22-24.

（二）抵押贷款

抵押贷款是以贷款公司提供抵押品或以第三人提供的抵押品作为还款保证而取得的贷款，如公司不能按期归还本息，银行可按贷款合同的规定变卖抵押品，以所得款项收回本息。债务人不履行债务时，债权人有权以该财产折价或者以拍卖、变卖该财产的价款优先受偿。

作为抵押物的标的通常具有合法性、流动性、价值稳定性、权属无争议、处置不妨碍公共利益。当借款人不能按期归还贷款时，银行有权处理抵押物并优先受偿。目前，银行越来越多地采用这种抵押贷款方式，以保证自身的利益不受侵害。

抵押贷款按照抵押标的的不同，主要有以下几类：①存货抵押，又称商品抵押，是指企业以其所持有的货物，包括商品、原材料，在制品和制成品作为抵押，向银行申请贷款。②客账抵押，是客户以应收账款作为担保取得短期贷款。③证券抵押，以各种有价证券，如股票、汇票、期票、存单、债券等作为抵押，取得短期贷款。④设备抵押，以机械设备、车辆、船舶等作为担保向银行取得定期贷款。⑤不动产抵押，即借款人提供不动产，如土地、房屋等抵押，取得贷款。

在法定担保方式中，质押与抵押最为接近，二者有许多共同之处。例如，抵押人和出质人对担保物都必须具有处分权。又如，抵押权和质权都属于物权担保和从属性权利，两者都有优先受偿权。但是，二者毕竟是两种不同方式的物权担保，有着许多不同之处，主要体现在如下几方面。

1. 担保物种类不同

抵押物可以是不动产，也可以是动产，而质物必须是动产和财产权利，不动产不能适用质押，法律也没有规定不动产可以质押，主要理由是不动产由于其性能决定不可转移占有，所以只能适合抵押担保。

2. 担保物权设立的条件不同

质权和抵押权都是担保物权，但设立的条件要求不同：质权自质物交付质权人时设立，或者自登记之日起设立；抵押物应当登记的，抵押权自登记之日起设立，抵押物不需要登记的，自抵押合同签订之日起设立。

3. 同一财产能否再担保不同

某一财产的价值能够满足两个以上债权要求的，抵押人可以同时或者先后就同一财产向两个或者两个以上的债权人提供抵押担保，形成两个抵押权。质押以质物交付质权人占有为生效要件，当某一财产作为质物交付质权人占有后，出质人不可能就同一财产再交付另一个债权人占有，因而无法再质押。

第四节　直接债务融资工具

直接债务融资工具是指以市场为载体，资金供给方和需求方之间直接建立的一种债权债务关系。按照发行市场的不同，直接债务融资工具可以分为非公开市场融资和公开市场融资工具。公开市场融资以非特定的公众投资者为交易对象，通过在公开金融市场上发行有价证券融资，包括企业债券、短期融资券、集合债券等。与公开融资相比，一切在有限范围内向特定投资者出售债务的外部融资行为，都是非公开融资[1]，如商业信用。一般而言，能够进行公开债务融资的只是少数信誉良好、成熟稳定的大企业，而使用非公开债务融资的企业范围则广泛得多。从大多数国家的融资结构看，公开债务融资的比重较非公开债务融资要低得多，其重要性也不如非公开债务融资。非公开市场债务融资和公开市场债务融资的区别见表6-3。本节主要从发行市场的不同入手，介绍非公开市场和公开市场的常见债务融资工具。

表6-3　非公开市场债务融资和公开市场债务融资的区别

融资工具	非公开市场债务融资	公开市场债务融资
信息透明度	只对特定的投资者披露信息	以合规的方式及时公开披露
稳定性	对经营状况的稳定性要求较低	对经营状况的稳定性要求较高
公司治理特点	适用于多种企业治理结构，不要求所有权与经营权分离	要求企业分离所有权与经营权，采取规范的股份公司形式

一、公开市场债务融资

（一）短期融资券

短期融资券是指具有法人资格的企业，依照规定的条件和程序在银行间债券市场发行并约定在一定期限内还本付息的有价证券，实质上是企业发行的无担保短期本票。短期融资券是企业筹措短期资金的一种直接融资方式。2005年5月24日，中国人民银行公布并实施了《短期融资券管理办法》，允许符合条件的企业在银行间债券市场向合格机构投资者发行短期融资券。短期融资券的期限一般为2~9个月，最长不超过1年。利率随期限和发行公司的资信程度而定，但多低于银行短期贷款的利率。在2008年中国人民银行发布《银行间债券市场非金融企业债务融资工具管理办法》后，短期融资券的发行移交至中国银行间交易商协会，实行注册制自律管理，截止到2011年6月底，短期融资券的累积发行额已经超过2.7万亿元，市场存量近7 000亿元[2]。短期融资券的概况如表6-4所示。

表6-4　短期融资券的概况

项目	短期融资券主要要素
审批	机构：中国银行间市场交易商协会 监管方式：注册制 企业发行短期融资券应依据《银行间债券市场非金融企业债务融资工具注册规则》在中国银行间交易商协会注册 首次上报至获得发行批文约2个月 注册有效期为两年，可在有效期内到期续发，首次发行应在注册后2个月内完成
发行方式	一次注册、一次发行或分期发行
规模	待偿还余额不得超过企业经审计净资产的40%，不与企业债、公司债合并计算，须与中期票据合并计算（央企总部及净资产超过央企总部合并资产50%的总部一级子公司，可不与中期票据合并计算），企业母公司的债券发行额度需要全额合并计算子公司的已发行债券额度

---

[1] 纪敏. 中小企业融资的经济分析：非公开融资的作用. 证券市场导报，2004，(11)：34-41.
[2] 时文朝. 非金融企业债务融资工具使用手册. 北京：中国金融出版社，2012.

续表

项目	短期融资券主要要素
期限	一年及以内
利率	利率较为市场化，但不低于中国银行间交易商协会发行指导利率下限，通常低于同期限贷款利率
募集资金用途	对于募集资金用途没有明确的限定，通常为偿还银行贷款与补充流动资金
流通市场	流通市场：银行间债券市场
信用评级与担保	评级：实行跟踪评级制度，在短券存续期内，每年进行一次信用评级担保；不提倡担保，企业可以自主选择
托管人	上海清算所
主承销商资格	2014年，有24家金融机构拥有从事中期票据主承销业务的资格，其中22家为商业银行，包括五大国有商业银行、股份制商业银行、部分城商行及2家证券公司

1. 短期融资券的分类

（1）按照发行方式的不同，短期融资券可以分为经纪人代销的融资券和直接销售的融资券。经纪人代销是指先由发行人卖给经纪人，然后由经纪人再卖给投资者。经纪人主要有银行、投资信托公司、证券公司等。公司委托经纪人发行短期融资券，需要支付一定数额的手续费。直接销售是指发行人直接销售给最终投资者。直接销售短期融资券的公司，通常是经营金融业务的公司或自己拥有附属金融公司的公司，它们有自己的分支网店，有专门的金融人才，因此，有能力自己组织推销工作，从而可以节省经纪人代销时支付给经纪人的手续费。

（2）按照发行人的不同，短期融资券可以分为金融企业的融资券和非金融企业的融资券。其中，非金融企业短期融资券的待偿还余额不得超过企业净资产的40%，并且企业要按照中国银行间交易商协会《银行间债券市场非金融企业债务融资工具信息披露规则》在银行间债券市场披露信息。

（3）按融资券的发行和流通范围分类，短期融资券可以分为国内融资券和国际融资券。

2. 发展短期融资券的意义[①]

作为一种无担保、采用信用评级并进行市场化发行的信用型产品，短期融资券超越了发展处于瓶颈期的普通企业债，成为高效率、低成本、市场化的新兴直接融资渠道，为金融市场注入了新的创新品种。因此，发展短期融资券对于完善金融市场体系、疏通货币政策传统渠道、扶持大型企业参与国际竞争、促进金融机构转化经营机制等有着重大的意义。

1）发展短期融资券的宏观经济意义

（1）有利于完善货币政策传导机制。大力发展短期融资市场，使企业融资更多地通过市场进行，中国人民银行可以通过调节货币市场资金供求来影响货币市场利率，从而直接影响企业融资成本及投资行为。在货币政策信贷传导机制没有大的变化的同时，增强市场传导机制的效能。

（2）有利于促进储蓄向投资的转化，提高资金的配置效率。短期融资券作为一种重要的直接融资手段和有效的融资安排，它直接将资金持有人（储蓄方）和资金需求方（投资方）联系起来，能够有效地打通储蓄与投资之间的通道，提高资金的配置效率，从而实现宏观经济的高效运转，充分发挥出我国高储蓄率的优势。

（3）有利于降低金融风险，提高我国金融体系的稳定。发展短期融资券等直接融资方式，

[①] 赵庆明. 发展短期融资券的意义与障碍. 价值中国网, 2005-05-24.

将部分资金从银行部门分离出来,逐步降低 M2/GDP 比例,这会从根本上分散金融风险,有利于我国金融体系的稳定。

(4) 完善我国金融市场,促进各金融子市场的平衡发展。发展短期融资券是我国向完善金融市场方面迈出的重要一步。此外,从发达国家的发展和实践来看,短期融资券的引入也可以促进各金融子市场的平衡发展。

2) 发展短期融资券对各微观主体的意义

(1) 对大型企业集团而言,发展短期融资券一是能节约融资成本,一般来说,短期融资券的成本低于同期的银行贷款利率;二是能加强企业的自我约束,因为企业的信用等级直接影响企业的短期融资券发行资格;三是可以拓宽企业的融资渠道,从而提高企业的竞争力。

(2) 对商业银行来说,发展短期融资券是一把"双刃剑"。一方面,传统的优质、低成本的大客户会减少对银行贷款的需求;另一方面,能够改变经营理念和经营模式,促进商业银行重视中小企业客户和中间业务的发展,提高效率降低经营成本,降低银行过多依靠发展存贷款业务来生存,促进银行在中间业务上的拓展,从而推动我国商业银行改变传统的经营理念和经营模式,促进它们的业务创新,提高它们的生存能力。

(3) 对机构投资者而言,发展短期融资券一方面可以满足机构投资者对短期高收益投资工具的需求,另一方面可以壮大机构投资者的规模。

3. 短期融资券存在的问题[①]

目前,我国的短期融资券市场运行情况具有以下特点:①短期融资券发行体集中于优质企业,资信评级均在 A-1 以上;②短期融资券发行期限结构集中于 1 年期,各企业的发行额度集中在 50 亿元以下。从短期融资券的发展过程来看,其主要表现出来的问题集中在如下几个方面。

1) 市场发展呈现非均衡现象

(1) 发行体结构呈现出非均衡现象。从目前短期融资券发行主体的构成看,尽管发行人的产业类型呈现出多元化,但从发行人规模和体制结构上看,仍主要为国有大型企业,与之相对的是,融资难度大、资金需求强烈的资产规模偏小企业、民营企业却鲜见身影。

(2) 主承销商结构呈现出非均衡现象。目前短期融资券的主要承销商为商业银行,虽然可以依托商业银行的多方面优势培育短期融资券健康稳定发展,但这同时也造成了主承销商结构非均衡。从市场的长远发展来看,引入更多的证券公司,可以形成市场的良性竞争和促进市场化的发展。

(3) 明显"赚钱"效应影响市场的公平与效率。短期融资券自推出以来,由于一、二级市场一直存在较大利差,使一级市场赚钱效应十分明显,这虽然在一定程度上可通过保持旺盛的市场需求来推动短期融资券市场的蓬勃发展,但对市场的公平与效率仍有所影响,长此下去将不利于短期融资券市场,甚至影响整个债券市场公平、有序、健康的发展。

2) 短期融资券存在定价缺陷

(1) 一级市场存在的定价缺陷。短期融资券在发行过程中仍然保留部分"非市场"手段,一旦债券市场行情发生反转,市场需求和供给之间的平衡点不复存在,短期融资券的发展可能陷入困境。

(2) 二级市场存在的定价缺陷。二级市场相同剩余期限的品种的价量趋势大致相同,说

[①] 吴晓求. 从建立具有宽度和厚度金融体系的战略高度看短期融资券市场. 中国证券报, 2005-07-14.

明了短期融资券的投资替代性较强。同时由于短期融资券发行量相对国债、金融债较小，并且客户需求旺盛，为提高效率，多数机构会选择采取上市分销的方式，这就出现了首日新上市短期融资券交易量大增的现象。但随后交易量会大幅减少，流通量十分有限。

3）市场基础环境存在的缺陷

（1）发行主体的资质缺陷是制约市场发展的瓶颈因素。

（2）信用评级制度成为制约短期融资券市场健康发展的重要外在因素。

（3）市场参与机构风险识别和风险控制能力仍有待提高。

（二）企业债券

企业债券是指企业依照法定程序发行，约定在一定期限内还本付息的债务凭证。它代表了持券人同企业之间的债权债务关系，持券人可按期或到期取得固定利息，到期收回本金。但它与股票持有人的股票不同，其无权参与企业经营管理，也不能参加分红，持券人对企业的经营亏损也不承担责任。企业债券的概况如表6-5所示。

表6-5 企业债券的概况

项目	企业债券主要要素
审批	审批机构：国家发展和改革委员会（简称国家发改委）负责发行审批，为主审机关 中国人民银行和中国证监会作为会签单位，分别负责发行利率审批和承销团承销资质审批 监管方式：核准制 监管法律：《公司法》、《中华人民共和国证券法》、《企业债券管理条例》、发改财金〔2004〕1134号文及发改财金〔2008〕7号文等
法规规定	股份有限公司的净资产不低于3 000万元，有限责任公司和其他类型企业的净资产不低于6 000万元 连续三年盈利，最近三个会计年度实现的年均可分配利润足以支付企业债券一年的利息 发行后累计公司债券余额不超过最近一期末净资产（不含少数股东权益）的40%（与短融不合并计算） 募集资金的投向符合国家产业政策和行业发展方向，所需相关手续齐全。用于固定资产投资的，原则上累计发行额不超过项目的总投资60%。用于收购产权（股权）的，比照此比例；用于调整债务结构的，需提供银行同意还贷证明；用于补充营运资金的，不超过发债总额的20%
规模	实行余额管理，发行后累计中长期债券余额不能超过公司母公司口径净资产的40% 净资产不包含少数股东权益，且净资产数据需经审计 规模核算中无须扣减已发行的短券和非公开定向发行债务融资工具，但需扣减已发行的中期票据
行业要求	涉及受宏观调控的行业，如房地产行业，需遵守国家相关行业调控政策，募集资金用于保障房，将优先排队审核 涉及国务院38号文中有关产能过剩的企业将视情况与监管进行沟通
期限	以中长期品种为主，3年期、5年期、7年期、10年期及15年期等期限的产品均有发行，无担保则期限较短
利率	优质企业的发行利率低于银行贷款，成功实现企业信用优势向成本优势的转化
募集资金用途	募集资金的投向符合国家产业政策和行业发展方向，所需相关手续齐全 用于固定资产投资的，原则上累计发行额不超过项目总投资的60%。用于收购产权（股权）的，比照此比例；用于调整债务结构的，需提供银行同意还贷证明或即将到期的贷款合同 募集资金中，项目投资占比不得低于发债总额的60%，偿还银行贷款占比不得高于发债总额的20%，补充营运资金占比不得高于发债总额的20%
发行与流通市场	银行间债券市场及交易所市场，以银行间市场为主
发行方式	银行间债券市场及交易所市场，以银行间市场为主，包括协商定价、簿记建档、招标发行等方式，规模较大的企业债多采用簿记建档和招标方式
主承销商	自2000年以来，已经担任过企业债券发行主承销商或累计担任过3次以上副主承销商的金融机构方可担任主承销商

与企业债券相关的是公司债券,公司债券是指公司依照法定程序发行的,约定在一定期限内还本付息的有价证券。从定义上看,企业债券和公司债券的差别并不大,尤其是在西方国家,由于只有股份公司才能发行企业债券,所以在西方国家,企业债券即公司债券。但在我国,企业债券与公司债券的概念不尽相同[①]。企业债券适用 1993 年 8 月 2 日国务院发布的《企业债券管理条例》,而公司债券适用《公司法》[②]。具体来说,我国企业债券与公司债券的差别主要可以分为以下几点。

(1)发行主体的差别:《公司法》和《中华人民共和国证券法》明确规定,公司债券是由股份有限公司或有限责任公司发行的债券;而企业债券是由中央政府部门所属机构、国有独资企业或国有控股企业发行的债券。

(2)发债资金用途的区别:公司债券融资额可以完全用于发展自身事物,而在我国的企业债券中,发债资金的主要用途限制在固定资产投资和技术革新创造方面,并与政府部门审批的项目直接相联。

(3)信用基础的差别:在我国,企业债券不仅通过"国有"机制贯彻政府信用,而且通过行政强制落实着担保机制,因此其信用基础高于公司债券。

(4)管制程序的差别:公司债券的发行通常实行注册制,只要满足制度规定即可发行。但是我国企业债券的发行须经国家发改委报国务院审批,除了对债券余额占净资产的比例有规定,还要求银行予以担保。

(5)市场功能的差别:与发达国家不同,在我国,因为企业债券实际上属于政府债券,其发行受到政府的严格控制,因此其市场功能较弱。

企业债券根据不同的标准可以有多种分类方式,其中最常见的分类有如下几种。

(1)按期限划分,企业债券可分为短期企业债券、中期企业债券和长期企业债券。根据中国企业债券的期限划分,短期企业债券期限在 1 年以内,中期企业债券期限在 1 年以上 5 年以内,长期企业债券期限在 5 年以上。

(2)按是否记名划分,企业债券可分为记名企业债券和不记名企业债券。如果企业债券上有登记债券持有人的姓名,投资者领取利息时要凭印章或其他有效的身份证明,转让时要在债券上签名,同时还要到发行公司登记,那么,它就称为记名企业债券,否则称为不记名企业债券。

(3)按债券有无担保划分,企业债券可分为信用债券和担保债券。信用债券指仅凭筹资人的信用发行的、没有担保的债券,只适用于信用等级高的债券发行人。担保债券是指以抵押、质押、保证等方式发行的债券,其中,抵押债券是指以不动产作为担保品所发行的债券,质押债券是指以其有价证券作为担保品所发行的债券,保证债券则是指由第三者担保偿还本息的债券。

(4)按债券可否提前赎回划分,企业债券可分为可提前赎回债券和不可提前赎回债券。如果企业在债券到期前有权定期或随时购回全部或部分债券,这种债券就称为可提前赎回企业债券,反之则是不可提前赎回企业债券。

(5)按发行人是否给予投资者选择权分类,企业债券可分为附有选择权的企业债券和不附有选择权的企业债券。附有选择权的企业债券,指债券发行人给予债券持有人一定的选择

---

① 在本章内容中,除非特别说明,我们将企业债券和公司债券视为一个概念。
② 《北京大学法学百科全书》编委会. 北京大学法学百科全书. 北京:北京大学出版社,2004.

权，如可转让公司债券、有认股权证的企业债券、可退还企业债券等。可转换债券的持有者，能够在一定时间内按照规定的价格将债券转换成企业发行的股票；有认股权证的债券持有者，可凭认股权证购买所约定的公司的股票；可退还的企业债券，在规定的期限内可以退还。反之，债券持有人没有上述选择权的债券，即是不附有选择权的企业债券。

（6）按发行方式分类，企业债券可分为公募债券和私募债券。公募债券是指按法定手续经证券主管部门批准公开向社会投资者发行的债券；私募债券是指以特定的少数投资者为对象发行的债券，发行手续简单，一般不能公开上市交易。

企业通过发行企业债券，筹措长期资金，是企业直接融资的重要途径。其优点主要有以下几点：①企业能获得长期且数额较稳定的资金来源。企业可以根据需要确定债券的发行期限与金额，而无须像申请银行贷款那样处于被动地位。企业能自主支配和使用资金。银行贷款等间接融资，一般附有严格的贷款使用规定，尤其是银行长期贷款，其投放控制更严。而通过企业债券筹措的资金，企业具有灵活的使用权限，这一点对股份制企业尤为有利。②保障企业的股东控制权。企业债券的持有人无权参与企业的经营决策，可以避免股权稀释，还便于主动调节财务结构。③降低企业的资金成本。企业债券的利息是在税前支付的，可以有效降低企业的税务成本，发挥财务杠杆的作用。④可以扩大企业的社会影响力。发行企业债券可以提高筹资人的信誉并扩大其在社会的知名度，在扩大企业影响力的同时，获得社会公众更多的长期资金。

但是，企业债券的发行同时也是一把双刃剑，在具有上述诸多优点的同时，也蕴含着很多风险，其缺点主要有以下几点：①财务风险较高。债券具有固定的到期日，要承担到期还本付息的义务，如果经营不善，企业债券会给企业带来沉重的财务负担，严重时甚至会导致其破产。②发行的限制条件严格。《公司法》对企业债券的发行权限有严格的限制条件，只有实力强、经济效益好的企业，才能采用债券融资的方式，并且不得超过其自有资产的净值。这就导致企业债券的融资方式有时候显得很鸡肋。③负财务杠杆作用。当企业经营出现资金息税前利润小于发行债券所支付的利息时，企业的负债比例越高，其自有资金的收益率就会越低，这对企业的经营将会是一个恶性循环。

（三）中小企业集合债券

中小企业集合债券是一种特殊的债券形式，指在牵头人组织下，以若干中小企业构成的集合作为发债主体，发行企业各自确定其发行额度并分别负债，使用同一名称的约定到期还本付息的一种企业债券[①]。这种"捆绑发债"的方式，打破了通常只有大企业才能发债的惯例，为中小企业开创了全新的融资模式，是企业债券发行的重大创新。表 6-6 对中小企业集合债券与一般企业债券进行了比较分析。2007 年 10 月，"2007 年深圳市中小企业集合债券"的成功发行，标志着这一产品在我国正式推行。截至 2013 年 5 月，我国债券市场已成功发行了 13 只集合债券，共募集资金 52.02 亿元，一定程度上满足了中小企业融资需求。

表 6-6 中小企业集合债券与一般企业债券比较

项目	中小企业集合债券	一般企业债券
发行主体	多家企业集合发行	一家企业
担保机构	担保机构（银行或担保公司）	银行

---

① 谢赤，李为章，郑竹青. 基于 Monte Carlo 模拟的中小企业集合债券定价. 系统工程，2013，（5）：51.

续表

项目	中小企业集合债券	一般企业债券
融资规模	单个企业发行额度不超过其净资产的40%；总体额度还要由国家发改委根据项目情况来审批	不超过净资产的40%，并由国家发改委批准发行额度
对单个企业的信用要求	较高	高
发行主体	多个中小企业构成的集合体	单个企业
发行难度	对单个企业的要求相对低于一般企业债券要求	对单个企业的规模、盈利能力、偿债能力要求较高，因而存在较大难度
发行费用	分摊到每个企业后相对较低	相对较高
发行期限	3~5年	一般较长，5年以上
融资成本	市场利率，但信用增级降低融资成本	市场利率决定

1. 中小企业集合债券发行原因

中小企业集合债券的发行，主要基于中小企业的融资难与融资效率低下，具体表现在以下几方面。

1）商业银行对中小企业支持力度不够

中小企业的规模小、技术水平低，可用于抵押担保的资产少，并且易受市场环境的影响，经营风险程度高，这些特征与商业银行稳健性经营原则相矛盾，导致商业银行不愿意对中小企业提供贷款。与此同时，从商业银行角度来说，银行为中小企业提供贷款需要付出更多的成本。首先，贷款给一家大型企业相当于批发业务，给中小企业贷款相当于零售业务，相同金额的批发业务分为多个零售业务，要经过更为繁杂的程序，单位资金的成本相对上升；其次，中小企业大多没有建立现代企业制度，内部治理结构混乱，财务制度不透明，监督机制不完善，银行需花费更多精力判断是否能够贷款给中小企业，从而增加了收集和分析信息的成本。这些因素增加了商业银行为中小企业提供贷款的风险和成本，因而增加了中小企业贷款的难度，降低了中小企业的融资效率。

2）上市股权融资的条件较高

企业申请上市需满足的基本要求是企业规模要达到一定程度，而大多数中小企业规模有限。例如，在中国的主板和中小企业板，上市公司的最低注册资本为1 000万元，发行前股本总额不少于3 000万元，发行后股本总额不能少于5 000万元。创业板对企业规模的要求虽有所下降，但发行后股本总额仍不能少于3 000万元，很多中小企业难以达到这样的要求。此外上市条件中对企业的财务状况等还有一定的要求。因此，除少数中小企业外，大多数中小企业很难满足创业板的上市条件，更难以达到主板或中小企业板的条件。即使满足了上市条件，中小企业也难以承担上市过程中的中介费用、信息披露费用和其他成本。因此中小企业的上市直接融资渠道是不畅通的，融资成本较高、融资效率低下。

3）民间融资的不确定性

民间融资包括民间借贷和民间集资两个方面，其中民间借贷属于债权融资，民间集资属于股权融资，但二者不同于银行贷款、发行债券和上市融资等债券或股权融资方式。民间融资具有一定的优化资源配置功能，但目前在我国民间借贷和民间集资不属于正规的融资渠道，游离于现行法律规定之外，不仅不受法律保护，甚至有可能被冠以"非法集资"等名义而受到法律制裁，这增加了民间融资的不确定性。此外，民间融资不符合现行法律规定，表明其在一定程度上也脱离了法律的引导和监管,其收益率可能不以法定利率为依据,现实中民间融资的收益率往往大大高于银行贷款利率。

2. 中小企业集合债券的特征

作为一种特殊的债券发行方式,中小企业集合债券主要有如下几个特征[1]。

1）统一组织

统一组织是发行集合债券的第一步。"统一组织"工作主要包括筛选企业、与债券主管部门沟通、督促按期还本付息等。我们认为,随着市场化程度的提高,中小企业集合债券应主要由担保公司统一组织,以充分发挥担保公司的功能。担保公司在筛选企业时,要充分考虑单个企业的发行规模、发行主体集合的行业集中度和行业相关性,以适应担保公司的担保能力。

2）统一发行

中小企业集合债券需要由券商统一发行,筹集资金集中到统一账户,再按各发行企业的债券额度扣除发行费用后拨付至各企业账户;债券到期前,由各家企业将资金集中到统一账户,统一对债权人还本付息。

3）统一担保

我们认为担保公司作为集合债券的保证人,应是中小企业集合债券未来选择担保方式的主要方向,银行、政府部门等可在担保公司(特别是政策性担保公司)信用增级方面发挥作用。

4）统一信用评级

信用评级是对债券发行主体所发特定债券如约还本付息能力和偿还意愿的综合评估。集合债券信用评级包括对各发行主体长期信用等级评定和担保人信用等级评定,最终确定集合债券的信用等级。

3. 中小企业集合债券发行流程

中小企业集合债券一般按如下流程来发行:①牵头人确定债券发行参与机构,如承销商、评级机构、会计师事务所、律师事务所、担保机构等;②牵头人制定发行人入围标准,企业推荐与遴选;③参与的有关机构进行尽职调查;④办理担保、再担保或反担保手续;⑤主承销商协助企业拟制发行文件;⑥参与机构组织内部评审;⑦向省级人民银行会同同级计划主管部门审批;⑧向中国银行间市场交易商协会申请注册;⑨中国银行间交易商协会下达注册通知书;⑩主承销商组织承销发行;⑪发行完毕划款;⑫到期兑付。

二、非公开市场直接融资

非公开市场直接融资的典型代表是商业信用。商业信用(trade credit)是信用发展史上最早的信用交易方式,在欧洲可以追溯到中世纪,如银行信用、消费信用等其他信用交易方式都是在其基础上发展起来的。经过数百年的发展,如今商业信用已成为一种被企业广泛应用的短期融资形式,是非金融类企业总资产的重要组成部分。

商业信用是指工商企业之间在买卖商品时,以商品形态提供的信用,是企业之间的一种直接信用关系,主要包括企业之间以赊销分期付款等形式提供的信用以及在商品交易的基础

---

[1] 李焰,罗玉清. 关于发行中小企业集合债券的研究. 当代经济研究,2010,(9):71.

上以预付定金等形式提供的信用，其中公认的最典型的商业信用形式是赊销[①]。

为准确理解商业信用的内涵，我们需要掌握以下几方面。

首先，商业信用具有二重性，它既是借贷行为，也是买卖行为。具体来说，伴随着商业信用的发生，交易双方不但形成基本的买卖关系，同时也由于交易中的延期付款或延期交货而形成借贷关系。而且，这种借贷关系的实质是授信方与受信方之间的信用关系，彼此之间的信用关系比较简单、直接。

其次，商业信用是社会再生产过程中一种内在的信用形式，对商品经济中的生产和流动环节具有重要的润滑作用。一方面，商品交易的卖方通过信用销售，可以扩大销售，提高市场占有率，降低库存成本，树立市场形象；另一方面，商品交易的买方通过商业信用的交易方式，可以增加购买力，繁荣市场，扩大内需。

最后，商业信用是期限较短的一类负债，而且一般是与特定的交易行为相联系，风险在事前基本上就能被"锁定"，交易过程的代理成本较低。但是，由于商业信用比较分散，单笔交易的额度一般较小，债权人对企业的影响很弱，大多处于消极被动的地位，即使企业出现滥用商业信用资金的行为，债权人也很难干涉。

总之，商业信用实际上是最原始的商品交易资金周转的信用方式，有利于增强商品经济活力，加强企业组织经济责任。然而，商业信用融资的关键是交易双方都要诚守信用，商业信用的关键是诚信。

根据上述商业信用的概念，商业信用融资可以简单理解为买卖双方在商品交易中通过延期付款或者延期交货等商业信用形式所形成的一种筹措资金的融资模式。一般来说，商业信用融资的种类有应付账款融资、预收账款融资和应付票据融资三种。

1. 应付账款融资

应付账款是卖方通过赊销而提供给买方的信用，它是买方的一种短期资金来源，也是最常见、最典型的商业信用形式。在应付账款融资中，销货企业在将商品转移给购货方时，并不需要买方立即支付现款，而是待一个时期后再由买方付清货款。由于从购入商品到支付货款存在一段或长或短的时间间隔，这对于买方来说就相当于以应付账款的形式获得卖方提供的一笔信贷。

应付账款融资是一种双向获益的行为，买方获得了短期资金来源，卖方扩大了自己的商品销售。在赊销行为中，信用的主体是卖方，信用的客体是买方，信用的对象是商品，是由卖方以商品形式授予买方信用。当一个国家或地区的市场经济发展到比较成熟的阶段并出现买方市场时，在激烈的市场竞争中，企业为了提高自身的竞争能力，往往要采取赊销的交易方式。

2. 预收账款融资

预收货款是指购货企业在收到商品之前预先支付给销货企业全部或部分货款。预收账款融资则是由买方向卖方提供的商业信用，是卖方的一种短期资金来源。在预收账款融资中，信用的主体是买方，信用的客体是卖方，信用的对象是货币资金，它是由买方以货币形式授予卖方的信用。这相当于买方将预付的货款贷给卖方，使卖方在几乎没有筹资成本的情况下解决资金不足的问题。

[①] 马洪，孙尚清. 经济和管理大辞典. 北京：中国社会科学出版社，1985.

预收货款这种商业信用形式的应用是有限的,在卖方市场下比较普遍,通常应用于所销商品市场上比较紧缺而买方又必需或急需、生产周期较长且投入较大的建筑业和重型机械制造业、书报报纸征订等情况。

总之,企业在交易时,只要双方能够达成协议,互惠互利,就可以采用预收账款这种方式,以销定产提高资金利用效率,促进生产发展。

3. 应付票据融资

应付票据是企业进行延期付款商品交易时开具的反映债权债务关系的票据。它可以由购货方或销货方开具,并由购货方承兑或请求其开户银行承兑。

应付票据按照承兑人的不同,分为商业承兑汇票和银行承兑汇票两种。应付票据的付款期限由交易双方商定,最长不超过六个月。应付票据可以带息,也可以不带息,其利率一般比银行借款的利率低,并且不用保持相应的补偿余额和支付协议费,所以应付票据的筹资成本低于银行借款成本。

此外,企业通过应付商业票据的转让和买卖,可以使商品资金提前转化为货币资金,从而加速资金周转,促进生产流通的发展。同时,应付票据融资也把商业信用和银行信用结合起来,有利于商品交易的顺利进行,有利于资金的横向融通。

阅读案例6-4

顺驰"四两拨千斤"的商业信用融资模式

顺驰中国控股有限公司(简称顺驰)成立于1994年,主要从事房地产开发和物业管理等业务,是目前我国规模较大的全国性房地产企业集团之一。当顺驰在2004年提出年销售额100亿元的目标的时候,引来的是业界的广泛质疑。而当2004年年底顺驰盘点时交出95亿元销售额的"成绩单"以后,人们终于相信了顺驰高速成长的潜力。只是大家仍然疑虑,顺驰是如何取得高速成长所需的巨额投资资金的。据顺驰披露,2004年顺驰现金流的总量中,78%是销售回款,10%是银行贷款,12%是合作方、股东投的资金。这些都向我们展露了顺驰驾驭百亿元销售额的"秘诀"——充分运用商业信用融资的功能。

应付土地出让金。在房地产业的运作中,即使是通过"招拍挂"购买的土地,也有一个分期支付的条件。因此,在开发商取得一块土地的控制权到交付全款会有一段时间。这等于让开发商取得一段时间的商业信用融资。例如,顺驰在拍卖会上取得北京领海项目,首期付30%,第二个30%是在一年后付的,其余的是在两年内付清。

应付工程款。房地产商可以通过由施工单位垫资施工的办法来获得商业信用融资。一般预付一定比例的保证金,工程完成后才支付余款,或者依据工期的进度分期支付。据研究顺驰的专家披露,顺驰在取得以上两种商业信用融资方面不遗余力。首先,积极通过各种方法,获得政府同意,缓交地价款,即所谓"推迟首付款时间并合理拉长后续付款";其次,大量使用施工单位的垫付资金。顺驰一般在工程完成一半以后,才支付部分工程款,全部完工后,施工单位取得的工程款还不到工程预算的50%,有的单位甚至做下一个工程时才能拿到上一个工程的部分款项。

预收账款。地产商取得土地使用权证书、建设用地规划许可证、建设工程规划许可证和施工许可证、销售许可证(即五证)就可以预售房屋。如果市场条件好、项目销售策划成功,地产商通过预售就可在正式交房以前预先收到房款。而为了推动预售,地产商往往给予一定的打折优惠。我们可以把这种折扣优惠理解为商业信用融资的成本。

为了尽可能缩短取得"五证"的时间，尽快进入销售阶段，顺驰采取了一系列的办法。一般发展商在成功拍得一块地之后才会花成本去做规划设计等工作，否则"举牌"失败时损失太大。顺驰为节省拿地以后的策划工作，不惜在拍卖会以前就提早做包括市场调查、规划设计等工作。由于事先做好了工夫，对土地的价值有更实在的判断，而且可以缩短从拿地到报送方案的时间。

"顺驰"的另一个加快进度、缩短周期的办法，就是在保证工程时间的前提下，尽可能地将各项作业交叉进行。一般的开发商是串联的，先拿地、规划、设计、拿手续、开工、销售等，而顺驰则是拿到一块地之后，所有的部门全都动起来，甚至包括销售和物业部门。当然这样的所谓"并联作业"将引致较高的成本，但这样做会比常规的开发程序快三个月到半年。

顺驰在短时间内成为销售上百亿元的房地产公司，主要是巧妙地运用了房地产行业的各种融资工具，特别是商业信用的融资功能。不过，一个理性的企业在运用融资条件的时候必须重视控制财务风险，才能保持企业的生存能力和持续发展的能力。

第五节 债务融资工具创新

一、供应链金融

供应链金融（supply chain finance）是企业尤其是中小企业的一种新兴融资渠道（企业层面），指以核心企业为出发点，基于供应链链条的交易关系和担保品，在供应链运作过程中向客户提供的融资、结算和保险等相关业务在内的综合金融服务。供应链金融与传统贸易融资及信贷最大的不同就是在供应链中寻找出一个大的核心企业，以核心企业为出发点，借助核心企业的实力，依托供应链上的交易关系和担保品，为供应链资金薄弱环节提供金融支持[1]。

我国供应链金融分为银行经营与实体经营两类[2]。目前我国供应链金融大致可以分为两大类：一类是以深圳发展（现平安）银行、中信银行和民生银行、工行和中国银行为代表的借助客户资源、资金流等传统信贷优势介入并开展业务的银行供应链金融；另一类是以阿里巴巴、京东商城、苏宁易购等电商，以及类似于怡亚通这类专业物流公司，凭借商品流、信息流方面的优势，通过成立小贷公司等帮助其供应商（经销商）融资的实体供应链金融。

银行业供应链金融比较有特色且规模较大的是平安银行、中信银行和民生银行。中国银行业供应链金融的鼻祖深圳发展银行的模式是"N+1+N"，以中小企业为敲门砖作为产品先导期，逐步渗透到核心企业，以核心企业为轴向供应链的上下游开拓供应链金融业务。中信银行的主要模式是"1+N"，充分利用其对公业务优势，直接切入核心企业，打通核心企业的供应链上下游。民生银行的模式是"一圈两链"，即一个商圈，产业链、供应链两链，先导期利用中小企业融资铺路来寻找对应的供应链，并成立了专门的贸易金融事业部，开展行业专业化、特色化的服务。

供应链金融在银行对公业务中占有显著比重。我国供应链金融经历了贸易融资、自偿性

---

[1] 李毅学. 供应链金融风险评估. 中央财经大学学报，2011，（10）：36-41.
[2] 黄飚. 银行业供应链金融专题报告. 长城证券研究报告，2013.

贸易融资、1+N 供应链金融、线上供应链金融等几个发展阶段。目前工行、中国银行、平安银行、中信银行、民生银行五家银行 2012 年贷款规模占银行业贷款规模的 28.4%。预计全行业供应链金融融资余额达到 6.7 万亿元，这部分融资需求将带来存款派生、丰富的中间业务收入和利息收入，是商业银行向中小企业业务转型的契机。上市 16 家银行 2012 年与供应链金融相关且属于表外业务的承兑汇票、开出信用证、开出保函的规模合计占上市银行信贷规模的 19.5%，地位日趋显著。

目前我国商业银行对企业提供的融资用途和融资形式主要包括流动资金贷款、项目融资贷款、贸易融资以及并购贷款、保函等品种。

供应链金融并非是对银行现有融资体系的重建，所涉及的金融产品也并非全是产品创新，其实质是对融资理念的创新和现有金融服务产品的重组，通过整合信息、资金、物流等资源，提高贷款资金使用效率，并降低整体授信资产的风险。

表 6-7 为供应链融资模式与传统融资模式的比较分析。

表 6-7 供应链融资模式与传统融资模式的比较分析

项目	传统融资模式	供应链融资模式
关注重点	单一企业的经营管理状况，关注静态的财务报表数据	动态地关注整条供应链的经营状况、稳定性及核心企业的支付能力
融资对象	给予授信的单一企业	供应链名录中所有的节点企业
融资方式	对单一企业进行授信，单一企业独享的内部授信方式	对整条供应链授信，节点企业共享的公开授信方式
担保方式	不动产抵押、担保公司担保等传统担保方式	采取核心企业的信用方式，联合担保、动产抵押、信用增级
银企关系	债权债务关系	对供应链企业提供一揽子金融产品，长期合作伙伴关系
融资针对的交易	按贷款用途，不管交易的对象和金额等交易因素	根据真实交易给出融资金额，有效控制融资的用途

通过对比，可以发现供应链金融有如下三大特点。

首先，供应链金融服务并不是指某一单一的金融业务或产品，它改变了过去银行等金融机构针对单一企业主体的授信模式，从核心企业入手研究整个供应链。银行在开展授信业务时，不是只针对某个企业本身来进行，而是要在其所在的供应链中寻找出一个大的核心企业，并以之为出发点，从原料供应到产品生产、销售，为整个供应链提供各种金融服务和金融支持。银行一方面将资金有效注入了处于相对弱势地位的上下游配套中小企业，解决了中小企业融资难和供应链资金失衡的问题；另一方面，将银行信用融入上下游企业的购销行为，保证了原料供应、产品生产和销售全部环节的顺利完成，避免了风险的发生，促进中小企业与核心企业建立起长期的战略协同关系，提升了供应链的竞争能力。

其次，供应链金融从新的视角评估中小企业的信用风险，打破了原来银行孤立考察单一企业静态信用的思维模式，使银行从专注于对中小企业本身信用风险的评估，转变为对整个供应链及其交易的信用风险评估；从关注静态财务数据转向对企业经营的动态跟踪；在考察授信企业资信的同时更强调整条供应链的稳定性、贸易背景的真实性，以及授信企业交易对手的资信和实力，从而有利于商业银行更好地发现中小企业的核心价值，真正评估了业务的真实风险，使更多的中小企业能够进入银行的服务范围。

最后，该模式以贸易融资产品为主线，以供应链企业之间真实的商品或服务为基础，强调贸易的连续性和完整性，强调贷后的实时监控和贸易流程的操作管理；同时，这些贸易融资产品都具有突出的自偿性特点,均以授信合同项下商品的销售收入作为直接还款来源,在融资授信金额、期限上注重与真实交易相匹配。供应链金融主要基于对供应链结构特点和交易细节的把握,借助核心企业的信用实力或单笔交易的自偿程度与货物流通价值,对供应链单个企业或上下游多个企业提供全面的金融服务。

> **阅读案例6-5**
>
> **电商供应链金融模式**
>
> 2012年8月29日,阿里金融宣布向江浙地区普通会员提供贷款,不用任何担保抵押,只凭借企业在阿里平台上的交易信息就可以申请,并且24小时随用随借。
>
> 2012年11月27日,京东对外正式发布其首个金融服务类产品——供应链金融服务系统,且累计从五大国有银行及数家股份制银行,申请了总计50亿元的授信额度。
>
> 2012年12月6日,苏宁电器发布公告,公司境外全资子公司香港苏宁电器有限公司拟与苏宁电器集团共同出资发起设立"重庆苏宁小额贷款有限公司",注册资本为3亿元。
>
> 各路电商竞相涉足供应链金融的事件本身,就足以说明其对电商的重要意义。首先,有利于加快电子商务开放平台建设;其次,促进供应链、物流、金融三个环节高效融合,有效降低风险,提升资金使用效率;最后,形成面向消费者、供应链的完整的金融服务板块,增加用户黏性,提高自身竞争优势。
>
> 相应地,对供应商来说,对电商的选择也早已不仅是销售平台的选择,更多的是要加入哪个供应链的问题,而金融服务则是供应链的重要环节,是物流、支付等供应链资源整合能力的集中体现。
>
> 任何小额信贷业务都存在两个问题,降低成本和控制风险,线上比线下效率更高,风险却更大。小额贷款虽然在利率上可高于银行贷款利率数倍,但营运成本过高,在缺乏偿还机制,社会信用缺失的情况下,经营风险也很大。
>
> 但是,在电商平台上推广小贷,则全然不同。以阿里金融为代表的网商小微金融集团,虽然从本质上仍是小额贷款公司的业务模式,只是将该业务搬到了网上,在一个初步具备信用体系的平台上运营,但是,这是一种无法模仿的举措,因为网商具有大量商家和买家的交易行为数据。首先,电商平台有自己的一套信用体系和数据分析系统,可以通过对交易和资金往来的分析判断出贷款质地的优劣程度。其次,复杂的技术系统可以将流程和时间进一步缩短,这对于降低贷款成本至关重要。而这些,正是商业银行及商业公司小贷业务所缺乏的。只要电商构建的金融平台能有效解决降低成本和控制风险这两个问题,会吸引到很多金融机构加入进来。

二、保理融资

"保理"一词源于国际结算中的国际保理业务,全称是"保付代理"(factoring),近20年来在国际市场上得到了快速发展。保理融资是指企业将现在或未来的基于企业与其客户(买方)订立的销售合同所产生的应收账款债权转让给银行,由银行提供买方信用风险担保、资金融通、账务管理及应收账款收款服务的综合性金融服务,其核心是"债权的转让与受让",即保理商通过收购债权人"应收账款"的方式为债权人提供融资服务。作为保理商的银行需要为企业提供下列服务中的至少一项:①信用风险控制与坏账担保(protection);②贸易融资(trade finance);③应收账款的催收(collection);④销售分户账管理(sales ledger administration）。

随着贸易和经济全球化的发展，各国各企业在国际贸易市场上的交易日趋复杂，竞争越来越激烈。在当前的国际贸易市场上，买方市场已经成为主要特点，出口商为扩大出口量，提高己方产品在国际市场上的占有份额，除了提高商品质量、降低成本等传统竞争手段之外，还越来越重视在结算方式上为对方提供方便。此外，随着国际贸易市场的成熟和发展，贸易风险也逐渐加大，成为国际贸易各方最重视的考量之一。在这样的市场环境下，国际保理业务作为解决此类问题的新型金融服务，也就应运而生了。该业务既能保证出口商安全收汇，又能为进口商提供买方信贷。目前在欧美国家，特别是在欧盟成员国之间的贸易往来中，接近五分之四的进出口业务都是由保理商代理收款来代替信用证的。保理商代理收款对出口方来说，货款由保理商负责收付，不必再考虑进口商付款的时间方式；对作为保理商的银行来说，可以通过全球资信网络和进口商当地银行对商家的资信控制来收款，也可以做到对风险进行有效控制。目前，国际保理业务在国际贸易结算与融资领域已占据越来越重要的地位[1]。

阅读案例6-6

保理融资发展历程

通过购买他人债权而获利的活动与商业活动本身一样具有悠久的历史，它的最初出现可以追溯到数千年前的古巴比伦时代，保理业务方式便源于这种活动的长期演变。然而，现代国际保理的出现只能追溯到19世纪末。它最初由美国近代商务代理活动发展演变而形成，从16世纪开始，欧洲各国纷纷向国外拓展殖民地，为了帮助本国的出口商扩大出口贸易规模，欧洲各国分别在其各自的殖民地建立了商务代理机构。由于商务代理可以为出口商提供诸如代理客户了解市场行情、代办销售手续等多项服务，从而使出口商对国外市场和客户有充分了解，以便及时制定行之有效的出口服务，大大地促进欧洲各国的出口贸易活动。为此，这种商务代理活动在当时得到了蓬勃发展。

20世纪60年代，国际保理传入欧洲，与欧洲国家传统的银行贸易融资活动相结合得以迅猛发展。当时，国际保理业务的市场需求急剧增长，并侧重于出口贸易融资而非销售账务处理、收取应收账款和买方信用担保。大多数早期的保理商以美国国际保理模式为蓝本，坚持提供全面的保理服务，包括买方信用担保。另外一些保理商则侧重提供债务人收取应收账款的服务以保障经营的安全，并致力于向销售商提供出口贸易融资。

20世纪80年代中后期以来，在现代国际保理方式下，出口商一改传统货物发运方式，不再将货物发运给保理商请其代售，而是直接发送给进口商并把赊销给进口商的货物债权转让给保理商以获取融资款。作为债权所有者，保理商便拥有了充分收取货款的权利。他不再仅仅依靠出口商提供的货物抵押去办理融资，而是开始主动支付自有资金购买债权，办理贸易融资业务。原来保理商的商务代理性质已经逐渐变为现代保理商的性质，现代国际保理业务真正诞生。

近二十多年来，国际保理业务获得了巨大发展。据国际保理商联合会的统计，1990年全世界共有保理公司507家，国际保理业务的营业总额为137亿美元，而到2000年，全世界保理公司的数量已经增加到981家，全球保理业务的营业额达到6 415.72亿欧元，约相当于5 890亿美元。与1990年相比，保理公司的数量增加了93.5%，营业额增长了

---

[1] 张晓龙. 国际保理及其在我国的发展问题探讨. 北京工业大学硕士学位论文，2004.

4 199.3%，这足以说明保理业务发展的惊人潜力。在新技术不断进步，新产品不断涌现的今天，国际保理业务由于具有帮助贸易商开拓新市场，增强产品的出口竞争力，且能够有效地防范与化解信用销售所带来的商业风险与外汇风险，而日益受到国际商业界的瞩目。国际保理的发展促进了世界经济的日益繁荣，同时经济繁荣也为国际保理业务的进一步发展提供了新的动力来源。

资料来源：王力. 我国国际保理业务发展的实践研究. 武汉大学硕士学位论文, 2002.

（一）保理的类型

根据是否提供信用担保，保理可以分为有追索权和无追索权两类。无追索权保理是指银行受让供货商应收账款债权后，即放弃对供货商追索的权利，银行独力承担买方拒绝付款或无力付款的风险。有追索权保理是指银行受让供货商应收账款债权后，如果买方拒绝付款或无力支付，银行有权要求供货商回购应收账款。债权人办理保理业务主要是为了获得融资，所以银行提供的保理业务一般都是融资性的。在现实中，银行作为保理商，在保理业务中，除了向保理申请人提供融资外，还可以根据双方的约定提供其他服务，如账户管理、向债务人催收债务等[1]。而不提供融资，仅提供账户管理等其他服务的就是非融资性保理。

根据是否通知买方，保理分为公开型和隐蔽型。公开型保理要求债权转让人书面通知债务人应收账款已转让，隐蔽型保理不通知债务人债权转让。

（二）保理业务的服务内容[2]

根据《国际统一私法协会国际保理公约》（国际司法协会制定）的规定，在国际贸易结算中采取国际保理业务，保理商根据双方，即保理申请人和保理商所签订的《保理合同》，提供以下全部或部分服务。

1）为出口商提供贸易融资

保理商在承做保理业务时，一般先从保理申请人，即出口商那里购买应收账款，或以应收账款为担保对保理申请人进行贷款，保理商通过这种服务方式向出口商提供无追索权的贸易融资。这种贸易融资方式手续简便，且简单易行。它不像信用放款那样需要办理复杂的审批手续，也不像抵押放款那样需要办理抵押品的移交和过户手续。此外，这种融资方式与商品的流转紧密相连，资本循环周期短、流动性强。

2）为出口商提供出口贸易销售账务处理

提供保理服务的保理商一般均为大型商业银行或其附属机构，这些金融机构以其完善的账户管理制度、先进的账务处理技术，以及经验丰富的专业技术人员在为客户提供贸易销售账务服务方面具有明显的优势，可以有效地减少出口商对外贸易的财务处理负担，降低出口商的管理成本，以便出口商更好地集中精力进行生产、研制和销售。

3）调查进口商的资信状况

保理商以其广泛的代理网络、高素质的从业人员及先进的技术手段为出口商跨国度的买方资信调查问题提供了最专业化的服务保障，有效地避免进口企业为了获得不法利益而进行贸易欺诈。

---

[1] 刘鹏. 技术创新的金融支持. 哈尔滨工程大学硕士学位论文, 2004.
[2] 高洁. 保理融资在我国企业中的应用研究. 西南交通大学硕士学位论文, 2007.

4）回收应收账款

保理公司具有专门的收账人员及专业的收账知识，并设置相关的专业律师，可以有效帮助出口企业完成应收账款的回收任务，出口企业只要与保理商签订了保理协议，保理商就会全权为出口企业代收其债权。

5）为买方提供信用担保

保理商与出口商签订保理协议，为出商提供保理服务前，要对进口商进行资信调查。在调查结束后会根据调查结果，对进口商核定一个出口商可以出口商品或劳务的信用额度，只要出口商能将贸易额控制在这个额度内，并保证出口商品或劳务不存在质量、服务水平、等可能引起贸易争端的问题，那么保理商就会对出口商承担信用额度内100%的坏账担保。

（三）保理业务的运行模式

当前国际上比较通行的保理业务是双保理商保理运行模式，即在进行保理业务过程中，出口商将其对进口商的应收账款转让给本国的出口保理商，出口保理商再与债务人所在国的进口保理商签订合同，委托进口保理商负责货款的回收并提供坏账担保。由于一笔保理业务同时涉及出口保理商和进口保理商双方的当事人，因此称为"双保理机制"。

在双保理机制下，国际保理业务的具体运作程序一般分为：①出口保理商与出口商之间签订国际保理协议；②出口保理商与出口商之间签订国际保理合同；③出口商向出口保理商申请债务人的信用额度；④出口保理商将信用申请传递给进口保理商，由其进行调查；⑤进口保理商对进口商进行资信调查评估；⑥进口保理商将批准的额度制成信用额度证实书并通知出口保理商，再由出口保理商传递给出口商；⑦出口商依据信用额度证实书上的额度金额发运货物；⑧货物发出后，出口商如需资金融通，要将全套正本单据寄送给出口保理商，如不需资金融通，则将发票副本传送给出口保理商；⑨出口保理商将上述单据传送给进口保理商；⑩出口保理商视出口商需要，提供发票金额的70%~90%的资金融通；⑪进口保理商在规定的时间内按照商业惯例向进口商催收货款；⑫在货款到期日，进口商将货款交给进口保理商，后者将其转交给出口保理商；⑬出口保理商在扣除预付款、服务费等项目后，将货款余额全部付给出口商。

（四）保理业务对各参与方的积极影响

保理服务之所以能在国际结算和贸易融资中得到迅速发展，是因为它能对进出口双方带来积极的影响。

1）保理对出口商的积极影响

第一，保理业务使出口商提供完善的买方资信调查、账务管理和账款追收服务，克服交易中的信息屏障，减轻了出口商的业务负担，同时降低了出口商的管理成本。第二，由于保理业务提供更有竞争力、更有利的付款条件，有助于出口商拓展国际市场。第三，由于国际保理业务提供买方信用担保，这样出口商在保理商所核准的信用额度内可以有效地避免由于买方拒付货款或破产倒闭等原因造成的账款无法回收的风险。第四，由于出口商能及时甚至提前收汇，间接避免了外汇汇率变动风险。第五，出口商利用保理业务进行融资，与贷款融资方式相比，可减少资产负债表中的负债，有效地盘活资金，有利于企业有价证券上市或扩展其他融资渠道。

2）保理对进口商的积极影响

第一，保理业务使赊销成为可能，为资金暂时短缺的进口商增加了贸易机会。第二，进口商利用优惠付款方式，可以使有限的资金得到充分应用，加速资金周转。第三，进口商可以凭借自己良好的信誉和财务状况获得进口保理商的买方信贷，这样大大简化了进口手续，省去了大笔担保费用。第四，进口商收到单据即可提货，简化了购买手续，节省了时间。

3）保理对保理方的积极影响

对作为保理商的银行来说，最大的好处是增加金融服务品种，开辟新的利润来源。同时，国际保理业务所提供的资金融通，是介于信用放款与抵押放款之间的融资行为，这种融资方式本身的技术特点就起到了优化银行信贷资产结构的作用。

因此，国际保理业务作为优先服务于卖方且有益于各方的竞争工具，已越来越为买卖双方及保理商所认识和采纳。

阅读案例6-7

中国市场保理融资业务的发展

20世纪80年代以来，随着改革开放的推进，大批中国企业进入国际市场，而资信调查对于进入国际市场的商家来说意义重大，为此，美国邓白氏公司叩响了我国对外贸易经济合作部（简称外经贸部）的大门，从此拉开我国保理融资市场的序幕。邓白氏公司在我国完成的第一份企业资信调查报告，是1987年与外经贸部经济信息中心合作下对河北环宇电视机厂进行的资信调查报告。1992年，中国银行在我国率先推出国际保理业务，并于当年加入国际保理商联合会。之后，交通银行和东方国际保理咨询服务中心也陆续参与了这项业务。

1993年5月，由外经贸部经济信息中心、中国银行北京分行、北京市政府共同出资成立的北京中贸商务咨询公司在我国首次以企业身份开展全球工商企业资信调查、国际商账追收、市场研究等服务业务，并承担中国银行国际保理业务联络中心的具体工作。1993年北京中贸商务咨询公司申请加入国际保理商联合会，并获得批准，正式对外开展国际保理业务。同时，为了满足国内客户日益增长的国内保理业务需求，中国银行又于1999年在国内首家推出了国内保理业务，填补了我国国内保理业务的空白，也为长期困扰我国的三角债拖欠问题的处理提供了一个新的解决思路。

（五）保理业务的操作程序

（1）选择保理业务的种类。对出口商来说，应根据企业自身的经营情况、筹资能力和承担风险的能力，在充分考虑成本和收益的原则下，选择不同的保理业务。其中无追索权的保理适合出口企业对卖方的信誉不是很了解或者面对信誉较差的客户，但是因为风险的增大，保理商收取的保理费用也会较高。对资金不是很宽余，资金周转速度快的出口企业，有追索权保理风险转移的力度不明显，但是成本相对较低，可以使企业提前获得资金，以投入新一轮的生产。

此外，选择保理商也是企业需要考虑的问题。大型的或老牌的保理商能够提供很好的服务，除了提供保理业务以外，也可以为企业信用管理提供咨询服务。

（2）签订合适的保理合同方式。在确定了保理业务的方式和保理商之后，就要与其签订合适的保理合同。在这个过程中，首先需要明确保理服务的内容。为了保证能够在客户拒付时收回账款，在合同中必须注明应收账款的支付方式和期限。一般支付方式有到期日方式和收款日方式两种。到期日方式有保理商与卖方约定自发票日、自债权转让日或自发票提交保理商日等，保理商向卖方支付价款。收款日方式即在买方债务人向保理商支付货款后，保理商再向卖方支付债权价款；或自应收账款到期日一定期限后，买方未付款时，保理商担保付款等。其次，需要对保理合同进行公证，可以为银行与买卖双方签订保理合同提供法律咨询，规范保理业务市场。在此基础上，签订合同并转让应收账款的债权。把应收账款让与保理商管理，减少销售人员的后顾之忧，从而使销售人员能够集中精力做好销售和服务工作，开拓市场。

（3）开展具体的保理业务，主要流程如下：①企业向银行提出保理业务申请，按规定提供申请材料，银行在尽职调查的基础上决定是否做保理业务；如获批准，则按照规定程序审批保理业务授信额度。②企业根据商务合同完成商品或服务交易，供货商向买方开出发票，并附带《应收账款转让通知书》，说明发票所代表的债权转让予银行，要求买方必须直接向银行付款。③银行根据发票金额按事先商定的比例，向供货商提供应收账款融资服务，并从中扣除所应收取的保理费用。④银行负责向买方催收账款，并向供货商提供合同规定的销售分户账管理。⑤待买方付款后，银行向企业支付余下的款项。

▶本章小结

债务融资是指企业通过银行贷款、短期融资券、企业债券、集合债券及商业信用等借贷方式筹集企业所需资金的行为，是现代企业的主要筹资方式之一。通过债务融资，不仅可以解决企业经营资金的问题，而且可以使企业资金来源呈现多元化的趋势。但债务融资是一把双刃剑，在满足企业对资金需求、带来财务效益的同时，也给企业带来了风险，严重的甚至会导致财务危机，使企业面临破产的危险。因此，如何正确认识和选择债务融资显得尤为重要。

本章首先阐述债务融资的基本理论，并介绍债务融资过程中的信用评分技术与方法，在此基础上系统分析了债务融资的主要工具，包括间接债务融资和直接债务融资两大类，其中间接债务融资又包括信用贷款和担保贷款，直接债务融资又包括公开市场发行债券、短期融资券，以及非公开市场获取商业信用等，最后阐述了债务融资工具的发展与创新，主要探讨了供应链金融和保理融资的发展。

▶思考与练习

1. 什么是债务融资？与权益融资相比，债务融资的优势和劣势分别是什么？
2. 债务融资的主要工具有哪些？分别有什么特征？
3. 企业信用评分的主要功能是什么？在信用评分过程中主要考虑的要素有哪些？主要评分方法有哪些？
4. 与直接债务融资相比，作为间接债务融资的银行贷款有哪些优势？
5. 什么是抵押贷款和质押贷款？二者的主要区别是什么？
6. 什么是短期融资券？发展短期融资券对宏观经济和微观主体分别有什么意义？
7. 什么是商业信用？如何准确理解商业信用的内涵？其主要形式有哪些？
8. 什么是中小企业集合债券？与一般企业债券相比，中小企业集合债券的特点是什么？
9. 什么是供应链金融？与传统融资模式相比，供应链金融有什么优点？
10. 什么是保理融资？这种融资模式的主要优点是什么？

参考文献

布雷利 C A，迈尔斯 S C，艾伦 F. 2007. 公司财务原理. 第 8 版. 方曙红，等译. 北京：机械工业出版社.
黄飚. 2013. 银行业供应链金融专题报告. 长城证券研究报告.
纪敏. 2004. 中小企业融资的经济分析：非公开融资的作用. 证券市场导报，（11）：34-41.
李毅学. 2011. 供应链金融风险评估. 中央财经大学学报，（10）：36-41.
李炤，罗玉清. 2010. 关于发行中小企业集合债券的研究. 当代经济研究，（9）：70-72.
罗斯 S A，威斯特菲尔德 R W，杰富 J F. 2012. 公司理财. 第 9 版. 吴世农，等译. 北京：机械工业出版社.
上海财经大学公司金融教材编写组. 2013. 公司金融学. 北京：人民大学出版社.
孙振峰. 2005. 企业债务融资研究. 复旦大学博士学位论文.
吴晓求. 2005. 短期融资券市场推进金融体系的宽度与厚度. 中国货币市场，（7）：6-8.
谢赤，李为章，郑竹青. 2013. 基于 Monte Carlo 模拟的中小企业集合债券定价. 系统工程，32（5）：51-58.
中国社会科学院经济研究所. 2005. 现代经济词典. 南京：江苏人民出版社.
Breiman L，Friedman J，Stone C J，et al. 1984. Classification and Regression Trees. Boca Raton：CRC Press.
Carter C，Catlett J. 1987. Assessing credit card applications using machine learning. IEEE Expert, 3（2）：71-79.
Coffman J Y. 1986. The proper role of tree analysis in forecasting the risk behaviour of borrowers. Management Decision Systems Reports.
Durand D. 1941. Risk elements in consumer installment financing. National Bureau of Economic Research.
Eisenbeis R A. 1977. Pitfalls in the application of discriminant analysis in business，finance，and economics. The Journal of Finance，32（3）：875-900.
Eisenbeis R A. 1978. Problems in applying discriminant analysis in credit scoring models. Journal of Banking & Finance，2（3）：205-219.
Fisher R A. 1936. The use of multiple measurements in taxonomic problems. Annals of Eugenics，7（2）：179-188.
Orgler Y E. 1971. Evaluation of bank consumer loans with credit scoring models. Journal of Bank Research，1：31-37.
Rajan G，Zingales L. 1998. Power in a theory of the firm. The Quarterly Journal of Economics，112（2）：342-387.
Tirole J. 2006. The Theory of Corporate Finance. Princeton：Princeton University Press.
Wiginton J C. 1980. A note on the comparison of logit and discriminant models of consumer credit behavior. Journal of Financial and Quantitative Analysis，15（3）：757-770.

第七章

股权融资

>> 引导案例

分众传媒股权融资过程

1994年，21岁的大学三年级学生江南春筹资100多万元成立了永怡广告公司，自任总经理。在广告代理业辛苦打拼七八年后的江南春痛苦地意识到一点：在广告产业的价值链中，广告代理公司处于最下游，是最脆弱的一环，赚很少的钱，却付出最多的劳动。作为其广告客户和好朋友的陈天桥的一席话，更是触动了江南春转型的念头：为什么非要一直在广告代理的战术层面上反复纠缠，不跳到产业的战略层面上去做一些事情呢？2002年，江南春决定另辟蹊径，开创一个新的媒体产业，这源于一次偶然。

那天江南春正百无聊赖地等电梯，不经意间发现围在电梯附近的人都同样无聊，而这时大家眼前的电梯门不就是很好的广告投放点吗！？

2002年5月，29岁的江南春把自己2 000万元的家底全部拿出来，锁定上海顶级的50栋商业楼宇安装液晶显示屏。但是面对这种全新的广告投放模式，客户并没有忙着掏腰包，大家都在观望。没有客户投放，就等于每天在烧钱。

2003年5月，江南春把永怡传媒公司更名为分众传媒（中国）控股有限公司（简称分众传媒）。之后不久，先期积累的2 000万元在公司成立不久很快就花完了，于是他就想到了通过风险投资来融资。江南春曾开玩笑说，他的第一笔风险投资是在厕所里撒尿时谈出来的。因为当时他自己对风险投资并不熟悉，也不会做融资方案，幸运的是他的办公室恰巧跟软银中国的办公室在同一层。但平时大家不熟悉，只有在去厕所时大家也许还可以碰上面，于是江南春在每次去厕所时，只要碰到软银的人就跟他们讲分众，讲自己的创业史。

终于，软银上海首席代表余蔚经过一番认真详细的调查之后，决定找江南春好好聊一聊。三个小时聊完之后，余蔚已经和江南春达成了初步融资协议。于是软银中国就帮江南春写了份商业计划书，然后直接转交给软银日本总部。软银原本计划要投1 000万美元，但江南春没有同意，因为他觉得1 000万美金投进来，公司就会更换门庭了，江南春坚持只接受软银50万美元的投资。同时，另外一家VC维众中国也在这一轮投资不到50万美元。这样，分众传媒第一轮不到100万美元的融资搞定了。

江南春获得了第一轮风险投资之后，将业务从上海扩展到了四个城市。一年以后，即 2004 年 3 月，分众传媒再次获得注资，与 CDH 鼎晖国际投资、TDF 华盈投资、DFJ 德丰杰投资、美商中经合、麦顿国际投资等国际知名风险投资机构签署第二轮 1 250 万美元的融资协议。TDF 华盈投资的董事总经理汝林琪则说："江南春是个帅才。他创立了楼宇电视这个商业模式，并且在广告业界有很强的人脉和执行能力。分众能成功，不仅是提出一个新概念，而是让这个模式迅速得到市场认同，能迅速把概念变成盈利的模式，他有这个能力。"分众第二轮融资的规模原来计划是 600 万~800 万美元，后来扩大到 1 250 万美元。

九个月之后，即 2004 年 11 月，在当时不需要很多资金的情况下，分众传媒完成第三轮融资，美国高盛公司、英国 3i 公司、维众中国共同投资 3 000 万美元入股分众。高盛直接投资部董事兼总经理科奈尔说："高盛对分众传媒进行了详细深入的分析，对其取得的业绩感到惊讶和赞赏，看好其创造的商业楼宇新媒体的市场前景和商业模型，完全可以确保其在未来的发展过程中将继续保持极高的成长性。"

后来的发展证明江南春的决策是对的，因为获得了大量的资金支持，网络规模得以迅速扩张，能够配合市场需求的迅速增长，对公司的效益提升很大。

顺理成章，2005 年 7 月 13 日，分众登上了美国纳斯达克市场。上市以后，有了更多资金的支持，江南春把这种商业模式扩张开来，将其新媒体的版图一步一步扩张到涵盖楼宇、互联网、手机、卖场、娱乐场所等。通过兼并收购的方式，分众传媒吃下了框架传媒、聚众传媒、好耶、玺诚传媒等大大小小的竞争对手，其中，聚众传媒、好耶、玺诚传媒甚至都是在上市之前的最后一刻才被收入囊中。

分众传媒的成功，不仅仅是创造了一个新媒体的帝国，更是带动了中国整个新媒体产业的极大发展，户外新媒体行业在短短三年间，从 2005 年的 8 起投资案例，发展至 2007 年的 26 起；而涉及的投资金额，从 2005 年的 5 660 万美元，在 2007 年上升至 3.74 亿美元。一干沿袭分众模式的后来者，在隐身其后的资本鞭策下，在各自领域内兴起圈地瓜分热潮。

当然，分众传媒的上市，也让投资分众的风险资本赚得盆满钵满。同时，投资框架传媒、聚众传媒、好耶、玺诚传媒等公司的风险资本也收益颇丰。分众传媒可能是国内涉及风险资本最多的创业企业，也是让最多风险资本赚到钱的企业。细心的创业者可能会发现，分众传媒也是被风险资本用来作为宣传用得最频繁的成功案例。

本章将讨论如何从创业企业开始寻找风险资本，如何设计融资契约，如何进行 IPO、增发与配股等股权融资决策。

股权融资是企业的股东愿意让出部分所有权，通过出让股权或增资扩股引进新股东的融资方式。股权融资的特点是企业通过出让股权或增资方式获得所需的资金，不必还本付息，资金的提供者成为企业的新股东，与老股东分享企业盈利与增长的权利。股权融资的特点决定了其使用的广泛性，通过股权融资得到的资金，既可以用于企业日常运营，也可以用于投资活动中。

但是，无论企业融资的动机是什么，企业都需要充分了解股权投资者，需要弄明白股权投资者的行为模式和投资动机，才能寻找到合适的投资者，才能更好地促进自己的企业不断发展。

根据股权投资者的控制权偏好特点，股权投资者可以分为战略投资者、财务投资者和证券投资者三种类型。

第一类是战略投资者。战略投资者是指符合国家法律、法规和规定要求，与发行人具有合作关系或合作意向和潜力并愿意按照发行人配售要求与发行人签署战略投资配售协议的法人，是与发行公司业务联系紧密且长期持有发行公司股票的法人。一般战略投资者是境内外的大型企业、集团，资金实力雄厚。战略投资者的特点是与被投资者的业务联系紧密，他们注重追求长期投资利益，并且要求持股比例能够对企业经营管理形成影响，他们要参与公司的经营管理工作，并利用自身丰富先进的管理经验改善公司的治理结构。

战略投资者的目标是控制企业，他们会注重公司的长远发展，这样才会最大化他们的收益。战略投资者进入被投资者企业，根据合作的程度不同可分为三种方式：第一种是契约式合作。战略投资者与被投资企业通过签订契约，规定双方的责任和权利。这种合作通常是一种不涉及股权参与的方式。第二种是交叉持股合作。合作双方可以通过互相持股的方式，形成利益共同体，巩固长期合作关系。这种合作方式还没有涉及人员等要素的合并，而是利用对方的优势资源扩大整体竞争力，弥补各自的不足，实现风险共担和规模经济的协同效益。第三种是股权合作。战略投资者可以逐渐通过持有被投资企业的股份而形成对被投资企业的控制。而企业引入战略投资者，并不是单纯地想得到资金支持，更多的是想得到战略投资者的技术优势和品牌优势，借助战略投资者，扩大企业的影响力。

第二类是财务投资者。财务投资者是以获利为目的，通过投资行为取得经济上的回报，并在适当的时候进行套现。例如，天使投资、创业风险投资、私募股权投资的投资者都属于财务投资者。财务投资者相对于战略投资者，更注重的是短期获利，对企业的长期发展不怎么关心，不会与企业"白头偕老"。财务投资者可以与被投资企业有行业关联，也可以没有关联。财务投资者一般持有少数股份，并以上市、股份转让等方式择机退出，不参与企业日常管理经营，但创业风险投资的情况有些例外。

第三类是证券投资者。证券投资者是资金的供给者，也是金融工具的购买者。证券投资者的种类较多，既包括个人投资者，也包括机构投资者。但投资者的目的不同，投资者投资数量及期限不同。证券投资者期望在证券市场上以低价买入证券，再以高价卖出，是一种投机行为，他们赚取的是证券买卖差价。

融资者需了解投资者的特点和投资动机，根据自己的需要，选择合适的股权投资者类型。战略投资者的目标就是拥有控制权，融资企业特别是一些规模较小的企业若选择战略投资者，就要谨慎并有一个长期的安排，战略投资者可能会与企业共同发展、共同进步，做大做强，也可能会逐步吞并融资企业，最终导致融资企业完全成为他人的附属，如携程网吞并运通网，奠定了携程网今日的龙头地位。融资企业若是担心企业被他人纳入囊中，可以选择引入财务投资者。相对于战略投资者，财务投资者的目的是长期的高收益，并不在乎企业控制权的问题。证券投资者参与的融资方式，相对于战略投资者和财务投资者，是一种公开的非定向的融资方式；证券投资者一般不关心融资企业的"家务事"。融资企业既要了解自己的需要，更要了解投资者的利益诉求。

依据是否向不确定公众出售股权分为私募股权融资（风险资本、私募股权投资）和公开发行融资（IPO、增发与配股）。

第一节 私募股权融资

一、私募股权融资理论基础

(一)私募股权融资基础知识

私募股权是一种中长期的权益融资,其资金来源是特定的非公众投资者。私募股权投资既包括购买成长性企业的股权以获取高额回报,也包括其他目的非公开的股权投资。私募股权与公开发行的股权相对应。

国内对私募股权的界定不统一,有广义私募股权融资与狭义私募股权融资之分[①],相应就有广义私募股权投资与狭义私募股权投资之分。广义私募股权投资指对非公开市场的权益性投资,涵盖了对非上市企业不同阶段的投资,包括对处于种子期、初创期、发展期、扩张期、成熟期以及 pre-IPO 各个时期企业所进行的投资,以及对上市公司非公开交易股权的投资,如 PIPE(private investment in public equity,即私人股权投资已上市公司股份)等。狭义的私募股权投资主要指对已经形成一定规模的具有稳定现金流的成熟企业的股权投资。一些著作采用"private equity"特指保留管理层的收购项目(management buyin)和管理层收购项目(management buyout)。

与私募股权相关联的另一个词是"风险资本"(也常被称为"创业资本"或"创业风险资本"),英文为"venture capital"。在欧洲,"风险资本"一词覆盖了投资的各个阶段,是"私募股权"的代名词;而在美国,"风险资本"仅仅是指针对早期和扩张期的投资。从广义上讲,风险资本与私募股权投资并没有十分明确的界线,通常难以准确地划分其融资的来源、其投资企业所处的阶段,业界常用 VC/PE 的表示方法,见图 7-1。

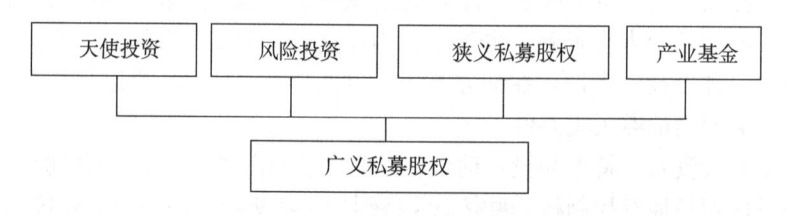

图 7-1 VC/PE 的范围界定

本节讨论的私募股权主要指投资非上市公司的股权融资,特别是创业风险投资。

1. 私募股权投资行业主体结构

从资金的角度,私募股权投资行业由三个核心主体构成,即投资人、普通合伙人和被投

---

① 也有定义将广义私募股权融资分为创业风险投资和杠杆收购。一般讨论中常把天使投资并入风险资本中。总体来说,对广义私募股权投资的划分有按投资阶段分为多种(实务分析更关心行业细分),也有按是否创业企业分为两种(学术研究更关心企业特点)。正文中的定义是中国实务界对私募股权融资的看法。而学术界,国外文献广义的私募股权分为风险资本(包含创业风险投资和天使投资)和非风险资本(non-venture capital, non-venture private equity,除非特别区分,一般隐去"非风险"称私募股权投资),狭义私募股权仍使用"private equity"一词。另外,国外部分研究文献中风险资本和私募股权融资没有严格区分(但一般不包括杠杆收购)本章保留了原文的称呼,如 CVC(corporate venture capital,即公司风险资本)中的风险资本实质是广义的私募股权投资,在通过英文搜索时应注意。在我国,由于行业发展的历史发展,并购基金常常披着"私募股权"的马甲。值得注意的是,并购基金(杠杆收购)属于存量受让,与一般股权融资的增量购买不同,不是经营需要的股权融资。并购相关内容在第九章探讨。

资公司，他们之间的关系如图 7-2 所示。

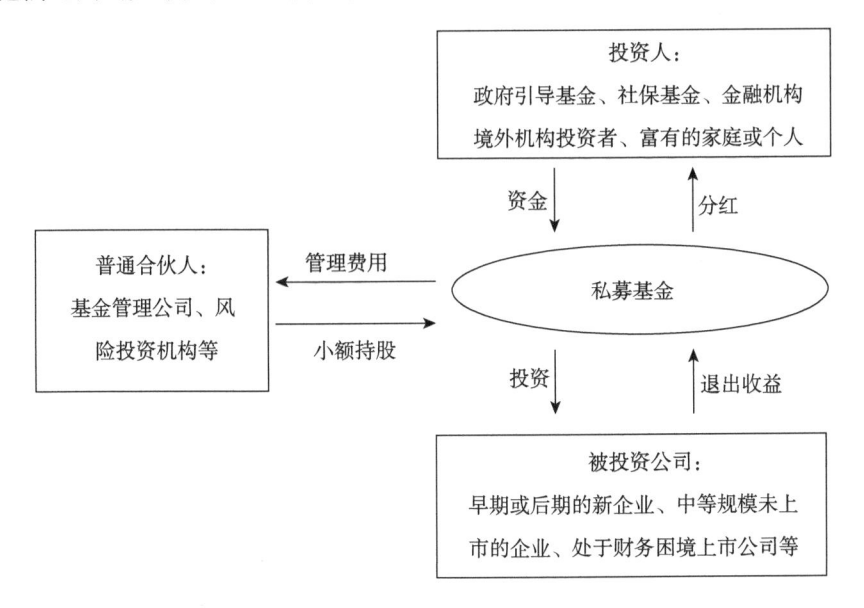

图 7-2 私募股权投资行业主体结构

资金的来源——私募股权基金的投资人，是基金的有限合伙人（limited partners, LP）。私募股权基金的投资人在我国主要有五类，即政府引导基金、社保基金、金融机构、境外机构投资者、富有的家庭或个人。

资金的管理者——私募股权基金的普通合伙人（general partners, GP），如基金管理公司、风险投资机构等。在我国，私募股权投资机构可划分为三类：海外资金主导的投资机构，如凯雷和红杉资本等；国有资金主导成立的投资机构，如中科招商和深创投等；民营私募股权投资机构，如"大联想"中的弘毅投资等。

资金的去向——被投资公司。在我国，阿里巴巴、蒙牛乳业、盛大网络、携程网、腾讯、百度等诸多知名企业都是在私募股权投资的支持下从小到大并最终成功上市，给投资者带来了几十倍到上百倍的回报。所以，每个 VC/PE 基金都梦想发现下一个阿里巴巴、百度和腾讯等公司。

2. 私募股权基金组织形式

私募股权基金的组织形式是私募股权投资人和私募股权投资基金经理等各方当事人之间建立的一种制衡关系。按照国际惯例，私募股权基金主要包括公司型、有限合伙型和信托型三种组织形式。

1）公司型

公司型私募股权基金是按照《公司法》及相关规定所组建的基金公司，投资者认缴出资或者购买公司发行的股份成为股东，由股东大会选出董事会与监事会，再由董事会委任某一投资管理公司（个人）或由董事会自己直接来管理基金资产。

公司型基金的特点有：①公司制度由法律法规加以确认和保证，使公司的存续性、运作处在监管之下，可以保障投资者的合法权益，也适应了股东不参与公司直接经营但又关心公司运作状况的要求；②投资者以投资于基金的资本为限，对公司承担有限责任；③投资者对公司没有直接的管理权，必须通过股东大会行使对公司的重大决策权以及由董事会行使日常管理职能。

公司型私募股权基金广泛地存在于欧盟国家和亚洲国家及地区。一般认为，公司的治理结构完善，监督机制有效。但是，由于公司机构设置较多，导致决策效率低下，且存在着双重税负的问题。

2）有限合伙型

有限合伙型私募股权基金包括普通合伙人和有限合伙人两种投资者。其中普通合伙人行使执行权，负责基金日常经营管理，承担无限连带责任；有限合伙人不直接参与基金经营管理，依据出资人承担有限责任。有限合伙型私募股权基金起源于美国，是美国私募股权投资组织创新和制度创新的产物。因其独特的组织安排、制度设计、管理模式和运行机制等特点，有限合伙组织具有低成本、高效率、降风险等独特的优势。在美国，有限合伙型私募股权基金占主流地位，管理的资金规模达到整个私募股权基金总规模的80%以上。在新《中华人民共和国合伙企业法》（简称《合伙企业法》）出台前，公司制是投资基金最主要的形式。2007年6月1日，《合伙企业法》明确了有限合伙制度之后，越来越多的私募股权基金采取了合伙制的形式。

与公司型组织形式相比，合伙制具有如下优势：①决策快捷、灵活。公司制的投资决策需要经过层层上报审批，合伙制只需执行合伙人决策。②资金使用无限制。根据我国法律规定，公司制企业只能将其净资产的40%对外投资，合伙企业无该限制。③管理决策更谨慎。普通合伙人承担无限连带责任，因此在运营全过程会更慎重地选择合伙人及进行投资决策。④税收优惠。合伙制企业只需缴纳合伙人个人所得税，而公司制企业需缴纳公司所得税及个人所得税双重税负。

3）信托型

信托型私募股权基金是相关当事人之间的契约安排，并不产生实体组织形态，无须登记，依照《中华人民共和国信托法》的规定订立书面信托合同并交付信托财产即可设立。在信托型私募股权基金中，基金投资者与基金管理人分别作为委托人和受托人，双方之间的法律关系是信托关系。在信托型私募股权基金中，基金管理人同时拥有资金的经营管理权及所有权。

由于信托型私募股权基金的上述特点，投资者基本不能干预基金决策，投资者的利益可能会因基金管理人的道德风险问题而遭受很大损失，投资者处于被动投资的状态，因此，国际私募股权投资基金很少采用这种形式。

（二）私募股权基金运作模式

作为专门从事中长期股权投资的金融中介机构，私募股权投资的筹资、投资行为持续不断。从投资者获得资金后，就要开始进行权益投资。经过筛选项目，尽职调查，合同谈判，签署正式投资协议；完成交易后，对投资的公司进行投资后管理，最终选择合适的机会退出，然后进入下一个投资项目。这样，私募股权基金就完成了一个投资周期，如图7-3所示。

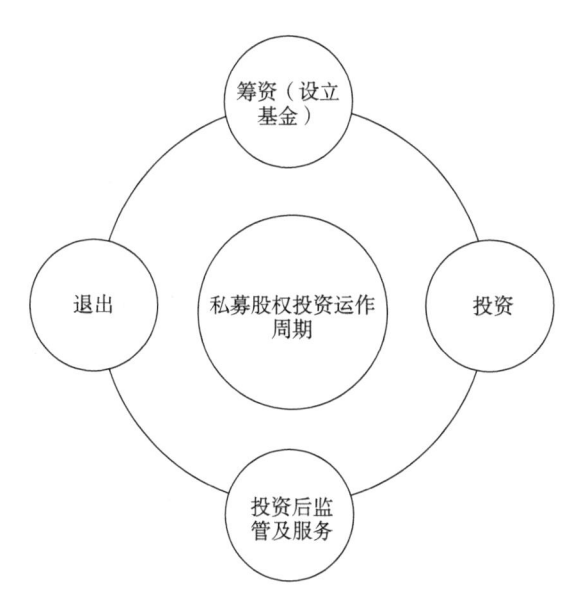

图 7-3 私募股权投资运作周期

总体而言，一个典型的私募股权投资项目运作流程大致可以分为四个阶段，见图 7-4。

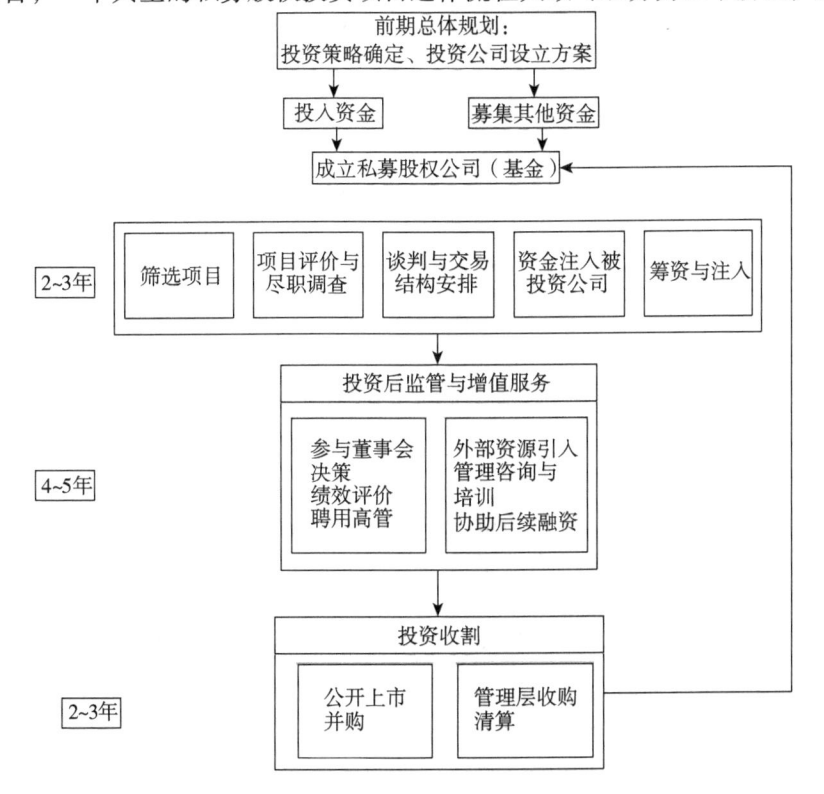

图 7-4 私募股权投资运作流程

第一阶段：基金设立。根据前期总体规划设立私募股权投资基金，基金的法律实体形式包括合伙制或公司制结构。无论哪种形式，通常基金的主要出资人都承担有限责任。在合伙制形式的基金中主要出资人为有限合伙人，而基金事务的管理人为普通合伙人。在公司制形式的基金中，出资人为公司的股东。

第二阶段：投资阶段。包括从获得项目信息、项目筛选、尽职调查、合同谈判直到签署协议、完成资金投入的整个过程。

一般情况是，私募股权投资基金和所投资公司之间会通过各种渠道（如各种行业聚会、研讨会等）相互搜寻。获得初步的信息后，私募股权投资项目团队首先对感兴趣的公司进行现场或书面的初步审查，主要是查阅商业计划书或融资计划书，初审的结果一般会形成投资备忘录。根据投资备忘录，私募股权投资相应决策机构如果做出初步投资意向，则进入初步的核心条款的谈判阶段，包括投资价格、股权数量、业绩要求和退出安排等事项，即通常所说的投资意向书（term sheet），也称为条款清单，其内容一般会进入最后的正式法律文件中。

在投资人与企业达成初步合作意向后，私募股权投资就会成立项目小组进行尽职调查，包括对企业一切与本次投资有关的事项进行现场调查、资料分析等一系列活动。尽职调查主要包括财务尽职调查和法律尽职调查。尽职调查后，私募股权投资应形成调研报告及投资方案建议书，提供财务建议及审计报告。投资方案包括估值定价、董事会席位、否决权和其他公司治理、退出策略等内容。之后，尽职调查报告提交私募股权投资相应决策机构。如果仍认为项目有投资价值，私募股权投资相应决策机构就会批准项目小组开始合同谈判。私募股权投资项目小组在律师等的帮助下设计交易结构，并就条款清单的细节内容与被投资方协商达成一致。然后准备相关的法律文件，完成各项行政审批，双方签署相关的法律文件，并按照约定开始实施。

第三阶段：投资后监管与增值服务。对被投资的企业而言，这是私募股权投资（尤其是风险投资）区别于其他融资方式的最重要的方面。交易结束后，私募股权投资将致力于提升被投资企业的核心竞争力和市场地位，进行投资后管理，帮助其制定发展战略、完善治理结构、规范财务系统、再融资服务、上市辅导、并购整合等，然后在适当的时候退出。一般而言，越是早期的私募股权投资，其参与被投资企业的程度也越深。已经到 pre-IPO 阶段的私募投资，由于被投资企业的上市方案已确定好，私募股权投资的参与程度也就相应减少。

第四阶段：从被投资公司退出。退出是私募基金实现投资收益最主要的方式，私募股权投资的退出渠道和退出时间直接关系到其投资的回报率。一般私募股权投资的退出渠道有IPO、股权出售（包括回购）及企业清算。其中，公司上市是最佳的退出方式，从国内外经验看，其平均收益较其他退出方式高出许多。

企业从寻找项目开始到退出项目结束，就完成了私募股权投资的一个项目全过程。实际上，在现实生活中，一般的投资机构都不可能只投资一个项目，而会同时运作几个项目，但每个项目都要经过以上不同的阶段。

需要说明的是，即使对于一个具体的投资项目来说，私募股权投资一般也不会一次性注入所有投资，而是采取分阶段投资方式，每次投资以企业事先达到设定的目标为前提，企业的前景定期地被重新评估，这样就构成了对企业的一种压力。单个轮次融资存续期越短，风险投资家对企业进度的监控就越频繁，收集信息的要求就越大。分阶段资本注入的作用与高杠杆交易中债务的作用类似，对所有者（创业者）或者经理人是一种有效约束，可以最大限度地减少盲目决策所造成的潜在损失。

除此之外，私募股权投资者通常与其他投资者共同进行联合投资（syndication）。一个私募投资机构发起交易，然后吸引其他的私募投资机构加入。联合投资有多种目的。首先，它使私募机构能够分散资产组合，从而减少对单一投资的风险暴露。其次，其他私募投资者的参与为该项目投资提供了另外一种意见，从而降低了对劣质项目进行投资的风险，这一点对早期阶段或高科技企业的投资尤其重要。

（三）私募股权基金如何选择企业

私募股权投资能够缓解信息不对称，并不代表私募股权基金什么企业都投。实际上，私募股权基金有其选择投资对象的独特准则。

1. 私募股权投资者的原则性要求

1）风险与收益相平衡的原则

私募股权基金必须在风险与收益之间相权衡。高风险意味着高收益，要想得到较高的投资回报，就必须承担相对较高的风险。

对于早期阶段的企业来说，由于是否能够成功具有很大的不确定性，面临着很多的风险，私募股权基金的投资一般非常谨慎。当然，不同投资者的风险承受能力不一样，对风险与收益的权衡也不一样，风险与收益是客观性与主观性的结合。风险偏好投资者对效益预期敏感，对损失预期不敏感，为了追求高收益愿意承担较高的风险；风险规避投资者对损失预期敏感，对效益预期不敏感，承担相同的风险要求更高的收益作为补偿；而风险中性投资者对风险和收益相对不那么敏感。

2）以现金流量为基准

私募股权基金在考察投资项目时，对被投资企业的财务报表要认真审查，如资产负债表、利润表和现金流量表等，但通常最看重的还是现金流量表。资产负债表只是静态的财务报表，以权责发生制为基础，而且无法恰当地体现无形资产的价值，具有一定的局限性，而现金流量表是动态财务工具，以收付实现制为基础，可以比较客观地体现创造价值的能力和企业的流动性。所以，现金流量表是投资者非常重要的决策工具。

3）超额利润不均沾

机会不可均沾，意味着不随大流，否则只能得到平均利润，只有具有独特的投资策略，才会有获得超额利润的机会。所以，私募股权基金都会选择最具有战略眼光的投资人员，尽一切努力寻找稀缺的资源，并且在项目仍然具有超额利润时匆匆卖掉。

4）项目选择参考指标

私募股权基金选择项目时有一些参考的指标，具体来说，投资者选择投资项目的一般标准见图7-5。

2. 不同特征私募股权基金的决策

关于不同特征私募股权基金的投资决策的研究目前主要是以风险投资最发达的美国为对象。美国风险投资发展最好的时期是从20世纪80年代以来到21世纪初互联网泡沫破灭。

研究表明，私募股权基金的不同特征形成了它们对于行业多样性和地理范围的不同偏好，这些不同特征主要包括所有权结构、规模及风险偏好等。基于产品—市场范围是一个公司战略的关键组成部分的前提，Anil K. Gupta 研究发现专门投资于早期阶段的私募股权基金相对

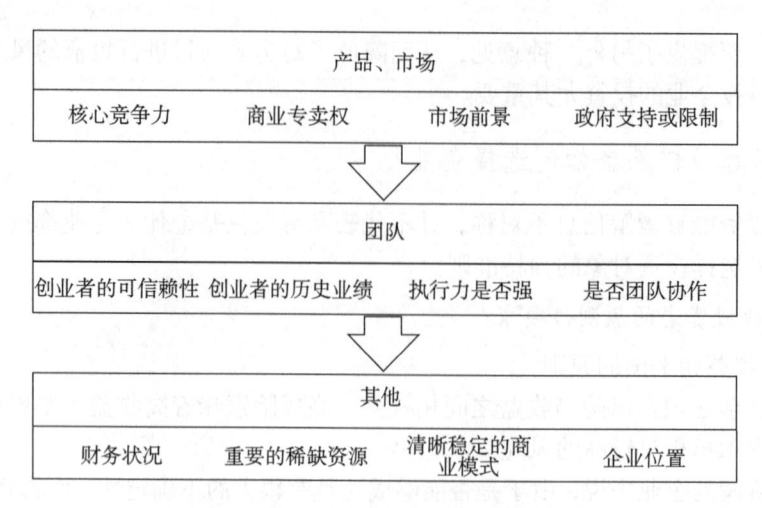

```
                    产品、市场
    核心竞争力   商业专卖权   市场前景   政府支持或限制
                        ⇓
                       团队
    创业者的可信赖性  创业者的历史业绩  执行力是否强  是否团队协作
                        ⇓
                       其他
    财务状况   重要的稀缺资源   清晰稳定的商   企业位置
                            业模式
```

图 7-5　投资者选择投资项目的一般标准

于投资其他阶段的风险投资公司而言,偏好于较少产业多样化并且更窄的地理范围;公司制的风险投资公司相对于非公司制的私募股权基金,偏好于较少产业多样化并且更广泛的地理范围;相对于规模较小的私募股权基金,较大规模的私募股权基金偏好于较多产业多样化并且更广泛的地理范围。

研究显示,美国私募股权基金关注的组合产品——市场范围并不是同质的。最能吸引风险投资者的企业有多种可供选择的融资渠道,应该权衡从各种私募股权基金融资的成本与收益,了解各种私募股权基金的产品——市场范围偏好,这样才有利于选择适合自身的风险投资机构。

3. 天使投资与私募股权投资的差别

在不少人看来,天使投资与一般的风险投资或私募股权投资没有本质区别,实际上,它们之间的区别是显著的。天使投资和私募股权投资在风险规避策略上是不同的,而评价风险方法的不同也导致其对市场风险和代理风险持有不同的观点。天使投资者倾向于通过企业家来保护其免受市场风险的损失,私募股权投资者则更加主动地关心和规避市场风险,对于代理风险倾向于通过合约条款来防范。上述两类规避风险的不同方法带来的结果是风险资本市场的进一步细分,对企业家和研究者都是重要的启示。

对企业来说,当其寻找融资时可能会接触到这两种投资者,懂得各种类型投资者偏好的交易类型和风险防范机制,是非常重要的。市场风险来源于不可预见的竞争环境,取决于市场的规模、增长和可接近性,代理风险是关于企业家或者风险投资者只追求自己的利益而不遵守投资合约的不确定性程度的大小。

对私募股权基金来说,他们认为重要的特定类型风险与其认为最能够控制的风险之间是相反的关系,换言之,接触最多的风险类型正好是交易时最想避免的风险类型。例如,如果私募股权基金认为其特别擅长监管企业,他们就没有必要去担心太多的代理问题,而更加需要避免的是市场风险。另外,一些私募股权基金可能认为代理损失比市场风险更具有威胁性。

研究发现,私募股权基金认为市场风险比代理风险更加重要,而天使投资认为代理风险比市场风险更加重要。私募股权基金认为市场风险比代理风险更加重要,主要包括现有竞争者、潜在竞争者、产品和服务的替代性、消费者需求四个方面。

如果企业家知道风险资本市场基于投资者对规避特定类型风险策略的细分,就可以利用这种信息将自己交易的风险收益与多数潜在的资本提供者相匹配,从而能够使投资者确信其能力、目的、诚信。一般而言,有技术或者市场优势的企业更有可能找到合适的风险投资公司。

(四)企业如何选择私募股权基金

在私募股权投资市场已十分发达的今天,企业特别是好企业早已经过了"饥不择食"的阶段,而需要在各类风险投资面前认真选择。企业挑风险投资看什么?结论很简单,主要是看风险投资能为自己带来什么?表 7-1 给出了 CEO 评价的外部董事最有价值的帮助。

表 7-1 CEO 评价的外部董事最有价值的帮助(单位:%)

项目	列入前三的企业的比例	最好 20 家样本	非最好 20 家的样本
作为创业团队的回音室	38.27	31.8	47.1
与投资者团体交流	37.65	31.8	33.8
监督运营绩效	18.52	31.8	16.2
监督财务绩效	16.05	27.3	16.2
招募/撤换 CEO	16.05	22.7	10.3
协助应对短期危机	13.58	18.2	13.2
提供与关键客户和前景的接触	11.73	9.1	13.2
开发出适应变化形势的新战略	11.11	—	—
获取债务融资资源	11.11	—	—
获取其他的权益融资资源	11.11	—	—
招募/替换非 CEO 的管理人员	9.88	—	—
开发原创性战略	9.26	—	—

注:问卷调查中,如果该需求出现在了按重要性排序的企业需求列表的前 3 位,则意味着该需求对该企业"重要",并计入这一数据列

资料来源:Rosenstein J, Bruno A V, Bygrave W D, et al. The CEO, venture capitalists, and the board. Journal of Business Venturing, 1993, 8(2):99-113

1. 企业需要 VC/PE 做什么?

在上一节中,我们看到了风险投资能为企业带来何种增值服务。然而,来自企业的观点则提供了不同的信息(Rosenstein et al.,1993)。数据显示:企业 CEO 认为,来自董事会的建议中,风险投资家的建议并不比其他成员更好;但是,外部董事(有的来自风险投资,有的不是)则起到了很好的回音室的作用。外部董事在企业与投资者对接、监督企业的经营业绩和财务绩效、招募和替换 CEO、应对短期危机上都起到了非常大的帮助作用。CEO 认同风险投资在融资和网络上的价值,却对其参与企业管理褒贬不一,甚至认为风险投资干预企业管理产生了反效果(Gomez-Mejia et al.,1990)。此外,CEO 对位居前 20 的私募股权基金提出的建议的评价,并不比其他风险投资更高。

不少企业的 CEO 认为,就风险投资而言,资本这种商品在风险投资机构之间并没有什么区别。在风险投资行业,企业家对风险投资的了解比风险投资了解企业要深入得多,这足够使企业做出明智的决定。因此,风险投资的附加价值就是风险投资之间彼此竞争的最重要手段,特别是针对早期企业。风险投资需要在提高企业的附加价值上放更多的精力。

对企业而言，能够带来附加价值的外部董事比只能带来钱的董事更有吸引力。因此，企业更希望那些具有丰富经营经验的董事，而不是没有任何经营经验的纯财务董事。从总体上看，虽然前 20 的风险投资确实比其他的风险投资要好一些，但前 20 的风险投资作为领头人时会完全控制董事会。比起只从风险投资董事处获得建议，企业更希望从更多的非风险投资的外部董事中获取建议。

2. 增值服务：私募股权投资之间是否有区别？

通常缺乏经营经验的技术型早期企业在得到风险投资的帮助后快速成长，这种帮助被形象地描述为"资本与咨询"（capital and consulting）。一般来讲，创业企业需要资本，更需要来自于风险投资的增值服务。风险投资的服务对企业发展的促进作用包括 "资源视角"（resource-based view）（Barney，1991；Wernerfelt，1984）、"社会资本理论"（social capital theory）（Coleman，1988；Nahapiet and Ghoshal，1998）、"知识视角"（knowledge-based view）（Grant，1996；Maula et al.，2005）三类解释机制。不同的风险投资拥有企业所需的各种互补性资源，因而风险投资能提供的增值服务对不同企业来说也各不相同。风险投资提供的增值服务反映了风险投资所拥有的网络、知识和经验。换一个角度，企业也同时在选择风险投资。

1) 独立风险投资和企业风险投资[1]

"传统"的风险投资家，一般专注于早期项目，如初创期和成长期融资，而创业团队多由才华横溢却经验不足的创业者组成，风险投资在提供资金外，关键性经验和知识能够确保企业生存、项目成功（Gorman and Sahlman，1989）。因此，处于这一阶段的创业企业更倾向于根据增值服务的类型来选择融资来源，而不是根据风险投资的投资意愿（Smith，2001）。我们将这种最标准的风险投资机构称为独立的风险投资家[2]（independent venture capitalist），即其本身的利益诉求是财务收益。

另一类股权投资机构，则是企业风险投资（corporate venture capital）。创业企业从企业风险投资处获得的增值服务主要包括资源获取能力（resource acquisition）、知识获取能力（knowledge acquisition）、隐性担保（endorsement）（Maula and Murray，2002）。资源获取是创业企业获得有形资源（如获得投资方的分销渠道或生产力）的能力；知识获取是创业企业通过获取投资机构的私有信息（如尖端技术、市场和竞争的信息）而取得优势的能力；隐性担保是创业企业因为被投资机构认可而产生的客观上的增信效果。

以下从两个方面对独立风险投资和企业风险投资进行比较。

（1）社会资本。Nahapiet 和 Ghoshal（1998）将社会资本定义为"通过个体或社会单位所拥有的关系网络，能够获取的实际和潜在的全部资源"。独立风险投资在融资来源和高管市场方面的社会资本更丰富，而企业风险投资则拥有更多的客户社会资本。

首先，独立风险投资在帮助创业企业取得额外融资来源上，比企业风险投资更具价值。一方面，股权投资者在企业需要时会帮助企业获取新的融资来源。由于分阶段投资是风险投

---

[1] 参见 Maula 等（2005）。
[2] 英文文献中为"independent venture capilist"和"corporate venture capital"，分别指纯财务投资者和战略投资者。但中文一般并没有特别区别"独立"二字，我们常说的风险投资即是这种。后者不用"企业风险投资"而直接用"战略投资者"称呼。一般而言，我国的战略投资者投资阶段靠后，属于狭义私募股权投资。我国的投资阶段特征和国外有较大区别，这里沿用国外文献的称呼。

资常用的手段，创业企业在成熟前，即有足够盈利能力来独立应对流动性危机，但通常需要寻找多轮融资来源。独立风险投资为了寻找投资机会，在投资界建立了一个广泛的网络，包括商业伙伴或者投资盟友。这些投资银行和风险投资，经常与独立风险投资机构一起在企业多阶段融资过程中进行联合投资。另一方面，企业风险投资的战略目标（如将创业企业视为通向新技术的窗口）更胜于其财务目标，因此，企业风险投资拥有的社会网络的金融服务价值更低。同时，企业风险投资缺乏投资经验，往往更愿意与独立风险投资家一起联合投资（Birkinshaw et al., 2002），由独立风险投资担任领头者，负责评估企业和决定财务结构。

其次，独立风险投资吸引关键管理岗位人员的社会资本更丰富，在帮助创业企业招募新雇员上，比企业风险投资更具价值。创业企业经营绩效的实现不仅仅在于资本，还要求企业通过吸收高水平的管理人员以取代或补充现有管理层。研究表明，与没有风险投资支持的创业企业相比，风险投资参与的创业企业更快地雇佣了市场总监并取代了创始人 CEO（Hellmann and Puri, 2002），而且在 IPO 时也更可能有一位人力资源副总（Bruton et al., 1997）。独立风险投资拥有广泛的人脉网络，而企业风险投资更关注企业内部，企业风险投资的雇员更可能从母公司来，而不是外部市场（Birkinshaw et al., 2002），因而独立风险投资对于整个高管市场的信息比企业风险投资更丰富，能给予企业的帮助也更多。

最后，企业风险投资能为创业企业带来更多的国内外客户。初创企业的一大难题在于没有客户，甚至没有潜在客户知道自己。大企业的客户极度厌恶风险（Moore, 1995），不愿意做新公司产品的"小白鼠"。初创企业在完成一次值得宣传的成功交易前都面临信任危机（Bürgel et al., 2001），而信任危机下初创企业又难以积累成功交易的记录。企业风险投资是少数具有解决这种悖论的市场能力的机构之一。创业企业可以借助企业风险投资的全球销售网络和市场渠道（Maula, 2001）。企业投资方也可以作为公开的供应商、采购方，或创业企业产品的支持者；此外，企业风险投资［如英特尔投资、诺基亚风险投资基金（Stuart et al., 1999）］还可以提供隐性担保。所以，需要获取市场信誉以吸引客户的创业企业，能从企业风险投资处得到更大的帮助。

企业风险投资也能为创业企业带来更多的国外客户。初创企业一般将重点放在企业周边区域，以便更好地开发本地客户资源（Lerner, 1995），即使他们希望发展国外市场也会因为信息缺乏和能力限制难以实施。由于独立风险投资一般集中在创新活动发达区域，而企业风险投资很多都是一些享有较高国际声誉的跨国大企业的一个特殊部门，其母公司一般都是跨国公司，所以，有志于国外客户的初创企业，可以从企业风险投资获得更有效的帮助。

（2）基于知识的优势。企业风险投资更了解技术和市场，而独立风险投资则在企业组织上的经验更丰富。

首先，企业风险投资能提供更多、更有价值的关于客户需求的市场信息。虽然独立风险投资专长于某一具体技术或行业领域，但其专业性更多的是财务方面的而很少涉及技术和市场。大多数独立风险投资机构投资于相对广泛的行业和技术部门，其需要的技术和行业资料大都采用向相关资讯机构购买的方式。与此相反，这些方面企业风险投资则更为擅长。开展企业风险投资的公司长期从事特定具体行业，对市场有着深刻的认识，这正是初创企业开发新市场所需要的知识。大型企业对市场的了解，是高速成长的技术型初创企业的无价之宝（Maula, 2001）。

其次，企业风险投资能提供更有价值的新技术信息。绝大多数企业风险投资的目的是增加母公司战略价值（Sykes, 1990）。大部分活跃于风险投资行业的企业母公司都属于技术密集型，他们了解相关技术的未来发展方向，即所谓的"技术路线图"，更有可能为创业企业提供与技术相关的知识，同时，双方所拥有的新技术更有可能促成双赢。

最后，独立风险投资在企业组织方面的知识更有价值。独立风险投资一般孵化了数不清的初创企业，跟踪了从最初投资阶段到投资者退出阶段的整个过程，更了解不同成长阶段的企业应该如何组织和管理。独立风险投资在形成专业化的创业企业组织结构上扮演了重要角色，使企业更快地采用了股票期权激励、雇佣市场副总裁、用外部 CEO 取代创始 CEO（Hellmann and Puri，2002）等。相反，许多来自企业风险投资部门的职业经理人只有母公司的特定背景，其视角具有一定局限性（Birkinshaw et al.，2002）。因此，来自独立风险投资机构的管理经验更适合早期成长性企业。

2）国内风险投资与国外风险投资

国内风险投资和国外风险投资由于所处阶段不同，发展水平不同，信息优势不同，因而也有不同的优势和投资倾向，企业在选择融资对象时需要区别对待。一般来说，我国本土风险投资经验和规模与国外存在一定差距，但更接近企业，信息来源更丰富。与此同时，国内外风险投资的支持、监督和参与重点、方式也有很大的差异。

首先，在监督和参与企业经营的重点上，国内外风险投资有所不同。风险投资通过多种方式参与企业的经营活动，可以进一步细分为战略层次和操作层次：战略层次涉及企业发展的总体方向，操作层次是有关企业战略如何执行的内容。风险投资在战略上的角色包括融资者、商业顾问、回音室；在操作上的角色则包括行业人士、专家的人脉资源和管理层招募（Manigart，1994）。欧美国家的风险投资市场一般在战略活动上参与较多，在诸如市场计划、产品开发、客户开发的操作层面上则非常有限（MacMillan et al.，1989；Gorman and Sahlman，1989）。

从国内外风险投资之间的比较看，外国风险投资在战略层次上的干涉更多，在操作层次干涉更少。因为监督和参与是有成本的，当代理成本超过收益时，风险投资对企业的支持就会减少。美国风险投资的商业模式是用最少的投入获取最大的资本收益（Sahlman，1990），即用更少的人管理更多的资本。所以，美国风险投资虽然监督并为企业提供建议，但同时也不过多参与（Kaplan and Strömberg，2001）。跨国风险投资的代理问题和远程监督的问题更加明显。美国风险投资在欧洲大陆的投资比欧洲本土风险投资更侧重于战略方面的活动（Sapienza et al.，1994）。美国风险投资在印度的管理风格被视为纯市场驱动的，毫无人情可言（Amba-Rao，1994），因而很难与企业有操作层面上沟通的倾向，特别是一些需要良好的关系才能开展的交流。此外，国外风险投资很有可能提供一些本土风险投资无法提供的战略建议，如国外并购市场的情况等。

另外，本土风险投资拥有的社会网络对具体企业运营更有效。在亚洲的环境里，管理人员的关系网络是企业运营绩效的一项重要影响因素（Peng and Luo，2000）。本土的风险投资会将更多的精力投入建设本地的关系网络上，这可能会涉及很多经营层面的活动，而外国风险投资则参与较少。目前关于我国本土风险投资的实证研究尚不多，但一项研究使用印度的数据证明了外国风险投资和本土风险投资在战略和经营层面上的参与差异（Pruthi et al.，2003）。

其次，在监督和参与企业经营的机制上，国内外风险投资也不相同。风险投资需要通过监督来减少代理问题，以便通过某种机制来减少信息不对称、限制经理人的机会行为。监督机制包括正式的、约定的机制，如按期提供企业基本信息、通过企业章程等限制经理人行为等，以及非正式机制，包括董事会结构、风险投资和创业企业的例会等（Mitchell et al., 1995）。

外国风险投资对企业正式的管理机制和会计信息更重视，却并不那么要求企业的审计信息，也较少用到特殊的会计方法。对大部分风险投资机构而言，市场风险比代理问题更需要关注（Fiet, 1995）。因为风险投资积累了大量应对代理问题的经验，这些经验都反映在投资条款中，通过条款能够较好地激励和约束双方的行为。因为本土风险投资更了解本土市场，而市场风险对于外国风险投资更大，从而他们会寻求更多的关于市场变化方面的信息。这些信息一般会通过每月的管理账户和绩效评价进行反馈，而且与其在本国的准则类似。此外，新兴市场的立法与发达国家不同，财务报告的实际生成机制上可能由此存在差别（Hoskisson et al., 2000）。本土风险投资更了解这些差别，更了解这种不同标准带来的偏差，而这种偏差会破坏会计信息的有用性。所以，他们更有可能会要求企业采取特定的会计策略，以更好地反映真实经营情况。

3. 增值服务以外：私募股权基金对企业IPO的影响

私募股权基金对中小企业IPO有重要影响，这是企业，特别是计划上市的企业选择私募股权投资的重要因素。私募股权投资对IPO价格的影响主要有两种相互对立的观点。一种观点从正面支持私募股权投资对中小企业IPO的积极影响，主要有"认证理论"（certification model）和"监督理论"（monitoring model）两种理论；另一种观点则从负面认为私募股权投资对中小企业IPO产生消极影响，支持这种观点的主要是"逐名理论"（grandstanding hypothesis）或者称为"逆向选择理论"（adverse selecting model）。

1）认证理论

由于市场环境随着经济的发展而变得越发复杂，信息不对称问题日益突出，传统的债权融资和股权融资方式已不能满足资本市场的需求，在此背景下，私募股权基金这种特殊的金融中介应运而生。它的出现不仅解决了初创企业的融资问题，更是提供了管理经验，促进了企业价值增值。与此同时，私募股权投资还降低了存在于投资者、融资者与创业企业之间的信息不对称问题，起到了认证作用。

认证理论认为，私募股权投资之所以具备认证作用，是因为其在被投资企业拥有董事会席位、股权比例，并参与企业的营运管理，而且其认证功能远大于像投资银行、会计师事务所这样的社会监督认证机构。但是，私募股权投资的认证要真正发挥作用，必须满足以下三个条件：首先，要拥有认证资本，即声誉；其次，认证资本要大于任何虚假认证所可能带来的收益；最后，对企业而言，认证服务的取得具有高成本（Megginson and Weiss, 1991）。

2）监督理论

众所周知，私募股权基金一旦投资创业企业，必然会参与到企业的管理中，这种行为事实上行使了企业内部人的管理职能，对企业的行为实施了密切有效的监督，所了解的企业信息更加真实，不对称程度会大大降低，这也就是私募股权投资所带来的"监督效应"。此外，一个创业企业只要吸引到了私募股权投资，就会有高声誉的券商、会计师等主动跟来，进而使IPO的抑价得以降低。当然，这还要归功于私募股权投资的筛选机制和监督机制，因为这些严格的程序使人们普遍认为被看中的创业企业必然是业绩良好的潜力股。

3）逐名理论/逆向选择理论

一些年轻的私募股权基金，可能会为了追求高声誉而较早地将尚未发展成熟的创业企业匆匆地推上市，借此来抬高IPO抑价。并且，私募股权基金越是年轻，被投资企业被公开上市得就越早，IPO 抑价程度就越高。这种方式的代价是高昂的，但是其可以在未来的资本流入中慢慢得以弥补。这就是所谓的"声誉效应"，也被称为"逐名动机"。

由于"声誉效应"的存在，这些年轻的私募股权投资机构往往过度关注被投资企业的短期业绩，通过高的 IPO 抑价使很大一部分利益流向了市场，在增加投资机构声誉的同时却有违被投资企业的愿望（Gompers，1996）。

关于逆向选择，也就是信息不对称理论对 IPO 抑价的另一种解释。我们知道，在创业企业尚未上市的时期，要想全面地了解企业各方面的信息几乎是不可能的，一般外部投资者所能触及的也就局限于招股说明书等。在这种情况下，要对企业进行精准的价值评估是非常困难的。因此造成了市场上需要融资的企业优劣难辨，以至于投资者只能以市场总体的平均值来看待企业，最后导致优质企业倾向于内源融资，劣质企业在市场上寻找外源融资。但是，只要创业企业可以吸引到私募股权基金的参与，信息不对称的程度将因为私募股权投资所带来的认证作用而降低。一旦信息不对称问题不再突出，IPO 抑价程度也就可以得到控制了。

4）私募股权投资对 IPO 后的企业长期绩效的影响

私募股权投资不仅在创业企业 IPO 前发挥着不可替代的作用，在企业 IPO 后也扮演着一个重要角色。由于私募股权投资在其所投资的创业企业 IPO 后并不是可以马上退出的，即存在一个锁定期。这样，即便创业企业被 IPO 后仍然可以借助私募股权投资的力量高速发展。另外，即使不考虑锁定期，如果创业企业发展态势好，预期未来效益被看好，仍然会有不少股权投资愿意继续助力该企业的。由此，创业企业的长期绩效即有了保障（Brav and Gompers，1997）。

（五）私募股权融资定价技术

在私募股权融资中，企业价值评估是投资方与融资方进行谈判的一个最为关键和敏感的问题。估值涉及每股价格、一定的投资金额下投资方在被投资企业中所占的股权比重等，对两方的利益有重大影响。

对企业的估值，尤其是对处于早期阶段的企业的估值，常常是一件困难而又主观的事情。对于一般企业估值方法，前面的章节已经进行了详细介绍，有相对价值法和绝对价值法两大类。相对价值法主要是选择可比公司，采用乘数方法，推断目标公司的价值，较为简单，如市盈率（P/E）、市净率（P/B）、市销率（P/S）、市盈率/企业年盈利增长率（PEG）、企业价值与息税前利润的比率（EV/EBITDA）价值评估法。绝对价值法主要采用折现方法，较为复杂，有 DCF、APV 和期权估值法等。

相对价值法使用起来简单快捷，在私募股权投资中运用比较多。其中，最常用的为市盈率法，包括历史市盈率法和未来市盈率法。历史市盈率法是企业用上一年度或过去十二个月的利润为基数对企业进行估值。未来市盈率法是指企业用下一年度或未来十二个月的利润为基数对企业进行估值。举个例子：假设一家私募股权基金同意以 10 倍的市盈率对该企业进行估值，如果该企业上一年度的净利润为 1 000 万元，预计下一年度的净利润为 1 500 万元，那么采用历史市盈率法，该企业的估值为 1 000÷10 000×10=1（亿元）；采用未来市盈率法，该企业的估值为 1 500÷10 000×10=1.5（亿元）。如果基金同意投资 3 000 万元，以历史市盈率法估值，基金能占到 30%的股份；若以未来市盈率法估值，基金只能占到 20%的股份。

虽然相对价值法简单易行，但是，在选择可比公司时，多使用市盈率、市价与收入比、市价与账面价值比等财务指标，而这些指标多是基于上市公司，对于目前没有盈利但是具有高成长性的企业是不太适用的。这些企业的类似指标很难获得，也难以计量，即使可以运用，由于其股票缺乏流动性，可比性也较低。所以，可以选用其他更加合适的指标。例如，对于网络公司一个比较好的指标就是用户的注册数量；对于生物技术企业一个比较好的指标就是被授予的专利数量；对于一个金矿开发公司比较好的指标就是初步钻探的金矿的盎司数量。总之，企业在VC/PE定价时可根据实际情况，选择适合自身的指标进行测算。

绝对价值法，是以"折现"为基础深入分析企业的经营情况，并结合各方面的信息对企业进行估值的一类方法。其中，DCF、APV、期权估值法等在西方的私募股权融资定价中运用广泛，对于这些方法，读者可参考前面的章节。除此之外，风险资本法也是私募股权融资定价中常用的方法之一。以下，就该估值法进行讨论。

众所周知，私募股权投资的特点常常是负的现金流和收入，有极高的不确定性，但是在未来却有潜在的巨大收益。风险资本法是预估未来某一时刻企业获得正现金流和收益时，运用倍数法对企业整体进行估值，然后运用一个比较高的贴现率将这个终值折为现值，贴现率通常在40%~75%。风险资本法运用如此高的贴现率，原因有如下几点：首先，风险投资家认为需要用这么高的贴现率来补偿私有企业（非上市公司）的流动性不足。私有企业的股权与公开股权相比，常常缺乏市场流动性，投资者因此需要一个高的回报率来补偿。其次，风险投资家认为他们的服务是有价值的，高的贴现率也是对他们付出的一个补偿。例如，他们为企业提供战略决策服务、信用支持，或者让企业更容易地接触类似律师、投资银行家等特殊中介等。最后，风险投资家认为企业家呈现的未来预测过于乐观，他们需要一个高的折现率来规避过高估计的风险。

折现率确定后，风险投资家就可以运用折后的最终价值及投资规模来计算其在企业中期望的股权。例如，如果企业的折后价值为1 000万美元以及私募股权基金拟投入500万美元，他们会要求企业50%的股权作为回报。然而，这个是在私募股权投资的利益不会在后期的融资中稀释的前提下计算得来的。考虑到大多数成功的私募股权投资支持的企业会在一定时点IPO，这个假设就不现实了。

风险资本法的计算方法有多个，其基本内容可作如下说明。

第一步，预估企业在未来一段时间的价值，典型的是在企业决定IPO时的估值。这个"终值"常常是通过倍数法得来的。例如，在退出时，用股票价格收益比率乘以预期的净收益获得终值。当然，终值还可以用其他方法来计算，包括DCF。

第二步，将第一步得到的终值折现。在这里，折现率不是传统的资本成本，而是风险投资家的目标收益率。这个目标收益率是私募股权投资通过对某一特别投资的风险和付出的校正而来的。企业的最终价值可由以下公式来表示：

$$\text{企业的最终价值} = \text{终值} / (1 + \text{目标收益率})^{\text{年数}} \quad (7\text{-}1)$$

第三步，计算必要的最终股权比例。投资规模除以折后的企业最终价值决定了风险投资家获得预期回报的必要股权比例（假设没有后续融资稀释股权）。计算公式如下：

$$\text{必要的最终股权比例} = \text{投资规模} / \text{折后的企业最终价值} \quad (7\text{-}2)$$

第四步，估计未来的股权稀释以及计算必要的目前股权比例。由于私募股权基金支持的企业常常有多轮融资，并且大多数最后会首次公开发行股票。式（7-2）是在没有考虑后续融资的假设下计算得来的，而这个假设实际上是不太现实的。为了弥补后续融资的股权稀释问题，还需要计算留存率。留存率反映了后续融资对私募股权投资股权的稀释效应。假如一家企业打算进行又一轮融资，拟将代表企业25%的股份出售，然后打算在IPO时将企业30%的股份出售。假设私募股权基金目前的股权比例为10%，则其在企业融资后的股权会变为10%/（1+0.25）/（1+0.3）=6.15%，留存率为6.15%/10%=61.5%，然后必要的目前股权比例可由以下公式获得：

$$必要的目前股权比例=必要的最终股权比例/留存率 \tag{7-3}$$

风险资本法的最大争议是目标收益率。过高的目标收益率显示了风险资本法的随意性。一个比较严谨的办法是不断审视预测结果并根据现实情况进行调整。这就会涉及很多问题，如可比企业的表现如何，为满足其预期需要多少市场股权，要用多久的时间实现预期，重大风险有哪些，成功的重要因素是什么等。

总之，私募股权融资定价是以传统定价模型为基础，同时考虑无法以货币计量的因素，通过谈判等综合手段给企业确定一个尽量合理的价值。毫无疑问，上述对企业估值的方法对企业私募股权融资来说是极其有用的。不同的行业，处于不同发展阶段的企业，都可以根据自身情况，选择适合自身的定价模型（表7-2）。

表7-2　不同行业使用的企业估值方法

不同行业	主要估值方法	补充估值方法
高新技术行业（如信息技术、生物科技、新能源等）	P/E	PEG、P/S、DCF等
传统行业（如制造、房地产、教育与培训、餐饮等）	DCF、P/E	P/B、P/S、PEG等
商业零售行业	P/S	DCF等

二、私募股权融资契约设计

私募股权交易的重心主要是围绕投资条款清单内容进行的。目前，国内的部分私募股权基金投资交易结构设计相对比较简单，投资工具一般也只有普通股，没有太多的限制性条款，在投资交易中往往不签署投资条款清单，直接开始尽职调查和合同谈判。但海外的私募股权基金或国内规模较大、运行更为规范的私募股权基金一般会在正式尽职调查前，提供详细的条款清单，这些条款清单对双方不具有强制约束力，目的只是事先约定投资条款，避免双方在基本问题上不能达成一致意见而浪费较多资源和精力。

（一）投资条款清单

投资条款清单（term sheet of equity investment）是私募股权基金与企业就未来的投资交易所达成的原则性约定，也是未来即将签订的正式投资协议（share subscription agreement）的框架。投资条款清单中约定了私募股权基金对被投资企业的估值、计划投资金额、所持比例和投资工具等，同时包括了被投资企业应负的主要义务和私募股权基金要求的主要权利，以及投资交易达成的前提条件等内容。企业在接受投资条款清单前还有相互协商的余地，一旦接受了投资条款清单，就意味着双方就投资条件已达成一致意见，此后在签署正式协议时，这些主要条款不能再更改，由此可见投资条款清单的重要性。

在确定投资条款清单时，各方的追求是不同的。

投资者在投资条款清单中的追求：①退出时投资价值最大；②公司表现不好时的投资保护，如清算优先权条款；③一些影响投资者利益的公司决策的否决权；④投资一段时间后，对公司流动性（如IPO、出售）的要求；⑤确保创业者与管理层绑定公司，与投资者利益一致。

创业者在投资条款清单中的追求：①牺牲最少的股权，获得足够多的资金；②尽可能少地放弃公司控制权；③保护创业者的个人利益。

在实际中，某一方的目标不可能全部实现，除非谈判时一方有绝对优势。如果市场中风险资本极度缺乏或者企业的业绩极差，投资方就会有绝对优势，并主导相关条款制定。如果企业的业绩表现持续向上并且前景很好，或者投资者之间的竞争激烈，则企业就会有绝对优势，并主导相关条款制定。

一个好的投资条款清单会动态调整企业与投资者之间的控制权配置。如果企业表现很好，投资者的控制权和保护权是用不到的；如果企业表现较差，尤其是由于企业家的原因造成业绩差，投资者就需要利用相关条款赋予的权力来保护自己投资利益。

投资条款清单不是最终法律条款，唯一的束缚力就是排他性。由于排他条款的限制，企业在 6~8 周内不能再寻找其他的投资者。如果企业违反了这个条款，就会受到法律的制裁。

创业企业在进行私募股权融资时，要特别留意投资条款清单中的条款设计，尤其应该关注收益分配条款、控制权配置条款及激励相容机制设计条款。本小节将详细阐述相关内容。

（二）收益分配条款

当公司所有的股票都是普通股时，每股股票都具有相同的权利，即"同股同权""同股同利"。对于投资创业企业，特别是早期阶段的私募股权投资来说，通过条款的设计，不再是"同股同权""同股同利"。主要有两个原因：一是确保私募股权投资能得到比平均每股收益更高的价值，二是激励创业者不以低价过早出售公司。

1. 退出优先权

退出优先权是保护投资者利益的核心条款。退出优先权，指企业价值实现时，首先支付投资者投资本金的条款。

【例 7-1】1 月投资者对企业投资 300 万元，获得被投资企业 30%股权，5 月创业者将公司以 500 万元出售，则创业者获得 350（70%×500）万元，投资者获得 150（30%×500）万元，但是与初始投资额相比，损失了一半。如果使用退出优先权，投资者先获得 300 万元，然后再与创业者按比例分享剩余的 200 万元，就不会面临前面的损失。退出优先权是投资条款清单中非常重要的条款，决定了在公司出售或清算时"蛋糕"的分配问题。

优先股是投资者获得退出优先权的主要工具，所以私募股权投资者在进行投资时会选择优先股的形式，以获得退出优先权。相对于普通股，优先股股东享有优先的本金支付及红利分配权，在企业清算时享有优先受偿权，但对企业经营没有投票权。

优先股有很多的排列组合方式，但是有三种典型类型。

1）可偿还优先股

类似于公司债务，退出时优先股股东获得投资额加上按照一定利率计算的利息，普通股股东分享剩余收益。可偿还优先股一般不会单独使用。图 7-6 为投资额 300 万元，单利 10%，三年后出售公司的投资者收益分布。

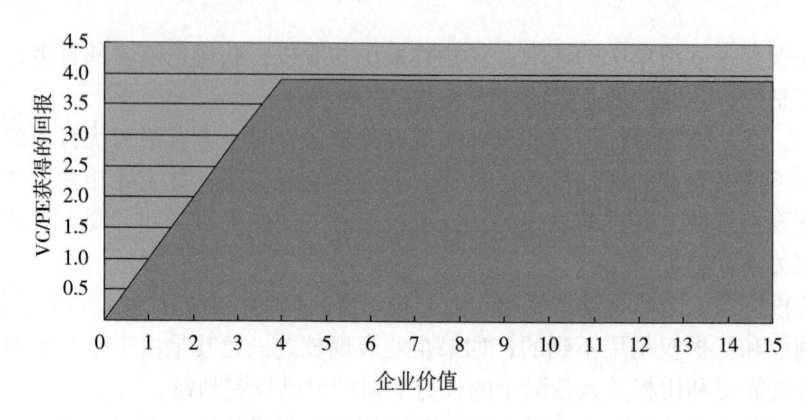

图 7-6　可偿还优先股收益曲线

2）可转换、可赎回优先股

优先股既可以转换成普通股，也可以收回现金。图 7-7 为投资额 300 万元，占 30%股权，三年后出售公司的投资者收益分布。

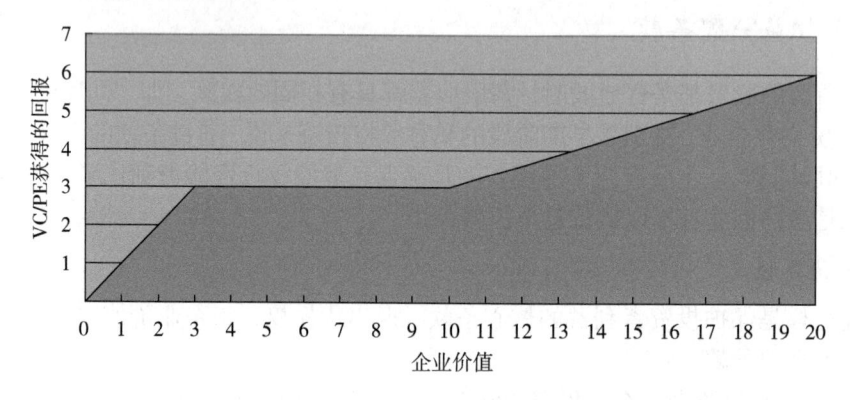

图 7-7　可转换、可赎回优先股收益曲线

3）可参与优先股

公司出售时，投资者先收回投资额，再与普通股股东按比例分享剩余收益。图 7-8 为投资额 300 万元，占 30%股权，三年后出售公司的投资者收益分布。

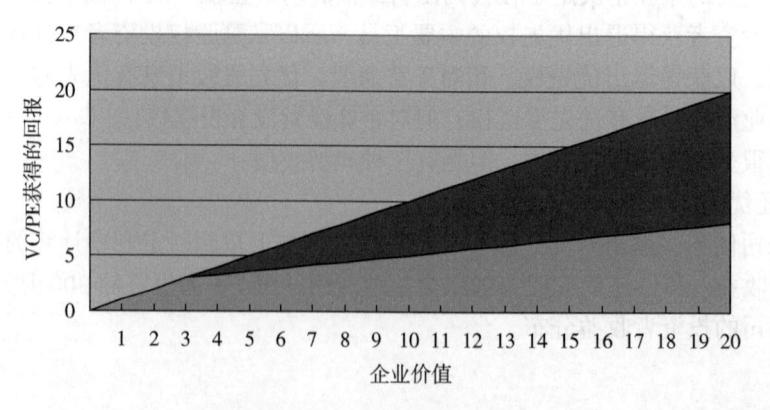

图 7-8　可参与优先股收益曲线

当出售企业对创业者有利时，创业者可能会过早出售企业，但是会损害投资者的利益。

投资者为避免所投资企业被过早出售时所得到的回报低于其投资额，会设定退出优先权来解决这个问题。一般退出优先权既包括优先权，也包括参与分配权，参与分配权分为完全参与、上限参与和无参与分配权。创业者与投资者进行谈判时，双方实力及谈判能力的不同会导致不同的谈判结果。双方谈判的结果取决于公司的发展阶段、当前资本结构和再融资能力等，最佳结果是在投资者获得期望价格的同时保证对创业者和员工的最大化激励。

以下为三种不同的退出优先权及不同退出优先权下的回报。

（1）一倍或者几倍的退出优先权，附带无上限的参与分配权（图 7-9）。当公司退出价值低于优先清算额时，投资者获得全部清算资金；退出价值高于优先清算额时，投资者先拿走优先清算额，剩余部分由投资者和普通股股东按转换后比例分配，有利于投资者。

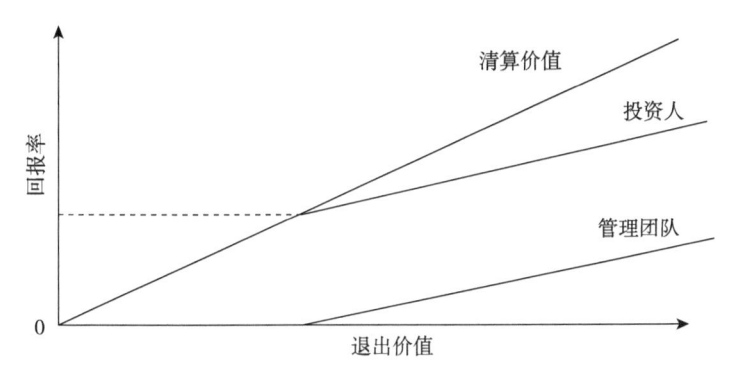

图 7-9　无上限参与分配权的回报

（2）一倍或者几倍的退出优先权，附带有上限的参与分配权（图 7-10）。优先股股东收回投资额后（一倍或几倍），按转换后比例与普通股股东分配剩余清算资金，直到达到既定的回报上限倍数。当清算价值×股权比例高于回报上限时，投资者会将优先股转换为普通股，从而不受优先股回报上限的限制，是相对中立的条款。

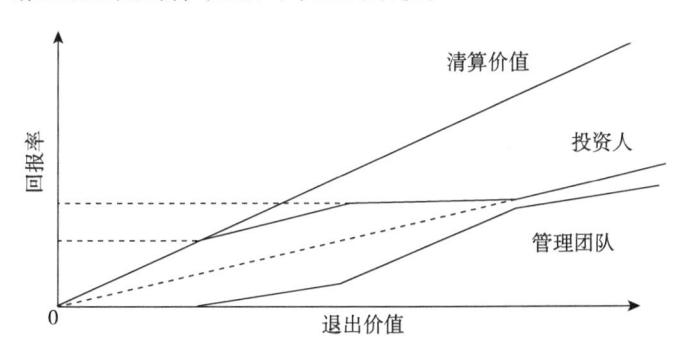

图 7-10　附带上限参与分配权的回报

（3）1 倍退出优先权，无参与分配权（图 7-11）。优先股股东收回 1 倍投资额后不参与剩余清算资金的分配，但是可以将优先股转换为普通股参与剩余清算资金的分配，有利于创业者。

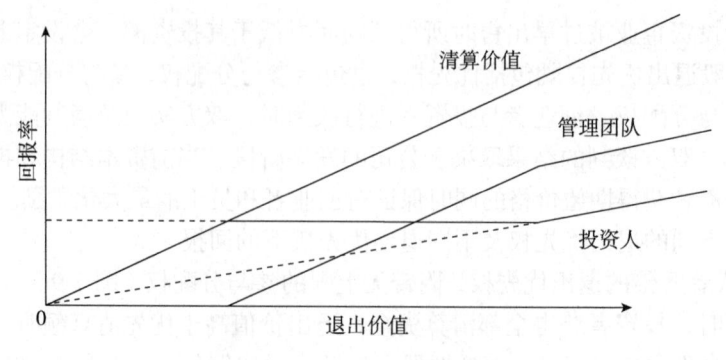

图 7-11 无参与分配权的回报

大多数投资条款清单都包含退出优先权。一般情形下,退出优先权的形式是 100%投资额（1 X）加上剩余收益的分配,但也存在其他形式：①多倍优先退出权,如在普通股之前得到 2 倍（2 X）、3 倍,甚至 10 倍（2001~2002 年互联网泡沫破裂）投资额。但是,倍数越高创业者的潜在价值越低,会降低创业者的积极性。②分层优先退出权。企业在 IPO 前会进行至少三轮融资,每轮融资有不同的投资者（A 系列、B 系列、C 系列等）,最新的投资者有更高级的优先权,然后是第二新投资者,依此类推,最后是普通股与优先股股东分享剩余收益。

退出优先权主要有两个目标：一是对投资者来说,通过退出优先权加上低比例股权的方式更加进退有余。这样当退出价值低时,可以获得更高比例的收益,当退出价值高时,则获取较低比例的收益；二是激励企业家不过早地以低价出售企业,损害投资者利益。

退出优先权的激活与失效需要一定的条件。当董事会决议或者债权人要求对公司进行清算,或者出售主要资产、换股收购公司、两个公司合并及新的股权投资者持有股份超过 50% 以上等情况发生时,退出优先权就会被激活。当企业 IPO 时,一般退出优先权会自动失效,优先股会自动转换为普通股,投资者可以得到较高的收益。

2. 分阶段投资

分阶段投资是指私募股权投资者当前仅投资一部分,当企业达到预期目标之后,再按预先设定的价格继续增加投资的渐进式、多轮次的投资方式。预期目标可以是产品开发、销售额、业务收入、管理层建设等。这种投资方式被更多地使用在早期创业企业中。早期阶段企业存在更大的信息不对称问题,分阶段投资是对被投资企业的一种监督机制和激励机制,可以减少投资者风险,加强对企业的监督和控制。如果企业没有完成预期目标,投资者具有退出的选择权（Gompers, 1995）。

分阶段注入资本使私募股权基金能够定期地收集信息,对企业前景进行再评估。Gompers（1995）的研究表明,早期阶段企业在每轮融资中所获资金额较少,随着有形资产的增加,融资存续期也会增加。当企业没能完成预期目标,私募股权投资者可以选择放弃下一轮投资,或重新谈判第二轮投资的价格,即调整再融资价格。

3. 按确定股价再投资的权利

当投资者与创业者对企业估值等存在分歧时,可以给投资者安排今后一定时间按设定每股价格再投资的期权。实际上,不同的估值来源于对公司达到目标能力的不同看法,动态价格机制减少了创业者和投资者对估值完全达成一致的困难。

【例 7-2】投资者拟投资 400 万元,对公司投资前估值 800 万元,创业者估值为 1 200 万元，创业者与投资者存在估值分歧。

可以设置两种解决方案：一是双方约定企业估值1 100万元，投资者投资400万元，但给投资者24个月后以1 200万元估值再投资200万元的期权；二是对赌，投资者投资400万元，占25%股份（投资前估值1 200万元），若一年后销售收入低于200万元，投资者占33%股份（投资前估值800万元）。

4. 优先股利

私募股权投资者可以要求有优先股利，要求退出时先支付给投资者投资额加上每年按利率计算的股利，再与创业者进行剩余收益的分配。

【例7-3】 投资者投资100万元，企业每年支付10万元股利（利率10%），累积到退出时与优先退出权一起支付，3年后投资者退出时先获得130万元，再进行剩余收益的分配。

5. 反稀释条款

【例7-4】 某企业，A投资者投资时为每股1元，投资100万元可获得100万股，B投资者投资时每股0.5元，投资100万元可获得200万股。被投资企业退出时为每股10元，投资者A利益受到损失。如何保护A投资者利益不受损失？

反稀释条款（antidilution）的设计可以保护A轮投资者的利益。

反稀释条款，或反摊薄条款，是创业者对投资者利益的保证，指前期投资者为了防止其股权比例因为目标公司以较低价格进行下轮融资而发生被稀释的现象与创业者之间做出的约定。基本逻辑是：如果企业的价值增长，则前期投资者的股权估值也将相应增长；如果被投资企业后期融资价格下降，低于前期每股价格，则前期投资者的每股价格将进行相应调减，其持股数量将增加。

根据股权调整价格，反稀释条款分为完全棘轮反稀释条款和加权平均反稀释条款两种。

（1）完全棘轮反稀释条款（full ratchet antidilution），是指被投资的企业新发行的股份价格低于前期投资者的转换价格时，则前期投资者过去投入的资金所换取的股份全部按照新的最低价格重新计算，使其实际的转换价格降低到新的发行价格。当被投资企业按更低价格发行新股时，前期投资者会无偿获得额外股份，直到其每股平均价格下降到增发新股的价格水平。

【例7-5】 私募股权投资者在首轮投资中投入100万元，初始价格为1元，获得100万股A系列优先股。由于被投资企业经营不善，在后轮融资时，B系列优先股的发行价为每股0.5元。则根据完全棘轮反稀释条款规定，A系列优先股的转换价格就调整为0.5元，其持有的股份由原来的100万股变为200万股。完全棘轮反稀释条款仅考虑低价发行新股时的价格，不考虑发行新股的规模，即使企业只以较低价格增发一股股份，A系列优先股的转换价格也会调整至0.5元。

完全棘轮反稀释条款也存在一定的问题，是对创业者与管理者的一种过重处罚，使企业经营不善的风险在很大程度上由创业者来承担，最严重时可能导致创业者出局。实际上，当企业低价发行的股份很少时就没必要触发完全棘轮反稀释条款，而可以采取引进战略投资者、发行期权池等手段。

（2）加权平均反稀释条款（weighted average anti-dilution protection），分为狭义加权平均反稀释条款和广义加权平均反稀释条款。加权平均反稀释条款是较为温和、更为普遍的反稀释条款，要求如果创业者增发新股的价格低于A轮融资价格，则新的转换价格会被调整为A

轮融资价格和后期增发新股价格的加权平均值。A 系列股转换价格的计算公式为

A 系列股转换价格=（后续融资前完全稀释时的股份数量

×A 系列优先股后续融资前的实际转换价格+后续融资现金额）

÷（后续融资前完全稀释时的股份数量

+后续融资实际发行的股份数量）

狭义加权平均只计算已发行的可转换优先股能够转换的普通股数量，不计算普通股和其他可转换证券，这种方式对投资人更为有利。而广义加权平均是按照完全稀释方式定义，包括已发行的普通股、可转换成普通股的优先股，以及可以通过执行期权、认股权、有价证券等获得的普通股数量。

【例 7-6】 以上面的例子来说，已发行的普通股为 500 万股，企业需要再融资 200 万元，按每股 0.5 元的价格发行 400 万股 B 系列优先股，则广义加权的转换价格为

$$NCP = \frac{1 \times (5\,000\,000 + 1\,000\,000) + 2\,000\,000}{(5\,000\,000 + 1\,000\,000) + 4\,000\,000} = 0.8$$

狭义加权的转换价格为

$$NCP = \frac{1 \times 1\,000\,000 + 2\,000\,000}{1\,000\,000 + 4\,000\,000} = 0.6$$

A 轮投资者 100 万元投资额可以分别转换为 125 万股和 166.67 万股。

反稀释条款可以防止企业以更低的价格进行后续融资，保护投资者的利益，防止投资者被"淘汰"出局；可以防止创业者与新投资者结盟而损害前期投资者的利益。

企业家在反稀释条款谈判时的要点包括以下内容。

（1）争取"继续参与"（pay-to-play）条款。优先股股东必须参与后续的降价融资，购买等比例的股份，保证优先股不会被转换为普通股，才能行使反稀释权利。例如，某企业需要融资 500 万元，则每个投资者必须继续投入 20%的 100 万元才能拥有棘轮条款，不然可能会被转换成普通股，对于一些小投资者甚至可以协商要继续投入 50%以上的融资额才可以获得相应比例的权利。

（2）列举不能触发反稀释条款的例外事项。在某些特殊情况下，低价发行股份也不应该引发反稀释调整，如预留在公司期权池中的员工股份，董事会批准的公司合并、收购行为，用于代替现金支付的股份等。例外事项越多对企业家越有利。

（3）降低反稀释条款的不利后果。企业家尽可能不要接受完全棘轮反稀释条款，要争取一些降低对创业者股份影响的办法。例如，只有当后续融资价格低于某个事先设定的底价时，反稀释条款才能执行；设定在 A 轮融资后的某个时间段之内的低价融资时才能触发反稀释条款；或者要求在企业达到预期目标时可以去掉反稀释条款。

（三）控制权配置条款

私募股权投资者在投资条款清单中的条款主要关注两个方面的内容：一是价值功能，即收益分配机制的设计，包括投资回报，如退出优先权条款等；二是控制功能，如董事会、保护性条款等。董事会是控制权配置中非常重要的条款。控制权与价值的权衡如图 7-12 所示。

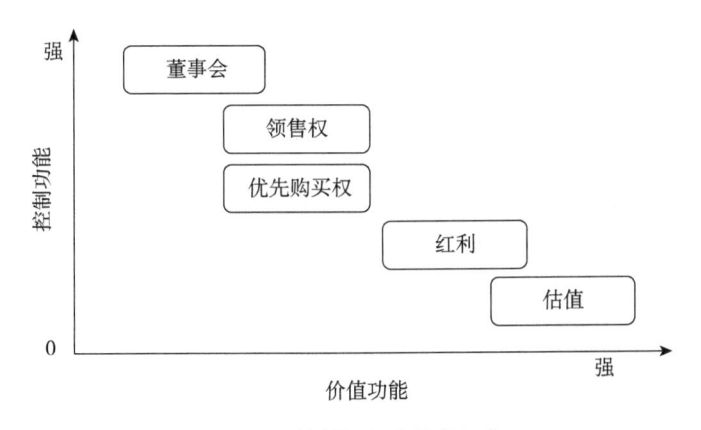

图 7-12 控制权与价值的权衡

1. 非上市公司治理

私募股权基金的投资对象往往本身不规范、不透明，媒体的关注度不高，也不受《中华人民共和国证券法》的保护，所以，投资者的利益保护主要通过投资条款清单来实现。

对于上市公司来说，治理结构是公司管理层、董事会和股东之间权利和义务的分配机制，对公司能否高效运转发挥着核心作用。股东大会是公司的最高权力机构和最高决策机构，负责批准重大决策事项，董事会负责执行股东会议的决策，批准重要决策事项，而管理层主要负责公司日常的经营决策。上市公司有规范、透明的管理制度，中国证监会、证券交易所也有严格的公司治理规定。

非上市公司也要求类似的治理机构。但是，由于私募股权基金所投资的公司多数为中小企业或处于危机中的企业，一般管理不规范、信息不透明，因此，投资者一般会在投资者条款清单中对某些重要事项做出一系列的规定，此外，也经常会谋求在董事会中占据更多席位，以保证自身的利益。

2. 董事会结构

董事会是企业经营决策机构，董事会向股东大会负责，它的主要职权是批准企业重要决策事项，其对公司的信托责任大于它所代表的股东的利益。

企业家在私募融资时关注"董事会"条款，并不是说通过董事会能创造伟大的公司，而是防止组建一个糟糕的董事会，使创始人失去对企业运营的控制。一个合理的董事会应该是保持投资人、企业、创始人及外部独立董事之间合适的制衡，为所有股东创造财富。

我国《公司法》规定企业董事会中有限责任公司至少要有 3 名董事，而股份有限公司则至少需要 5 名董事，但这并不是世界通行的。通常对 A 轮融资的公司来说，为了董事会的效率以及后续融资董事会的扩容考虑，理想的董事人数为 3~5 人。另外，董事会还会下设审计委员会、提名委员会、薪酬委员会、战略与投资委员会等专门委员会。

在投资条款清单中，董事会条款是"控制功能"中最重要的条款之一。组建董事会在 A 轮融资时的重要性甚至超过企业估值部分，因为估值的损失是一时的，而董事会控制权会影响整个企业的生命期。因此，应该重视董事会的设立，而且董事会的设立应该反映出公司的所有权关系。理论上，所有的董事会成员都应服务于公司的利益，而不是仅仅服务于特定股东的利益。

通常 A 轮融资完成以后，普通股股东（创始人）还拥有公司的绝大部分所有权，普通股股东应该占有大部分的董事会席位。

私募股权投资董事会通常按以下情形设置。

情形一：偏向创业者的方案。

假设，A轮融资完成以后，普通股股东持有公司大约60%的股份。

（1）如果A轮是两个投资人的话，董事会的构成就应该是

$$3个普通股股东+2个投资人=5个董事会成员$$

（2）如果只有1个投资人，那么董事会的构成就应该是

$$2个普通股股东+1个投资人=3个董事会成员$$

一般，如果创业企业质量良好，在A轮融资时投资人会认可以上的董事会安排。

情形二：偏向投资者的方案。

如果投资人不同意以上董事会结构，而创业者又希望得到投资的话，可以采用下面偏向投资人的方案（设立一个独立董事）：

$$2个普通股股东+2个投资人+1个独立董事=5个董事会成员$$

或者，

$$1个普通股股东+1个投资人+1个独立董事=3个董事会成员$$

情形三：CEO作为董事会成员。

通常情况下，投资人会要求公司的CEO占据一个董事会的普通股席位。这看起来似乎挺合理，因为创始人股东之一在公司融资时通常担任CEO。但创业者也要注意，如果公司一旦更换CEO，那新CEO将会在董事会中占一个普通股席位，假如这个新CEO跟投资人是"一致行动人"的话，这种"CEO+投资人"的联盟将会完全控制董事会。所以，如果企业正打算聘任一个新的CEO，不妨为他在董事会中设立一个新的席位。例如，对于偏向于投资人的董事会中，投资人已占有2个席位，专门增设1个CEO席位，即

1个普通股股东+1个投资人+1个CEO（目前是创始合伙人之一）=3个董事会成员

1个普通股东+1个投资人+1个独立董事+1个CEO（目前是创始合伙人之一）
=4个董事会成员

需要注意的是，董事会中的普通股席位应该永远由普通股股东选举产生。另外，如果希望董事会的成员数是奇数的话，可以再多加一个独立董事席位。

目前，国内风险资本的A轮投资条款清单中，董事会条款的主流是"创始人+创始人及CEO+A轮投资人"的结构。

通常而言，以下的A轮投资后的董事会结构也是较为公平并能为各方所接受的。

（1）1个创始人席位、1个A轮投资人席位及1个由创始人提名董事会一致同意并批准的独立董事（单一创始人）。

（2）1个创始人席位、1个CEO席位（目前是创始合伙人之一）、1个A轮投资人席位及1个由CEO提名董事会一致同意并批准的独立董事（多个创始人）。

总之，A轮融资后，最好是保持紧密的小董事会结构。另外，B轮融资后，B系列投资者要求委派代表进入董事会，扩大董事会。如果出现对董事会席位需求过多的情况，可聘任董事会观察员，观察员可以参加董事会会议并发表意见，但是没有投票权，当出现争议时，观察员可以影响力量的平衡。此外，为了避免董事会规模的无限扩大，一般规定当投资者持有公司股权比例低于5%~8%时，投资者自动失去董事会席位。

3. 保护性条款

保护性条款是投资者为了保护自身的利益而设置的条款，在获得投资者的批准之前企业不能执行某些可能损害投资者利益的事项。实际上，相当于投资者对某些事项具有否决权，尤其是当这些事项损害投资者利益、威胁投资者地位的时候。创业者在与投资者谈判时，要考虑到此类条款的行使会对公司的正常经营所产生的影响，要进行适当的权衡。

私募股权投资者设置的保护性条款，即除非投资者同意，被投资企业禁止从事一些事项，通常包括：①合并、清算、分立、收购；②改变公司章程、公司控制权、主营业务、营业场所；③正常业务之外的担保、补偿、投资等；④增资扩股、发行新类型股票、改变或细分已发股权的权利、兑现或回购股权、创业者股权转让；⑤变卖、转移公司资产，在公司资产上建立收费、抵押、留置权等；⑥董事会主席、董事会、高管的聘任和解雇等；⑦借债等。

4. 赎回条款

赎回条款（redemption）是指如果被投资企业在约定的期限内无法上市或者无法成长到能让其他公司有收购的兴趣，私募股权投资者可以要求公司以约定的价格购买其持有的全部或部分股份。投资者通过赎回条款，可以激励被投资企业进行谨慎投资和努力经营企业。创业者在与投资者谈判时，要尽可能延长赎回期限，避免集中赎回，并争取尽量低的赎回价格，同时可以争取要多数投资者同意才能激发赎回权条款。

5. 登记权

登记权（registration rights）指投资者在IPO时有登记其持有股份的权利。从美国的情况看，登记权是根据美国证券法和美国证券交易委员会规定设定的。股票的发行如果没有向美国证券交易委员会登记，则为限制性股票，不能在公开市场交易，即使是公众公司也不例外。如果投资者持有超过50%发行在外的优先股，包括转换来的普通股股份，就会要求公司提交登记申请，称为要求登记权。投资者在公司或者其他投资者要求登记或减少登记股份时，也享有登记权，即共同登记权。

6. 跟售权

跟售权（tagalong right）是指如果创业者向第三方出售股份，则投资者有权跟随创业者出售相同比例的股权（图7-13）。跟售权的目的在于防止创业者减少创业动力或者单方面稀释其股权比例，私募股权投资者可以设置附加条款防止创业者出售股权。例如，即使投资者多数同意，创业者也不能出售股权，创业者只能出售已兑现的股权等。

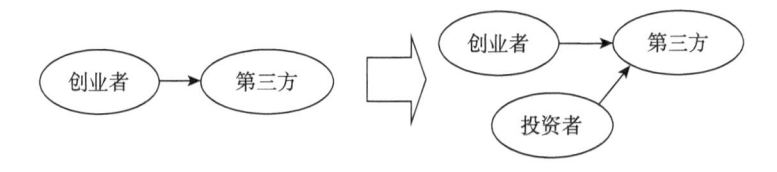

图 7-13 跟售权示意图

7. 强卖权/领售权

私募股权投资者的退出渠道之一是第三方并购。当企业有中意的并购方，但创业者或管理者不同意并购，导致并购无法进行时，投资者可以使用强卖权迫使创业者或者管理者接受并购。

强卖权（drag along rights），即强制原有股东随自己出售股份的权利（图 7-14）。私募股权投资者有权强制公司原有股东和自己一起向第三方转让股份，原有股东必须按照私募股权投资者与第三方达成的价格和条件向第三方转让股份。

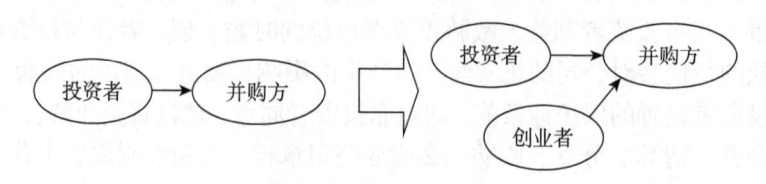

图 7-14 强卖权示意图

强卖权的目的是方便私募股权投资者吸引第三方收购者，使私募股权投资者的退出更为容易。当然，如果私募股权投资者股权比例太少的话，就会失去被第三方收购的价值。

企业家可以就强卖权的激发条件、出售的最低价格、支付手段、时间、收购方的确认等条件与私募股权投资者进行谈判，以争取更有利的条款。

8. 其他权力

知情权。投资者享有知情权，可以查看公司年度预算，可以委派咨询人员，可以要求企业定期向投资者提供财务报表等。

优先购买权。优先购买权指企业增发新股时，投资者可以按比例优先购买的权利。

转让条款。设置转让条款后，投资者可以否决创业者出售股权或者出售时触发跟售权，可以限制转让对象，如不能是竞争对手等。

排他条款。排他条款是指禁止目标企业在与投资者谈判的同时与其他投资者接触，排他条款的时间限制一般为 4~8 周。

（四）激励相容机制设计条款

如果把私募股权基金的投资行为理解为投资方和被投资方之间交易行为的话，那么在考虑交易结构过程中不可忽略的一个内容就是协调各方利益的机制。协调投资者与企业家的利益关系，保证投资价值的总体思路是"胡萝卜加大棒"的策略，如果说"收益分配条款""控制权配置"是"大棒"手段，那么"激励相容机制设计"就是"胡萝卜"策略。

什么是好的交易机制呢？就经济学的观点而言，通常认为好的机制应该满足资源有效配置、信息有效利用和激励相容三个要求。资源有效配置要求资源得到最有效的利用，信息有效利用是指机制的运行应当使信息成本尽可能的低，激励相容指个人理性和集体理性相一致。如果一个机制不满足激励相容条件，则其中的个体参与人在追求其利益的过程中会有损于他人利益、集体利益或是社会最优目标的实现。

要使私募股权基金与企业家之间的交易能够顺利进行，交易条款中很重要的一个内容就是如何使相互之间的利益一致。具体措施包括：①根据所创造价值来决定创业者和核心管理人员的报酬。创业者得到足够的原始股权，核心管理人员的报酬很大程度上来自于期权池。②确保在投资者退出之前创业者和高管不大量出售其持有的股权。③保证核心员工长期为公司服务。为了激励核心员工为公司的成功而努力，通常的方法为股票和期权的兑现条款安排。④确保创业者和核心管理人员把全部精力放在创业公司，而不是脚踏多只船。当创业者的股份经历几轮融资稀释后，因为股份比例降低，可能就会考虑自己重新创立企业或是加入其他存在竞争关系的公司，通常的解决方案是竞业禁止协议。另外，还有知识产权的归属。

1. 创业者股权

早期阶段，创业者必须绝对控股，不能出现创业者为投资者"打工"的股权结构安排。越是在创业的早期阶段，创业公司面临的未来不确定性越大，而且此时关于公司未来经营状况的信息更多掌握在创业者而非外部投资者手中，即信息不对称问题更为严重，此时创业者拥有对企业的绝对控制权，企业家在为自己"打工"。随着种子期或A轮融资的结束，创业者的股权逐渐降低，但是此时50%~70%的股权仍属于创业者团队，如果包括期权池的话这一比例可能会更高。

创业者股权份额的逐渐降低和期权池的逐步兑现，与创业公司随着经营时间的增加，其风险和信息不对称程度逐渐降低是相适应的。

2. 期权池

在种子期和A轮融资后，通常设定公司全面摊薄股本的10%~15%作为期权池。期权池的规模和创业团队的管理能力有关，如果创业团队管理能力离市场的期望还有较大距离，则因为要更多地引入外部管理者，期权池将设置得更大。

在通常情况下，期权池的规模会设定在能为其后一到两年内新招募的员工支付的期权数量，如果后一轮投资会更快的来到，则可能会少于前述的规模。

期权池规模还取决于将要设置的高层职位的情况。期权的分配取决于为公司服务的时间长短和加入公司的时间，越早加入公司获得的期权越多，毕竟其承担的风险越大。

在B轮及后续融资中，期权池如果不足分配的话，通常会增加其规模。如果在当轮投资之前增加期权池，则此时所有股东的股份会被稀释，这会有利于此轮投资者。这种收益包括两个方面：其一，增加的期权池为未来的优秀员工支付了部分报酬；其二，如果发生清算的时候还有未分配的期权，将属于所有股东。由于期权是对一种激励工具，因而常常会把行权价格设置得很低，如税法所允许的下限值。期权池最关键的一个方面在于兑现安排。

3. 兑现安排

兑现条款在整个期权池计划中处于最核心的地位，在创业投资协议中也是非常重要的条款。兑现条款指投资人交割（资金到位）之后发行给运营团队、顾问等的所有股份及股份等价物，一般为分期兑现，并且公司有权在股东离职（无论个人原因或公司原因）时回购其尚未兑现的股份，回购价格是成本价和当前市价的低者。

私募股权投资通常会要求创业者所持的全部股份和分配给员工的期权都要适用兑现条款。兑现条款最基本的目标在于把创业者、投资人和公司内持有期权的员工的利益绑在一起，为公司的价值最大化而努力。

许多创业企业家习惯于对经理人员和核心员工签订兑现条款。但是，如果兑现条款用于自己身上时，情况就不同了，后者就是通常所说的"对赌协议"，他们有被所创立的公司清除出去的风险。如果创业企业家实现了公司价值创造的目标，对企业家和投资人都是皆大欢喜。但是，如果创业者在兑现期离开或被迫离开，未兑现的股票将会留给继任者和留下来的创业者。

兑现期的起算点通常是员工加入公司的时候，或者是期权计划设立的时候。而期权计划一般是在第一轮机构投资者进入的时候设立，天使投资人不一定需要兑现条款来约束创业者。

在B轮或C轮投资进入的时候,如果新投资者要求兑现期重新起算,则可能会打击为公司长久工作的员工的士气。

通常的兑现期为4~5年,越是后期的投资其兑现期越短。更通常的加速兑现计划的谈判是围绕公司出售或IPO事件等,其目的在于解决新投资者与公司之间的利益冲突问题。

4. 竞业禁止协议

竞业禁止是指根据法律规定或用人单位通过劳动合同和保密协议,禁止创业者、高管人员在被投资公司任职期间,同时兼职于与被投资公司有业务竞争的企业,或禁止他们离职后从业于与被投资公司有业务竞争的企业,包括创建与被投资公司业务范围相同的企业。

竞业禁止的原因在于投资者想要确保创业者或者其他重要人员不会放弃其投资业务,也不会与之进行竞争。竞业禁止协议,既存在于雇佣契约中,也可能存在于股权协议中。

竞业禁止条款要定义"相关业务",它涵盖了公司当前活动和将来可能从事的活动。竞业禁止条款要定义"相关地理范围",即被禁止与公司竞争的地理空间。如果定义太宽泛是不行的,如相关地理范围被定义为全世界,如果公司试图追诉其重要技术或管理人员违反竞业禁止条款时,法庭将把这些条款视作不成立且无效的。如果定义太狭窄也是不行的,公司总会发现离开的重要技术或管理人员在从事与公司竞争的业务。类似地,竞业禁止条款的期间也不能太长,从离职起算两年时间是通常比较折中的方案。但需要注意的是,有些情况下即使阻断了经理人员、技术人员或创业者重新开始新的竞争性业务的可能性,而因为其股东身份仍然有权获取公司的机密信息。

5. 知识产权

为了避免日后的纠纷,在投资条款清单中要求所有公司主管、员工等都应签订知识产权归属方面的协议。根据知识产权相关的法律,与创业公司相关的知识产权或者主要是利用了公司的条件所完成的知识产权,其权利应当归属公司。如果没有相应的保护机制,公司可能不得不为此支付高昂的许可费用。类似地,任何创业者在加入公司之前开发的与业务相关的专利技术,也需要转让给公司,主要是为了避免与公司的业务相竞争。

6. 保证和代理

投资者最担心的不是能够看得见的信息而是那些看不见的信息,或称"或有事项",包括不在资产负债表上的债务、可能的诉讼、存有缺陷或被申诉的知识产权等。这些事项都需要律师事务所通过标准化的清单提供保证。在公司的披露文件中,必须列出与保证清单相关的事项。

公司和个人保证人应当明确以下原则:①总是完全披露任何所知道的事情。②限制投资者所能要求的索偿额的大小。通常情况下,公司应当对整个投资负责。个人担保人承担责任的上限为其薪金的数倍。③保证期间尽可能短。④尽力提高担保索偿的最小额。实践中,担保索偿最少为投资额的5%或者是更高。

第二节 公开发行股票

企业进行股权融资,可选择公开发行与私下发行,上一节讨论了私募股权融资的相关问题,本节讨论公开发行股票的相关内容。

公开发行是指企业通过证券交易所公开向投资者发行或增发股票，以期募集资金的过程。公司第一次公开发行股票被称为 IPO；已上市公司再次公开发行新股，则可采取增发和配股两种方式，其中配股指向原股东配售股票，而增发指向全体公众投资者发售股票。

一、IPO 基础知识

（一）权益证券的类型

首次公开发行的股票一般可采用普通股、优先股及认股权证三种类型。

1. 普通股

普通股（common stock）为股票的一种基本形式，是股份公司为筹集资金而发行的，证明投资者在经营管理和利润分配上拥有普通权利的有价证券。它是公司资本的基础，投资者可以分享公司成长或市场交易带来的利润，但同时也要承担各种风险。

普通股股东按其所持有股份比例，享有以下基本权利。

（1）决策参与权。普通股股东可以参与股东大会，并有表决权、选举权和建议权，也可以委托他人代表其行使股东权利。

（2）利润分配权。普通股股东有权从公司利润分配中得到股息。普通股的股息由公司盈利状况及其分配政策决定，不是固定的。普通股股东的股息分配权必须在优先股股东取得固定股息之后才能行使。

（3）剩余资产分配权。当公司破产或清算时，若公司的资产在偿还债务后还有剩余，应按先优先股股东、后普通股股东的顺序对其剩余部分进行分配。

（4）优先认股权。当公司需要扩张而增发普通股股票时，现有普通股股东有权按其持股比例，以低于市价的某一特定价格优先购买一定数量的新发行股票，从而保持其原有股权比例。

2. 优先股

优先股（preferred stock）是指在股利分配和公司破产清算时的受偿顺序上先于普通股的股票。优先股主要有两种基本权利：首先，在公司利润分红时，优先股股东排在普通股股东之前，并且通常按事先约好的股息率发放股利；其次，在公司面临破产清算时，在偿还了债权人之后，优先股在普通股之前受偿。

但是优先股股东在股东大会上一般没有表决权。按实际需要，公司还可能会发行一些特殊的优先股。

3. 认股权证

认股权证（warrant）是指一种以约定的价格和时间（或在权证协议里列明的一系列期间内分别以相应价格）购买或者出售标的资产的期权。认股权证的有效期一般比较长，通常为几年，也可以是永久性的。认股权虽然也是一种购买普通股的期权，但它一般持续期限较短，通常为 2~4 周，而且其承销价通常低于发行价。

权证的交易实际上是一种期权的买卖。和普通期权一样，权证持有人在支付权利金后获得的是一种权利，而非义务，行使与否由权证持有人自主决定；而权证的发行人在权证持有人按规定提出履约要求之时，负有提供履约的义务，不得拒绝。权证所代表的权利包括对标的资产的买进期权（看涨）和卖出期权（看跌）两种。

（二）企业上市动因

公司上市是资本市场中一个永恒的主题。只有新的公司不断上市，资本市场才会有新的投资对象。企业上市也和其他决策一样，是一把"双刃剑"，有利也有弊。

1. 上市的积极作用

1）海量资金融资平台

公开发行股票，吸引更多的社会公众投资于公司，成为公司的股东，并获得充裕的资金，满足企业发展需求。而且，股权融资与债权融资不同，并不会构成公司的负债，减少了企业的资金成本。

2）增强股权流动性和分散度

增强股份的流动性和分散度也是企业上市的重要动机。企业公开上市后可以增加潜在的投资群体和交易量，无疑会提高股权分散度和股票的流动性。股票流动性增强，往往可以对股票价格产生预期的正效应。另外，公司的客户、供应商或者其他利益相关者也可以购买公司股票，与上市公司形成利益共同体，有利于公司更好地发展。

3）提高企业信用和声誉

信用是企业在市场经济活动中交易的基础。公司上市融资后由于治理规范、管理科学、融资便捷，会提高客户、供应商、债权人及其他投资者对公司的信任，可以获得更高的信用评价，从而降低交易成本，提升企业竞争力。

此外，公司上市后本身就具有巨大的无形资产和广告效应，将有助于公司品牌效应的积累和产品竞争力的提高，即产品市场的声誉资本化。

4）回报创业者与股权投资机构

借助公开上市，公司的创业者及股权投资机构可以把部分股份通过一定形式（取决于增量发行或存量发行）出售给社会公众，实现投资价值的提前变现。特别是私募股权基金，通过被投资企业的上市，以及在一定的禁售期后出售所持的股份可以实现获取高额回报后成功退出。

5）完善公司治理机制

企业上市还为企业改革与机制转换提供了便利。要成为一家公众公司，企业必须按照监管规则建立起管理框架，也要接受来自外部的严密监管，监管的压力可以促使企业不断健全自身的经营制度，为长期持续发展奠定基础。

2. 上市的消极作用

企业上市也不是只有好处，也需要付出成本，具体表现在以下几方面。

1）高昂的上市成本

企业为上市所支付的成本不可忽略，包括上市前成本与上市后成本。其中上市前成本包括付给投资银行、保荐人、主承销商、会计师事务所、律师事务所等协助上市中介机构的各项费用，这些费用大部分都是在企业成功融资之前需要支付的。上市后成本是指企业为了维持上市公司而支付的费用，包括每年需要向交易所缴纳的上市费、聘请常年法律顾问和审计师的费用、定期召开会议的费用等。此外，企业上市还面临很多隐性成本，包括上市过程的不确定性、持续时间长等。

2）企业须符合监管规定

为了保护投资者的利益，各国立法机构都制定了完备的法律法规对公司上市行为进行监管，建立了包括证券监管机构、证券交易所、投资者诉讼在内的一整套监管体系。上市公司不得不花费大量的精力来应付监管，建立起复杂的公司治理结构，昂贵的内外部监察和风险管理体系。一旦出现问题，如果处理不当，可能引发调查和诉讼，甚至可能导致公司破产。

3）强制信息披露的风险

上市公司必须按照监管者要求披露公司的重大信息，包括定期公布财务报告、披露重大事项、公开股本变化和盈利预测等重要内容，这不仅提高了公司的管理成本，并且有可能泄露有关的商业秘密。同时，信息披露涉及大量信息收集、编制、公开等费用。强制信息披露制度还要求上市公司聘请其他机构对其信息披露的内容进行担保，所需费用由公司支付。

4）控股股东受到制约

公司上市后，原股东持股比例会相对下降，从而导致对公司控制权的削弱。如果外部人大量购买公司的股份（上市公司并购），则可能使上市公司的控股股东由绝对控股转化为相对控股，甚至失去控制权。另外，证券管理委员会规定赋予了股东对某些商业决策的知情权、参与权和表决权。而关联方往来的交易的透明性增加，还可能有悖于控股股东的意愿。

综上所述，每一家企业在决定公开募集股份之前，都应该合理地评估这些风险，必要时可以借助专业的财务顾问、法律顾问。在充分地考虑了这些因素之后，再决定是否应该上市。

（三）IPO 市场

上市市场的选择是研究公司上市问题的重要内容。目前，按上市地点不同，股票可以分为境内上市和境外上市，即 A 股、B 股、H 股与 N 股等，其中 A 股是最常见的股票类型。国内的证券市场主要由上海和深圳证券交易所组成，按上市条件的不同，又可以分为主板、中小板和创业板上市。此外，还有北京中小企业股份转让交易系统（也称"新三板"）。

1. 证券市场

证券市场是指从事证券发行和交易的场所。首先，证券市场是提供直接融资的资本市场。从整个市场体系来看，包括商品市场和金融市场。商品市场是用于商品货物和服务交易的市场，金融市场则是以资金为交易对象的市场。以短期资金为标的的市场是货币市场，以中长期资金为标的的市场是资本市场。证券市场是资本市场的重要组成部分，因此，其主要功能是进行中长期资金融通，为企业提供中长期资金。其次，证券市场是发挥着市场监管职能的自律组织。证券市场不仅是一个交易的平台，也是一个自律的组织。证券市场的监管职能主要体现在对证券产品的准入和退出进行监管，对证券发行和交易的参与主体、交易信息、交易行为进行监管。

2. 企业上市的条件

中国的证券市场按类型可以分为主板、中小板和创业板，如果下一步建立了中小企业股份转让交易系统与其他板之间的转换机制，那么，新三板也可以作为证券市场体系的组成部分之一。具体的上市条件如下（表 7-3~表 7-5）。

表 7-3　IPO 发行上市的基本条件（主板、中小板）

《中华人民共和国证券法》	《首次公开发行并上市管理办法》	《证监会规定的合规性要求》
具备健全且运行良好的组织机构	最近三个会计年度净利润为正数且累计超过 3 000 万元，净利润以扣除非经常性损益前后较低者为计算依据	自设立股份公司之日起不少于三年（有限责任公司按原账面净资产值折股整体变更为股份有限公司的，持续经营时间可以从有限责任公司成立之日起计算）
具有持续盈利能力，财务状况良好	最近三个会计年度经营活动产生的现金流量净额累计超过 5 000 万元；或最近三个会计年度营业收入累计超过 3 亿元	最近 3 年内主营业务和董事、高级管理人员没有发生重大变化，实际控制人没有发生变更
最近三年财务会计文件无虚假记载，无其他重大违法行为	发行前股本总额不少于 3 000 万元	做到资产完整、人员独立、财务独立、机构独立和业务独立
经国务院批准的国务院证券监督管理机构规定的其他文件	最近一期末无形资产（扣除土地使用权、水面养殖权和采矿权等后）占净资产的比例不高于 20%	发行人的业务与控股股东（或实际控制人）及其全资或控股企业不存在同业竞争
	最近一期不存在未弥补亏损	

表 7-4　IPO 发行上市的基本条件（创业板）

规模和存续期	盈利能力	主营业务	其他要求
自设立股份公司之日起不少于 3 年（有限公司按原账面净资产值折股整体变更为股份公司可连续计算）	最近两年连续盈利，最近两年净利润累计不少于 1 000 万元，且持续增长	主要经营一种业务，符合国家产业政策和环境保护政策，且募集资金只能用于发展主营业务，不允许盲目拓展多元化经营	两年内其主营业务和董事、高级管理人员，实际控制人均无重大变化
最近一期净资产不少于 2 000 万元	或最近一年盈利，且净利润不少于 500 万元，最近一年营业收入不少于 5 000 万元，最近两年营业收入增长率均不低于 30%	募集资金数额和投资项目应该与发行人现有的生产经营规模、财务状况、技术水平和管理能力等相适应	与控股股东、实际控制人及其控制的其他企业间不存在同业竞争，不得有严重影响公司独立性或者显失公允的关联交易
发行后股本总额不少于 3 000 万元	具有持续盈利能力，财务状况良好		最近三年内不存在违规行为
最近一期期末不存在未弥补亏损	净利润以扣除非经常性损益前后孰低者为计算依据		募集资金应当具有明确的用途，且只能用于主营业务

表 7-5　企业在全国股份转让系统挂牌的条件和创业板、主板的比较

指标	全国股份转让系统（新三板）	主板、中小板	创业板 标准一	创业板 标准二
净利润	无硬性财务指标要求	净利润最近三年为正，且累计超过 3 000 万元；最近一期不存在未弥补亏损	最近两年连续盈利，最近两年净利润累计不少于 1 000 万元，且持续增长	最近一年盈利，且净利润不少于 500 万元
营业收入或现金流	无硬性财务指标要求，主营业务明确	最近三年营业收入累计超过 3 亿元，或最近三年经营现金流量净额累计超过 5 000 万元	—	最近一年营业收入不少于 5 000 万元，最近两年营业收入增长率均不低于 30%
股本要求	挂牌前总股本不低于 500 万股	发行后总股本不低于 5 000 万股	发行后总股本不低于 3 000 万股	

续表

指标	全国股份转让系统（新三板）	主板、中小板	创业板 标准一	创业板 标准二
资产要求	无硬性财务指标要求，具有2年持续经营记录	最近一期期末无形资产（扣除土地使用权、水面养殖权和采矿权等后）占净资产比例不高于20%	最近一期期末净资产不少于2 000万元	

3. 上市地点的选择

企业是否上市以及上市地点的选择是企业在市场约束条件下自身的决策问题。从企业的角度来看，每家企业的生存环境和融资条件都是不同的，因而企业融资方式的选择，上市地点的选择，都是企业自身的决策行为。国内不少优秀企业之所以选择赴海外上市，既是出于企业自身利益最大化的理性选择，也反映了国内资本市场发展滞后的客观现实。我国企业境外上市的利弊分析如下。

从有利的方面看，第一，境外规范、透明的资本市场对企业的信息披露、管理体制、经营业绩等都提出了更高的要求，有助于企业完善资本结构和治理结构，从而更好地与国际市场接轨；第二，通过资金、信息的双向流动，塑造更有市场竞争力和国际影响力的中国企业；第三，通过积累国际资本运作的经验，有利于推动我国证券市场的国际化进程。

从不利的方面看，首先，大量优质上市资源的转移在一定程度上会影响投资者对国内资本市场的信心，优秀企业的海外上市将导致我国资本市场的价格发现功能以及价格的稳定性降低。研究表明，本国企业通过海外上市将给国内资本市场的发展带来强烈的外部性，不仅会通过迁徙效应和溢出效应使本国资本市场萎缩（Levine and Schmukler，2006），而且还会通过交易分散效应对本国资本市场产生负面影响，最终导致本国资本市场被劣质企业充斥，使本国资本市场空心化和边缘化。其次，部分海外上市公司并没有实现预期的愿望，经历了价值长期被低估的过程，还面临着相应的法律风险和合规成本。

总之，我国企业在选择上市地点时，应结合自身情况，避免盲目跟风，在充分考虑境内外上市优缺点的基础上，选择最适合的上市方式。

> **阅读案例7-1**
>
> ### 证券市场的发展
>
> #### 1. 国外证券市场的发展
>
> 1602年在荷兰的阿姆斯特丹成立了世界上第一个股票交易所；1698年，在英国已有大量的证券经纪人；1773年，英国的第一家证券交易所在"乔纳森咖啡馆"成立，1802年获得英国政府的正式批准，该证券交易所即为现在的伦敦证券交易所。1790年美国成立了第一个证券交易所——费城证券交易所，1817年成立了纽约证券交易会，1863年改名为纽约证券交易所。
>
> 20世纪初，资本主义从自由竞争过渡到垄断阶段，证券市场有效地促进了资本的聚集并提高了利用效率，同时其自身也获得了高速发展。首先，股份公司数量剧增，英国在1911~1920年只有64 000家，1921~1930年建立了86 000家，因此，英国90%的资本都处于股份公司控制之下。1929~1933年，资本主义国家爆发了严重的经济危机，导致了世界

证券市场的动荡，股票价格大幅波动，证券经营机构和业务数量也锐减，随后的大萧条更使证券市场遭到了严重的打击，到1937年7月8日，道琼斯工业股票价格平均数只有41点，仅为1929年最高水平的11%。

第二次世界大战后到20世纪60年代，欧美和日本经济的恢复很大程度上促进了证券市场的发展，上市公司数量增加，证券交易所开始复苏，证券市场规模不断扩大。从20世纪70年代开始，证券市场出现了高度繁荣的局面，不仅证券市场规模扩大，反映证券市场容量的重要指标——证券化率（证券市值/GDP）也迅速提高。据统计，1995年发达国家的证券化率为70.44%，其中美国为96.59%，英国为128.59%，日本为73.88%；而到了2003年，美、英、日这三个国家的证券化率分别提高到了298.66%、296.54%、209.76%，韩国、泰国、马来西亚新兴市场经济国家的该项比率也达到了112.4%、119.83%、240.82%。种种迹象表明，从整个世界来看，IPO的发展不仅促进了各国的经济繁荣，自身也取得了跨越式的进步。

2. 我国证券市场的发展

改革开放30多年来，伴随着经济的高速发展，我国的证券市场作为一个新兴的市场，在短时间里也取得了举世瞩目的成就。自1990年12月19日上海证券交易所成立和1991年7月3日深圳证券交易所成立以来，沪深股市至今总共只发展了20多年。如果说前十年是初创期，那么，2002~2014年的12年，可以说是大发展时期（表7-6和表7-7）。可以从以下两个方面进行说明。

表7-6　截至2013年年底我国证券市场概况统计表

股票类型		2013年年底
境内上市公司数（A、B股）/家		2 489
境内上市外资股（B股）/家		106
境外上市公司数（H股）/家		185
股票总发行股本（A、B、H股）/亿股		40 569.08
其中：流通股本/亿股		36 744.16
股票市价总值（A、B股）/亿元		239 077.19
其中：股票流通市值/亿元		199 579.54
股票成交金额/亿元		39 672.04
日均股票成交金额/亿元		1 803.27
上证综合指数（收盘）		2 115.98
深证综合指数（收盘）		1 057.67
股票有效账户数/万户		13 247.15
平均市盈率（静态）	上海	10.99
	深圳	27.76
证券投资基金数/只		1 552
交易所上市证券投资基金成交金额/亿元		1 024.87

表 7-7 截至 2014 年年底中国证券市场概况统计表

股票类型	深交所	中小板	创业板
上市公司数/家	1 618	732	406
总股本/亿股	9 709.93	3 470.59	1 077.26
流通股本/亿股	7 374.66	2 552.05	687.69
总市值/亿元	128 572.94	51 058.20	21 850.95
流通市值/亿元	95 128.44	36 017.99	130 722.90
创业板/中小板指数		5 461.19	1 471.76
加权平均股价/(元/股)	13.24	14.71	20.28
平均市盈率	34.05	41.06	64.51

资料来源：中国证监会、深圳证券交易所网站

一方面，我国 IPO 的发展首先体现在数量上。2002 年年末，沪深两市（A，B 股）仅有 1 224 家上市公司，总市值 3.8 万亿元，是一个典型的"迷你型"股市。截至 2013 年年底，沪深两市合计境内上市公司（A，B 股）2 489 家，股票市值 23.9 万亿元；沪深股票账户数合计 17 518 万户。十多年里，上市公司数量增加一倍，总市值增加五倍多。从规模上来看，我国的证券市场已经成了一个世界级的市场。

另一方面，我国证券市场的发展还体现在质量上。2002 年上市公司净利润总额只有近 900 亿元，2013 年上市公司净利润总额已达到 22 595 亿元，十余年公司数量增加一倍，而净利润则增加 20 多倍。业绩的大幅增长使我国 IPO 市场实现了"两升一降"，即上市公司总数和总市值实现了跨越式增长，而市场整体市盈率水平则从 36 倍下降到不足 11 倍[①]，投资价值日益突出。

总之，如今我国的证券市场已经基本建立起包括主板、中小板、创业板、代办股份转让系统在内的多层次体系；同时还建立起了资本市场综合监管体系，包括法律、行政法规、司法解释、规章、规范性文件和自律规则在内的资本市场法律制度体系已经基本形成并不断完善。

二、IPO 流程

企业一旦选择了公开发行股票这条道路，就意味着开始了一个冗长复杂的上市程序，这个过程不仅需要公司自身的充分准备，也需要相关中介机构的辅导和推荐。其中，公司内部的筹划工作包含了制订上市计划，选择专业的主承销商和其他中介机构。通过发行前的上市辅导，保荐机构的内核、推荐，再进入证监会的初审。在证监会的反馈意见、专项审查的基础之上，公司还需经过发审委的审核，才能核准发行。最后，经过路演、询价、定价，终于可以公开发行上市。以下，我们将对比介绍美国和我国的 IPO 流程。

（一）美国 IPO 流程

一般情况下，在美国的公司决定启动上市程序，首先要咨询专业的投资银行，请它们对

---

① 上海证券交易所数据。

市场进行分析，双方达成一致意见后，发行人、投资银行和其他相关机构，就开始组建IPO顾问团队。顾问团队包括投资银行、财务顾问、法律顾问和会计师等。其中，投资银行负责牵头领导整个承销和交易的过程。在选择承销商时，公司应充分了解投资银行是否具有曾经协助过该行业的其他公司上市的经验，通过比较，选择具有更多专业经验和较强销售能力的投资银行作为承销商。

公司应在上市顾问团队的协助下对公司的管理运营、财务和法律等方面进行深入的尽职调查。尽职调查将为公司起草注册说明书、招股书、路演促销等奠定基础。在尽职调查的过程中，主承销商及法律顾问将对发行公司的财产和有关合同协议进行广泛的审查，同时与公司的高级管理人员、财务人员和审计人员进行讨论。

承销商、财务顾问、律师和会计师将共同确认注册说明书及相关注册文件，完成美国证券交易管理委员会及拟挂牌证券交易所的注册程序。注册登记之后，公司可以在投资银行的协助下进行促销，其中包括路演。路演是指通过对潜在投资者、分析师和资金管理人作报告会，激发他们的投资兴趣。同时管理层将在承销商的安排下，在各地进行巡回演说，展示商业计划。

为了让潜在的投资者对公司有更深入的了解，路演时第一次交给基金经理的是没有招股价的招股说明书。之后，承销商将依据投资者的反应确定最终发股数和价格，并将这些内容加入招股说明书中。路演结束之后，投资银行将协助公司的管理层确定最终的发行价和数量。

（二）我国IPO流程

申请公开上市之前，企业应聘请国内IPO的顾问公司、律师、会计师和评估师确定改制方案，同时与顾问机构协作拟订并实施企业改组方案。然后，召开创立大会，成立股份公司，办理工商登记。

股份公司在提出首次公开发行股票申请之前，应聘请专业辅导机构进行辅导。辅导过程中应特别关注公司的法人治理结构、财务、纳税和补贴收入、募集资金投向等方面的问题和日常经营的规范运作问题。

申报材料的制作和报批是IPO流程中的一个重要环节，申报材料包括招股说明书、近三年的财务审计报告、法律意见书以及律师工作报告。核准制下的发行审核包括发行上市条件的审核、合规性审核和其他事项的审核。整个发行审核程序包括受理申请条件、初审、发行审核委员会审核、核准发行和复议。

通过向特定的机构投资者询价的方式确定股票的发行价格区间，在发行价格区间内通过累计投标询价确定发行价格。在确定了发行价格之后，就可以采取网上摇号抽签和网下按比例配售的方式进行发行。

三、新股发售机制

新股发售机制，也被称为IPO定价机制、IPO价格发现机制，主要指拟上市公司与其承销商确定股票发行价格并出售给投资者的一种制度安排。它规定了发行人和承销商向投资者发行股票时应当遵循的规则和程序，主要具备价格发现与股票配售两个功能。

（一）新股发售机制类型

从世界范围来看，新股发售机制主要有固定价格机制（fixed price）、拍卖机制（auction）、累计投标询价机制（Bbok building）、混合机制（hybrid offering）四种。其中，英联邦国家、德国和意大利等一些欧洲国家多采用固定价格机制；法国、以色列等国主要采用拍卖机制；美国主要采用累计投标询价机制；也有一些国家或地区采取混合机制，如中国香港根据本地股票市场的特点，就采用了采用累计订单询价和公开认购的混合方式。

1. 固定价格机制

固定价格机制又被称为公开售股、公众申购，由发行人和承销商根据对股票发行人的价值评估，自主确定发行价格，再由投资者根据该价格进行股票申购的发售机制。发行人和承销商的定价依据主要是市场需求信息。根据定价后承销商是否拥有股票分配权，固定价格机制还可以被进一步划分为允许配售和公开发售两种方式。前者指承销商拥有分配部分股份的权力，后者指在超额认购的情况下，承销商可采取抽签（如中国）或按申购比例分配（如中国香港、新加坡等）的方式，确定配售对象及配售额。

固定价格机制主要有以下几个特点：第一，从股票发行价格的确定，到投资者申购股票，直至新股上市交易，时间跨度较大，一般为两周到两个月不等。第二，投资者申购股票时，需要预先缴款，申购款在申购期间将被冻结，申购完毕后解冻，申购未成功时返还，而资金的利息将由发行人获得，利息对于发行人来说是一种额外收益。第三，固定价格机制没有企业路演环节，发售成本较低且操作程序简单，适合于股票市场规模较小的国家或小规模的股票发行。

2. 拍卖机制

拍卖机制利用投资者的公开竞价确定发行价格，并以拍卖结果为标准分配股票。根据投标人最终所付价格，拍卖机制还可分为统一价格拍卖（uniform price auction）与歧视性价格拍卖（discriminatory auction）。在统一价格拍卖中，首先由投资者以承销商宣布的竞标底价进行申购，再由承销商对有效申购以价格为标准降序排列，当降序排列的累积数量达到发行数量时，此时确定的最低申购价格即成为新股发行的统一价格。歧视性价格拍卖与统一价格拍卖流程基本相似，唯一的区别是中标的投资者需以其申购价格购买股票，拍卖价格不统一。统一价格拍卖曾在巴西、英国、日本等国使用，而歧视性价格拍卖曾在法国、澳大利亚与美国等国使用。此外，许多国家还采用被称为"肮脏拍卖"（dirty auction）的拍卖机制，这种机制主要指在一般拍卖原则下，承销商保留一定的最终发行价格决定权，甚至将最终成交价格控制在市场出清价格之下。

在拍卖机制中，股票发行价格是由竞价产生的市场出清价格，由于价格是在投资者收集信息之后确定，股票分配也是在投标结果的基础上进行，发行人与承销商对股票定价的影响力相对较小，因此，拍卖机制也是市场化程度最高的定价方式。

3. 累计投标询价机制

累计投标询价机制是当前国际上较为常用的股票发行机制，在英国与美国等机构投资者比例较高的国家被普遍采用。该定价机制包含价格区间确定、累计投标询价与价格支持三个步骤。以美国所采用的累计投标询价机制为例，发行人与承销商要先确定一个初始的发行价格区间，然后通过企业路演和向投资者询价，收集投资者对新股的需求信息，并以此建立账簿（build a book），记录新股发行的所有需求信息（报价、报价机构及申购数量）。在此基础上，承销商进一步修正价格并形成最终发行价，再根据账簿记录自主确定给予投资者的股票配额。股票上市一个月内，如果二级市场价格低于发行价，承销商要对股票进行买入，支持股价。

累计投标询价机制有以下几个特点：第一，发行人需要召开路演推介会，并对所征集的需求信息建立账簿，此时发行人、承销商与投资者进行充分沟通，有助于改善新股发售中的信息不对称。第二，机构投资者需独立评估所发行的新股，并获得较大的新股份额，在较完善的市场股票环境中，成熟的机构投资者能够充分发挥企业价值发现与稳定市场的作用。第三，发行人和承销商具有自由分配股份的权力，发行人可基于改善公司治理结构的需要选择理想的股东结构，提升公司上市后的治理效率。

4. 混合机制

混合机制，顾名思义，就是将前三种发售机制组合起来使用。较为常见的组合方式有累计投标询价+固定价格、拍卖+累计投标询价等。其中，累计投标询价+固定价格发售机制占据主流地位，中国香港、西班牙都是采用这一方式发售新股。在累计投标询价+固定价格发售机制下，一般用累计投标询价确定股票的发行价格，以此向机构投资者配售股票，而固定价格（由累计投标询价确定）则应用于个人投资者，且个人投资者不参与发行价格的确定。

混合机制将累计投标的灵活定价与固定价格的公平原则结合起来，充分发挥了机构投资者对最终发行定价的积极影响，更兼顾了个人投资者利益，所以近年来得到了越来越多国家和地区的青睐。

上述发售机制各有特点，在实际操作中，各国可根据本国证券市场的特点，选择最适合的新股发售机制。表7-8是对新股发售机制的比较。

表7-8 对新股发售机制的比较

项目	固定价格机制	拍卖机制	累计投标询价机制
发行价格决定规则	信息收集前确定	信息收集后确定	信息收集后确定
发行数量决定规则	信息收集前确定	信息收集前确定	信息收集后确定
分配规则	承销商无分配权	承销商无分配权	承销商有分配权
适用市场环境	发行规模较小的散户市场	发行规模较大的机构投资者主导市场	高度发展的证券市场
采用的国家	英联邦国家、德国和意大利	法国、以色列	美国

阅读案例7-2

中国询价制度的变革

1. 1992年之前——内部认购和新股认购证

这是我国股票市场初创阶段最早的新股发行制度。新股认购证/表是一种抽签凭证，若抽中则可凭此证/表购买一定数量的新股。早期股票有价无市，认购证被抢购[①]和爆炒。新股认购证成为暴富的代名词，也留下了内部职工股这一遗留问题，在2000年才得到妥善解

---

① 1992年深圳"8·10"事件，促进了中国证监会的成立和新股发行制度的改革。实际上，1月先在上海进行的认购证销售时，民众持一定的怀疑态度，销售平稳顺利。5月21日沪市全面放开股价后暴涨数倍，更是激发了投资者暴富心理。

决。上述两种新股发行方式，由于效率不高，受众面窄，因此被淘汰。

2. 1993年——与银行储蓄存款挂钩[①]

即按居民在银行定期储蓄存款余额一定比例配售申请表，然后对认购申请表进行公开摇号抽签，中签后按规定要求办理缴纳股款手续，或开办专项定期定额储蓄存单业务，按专项储蓄存单上号码进行公开摇号抽签。申请表发售采取无限量方式，此举改善了前面新股发行不公的现象，但是每遇新股发行，经常会发生地区间资金大量转移，但中签率低，而且新股发行的效率也不高。

这时期，股票发行采取审批制[②]，即股票发行需要在计划指标下实行严格实质性审查。

3. 1996年——上网定价、全额预缴款按比例配售方式[③]

上网定价[④]是主承销商利用证券交易所的交易系统，由主承销商作为股票的唯一卖方，投资者在指定的时间内，按现行委托买入股票的方式进行股票申购的发行方式。一经申报，不得撤单。"全额预缴款"方式是投资者将全额申购款存入专户中并冻结，根据发行量和申购量计算比例配售，包括"全额预缴款、比例配售、余款即退"和"全额预缴款、比例配售、余款转存"两种。

该办法解决了认购证发行的高成本、高浪费现象，也消除了存单发行占压资金过多过长的问题。但是也存在一些问题，解决不了外地购买者资金搬家的问题，中小投资者所能真正购到的股票可能在申购数量中所占比例很少。

4. 1999年——对一般投资者上网发行和对法人配售相结合[⑤]

发行股本总额在4亿元以上的公司，可向战略投资者和一般法人配售股票，比例最低为25%，最高为75%，锁定期至少为3个月（战略投资者六个月）。

这种方式的初衷是为了健全证券市场发现价格的功能[⑥]，培育机构投资者。但容易滋生寻租者，有少数发行人将配售权作为特权买卖，不按真正的战略关系选择战略投资人；一些机构不履行持股期限承诺，私下倒卖获配新股等。

5. 2001年——上网竞价方式[⑦]

上网竞价发行方式可以减少主观操作，防止违规行为和黑箱操作行为的发生。但是由于股票发行价格只是根据市场的申购情况来决定的，往往发生新股申购发行价很高的局面，因此难以长期推行。

中国股票发行也从审批制过渡到了核准制[⑧]。

---

① 1993年8月18日国务院证券委员会印发《关于1993年股票发售与认购办法的意见》（证委发〔1993〕41号）。
② 1993年4月22日国务院证券委员会印发《股票发行与交易管理暂行条例》（令第112号）。
③ 中国证监会《关于股票发行与认购方式的暂行规定》（证监发字〔1996〕423号）。从各种认购方式到网上发行，这是一个不断探索的过程。1993年、1994年出现了IPO大幅扩容，一度造成了新股认购不足的情况，比例配售应运而生。这时还开始探索了上网竞价、全额预缴等。由于存在巨量申购资金，余款即退改为余款转存；结果诞生了"存单"黑市，监管成难题。1993~1996年三次因为股市低迷而IPO暂停。
④ 1994年曾试点过上网竞价，但几次试验的盈利效益下，竞价飙涨，上市又迅速破发，竞价方式暂停。
⑤ 1999年7月28日中国证监会《关于进一步完善股票发行方式的通知》（证监发字〔1999〕94号）。
⑥ 审批制下，新股发行定价是行政性固定定价，一度根据预测盈利率、税后利润、预测盈利率加上合理市盈率定价。直到1999年证券法实施，市场化定价才有了坚实基础。
⑦ 2001年5月17日中国证监会《新股发行上网竞价方式指导意见》（公开征求意见稿）。该意见的出台背景是IPO市盈率过高，为了截止IPO定价过高和投机过度。上网竞价方式只是可选方式之一，中国证监会建议小规模融资采用其他方式定价。
⑧ 1999年7月1日《中华人民共和国证券法》（主席令〔1998〕12号）确定了核准制基本原则，2001年3月17日中国证监会正式取消审批制。

6. 2002 年——按市值配售新股[①]

在新股上网定价发行中，由于申购专业户垄断了一级市场，对二级市场投资者有失公平，所以 2002 年 5 月开始全面推行按市值配售新股，即在新股发行时，将一定比例的新股由上网公开发行改为向二级市场投资者配售，投资者根据其持有上市流通证券的市值和折算的申购限量，自愿申购新股，基本原则是优先满足市值申购部分。

按市值配售新股与新股发行市场化之间存在矛盾，不能充分体现一级市场的真实需求，扭曲了供求机制，大大削弱了一级市场定价机制的作用。而且随着股改的推进，上市公司的股份将逐步转为可全流通，市值配售制度的基础也将不复存在。恢复资金申购就成为必然要求。

7. 2006 年——IPO 询价制[②]+网上定价方式[③]

这时的新股发行制度，其基本特征是建立一个面向机构投资者的询价机制，同时也形成了一个向机构投资者倾斜的发行模式，并且是以资金量的大小为配售新股的最主要原则。

这种询价往往流于形式，且机构占据了网下申购的优势，有违公平原则。大量资金吸引到新股行列中[④]，也产生了统一公司境内外发行价不同，流通股比例太低等问题。

8. 2009 年——完善询价和申购报价约束机制[⑤]

约束机构。政策限制了网上单个申购账户原则上不超过该次新股网上发行股数的千分之一，并将网上网下申购参与对象分开，参与了网下任何环节就视为放弃网上申购。

增加透明度。要求询价对象真实报价，询价报价与申购报价应该具有逻辑一致性，主承销商应当采取措施杜绝高报不买和低报高买，发行人及其主承销商应当根据发行规模和市场情况，合理设定每笔申购的最低申购量。对最终定价超过预期价格导致募集资金量超过项目资金需要量的，发行人应当提前在招股说明书中披露用途。

市场化改革不断推进，减小了一二级市场的巨大差距，提高了认购的公平性和中小投资者的中签率。同时，也抬高了股价和市盈率，产生了超募和破发等问题[⑥]。

9. 2010 年——扩大询价对象，完善终止发行和回拨机制[⑦]

主承销商可以自主推荐一定数量的具有较高定价能力和长期投资取向的机构投资者，参与网下询价配售。网上申购不足时，可以向网下回拨由参与网下的机构投资者申购，仍然申购不足的，可以由承销团推荐其他投资者参与网下申购。网下机构投资者在既定的网下发售比例内有效申购不足，不得向网上回拨，可以中止发行。

10. 2012 年——适当调整询价范围和配售比例，进一步完善定价约束机制[⑧]

主承销商可以自主推荐 5~10 名投资经验比较丰富的个人投资者参与网下询价配售。

[①] 2002 年 5 月 22 日《关于向二级市场投资者配售新股有关问题的补充通知》（证监发行字〔2002〕54 号）。必须注意，这一段时间，是发行方式多种方式同时并存的，之前的发行方式并未抛弃，改革的主要是大规模的发行。

[②] IPO 询价制确立于 2004 年 12 月 11 日中国证监会《关于首次公开发行股票试行询价制度若干问题的通知》（证监发行字〔2004〕162 号），随着 2005 年 4 月 29 日股权分置改革后，逐渐被接受。

[③] 2006 年 5 月 19 日中国证监会批准《资金申购上网定价公开发行股票实施办法》。

[④] 一二级市场的利差继续推动着"打新"和"炒新"的特殊行为。

[⑤] 2009 年 6 月 10 日中国证监会《关于进一步改革和完善新股发行体制的指导意见》（证监公告〔2009〕13 号）。

[⑥] 这些问题是好是坏难以定论：有观点认为，破发增加了一级市场的风险，对二级市场是一件好事。而"超募"只是不同于行政管理下永远的标准募集，募集量应该最终由市场决定。

[⑦] 2010 年 10 月 12 日中国证监会公告《关于深化新股发行体制改革的指导意见》（〔2010〕26 号）。

[⑧] 2012 年 4 月 28 日中国证监会公告《关于进一步深化新股发行体制改革的指导意见》（〔2012〕10 号）。

提高向网下投资者配售股份的比例，建立网下向网上回拨机制。加强对询价、定价过程的监管。取消现行网下配售股份 3 个月的锁定期。

11. 2013 年——加强信息披露，进一步提高新股定价的市场化程度[①]

发行价格由发行人与承销的证券公司自行协商确定，网下投资者报价后，发行人和主承销商应预先剔除申购总量中报价最高的部分，剔除的申购量不得低于申购总量的 10%，然后根据剩余报价及申购情况协商确定发行价格。发行人和主承销商应当允许符合条件的个人投资者参与网下定价和网下配售，强化定价过程的信息披露要求。

主承销商在提供有效报价的投资者中自主选择投资者进行配售，网下配售的至少 40% 应优先向公募基金和社保基金配售，调整网下配售比例和网下网上回拨机制。

注册制改革加速，市场化程度不断提高

近年来 IPO 改革逐渐加速，市场化程度不断提高。注册制改革的呼声越来越高，未来，脱离了行政管理的 IPO 询价机制也必将完全由市场说话。

（二）IPO 相关理论问题

1. IPO 热销市场现象

热销市场问题指 IPO 市场会周期性地出现大量公司集中上市的现象，也被学者称为 IPO 浪潮（IPO waves）。

热销市场概念是 Ibbotson（1975）和 Jaffe 首先提出的，他们研究了 1960~1970 年在美国上市的公司，发现企业 IPO 并非散发式的，而是呈现一种"浪潮"式的波动态势。随后，Ritter 研究发现，IPO 数量波动表现出时间和行业上的集聚，证明了热销市场现象的存在。

那么这一现象的原因是什么？学者们从不同视角进行了解释，这些解释有助于企业对 IPO 市场的理解，选择最好上市时机。

1）风险组合假说

Ritter 认为，热销市场现象可能是由 IPO 市场的风险组合变化引起的，他认为风险较大的新股在发行中抑价程度更高，热销市场上市的公司可能具有更大风险。Ritter 采用 Rock（1986）的模型，认为高风险企业的估值难度较大，信息不充分的投资者对企业估值更存在障碍，所以，投资者会对投资回报有更高要求，以作为承担投资风险的补偿。

也有研究以公司特征为切入点，如年龄、规模、资产、产业及承销商声誉等，以此来测试不同时间下的 IPO 组成变化，很多研究集中在"热市"（hot market）与"冷市"（cold market）的比较上。Loughran 和 Ritter（2004）以 1980~2003 年美国上市的公司为样本，研究证明公司特征不能解释平均首发回报的异常趋势。Helwege 和 Liang（2004）的研究也说明在"热市"与"冷市"中上市的公司无显著差异。但是，Lowry 和 Schwert（2002）、Fink 等（2005）、Howe 和 Zhang（2005）的研究证明公司年龄、承销商水平等可以解释 IPO 市场的周期特征。Yung 等的（2008）研究证明"关于公司特征的研究并没有顾及公司特征变化的潜在原因"，即之前的研究试图将公司特征与 IPO 特征联系到一起，但并没有解释公司特征随时间变化或在某一特定时期内变化的原因。

IPO 市场的风险组合假说认为，投资者将要求更高的投资收益作为承担高风险的补偿，

[①] 2013 年 11 月 30 日中国证监会《关于进一步推进新股发行体制改革的意见》。

因此在热销市场上 IPO 的公司会面临较大的不确定性，此时发行股票应该更加谨慎。

2）市场时机与投资者情绪假说

关于 IPO 的许多文献将投资者的乐观情绪作为周期性首发回报上升的推动力。毋庸置疑，成长性小公司在热销后期的长期弱势表现证明了投资者在股票发行阶段过度乐观的情绪。Stein（1996）在系统研究非理性市场条件下的理性资本预算问题时提出了市场时机选择，认为当公司股价被市场高估时，理性的管理者会利用股权融资的低成本优势，发行更多股票进行融资；相应的，当公司价值被市场低估时，管理者会通过股票回购来实现公司价值最大化。Baker 和 Wurgler（2002）的研究也证实了这一点。此外，Brau 和 Fawcett（2006）的研究表明，市场时机选择不只存在于 IPO 市场，在股权再融资发行（seasoned euity offerings，SEOs）中也同样存在。

在非理性市场的条件下，市场时机选择显得尤为重要。具体操作如下：当投资者的情绪乐观时，公司股价容易高于其真实价值，理性的管理者应该通过 IPO 来降低融资成本；当公司前景不被投资者看好时，管理层应更多地采取回购股票的反向操作方式。

3）市场时机和新股长期弱势

投资者乐观往往与 IPO 发行量增加彼此联系，该结论已经被广泛证实（Loughran et al.，1994；Rajan and Servaes，1997；Teoh et al.，1998）。Ritter（1991）也找到了管理者利用机会窗（windows of opportunity）的证据。Dorn（2009）在研究德国的 IPO 交易时发现，发行收益高的股票在个人投资者转向时会随之表现出绩效的下滑。

对应于第二种解释，IPO 发行量和投资者的乐观情绪往往是相互作用的。为了避免股票在发行后可能出现的长期弱势走向，管理者在 IPO 决策时应考虑到短期需求和长期利益的均衡。

4）有序学习、信息外部性、产业关注假说和资本需求假说

Pagano 和 Panetta（1998）及 Jain 和 Kini（2006）等学者的研究证明了 IPO 的相似产业的聚集现象。20 世纪 90 年代末的 IPO 热潮，就是由技术相关的新股发行引起的，在美国与欧洲市场都可以找到证据（Jenkinson and Ljungqvist，2001）。部分学者也证实了早期 IPO 的新股对随后上市的股票有一定的信息溢出效应，形成了类似公司的连续上市。在类似公司上市时，所有相关的持股者——发行人、投资银行、投资者，在信息外溢的情况下，都进入有序学习的过程。他们从类似产业的上市过程中获得了相关信息，并以此促成了产业集聚，这种集聚也导致了 Lowry 和 Schwert（2002）所描述的新股初始回报的序列相关。Lucas 和 McDonald（1990）、Pástor 和 Veronesi（2005）的研究，更从对资本的需求假设角度认为，公司会在市场表现好的时候择机上市，因为此时的上市成本较低。

当公司处于行业有连续上市的趋势时，管理层及时关注与学习相关信息，抓住良好的市场时机公开上市，可以获取较高的新股初始回报。

5）不对称信息与信号传递理论

信号传递理论认为高质量的公司会选择在"热市"时上市，并以较高的抑价来传递公司质量信号，给予投资者信心。由此，Stoughton 等基于产品质量以建立了一个 IPO 决策模型，认为只有当通过上市能够向市场传递某种信号，而且这种信号还会作为产品质量的信号传递给产品市场时，企业才会选择上市。同样的，消费者从股市获得的产品质量的信息也会有利于改善消费者预期。Stoughton 等认为由于同行业企业产品的边际成本差别较小，所以公司通过上市传递信息的效果比价格机制更好。同时，该模型也解释了相同产业企业上市的集聚也是由信息传递效应引起的。

当上市可以向投资者传递公司的质量信号时，为了增强投资者的信心，同时显示自身的实力，管理层可以在有效的市场环境中，通过上市来减少信息不对称的负面影响。

6）不对称信息与时序性的逆向选择

Lowry（2003）以信息不对称假说解释公司价值的时序性不确定及其对新股发行量的影响。发行者与投资者对公司价值的预期是不一致的，这种信息不对称导致了投资者的逆向选择，即投资者认为公司会在股价被高估时IPO，所以，投资者会反过来低估公司价值。由此说明，当信息高度不对称时，新股的发行成本会更高，甚至倒逼公司选择其他的融资方式。

时序性的逆向选择成本假说聚焦于一个公司逆向选择成本的波动，发行人应该在一定程度上参照这一成本，并且在某些特定阶段择期上市。

2. IPO抑价现象

IPO抑价（IPO underpricing），是指新股上市后第一天的交易价格远高于发行价格，发行市场与交易市场出现较大价差，导致存在超额收益的现象。

自从Stoll和Curley（1970）、Reilly（1973）、Ibbotson（1975）的研究证实了上市当日收盘价（closing price）较发行价格（offering price）有显著的增长之后，国内外学者开展了大量的实证研究。研究表明，虽然不同市场的抑价程度有一定差别，但IPO抑价现象已经被各国的股票市场检验所证实。

我们将IPO抑价的研究可以分为以下三个方向。

1）基于信息不对称的理论解释

这种理论认为，IPO主体（发行者、承销商、投资者、监管者）之间存在信息不对称，IPO抑价是对信息不对称所造成的风险的一种补偿。根据各主体之间或各主体内部信息不对称的情况，提出了多个信息不对称假说。

基于发行人和承销商之间的信息不对称，Baron（1982）提出了基于代理理论的解释。他认为，由于承销商比发行人拥有更多的一级市场信息，而发行人无法全面监督承销商的行为，承销商倾向于通过低价发行的方式吸引更多投资者，以此避免IPO失败。当新股IPO之时，自然会回归到真实价值，继而引发股票价格上涨。

基于投资者之间的信息不对称，Rock（1986）提出了IPO中的"赢者之咒"（the winner's curse）假说。他认为，由于投资者中存在着知情人和不知情人两种类型，不知情人无法对新股准确估价，其承担着买到高价股的风险。为了对不知情人承担的风险进行补偿，留住这部分投资者，新股就会采取折价方式发行。

基于发行人与投资者之间的信息不对称，Welch（1989）、Allen和Faulhaber（1989）等提出了抑价信号传递（signalling by underpricing）假说。他们认为，IPO抑价是发行人向投资者传递的价值信号，这种信号有利于公司在增资配股时获得更高的发行价格。

基于发行人或承销商与投资者之间的信息不对称，Benveniste和Spindt（1989）、Benveniste和Wilhelm（1990）、Spatt和Srivastava（1991）提出了配售理论（bookbuilding theories），认为在路演与询价过程中，发行人或承销商可判断投资者的需求是否强劲。为向机构投资者显示对上市公司的真实估价与需求信息，承销商在向机构投资者配售时会采取低价发行的方式。这就意味着发行人或承销商为了获得更高的发行价格，需要向有意愿出高价购买的投资者提供一定抑价与配股份额。

在基于信息不对称理论的解释中，IPO抑价程度取决于信息不对称的程度，也就是说，IPO

抑价可以通过减弱各个环节的信息不对称程度而减轻。

因此，基于信息不对称理论，公司需要尽量减少自身的信息不对称程度。一方面，应积极向市场传递产品质量、技术水平、治理结构等方面的信息；另一方面，要学习利用投资者、承销商及监管者的有效信息，从而获取更好的发行价格。

2）基于信息对称的理论解释

Tinic（1988）认为发行人和承销商采取抑价方式发行，是为了规避潜在的法律责任，降低信誉风险，该假说主要用以解释美国的 IPO 抑价现象。美国严格的信息披露制度使投资银行、会计师及发行人都面临着较大的诉讼风险——投资者可能以招股说明书披露信息不实向法院提起诉讼。为了安抚投资者，防止投资者在遭受损失后采取不利举动，发行人往往通过抑价发行的方式向投资者让利。Tinic 对美国 1933 年《证券法》颁布前后的抑价情况进行了比较，证实了该假设。

以股权分散为切入点，Booth 和 Chua（1996）认为，发行人有意压低新股发行价格，意在增加公司小股东的比例。这样做除了增加股票流动性外，还可以保持大股东对公司的控制。

此外，从中介机构信誉角度出发，Carter 和 Manaster（1990）、Carter 等（1998）的实证研究表明，高质量的投资银行 IPO 抑价程度要小于低质量的投资银行。除此之外，Cliff 和 Denis（2004）还从吸引认证角度提出，发行企业的 IPO 抑价是为了引起相关专家关注，为公司提供免费广告。IPO 抑价程度与主承销商发布的投资报告相关，特别是当撰写投资报告的是业内顶尖研究员时，这种现象更加明显。

基于信息对称理论，发行人和承销商可以根据自身需求，利用 IPO 抑价来规避潜在的信誉风险，或者分散公司的控制权。在决定公开发行上市时，可以选择良好信誉的中介机构，从而降低股票的抑价程度。

3）从资本市场的有效性角度解释 IPO 抑价

以上关于 IPO 抑价的解释主要基于成熟市场的理性理论。但是，资本市场的有效性实际上是值得怀疑的，特别是对新兴市场来说，其解释力就更弱。于是，部分学者着手从资本市场的有效性角度来解释 IPO 抑价，其中，具有代表性的是投机泡沫假说和观点分歧假说。

投机泡沫假说（speculative bubble）以资本市场的有效性为切入点，认为二级市场对新股的估价是无效的，其中，噪音交易者是新股发行超额收益的推手，其对新股股价存在过度反应。Lowry 和 Schwert（2002）对 IPO 发行量剧烈波动的研究也指出，公司对资本的需求和投资者情绪是 IPO 发行量波动的主要原因。这也证实了 Loughran 等（1994）的假说，即发行方通常会利用过度乐观的投资者提供的周期性的"机会窗口"来发行新股。此外，Purnanandam 和 Swaminathan（2004）选取了 1980~1997 年在美国发行的 2 288 只新股，发现发行企业的 IPO 价格与同一行业企业股价相比，存在显著高估。IPO 价格高估越多，股票首日超额收益率越高，股票长期表现也越差。由此认为，IPO 的投资者在新股定价方面受到了过于乐观的预期的影响。

提出观点分歧假说（divergence of opinion）的 Miller（1977）没有采用市场一致性预期假设，而是假设投资者具有多样化的预期。在观点分歧和卖空限制的假设下，认为对 IPO 最乐观的投资者将决定新股上市后的价格（图 7-15）。Errunza 和 Miller（2000）认为，网络股就是一个例子，大多数投资者觉得网络股定价偏高，但是这些股票同样找到了愿意出高价的买家，正是那些过于乐观的人抬高了股价。

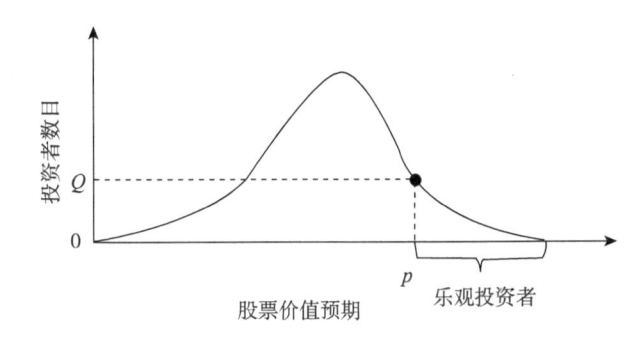

图 7-15 意见分歧假设下的市场出清情况

按照基于资本市场的有效性理论对 IPO 抑价的解释,在新兴市场的环境下,股票首日超额收益率越高,股票长期表现越差。因此,为了避免过于乐观的投资者的过度反应抬高股价,发行人在进行 IPO 决策时应充分考虑公司所处市场环境,尽量减少噪音交易者对新股定价的不利影响。

3. 新股长期弱势现象

新股长期弱势(long-run underperformance),是指 IPO 新股在上市后的一段时间内(一般为三年左右)表现不佳,走势弱于市场指数或其他同类型的非首次公开发行的股票。

市场有效性的支持者认为,新股在发行之后股价应与其他股票的股价一样,反映股票自身的价值。由此得出,风险调整后的股票价格走势不可预测,新股发行后股票的长期走势与 IPO 本身并无关联。然而,Ibbotson 和 Jaffe(1975)在对新股价格走势的研究中发现,美国 1960~1969 年上市的新股长期价格走势呈勺状分布,即第一年回报率为正,其后三年回报率为负,直至第五年才恢复正常。其后,Ritter(1991)延续了 Ibbotson 等的研究,以美国 1975~1984 年上市的 1 526 只新股为样本,研究发现新股的三年期投资回报率较控制样本低 47.12%,比市场指数收益率低 29%。基于此结果,Ritter 首次提出了新股长期弱势(long-run underperformance)的论断。此外,其他学者也分别选取了不同国家、不同时期、不同规模的新股样本,分析新股收益的长期表现,证明了新股长期弱势是一种广泛存在于各国资本市场的现象(Keloharju, 1993; Levis, 1993; Arosio et al., 2001; Lee et al., 1991)。

1)观点分歧假说

对 IPO 长期弱势的解释主要集中在投资者非理性的讨论上。其中,具有代表性的就是上文提到的 Miller(1977)的观点分歧假说。当投资者对新股股价的分歧较大时,乐观投资者决定了新股较高的市场出清价格。但随着时间的推移,有关新股发行的更多真实信息逐渐披露,市场中的投资者对新股价值预期的意见分歧也越来越小(即图 7-15 中的股票价值预期曲线愈发集中)。此时,少数乐观投资者决定的市场出清价格就会降低,由此造成了新股后期弱势现象。Ritter(1991)的研究发现,成立时间越短的公司,上市 3 年后的累积收益率越低,这可能是因为小规模、初创型公司未来经营前景更具有不确定性,上市时容易被乐观的投资者赋予高价。

公司未来的不确定性可能随着信息的不断披露而加大,投资者的预期也会逐渐降低,导致股票长期的弱势走向。因此,管理层应充分考虑自身的情况,待公司具有稳定的成长前景时才选择上市。

2）狂热投资者假说

与观点分歧假说类似，部分研究认为，股票发行市场中的投资者会做出短期的非理性决策。Shiller（1990a）从对172家美国机构投资者的问卷调查中发现，仅有26%的投资者在评估新股时会根据发行人的价值进行基础性分析，多数投资者对IPO的新股存在过度乐观的倾向。Aggarwal和Rivoli（1990）对美国1977~1987年新发行股票一年后股价表现的研究发现，不同新股的初始收益率涨落存在明显的周期性。研究认为，新股的初始收益率的上扬并非抑价发行所致，而是由投资者短暂的狂热情绪推动的。在最初的几个月内，新股弱势现象不会发生，而随着投资者情绪的逐渐稳定，逐步调整其对公司的估值，股票价格也会逐渐回落。

投资者情绪理论证实了短期狂热行为的存在。而当市场充斥着投资者的狂热情绪时，新股股价会产生短暂的异常高收益。基于狂热投资者的假说，投资者在进行IPO决策时，应充分考虑到投资者狂热情绪对新股定价的影响，对股价的长期走势做出合理的预测。

3）机会窗口假说

Ritter（1991）研究发现，新股长期弱势现象主要集中在发行量较高年份中的初创或成长性公司中，他认为这些公司实际上利用投资者情绪高涨的"机会窗口"，因为此时IPO的股票更容易被高估。Loughran等（1994）的研究表明，在"热销市场"被高估的股票，当其长期表现没有达到投资者预期时，下跌更为惨重。Heaton（2002）、Schultz和Zaman（2001）指出，这种择机上市对后市绩效的负面作用在20世纪90年代的IT高涨期尤为明显。

因此，如果管理层决定在"机会窗口"时上市，应结合公司自身的实际情况，考虑在过热的市场中IPO的利弊，避免股价的大幅波动。

4）分析家的影响假说

de Bondt和Thaler（1990）的研究认为，许多财务分析师对IPO公司前景会有过于乐观的估计，建议投资者购买并以此刺激市场的交易量。Ali（1996）的研究发现分析家容易在经济高涨期形成过于乐观的估计，而且这种预期偏差更集中在规模较小的发行中。Rajan和Servaes（1997）的研究也发现，投资银行和市场分析家往往比发行人和投资者还要过度乐观，由此影响公司决策者对公司发展前景的预期。而随着实际利润的信息的公布，公司股价会出现修正性下滑。

从以上的分析可以看出，市场上的狂热情绪可能是投资者、发行人、分析家中的任意一个，由此导致了以新股发行造成的Shiller（1990b）所提出的非理性繁荣（irrational exuberance）。

在这种情况下，发行人应合理看待分析师的乐观情绪对股市交易量的推动作用，对信息披露之后的股价回落存在一个修正的预期。同时，要更加专注于提高公司自身的实力，通过产品质量和公司竞争力的提高来实现股票价格的稳定增长。

四、公开市场股权再融资

当上市公司由于扩大经营规模等原因需要更多资金时，就需要进行再融资。上市公司在公开市场进行再融资的方式主要有向市场增发新股融资（简称增发）、向现有股东配股融资（简称配股），以及发行可转换债券。本小节将主要介绍增发和配股。

增发（placement），国外称为现金再次发行，是向包括原有股东在内的社会全体公众投资者发售股票。

配股（rights offering），即上市公司向原有股东按一定比例与价格发行股票。配股又可以分为非承销配股（uninsured rights issue，即企业自己发行）和承销配股（由投行承销）。

增发与配股都是上市公司在公开市场上的股权再融资行为，其主要区别在于前者融资对象为所有投资者，而后者为公司原有股份的持有者。

在我国资本市场建立初期，配股作为最早的再融资方式就已经出现，1998年以前配股是我国上市公司唯一的股权再融资方式。1998年增发开始出现后，迅速在2001年后超越配股成为我国上市公司更加热衷的股权再融资方式，不过近年来市场趋势又出现了再次反转（图7-16和表7-9）。

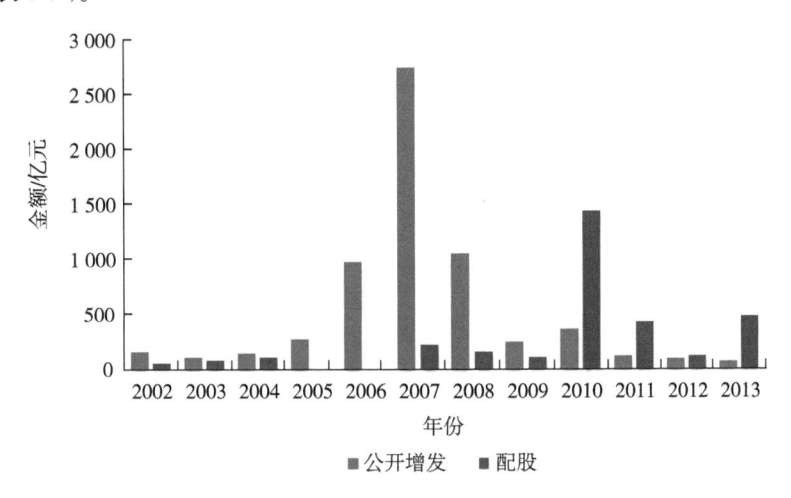

图7-16 A股历年公开增发与配股金额

资料来源：中国证监会

表7-9 A股历年公开增发与配股金额（单位：亿元）

年份	2002	2003	2004	2005	2006	2007
公开增发	164.68	116.12	159.73	278.78	989.22	2 754.04
配股	56.60	76.52	104.77	2.62	4.32	227.68
年份	2008	2009	2010	2011	2012	2013
公开增发	1 063.29	255.86	377.14	132.05	104.74	80.42
配股	151.57	105.97	1 438.25	421.96	121.00	475.75

资料来源：中国证监会

（一）再融资发行条件

上市公司的股权再融资行为必须满足2005年修订后的《中华人民共和国证券法》和2006年通过的《上市公司证券发行管理办法》中的相关规定。

其中，增发和配股均需满足《中华人民共和国证券法》第二章与《上市公司证券发行管理办法》第二章第一节中关于公开发行股票的规定条件，此为二者发行条件的相同之处，感兴趣的读者可以查阅。表7-10仅列出《上市公司证券发行管理办法》第二章第二节中关于增发与配股发行条件的差异以供读者比较。

表 7-10 增发与配股发行条件的差异

方式	差异
增发	三个会计年度加权平均净资产收益率平均不低于6%。扣除非经常性损益后的净利润与扣除前的净利润相比,以低者作为加权平均净资产收益率的计算依据
	除金融类企业外,一期末不存在持有金额较大的交易性金融资产和可供出售的金融资产、借予他人款项、委托理财等财务性投资的情形
	发行价格应不低于公告招股意向书前二十个交易日公司股票均价或前一个交易日的均价
配股	拟配售股份数量不超过本次配售股份前股本总额的30%
	控股股东应当在股东大会召开前公开承诺认配股份的数量
	采用证券法规定的代销方式发行

(二) 配股对股价的影响

【例 7-7】假设某公司现有股份 200 万股,其市场股价为 20 元。由于扩大经营规模需要,该公司决定通过配股方式发行 1 000 万元新股。

假定新股认购价格定为每股 10 元,则需要发行新股:

$$\frac{1\,000}{10} = 100(万股)$$

而旧股数与新股数之比为每买入 1 股新股所需要的配股数量,即

$$\frac{200}{100} = 2(万股)$$

新股发行后市场的除权价格为旧股与新股的加权平均价格,即

$$旧股价格 \times 旧股所占比例 + 新股发行价 \times 新股所占比例$$
$$= 20 \times \frac{200}{300} + 10 \times \frac{100}{300}$$
$$= 16.67(元)$$

显然,配股的发行价格应该低于配股发行前公司股票的市场价格,以确保新股能够售出,并且配股的定价越低、发行量越大,其发行后公司股票的下跌幅度会越大。不过细心的读者可以发现,至少从理论上来说,无论配股如何定价配股后原有股东均既无盈利亦无亏损。

(三) 最优再融资方式选择

当企业需要进行公开市场股权再融资决策时,最优再融资方式选择是一个重要的问题。从不同的角度来看,增发与配股两种股权再融资方式各有优势,其归纳如表 7-11 所示。

表 7-11 增发与配股的优势

项目	增发	配股
发行成本	当老股东行使配股权意愿较弱时,则增发的再融资成本低于配股	发行成本低
公司控制权	扩大股东数目,减少股权集中程度,优化治理结构。老股东的利益可能遭受损失	不会稀释老股东的控制权和减弱原有控股股东的控制权
信誉	在信息不对称条件下,承销商可以起到信誉支撑的作用	仅以公司信誉作为发行基础

1. 增发占优理论

Hansen 和 Pinkerton（1982）认为存在一个老股东效应问题，即成功的低成本配股发行依赖于老股东的认购，而这取决于老股东是否希望行使他们的权利。如果老股东不愿意，而公司管理者强行采用配股发行方式，那么其成本将高于增发方式。

Booth 和 Chua（1996）认为，承销商在增发股票中所负担的责任远比按比例配售要重。所以，在信息不对称的情况下，承销商从信誉角度考虑也会尽最大努力保证信息披露的公正性，从而对中小投资者担负起对再融资公司的把关责任。

Brennan 和 Franks（1997）认为，相对于比例配售方式，增发新股可以扩大股东数目，进而减少股权集中程度。与股权集中程度紧密相连的是上市公司的治理结构。很多研究表明，当股权过于集中时，控股股东的一股独大地位会使其做出损害中小股东利益的决策。由于增发新股，尤其是当上市公司把新股增发给机构投资者后，这些新股东可能会起到监管的作用，对中小股东是有利的。

2. 配股占优理论

Eckbo 和 Masulis（1992）在研究发行成本时发现，承销配股的发行成本比非承销配股的成本高 5 百分点，而增发新股的发行成本比承销配股的成本高 2 百分点。因此，从股东利益最大化的角度考虑，上市公司应当首先采用非承销配股方式发行新股，然后才是承销配股方式发行新股，而不应选择公开增发新股的方式。但是在美国，大多数公司采用增发新股的方式进行股权再融资，这就是"配股之谜"（或"股权再融资之谜"）。

Cronqvist 和 Nilsson（2003）认为，配股只是向老股东配售，不会引入新股东，因此，它不会稀释原有控股股东的控制权，有利于保护既有股东的权益。

Smith 和 Warner（1979）认为，在配股方式下，老股东的持股比例不会发生改变，老股东财富的理论损失为零。而增发新股将使老股东的持股比例下降，存在财富的重新分配。因此，上市公司在选择股权再融资方式时，应该选择配股方式，尽量避免使用增发新股的方式。

▶本章小结

企业在不同规模、不同年龄和不同信息透明程度的情况下，融资方式不同。初创期企业的融资方式主要有初始内部融资、天使投资和商业信用。适合成长期企业的融资方式主要有创业风险投资、信用交易、短期金融机构贷款、中期金融机构贷款、夹层基金融资。成熟期企业融资的方式主要有公开上市、信用交易、商业票据、中期金融机构贷款、中期票据、私人配售等。处于衰退期的企业可以选择通过并购型资本、公开上市、商业票据、中期票据、公开发行债务等融资，使企业继续经营下去。

根据股权投资者的控制权偏好特点，可以分为战略投资者、财务投资者和证券投资者三种类型。

私募股权融资是一种中长期的权益融资，其资金来源是特定的非公众投资者，既包括购买成长性企业的股权以获取高额回报，也包括其他目的非公开的股权投资，与公开发行的股权相对应。私募股权融资由三个核心主体构成，即投资人、基金管理公司和被投资公司。私募股权基金主要包括公司型、有限合伙型和信托型三种组织形式。私募股权投资具有流动性差、风险高、专业性强、信息不对称性突出等特征。

私募股权投资项目运作包括募集资金并设立基金阶段、投资阶段、投资后监管与增值服务阶段、退出阶段四个阶段。私募股权投资的角色在于减少信息不对称带来的成本。私募股权投资有其特殊的选择投资对象的准则，不同基金选择准则不一样。

私募股权投资参与的企业，由于其为了监督与保护投资价值而产生的控制诉求，企业模式会变得不一样。私募股权投资参与企业管理的活动可分为开发和运营、挑选管理层、人力资源管理、财务参与四类。私募股权基金对企业价值增加的途径有资本结构的变化、公司治理的变化以及组织运营的变化三种。不同的投资基金、不同的创业企业，增值服务的内容也会不同。增值服务、认证作用等是企业选择私募股权融资的重要因素。

私募股权投资的特点常常是负的现金流和收入，有极高的不确定性，但是在未来却有潜在的巨大收益。风险投资法通常预估未来某一时刻企业获得正现金流和收益时，运用倍数法，对企业整体进行估值，然后运用一个比较高的贴现率将这个终值折为现值。

投资条款清单是私募股权基金与企业就未来的投资交易所达成的原则性约定，也是未来即将签订的正式协议的框架。投资条款清单中约定了私募股权基金对被投资企业的估值、计划投资金额、所持比例和投资工具等，同时包括了被投资企业应负的主要义务和私募股权基金要求的主要权利，以及投资交易达成的前提条件等内容。收益分配条款、控制权配置、激励相容机制设计等是投资条款清单中最重要的内容。

IPO融资是公开发行股票的主要融资方式。企业上市也和其他决策一样，是一把"双刃剑"。不同交易所，主板、中小板和创业板上市条件不同。不同国家的上市流程不同。新股发售机制通常有固定价格机制、拍卖机制、累计投标询价机制、混合机制四种方式。IPO热销市场现象、IPO抑价现象、新股长期弱势现象等是关于IPO理论研究的热点问题。

增发和配股是上市公司再融资的两个方式。不同国家、地点再融资的条件不一样。增发、配股对股价的影响也不一样。

▶思考与练习

1. 基于企业发展生命周期，分析企业股权融资工具的选择。
2. 了解私募股权基金的运作流程。
3. 分析私募股权投资对企业的增值服务项目。
4. 分析VC/PE选择企业的准则及企业选择VC/PE的准则。
5. 了解VC/PE融资的估价原理。
6. 了解收益分配条款、控制权配置条款和激励相容机制的相关条款。
7. 分析企业上市融资的动机及上市流程。
8. 对比四种IPO发行机制的优劣。
9. 解释IPO热销市场现象、抑价现象、新股长期弱势等现象。

参考文献

程昆，刘仁和，刘英. 2006. 风险投资对我国技术创新的作用研究. 经济问题探索，10：1-3.
石晓军，张顺明. 2010. 商业信用、融资约束及效率影响. 经济研究，（1）：102-114.
王建梅，王筱萍. 2011. 风险投资促进我国技术创新的实证研究. 科技进步与对策，（8）：24-27.
Aggarwal R, Rivoli P. 1990. Fads in the initial public offering market? Financial Management, 19：45-57.

Ali A. 1996. Bias in analysts' earnings forecasts as an explanation for the long-run underperformance of stocks following equity offerings. Available at SSRN 2796.

Allen F, Faulhaber G R. 1989. Signalling by under pricing in the IPO market. Journal of Financial Economics, 23 (2): 303-323.

Amba-Rao S C. 1994. US HRM principles: cross-country comparisons and two case applications in India. International Journal of Human Resource Management, 5 (3): 755-778.

Amit R, Glosten L, Muller E. 1993. Challenges to theory development in entrepreneurship research. Journal of Management Studies, 30 (5): 815-834.

Amit R, Brander J, Zott C. 1998. Why do venture capital firms exist? Theory and Canadian evidence. Journal of Business Venturing, 13 (6): 441-466.

Arosio R, Giudici G, Paleari S. 2001. The market performance of Italian IPOs in the long-run. EFMA 2001 Lugano Meetings.

Baker M, Wurgler J. 2002. Market timing and capital structure. The Journal of Finance, 57 (1): 1-32.

Barney J. 1991. Firm resources and sustained competitive advantage. Journal of Management, 17 (1): 99-120.

Baron D P. 1982. A model of the demand for investment banking advising and distribution services for new issues. The Journal of Finance, 37 (4): 955-976.

Barry C B. 1994. New directions in research on venture capital finance. Financial Management, 23 (3): 3-15.

Benveniste L M, Spindt P A. 1989. How investment bankers determine the offer price and allocation of new issues. Journal of Financial Economics, 24 (2): 343-361.

Benveniste L M, Wilhelm W J. 1990. A comparative analysis of IPO proceeds under alternative regulatory environments. Journal of Financial Economics, 28 (1): 173-207.

Berger N A, Udell G F. 1998. The economics of small business finance: the roles of private equity and debt markets in the financial growth cycle. Journal of Banking and Finance, 22 (6): 613-673.

Birkinshaw J R, van Basten B, Murray G. 2002. Corporate Venturing: The State of the Art and the Prospects for the Future. London: London Business School.

Booth J R, Chua L. 1996. Ownership dispersion, costly information, and IPO underpricing. Journal of Financial Economics, 41 (2): 291-310.

Brau J C, Fawcett S E. 2006. Initial public offerings: an analysis of theory and practice. The Journal of Finance, 61 (1): 399-436.

Brav A, Gompers P A. 1997. Myth or reality? The long-run underperformance of initial public offerings: evidence from venture and nonventure capital-backed companies. The Journal of Finance, 52 (5): 1791-1821.

Brennan M J, Franks J. 1997. Under pricing, ownership and control in initial public offerings of equity securities in the UK. Journal of Financial Economics, 45 (3): 391-413.

Bruton G, Fried V, Hisrich R D. 1997. Venture capitalist and CEO dismissal. Entrepreneurship Theory and Practice, 21: 41-54.

Bürgel O, Murray G, Fier A, et al. 2001. The Rapid Internationalisation of High-tech Young Firms in Germany and the United Kingdom. London: Anglo-German Foundation.

BVCA. 2010. A Guide to Private Equity. The BVCA represents private equity and venture capital in the UK.

Carter R, Manaster S. 1990. Initial public offerings and underwriter reputation. The Journal of Finance, 45 (4): 1045-1067.

Carter R B, Dark F H, Singh A K. 1998. Underwriter reputation, initial returns, and the long-run performance of IPO stocks. The Journal of Finance, 53 (1): 285-311.

Chan Y. 1983. On the positive role of financial intermediation in allocation of venture capital in a market with imperfect information. The Journal of Finance, 38 (5): 1543-1568.

Cliff M T, Denis D J. 2004. Do initial public offering firms purchase analyst coverage with underpricing? The Journal of Finance, 59 (6): 2871-2901.

Coleman J S. 1988. Social capital in the creation of human capital. American Journal of Sociology, 94: S95-S120.

Cronqvist H, Nilsson M. 2003. Agency costs of controlling minority shareholders. Journal of Financial and Quantitative Analysis, 38（4）: 695-720.

de Bondt W F, Thaler R H. 1990. Do security analysts overreact? The American Economic Review, 80(2): 52-57.

de Noble A F, Moore T. 1994. After the cash arrives: a comparative study of venture capital and private investor involvement in entrepreneurial firms. Journal of Business Venturing, 9（1）: 67-82.

Dorn D. 2009. Does sentiment drive the retail demand for IPOs? Journal of Financial and Quantitative Analysis, 44（1）: 85-108.

Eckbo B E, Masulis R W. 1992. Adverse selection and the rights offer paradox. Journal of Financial Economics, 32（3）: 293-332.

Errunza V R, Miller D P. 2000. Market segmentation and the cost of the capital in international equity markets. Journal of Financial and Quantitative Analysis, 35（4）: 577-600.

Fiet J O. 1995. Risk avoidance strategies in venture capital markets. Journal of Management Studies, 32（4）: 551-574.

Fink J, Grullon G, Fink K. 2005. IPO vintage and the rise of idiosyncratic risk. 7th Annual Texas Finance Festival Paper.

Fried V H, Hisrich R D. 1994. Toward a model of venture capital investment decision making. Financial Management, 23（3）: 28-37.

Gifford S. 1997. Limited attention and the role of the venture capitalist. Journal of Business Venturing, 12（6）: 459-482.

Gifford S. 1999. Efficient moral hazard. Journal of Economic Behavior & Organization, 40（4）: 427-442.

Gladstone D. 1988. Venture Capital Investing: The complete Handbook for Investing in Small Private Business for Outstanding Profits. Upper Saddle River: Prentice Hall.

Gomez-Mejia L R, Balkin D B, Welbourne T M. 1990. Influence of venture capitalists on high tech management. The Journal of High Technology Management Research, 1（1）: 103-118.

Gompers P A. 1995. Optimal investment, monitoring, and the staging of venture capital. The Journal of Finance, 50（5）: 1461-1489.

Gompers P A. 1996. Grandstanding in the venture capital industry. Journal of Financial Economics, 42(1): 133-156.

Gompers P, Lerner J. 1999. An analysis of compensation in the US venture capital partnership. Journal of Financial Economics, 51（1）: 3-44.

Gorman M, Sahlman W A. 1989. What do venture capitalists do? Journal of Business Venturing, 4（4）: 231-248.

Grant R M. 1996. Toward a knowledge-based theory of the firm. Strategic Management Journal, 17: 109-122.

Hansen R S, Pinkerton J M. 1982. Direct equity financing: a resolution of a paradox. The Journal of Finance, 37（3）: 651-665.

Harrison R, Mason C. 1992. The role of investors in entrepreneurial companies: a comparison of informal investors and venture capitalists. Working Paper, University of Southampton, Urban Policy Research Unit.

Heaton J B. 2002. Managerial optimism and corporate finance. Financial Management, 31（2）: 33-45.

Hellmann T, Puri M. 2000. The interaction between product market and financing strategy: the role of venture capital. Review of Financial Studies, 13（4）: 959-984.

Hellmann T, Puri M. 2002. Venture capital and the professionalization of start-up firms: empirical evidence. The Journal of Finance, 57（1）: 169-197.

Helwege J, Liang N. 2004. Initial public offerings in hot and cold markets. Journal of Financial and Quantitative Analysis, 39（3）: 541-569.

Herman E S. 1981. Corporate Control, Corporate Power. New York: Cambridge University Press.

Hoskisson L E, Lau C M, Wright M. 2000. Strategy in emerging economies. Academy of Management Journal, 43（3）: 249-267.

Howe J, Zhang S. 2005. Underwriting in hot and cold markets. Working Paper, University of Missouri-Columbia.

Ibbotson R G. 1975. Price performance of common stock new issues. Journal of Financial Economics, 2（3）: 235-272.
Ibbotson R G, Jaffe J F. 1975. "Hot issue" markets. The Journal of Finance, 30（4）: 1027-1042.
Jain B A, Kini O. 2006. Industry clustering of initial public offerings. Managerial and Decision Economics, 27(1): 1-20.
Jenkinson T, Ljungqvist A. 2001. Going Public: The Theory and Evidence on How Companies Raise Equity Finance. Oxford: Oxford University Press.
Kaplan S N, Strömberg P. 2001. Venture capitalists as principals: contracting, screening, and monitoring. The American Economic Review, 91（2）: 426-430.
Keloharju M. 1993. The winner's curse, legal liability, and the long-run price performance of initial public offerings in Finland. Journal of Financial Economics, 34（2）: 251-277.
Kortum S, Lerner J. 2000. Assessing the contribution of venture capital to innovation. RAND Journal of Economics, 31（4）: 674-692.
Lee C, Shleifer A, Thaler R H. 1991. Investor sentiment and the closed-end fund puzzle. The Journal of Finance, 46（1）: 75-109.
Lerner J. 1994. The syndication of venture capital investments. Financial Management, 23（3）: 16-27.
Lerner J. 1995. Venture capitalists and the oversight of private firms. The Journal of Finance, 50（1）: 301-318.
Levin A, Lin C, Chu C J. 2002. Unit root tests in panel data: asymptotic and finite-sample properties. Journal of Econometrics, 108（1）: 1-24.
Levine R, Schmukler S L. 2006. Internationalization and stock market liquidity. Review of Finance, 10(1): 153-187.
Levis M. 1993. The long-run performance of initial public offerings: the UK experience 1980-1988. Financial Management, 22: 28-41.
Lin T H, Smith R L. 1998. Insider reputation and selling decisions: the unwinding of venture capital investments during equity IPOs. Journal of Corporate Finance, 4（3）: 241-263.
Loughran T, Ritter J. 2004. Why has IPO underpricing changed over time? Financial Management, 33（3）: 5-37.
Loughran T, Ritter J, Rydqvist K. 1994. Initial public offerings: international insights. Pacific-Basin Finance Journal, 2（2）: 165-199.
Lowry M. 2003. Why does IPO volume fluctuate so much? Journal of Financial Economics, 67（1）: 3-40.
Lowry M, Schwert G W. 2002. IPO market cycles: bubbles or sequential learning? The Journal of Finance, 57(3): 1171-1200.
Lucas D J, McDonald R L. 1990. Equity issues and stock price dynamics. The Journal of Finance, 45(4): 1019-1043.
MacMillan I C, Kulow D M, Khoylian R. 1989. Venture capitalists' involvement in their investments: extent and performance. Journal of Business Venturing, 4（1）: 27-47.
Manigart S. 1994. The founding rate of venture capital firms in three European countries（1970–1990）. Journal of Business Venturing, 9（6）: 525-541.
Maula M V. 2001. Corporate Venture Capital and the Value-Added for Technology-Based New Firms. Helsinki: Helsinki University of Technology.
Maula M, Murray G. 2002. Corporate venture capital and the creation of US public companies: the impact of sources of venture capital on the performance of portfolio companies//Hitt A, Amit R, Lucier C, et al. Creating Value: Winners in the New Business Environment. Oxford: Blackwell Publishers.
Maula M, Autio E, Murray G. 2005. Corporate venture capitalists and independent venture capitalists: what do they know, who do they know and should entrepreneurs care? Venture Capital: An International Journal of Entrepreneurial Finance, 7（1）: 3-21.
Megginson W L, Weiss K A. 1991. Venture capitalist certification in initial public offerings. The Journal of Finance, 46（3）: 879-903.
Miller E M. 1977. Risk, uncertainty, and divergence of opinion. The Journal of Finance, 32（4）: 1151-1168.

Mitchell F, Reid G C, Terry N G. 1995. Post investment demand for accounting information by venture capitalists. Accounting and Business Research, 25（99）: 186-196.

Moore G A. 1995. Inside the Tornado: Marketing Strategies from Silicon Valley's Cutting Edge. New York: Harper Business.

Nahapiet J, Ghoshal S. 1998. Social capital, intellectual capital, and the organizational advantage. Academy of Management Review, 23（2）: 242-266.

Pagano M, Panetta F. 1998. Why do companies go public? An empirical analysis. The Journal of Finance, 53（1）: 27-64.

Pástor L V, Veronesi P. 2005. Rational IPO waves. The Journal of Finance, 60（4）: 1713-1757.

Peng M W, Luo Y. 2000. Managerial ties and firm performance in a transition economy: the nature of a micro-macro link. Academy of Management Journal, 43（3）: 486-501.

Poindexter J B. 1977. The efficiency of financial markets: the venture capital case. Unpublished PhD Dissertation, University of Georgia, Athens.

Popov A, Roosenboom P. 2012. Venture capital and patented innovation: evidence from Europe. Economic Policy, 27（71）: 447-482.

Pruthi S, Wright M, Lockett A. 2003. Do foreign and domestic venture capital firms differ in their monitoring of investees? Asia Pacific Journal of Management, 20（2）: 175-204.

Purnanandam A K, Swaminathan B. 2004. Are IPOs really underpriced? Review of Financial Studies, 17（3）: 811-848.

Rajan R, Servaes H. 1997. Analyst following of initial public offerings. The Journal of Finance, 52（2）: 507-529.

Reilly F K. 1973. Further evidence on short-run results for new issue investors. Journal of Financial and Quantitative Analysis, 8（1）: 83-90.

Ritter J R. 1991. The long-run performance of initial public offerings. The Journal of Finance, 46（1）: 3-27.

Rock K. 1986. Why new issues are underpriced. Journal of Financial Economics, 15（1）: 187-212.

Rosenstein J. 1988. The board and strategy: venture capital and high technology. Journal of Business Venturing, 3（2）: 159-170.

Rosenstein J, Bruno A V, Bygrave W D, et al. 1993. The CEO, venture capitalists, and the board. Journal of Business Venturing, 8（2）: 99-113.

Sahlman W A. 1990. The structure and governance of venture-capital organizations. Journal of Financial Economics, 27（2）: 473-521.

Sapienza H J, Amason A C, Manigart S. 1994. The level and nature of venture capitalist involvement in their portfolio companies: a study of three European countries. Managerial Finance, 20（1）: 3-17.

Sapienza H J, Manigart S, Vermeir W. 1996. Venture capitalist governance and value added in four countries. Journal of Business Venturing, 11（6）: 439-469.

Schendel W, Strategy D. 1978. Formulation: Analytical Concep. St. Paul: St. Paul Minn.

Schilit W K, Schilit K W. 1991. Dream Makers and Deal Breakers: Inside the Venture Capital Industry. Englewood Cliffs: Prentice Hall Trade.

Schultz P, Zaman M. 2001. Do the individuals closest to internet firms believe they are overvalued. Journal of Financial Economics, 59（3）: 347-381.

Shiller R J. 1990a. Market volatility and investor behavior. The American Economic Review, 80（2）: 58-62.

Shiller R J. 1990b. Speculative prices and popular models. The Journal of Economic Perspectives, 4（2）: 55-65.

Smith G. 2001. How early stage entrepreneurs evaluate venture capitalists. The Journal of Private Equity, 4（2）: 33-45.

Smith C W, Warner J B. 1979. On financial contracting: an analysis of bond covenants. Journal of Financial Economic, 7（2）: 117-161.

Spatt C, Srivastava S. 1991. Preplay communication, participation restrictions, and efficiency in initial public offerings. Review of Financial Studies, 4（4）: 709-726.

Stein J C. 1996. Efficient capital markets, inefficient firms: a model of myopic corporate behavior. Quarterly Journal of Economics, (104): 665-668.

Stein J C. 1996. Rational capital budgeting in an irrational world. Journal of Business, 69: 429-455.

Stoll H R, Curley A J. 1970. Small business and the new issues market for equities. Journal of Financial and Quantitative Analysis, 5 (3): 309-322.

Stuart T E, Hoang H, Hybels R C. 1999. Interorganizational endorsements and the performance of entrepreneurial ventures. Administrative Science Quarterly, 44 (2): 315-349.

Sykes H B. 1990. Corporate venture capital: strategies for success. Journal of Business Venturing, 5 (1): 37-47.

Teoh S H, Welch I, Wong T J. 1998. Earnings management and the long-run market performance of initial public offerings. The Journal of Finance, 53 (6): 1935-1974.

Tinic S M. 1988. Anatomy of initial public offerings of common stock. The Journal of Finance, 43 (4): 789-822.

Tyebjee T T, Bruno A V. 1984. A model of venture capitalist investment activity. Management Science, 30 (9): 1051-1066.

Welch I. 1989. Seasoned offerings, imitation costs, and the underpricing of initial public offerings. The Journal of Finance, 44 (2): 421-449.

Wernerfelt B. 1984. A resource-based view of the firm. Strategic Management Journal, 5 (2): 171-180.

Yung C, Colak G, Wang W. 2008. Cycles in the IPO market. Journal of Financial Economics, 89 (1): 192-208.

第八章

结构化和非标准化融资模式

> 引导案例

博瑞生物公司的结构化融资

博瑞生物医药技术有限公司位于苏州工业园区，公司在抗病毒、抗肿瘤、心脑血管等领域拥有超强的技术创新能力和充足的技术储备。截至2014年，公司已申请发明专利36项，其中一项为PCT专利，并且已授权4项。

公司近几年来高速发展，伴随而来的就是对营运资金的强烈需求。由于公司属技术密集型、轻资产运营，没有合适的反担保条件，前期申请遭到了银行的拒绝，融资无果。然后，公司又与创投谈判，结果在股权让渡比例与股权价格问题上有严重分歧，谈判一度陷入僵持状态。

关键时刻，交通银行苏州分行推出了"投贷通"产品，缓和了公司与创投的紧张状态，最终促成企业、银行和创投三方的成功合作。此外，考虑到公司轻资产、高科技的实际情况，交通银行又引入保险公司和担保公司，开创"银行+担保+保险+创投"模式，在降低银行授信风险的同时满足企业的需求，并且实现了多方共赢的局面。

起初，交通银行给企业发放了"投贷通"贷款800万元，由担保公司提供阶段性担保，待到股权变更完毕后设定股权质押，同时由借款人、银行、创投、股权出质人签订债务重组协议，约定一旦公司出现履约风险，由创投进行风险代偿，并按一定的股权比例对该债务进行收购。

后来，随着公司的扩建以及在研发上的继续投入，交通银行通过实际考察发现企业融资需求仅有之前的800万元还远远不够，于是，交通银行又为企业设计了科贷通、投保履约保险、设备抵押保险等组合贷款模式，为了给企业争取尽可能大的担保额度，交通银行还组织人员带领保险公司、担保公司走访企业，让相关金融机构都来深入了解公司。此外，交通银行还帮助企业向市科技局申请了科贷通额度。最终通过各方努力，企业获批200万元科贷通、

500万元信用履约保险、500万元担保公司担保的授信额度。至此,博瑞生物医药技术有限公司总的授信敞口达到2 000万元。

"银行+担保+保险+创投"模式的创新给科技型企业的融资增添了新渠道,同时,提高了企业的融资限额,更好地适应了科技型企业发展过程中强劲的资金需求。由于不同成长阶段的科技型企业需求各异,所以,更多的组合创新模式有待探索以缓解科技型中小企业的融资难题,促进其发展。

除了前两章讨论的债权融资、股权融资模式外,企业融资实践中还存在一些非严格意义的债权融资和股权融资模式,这里将它们统称为结构化或非标准化融资模式,具体包括信托融资、项目融资、融资租赁、资产证券化、平台融资、投保一体化融资、众筹融资模式等。

第一节 信托融资模式

银行、证券、保险和信托被称为现代金融业的四大支柱。信托业最早发源于英国,1979年中国国际信托投资公司的成立,为信托业在我国的发端。自诞生以来,我国信托业历经五次行业清理整顿,而今按资产规模算居银行业之后为第二大金融行业。另外,在私募基金的三种组织形式公司制、有限合伙制和契约制中,信托公司发行的契约制私募基金占据了私募基金相当一部分市场份额,有力地促进了产融结合和实体经济的发展。

一、作为思想的信托

信托,是以"信赖(trust)"为基础的金融制度,之所以称为信托,是因为要求受托人承担与之相应的严格的信赖义务(fiduciary obligation)。信托制度源于英国的衡平法,衡平法"诚实""信赖"的基本精神为信托的灵魂所在。正如美国信托业之父Francis Henry Fries所说,"作为经营者的信托人,除了应具备其他高端大企业的领导者所应具备的全部资质之外,还必须具备体现信托公司精神的资质"。第一,发自内心地关心利益相关者;第二,不要追求利益和贪欲,而应秉持减私奉公的精神;第三,与生俱来的正直(能见善久,2011)。

纵观信托业的发展,随处可见自由创新的观念贯穿其中。信托本是基于英美法系的制度,但能为在民法上深受大陆法系影响的我国接受并得以不断发展,没有创新是不可能的。在国内信托业近些年的快速发展过程中,创新的灵活性、信托财产运用的广泛性,以及基于信托财产与委托人、受托人财产"两个隔离"而体现的安全性,是信托业相比银行、证券和保险业的最大优势。当然,也潜藏着一定的风险。

从世界各国的发展历程看,信托业大致有这样一些形态:按是否以营利为目标的标准分为私益信托和公益信托;按是否为营业目的的标准分为营业信托和非营业信托;按受托人所产生的功能不同分为民事信托和商事信托,即受托人的作用是进行财产的管理保全和处分的情形作为商事信托,其余为民事信托。英美国家的信托基本上是以民事信托和公益信托作为基础发展起来的,民事信托又称为"家事信托(family trust)"。根据日本学者能见善久(2011)的观点,可以将信托作如下分类,见图8-1。

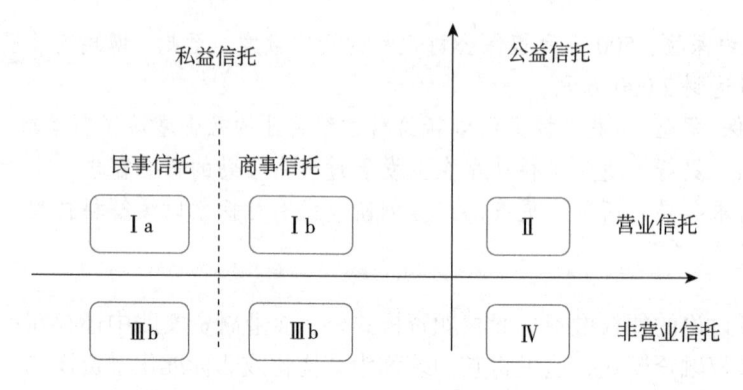

```
             私益信托                  公益信托
                      ↑
     民事信托  商事信托
       ┌────┐ ┌────┐      ┌────┐
       │ Ⅰa │ │ Ⅰb │      │ Ⅱ  │   营业信托
       └────┘ └────┘      └────┘
    ─────────────┼─────────────────→
       ┌────┐ ┌────┐      ┌────┐
       │ Ⅲb │ │ Ⅲb │      │ Ⅳ  │   非营业信托
       └────┘ └────┘      └────┘
```

图 8-1 信托的分类

在我国，商事信托（Ⅰb）大量存在，而非营业信托基本没有，因此我国的信托法律主要还是根据商事信托的情况来制定。《中华人民共和国信托法》《信托公司管理办法》《信托公司集合资金信托计划管理办法》是我国信托业的主要法律依据（程胜，2002）。《中华人民共和国信托法》将"信托"区分为三类，即营业信托、民事信托和公益信托，到目前为止，营业信托是最具有社会影响力的信托品种。

信托的基本要素包括信托目的、信托财产、受托人和受益人（王连洲和王巍，2013）。信托目的指设立信托所要达成的目标，它是受托人行动的指南，确定了受托人权限的范围，同时还是判断信托是否终了的标准。信托财产是信托和单纯民事合同的区别之一，对委托人而言，信托财产已经从委托人处分离出来；对受托人而言，它是区别于受托人财产的，即"信托财产的独立性"。信托财产还有物上代位性（于海涌，2010）。物上代位性是指当担保物因他人的侵害而灭失、毁损时，债务人所得到的赔偿金应作为代位物继续为债权提供担保，债权人对该代位物优先取偿。受托人和受托人义务为信托不可或缺的要素，因为信托事务的执行有赖于受托人。受益人对民事信托和商事信托而言非常重要，但对于公益信托却可以为不特定的多数人（张淳，2005）。

就基本的信托关系而言，信托目的、信托财产、受托人和受益人这四个方面之间的关系如图 8-2 所示。

二、信托模式及其在我国的发展

信托因其灵活性而呈现多种多样的形态。从理念上看，信托具有多种使用模式（能见善久，2011）。第一，信托＝财产处分模式，这是英美信托的原型，典型的有遗嘱信托，信托的主要目的在于委托人处分财产。第二，信托＝契约模式，指信托设立阶段委托人和受托人进行交涉，就信托目的、信托财产的管理处分方法达成合意的信托类型，如土地信托和企业年金信托，类似于"为第三人利益的契约"。第三，信托＝制度模式，其主要强调信托在功能上和设立法人有相近之处，即作为制度的信托发挥着和法人制度类似的功能，但相对而言，它的设计比公司制度更为自由灵活。虽然以上这些模式仅仅是从信托理念上所作的区分，但它可以帮助我们理解和大陆法传统思维存在差异的灵活的信托制度。

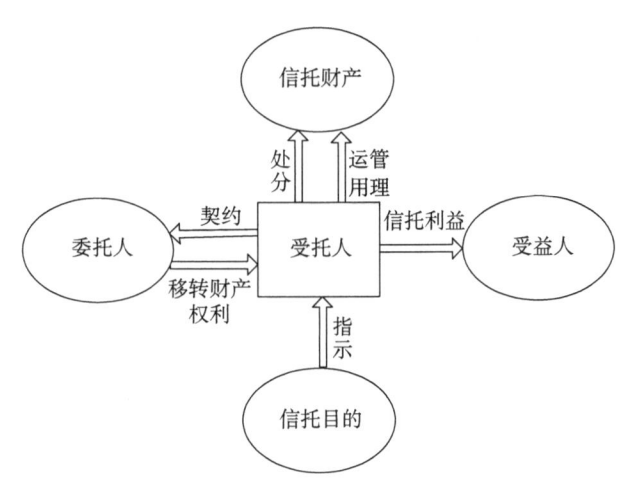

图 8-2　信托关系图

如果从信托投融资的角度来说，信托关系里面除了信托公司外还包括担保机构、投资顾问机构以及与信托公司进行交易的企业。信托的优势在于信托关系契约意定的灵活性，可以开展银行无法开展的贷款业务、证券公司无法开展的非标准证券类业务。信托的结构设计模型，蕴含着更多的灵活性。所谓"结构化信托业务"是指信托公司根据投资者不同的风险偏好对信托受益权进行分层配置，按照分层配置中的优先与劣后安排进行收益分配，使具有不同风险承担能力和意愿的投资者通过投资不同层级的受益权来获取不同的收益并承担相应风险的集合资金信托业务。其中，享有优先受益权的信托产品投资者称为"优先受益人"，享有劣后受益权的信托产品投资者称为"劣后受益人"（王连洲和王巍，2013），图 8-3 为信托交易结构简图。

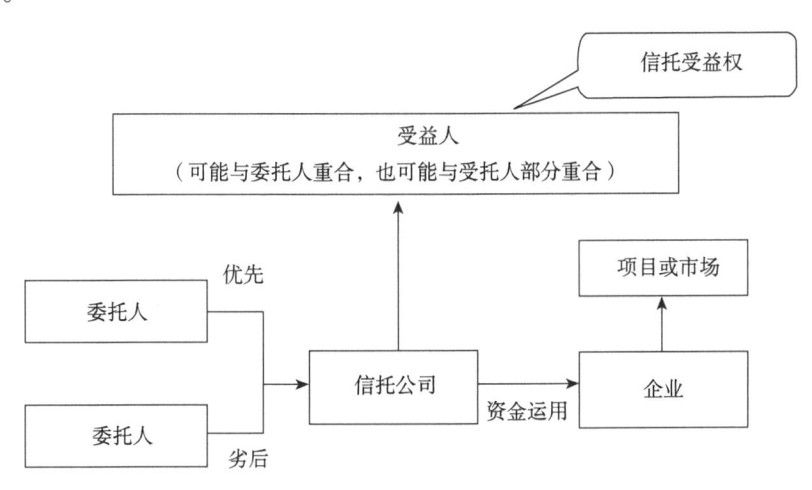

图 8-3　信托交易结构简图

我国的信托资产规模在最近几年取得了快速的发展。中国信托业协会的数据显示（表 8-1），2013 年我国信托业资产总规模达到 10.91 万亿元（图 8-4），同比增长 46%，稳居仅次于银行业的第二大金融部门，比排名第三的保险业多出 2 万亿元以上。全行业经营收入达 832.6 亿元，同比增长 30.43%；全行业净利润达 451.6 亿元，同比增长 28%。从资产规模来说，中信信托、兴业信托、中融信托排名前三，其中，中信信托资产规模达到 7 296.61

亿元,是全国唯一一家资产规模上七千亿元的信托公司(王连洲和王巍,2013)。

表 8-1 我国信托业年度数据

年份	2004	2005	2006	2007	2008	2009	2010	2011	2012	2013
信托总资产/亿元	1 635	1 502	3 443	9 495	12 284	20 557	30 404.55	48 114.38	74 705.55	109 071.11
信托总资产增长率/%		−8.13	129.23	175.78	29.37	67.35	47.90	58.25	55.27	46.00
信托业利润总额/亿元	7.51	13.2	35.8	140	106	120	158.76	298.57	441.4	568.61
信托业利润总额增长率/%		75.77	171.21	291.06	−24.29	13.21	32.30	88.06	47.84	28.82
信托报酬收入/亿元		14.74	24.5	48.7	92.7	80.26	166.9	346.1	471.9	
信托报酬收入增长率/%			66.21	98.78	90.35	−13.42	107.95	107.37	36.35	
信托报酬收入/营业收入/%		43.4	37.7	28.3	55.8	40.9	58.8	78.8	73.9	
营业收入/亿元	29	34	65	172	166	196.46	283.95	439.3	638.42	832.6
营业收入增长率/%		17.24	91.18	164.62	−3.49	18.35	44.53	54.71	45.33	30.42
信托报酬率/%		0.94	0.99	0.75	0.85	0.49	0.66	0.88	0.77	0.71

资料来源:中信建投证券

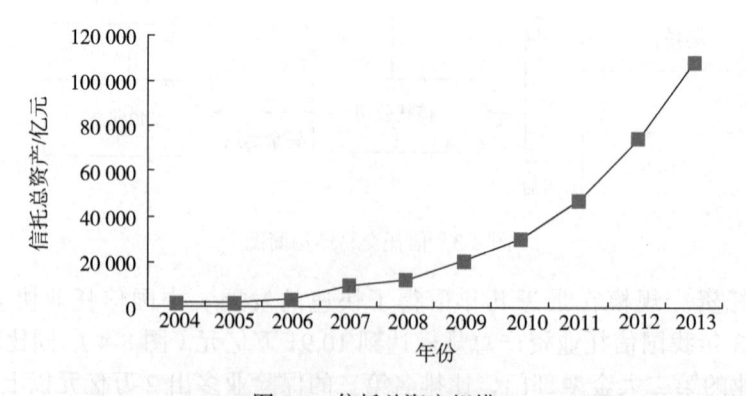

图 8-4 信托总资产规模

三、信托业的地位与价值

信托在满足客户投资理财要求的同时,在产融结合、促进储蓄向实业投资转化方面还具有特别的优势。信托天然就是一种产融结合工具,信托资金的投入方式包括股权、债权和二者之间的"夹层",还包括各种收益权安排,这使信托可以进行灵活的结构化设计,服务实体经济所需要的金融产品。由于信托可以介入融资方的公司治理和运营,在控制风险的情况下,信托可以进入一些银行不愿意、不适宜提供债权融资的领域。例如,目前很多信托公司发行的集合资金信托计划,可以在一定程度帮助产业做大做强,而"私募基金型信托计划"则既具有中长期投资的优势,又比私募股权基金更便于在二级市场交易,而具有私募基金和信托二者的优势(王连洲和王巍,2013;马亚明,2004)。

信托作为金融中介之一,其价值还体现在促进储蓄向实业投资的转化、提高金融体系的运行效率等方面。长期以来,我国是世界上少有的高储蓄率国家,在此背景之下形成了以银行间接融资为主导的金融体系。信托一边是实体经济,另一边是理财市场,信托公司以市场竞争的方式进行资本配置,对企业提供直接融资。

四、房地产信托融资模式

REITs 是国内信托品种中规模最大的信托品种。REITs 能够快速发展,主要原因在于,房地产行业经历了多年的持续快速发展,而对房地产行业的调控使不少房地产商资金链紧张而又难以从银行贷款或在资本市场上融资,相对灵活的信托正好填补了这一空缺。实际上,过去若干年,信托行业因其融资的灵活性以及监管的相对宽松,在房地产行业的发展中快速增大了自己的资产规模。

从具体操作而言,REITs 在国内目前有"股权+回购"模式、"优先—劣后"结构化模式、受让股东借款模式三种。

"股权+回购"模式,即信托计划和开发商一起入股一个房地产项目公司,信托计划持有的股权到期后,再由开发商溢价回购。

"优先—劣后"结构化模式,即在 REITs 中,既吸收社会公众资金也吸收机构或高风险偏好者资金,信托受益权结构设置优先和劣后分级处理的模式。

受让股东借款模式的具体方式为,开发商拿出少量资金注册一个项目公司,然后开发商(母公司或股东)给该项目公司(子公司)借款。由于公司与公司之间的直接借款违背金融监管规定,于是开发商便可通过银行(或其他金融机构)发放委托贷款,再给项目公司。

国内第一支以境内物业为基础资产的 REITs 是越秀房地产投资信托基金(越秀 REIT,港交所交易代码:0405),下面就以其为例介绍其交易结构(方志国,2006)。

越秀 REITs 是一家在香港上市的房地产信托基金,也是第一只以境内物业为基础资产的 REITs。

越秀 REIT 的物业投资组合主要位于广东省广州市,包括白马大厦、财富广场、城建大厦、维多利广场和广州国际金融中心。在 2006~2010 年,可行使优先权收购位于珠江三角洲的商业物业,包括越秀新都会、维多利广场上兴建中的两幢办公楼、亚太世纪广场及珠江新城双塔的西塔。越秀 REIT 于 2005 年 12 月 12 日公开招股,发售 5.83 亿基金单位,每单位价格为 2.85~3.075 港元,集资 16.62 亿~17.93 亿港元。为避税等目的,持有物业的 SPV(special purpose vehicle，即特殊目的载体）为注册于英属维尔京群岛（BVI）的离岸公司，图 8-5 为越秀 REITs 结构。

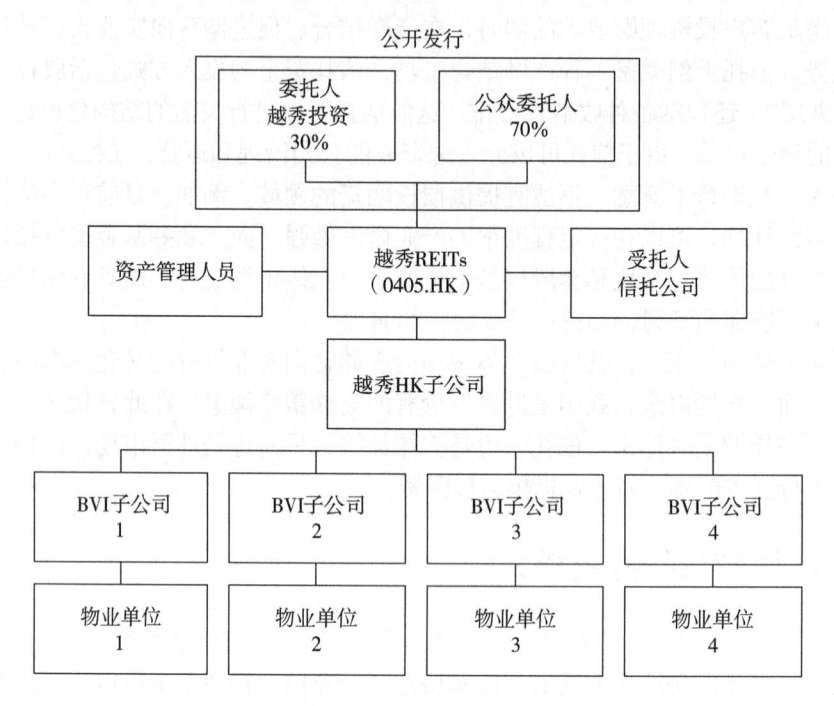

图 8-5　越秀 REITs 结构

第二节　项目融资模式

一、项目融资基础知识

1. 项目融资定义

传统的融资方式是一个公司主要利用自身的资信能力安排融资。外部资金拥有者在决定是否投资或是否提供贷款时的主要依据是公司作为一个整体的资产负债、利润及现金流量状况，对具体项目的考虑是次要的。

项目融资是为一个特定项目所安排的融资，贷款人在最初考虑安排贷款时，以该项目的现金流量和收益作为偿还贷款的资金来源，以该项目资产抵押作为贷款的安全保障。如果项目的经济强度不足以保障贷款安全，则贷款人可能需要借款人以直接担保、间接担保或其他形式给予项目附加的信用支持。

项目融资始于 20 世纪 30 年代美国油田开发项目，后来逐渐扩大范围，广泛应用于石油、天然气、煤炭、铜、铝等矿产资源的开发，如世界最大的年产 80 万吨铜的智利埃斯康迪达铜矿，就是通过项目融资实现开发的。项目融资作为国际大型矿业企业项目开发的一种重要的融资方式，是以项目本身良好的经营状况和项目投入使用后的现金流量作为还款保证来融资的，它不需要以投资者的信用或有形资产作为担保，贷款的发放对象是专门为项目融资和经营而成立的项目公司。

2. 项目融资的特点

项目融资具有项目导向（主要依赖于项目的现金流量和资产而不是依赖于投资者或发起人的资信来安排融资）、有限追索、风险分担、非公司负债型融资（off-balance finance）、利用避税收益降低融资成本、融资结构复杂、融资成本较高的特点。

3. 项目融资的作用

项目融资为超过投资者自身筹资能力的大型项目融资；为政府建设项目提供形式灵活多样的融资，满足政府在资金安排方面的特殊需要；为跨国公司海外投资项目安排有限追索权融资，以限制项目风险。

项目融资利用财务杠杆，实现公司的目标收益率，在一定程度上隔离项目与公司自身经营的风险。

4. 项目融资的参与者

项目融资的主要参与者有直接主办者（通常是项目公司）、实际投资者、贷款银行（通常是多家银行组成的银团）、产品购买者或设施使用者、工程承包商、设备材料能源供应商、融资顾问、有关政府机构、法律与税务顾问等（图 8-6）。

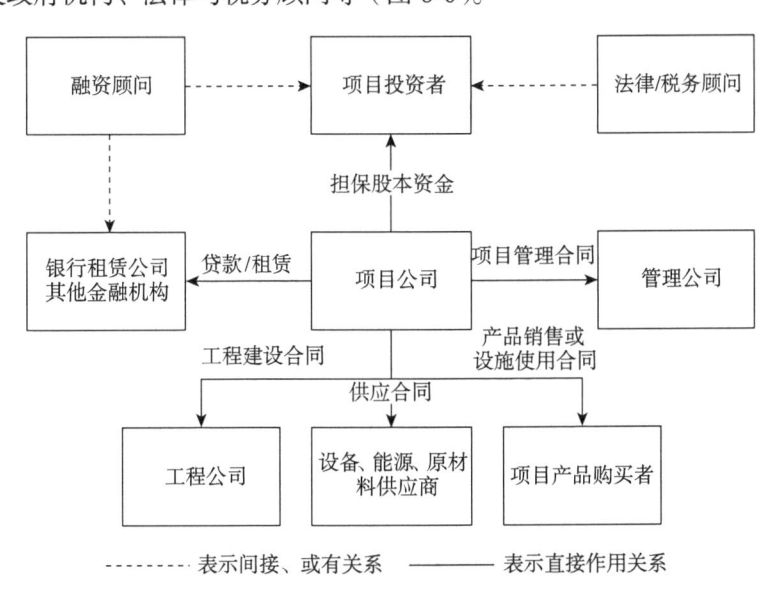

图 8-6 项目融资参与者之间的基本合同关系

二、项目融资模式

项目融资模式就是在项目融资过程中采取何种形式使项目的经济强度可以达到各方投资者要求的融资模式，也是对项目融资要素的具体组合和构造。

1. 项目直接融资模式

项目直接融资模式是指由项目投资者直接安排项目的融资，并直接承担融资安排中相应的责任和义务的一种方式，从理论上讲是结构最简单的一种项目融资模式。当投资者本身的公司财务状况良好并且合理时，这种模式比较适合。

项目直接融资模式的优点有：①投资者可根据其投资战略的需要，灵活安排融资结构。

如选择合理的融资结构及融资方式，确定合适的债务比例，灵活运用投资者信誉等，这就给了投资者更为充分的余地。②能在一定程度上降低融资成本。由于采用直接融资模式时投资者可以直接拥有资产并控制项目现金流量，从而使投资者可以比较充分地利用项目的税收减免等条件，降低融资成本。

2. 项目公司融资模式

项目公司融资模式是指投资者通过建立一个单一目的的项目公司来安排融资的一种模式，这种模式有单一项目子公司和合资项目公司两种基本形式。

单一项目子公司是指通过一个单一目的的项目子公司形式作为投资载体，以该项目子公司名义安排融资。这种融资形式的特点是项目子公司将代表投资者承担项目中全部的或主要的经济责任。

合资项目公司是由投资者共同投资组建一个项目公司，再以该公司的名义拥有、经营项目和安排项目融资。采用这种模式时，项目融资由项目公司直接安排，涉及债务主要的信用保证来自项目公司的现金流量、项目资产以及项目投资者所提供的与融资有关的担保和商业协议。

3. 设施使用协议融资模式

在项目融资过程中，以一个工业设施或者服务性设施的使用协议为主体安排的融资形式称为设施使用协议融资模式。在工业项目中，这种设施使用协议有时也称为委托加工协议，专指在某种工业设施或服务性设施的提供者和这种设施的使用者之间达成一种具有"无论提货与否均需付款"性质的协议。

4. 杠杆租赁融资模式

杠杆租赁融资模式是指在项目投资者的要求和安排下，由杠杆租赁结构中的资产出租人融资购买项目的资产，然后租赁给承租人的一种融资形式。

5. 生产支付融资模式

生产支付融资模式以项目生产的产品及其销售收益的所有权作为担保品，而不是采用转让和抵押方式进行融资。

三、基础设施项目融资模式

1. BOT 模式

BOT（build-operate-transfer）是"建设—经营—转让"的英文缩写，指的是政府或政府授权项目业主，将拟建设的某个基础设施项目，通过合同约定并授权另一投资企业来融资、投资、建设、经营、维护该项目，该投资企业在协议规定的时期内通过经营来获取收益，并承担风险。政府或授权项目业主在此期间保留对该项目的监督调控权。协议期满后根据协议由授权的投资企业将该项目转交给政府或政府授权项目业主的一种模式。BOT 模式适用于对现在不能营利而未来却有较好的营利潜力的项目。BOT 模式运作结构如图 8-7 所示。

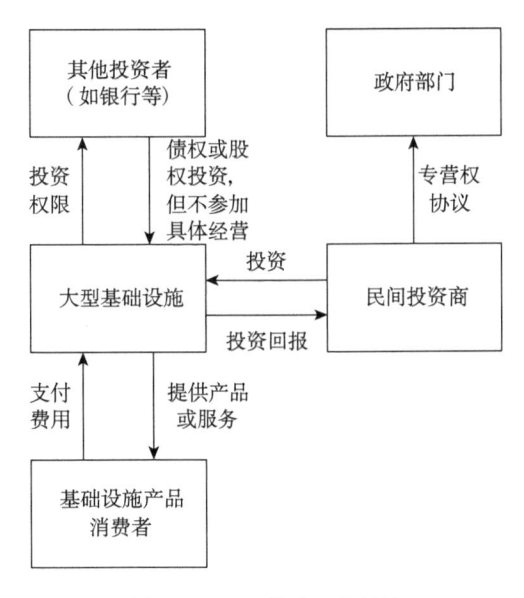

图 8-7　BOT 模式运作结构

2. ABS 模式

ABS（asset-backed securitization）即"资产证券化"的简称。这是近年来出现的一种新的基础设施融资方式。其基本形式是以项目资产为基础并以项目资产的未来收益为保证，通过在国内外资本市场发行证券化产品进行融资。规范的 ABS 融资通常需要组建一个特别用途公司（special purpose corporation，SPC）；原始权益人（即拥有项目未来现金流量所有权的企业）以合同方式将其所拥有的项目资产的未来现金收入的权利转让给 SPC，实现原始权益人本身的风险与项目资产的风险隔断；然后通过信用担保，SPC 同其他机构组织债券发行，将发债募集的资金用于项目建设，并以项目的未来收益清偿债券本息。ABS 融资方式具有以下特点：与通过在外国发行股票筹资比较，可以降低融资成本；与国际银行直接信贷比较，可以降低债券利息率；与国际担保性融资比较，可以避免追索性风险；与国际上双边政府贷款比较，可以减少评估时间和一些附加条件。其运作结构如图 8-8 所示。

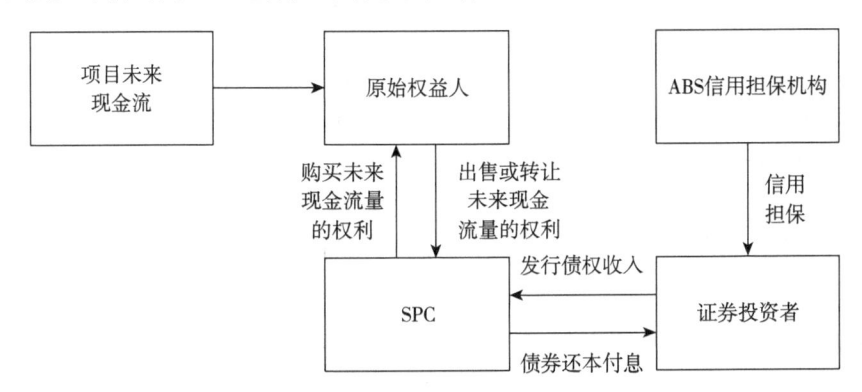

图 8-8　ABS 模式运作结构

3. TOT 模式

TOT 模式（transfer-operate-transfer）是指通过出售现有投产项目在一定期限内的现金流

量从而获得资金来建设新项目的一种融资模式。

具体操作方式是指政府或拥有项目资产的企业与投资人签订特许经营协议后，把项目移交给投资者经营，凭借该项目在未来若干年内的收益，一次性地从投资者手中融得一笔资金，用于建设新的项目。特许经营期满后，投资者应在无债务、未设定担保、设施状况完好的情况下再将项目移交给原转让方。

4. PPP 模式

PPP（public-private-partnership）为"公私合伙制"，指公共部门通过与私人部门建立伙伴关系提供公共产品或服务的一种方式。PPP 包含 BOT、TOT 等多种模式，但又不同于这些模式，它更加强调合作过程中的风险分担机制和项目的货币价值（value for money）原则。PPP模式是公共基础设施建设中发展起来的一种优化的项目融资模式，以各参与方的"双赢"或"多赢"为合作理念。

典型的 PPP 结构为：特许经营类项目需要私人参与部分或全部投资，并通过一定的合作机制与公共部门分担项目风险、共享项目收益。根据项目的实际收益情况，公共部门可能会向特许经营公司收取一定的特许经营费或给予一定的补偿，这就需要公共部门协调好私人部门的利润和项目的公益性之间的关系。特许经营类项目能否成功在很大程度上取决于政府相关部门的管理水平，通过建立有效的监管机制，特许经营类项目能充分发挥双方各自的优势，节约整个项目的建设和经营成本，解决公共部门资金瓶颈，提高公共服务的质量。

■ 第三节 融资租赁模式

一、融资租赁基础知识

1. 融资租赁概念

融资租赁是类似于银行抵押贷款的金融业务，指融资租赁公司根据借款企业的融资需求，直接向企业（回租赁）或企业指定的收款方（直接租赁）支付货款，实现借款企业的融资目的。

在此期间，融资租赁公司取得租赁物的所有权，并采用租赁方式使企业拥有租赁物的使用权；企业以租金的方式向融资租赁公司支付本金和利息。在租赁期满后，融资租赁公司以名义货价，将租赁物的所有权转移至企业所有。

融资租赁是一种集贸易、金融、租借为一体，将金融信用、商业信用、消费信用有效叠加的特殊交易模式。融资租赁机构是设备供应商、承租客户和投资人等利益相关者的重要桥梁。

2. 融资租赁行业

融资租赁作为一种重要的金融创新，在欧美国家获得了前所未有的年平均增长 30% 的发展速度，已成为促进投资需求和消费需求的一种有效的方法。在美国等经济发达国家，融资租赁是项目融资中仅次于银行信贷的第二大融资方式。

租赁在美国不仅起着一种"拿明天的钱今天用"的融资功能，更多被用来实现加速现金流动、盘活存量资产、改善财务报表、合理避税的理财功能和制造厂商在拓展客户、回笼货款中的促销功能。制造厂商 70% 以上的商品通过租赁公司销售。租赁已是美国在航空、航运、电气、汽车、建筑、房产、医疗设备等行业制造厂商产品营销的主渠道,占 50%以上的市场份额。据世界租赁年报统计,美国租赁渗透率(租赁交易总额/固定资产投资总额)自 1984 年以来一直在 30%以上,租赁业对美国 GDP 的年贡献约为 7%。

我国经济正处于持续快速发展阶段,设备投资需求持续旺盛,特别是中小企业,占全国企业总数的 95%,就业总数的 85%,它们中的许多企业生产经营业绩较好,预期前景相当不错。在这些企业发展壮大的过程中不可避免面临设备投资的资金瓶颈,对融资租赁的需求更殷切。因此,我国的租赁市场巨大。

但我国租赁业发展状况与经济发展不相称。根据产业信息网发布的《2014—2019 年中国融资租赁行业市场监测及未来发展前景评估报告》,2013 年,我国租赁行业的资产总规模为 8 600 亿元,租赁渗透率为 4.8%,而根据世界租赁年鉴统计,发达国家的租赁渗透率大约为 15%~30%。

3. 融资租赁优势

相对于其他融资方式,融资租赁模式对企业的益处主要包括以下内容。

(1)操作简单、快速,资金用途灵活安排:操作流程比银行贷款简单、快捷,融资款一次性到位,不监管资金用途,企业可自主安排。

(2)盘活企业流动资金储备:通过回租赁方式,企业可以在不影响设备使用的前提下向融资租赁公司进行约定年限的自有设备产权有条件转让,快速获得充足的流动资金。

(3)调整长、短期债务结构:目前企业多数的债务为银行短期授信,不利于企业用于长期投资及项目,融资租赁可以有效调节短期债务与长期债务结构,有利于企业可持续发展。

(4)还款方式灵活:租赁业务可以根据企业的现金流设计多种租金偿还方式,包括等额或不等额还款方式,按月、按季、按半年支付等,并可以使用年金法或等本金法等各种计算方法。

(5)表外融资且不影响企业的流动比率和负债比率:若客户采用经营租赁的方式,所采购的设备并不体现在固定资产科目,每期所支付的租赁费也不在负债中体现,而是直接记入费用类科目。

(6)享受加速折旧:国家税务总局 1996 年 4 月 7 日以财工字〔1996〕41 号文发布的《关于促进企业技术进步有关财务税收问题的通知》第 4 条第 3 款规定,"企业技术改造采取融资租赁方式租入的机器设备,折旧年限可按租赁期限和国家规定的折旧年限孰短的原则确定","本通知适用于国有、集体工业企业",企业可以自行选择享受或不享受加速折旧。

(7)调整企业税前利润和所得税支出:若企业采用经营租赁的方式,可以将每期的应付租金直接记入费用科目,直接抵扣税前所得,从而降低所得税支出。

(8)实现母公司或关联方资金注入方式的多样化:如果某企业有资金需求,而其控股母公司或关联方有剩余资金,则可以通过融资租赁公司,以委托租赁的方式,将该资金用于该企业,并享受租赁带来的益处。

(9)合理规避有关固定资产投资指标限制:国家政策或上级单位对企业,特别是国有企业的固定资产投资往往管制较严格,并且需要经过一系列的审批程序,利用租赁业务可以合理规避有关固定资产投资指标限制。

二、融资租赁业务流程

1. 直接租赁方案

直接租赁流程图见图 8-9。

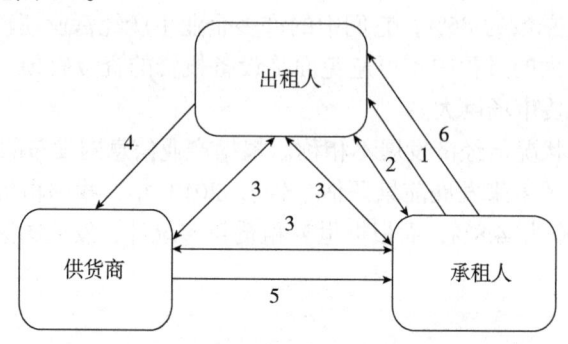

图 8-9 直接租赁流程图

1 为向出租人提出租赁申请；2 为双方签订融资租赁合同；3 为根据承租人选定的供货商，三方签署购买合同；4 为出租人向供货商付款；5 为供货商向承租人交货并提供售后服务等；6 为承租人按期向出租人支付租金

直接租赁主要特点有：直接租赁是比较典型的融资租赁形式，可以用于企业的设备更新和购置；涉及的主体包括承租人、设备供应商和租赁公司。

2. 杠杆租赁

杠杆租赁流程图见图 8-10。

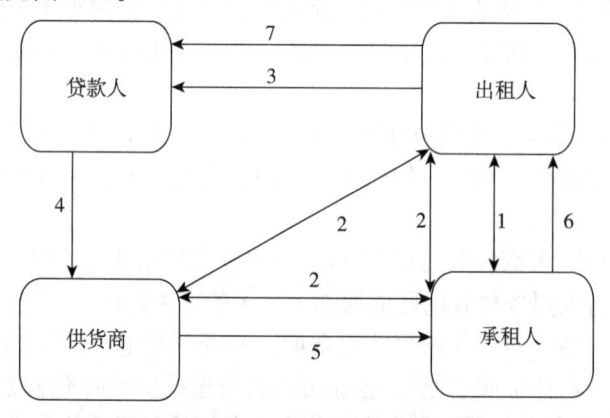

图 8-10 杠杆租赁流程图

1 为承租人向出租人提出租赁申请，签订融资租赁合同；2 为根据承租人的选择签订三方购买合同；3 为出租人向银行提出贷款请求；4 为银行向供货商支付货款；5 为供货商向承租人供货并提供售后服务；6 为承租人按期向出租人支付租金；7 为承租人向银行偿还贷款

3. 回租租赁方案

回租租赁流程图见图 8-11。回租租赁的主要特点包括：回租租赁是承租方和设备卖方为同一人的特殊租赁形式，即承租方通过将现有租赁设备卖给租赁公司再租回使用，这种租赁形式在注重资金使用效率的经济环境下得到越来越广泛的运用。回租租赁可以盘活企业现有固定资产，使企业有较多资金保持流动状态。

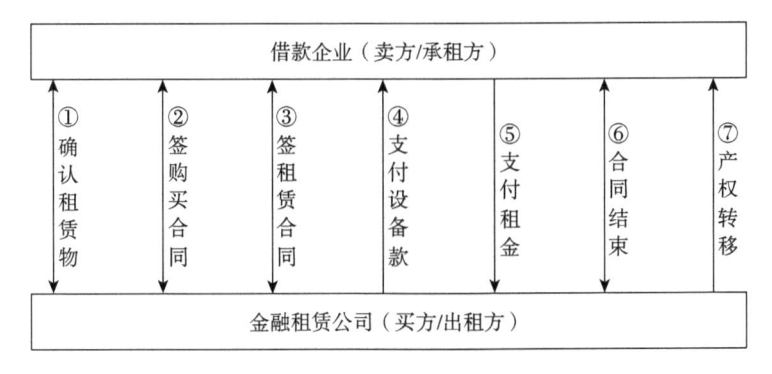

图 8-11 回租赁流程图

第四节　资产证券化融资模式

资产证券化（asset securitization）是债券市场为企业和银行提供的一种创新的表外融资方式。资产证券化起源于 20 世纪 70 年代初的美国，是 20 世纪末金融市场的一项重大创新。虽然资产证券化起步较晚，但发展势头十分迅猛，近年来已成为国际金融市场的一个重要组成部分。目前资产证券化在我国才刚刚起步，但前景可观。

资产证券化是如下一个结构性融资过程：将缺乏即期流动性，但在未来具有可预期的稳定现金流的资产进行结构性重组与信用增级，并依托该资产（基础资产）的未来现金流在资本市场上发行可以流通的有价证券。资产证券化的实质和核心是出售未来可回收的现金流从而获得融资。

在美国，资产证券化的产品（asset securitization product）主要分为房地产抵押贷款证券和资产支持证券两大类。资产证券化与其他融资工具的对比见表 8-2。

表 8-2　资产证券化工具的融资模式与贷款、信托、公司债的对比

项目	银行贷款	信托计划	公司债	资产证券化产品
融资模式	间接融资	直接融资	直接融资	直接融资
资金来源	银行	信托计划投资者	债券投资者	证券化产品投资者
信用评定基础	公司信用、抵押、担保	公司信用、抵押、担保	公司信用	基础资产现金流风险、信用增级安排
项目范围	无明确限制	无明确限制	无明确限制	银行信贷资产，项目应收款，路、桥等公共设施收费权，污水处理费等
对融资方资产负债表的影响	负债增加	负债/权益增加	负债增加	原有低流动性资产出表，现金增加
项目报备方式	—	备案制	审批制	备案制
发行方式	—	定向发行	公开/定向发行	公开/定向发行

在我国，常把资产证券化产品划分为以信贷资产为基础的信贷资产支持证券和以企业资产为基础的企业资产支持证券（亦称为"专项资产管理计划"）。二者从证券化的流程上来说是完全相同的，其主要区别在于基础资产以及发起人的不同，前者为信贷资产/银行、后者为企业资产/工商企业。本节将在介绍其共性的基础上，从企业融资需求的角度着重介绍后者。

资产证券化产品占比见图 8-12。

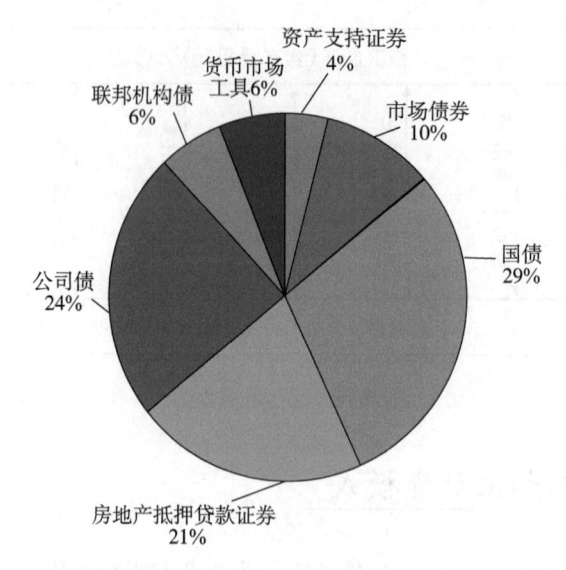

图 8-12 资产证券化产品占比

资料来源：SIFMA

一、资产证券化基础知识

1. 模拟案例与资产证券化概念

下面将通过一个简化过的案例，让读者对资产证券化有一个更直观的了解。

某制造企业由于其行业特殊性，其销售基本采用赊销方式，很少有现金交易。而其生产制造投资需求庞大，导致该公司长期以较高的资产负债率运营，其资产负债表见表8-3。

表 8-3 资产证券化前（单位：万元）

资产		负债与所有者权益	
应收账款	3 500	负债	10 000
其他	4 500		
流动资产合计	8 000		
固定资产合计	11 500	所有者权益	9 500
资产总计	19 500	负债与所有者权益合计	19 500

新任财务官上任后，决定采取新的融资方式，既能加速资金回流，又能改善公司的财务状况，使资金结构稳定和安全。于是，该企业与某证券公司签署了未来3年内的额度为1.2亿元的应收账款资产证券化有关协议，立即执行的证券化额度为3 000万元。

通过有关协议，该公司立即转让出了额度为3 000万元的优质应收账款所有权，仅用2周时间，就获得了本应数月时间才能逐步回收的现金。由于通过该证券化方案，未来几年内该公司的应收账款均将保持在较低水平、流动资产需求大幅降低，故该公司决定用所回收的3 000万现金提前偿还部分债务。

在进行资产证券化之后，该公司的资产负债表改善情况见表8-4和表8-5。

表 8-4 资产证券化后（单位：万元）

资产		负债与所有者权益	
应收账款	500	负债	7 000
其他	4 500		
流动资产合计	5 000	所有者权益	9 500
固定资产合计	11 500		
资产总计	16 500	负债与所有者权益合计	16 500

表 8-5 资产负债比率变化情况（单位：%）

项目	资产证券化前	资产证券化后
资产负债比	51.28	42.42
负债权益比	105.26	73.68

2. 企业资产证券化融资模式优势

（1）加速资金回笼，提高资产周转率和收益率。资产证券化融资模式可盘活流动性较差的资产，大大缩短企业活力和资金回笼时间，将长期应收账款等未来现金流"变现"，加速资产周转率和资金循环；并可加速项目的滚动开发，改善公司资金链，提升新业务获取能力。

（2）优化资产负债结构，增强借款能力。作为一种"表外处理"的融资模式，资产证券化可以改善企业负债结构，降低资产负债比率，提高流动和速动比率，提高公司信用等级和偿债能力。

（3）高负债企业难得的融资渠道。当企业负债率较高时，银行贷款及信用融资等传统的融资渠道受限，而资产证券化为高负债企业提供了一种新的不依赖企业信用及偿付能力的融资渠道。

（4）低成本。通过交易结构和信用增级等手段，资产支持证券以较高的信用等级发行，能够有效降低到期收益率，从而降低发起人的融资成本。另外，资产证券化设计的费用项目虽然很多，但各项费用总额与交易总额的比率依然比传统融资方式低。

（5）其他优势。例如，发起人能够保留完整的决策权和大部分资产（除售出的基础资产外）的收益能力，以及发起人能够保守本企业的财务信息和商业机密等。

3. 美国资产证券化发展

资产证券化产品是 20 世纪 70 年代以来结构性金融产品的重要创新，其中美国是最早发展、规模最大、制度也最为成熟的市场。据美国证券业与金融市场协会（Securities Industry and Financial Markets Association，SIFMA）统计，截至 2012 年年底，欧洲市场资产证券化产品的存量规模共计 2.27 万亿美元，其中 2012 年新发行产品 3 051 亿美元，而同期美国资产证券化产品总规模已达到 9.86 万亿美元，2012 年新发行产品达 2.26 万亿美元。

从 20 世纪 70 年代末最早出现房地产抵押贷款证券开始，到今天证券化资产已遍及租金、版权专利费、信用卡应收账、汽车贷款应收账、消费品分期付款、高速公路收费等广泛领域。不过，房地产抵押贷款证券还是占据资产证券化产品总规模的七成以上。另外，以有限的商业贷款为基础资产池的抵押债务权益（collateralized debt obligation，CDO）产品也是近年来快速发展的一个品种。美国资产证券化产品分类如图 8-13 所示。

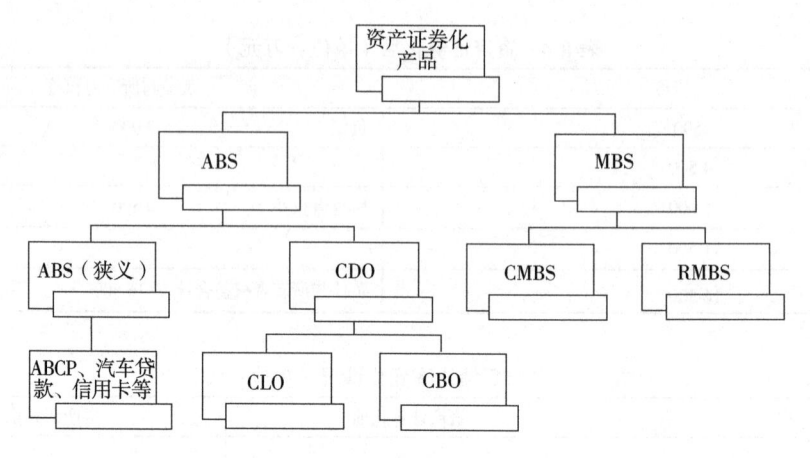

图 8-13 美国资产证券化产品分类

CMBS 为商业地产抵押贷款支持证券；RMBS 为住宅地产抵押贷款支持证券；CLO 为抵押贷款权益；CBO 为抵押债券权益

资料来源：SIFMA；申万研究

与此同时，资产证券化市场的规模也在迅速扩大。1980 年美国传统资产证券化市场总规模仅为 1 108 亿美元，到 2007 年总规模增长到 11.1 万亿美元，其中房地产抵押贷款证券约为 8.16 万亿美元，占比 73%，资产支持证券为 2.97 万亿美元，占比 27%。2008 年金融危机后，资产证券化产品的总体规模有所缩减，截至 2013 年第一季度，总规模为 9.84 万亿美元，其中房地产抵押贷款证券为 8.15 万亿美元，资产支持证券为 1.69 万亿美元。图 8-14 为 1980~2012 年美国资产证券化产品规模走势。

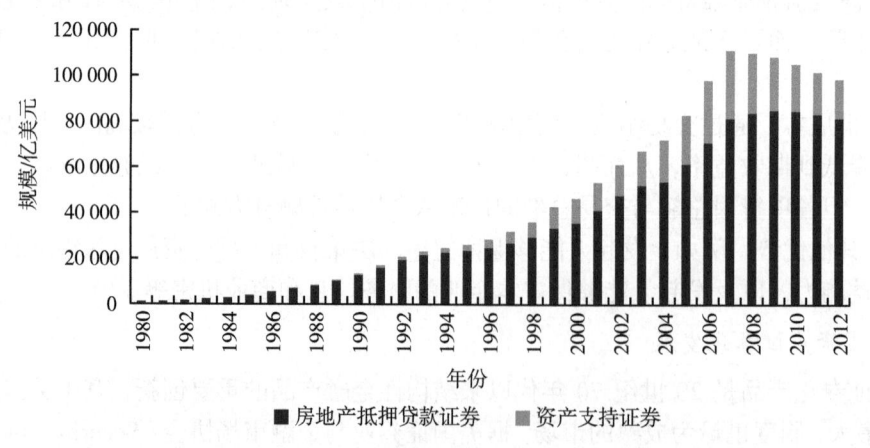

图 8-14 1980~2012 年美国资产证券化产品规模走势

资料来源：SIFMA

4. 中国资产证券化实践

在我国，资产证券化产品划分为信贷资产支持证券和企业资产支持证券，两类资产证券化产品的基础资产、参与主体、交易场所有较大不同，见表 8-6。在信贷资产证券化业务中银行占主导地位，产品设计和部分承销工作通常都由银行自身完成；在企业资产证券化产品中，证券公司则作为主导机构，负责项目的寻找、产品设计、提供 SPV 通道，并负责产品的承销工作。

表 8-6 我国资产证券化业务在分头监管的背景下被分割

项目	信贷资产证券化	企业资产证券化
监管主体	中国人民银行、中国银监会	中国证监会、证券交易所
发起人	银行业金融机构，以国家开发银行等大型国有银行为主	非金融企业
基础资产	信贷资产	企业资产收益权
SPV	信托公司的信托计划	证券公司的专项资产管理计划
承销发行人	证券公司	发起计划的证券公司
发行和交易场所	银行间债券市场	沪深交易所

我国的资产证券化经历了三个发展阶段。

（1）快速发展阶段（2005~2008 年）：中国人民银行、中国银监会于 2005 年 4 月发布《信贷资产证券化试点管理办法》，正式推行以银行为参与主体的信贷资产证券化试点；与此同时，中国证监会自 2005 年 8 月开始推进以证券公司为主导的企业资产证券化业务试点。这段时间内，中国银监会共审批发行了 17 单信贷资产证券化业务，共计 45 只产品，规模达 597 亿元。中国证监会共试点了 9 个项目，累计融资 263 亿元。

（2）停滞阶段（2008~2010 年）：2008 年的美国金融危机让管理层认识到资产证券化产品的风险性，2008 年 11 月之后，中国银监会就停止了对信贷资产证券化产品的审批。而中国证监会虽然实际从 2006 年 9 月之后就开始论证专项资产管理计划进行证券化的合理性，并总结制定相应的制度规范，因此，自 2006 年 9 月以后，一直未有新的项目审批。

（3）重启阶段（2011 至今）：2011 年 9 月，中国证监会重启了对企业资产证券化项目的审批。截至 2013 年 2 月底，共有 3 单资管计划成功发行，融资金额 42.69 亿元，主承销商均为中信证券。

相比于美国资产证券化的发展实践而言，我国的资产证券化市场还只是刚刚起步。作为具有多重优势的一类重要创新融资方式，资产证券化在国内资本市场具有长期和巨大的发展空间。

最后需要指出的是，案例教学是一种重要的教学方法，能够帮助读者深入、具体和形象地掌握所学知识，以实践为导向，有助于读者更好地活学活用。但由于篇幅限制，一般教材中只可能引入精简而极其有限的案例。表 8-7 列出截至 2014 年 10 月中国交易所上市的企业资产支持证券（专项资产管理计划）名单，目的在于为感兴趣的读者提供一个案例选择性自学的机会，通过互联网或其他资料检索方式对相应产品的具体案例进行有选择性的深入了解（如读者对信贷资产支持证券感兴趣，亦可搜索相关案例进行了解）。

表 8-7 中国交易所上市的企业资产支持证券（专项资产管理计划）名单

项目名称	发行量/亿元	计划成立日	发行人/主承销商
中国联通 CDMA 网络租赁费收益计划	95	2005 年 8 月 26 日	中金公司
莞深高速公路收费收益权专项资产管理计划	5.8	2005 年 12 月 28 日	广发证券
中国网通应收款资产支持受益凭证	103.4	2006 年 3 月 14 日	中金公司
远东首期租赁资产支持收益专项资产管理计划	4.77	2006 年 5 月 10 日	东方证券
华能澜沧江水电收益专项资产管理计划	19.8	2006 年 5 月 11 日	招商证券
浦东建设 BT 项目资产支持收益专项资产管理计划	4.25	2006 年 6 月 22 日	国泰君安
南京城建污水处理收费收益权专项资产管理计划	7.21	2006 年 7 月 13 日	东海证券

续表

项目名称	发行量/亿元	计划成立日	发行人/主承销商
南通天电销售资产支持收益专项资产管理计划	8	2006年8月4日	华泰证券
江苏吴中集团BT项目回购款专项资产管理计划	15.88	2006年8月31日	中信证券
远东二期租赁资产支持收益专项资产管理计划	10.89	2011年9月16日	中信证券
南京公用控股污水处理收费收益权专项资产管理计划	13.3	2012年3月20日	中信证券
欢乐谷主题公园入园凭证专项资产管理计划收益凭证	18.5	2012年12月4日	中信证券
华电澜沧江第二期水电上网收费权专项资产管理计划	4.5	2013年5月31日	招商证券
东证资管-阿里巴巴1号专项资产管理计划	3.75	2013年7月29日	东证资管
中信启航专项资产管理计划	36.5	2014年4月25日	中信证券
国泰一期专项资产管理计划	2	2014年5月20日	齐鲁证券
浦发集团BT回购项目专项资产管理计划	2.145	2014年6月27日	海通资管
海印股份信托受益权专项资产管理计划	2.2	2014年8月14日	中信建投
建发禾山后埔-枋湖片区棚户区改造项目专项资产管理计划	2	2014年8月20日	国联证券
广州长隆主题公园入园凭证专项资产管理计划	1.7	2014年8月29日	华泰证券

二、资产证券化融资流程

资产支持证券主要参与方关系及资金流向如图8-15所示。

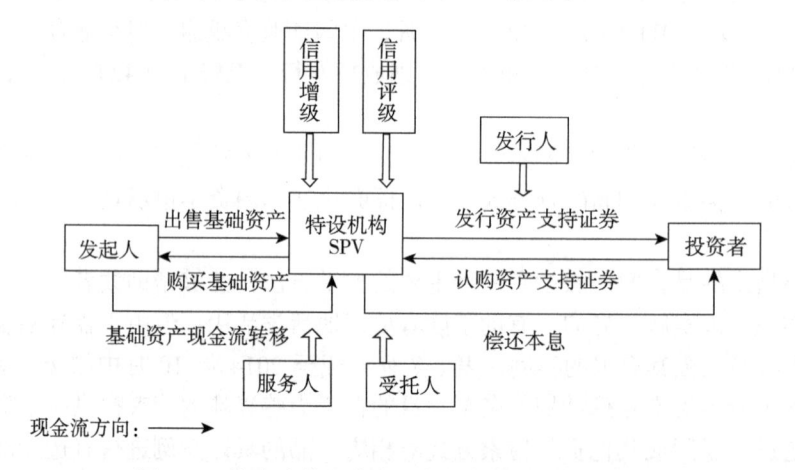

图 8-15 资产支持证券主要参与方关系及资金流向

1. 确定基础资产

基础资产（underlying asset）是资产支持证券的发行载体，即上述案例中的3 000万元应收账款。而发起人（sponsor，亦称原始权益人）则是资产支持证券基础资产的原始所有人，即上述案例中的制造企业，如在信贷资产证券化中则是相应的银行。

特别要指出的是，基础资产在未来需要具有可预期的稳定现金流。在实践中，住房按揭贷款、商业地产贷款和工商业贷款等多种信贷资产，以及水电气资产、路桥收费、回款期市政工程BT项目、物业项目、风景区门票收入，以及工业租赁、大型设备租赁、金融资产租赁等多种资产均可能成为理想资产支持证券基础资产。

2. 建立特设机构

特设机构是一个独立的信托中介实体机构，具有法律上的独立地位，其存在是资产证券化的重要特征。其职能就是从发起人（即上述案例中的制造企业）处购买拟证券化的基础资产，并发行相应的资产支持证券。其偿还的本金和利息所需的现金流完全来自所购买的基础资产，而发行证券所筹集的资金也仅限于向发起人购买基础资产。

远离参与各方的破产风险是保证投资者收益的关键，而特设机构设立的目的就是最大限度地降低发起人的破产风险对资产支持证券偿付的影响。例如，在上例中，如果该制造企业意外破产，那么特设机构内的基础资产依然可以保持其独立性，将继续履行资产支持证券的本息支付，而不受发起人破产影响。

3. 资产转让

资产证券化通过基础资产的真实出售，从而实现未来现金流的变现，以及基础资产的风险隔离目标。所以资产证券化不是一种债务融资方式，因为该融资方式没有增加发起人的负债规模，还能偿还部分债务，从而具有"收缩"资产负债表的效应。

4. 信用增级

信用增级是资产证券化的又一个重要特征。由于实现了风险隔离，资产支持证券的基础信用主要取决于基础资产的信用。有时基础资产的信用不足以支持资产支持证券的发行，或是为了吸引风险规避型投资者、降低发行成本，可以采用信用增级的方法增强资产支持证券的信用，从而获得更高的信用评级。

信用增级的方式可分为内部增级与外部增级。

最为常用的内部增级方式是自我保险（self-insurance），包括优先/次级结构和超额抵押。在优先/次级结构中，优先级证券投资者（证券持有者）将在次级证券投资者之前获得本息的偿付，次级证券的本金规模能够对优先级证券的信用起到支撑作用。超额抵押指基础资产的本金数额大于资产支持证券的本金数额，进而对后者提供超额的本金信用保护。这类方法均以基础资产的本金作为信用增级的来源，所以称为自我保险。另外，母公司信用担保也常是一种经济的内部增级方式。

外部信用增级也称为第三方信用增级，即第三方担保，如担保债券以及信用证/信用保险。

5. 信用评级

资产支持证券评级的基本原理与债券评级类似，二者区别在于债券评级是对发行人综合资质信用的评级；而由于风险隔离的原因，资产支持证券的评级过程不再涉及发起人，仅包括对基础资产及资产支持证券本身的风险评估，并在证券发行后进行持续追踪。

6. 证券发行与承销

资产支持证券的发行人为券商（投资银行）。券商可以采用包销、余额包销或代销的方式从特设机构买入证券，并在资本市场进行发行和销售。目前国内的资产支持证券投资者主要为财务公司、证券投资基金、信托公司和保险公司。

7. 维护和偿还

维护服务是资产证券化交易所特有的组成部分。服务人（servicer）负责管理特设机构，归集基础资产现金流，并将其转移给代表投资者的受托人。受托人（trustee）是介于服务方和投资者间的中介机构，负责从服务人处归集现金流，并向投资者偿还本息；也具备主动管理现金流的职能，即在现金流没有立即转移给投资者时，将其用于短期再投资。在实践中，服务人和受托人可能由同一机构担任。

基础资产现金流在偿还全部本息、支付各项服务费之后，若有剩余，将全部退还给发起人，或依据之前的协议进行分配。

第五节 平台融资模式

一、平台融资模式概念

平台融资模式是指企业通过政府构建的融资平台获得融资的一种方式。由政府搭建融资平台，申请企业通过联合互保的形式向银行申请贷款。申请企业需要加入联合互保小组，小组内企业提供贷款额一定比例的资金作为联合互保基金，若贷款企业不能按期还款，小组内其他成员将对其贷款承担连带责任。

平台融资模式以"小额贷款式"的风险控制模式控制风险，能够在一定程度上改善信用环境；其"统借统还"的模式化零售为批发，能够降低银行的放贷成本。这种模式适用于在银行难以获贷的中小企业"抱团增信"，以便提高融资成功的概率。

二、平台融资模式参与主体

平台融资模式主要有放贷机构、申贷企业和助贷机构三大参与主体。放贷机构是平台融资模式中的资金供给者，申贷企业是平台融资模式中的资金需求者。助贷机构在平台融资模式中扮演信贷评审员、信用增级者和资金中转站三大角色。具体地，一般包括当地政府、政府类融资平台公司、民主评议小组和委贷银行。各助贷机构的功能见表8-8。

表8-8 平台融资模式助贷机构

助贷机构类别	助贷机构名称	角色	职能
政府	当地政府	银行审批员	贷款审批
	当地金融领导小组		
	当地金融办	银行信贷员	尽职调查、信用评级、信贷审查、贷后监管咨询服务
融资平台公司	××融资平台公司	借款人、"零售银行"、委托贷款人	"统借统还"贷款、委托发放贷款
民主评议小组	××金融民主评议小组	外部评审专家	发表专业、客观评审意见
委贷银行	××银行（城商行）	委托贷款人	发放委托贷款

三、平台融资模式业务流程

平台融资模式业务流程大致可以分为贷款申请、贷款评审和审核、贷款发放、资金使用、贷后监管和贷款收回及风险保证金的退还六个步骤。各步骤具体情况如下。

1. 贷款申请

工作内容包括：①申请企业加入中小企业信用促进会；②企业提出贷款申请，社区金融服务（工作）办公室（简称金融办）根据企业经营状况及资金需求等情况，从中筛选目标企业；③当地金融办对目标企业进行走访调查，对初审合格的企业进行外部审批。

2. 贷款评审和审批

工作内容包括：①当地金融办整理申请材料，形成推荐意见并组织召开民主评议会。评议人员由工业园区相关管理人员、当地工商、税务、科技局和企业自律组织等组成，评议人员通过投票方式独立表达评议意见（同意票数超过总数70%表示贷款项目通过审批）。②当地金融办将民主评议小组评议通过的贷款项目形成审批表，报当地政府、当地金融领导小组和放贷机构审批。

3. 贷款发放

工作内容包括：①放贷机构审批通过后，当地金融办通知贷款企业进行抵押物评估、登记。②企业成立联合互保组织，签订《联合互保协议》。③贷款企业与融资平台公司、委贷银行签订相关贷款协议并办理相关贷款手续。④放贷机构按照《借款合同》将贷款资金发放给融资平台公司，当地金融办按《委托贷款委托合同》将贷款资金从融资平台公司划入委贷银行，委贷银行再按《委托贷款借款合同》将贷款资金分别拨付给贷款企业，并根据当地金融办要求进行资金锁定。

4. 资金使用

工作内容包括：①贷款企业办理完抵押登记，并划出贷款额的10%作为风险保证金。②委贷银行根据当地金融办解除锁定的通知对贷款企业贷款资金解冻。③委贷银行根据当地金融办资金划拨的通知对企业贷款资金使用进行监控。

5. 贷后监管

工作内容包括：①贷款发放后，当地金融办定期对贷款企业进行走访，并形成贷后走访记录。②定期组织召开联保小组联络会，了解企业经营管理、贷款资金使用、财务状况、项目进展等情况。③敦促企业按月提交相关财务报表，银行对账单等资料。

6. 贷款收回及风险保证金的退还

工作内容包括：①通知贷款企业按季支付利息，在贷款到期时，支付贷款本金和剩余利息，并将收到的资金及时划拨至放贷机构指定账户。②同一信用小组内的各贷款企业均按时归还贷款本息后，当地金融办退还企业风险保证金。

第六节 投保一体化融资模式

一、投保一体化融资基础知识

1. 投保一体化融资概念

创投、担保一体化是指在担保机构为中小企业获得银行贷款提供担保的同时，引入第四方，即在传统担保的三方交易结构（图8-16）中引入创业投资机构或上下游企业等对企业进行再担保（图8-17）。

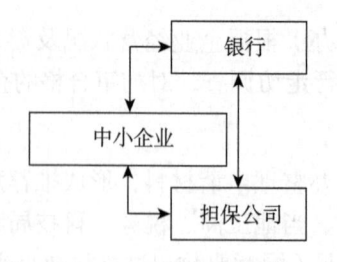

图 8-16　传统担保模式

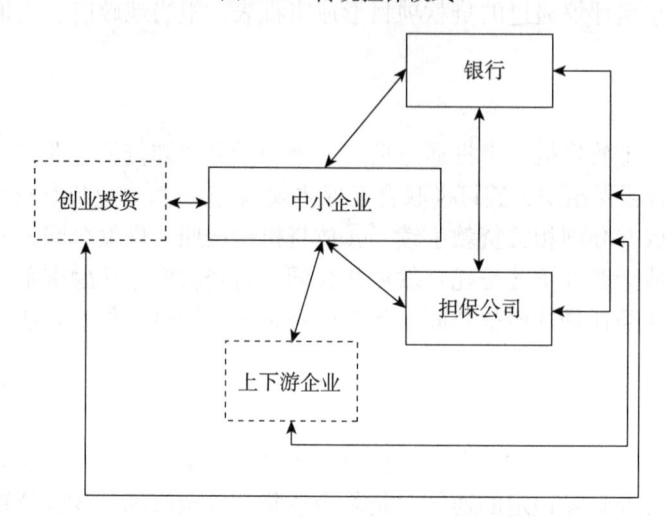

图 8-17　创投、担保一体化模式

第四方以某种形式承诺,当企业现金流发生未预期的变化而导致财务危机发生,进而无法按时偿付银行贷款时,第四方将以股权收购等形式进入该企业,为企业带来现金流用以偿付银行债务。这种机制不仅有利于控制担保机构的风险,也有利于规避中小企业破产清偿的危机,可以最大限度地保全企业的潜在价值。

2. 投保一体化的运作机理

一体化成功破解了传统担保模式中三方不合作的"囚徒困境":担保公司地位被动、收入渠道狭窄、风险过于集中,银行流动性贷款过剩、交易成本过高,中小企业融资困难、风险控制和内部管理不规范。不合作的博弈使三方均面临困境,这也是目前传统担保模式缺乏生机的原因。打破这种僵局的一种方法是借助外力——引入第四方,修改不合作博弈中的关键要素与环节,使之形成利益共享的合作博弈。

3. 投保一体化模式优劣分析

创投、担保一体化相比传统担保模式具有明显的优势(表 8-9)。

表 8-9　传统担保模式与创投、担保一体化风险收益比较

项目	传统担保模式	创投、担保一体化
风险	若企业违约,担保机构可能因企业抵押实物资产较少,向银行支付高额代偿金	若企业违约,担保机构会因相关第四方的风险分担而支付相对较少的代偿金,代偿风险降低
收益	担保额一定比例的担保费	担保额一定比例的担保费
融资担保意愿	低	较高
担保能力	易遭到削弱	易保持

1）融资模式的优势分析

一是改善担保业务风险收益结构。创投、担保一体化利用创业投资机构风险偏高，以及上下游企业与融资企业具有协同效应的特点，引入能为担保机构分担一定风险的创业投资机构或上下游企业，优化担保机构风险收益结构，有利于提高其融资担保意愿和能力。

二是可以实现四方共赢。对企业而言，只要财务状况良好，便可以在不稀释股权的条件下融资；即便财务状况出现异常，甚至无法偿还而面临清算时，第四方的介入能确保企业继续经营，尽可能地保留企业价值。对银行而言，相关第四方的引入，既有助于银行在放贷前借助创业投资机构的专业知识或上下游企业所掌握的相关信息，降低信息不对称性，优化风险识别，又有利于在风险发生时降低坏账损失。对担保机构而言，有利于其降低风险，风险可控地扩大企业融资担保业务。除了降低信息不对称性，更好地进行风险识别外，还可以在企业发生财务危机时因第四方以股权投资等形式注资违约企业，而降低其代偿的风险，并有利于推动其开展初创期、成长初期科技型中小企业融资担保业务。对创业投资机构而言，创投、担保一体化有利于其寻找和投资具有高价值潜力的科技型中小企业，既降低其寻找优质潜力企业的搜寻成本，又使其可能以较为低廉的价格获得目标企业的股权。对上下游企业而言，在贷款企业正常经营情况下，有利于其与贷款企业构建战略合作关系，在贷款企业违约情况下，创投、担保一体化则为其提供了一个低成本并购的机会，有利于发挥协同效应。

三是创投、担保一体化链接了多方资源，有利于提高科技金融各系统的互动性和有机构成。在创投、担保一体化下，担保公司与创投机构和银行在互动基础上构建了有别于传统担保模式的风险控制机制，这有利于加强担保公司与创投机构、创投机构与银行之间的互动，从而有助于开展其他创新性融资方式（如投贷联盟）。此外，创投、担保一体化也拓宽了上下游产业链融资服务模式。

2）融资模式的劣势分析

创投、担保一体化存在科技金融生态环境要求高、难以规模化开展的缺陷。创投、担保一体化开展的前提是创业投资机构或上下游企业与贷款企业达成协议。这首先要求贷款企业所处科技金融生态环境较好，创业投资较为活跃；其次要求贷款企业能满足创业投资机构所要求的较高成长性，或具备上下游企业认可的潜在协同效应，从而限制了创投、担保一体化的适用范围，使其难以尽快规模化开展。

二、投保一体化融资模式对各方提出要求[①]

1. 对中小企业的要求

（1）符合国家产业政策。
（2）具有高价值和高增值潜力。
（3）有技术、有产品、有市场，在资金推动下可获得快速成长。
（4）具备一定的经营管理能力，无不良历史信用记录（交易、工商、税务等）。
（5）同意用企业股权作为反担保，并释放一定比例期权。

---

① 陈杭生. UPG 关于"桥隧模式"的汇报. 第八届全国中小企业信用担保机构负责人联席会议，2007.

2. 对银行提出的要求

（1）转变观念，改变传统的信贷政策，树立创新意识。以开放的心态接纳合作伙伴，不以实业大小为唯一的选择标准。

（2）在年度信贷总计划中适当扩大二级分行零售贷款的份额，用于中小企业的专项扶持，单列出一块用于中小企业的专项扶持。

（3）根据中小企业的特点制定信贷组织体系和信贷管理机制，改变对待中小企业不敢贷、不愿贷的心态，并适当下放信贷权限。

（4）统一制定科学合理、适合中小企业特点的中小企业信用评级标准，适当增加资本利润率、资本负债率、人均利润率、资金周转率等对中小企业相对有利的评级指标。

（5）树立战略眼光，把盈利重点放在开发更多中小企业客户、维护客户长期稳定的合作关系、业务延伸和业务创新上，适当给优质中小企业客户提供优惠政策（如较低的贷款利率），在培育潜力中小企业促进经济发展中扮演更重要的角色。

3. 对担保机构提出的要求

（1）树立"合作、创新、发展"的经营理念。

（2）锻造专业的业务操作能力，并在实践中不断提高与完善。

（3）在发掘中小企业价值方面不断探索，逐步完善一套有效的评估中小企业价值的评估体系。

（4）雄厚的担保资金支持。

（5）比传统担保模式更强的风险控制能力，建立严密的风险控制体系，具有较强的风险识别、风险监控、风险处理能力，比传统担保障模式更强的风险控制能力。

（6）能处理好风险与盈利的关系，把风险收益留给投资公司，吸引更多的合作伙伴。

第七节 众筹融资模式

一、众筹基础知识

1. 概念

众筹（crowd funding），即大众筹资或群众筹资，是指项目发起者通过利用互联网和社会性网络服务（social networking services）传播的特性，发动众人的力量，集中大家的资金、能力和渠道，为小企业、艺术家或个人进行某项活动或某个项目或创办企业提供必要的资金援助的一种融资方式。

2. 众筹融资模式发展历程

众筹融资雏形最早可追溯至18世纪欧洲文艺作品的订购（subscription）。在当时，很多文艺作品包括莫扎特、贝多芬等著名作曲家的作品，都是通过订购这种方式来完成的。众筹融资作为一种商业模式，起源于美国。早在2001年，众筹先锋平台美国 Artist Share 公司就已诞生，在该平台获得资助的音乐人多次获得格莱美奖。2009年4月，世界上最负盛名的同时也是最大的众筹平台——Kickstarter 网站正式上线。网站创立不久就为入驻的创意项目成功募集到资金。

众筹融资在我国的实践发展。我国最早的众筹网站是2011年4月创立的"点名时间"，该网站旨为各种创意产品提供资金支持，是国内运行和完成项目比较多的网站。此后，以"淘梦"等为代表的垂直型众筹平台相继出现，主要做单一类别的众筹项目。随着 2013 年下半年互联网金融浪潮的进一步发酵，众筹更是快速进入人们视野，到 2014 年众筹融资已经成为互联网金融业务中最具创新力的一种交易模式。2011~2012 年我国的众筹业开始快速发展，"天使汇""亿觅创意""乐童音乐"等各类众筹网站纷纷成立。2013 年 2 月，"众筹网"成立，网信金融集团旗下的众筹模式网站，为项目发起者提供募资、投资、孵化、运营一站式综合众筹服务，目前已上线众筹网、众筹制造、开放平台、众筹国际、金融众筹、股权众筹六大板块。

二、我国众筹融资的主要模式

目前，受限于具体的法律规定，我国众筹网站项目不能以股权、债券、分红等金融形式为回报，大多以相应实物、服务或者媒体内容等作为回报，或者通过改变投资形式规避具体的证券监管规定来实现运作。大致模式可分为募捐制众筹、奖励制众筹、借贷式众筹、股权制众筹（在我国主要有会籍式、凭证式、天使式三种）等。

募捐制众筹更多存在于类似公益活动中，即利用网络平台发起公益性募捐项目，在国内已有部分运作成功的项目。

奖励制众筹如"点名时间"，即通过网络筹资项目吸引大众投资，明确规定所需人数和截止期限，在期限内达到或超过预设人数，活动生效，否则筹资活动失败，资金将返还给投资者。

借贷式众筹，如红岭创投，即将债权通过大股东代持等方式转化为股权。

股权制众筹中会籍式则更是一种相对小众的筹资方式，投资者成为投资企业的股东，一般也是通过相互介绍进入被投资企业当中，如 3W 咖啡项目；凭证式一般为通过熟人介绍加入众筹项目而成为股东；天使式股权众筹，如大家投，其通过领投人、跟投人等设置，将投资主体聚合为有限合伙，再以此身份入股项目公司，避开了我国公司法和证券法的强制性规定。

三、众筹融资流程

众筹融资流程主要包括项目构思、项目审核、项目发布、项目宣传、项目筹资及项目回报六个步骤。

（1）项目构思。项目发起人策划拟筹资项目，制订可行性融资方案，选择目标众筹平台并设定融资金额、融资期限和回报方式。

（2）项目审核。众筹网站接受项目发起人融资申请，通过执行自身的筛选机制以降低项目风险，保护投资者利益，尤其要杜绝欺诈现象。

（3）项目发布。审核通过的项目，项目发起人通过创建项目主页，并借助视频、图片及文字叙述等形式尽可能作项目详细说明，以期打动投资者。

（4）项目宣传。众筹网站除在首页进行项目图标展示外，还会利用官方微博、微信平台，甚至举行发布会或媒体见面会进行新项目推送。当然项目发起人也可以自行通过线上或线下社交平台宣传项目。通常情况下，项目宣传与项目筹资同时进行。

（5）项目筹资。投资者在融资时限内对项目予以资金支持。待融资期限到期后，若完成预先设定的筹资金额，众筹网站会根据风险防范的需要将募集到的资金分批拨付给项目发起人。若在规定的期限内未触及拟筹资金额，则意味项目失败，众筹网站将退回已选择支持项目的投资者款项，项目发起人可择机等待下次融资。众筹网站对成功的项目按实际筹资金额的一定比例抽取佣金。

（6）项目回报。项目发起人在项目完成后，根据当初承诺的回报方式（通常为项目衍生品），向投资者支付相应的报酬。

四、众筹融资存在的问题

（1）欺诈现象高发。欺诈是众筹最被人质疑批评的一点。批评者认为，投资门槛的降低可能导致众筹平台成为投资诈骗的新温床。2011年10月，网贷公司"天使计划"网页突然不能登录，65位出借人高达550万元的本金随创立者一同消失，至今未能追回损失。

（2）投资者保护难度大。作为互联网金融的新模式，众筹融资形式、风险点都与传统融资方式不同。当前，大部分投资者对其风险没有充分的认识，甚至缺乏对融资项目质量好坏的判断力，容易在借贷利率或创意项目的诱惑下，做出错误的选择。

（3）易卷入非法金融活动。众筹模式作为一项商业模式，尤其是"众筹"与敏感词"集资"在字面上极其雷同，在中国土壤下很可能蕴藏着极大的法律风险。众筹模式在形式上似乎满足了"非法集资"的四个要素，即未经审批、通过网站公开推荐、承诺一定的回报、向不特定对象吸收资金。

（4）平台风险堆积。国内目前几乎所有的P2P网贷都提供本金担保服务，即使是号称不承诺保障本金的拍拍贷，其实也是提供了本金担保计划的。

参考文献

巴曙松. 2010. 不宜过分夸大地方投融资平台风险. 经济导刊，（5）：8-9.
程胜. 2002. 中国信托业立法的历程回顾. 华东政法学院学报，（2）：71-75.
成式，王勇. 2011. 地方政府融资平台融资若干新动向及思考. 国际金融，（4）：64-68.
方志国. 2006. 换一只眼看越秀REITs. 新财经，（5）：54-56.
冯婉蓉. 2010. 浙江省中小企业信用担保问题研究. 浙江大学硕士学位论文.
高国婷. 2012. 基于政府担保的中国地方政府投融资平台融资行为研究. 重庆大学硕士学位论文.
李艳. 2012. 中国地方融资平台公司融资模式的构建. 云南大学硕士学位论文.
马亚明. 2004. 信托创新与特定资产信托化处置探析. 证券市场导报，（9）：17-20.
能见善久. 2011. 现代信托法. 赵廉慧译. 北京：中国法制出版社.
王连洲，王巍. 2013. 金融信托与资产管理. 北京：经济管理出版社.
于海涌. 2010. 论英美信托财产双重所有权在中国的本土化. 现代法学，32（3）：159-168.
张淳. 2005. 试论受托人违反信托的赔偿责任——来自信托法适用角度的审视. 华东政法学院学报，（5）：17-24.
张枫. 2010. 如何提高信用担保在中国中小企业融资中的作用——浙江"桥隧模式"的启示. 中国市场，（27）：50.
赵英杰，张亚秋. 2014. JOBS法案与美国小企业直接融资和监管制度变革研究. 金融监管研究，（2）：88-104.
周沅帆. 2012. 地方政府投融资平台融资渠道及资金来源分析. 中国经贸导刊，（3）：56-60.

第九章

公司并购

> 引导案例

微软意图收购雅虎

2008年2月,微软总裁鲍莫尔宣布,以总价446亿美元,每股31美元,现金加股票的方式向雅虎董事会发起要约收购,比当时雅虎的收盘价溢价62%。微软采取的是直接向雅虎董事会传达收购意向,并强势地宣称若双方意向不和,微软将直接与雅虎的股东联系,给雅虎董事会施加了巨大的压力。在接到微软要约收购的当天,雅虎董事会就回应称,"将审慎考虑,迅速采取措施,并审慎雅虎的综合战略计划,做出最大化股东利益的决策"。市场上大多投资者都十分看好这次收购的前景。而两天后,雅虎却发布消息称,"评估过程存在不确定性,因此可能持续较长的时间"。消息一出,立刻在市场中激起阵阵涟漪。人们猜测,未来应对微软的收购,雅虎是否会采取种种反收购手段,会不会引入"白色骑士",会不会使用"金色降落伞"?更有分析师分析,诸多的竞争对手将趁机插手,成为微软收购的阻碍,包括Google、美国在线、新闻集团、时代集团以及中国的阿里巴巴。

2月11日,也就是微软收购意向公告的十天后,雅虎正式发布公告拒绝微软的要约收购,称微软公司"极大地低估了雅虎的价值,包括我们的全球品牌、庞大的全球受众、在广告平台方面的大量投入、未来的发展前景、自由现金流、潜在的盈利能力以及在全球的投资等"。而微软的反应则是一如既往地强势,称将直接联系雅虎的股东,"确保雅虎股东有机会实现因微软并购出现的价值"。而由于微软的股东在雅虎交叉持股的情况十分普遍,这让微软的威胁并不是空穴来风。

为了应对微软可能发动的代理权争夺,雅虎发动了所有资源进行反并购。首先,雅虎引入了白色骑士,它陆续和一些潜在的收购者进行了接触,如Google、MySpace、美国在线等公司,探讨了合并与收购的可能性。而随后,Google、美国在线纷纷发布称,将考虑和雅虎的并购事项,白色骑士浮出水面。然后,雅虎实施了"金色降落伞",它颁布一项员工保障措施,一旦雅虎的控制权发生转让,所有员工将获得两年的保障,这两年不但不能对员工裁员,而且必须支付大笔的各项福利补贴。这一项典型的"金色降落伞"政策,很大程度上降低了微软收购雅虎的价值。另外,雅虎为了应对微软可能发动的代理权斗争、董事会改选,还特意推迟了股东大会。由于雅虎董事会对自身发展前景的良好预期，雅虎坚称微软严重低估了自己的价值，并坚持收购价格要调高至每股37美元。由于双方对雅虎公司的收购价格僵持不下，纵然微软后来略微调高了收购价格，最后要约收购仍然不免于流产。2008年5月，鲍莫尔宣布放弃收购雅虎。

这次并购的失败，引发了雅虎股东的不满，他们认为错失了微软的收购，严重影响了他们手中资产的价值。虽然微软放弃了收购，没有启动代理权斗争，但是仍然导致了投资者伊坎对雅虎董事会发起了代理权争夺。最终，雅虎为了应对微软的收购和伊坎的代理权争夺，耗费了3 600万美元。

注：本案例根据高鹤编著的《并购案例评鉴》中的"情理之中，意料之外：微软并购雅虎"改编

微软为什么要收购雅虎？面对敌意收购的威胁，雅虎应如何应对？如何评估雅虎的价值？微软的收购最终失败了，如果要成功完成这一收购，微软的最佳策略是什么？参与竞购的新闻集团扮演着什么角色？什么是代理权争夺？本章将对上述内容进行讲解。

第一节　并购动因与并购绩效

一、并购概念

并购的英文包含两个词——merger and acquisition（缩写为M&A），即兼并（merger）与收购（acquisition）。尽管兼并与收购两个词经常同时出现，但两者还是有所区别。

1. 兼并

在Gaughan（2010）的 *Mergers, Acquisitions, and Corporate Restructurings* 一书中，他对兼并的解释是：兼并就是两家公司的联合，其中一家公司保存下来，另一家公司丧失法人资格。在兼并中，兼并公司承接被兼并公司的资产和负债。有时将这一类型的商业交易称为法定兼并（statutory merger），法定兼并不同于附属兼并（subsidiary merger），附属兼并也是两个公司的兼并，其中目标公司变成母公司的附属机构或附属机构的一部分。Gaughan还指出，兼并不同于吸收合并（consolidation），吸收合并是两家或两家以上的公司联合组成为一家全新的公司，所有参加联合的公司自动解散，只有新公司继续运作。尽管兼并和吸收合并存在区别，但它们有时也被交换使用，一般而言，当两个规模相当的公司联合时我们用吸收合并一词，而当两个规模相差很大的公司联合时，更多是用兼并一词。在实践中，经常不加区分，兼并既指两个规模相近又包括两个规模不同的公司的联合。

2. 收购

"收购"一词在《布莱克法律大词典》的定义为：获取特定财产所有权的行为，一方由此取得或获得某些财产，尤其是通过任何方式获取实质上的所有权。收购方通过购买被收购企业的全部或者部分股权或资产，以实现控制被收购企业的目的。一般来说，被收购企业成为收购方的全资子公司或业务分部，其法人地位存续。

2002年12月1日起，《上市公司收购管理办法》在我国正式实施，其中对上市公司"收购"的定义如下：上市公司收购，是指收购人通过在证券交易所的股份转让活动持有一个上市公司的股份达到一定比例，通过证券交易所股份转让活动以外的其他合法途径控制一个上

市公司的股份达到一定程度,导致其获得或者可能获得对该公司的实际控制权的行为。

兼并收购虽然经常共同使用,但它们之间仍然是有区别的。

第一,兼并是两家公司之间的行为,是一家公司与另一家公司之间合作的结果,与自然人没有关系;而收购则可能是一家公司,也可能是某个自然人与另一家公司股东之间的交易。

第二,兼并体现的是双方平等协商、自愿合作,兼并行为完全出于主并公司和被并公司的真实意愿,不存在"敌意";而收购则分为善意和敌意,当被收购公司管理层拒绝收购公司的收购意向时,就会形成收购和反收购的对抗。

第三,兼并是在公司与公司达成协议的基础上完成的,双方的权利与义务都通过协议来确定,最终通过签订合同的方式完成;收购的方式则有很多,包括熊式拥抱、要约收购、代理权争夺等。

第四,兼并意味着被并公司全部资产或股权的转让;收购又区分为部分收购和全面收购。

第五,兼并会导致被并公司实体消失,两个公司合二为一;收购中被收购公司不一定消失,如果收购公司只是收购其部分股权,被收购公司仍会继续经营下去。

3. 接管

接管的英文是 takeover,威斯通等(1998)在《兼并、重组与公司控制》一书中对接管的解释是由一家公司对另一家公司采取的控股活动,使一家公司变成另一家公司的附属公司,接管后形成新的母子关系。这一词与前面的"收购"的含义比较接近。

二、并购的基本类型

并购可分为横向并购、纵向并购和混合并购三种基本类型。

1. 横向并购

横向并购(horizontal mergers)是指在同行业内发生的并购,并购方与被并购方的经营范围相同或相似。横向并购的目的是扩大市场份额、减少竞争对手、提升企业收入或降低企业成本、增加企业的垄断实力以形成规模效应。在企业发展壮大的过程中,横向并购是企业并购经常采用的一种形式,是并购的主要方式之一。

2. 纵向并购

纵向并购(vertical mergers)是指企业为了业务的前向或者后向的扩展而进行的并购。纵向并购的被并购方往往是企业的原材料供应商和产品的购买者。纵向并购的目的是在产业链上下游之间进行整合,要么迅速获取原材料供应来源,要么扩大消费者市场。纵向并购可以将外部交易内部化,将原来的市场买卖关系转为内部供求协调关系,提高资源的使用效率,节省交易费用。

3. 混合并购

混合并购(conglomerate mergers)是指不属于关联行业也不属于同一产业链上下游的企业间发生的并购。混合并购的目的有时是分散处于一个行业所带来的风险,改善和优化自身的产业结构;有时是利用企业自身的财务资源或管理资源在新行业中取得增长,通过产品或服务的多元化,提高企业的市场适应能力。

除此之外,还有两种特殊的收购方式,即杠杆收购(leveraged buy-out,LBO)和管理层收购（management buy-out，MBO）。

杠杆收购是指收购方通过财务杠杆负债筹措并购所需资金完成对目标公司的收购后，用目标公司的现金流来偿还债务或通过出售部分目标公司的资产来偿还债务的一种收购活动。杠杆收购的特殊性体现在其债务的偿还方式：与一般收购中的负债主要由收购方的自有资金或其他资产偿还不同，杠杆收购中收购公司融资引起的负债主要依靠目标公司在今后的运营过程中目标公司内部经营创造的现金流或有选择地出售一些目标公司的原有资产来进行偿还。

管理层收购是指公司的现有管理层从母公司或私营业主手中收购自己公司的大部分或全部股权或资产。管理层收购的特殊性在于收购方是公司的管理层。通常情况下，公司的管理层并无足够的资金收购自己公司的股权或资产，他们经常需要借用杠杆收购的方式来完成收购。

三、并购的历史与现状

在美国已发生了六次并购浪潮，这六次并购浪潮充分展示了并购的各个发展阶段以及影响其发展的重要因素。

第一次并购浪潮的时间发生在 1897~1904 年。在 19 世纪末，美国的经济正走向衰退，这导致美国大部分企业的业绩下滑严重。为减少同行的竞争，增强垄断，获取规模效应，许多公司尝试通过并购活动来扩大企业规模，以期改善公司业绩。一些州对公司融资、持有其他公司股票、扩大商业运作等的规定变得宽松起来，证券市场的发展也为企业并购运作提供了良好的外部环境。但跨地区的公司运作还需要交通设施的提升，美国主要铁路系统的建成使美国企业不再局限于当地开展业务，而能扩展到全国市场。这个时期的并购是以追求市场垄断地位以达到生产的规模效应为目的的，主要通过横向并购来完成，以并购行业内同类企业为主，并购双方主要是中小企业。

第一次并购浪潮给美国经济带来了巨大的影响。首先，通过横向并购，美国工业集中程度有了显著的提高，公司数量急剧减少，有些行业甚至只有一家公司幸存，产生了完全垄断的市场。其次，彻底改变了美国的经济结构，经济体中不再是以中小企业为主，大企业主导了许多产品的生产和供应。最后，随着企业规模的扩大，以往的小企业经营管理方式逐渐被专业化的经营管理所替代，企业的管理能力逐渐提升。

第一次并购浪潮最终于 1904 年结束，其起因来自融资链条的断裂。首先是造船信用的崩溃，这一事件直接引发了虚假融资风险，传导到银行，最终导致美国股票市场的崩盘和美国的银行体系倒闭风潮。缺乏融资来源对并购方而言，无异于缘木求鱼，导致第一次并购浪潮由此结束。另一个对并购浪潮起阻滞作用的是美国 1890 年的谢尔曼反托拉斯法。虽然最初的谢尔曼反托拉斯法缺乏操作性，但在 1901~1908 年老罗斯福总统上台执政后，推动了反托拉斯法的执行。

第二次并购浪潮发生于 1916~1929 年。在此之前，1914 年美国又通过了一项法案——克莱顿法案。这一法案使反托拉斯法的可操作性大大增强，从而使企业并购时面临反托拉斯法诉讼的可能性大为增加。不过，经历过第一次世界大战之后的美国正处于经济复苏的阶段，资本已在蠢蠢欲动。全国范围内各种运输系统的发展使企业经营的业务很容易拓展到全国。在反托拉斯法的威胁下，并购衍生出了另外一种形式——纵向收购。1919~1930 年，美国被兼并的企业超过了一万家。这一时期出现了几个显著的特征：第一，并购以纵向收购为主；第二，产业资本开始与银行资本相互融合，即"产融结合"，一些大的公司开始收购银行的控制权，从而掌控自己的融资渠道；第三，由于反托拉斯法的严厉执行，大企业的并购活动较少，小企业的并购行为很活跃；第四，并购融资大量使用负债融资的方式。

第二次并购浪潮使许多行业形成了寡头的经济格局，而非垄断，这也来自反托拉斯法的严格执行。集中度提升最快的是公共事业行业。纵向并购使一些企业成为在产业链上经营不同产品的综合性企业。一些企业开始采用金字塔结构来控制企业。

第二次并购浪潮与美国1929年的经济危机同时结束。经济危机的爆发一方面打击了投资者的信心，使并购的融资来源下降；另一方面打击了企业的生产活动和经营活动，企业不再寻求扩张，而是希望能够偿还债务维持生存。

第三次并购浪潮发生于1965~1969年。在此之前，1950年通过了塞勒-凯弗维尔法，美国政府不仅对横向收购管制得更严格，对纵向收购也采取了严厉的管制措施。这一法律的出台限制了美国企业的横向收购和纵向收购行为，但另外一种收购方式——混合收购也应运而生。随着美国经济经历了一段持续繁荣的时期，各行各业都有新的产品和新的经营方式不断诞生，一些企业开始寻求多元化的经营方式，不再局限于本行业，而是拓展到新的行业中求发展。管理不同行业业务需要更高的管理水平，这使管理科学与信息技术的发展在推动综合性企业发展中起了重要的作用。

第三次收购浪潮的特点是以混合并购为主。由于并不需要具备相关行业的经验也可以完成收购，出现了许多懂得资本运作的小规模公司收购大公司的情况。当然，在自身资金不足的情况下，这些小公司需要借助资本市场上的有价证券来融资完成收购。

第三次收购浪潮并没有明显改变行业集中度，这是因为混合并购并不会构成行业垄断程度的提高，也规避了反托拉斯法的限制。但这一次并购浪潮中出现了不同行业拥有大量生产经营活动的综合性企业。混合并购毕竟与横向并购、纵向并购有一定差异，缺乏行业经验导致这些综合性企业完成并购后的财务表现不佳，这一后果直接导致了另一反向操作——资产剥离。业绩受到拖累的企业不得不把买回来的资产又出售出去。

由于综合性企业的财务业绩不佳，资本市场对这些企业开始"用脚投票"——抛售股票，最终股票市场的下滑终结了第三次的并购浪潮。

第四次并购浪潮出现在1981~1989年。当时，美国对托拉斯的敌对态度有所缓和，一些行业（航空业、银行业和石化行业）的管制被解除，直接导致了这些行业的并购交易频率迅速上升。这一阶段出现了同源式兼并（congeneric merger）、敌意收购（hostile takeover）、公司袭击（corporate raid）等收购方式。同源式兼并是指兼并发生在两个属于同一行业或相关行业的企业，但这两个企业并不提供相同产品。例如，花旗银行（Citigroup）收购旅行者保险（Travelers Insurance），虽然两者都属于金融服务行业，但提供的产品不同。同源式兼并以共享分销渠道为目的。这一阶段的另外一个现象就是一些公司成为收购公司狙击的目标，收购公司期望通过狙击一些被低估的公司从而从中获取短期高额利益。收购方买了目标公司的大量股权后，运用股东的投票权要求目标公司采用收购方设计的方案对公司进行改革从而增加股票的价值，然后再卖出股票获利。投资银行在设计这些方案的过程中起了推动作用，并收取高额的并购咨询费。在这一阶段，新型的融资工具——垃圾债券被设计出来，为收购企业提供了非常有利的支持。

第四次并购浪潮的并购规模超过了之前的三次并购浪潮。由于反托拉斯的放松，一些规模很大的公司也变成了收购目标。随着敌意收购和公司袭击的增加，通过并购进行套利的资本游戏愈演愈烈，收购方和目标公司之间的攻防战变得越来越复杂。垃圾债券的产生也使融资支付方式从"股票换股票"变成了"债券换股票"，利用垃圾债券进行杠杆收购的活动异常频繁。一些上市公司在这次并购浪潮中被私有化。

为了抑制日益激烈的攻防战，一些州或地方政府自行制定反收购法案来保护本地企业，但这些法案与联邦政府产生了直接的冲突。直接导致第四次浪潮结束的导火索仍是经济形势的变化和资本市场的崩溃。随着持续扩张期的结束，美国经济再次进入一个相对萧条的时期；垃圾债券市场的泡沫破灭将第四次并购浪潮的热火熄灭了。

第五次并购浪潮发生在1992~2000年。美国的经济在20世纪90年代又走上了复苏的通道。这一时期，世界经济突破了国与国之间的边界，开始走向全球化。为了增强国家的竞争力，美国政府进一步放松了反托拉斯，希望缔造更强大的商业企业。

大企业与大企业之间"强强联合"的并购活动成为这一次并购浪潮最突出的特点，如迪斯尼收购美国广播公司、华纳收购CNN、壳牌石油与美孚石油合并。对大型企业进行收购需要大量的资金，而现金、债务融资都不足以满足并购的需要。加上之前建立综合型大型企业失败的经验，收购方更倾向于用股票互换的方式进行收购，减少信息不对称带来的风险。股票互换一方面减少了收购方支付大量现金的压力，另一方面也可获得税收上的好处。很多企业不再满足于建立本国的市场，而将并购之手伸向了国外，跨国并购风起云涌。这一阶段还出现了另外一种收购方式——连环收购（roll-up），是指收购方对处于相同或相似行业的小企业进行一系列并购，最终形成一个大型公司。

第五次并购浪潮中产生了一些巨型跨国企业。企业不再将"竞争"这一概念运用于本国范畴，而是扩展到全球范畴。反托拉斯法对本国企业的效力下降。并购的交易金额从1992年的3 420亿美元上升到2000年的3.3万亿美元。

Shleifer和Vishny（2003）认为股票价值的高估推动了本次并购浪潮的发生。相应地，当股票价值回归时，并购也将退潮。科技股泡沫的破灭使股票的价格急剧下跌，换股并购的方式不再具有吸引力。同时，债券市场和银行也不愿意为风险较高的并购提供融资。第五次并购浪潮就此结束。

第六次并购浪潮发生在2003~2008年。起点仅距离第五次并购浪潮结束后3年。根据Alexandridis等（2012）的研究，这一次的并购并不是由Shleifer和Vishny（2003）提出的股票高估推动的，而是由流动性过剩推动的。他们发现收购方具有较低的贷款利率和更多的现金头寸。

吸取了第五次并购浪潮中的经验，企业与企业之间的换股并购减少了57%，现金并购恢复到了20世纪80年代的水平。在这一次浪潮中，收购方支付的溢价水平大大降低，对同一目标公司的盲目竞购也下降了。这一时期私人股权在并购中起了积极作用，并出现主权财富基金，杠杆收购的方式也开始流行。

并购浪潮在2006年达到顶峰，交易金额超过1万亿美元。2007年年末，投资者和公司管理层开始怀疑房地产抵押贷款和信贷市场是否健康，最终引发了2008年的金融危机大爆发。第六次并购浪潮随着资本市场的再次崩溃而偃旗息鼓。

Dealogic 2013年的全球并购报告表明，2008~2013年全球并购市场总体保持了稳定的水平，但2013年年底交易次数则下降到了2005年以来的最低数值。不过，2014年上半年全球总并购金额同比大幅上升41%，其中欧洲、美国并购市场都创造了自金融危机以来的新纪录，亚洲（除去日本）并购市场则创造了有史以来的最高并购金额。这些现象似乎预示着第七次并购浪潮的来临。2000~2014 年前三季度美国十大并购案见表 9-1。

表 9-1 2000~2014 年前三季度美国十大并购案

排序	年份	收购方	被收购方	交易价格/美元
1	2000	Fusion: AOL Inc.（America Online）	Time Warner	164 747 000 000
2	2013	Verizon Communications IncVerizon Communications Inc	Verizon Wireless Inc	130 000 000 000
3	2000	Glaxo Wellcome Plc.	SmithKline Beecham Plc.	75 961 000 000
4	2004	Royal Dutch Petroleum Company	"Shell" Transport & Trading Co.	74 559 000 000
5	2006	AT&T Inc.	BellSouth Corporation	72 671 000 000
6	2001	Comcast Corporation	AT&T Broadband	72 041 000 000
7	2014	Comcast Corp	Time Warner Cable Inc	69 800 000 000
8	2014	Kinder Morgan Inc	Kinder Morgan Energy Partners LP; Kinder Morgan Management LLC; El Paso Pipeline Partners LP	69 500 000 000
9	2009	Pfizer Inc.	Wyeth	68 000 000 000
10	2014	AT&T Inc	DIRECTV Group Inc	67 100 000 000

资料来源：http://en.wikipedia.org/wiki/Mergers_and_acquisitions#Merger_waves;http://www.iichina.com/arfy/uploads/soft/141003/

从美国的前六次并购浪潮中，我们可以看到这样一些发展特点：第一，并购浪潮与经济的复苏、技术的发展有密不可分的关系；第二，并购方式从横向并购逐渐演化到纵向并购，进而发展到混合并购；第三，并购方式的演化与反托拉斯法有密切的关系；第四，并购中的融资需求依赖于资本市场的发展；第五，资本市场的崩溃通常是终结并购浪潮的导火索；第六，从并购金额来看，并购浪潮中的交易额和单笔最大交易额呈现上升态势。

我国的并购在最近的 20 年间基本处于上升势头，但 1993~2003 年发展缓慢，2004~2014 年则经历了飞速发展期。当美国遭遇金融危机后，受冲击较小的中国企业正在以较低的价格收购海外企业。

回溯我国的并购历史，可以分成四个阶段。

第一阶段，1993 年以前，国有企业重组阶段。为消灭亏损的国有企业，减轻政府的财政包袱，1984 年 7 月，河北保定纺织机械厂和保定市锅炉厂分别兼并了保定市针织器材厂和保定市鼓风机厂，承担了其全部债权债务，开创了我国国有企业并购重组的先河。这一时期主要以行政干预为主，缺乏市场化的并购。

第二阶段，1993~1997 年，上市公司并购萌芽阶段。随着资本市场的建立，作为资本运作手段之一的并购应运而生。1993 年的宝延风波拉开了上市公司并购的帷幕，这也是第一起事先未经协商而发起的敌意收购。随后出现了第一起协议转让——恒通收购凌光（1994 年）和第一起外资收购——日本五十铃收购北旅股份（1995 年）。

由于制度和市场不成熟，第一阶段的并购出现了很多问题，如并购操作中的信息披露（宝延风波）、并购上市公司后对上市公司进行掏空（恒通收购凌光）、外资收购国有资产定价过低导致国有资产流失（日本五十铃收购北旅股份）。

第三阶段，1997~2007 年，随着经济的高速发展和资本市场的完善，并购交易也呈日渐上升势头。这一阶段，上市公司的财务状况开始两极分化，部分上市公司的业绩严重恶化，在特别处理措施（special treatment[①]）出台后被打上了"ST"的标签。为摆脱退市的风险，这些 ST 公司纷纷寻求并购重组来改善业绩。由于并购动机主要是短期化的财务动机，因此并购的成效并不显著，常常出现并购重组第一年业绩改善，刚甩掉 ST 的标签，第二年又陷入亏损。陈信元等对 1993~2000 年沪市上市公司的重组事件进行研究后发现，资产重组在 1997 年发生了系统性的变化，1997 年之后的并购动因可以归结为"机会主义资产重组"。这一时期还有一个突出的特点就是并购大多由政府主导完成。由于上市公司的税收归属于当地政府，因此当其他地区的公司收购本地上市公司时需要得到当地政府的配合。如果没有政府主导，纯市场化的并购难以完成。这也是多年来我国并购市场上的要约收购案例一直较少的原因之一。

第四阶段，2007 年之后，随着股权分置改革的完成和上市公司收购管理办法的修订，并购市场得到了激活。2005 年以前，我国资本市场存在固有的缺陷：非流通股和流通股共存，且 60%左右是非流通股，以国有股和法人股形式存在。这些非流通股不能任意交易，且掌握在第一大股东手中。这一缺陷使在我国完成市场化的收购相当难，因为收购方无法在市场上购买到足够的股份以获得第一大股东的位置。2005 年起，我国资本市场进行了一场里程碑式的改革——股权分置改革，采用非流通股股东支付给流通股股东对价的方式获取流通权。改革在 2007 年年末接近尾声。另一项针对并购市场的重大改革就是 2006 年《上市公司收购管理办法》的修订。2002 年 9 月 28 日颁布，并于 2002 年 12 月 1 日起实施的原《上市公司收购管理办法》第 14 条规定"以协议收购方式进行上市公司收购，收购人拟持有、控制一个上市公司的股份超过该公司已发行股份的百分之三十的，应当以要约收购方式向该公司的所有股东发出收购其所持有的全部股份的要约"。第 23 条要约收购规则中规定"收购人持有、控制一个上市公司的股份达到该公司已发行股份的百分之三十时，……继续增持股份或者增加控制的，应当以要约收购方式向该公司的所有股东发出收购其所持有的全部股份的要约"。《上市公司收购管理办法》中也规定了一些豁免条件，但这些条件的宗旨都是不以争夺控制权为目的，即以争夺控制权为目的的收购无法得到豁免。这一规定使外部收购者要获得上市公司 30%以上的股权必须进行全面要约。对于外部收购者来说，这一规定意味着如果要收购一家上市公司 30%以上的股权从而夺得控制权，就要考虑持股达到 30%时面临的风险：一旦发出全面要约，上市公司的所有股东都愿意按要约价卖出股份，收购方必须拿出大量现金来实施要约。对于收购方来说，这一规定抑制了其进行收购并夺得控制权的意愿，从而使控制权市场难以发挥其外部治理的作用。2006 年 7 月 31 日颁布了修订后的《上市公司收购管理办法》，修订后第 23 条规定"投资者自愿选择以要约方式收购上市公司股份的，可以向被收购公司所有股东发出收购其所持有的全部股份的要约（以下简称全面要约），也可以向被收购公司所有股东发出收购其所持有的部分股份的要约（以下简称部分要约）"。第 24 条规定"通过证券交易所的证券交易，收购人持有一个上市公司的股份达到该公司已发行股份的 30%时，继续增持股份的，应当采取要约方式进行，发出全面要约或者部分要约"。该办法于 2006 年 9 月 1 日正式实施。新修订的《上市公司收购管理办法》将全面要约制度修订成了"可以全面要约、也可以部分要约"的制度。这大大降低了外部收购者争夺上市公司控制权的成本，有利于促进并购市场的发展。

经过上述两项重大改革，我国的并购市场活跃度极大地提升。随着对产业重组鼓励政策

[①] 1998 年 4 月 22 日，沪深交易所宣布，将对两年连续亏损或其他状况出现异常（如每股净资产低于 1 元）的上市公司股票交易进行特别处理，在简称前冠以"ST"，因此这类股票称为 ST 股。

的进一步出台，近年来的并购活动越来越频繁。清科研究中心的数据表明，2007~2014 年并购的总金额从 270 亿美元上升到了 1 184 亿美元，并购案例数从 201 起上升到了 1 929 起。

四、并购动因

（一）并购动因理论

以 Jensen 和 Ruback（1983）为代表的研究人员从 20 世纪 80 年代开始就研究公司接管与兼并对股东财富的影响，他们特别感兴趣的是公司接管和兼并行为是否会对收购公司和目标公司自身的收益产生影响。他们研究得出兼并中目标公司股东的超常收益为 20%，收购公司股东的超常收益为 0；而接管中目标公司股东的超常收益达 30%，收购公司股东超常收益则为 4%。他们的研究结果引起了经济学家的争论。一部分经济学家认为目标公司超常收益源于协同效应，即收购公司和目标公司之间在某方面切合得很好（可能是经营协同效应，也可能是财务协同效应或管理协同效应），因而产生了 1+1>2 的效果。持反对意见的另一部分经济学家认为并购没有创造新财富，目标公司股东超常收益来自收购公司股东或目标公司债权人财富的转移。两派经济学家的争论对政府的资本市场监管政策也有着不同的导向。如果兼并收购没有增加社会财富，政府对此市场活动就应该加强监管；如果兼并收购确实创造了新财富，那么政府就应该鼓励这类市场活动。

经济学家对并购是否创造财富的争论引发了对并购的动因探讨。国外有关并购动因的理论[①]有很多，最主要的有差别效率理论、经营协同效应理论、财务协同效应理论、税盾理论、市场势力理论、价值低估理论、委托—代理理论、过于自信假设和自由现金流量假设。其中差别效率理论、经营协同效应理论、财务协同效应理论、税盾理论、市场势力理论、价值低估理论认为并购为公司创造了价值。但一些实证结果表明主并公司在并购中未能创造财富，于是有学者从代理理论、过于自信假设和自由现金流量假设来解释这一现象。

1. 差别效率理论

差别效率是指 A 公司的管理者比 B 公司的管理者更有效率，且如果在 A 公司收购了 B 公司之后，B 公司的管理效率会提高到 A 公司的水平，那么效率就通过兼并活动得到了提高。

2. 协同效应理论

经营协同效应可能包含在横向或纵向兼并中。横向兼并的经营协同效应来源于规模经济，而纵向的经营效应来源于避免联络费用、各种形式的讨价还价和机会主义（Arrow，1975）。

除经营上的协同效应外，并购还可能获得财务上的协同效应。Nielsen 和 Melicher（1973）发现当收购公司的现金流量较大而被收购公司的现金流量较小时，支付给被收购公司的作为兼并收益近似值的溢价也较高。这意味着资本从收购公司所在行业向被收购公司所在行业的重新调配。另外，并购发生的原因也可能是合并公司的负债能力要大于两公司合并前的负债能力之和。并购活动的另一个可能原因是获得了在开办费和证券交易成本方面的规模经济。而国内上市公司买"壳"则节约了上市费用。

[①] 有关并购动因理论的详细论述请参见威斯通 F，郑光，侯格 S. 兼并、重组与公司控制. 北京：经济科学出版社，1998.

3. 税盾理论

一些并购活动可能是出于税收最小化方面的考虑。不过，税收方面的考虑是否会引起并购活动，取决于是否存在可获得相同税收好处的可替代的方法。虽然"税盾"在对并购活动的全面解释中并不发挥主要的作用，但"税盾"在并购中是非常重要的，低负债的一方并购高负债的一方将对低负债一方带来投资税收的节省。净营业亏损和税收减免的递延，增加了资产基础，以及用资本利得来代替一般所得（具体措施需根据税法而定）都是兼并在税收方面的动机。国内如果开征遗产税还可能会促使企业主在死亡之前将其私人企业出售。

4. 市场势力理论

市场势力理论是常被用来解释并购活动的一个理论。该理论认为并购会提高市场份额，相对于同行业内的其他企业扩大本企业的规模就可以获得一定的市场势力，从而利用这种市场力量来获取超额利润。

5. 价值低估理论

q 比例是公司股票的市场价值与代表这些股票的资产的重置价值间的比率。价值低估理论就是建立在资产的市场价值与其重置成本间的差异之上的。通货膨胀导致资产的当前重置成本大大高于历史账面成本，这导致了 q 比例的下降。如果一家公司想要增加生产特定产品的能力，它可以通过购买一家生产此类产品的公司来达到这个目的，而不用从头做起，因为从 q 比率来看，从市场上购买公司的价格比重新创建公司要更便宜一些。如果同行业其他公司的平均 q 比例低于 1，公司通过购买其他公司来增加生产能力就比自己创建新公司有效。例如，如果 q 比例为 0.7，且收购中在市场价值以上支付的溢价为 20%，那么收购价格为 0.7 乘以 1.2，等于 0.84，这意味着平均收购价格仍比创建新公司的当前重置成本低 16%。

6. 委托—代理理论

Jensen 和 Meckling（1976）系统地阐述了代理问题的含义。当管理者只拥有公司股份的一小部分时，便会产生代理问题。部分所有权可能会导致管理者的工作缺乏动力或者进行额外的消费，因为拥有绝大多数股份的所有者将承担大部分的成本。解决代理问题的一个市场机制就是报酬协议和管理者市场，而另一个市场机制就是接管的威胁。

7. 过于自信假设

Roll（1986）提出了过于自信假设来解释为什么收购公司的股价下跌还会发生并购活动。收购公司在试图收购目标公司时，会对目标公司进行估价。当目标公司的资产价值低于市场价格时就不会产生合并。但并不是所有的收购公司对目标公司的估价都一样。收购公司对目标公司的估价千差万别，而往往出价最高的企业获得收购权。当收购公司自信对目标公司的估价没有错误，但市场却不这样认为时，收购公司的股价就会下跌；而目标公司股东会因为收购公司支付了过高的溢价而获益。

8. 自由现金流量假设

Jensen（1986，1988）提出了自由现金流量假设。所谓自由现金流量就是超出公司可进行的净现值为正的投资需求以外的资金。因为企业的内部投资机会是有限的，有限的投资机会使企业产生了大量的自由现金流量，从而引发了股东和管理者对公司报酬政策的冲突。冲突的核心就是如何使管理者放弃低于资金成本的投资或在企业内部浪费资本的决策。如果企业是有效运行的，并且实行股东利益最大化决策，那么自由现金流量必须支付给股东。如果没有支付，则企业是低效率的。自由现金流量假设认为收购公司在兼并前有良好的业绩，从而有大量的自由现金流量用于收购其他企业。由于收购公司本来准备将资金投在低回报或亏损的项目上，资金的机会成本低于其资金成本，因而收购是提高企业效率的一条途径。自由现金流量假设还能解释为什么用现金和债务来融资的企业并购比用股票交换方式的并购能创造更大的收益效应，因为现金收购使自由现金流量得到了更好的投资机会。

9. *交易成本理论*

Williamson（1985）对此做了巨大的贡献。他研究了影响交易成本的具体因素，从合同的角度阐述了交易成本产生的原因，并认为纵向并购的动因就是节约交易成本。他把交易成本分成了合同签订前的成本和合同签订后的成本。合同签订前的交易成本是指草拟合同、就合同内容进行谈判以及确保合同得以履行所付出的成本。合同签订后的交易成本包括：①不适应成本；②讨价还价成本；③建立及运转成本；④保证成本[①]。他指出交易成本是资产专用性、不确定性和交易频率的函数。由于交易成本和组织成本是企业边界的决定因素，所以资产专用性、不确定性和交易频率决定了企业边界与组织规模的变化。资产专用性越强，越需要将交易内部化；不确定性越大，越需要将交易内部化；交易频率越高，越需要将交易内部化。交易内部化（纵向并购）使企业规模和边界不断扩大，逐步取代市场交易。

10. *股票市场驱动*

Shleifer 和 Vishny（2003）提出了股票市场驱动的并购动因。这一理论与行为金融有关。当公司的股票价格被高估时，该公司很有可能利用高估的股票去完成收购。而当公司的股票价格被低估时，这些公司相对于股票被高估的公司更容易成为被收购的目标。他们的理论可以解释"谁收购谁"的问题，以及收购中支付方式的选择、并购的后果以及第五次并购浪潮的起因。他们提出了以下观点：第一，当市场整体或行业价值被高估时，并购更可能采用股票支付的方式，反之则采用现金；第二，公司价值越分散，越可能使用股票收购的方式；第三，被现金收购的目标公司前期的收益较低，而在股票收购中收购公司获得了较高的收益；第四，股票收购中的收购公司表现出股票被高估的特征，这些特征可以从盈余管理和内部人员卖出股票中看出来；第五，股票收购中收购方的长期收益可能是负的，而现金收购则可能是正的；第六，尽管长期收益可能是负的，但用股票收购仍然符合收购方股东的长期利益；第七，当股票被高估时，在另一个行业收购一家公司可能比相关收购更能产生较高的长期收益；第八，管理层对一些现金要约收购进行拒绝是为了股东的利益；第九，股票收购中目标公司的管理层可能相当短视，或在交易中得到了补偿。

11. *流动性过剩*

Harford（2005）反驳了 Shleifer 和 Vishny（2003）的观点。他认为，并购浪潮的发生是对行业冲击的反应，其基本动因在于重新配置资源。他同时指出，仅有行业冲击并不足以引起并购浪潮的发生，充足的流动性和融资约束的减少推动了股票价值的高估，并推动了并购的发生。

---

① 不适应成本是指交易行为逐渐偏离了合作方向，造成交易双方互不适应的成本；讨价还价成本是指如果交易双方想纠正事后不合作的现象，需要讨价还价所造成的成本；建立及运转成本是为了解决合同纠纷而建立治理结构并保持其运转需要付出的成本；保证成本是为了确保合同中各种承诺得以兑现所付出的成本。见 Williamson O E. 资本主义经济制度：论企业签约与市场签约. 段毅才，王伟译. 北京：商务印书馆，2002.

（二）实证研究对动因理论的检验

自从提出了众多的收购兼并的理论之后，国外许多学者根据本国的情况，采取了不同时间阶段和不同规模的样本对并购动因进行了大量的实证研究。Firth（1980）对英国收购现象的研究发现收购动因与过度支付假设一致。Amihud 和 Lev（1981）指出收购发生的动机主要是收购公司管理层的自我利益。Malatesta（1982）发现兼并对目标公司是价值增加的交易而对收购公司是价值减少的交易，他认为委托代理是收购的主要动机。Jensen（1986）的研究表明收购公司的主要动机是使用自由现金流量增加企业规模。Bradley 等（1988）认为收购是增加总价值的交易，因为在他们所选的样本中总收益是正的。但是，有大约一半的案例中收购公司的股东获得的收益是负的，平均收益也是负的。他们认为过度支付或代理成本是造成收购公司负收益的主要因素。Hayn（1989）发现税收问题是收购公司的重要动因。Morck 等（1990）发现收购公司的收益较低时，该收购的动因往往是多样化和增长。Lang 等（1991）利用托宾 Q 和现金流进行了实证分析，发现成功的要约收购（tender offer）中，Q 值较低的投标公司获得的收益显著地与现金流负相关，而对于 Q 值较高的投标公司却并非如此。他们支持了自由现金流假说。Healy 等（1992）支持的是协同效应假说，他们检验了 1979~1984 年的 50 个大规模兼并样本，发现兼并后经过行业调整的营运绩效得到了显著改善。Berkovitch 和 Narayanan（1993）通过考察目标公司收益以及目标公司与收购公司总收益的相关性讨论了收购发生的主要动因，即协同效应、代理成本和过度支付。他们认为如果存在协同效应，则目标公司收益与总收益正相关；如果存在代理成本，则目标公司收益与总收益负相关；如果存在过度支付，则目标公司收益与总收益零相关。通过实证，他们发现：全样本中目标公司收益和总收益呈正相关，显示协同效应强于代理成本。把全样本划分为总收益为正的子样本和总收益为负的子样本后发现，总收益为正的子样本中两者正相关，表明协同效应占主要地位；总收益为负的子样本中两者负相关，表明代理成本占主要地位。在总收益为正的子样本中，目标公司收益与收购公司收益的相关性不显著区别于 0，说明可能存在过度支付。因为如果只有协同效应，两者相关性应显著区别于 0。过度支付的存在抵消了协同效应，使结果不显著区别于 0。总的来说，协同效应、代理成本、过度支付都有一定的解释力。Houston 和 Ryngaert（1994）通过研究美国大的银行并购发现被收购公司的股东收益增加是建立在收购公司的股东收益减少的基础上，从而支持了过度支付理论。Switzer（1996）通过扩大 Healy 等（1992）的样本量和时间区间进行实证研究也支持了协同效应假说。Cybo-Ottone 和 Murgia（2000）研究了 1988~1997 年欧洲银行业的大型并购发现欧洲的情况与美国不同。在他们的样本中并购银行和目标公司都获得了经过规模调整后的显著联合收益，从而支持了协同效应假说。Houston 等（2001）通过分析 1985~1996 年美国银行业的并购将并购原因归为削减成本上。Gugler 等（2003）分析了过去 15 年全球的兼并活动，通过区分增加了利润的兼并和减少了利润的兼并，以及对是否增加了销售量进行进一步的区分可以将兼并的动因展示出来。如果利润和销售量同时增加，那么兼并的动因是增加效率；如果利润增加而销售量下降，那么兼并的动因是市场力量；如果利润和销售量同时下降，那么这样的兼并是不成功的。Rhodes-Kropf 等（2005）发现了股票市场驱动并购的实证证据。他们的结果表明，收购公司比目标公司的股票显著被高估；被现金收购的目标公司股票是被低估的，而被股票收购的目标公司则略为高估；现金收购中的收购公司并不像股票收购中的收购公司被高估。他们同时指出，股票价值错估能解释 15% 的并购活动。因此，虽然股票市场驱动的动因能够解释一部分并购活动，但之前经典的并购动因理论仍然发挥着重要的作用。Harford（2005）对股票市场驱动理论提出了质疑。他认为，如果股票市场驱动理论成立的话，并购浪潮应发生在股票超额收益（abnormally stock returns）或市账比（market value/book value）高的时期，尤其是收益或市账比分散程度大的时期。因为，这一时期股票被高估，且高估的股票与低估的股票差异较大。而在并购浪潮高峰期之后，经历了并购浪潮的行业将出现较低的股票超额收益。支付方式应主要是股票支付的并购，而现金支付的并购不会在这一浪潮中有明显增加。但他的实证研究却没有发现上述现象。相反，他发现可观察的经济因素或管制（regulatory）上的冲击导致了并购浪潮。他同时解释了为什么股票被高估的时期会推动并购浪潮。他认为，股票被高估是因为流动性过剩导致的，这一时期信贷约束很低，资产价值很高。而充足的流动性才是推动并购浪潮的原因。Alexandridis 等（2012）研究了第六次并购浪潮后，也支持了 Harford（2005）的结论。实证研究对并购动因理论的检验见表 9-2。

表 9-2 实证研究对并购动因理论的检验

作者	支持的理论或假说
Firth（1980）	过度支付假说
Amihud 和 Lev（1981）	代理理论
Malatesta（1982）	代理理论
Jensen（1986）	自由现金流假说
Bradley 等（1988）	过度支付假说或代理理论
Hayn（1989）	税收效应
Morck 等（1990）	多样化和增长动因
Lang 等（1991）	自由现金流假说
Healy 等（1992）	协同效应假说
Berkovitch 和 Narayanan（1993）	协同效应、代理成本、过度支付
Houston 和 Ryngaert（1994）	过度支付假说
Switzer（1996）	协同效应假说
Cybo-Ottone 和 Murgia（2000）	协同效应假说
Houston 等（2001）	削减成本
Gugler 等（2003）	动因区分
Rhodes-Kropf 等（2005）	股票市场驱动
Harford（2005）	流动性过剩
Alexandridis 等（2012）	流动性过剩

五、并购操作过程

并购是企业快速做大的一种方式。但企业是否需要通过并购来获得发展则需要像制定企业战略一样去考虑，主要考虑的因素包括：企业的发展阶段是处于初级阶段还是已经进入高速发展阶段？企业在行业内的竞争地位以及未来可能发生的变化？企业面临的机遇与未来可能的挑战是什么？通过并购是否对增强企业的业务能力和竞争优势有帮助？企业是否具备并购整合所需要的财务能力和管理能力？

并购交易极其复杂，涉及财务与法律等诸多方面的知识。要完成并购，收购方通常需要财务顾问和法律顾问的参与，财务顾问就并购双方的接洽、并购的定价、支付方式及融资来源等提供咨询建议，而法律顾问就并购的法律程序、法律文件等提供咨询建议。

从收购的操作过程来看，一般包括如下几个环节，见图 9-1。

```
筛选目标公司
    ↓
  尽职调查
    ↓
对目标公司进行估值
    ↓
 制定收购策略
    ↓
 收购后整合
```

图 9-1　收购操作环节

（一）筛选目标公司

在协议收购中要找到合适的目标公司（被收购公司）并不是一件容易的事情，这是因为协议收购需要找到愿意被收购的目标公司。而这种信息却很难通过公开渠道找到，能够帮助收购公司搜寻信息的是投资银行或类似身份的财务顾问。由于买方和卖方都需要通过投资银行制订合适的收购方案或被收购方案，因此投资银行通常都拥有买方和卖方的信息，能够更便捷地为并购双方建立沟通的渠道。

敌意收购并不需要事先确定目标公司的意愿，在搜寻目标时相对宽松，但能否将敌意收购成功完成仍需要考虑很多方面的因素。

无论是协议收购还是敌意收购，收购公司在筛选目标公司时，至少需要考虑如下五个层面的问题。

1. 并购动因

为什么要收购是收购公司首先要考虑的问题。是为了扩大市场、提高收入还是为了降低成本？是为了获得规模效应还是为了节省交易成本？是为了提高收益还是为了降低风险？是为了获得财务协同还是为了获得经营协同？

如果是为了扩大市场、提高收入，则需要在不同的市场区域寻找业务相同的目标公司；如果是为了降低成本，则需要在同一区域具有竞争关系的目标公司中寻找；如果是为了获得规模效应，则需要在同行业的目标公司中进行选择，实施横向并购；如果是为了节省交易成本，则需要在产业链上下游的公司中选择，实施纵向并购；如果是为了提高收益，则需要在同行业或同一产业链上的公司中选择；如果是为了降低风险，则需要在不同行业的公司中选择，实施多元化并购；如果是为了获得财务协同效应，则需要在财务上具有互补效应（如能节约税收）的公司中选择；如果是为了获得经营协同效应，则需要在业务上具有互补效应的公司中选择。

2. 目标公司的财务特征

不同类型的收购所关注的财务特征也是不同的。如果是为了扩大收入，则需要重点关注目标公司的销售增长情况；如果是为了降低成本，则需要重点关注目标公司的各项成本，并衡量并购后能否在这些成本上获得优势；如果是为了降低风险而实施多元化，则需要关注目标公司的收益波动是否与收购公司的收益波动呈负相关；如果是为了进入新的行业，则需要关注目标公司的成长性；如果是为了获得税收节省，则需要关注目标公司的亏损情况。

对于杠杆收购这类特殊类型的并购来说，理想的目标公司应具有的特点是：第一，具有稳定的现金流，这有助于收购后运用目标公司的现金流来偿还债务；第二，拥有稳定的有经验的管理者，这有助于保持目标公司的竞争优势，并使现金流稳定成为可能；第三，有足够的降低成本的空间与能力，这才能在1+1的结合上产生大于2的效果，需注意的是成本的削减不会损害公司的业务发展，从而能保持现金流的稳定；第四，目标公司只有有限的债务，这保证了并购后的债务负担不会导致合并后的公司破产；第五，目标公司具有分散的非核心业务，即便在遭遇短期债务压力时，也能通过出售非核心业务来偿还债务，以避免对收购公司产生不利影响。

无论是杠杆收购还是普通的收购，对目标公司债务的关注都是必要的。财务上的尽职调查最重要的一环就是对或有债务（contingent liability）的调查。

3. 目标公司管理层的态度

目标公司的管理层是否愿意被收购构成了善意收购和敌意收购的区别。如果目标公司的管理层不抵制收购方，收购后的整合过程将会进展顺利，这也会有利于协同效应的产生。但如果收购方遭遇目标公司管理层的强烈抵制，即便强行完成收购，其整合成本也会大幅度增加。因此，收购方必须权衡敌意收购所获得的协同效应与整合成本之间的关系。

4. 目标公司是否存在反收购措施

在控制权市场发展比较成熟的国家，收购与反收购的战争经常上演。在争夺战中，一系列的反收购措施被发明出来用于抵制收购方的入侵。这些措施通常存在于公司章程中。因此，对公司章程的调查有助于甄别收购的难度。

常见的反收购措施包括以下两方面。

1）毒丸计划

毒丸计划可分成三种主要类型，即股权毒丸、债权毒丸、人员毒丸。

股权毒丸又可分成第一代毒丸、第二代毒丸、第三代毒丸。其中，第一代毒丸计划的专业名称为"股权摊薄反收购措施"。1982年，美国的并购律师马丁·利普顿发明了这种毒丸，其运作方式是目标公司向自己的普通股股东发行一种可转换成普通股的优先股，转换条件仅限于公司被收购的情况。一旦敌意收购方收购了目标公司一定股份（通常设置为10%~20%）时，毒丸就会触发，拥有这种优先股的股东可将优先股转换为普通股，从而导致目标公司的股权总额增大。由于这种优先股仅仅被原目标公司的股东持有，当毒丸触发时收购方收购的股权会被大量稀释，从而达到抵制收购的目的。

第二代毒丸计划也称作"弹出毒丸计划"（flip-over），是指为本公司普通股的持有人提供一种权力，这种权力允许本公司原普通股持有人在公司被100%收购时，可以购买合并后公司的股票，而购买价格远低于市场价格。这一毒丸计划的目的是提高股东在收购中愿意接受的最低价格。举个例子，某公司为普通股的持有人提供了一个毒丸计划，允许在公司被100%收购时,以 10 元的价格购买公司价值 20 元的股票。当该公司的股价为 5 元,那么普通股的持有人就不会接受所有低于 15 元/股的收购要约。因为普通股的持有人拥有的股票在公司被 100%收购时具有双重价值,即 5 元的股价和 10 元的购股权溢价。收购方的出价必须高于 15 元才能完成 100%的收购。但这一毒丸计划只有在收购者获得 100%的股份时才生效,当收购方只获得 99%的股份时,这一毒丸计划完全没有作用。

第三代毒丸计划也称作"弹入毒丸计划"(flip-in),是指即便在收购方只获得目标公司部分股份的时候,也允许普通股的持有人以低价获得合并后公司的股票。显然,第三代毒丸包含了第二代毒丸。

专栏 9-1 盛大新浪攻防术

2005 年 2 月 19 日上午,在历时一个月、利用四家关联公司出手购股后,盛大在其网站及纳斯达克官方网站同时发布声明,称截至 2005 年 2 月 10 日,其已经通过公开交易市场购买了新浪 19.5%的股权,并根据美国相关法律规定,向美国证券交易委员会提交了 13-D 文件。

盛大在 13-D 中明确表示,此次购买新浪股票的目的是一次战略性投资,可能进一步"通过公开市场交易,以及私下交易或者正式要约收购和交换收购等方式"增持新浪股票,并"寻求获得或者影响新浪的控制权,可能手段包括派驻董事会代表"。此外,盛大还表示,可能出售全部或部分所持的新浪股票。

针对盛大的敌意收购,摩根士丹利被新浪急聘为财务顾问,并迅速制订了购股权计划:对于 3 月 7 日记录在册的新浪股东,他所持每一股股票,都能获得一份购股权。如果盛大继续增持新浪股票致使比例超过 20%时或有某个股东持股超过 10%时,这个购股权将被触发,而此前,购股权依附于每股普通股票,不能单独交易。

一旦购股权被触发,除盛大以外的股东们,就可以凭着手中的购股权以半价购买新浪增发的股票。购股权的行使额度是 150 美元,以 3 月 7 日每股 32 美元计算,一半的价格就是 16 美元,新浪股东可以购买 9.375 股。

毒丸计划的后果:新浪总股本为 5 048 万股,除盛大所持的 19.5%(984 万股)外,能获得购股权的股数为 4 064 万股,一旦触发购股权计划,那么新浪的总股本将变成 43 148 万股(4 064×9.375+4 064+984)。这样,盛大持有 984 万股原占总股本的 19.5%,一经稀释,就降低为 2.28%。

如果盛大停止收购,新浪董事会可以以极低的成本(每份购股权 0.001 美元或经调整的价格)赎回购股权。

段永基说:"如果没有反收购措施,美国投资股东会起诉我!"

资料来源:李明瑜,袁朝晖,徐蕾.盛大新浪攻防术.证券市场周刊,2005,10:16

另外,还有两类股权毒丸计划,即撤离权力计划(back-end rights plan)和表决权计划(voting plan)。撤离权力计划是指向目标公司股东发行一种可执行的红利权利,如果敌意收购方收购目标公司的股份超过某一门槛,除收购方以外的股东可以将每股连同其附带的权利换成优先级证券或者与目标公司董事会制定的撤离价格等值的现金。这种撤离价格高于市价。收购方完成收购后,需要拿出等值的现金来支付给撤离的股东,从而提高了收购方的收购成本。表决权计划(voting plan)是指向目标公司的股东发行有表决权的优先股。在触发点,赋予优先股股东超级投票权,以使竞价者难以得到表决控制权。

"毒丸"计划是不需要股东的直接批准就可以实施的,在 1985 年经美国德拉瓦斯切斯利法院的判决后被合法化使用。除非出现并购这一触发事件，附加在股票上的权力一般依托在普通股上进行交易，但一旦触发事件发生，权力就可分离执行。如果目标公司遇到了较好的收购条件，并愿意被收购，目标公司可以在权衡利弊后以很低的价格赎回毒丸给予的权力，从而使善意收购方能完成收购。

需要注意的是，股权毒丸计划在我国"一股一权、同股同权"的制度背景下无法实施。

虽然股权毒丸计划在我国难以实施，但债权毒丸和人员毒丸对于中国公司是可行的。债权毒丸是指目标公司通过增加自身负债降低自己的吸引力，或者在债务协议中规定当目标公司遭受敌意收购时，目标公司的债权人有权提出提前赎回债券、偿还全部债务或将债券转换成股票等要求，以保护债权人的利益。债权毒丸会消耗收购方的现金，导致收购方可能背负严重的债务，从而使收购方陷入财务困境。当债务协议中允许债权人将债务转换成股权，这将使收购方的股权被稀释，从而增加收购方的成本。人员毒丸是指目标公司的绝大部分高级管理人员共同签署一份协议，在这一协议中规定当自己所在公司被敌意收购时，只要签署了协议的管理人员中有一人被降职或解聘，签署了协议的全部管理人员将集体辞职。人员毒丸计划会给收购方造成整合困难。但这一计划只适用于目标公司管理层对目标公司的价值巨大时才有用。这一计划的效果对于高科技企业比传统企业要好。

2）公司章程中的反收购条款

公司章程中的反收购条款包括董事轮换制、累积投票制条款、超级多数条款、限制大股东表决权条款、公正价格条款、双重资本化、限制董事资格条款。

董事轮换制（staggered board election），有时被称为分级董事会（classified board），是指在公司章程中规定，每年只能更换三分之一（或其他比例）的董事。即使收购方收购了目标公司绝对多数的股权，由于董事轮换制的制约，收购方也难以获得目标公司董事会全部的席位，从而难以全面控制公司。这会导致收购后的整合较为困难，有助于抑制收购方的收购意图。美国现在有70%以上的上市公司采用了董事轮换制。董事轮换制对股价影响较小，但又比较有力地阻止了敌意收购方的收购意图。

累积投票制（cumulative voting system），是指股东大会选举董事时，每一股份拥有与应选董事人数相同的表决权，股东拥有的表决权可以集中使用，也可以分散使用，按得票多少依次决定董事人选的表决权制度。2002年，我国《上市公司治理准则》中规定控股股东持股比例超过30%的上市公司，在选举董事时应当采用累积投票制。引入这一制度的初衷是保护中小投资者，避免董事会席位在一般投票制下被控股股东全部控制。例如，控股股东持股51%，其他股东合计持股49%，公司一共有500万股。在选举A、B、C、D、E 5名董事时，按一般投票制，每股拥有一份投票权，获得多数赞成票的候选人可以当选董事，那么控股股东对每一个能代表自己利益的候选人投出255万票，就能全部占据5个董事会席位。而在累积投票制下，每股拥有的投票权等于股份数量乘以选举董事的人数（2 500万票=500万股×5票）。控股股东拥有1 275万票，其他股东共拥有1 225万票。其他股东如果联合起来进行投票，可以将613万票和612万票集中投给自己的候选人（如C和D）。在这种情况下，控股股东最多只能占据三个董事会席位。因为要超过C和D的票数，控股股东至少要拿出614万票和613万票投给自己的候选人（如A和B），另外剩下48万票投给候选人E。在并购中，累积投票制则起着双刃剑的作用。如果目标公司有累积投票制，收购方即使成为控股股东，也无法完全控制董事会，这导致并购后整合困难，降低了收购方的收购意愿。但从另外一个角度来看，收购方即使没有成为控股股东，也能通过累积投票制将能代表自己利益的董事选入董事会，从而游说原来的董事接受收购方的收购，这为收购创造了便利条件。

超级多数条款（super-majority provision），是指在公司章程中规定，公司的并购需要获得绝对多数的股东投赞成票。绝对多数通常是指 2/3 或 80% 以上，有时甚至高达 90% 以上。当这一反并购条款进行修改时也需要绝对多数的股东同意才能生效。为了避免影响到董事会支持的并购或有附加条件的并购，超级多数条款通常包含免除条款，允许企业放弃该条款。这一条款对抑制部分收购非常有效，但对全面收购则没有作用。

公平价格条款（fair price provision），是指在章程中规定当收购方进行收购时，必须向少数股东支付目标公司股票的公平价格。这一条款是针对两步收购要约而设置的。所谓两步收购要约，是指收购方分成两个阶段进行收购，第一个阶段报价较高，以吸引足够多的股东接受要约，第二阶段报价较低，因为当其收购到足够多的股份时，收购剩余股份的意愿会降低。两步收购要约可以降低收购方的收购成本。但公平价格条款则对两步收购要约做出了限制，要求收购公司对所有股东支付同样的价格。

专栏 9-2　国美收购三联

广州日报 2008 年 6 月 6 日报道，在三联商社将要召开股东大会之际，国美与三联商社之间的口水战也进一步白热化。此前，国美就三联商社董监事选举采取累积投票制方式大加质疑，但三联商社却表示，累积投票制是符合公司章程的，也没有损害任何股东的利益。

作为收购方的国美认为应以普通决议进行。根据三联商社 2007 年度股东大会会议材料，热点议案《关于选举公司第七届董事会董事的议案》和《关于选举公司第七届监事会监事的议案》中，对董监事的表决方式采取"累积投票制"的方式进行。对此，国美方认为，"采取'累积投票制'表决方式违反了《三联商社章程》第七十七条和第八十三条第二款的规定，本次董监事换届选举按照《章程》规定，应当以普通决议进行，该两项议案将严重损害我公司的股东权利"。

但作为被收购方的三联商社回应道，根据《上市公司治理准则》及《关于加强社会公众股股东权益保护的若干规定》的规定：在股东大会选举董事、监事的过程中，应积极推行累积投票制；对于控股股东对公司的控股比例达 30% 以上，股东大会进行两名或两名以上的董事或监事选举表决时，应采取累积投票制。因此，采取累积投票制符合《公司章程》的有关规定，也遵循了市场惯例，没有损害任何股东的权利。

资料来源：张忠安，刘新宇. 称累积投票制合规. 广州日报，2008-06-26

双重资本化（dual capitalization），是将股权分成两类具有不同投票权的股票，如一类股票是一股一权，另一类股票是一股两权。一般来说，一股多权的股票通常由与管理层拥有一致意见的股东持有。在双重资本化的设计上，有时还规定拥有多权的股票在转让时，每次只能转让一个投票权。例如，一股三权的股票，当收购方收购该股票后，一次只能获得其中的一个投票权，收购方要全部拥有投票权，需要等候三年。

限制董事资格条款，是指在公司章程中规定公司董事的任职条件，如不得担任公司董事的条件和担任董事必须具备的条件。在我国，限制董事资格条款主要体现在董事会提名权限制上。对董事会提名权的限制包括对持股比例的限制和对持股时间的限制。尽管我国《公司法》和《上市公司章程指引》规定：单独或者合并持有公司 3% 以上股份的股东，有权向公司提出提案。但这些法规中只限定了提出提案的最低持股比例，并未规定最高持股限额，对持股时间也没有做出要求。针对提案权，上市公司可以在章程中设置更高的持股下限，而且还可以规定最短持股时间，从而对收购方的股东进入董事会造成障碍。这是因为在我国董事候选人需要以提案的方式提交股东大会，对提案权进行限定将直接导致收购方不能选派自己的利益代表人进入董事会。

会议召集权限制，是指限制召集股东大会、董事会会议的能力或限制会议讨论的议题内容。限制召集临时股东大会或董事会会议的权力，实际上就是对董事选举进行限制。通常的限制条件是持股比例，如持股比例低于10%的股东无权召集临时股东大会。在这种情况下，收购方必须收购10%的股份才能通过召集临时股东大会讨论选举董事的议题。2006年我国实施的新公司法使少数股东和监事会获得了股东大会召集权。该法第102条规定："无论是年度股东大会抑或临时股东大会，在董事会不能召集或不召集时，监事会应当及时召集和主持；监事会也不召集和主持的，连续九十日以上单独或合计持有公司10%以上股份的股东可以自行召集。"在敌意收购中，收购方可以利用这一条款来召集临时股东大会，并讨论破除公司章程中的反收购条款和选举董事等议题。

降落伞计划，是指当公司被敌意收购时，高管人员将从公司得到一定数额的补偿金，从而使其退出管理层。降落伞计划包括金降落伞（golden parachute）、灰色降落伞（penson parachute）、锡降落伞（tin parachute）。金降落伞是针对高级管理人员的，灰色降落伞是针对普通管理人员、锡降落伞针对一般员工。收购方要完成收购，需要支付补偿金。如果补偿金过高，收购获得的收益不足以弥补补偿金，收购方将会得不偿失。从另外一个角度来看，只要收购方愿意支付补偿金，目标公司的管理层将会支持收购方的收购，从而也为收购方的收购提供了便利条件。

5. 目标公司现在的市价水平

如果一家目标公司当前的市价水平被严重低估，这家目标公司将成为理想的收购对象。许多目标公司都符合前面的筛选条件，但最终是否会成为被猎取的对象则还要看其市场价格是否合适。将市价过高的目标公司从筛选池中剔除能节省调查分析的时间。

（二）尽职调查

在筛选出目标公司后，收购方还需要聘请财务顾问和法律顾问对目标公司进行审慎的调查，这一过程通常称为尽职调查。

1. 财务方面的审查

在财务审查上，最主要的工作就是审核财务报表的真实性。通常收购方都会要求目标公司提供前几年的财务报表。如果是上市公司，目标公司的财务报表是公开的，财务顾问需要对目标公司的财务报表进行一定的分析，确保目标公司提供的财务信息是没有经过粉饰的。如果目标公司是非上市公司，由于其信息的私密性，所提供的财务报表能否反映企业当前的真实情况更加需要进行审慎的分析和查验。如果在分析过程中发现可疑的地方，还需要通过实地考察和现场询问等方式将真实情况了解清楚。由于非上市公司的股权无法通过公开渠道购买，因此敌意收购并不适用非上市公司。对非上市公司进行收购时通常都是善意的，因此对目标公司进行财务审查和法律审查需要得到目标公司的支持。

财务审查的重点包括资产负债表中的资产和负债及损益表中的收益。对资产的审查主要在于看应收账款是否计提了适当的坏账准备，逾期应收账款是否进行了足够的估计，存货是否被人为调整了，固定资产是否计提了充足的折旧，长期投资是否有投资损失或减值损失可能。对债务的审查主要在于调查是否存在未记录的债务，最好要求目标公司申明对未列债务负责。对收益的审查主要在于分析收入的确认是否合理，是否存在不符合规定的费用、成本列支，以确保收益的真实性。由于判断资产、负债和收益的真实性需要专业的知识，收购方需要寻求财务顾问的帮助。

2. 法律方面的审查

收购需要经过哪些程序？需要遵循哪些法律法规？这些是收购方在收购前需要了解的。不同的收购需要遵循的法律法规和审批程序是不同的。例如，在我国收购上市公司需要遵循中国证监会颁布的《上市公司收购管理办法》，对涉及国有企业资产转移的还要遵循国务院国有资产监督管理委员会、财政部颁布的《企业国有产权转让管理暂行办法》。如果涉及上市公司的重大资产重组，还需要遵循《关于上市公司重大购买、出售、置换资产若干问题的通知》的规定。如果是外资企业收购境内企业，则需要遵循《关于外国投资者并购境内企业的规定》。

如果未能遵循相应的程序和法律法规的规定，一方面会导致并购难以完成，另一方面也会使并购的资金成本或时间成本大大提高。对收购方来说，迅速整合目标公司才能取得预期的协同效应，而拖延只会导致协同效应的减少甚至产生负效应。

法律层面的审查大体包括如下几方面。

第一，审查公司章程。公司章程相当于公司最高层面的契约。收购方需要关注公司章程中对股权转让或资产出售是否有严格的限制。特别是要关注是否存在上文中所提到的反收购条款。

第二，审查公司的财产契约，包括股权协议、债务协议等。查阅股权权属是否清晰、债务偿还期限、偿还条件、利率等是否明确。是否存在类似毒丸计划的条款。

第三，审查目标公司与供应商、客户的交易契约。主要关注当目标公司被收购后，与供应商、客户的交易契约是否还继续有效。

第四，审查目标公司的诉讼案件。主要关注目标公司是否还有尚未结案的诉讼，以避免收购后该诉讼拖累收购方。

（三）对目标公司进行估值

目标公司的估值方法有两类，一类是比较法；另一类是贴现法。

比较法也称为静态估值法，即根据同行业或同类公司的价值来确定目标公司的相对价值。

在采用比较法时，常用的指标包括市销率（市场价值/销售收入）、市盈率（市场价值/盈利）、市净率（市场价值/净资产）、市场价值/EBIT（市场价值/息税前利润）等。估值中经常还会用到一些其他的财务比率指标，如 EV/EBITDA、EV/销售收入等。其中 EV 指企业价值，用公司市值加上净负债来计算。EBITDA 指未计利息、税项、折旧及摊销前的利润，是反映公司经营业绩的一个指标。投资者可以根据自己的需要，在进行静态估值时选取不同的指标。

贴现法是动态估值，需要考虑公司未来发展所带来的增值潜力。贴现法是对能带来公司价值的某个流量（简称价值流，如红利、现金流、剩余收益、经济增加值等）进行贴现，计算出公司当前价值的方法。要确定能带来公司价值的某个流量，需要对公司所处行业的前景和公司自身发展状况进行分析并进行一定期间（如3年、5年或10年）的预测。

专栏9-3　贵州茅台的估值

对贵州茅台进行估值，可以挑选五粮液、洋河股份这两家上市公司作为参照公司，并以市盈率和市净率作为估值指标。

根据 2010 年的年报和 2010 年年末的股票价格可以计算出五粮液和洋河股份的 P/E 分别是 29.04 和 49.23；P/B 分别是 7.7 和 16.13。然后从贵州茅台的年报中获得利润、股份数量、净资产三个指标并计算出每股净利润（EPS）为 5.35 元和每股净资产（BPS）为 19.49 元。

将这些数字整理进表 9-3。

表 9-3　贵州茅台静态估值法估值

项目	五粮液	洋河股份	平均值	贵州茅台的 EPS 和 BPS	贵州茅台估值/元
P/E	29.04	49.23	39.14	5.35	209.40
P/B	7.7	16.13	11.92	19.49	232.32
最终估值					220.86

然后根据五粮液和洋河股份的 P/E 和 P/B 分别计算出平均值为 39.14 和 11.92。以这个平均值作为酒类企业的市盈率和市净率的代表值，来估算贵州茅台的价值。

利用 P/E 估算贵州茅台的每股价值为：5.35×39.14=209.40（元）；利用 P/B 估算贵州茅台的每股价值为：19.49×11.92=232.32（元）；最终的估值为：(209.40+232.32)/2=220.86（元）。

目标公司所处的行业不同，其价值流的趋势将不同。如果目标公司处于周期性行业，价值流将呈周期性变化；如果目标公司处于防御性行业，价值流表现较平稳，容易预测；如果目标公司处于成长性行业，价值流的预测难度很大。但成长性公司的价值却可能是最高的。这是因为价值来自公司未来的成长。因此，一些高科技行业的目标公司估值可以达到其净资产的几百倍或上千倍，而传统行业的目标公司估值通常只有 10 倍左右。

目标公司过去的发展状况能给收购公司提供一些参考。过去发展较好的公司，未来继续保持发展态势的可能性更高。当目标公司能与收购公司产生协同效应时，价值流会出现增长，这会带来目标公司估值的提升。但收购公司也需注意收购完成后的前一段时间里可能会存在一个整合期。在此期间，合并后的公司价值流可能由于整合成本而出现下降趋势。

并购中计算目标公司的价值常用的是现金流贴现模型。收购目标不同，估值方法也有差异。

如果是对一家公司进行整体收购，可以用公司现金流贴现模型计算公司整体的价值。模型如下：

$$V_F = \frac{\text{FCFF}_1}{(1+\text{WACC})} + \frac{\text{FCFF}_2}{(1+\text{WACC})^2} + \cdots + \frac{\text{FCFF}_n}{(1+\text{WACC})^n} \quad (9\text{-}1)$$

其中，V_F 代表公司价值；FCFF 代表公司各期的自由现金流，包含股东和债权人共有的现金流；WACC 为贴现率。由于分子所用的现金流是整个公司的现金流，因此分母所用的贴现率应是整个公司的资本成本，即 WACC。WACC 是用股权的成本和债权的成本加权平均求得公司的资本成本。

WACC 的计算公式如下：

$$\text{WACC} = r_e \times \frac{E}{B} + r_d \times (1-t) \times \frac{D}{B} \quad (9\text{-}2)$$

其中，B 表示公司价值；E 表示所有者权益价值；D 表示债务价值；t 为税率；r_e 和 r_d 分别为股权的资本成本率和债务的资本成本率。

如果收购方只想收购目标公司的部分股权，则可以采用股权现金流贴现模型。模型如下：

$$V_E = \frac{FCFE_1}{(1+r_e)} + \frac{FCFE_2}{(1+r_e)^2} + \cdots + \frac{FCFE_n}{(1+r_e)^n} \qquad (9\text{-}3)$$

其中，V_E 代表股权价值；FCFE 表示公司股东各期可获得的自由现金流，不包含债权人可获得的现金流；r_e 表示股权资本成本。由于分子所用的现金流是股东可获得的现金流，因此分母所用的贴现率应是股东承担的资本成本。

（四）制定收购策略

收购策略包括出价策略、建立立足点、熊市拥抱、要约收购、公开市场收购、代理权争夺、协议收购等。

1. 出价策略

当目标公司的估值确定后，收购公司可以根据目标公司的估值确定出价策略。出价策略包括价格区间的界定和支付方式的选择。

对于股价被低估和股价被高估的公司，收购方的价格区间的界定是不同的。

专栏 9-4　并购估值

收购公司筛选了两家目标公司 X 公司和 Y 公司，并对它们未来 5 年的现金净流量、资本成本进行了分析，财务信息如表 9-4 所示

表 9-4　X 公司和 Y 公司的财务信息

公司名	X 公司	Y 公司
第 1 年	20	22
第 2 年	22	18
第 3 年	24	26
第 4 年	26	22
第 5 年	28	30
WACC/%	10	11

如果两家目标公司的报价相同，收购哪家公司更划算？

我们可以通过现金流贴现模型计算出 X 公司和 Y 公司的价值。计算如下：

$$V_X = \frac{20}{(1+10\%)^1} + \frac{22}{(1+10\%)^2} + \frac{24}{(1+10\%)^3} + \frac{26}{(1+10\%)^4} + \frac{28}{(1+10\%)^5} = 89.54$$

$$V_Y = \frac{22}{(1+11\%)^1} + \frac{18}{(1+11\%)^2} + \frac{26}{(1+11\%)^3} + \frac{22}{(1+11\%)^4} + \frac{30}{(1+11\%)^5} = 85.74$$

由于 X 公司的价值比 Y 公司的价值更高，因此收购 X 公司更划算。

由图 9-2 可以看出，对股价被低估的目标公司而言，收购方的出价下限是被低估的股价。以低估的市场价格收购内在价值高的目标公司显然对收购方更有利。收购方的出价上限为合并后双方产生协同效应所带来的价值。在实际操作过程中，收购方通常将初次谈判的出价上限定为目标公司的内在价值。如果收购价最终确定在内在价值之下，收购公司不仅可以获得目标公司内在价值低估的部分，还可以获得协同效应产生的全部价值。如果收购价最终确定在内在价值之上协同价值以内，收购公司获得的是协同效应产生的价值。

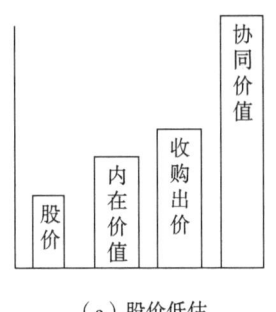

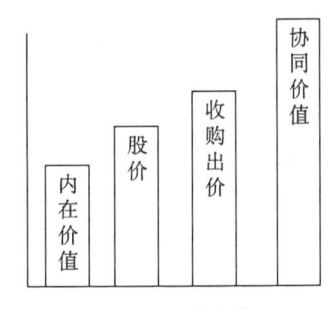

(a) 股价低估　　　　(b) 股价高估

图 9-2　股价低估和高估的公司出价策略

一旦收购方的意图被发现，套利者会推动目标公司的股价上升。这可能导致目标公司的股价超过目标公司的内在价值。对于大部分不关注协同效应的收购方来说，当目标公司的股价被高估时，收购方会放弃收购。如果考虑协同效应，即使目标公司的市场价格被高估，一些有远见的收购方仍愿意在协同价值以下出价。这时收购方获得的价值是协同价值，而目标公司也分享了部分协同价值。

从上述情况来看，收购方的出价上限可依据目标公司内在价值和协同效应的价值而定。协同效应的价值越大，收购方的出价空间越多。需要注意的是，协同效应能否实现具有不确定性，因此收购方的出价越高，风险也越大，容易陷入"胜者之诅咒"，即完成了收购，但却没有提升公司的绩效。

在收购出价过程中，最终的价格是通过收购方和目标方不断磋商形成的结果。

2. 支付方式

除价格区间外，收购中的支付方式也是出价策略中重要的一个环节。选择合理的支付方式应考虑目标公司的要求、收购方股东的要求、收购方自身的资本结构、税收影响等。

如果目标公司要求使用现金支付方式，那么收购方只能采用现金支付方式，此时收购方需要考虑自身是否具备足够的现金支付能力，是否会影响到公司未来的运营能力。如果目标公司对支付方式没有明确的要求，收购方可以采用股票支付或现金加股票支付的方式。如果在收购过程中遇到竞购方，收购公司可采用将股票收购转为全部现金收购的方式来推进并购。

收购方股东有时不愿意采用股票支付的方式来收购目标公司，因为这会稀释收购方股东的股权。作为收购公司的管理层，应充分考虑股东对支付方式的意愿。支付方式的不同会带来收购公司资本结构的改变。有时收购方会通过发行债券来募集收购资金，并用现金来收购目标公司，这会增加收购公司的杠杆。当收购方在收购前已经有大量的长期债务时，收购方更愿意以股票支付的方式完成收购，这既不会增加债务负担，避免收购后陷入困境，也可以反向调低杠杆水平，为合并后通过负债获得新的资金做准备。但收购方长期债务水平很低时，则可以通过发行债券或以债券为支付手段调高债务水平，获得税盾效应。

支付方式的不同还会对目标公司股东承担的税负产生影响，也会影响到目标公司对支付方式的接受意愿。对现金收购中实现的资本利得，目标公司股东一般需承担资本利得税；换股收购中由于没有立即获得资本利得，所以目标公司股东的税负得到了递延。如果目标公司股东不愿承担当前的资本利得税，收购方需要采用股票支付的方式。

3. 建立立足点

对于目标公司为上市公司的收购，收购方可在正式收购前购入一小部分目标公司的股份，作为收购的立足点。拥有了目标公司的股份后,不论股份的多少,收购方都成了目标公司的股东。此时,目标公司的管理层应对股东负责,收购方提出的收购建议成为管理层必须考虑的受托责任,这样有利于增加收购成功的概率。收购方成为目标公司的股东后,可向管理层或投资银行的代表暗示收购的意愿,但这一意愿是非正式的。不过,这种暗示也会暴露收购方的意图,消息一旦泄露出去,套利者将迅速囤积目标公司的股票,使收购方未来的收购成本提升。另外,如果目标公司不愿意被收购,也会引起目标公司的警觉。

4. 熊市拥抱

当目标公司察觉到收购方的意图后,目标公司既没有表示同意,又没有出现抵触的时候,收购方可以向目标公司董事会表达收购的兴趣,并提示如果董事会拒绝了收购建议,收购方将会直接向股东发出要约收购。这种方式类似一头熊要拥抱你,既显现出友好的态度,又让人惊恐,所以被称为熊式拥抱(bearhug)。熊式拥抱通常发生在敌意收购开始的时候,也是正式表达收购意向最不具有侵略性的方式。目标公司董事会接到熊市拥抱后,必须应对收购方的收购建议,给出肯定或否定的答复。由于收购建议已经公开,套利者会开始囤积目标公司的股票,这会带来两个后果:一是目标公司股票开始上涨,提高了收购公司的收购成本;二是收购公司也可以直接从套利者手中买下囤积的股票,从而使收购变得更容易。

如果熊市拥抱得到了目标公司董事会的接纳,对于收购方来说是极其有利的。一方面,无须花费大量时间和资金用于收购战;另一方面能减少整合目标公司的成本。

5. 要约收购

当熊式拥抱被目标公司董事会拒绝后,收购公司将发起正式的敌意收购——要约收购。要约收购是指收购公司向目标公司的股东发出以某个价格收购其手中持有的股票的要约。如果收购公司的要约价吸引了足够多的目标公司股东愿意接受其要约,收购公司就能通过购买这些股东手中的股票来完成收购。

要约收购可以分成全面要约收购和部分要约收购。全面要约收购是指收购公司向目标公司所有股东发出的收购其手中全部股份的要约。部分要约收购是指收购公司向目标公司的某一部分股东发起要约,或向目标公司的所有股东发起收购其部分股票的要约。我国2006年修订的《上市公司收购管理办法》将"全面要约"改成了"部分要约",大大降低了收购公司的收购风险和收购成本。因为在全面要约制度下,收购公司一旦持股达到30%,就必须向目标公司所有股东发出收购其所有股份的要约。而如果目标公司全体股东都愿意接受要约,收购公司不得不拿出大量现金或收购公司的股票来完成收购,这对收购公司来说是极大的风险。

在美国,要约收购还可以通过两阶段要约收购来进行。第一阶段收购公司出价较高,目的在于吸引足够多的目标公司股东接受要约;当已有足够多的目标公司股东接受要约后,第二阶段愿意出售股份的目标公司股东就只能以较低的价格出售其股份了。通常缺乏大规模融资渠道的收购方会采用两阶段要约收购方式。不过当目标公司存在公平价格条款时,这一方式不适用。

6. 公开市场收购

如果目标公司的股东对要约价不满意,要约收购会失败,这说明收购方的要约价太低了。要约收购失败后并不意味着收购的失败。收购方还可以通过公开市场收购目标公司股票的方式继续实施收购。不过,此时目标公司的股票价格通常都比发起收购前要高很多,这会导致收购方的成本提高。要约收购失败后，在公开市场上大量增持目标公司股票的行为被称为街道清扫（street sweep）。

需要注意的是，公开市场上收购目标公司股票可能会陷入骑虎难下的局面。这是因为一旦收购了大量的股份但又未能获得目标公司的控制权，收购方将面临两个艰难的选择：一是售出目标公司股份，大量出售股票会给目标公司股票价格造成下跌的压力，使收购方造成巨大亏损；二是继续完成收购，但收购到足够的股份难度很大，而且付出的成本可能导致收购的好处归零，甚至为负。

7. 代理权争夺

如果公开市场收购仍然无法帮助收购方获得足够多的股份来完成对目标公司的控制，收购方还可以通过公司投票权的代理机制取得公司控制权，这一方式称为代理权争夺。所谓的代理权，就是代理投票的权力。股东可以将投票的权力委托给其他股东，让其他股东代为投票。收购方即使没有购买到足够多的股份，也可以通过争取其他股东的投票代理权来完成对目标公司董事会的控制。这是敌意收购最后的一个措施，在某些情况下威力巨大，即使没有最终夺取控制权，对上市公司也将带来一些根本性的改变。因为原来的控制方在代理权争夺的压力下必须做出改变的承诺才不至于被争夺方夺取控制权。

发起代理权争夺的一方要想取得胜利，必须具备如下条件：第一，目标公司的经营业绩差；第二，原来的控制方未能获得股东的青睐；第三，争夺方有可行的经营计划，能扭转公司的经营状况；第四，争夺方争取到了足够的代理权。

专栏 9-5　微软收购雅虎潜在的代理权争夺战

据《华尔街日报》的报道，自从微软 2008 年 5 月 3 日放弃对雅虎的收购之后，美国著名投资者伊坎已经购买了约 5 000 万股雅虎股票，其在雅虎公司所持有的股份将达到 3.6%。伊坎有可能发动一场代理人大战，推翻现有的雅虎董事会，选出一个支持微软收购方案的董事会。而此前微软试图进行收购的出价遭到雅虎拒绝。伊坎将确定是否发动针对雅虎董事会的代理权争夺战。

在 7 月 3 日召开的 2008 年雅虎股东大会上，股东将就所有董事候选人进行投票表决。其他激进的对冲基金经理也瞄准了雅虎，正在考虑是否参与针对雅虎董事会的代理权争夺战。受此消息刺激，5 月 12 日雅虎股价上涨了 1.3 美元，涨幅为 5.15%，收盘价为 26.56 美元。

资料来源：孙珃. 传伊坎将对雅虎发动代理权争夺战. 第一财经日报，2008-05-15

8. 协议收购

协议收购通常是善意收购方与目标公司在公开市场之外就收购价格、收购股份数量等进行私下协商完成的收购。根据 2006 年新修订的《上市公司收购管理办法》，采取协议收购方式的，收购人收购或者通过协议、其他安排与他人共同收购一个上市公司已发行的股份达到30%时，继续进行收购的，应当向该上市公司所有股东发出收购上市公司全部或者部分股份的要约。但是，经国务院证券监督管理机构免除发出要约的除外。

2005 年之前，我国存在股权分置的问题，控股股东持有的股份大多属于非流通股，在公开市场上拟收购方无法收购到足够的股份来获得控制权。因此，2005 年之前我国资本市场上所发生的并购案绝大多数是通过协议收购方式完成的。随着 2007 年股权分置改革逐渐进入尾声，要约收购日渐增多。

在协议收购中，经常会出现的一类协议就是对赌协议（earnout），也称为递延对价（deferred consideration），是由两阶段支付构成的并购方式：第一阶段给目标方固定的支付，可以是现金、股票或者二者的混合支付；第二阶段是并购后的有条件支付，这一阶段的支付取决于目标方是否达到并购双方预先设定的业绩测度标准，如现金流、销售收入、股价、投资收益率等。

对赌在协议收购中有以下两方面的作用：一方面，由于并购双方存在信息不对称，会导致并购双方对并购对象的估值出现差异，而对赌可以降低或消除信息不对称，从而消除存在于主并公司和目标公司之间关于并购对象的价值分歧（agreeing to disagree）；另一方面，目标公司的管理者等人力资源对实现未来的协同价值具有重要的作用，对赌并购可以保留原管理团队（management retention），特别是保留拥有特殊技能的管理者，对于实现未来价值有着重要的意义。

> **专栏 9-6　分众传媒收购玺诚传媒**
>
> 2007年12月10日，分众传媒（NASDAQ：FMCN）与玺诚传媒数字媒体达成100%股权收购协议（Zypher 交易编号：1600000598）；2008年1月2日，分众传媒宣告交易总价值为1.684亿美元。同时收购协议约定，若玺诚传媒数字媒体在并购完成2年之内能达到预先设定的关键营利目标，分众传媒将以现金和新发行股票的方式额外支付1 320万美元给公司原股东，并购总计数额不超过1.816亿美元。
>
> 资料来源：马丁.分众传媒收购玺诚传媒，协议金额高达3.5亿美元.新浪科技，http://www.techweb.com.cn/news/2007-12-11/278863.shtml，2007-12-11

Kohers 和 Ang（2000）利用1984~1996年美国938个使用对赌的并购样本，研究了收购方在并购日的收益和并购后的绩效，以及使用对赌方式进行并购的特点。他们发现对赌起到了两方面的作用，即有利于降低不对称信息导致的估值风险和维持目标公司原管理团队的积极性。收购方不仅获得短期的收益，在并购后3年里的绩效也很好。他们认为在对赌中收购方支付的并购溢价（merger premium）是对目标公司管理层留守的嘉奖（retention bonuses）。Barbopoulos 和 Sudarsanam（2012）利用1986~2008年英国发生的并购数据，基于收购公司角度考察了采用对赌并购和现金、股票等方式下收购方的并购日累积收益差异和并购后持有期绩效的差异。研究结果表明，对赌收购给股东带来的并购日累积收益和并购后持有收益远高于非对赌方式收购。

（五）收购后整合

许多收购公司将完成收购看成收购的成功，然而成功的收购还需要看收购后的整合过程是否顺利。整合的好坏直接影响到收购能否带来正的协同效应，也决定了收购的最终成败。文献中的实证研究常常发现收购公司收购目标公司之后，股价并不会出现上涨，甚至出现下跌。一方面可能是收购公司的管理层对此项收购产生的协同效应过度自信，支付给目标公司的溢价太高所导致；另一方面也可能来自收购公司管理层对收购后整合难度估计不足。要使收购完美收官，整合成功是必不可少的环节。

并购后的整合包括战略的重新定位和企业愿景的重新设定，产业链的重组，产品线的调整，企业制度、经营政策、经营方向的统一，文化的整合，人员的整合等。对于两个完全不同的公司来说，文化的整合和人员的整合是最难的环节。许多收购公司的失败也源自这两个环节。

企业员工共同认可并遵守的价值观念、经营方式、行为准则构成了一个企业的文化。这一文化通常是在企业发展过程中长年累月积累下来的。收购公司收购目标公司后，试图打破目标公司的文化是很难成功的，这不仅导致目标公司员工的抵触，也导致目标公司的原有员工在处理公司事务时出现不知所措的状况。例如，一家提倡成本节约的公司收购了一家以创新为理念的目标公司，其整合失败的可能性相当大。创新势必带来高的研发成本，而且研发有失败的可能性，处处提倡成本节约会在很大程度上制约创新。这两种文化上的冲突有时是难以整合成功的。收购公司在确定收购目标的初期，就应考虑到文化整合的风险。

另一个难点是人事整合。收购方需要考虑是否派驻高级管理人员以及如何安排这些高级管理人员的职位。当目标公司的管理人员或技术人才等对目标公司具有重要的价值时，收购公司还需要考虑如何保留这些人才，提高他们的归属感、认同感和安全感。而对于绩效不佳的冗余人员，收购公司还需做出必要的裁员措施，以保证组合效率的提升。不过，收购公司在整合过程中采用粗暴的方式将会导致目标公司员工的集体对抗，从而产生高昂的整合成本。公司董事长或总经理应及时向员工传递企业愿景和战略规划、企业人事规划、经营政策等，并定期或不定期地召集目标公司原来的关键性高层管理人员与收购公司的管理人员进行沟通，加强相互之间的了解，缓解权力斗争带来的负面效应，赢得双方对整合工作的支持。不要在合并后的企业中流传"谁吃掉谁"的说法，而应向目标公司的员工保证他们为合并后的企业创造的贡献一定能得到新合并后企业的认可。双方的合并是为了共同实现更远大的目标。只有得到了目标公司员工的认可，整合失败的风险才能降低。

专栏9-7　明基收购西门子

2005年6月8日，明基宣布正式并购西门子手机业务部门。此次并购，使明基一跃成为"年产超过5 000万台手机的全球第四大手机生产商"。而明基电通董事长李焜耀在顺利完成此次并购后表示，以台北为中心的明基经营版图已经横跨亚、欧、美三大洲："以前是'和风'（日本），后来是'韩流'，现在是'汉潮'的时代。"

短短一年后，2006年9月28日，明基出人意料的对外宣布，明基将停止向其德国手机子公司——明基-西门子手机注资，这间子公司将申请破产保护，同时承认"将这一业务良好运转的机会已经非常小了"。

西门子作为一个百年老店早已成为世界级的著名品牌，虽然一直掌握有很高的工艺技术，其产品也一直卖得不错，但其以工程为导向的设计思想，使其在开发产品时很少会考虑到不同地区人群的习惯差异性，由于缺乏对消费者足够的研究，西门子过于古板的外形也曾为人们所诟病。同时，由于过于严谨，使得在推出新的产品上，速度自然就会慢下来。例如，"即使只为手机换一个颜色，西门子甚至会花费10个月的时间，去研究色彩的偏差，要求绝对的精准"。这种做法用在手机这类消费性电子产品方面恐怕不太合适，对细节的苛求形成了缩手缩脚的习惯。

最让明基感到复杂的还是在员工方面的整合。由于德国的人力成本相对较高，在员工薪酬制度方面，德国的当地工会享有较大的发言权。例如，在我国只需要加几个夜班就能赶出来的任务，当明基希望德国员工加班时，却受到了当地工会的警告。而裁员往往更会涉及敏感的政治、社会问题，很难做到。此前西门子也曾经希望通过将工厂转移向工资较低的非德国地区，但在工会的强烈抵制下只能作罢。

资料来源：王留全. 明基：这一年，整合之痛//吴晓波. 案例第五辑：中国企业家的商业读本. 杭州：浙江人民出版社，2007

并购是一项极其复杂的交易，因而失败的可能性也很高。并购的风险主要来自以下几项。

第一，目标选择错误。并购前仔细地筛选目标公司有助于降低收购失败的风险。有着文化冲突的两家公司之间的并购风险极大，一家提倡成本节约的公司收购了一家高科技公司，其失败的原因在于选择了错误的目标公司。

第二，以过高的价格收购。对目标公司内在价值的评估过高，或对预期可取得的协同效应估计过高，或对公司整合成本的估计不足都可能导致收购公司以过高的价格完成了对目标公司的收购。通常，这类收购在支付完成的那一刻就已经失败了，因为价格支付过高导致这一交易注定是亏损的。

第三，收购策略失败。有的收购公司在收购初期并未制定良好的收购策略，导致收购过程中处于被动的地位。例如，事先没有对目标公司的反收购措施进行详细的调查和分析，结果导致目标公司频频反击，谈判价格不断攀升；或收购公司并未制定出价策略，一心只想将目标公司收入囊中，不计成本；或收购公司未考虑收购完成的难度就盲目发起了对目标公司的袭击，最终造成骑虎难下的局面。

第四，整合不成功。即使目标恰当、价格合适并成功完成了收购，也并意味着收购公司最终能获得协同效应或取得预期的效果。无法有效地完成整合过程，将使收购公司陷入"胜者之诅咒"的境地。

专栏9-8　科尼尔公司的行业整合生命周期曲线

一个行业的发展，必然有其生、成、坏、灭的不同阶段，而在期间的各个阶段中，行业内的企业也必然面临着不同发展环境，经历不同的分裂与整合过程。一个行业内的企业，究竟何时整合、何时分裂呢？

咨询公司科尼尔通过对13年间1 345起大型并购的研究发现，一个行业从兴起或解除管制开始，都可以被分类为四个阶段，分别是开创、规模、专营、平衡与联盟。不同行业，只要处于某一个发展周期，就会发生类似的、可预测的企业整合行为。这就是著名的科尔尼行业整合生命周期曲线，见图9-3。

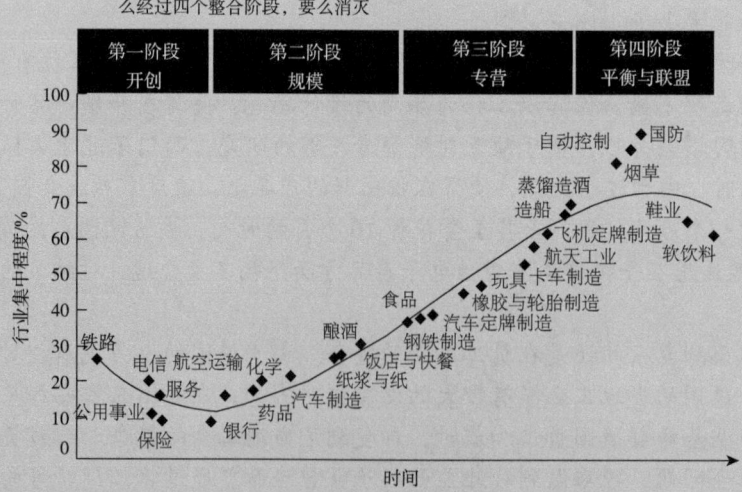

图9-3　行业整合生命周期

第一阶段：开创

行业的最初发展，一般是来源于某个企业的创业创新，或者说解除管制。这个时候，行业的垄断度最高，达到100%。但随着其他竞争者的兴起，这个垄断度会急速下降。前三位企业的市场占有率之和，会降至10%~30%。在世界范围内，能源、电信、铁路、银行、保险等刚刚经历解除管制或私营化的行业，以及生物技术、网上零售等新兴领域里的初创企业，还有运动饮料、瓶装水这种从成熟行业中演化出的新产业，都处于这个开创阶段。

处于开创阶段的企业，面对这前所未有的机遇，必须采取各种措施，或是研究创新，或是规模扩张，以保持自身的领先优势。处于这个阶段的企业，应该关注营业额和市场份额，而不是利润。此外，企业也面临着很大的经营风险和不确定性。此时的企业，无论是投入研发资金，还是扩张生产线、营销渠道，都需要巨量而且长期稳定的资金。而此时进行债务融资，容易引发财务风险，增加短期财务压力，对于这一阶段的企业并不合适。

处于第一阶段的企业获取资金，主要采用权益融资，重点选择内源融资与吸收风险投资策略。内源性资金一般是个人的原始积累，而风险投资则一般是天使投资者、风险资本、中小企业集群融资等。企业在发展初期，面临很大的风险，而风险投资追求的恰恰是高风险高收益。风险投资预期企业有很大的发展潜力，所以愿意承担很高的失败风险。行业处于这个阶段时，风险投资是融资的重要途径。而中小企业集群融资，则是创新性的融资模式之一。众多中小企业通过股权或者协议，集合成为一个融资集团或联盟后，打破了单一企业面临的融资困难，提高了集团整体的融资能力，降低了融资成本。

第二阶段：规模

这个阶段是企业快速整合与发展的阶段，通过收购、快速扩张，行业的龙头企业开始显山露水了。在这个阶段，市场前三企业的总市场份额达到15%~45%。第二阶段的代表性行业包括航空业、连锁酒店业、汽车制造业、银行业、制药业等。从这个阶段开始，企业开始经历大量的并购交易，最终成为行业领头羊。这就要求企业提高自己的并购能力，包括如何在保持自身核心文化的同时，顺利吸收和改造新企业，吸收新企业的优秀员工及竞争能力。

在这一阶段，企业需要创新产品，扩张营销网络，需要投入研发资金，提高广告营销投入，扩张生产能力。比起第一阶段，企业有更大的资金需求。企业不但要投入重金扩大规模，而且要补充短期资金，满足日常经营。而此时，相比第一阶段，企业已有了长足的发展，外部融资也变得更加容易。所以，在第二阶段，企业应该兼顾股权融资与债务融资。但这个阶段，快速扩张的企业面临着很大的资金压力，如果是以债务融资为主的话，会给企业带来很大的经营压力与经营风险。所以第二阶段的企业，主要选择权益融资，并以债务融资为辅。

第三阶段：专营

经过前两个阶段的发展，企业已经取得了很大的行业领先优势，行业中前三位公司，将控制35%~70%的市场。处于第三阶段的企业需要着重发展它们的核心业务，并注重利润率。对于企业的弱势业务，要么大力扶持，要么干脆放弃。行业领先的公司，会对较弱的公司发起主动攻击。不管采取打压、收购还是模仿，最终都是为了消灭竞争对手，最终生存至第四阶段。典型的行业有钢铁业、汽车贴牌制造业、造船业、蒸馏造酒业。

进入这个阶段的企业，有了很强的核心竞争力，不但有销售业绩上的发展，而且形成了稳定的净现金流。此时的企业在融资市场上，有很大的溢价空间，可以根据自身的实际情况选择更好的融资环境。但在此阶段的企业，缺乏新的利润增长点，企业对资金的利用效率和资产负债率都相对较低，并且缺乏长期的盈利能力。因此，处于此阶段的企业应当主要采用债务融资的直接融资策略。考虑到能更好地运用和创新融资工具,企业应该重点选择债券融资和附认股权证公司债券融资两种方式。

而在权益融资方面,利用前期积累的大量留存收益,或是利用行业领先的地位进行IPO,都是很好的办法。

第四阶段:平衡与联盟

进入这个阶段,行业也发展至极盛,行业内巨头垄断,前三位的公司占据了市场70%~90%的份额,这也是行业发展的最终阶段。处于这个行业的公司,尽管已经取得了决定领先优势,却也面临盛极而衰的危险。为了保持自身的领先地位,企业必须找到新的业务增长点,避免走向衰败。

处于第四阶段的企业,可选择采用资产证券化的融资策略,将不流通的存量资产或可预见的未来收入,转变成在资本市场流通的金融产品。资产证券化有助于调高企业流动性,改善自身的融资能力和融资结构,改善企业的经营。

总之,企业长期发展的关键在于是否能根据行业的发展,采取相应的决策。另外,经理人在兼并方面的正确决策,也是极为重要的。尤其在行业整合阶段中,快速有效的并购整合行动,将极大提高企业的实力,在竞争中占据上风。

资料来源:科尼尔咨询公司

六、并购的绩效

1. 超额收益

自从 Jensen 和 Ruback(1983)发表了著名的关于收购公司和目标公司股东在并购中获得不同的超常收益(CAR)的论文之后,对并购是否能为收购公司股东或目标公司股东带来财富的研究引起了研究者的兴趣。金融领域大多采用的方法都是基于超常收益的事件研究法。财富的创造与否是通过对超常收益的检验来判断的。

第一步,选择一个"清洁期"估计CAPM的各个参数。清洁期一般选在事件发生之前而且不能与"事件窗口期"重叠。在"清洁期"内,需要合理选取股票市场指数收益数据和个股收益数据,然后以股票市场指数收益率为自变量,以个股收益率为因变量,根据CAPM进行回归分析,得出 α_i 和 β_i。在选取数据时,有影响股价的事件发生的数据应予以剔除,如有股息分配则需进行复权处理。

CAPM表达如下:

$$R_{it} = \alpha_i + \beta_i \times R_{mt} + \varepsilon_{it} \tag{9-4}$$

其中,R_{mt}、R_{it} 分别为市场指数和个股的日收益率;α_i 和 β_i 为模型估计的参数;ε_{it} 为误差项。

第二步,计算事件窗口期内的预期正常日收益率 $\bar{R}$。假定 α_i、β_i 在"事件窗口期"内保持稳定,可以用式(9-5)得到预期正常的收益率。

$$\bar{R} = \alpha_i + \beta_i \times R_{mt} + \varepsilon_{it} \tag{9-5}$$

第三步,计算每日超常收益率 AR_t(abnormal return),超常收益率计算公式如下:

$$AR_t = R_{it} - \bar{R} \tag{9-6}$$

第四步,计算累积平均超常收益 CAR_t(cumulative abnormal return)。在计算了每日超常收益率 AR_t 之后,再将事件窗口期内每日的 AR_t 进行加总,即

$$CAR_t = \sum AR_t \tag{9-7}$$

第五步，对研究样本的累积平均超常收益 CAR_t 进行 T 检验。将 CAR_t 与 0 的差异性进行显著性检验，如果 $CAR_t>0$ 且检验显著，表明资本市场对并购事件的反应是正向的，股东财富有所增加；如果 $CAR_t<0$ 且检验显著，表明并购事件带来负的财富效应，股东财富有所减少；如果 CAR_t 与 0 的差异检验不显著，则说明股东财富在并购事件中没有变化。

但是，基于超常收益的事件研究法也存在以下缺陷：①事件发生日（$t=0$）的选择不一致。是以第一次宣告关于并购的消息作为事件发生日，还是以正式公告并购事件作为事件发生日，事件研究法并没有明确的规定。例如，Lang 等（1991）界定的事件发生日是"任何与收购相关的信息发出时"；Bradley 等（1988）界定的事件发生日是首次要约公告日。②事件窗口期的选择不一致。一个并购事件会对多少天内的股票价格产生影响？常见的窗口期是[−30，30]，[−10，10]，[−5，5]，[−2，2]，[−1，1]，[−2，0]，[−1，0]，[0，1]。例如，Leeth 和 Borg（2000）研究发现目标公司在公告前 2 日、前 1 日及公告当日的超常收益分别为 2.89%、6.53%、6.74%；Song 和 Walkling（2000）发现目标公司在公告[−1，0]期间获得的超常收益为 16.7%。③清洁期的选择不一致。为了预测事件窗口期内排除事件影响的股票价格，研究者需要选择清洁期。但对清洁期的选择要依赖于研究者对并购影响股票价格的事件期的判断。由于清洁期的选择不一致，导致计算出来的常数项和 β 值在不同研究者之间存在偏差，最终导致计算的超常收益率有差异。④正是由上述的不一致性，指向了一个最重要的问题，即超常收益能代表并购为股东创造的全部财富吗？当资本市场是完全有效的情况，超常收益的确能反映并购的全部影响。然而，在资本市场并非完全有效的情况，并购为股东创造的财富通过超常收益只能反映出一部分。

2. 财务绩效

通过观察并购后 ROA、ROE、TQ 等财务指标的变化，可以衡量并购后企业的财务绩效，这也是分析并购长期绩效的常用方法。例如，Aloke（2001）采用了经营现金流指标；Randall 和 Erik（2002）采用了经营收益销售比和经营收入资本市价比；冯根福和吴林江（2001）选择了主营业务收入/总资产、净利润/总资产、每股收益和净资产收益率四个指标；朱宝宪和王怡凯（2002）选择了净资产收益率和主营业务利润率；李善民等（2004）则根据不同类型的并购（重组）选择了不同的指标。所有类型的重组都适用的指标包括总资产周转率、存货周转率、应收账款周转率、净资产收益率、每股经营性现金流量；针对控制权转移类并购的特殊指标包括无形资产占总资产比重、主营业务收入期间费用比、主营业务利润率；针对扩张类并购的特殊指标包括主营业务利润率、净资产增长率、主营业务收入增长率；针对收缩类重组的特殊指标包括流动比率、净资产比率；针对战略调整类并购的特殊指标包括净利润增长率。

需要注意的是，采用会计指标仍然存在以下缺陷：①由于会计指标非常繁多，指标与指标之间容易发生冲突，在多指标研究中经常会出现某一个指标与其他指标呈反向变化的情况。这不利于解释并购究竟是为企业带来了好处还是坏处。②由于第一个问题的存在，采用多指标进行研究时，研究者通常会使用主成分分析法得出一个业绩评分。以此来综合衡量并购带来的公司业绩的改善或倒退。主成分分析法实际上没有解决第一个问题，因为主成分分析法的要求是各变量的变化方向一致。在进行主成分分析前要剔除变化不一致的变量，这是对第一个问题的回避，只是将那个与其他指标反向变化的变量剔除了。③针对各种不同类型并购设计不同指标是一个创新，但衡量的实际上是并购目的是否达到，而不是衡量并购是否为股东带来了好处。这样的评价体系更多地是站在管理层的角度而设计的。

3. 价值创造

当价值管理理论逐渐被接受以后，运用价值管理的方法来衡量并购为股东创造的财富将更加科学合理。

首先，价值管理有明确单一的目标，就是为企业创造价值。所有的企业行为，包括制定战略、形成规划、预算决策、治理结构、报酬机制等全部围绕价值这样一个单一目标进行。这避免了会计研究法中的多目标问题，使考察并购业绩有了统一的口径。

其次，价值管理中的 EVA 指标直接衡量了企业创造财富的能力。其计算公式如下：

$$EVA = NOPAT - I_0 \times WACC \quad (9-8)$$

其中，NOPAT 为税后净营业利润；I_0 为期初投入资本，包括债务资本和权益资本两部分；WACC 为加权平均资本成本。

EVA 指标是 1982 年 Stern-Stewart 管理咨询公司提出的一个指标，在价值管理中应用广泛。EVA 指标比传统会计指标（ROE、ROA 等）更能反映在并购过程中创造财富的能力，有利于鉴别企业并购行为是实质性重组还是虚假重组。如前所述，传统会计指标存在着被操纵的空间，管理层很可能利用并购这一行为作为工具来改善这些会计指标，以达到保护自己利益的目的。

再次，由于价值管理的指标（EVA、CFROI、SVA 等）通常是以年度为标准计算的，所以不存在对事件期和清洁期的选择，避免了因时间窗口的选择不一致而使结论偏差较大的问题。

最后，以价值管理的方法来研究并购，不仅能得出并购是否创造价值的结论，还能对并购中的价值驱动因素进行更深入的剖析。这就为企业进行并购决策和政府监督并购行为提供了科学的依据和可操作的工具。

第二节 企业的估值技术

一、为什么要估值

无论对普通投资者来说，还是对收购方来说，要购买一家公司的股份或资产，必须事先了解这些股份或资产的价值，以便制定合适的价格。如果出价过高，收购方即便完成了收购，也会陷入"胜者之诅咒"的境地。如果出价过低，又难以完成收购。对目标公司的价值进行评估是收购方或投资者投资股票前应重点考虑的一个环节。

企业估值对目标公司同样重要。当收购方发起熊式拥抱时，目标公司的董事会如果要拒绝收购方的熊式拥抱，必须拿出合理的证据表明董事会是站在股东的角度考虑问题的。而合理的证据就是目标公司的估值高于收购方的出价。通常目标公司董事会会求助于投资银行帮其估算公司价值。

企业估值是收购双方谈判的核心，不仅影响到出价的高低，还会影响到支付方式的选择等。当目标公司的股票估值不确定性较高时，收购公司则可能采用对赌协议的方式进行收购。而收购公司自身的估值也会影响到收购公司的支付方式。当收购公司的股票估值较高时，收购公司可能倾向采用股票支付的方式；反之，可能采用现金的方式。

除并购外，企业的估值在 IPO、增发等都过程中都具有重要的作用。

二、企业估值的方法

1. 资产基础法[①]

资产基础法，也称为重置成本法，即公司的价值等于重建该公司所需发生的全部合理费用的总和。在计算重置成本时，不仅要包括投入在材料、人工、设备等上的费用，还应该包括相关税金及按资金平均利润率计算的应取得的正常利润。重置成本与历史成本不同，是在当前情况下根据社会现有技术水平、价格、利润率水平、税费计算出的重建公司成本，而不是公司过去投入的成本。

由于重置成本是在当前社会经济环境下评估的成本，在运用时还需要考虑引起资产贬值的各种因素。一般情况下，资产的贬值包括实体性贬值、功能性贬值和经济性贬值。资产基础法就是在重置成本的基础上，扣除各种贬值因素，得到最终的公司价值。用公式表示为

$$公司评估价值=资产重置成本-实体性贬值-功能性贬值-经济性贬值$$

资产重置成本又可分为复原重置成本和更新重置成本两种类型。其中复原重置成本是指以当前的价格水平购买与被评估资产相同的材料，并按与被评估资产相同的建筑标准或制造标准、设计规格及技术等还原重建资产所必需的花费。例如，一栋大楼原来的建筑材料为砖石、钢筋、混凝土，计算复原重置成本时，需按当前的价格水平计算购买这些建筑材料的费用，并计算根据同样标准、同样的设计重新建造这栋大楼需要的全部成本。如果砖石、钢筋、混凝土的价格因通货膨胀上涨了，且人工价格也上涨了，那么复原重置成本就会高于历史成本。更新重置成本是指以当前的价格水平购买新型材料，并根据更先进的建筑标准或制造标准，采用新型设计和先进技术等重建资产所必需的花费。随着技术的更新换代，重建某项资产所需耗费的成本可能远小于历史成本和复原重置成本。作为投资方来说，当更新重置成本小于复原重置成本时，可以采用更新重置成本。如果原来所用材料在当前情况下已无法重新获得，或无法得知原来的工艺流程，或者技术进步导致原先的加工设备已淘汰，无法运用重置成本时，也应该采用更新重置成本作为估算基础。但如果复原重置成本低于更新重置成本，应采用复原重置成本。

1）实体性贬值

实体性贬值是指由于使用磨损和自然力侵蚀导致资产物理性能下降而引起的贬值，即资产的有形损耗。实体性贬值通常采用实体性贬值率计量。

例如，一台大型照明设备的预计使用时间为 10 000 小时，现在已用了 3 000 小时，实体性贬值率为 30%。如果该设备的重置成本为 10 万元，则实体型贬值为 3 万元（10×30%）。

2）功能性贬值

如果采用新工艺、新材料和新技术来重建原有资产，在功能不下降的前提下运营成本若低于原有资产的运营成本，就会引发功能性贬值。

例如，某运送带年消耗电力费用 20 000 元，运用新技术的新型运送带年消耗电力费用 15 000 元，继续使用原运送带引发的功能性贬值为 5 000 元。

[①] 更详细的评估方法可参见俞明轩. 企业价值评估. 北京：中国人民大学出版社，2004.

3）经济性贬值

经济性贬值是指资产利用率降低或者完全闲置导致的运营成本上升或收益能力下降造成的资产价值损失。

例如，一家公司购买了大批生产线准备用于运营，但由于经济形势较差，部分生产线一直未能运营。但由于生产线需要维护和保养，这些未运用的生产线同样产生了运营成本，从而造成了经济性贬值。

资产基础法适用于石油、汽油、矿产等企业的估值。

2. 可比公司法

可比公司法，也称为乘数法，是指选取相同行业、具有相似财务特征的公司作为比较对象，根据财务指标对比估计被评估公司的价值。例如，我们知道被评估公司 T 的销售收入为 1 000 万元，而同行业的另一家公司 A 的销售收入为 1 亿元。如果 A 公司的价值为 5 亿元，通过对比，我们可以得到 T 公司的估值为 5 000 万元。

可比公司法中常用的对比指标包括市销率 P/S、市盈率 P/E、市净率 P/B、$P/EBIT$、$EV/EBITDA$、EV/S 等。

需要注意的是可比公司法存在如下缺陷：第一，能否找到合适的可比公司。应用可比公司法实际上隐含着一个假设，即市场价格能有效反映可比公司的价值。如果可比公司的市场价格不能有效反映其市场价值，那么用可比公司的对比指标来计算被评估公司的价值就会产生偏差。例如，同一行业的公司价值整体都被高估，那么用这一行业的公司作为可比公司估计被评估公司的价值也会产生高估的情况。第二，存在循环论证的问题。如果市场价格能有效反映可比公司的价值，当被评估公司是上市公司时，我们为什么认为被评估公司的市场价格不能反映其价值呢？

当公司首次公开发行（上市）时，由于尚无市场价格，这时可采用可比公司法对其发行价格进行估计。

3. 股利贴现模型

Williams（1938）提出股利贴现模型（dividends discounted model, DDM），他认为股票内在价值等于股东未来获取现金的现值之和。基于 Williams 股利贴现模型，Gordon 和 Shapiro（1956）提出零增长股利贴现模型和固定增长股利贴现模型。

如果公司存续期为有限期间，股利贴现模型如下：

$$V_0 = \frac{D_1}{1+r} + \frac{D_2}{(1+r)^2} + \frac{D_3}{(1+r)^3} + \cdots + \frac{D_n}{(1+r)^n} \qquad (9\text{-}9)$$

其中，D_1、D_2…表示各期的股利；r 为贴现率。

如果公司未来存续期是无限的，且每期分发的股利不变，可采用如下零增长股利贴现模型进行估值，即

$$V_0 = \frac{D_1}{1+r} + \frac{D_2}{(1+r)^2} + \frac{D_3}{(1+r)^3} + \cdots = \frac{D_1}{r} \qquad (9\text{-}10)$$

如果公司未来存续期是无限的，且股利按固定增长率 g 增长，可采用固定增长股利贴现模型估值，即

$$V_0 = \frac{D_1}{1+r} + \frac{D_1+(1+g)}{(1+r)^2} + \frac{D_3 \times (1+g)^2}{(1+r)^3} + \cdots = \frac{D_1}{r-g} \tag{9-11}$$

股利贴现模型也受到一些质疑，其争论的关键在于股利是否与公司价值有关。Miller 和 Modigliani（1961）提出了 MM 定理，指出在完美市场上，股利发放与否、资本结构等与股票内在价值无关。虽然 MM 定理的前提假设是完美市场，但从现实来看，公司制定股利政策的随意性比较大，一些公司分发的股利并不能反映其真实的经营状况。例如，公司可以通过借款来分发股利，但显然这时股东得到的股利并非来自公司利润。

什么情况下用股利贴现模型比较合适呢？答案是当公司分发的股利与公司创造的价值相关时，可以用股利贴现模型。例如，公司支付的股利与公司的利润保持一个固定的比例。

4. 公司现金流贴现模型

股利贴现模型认为股东获得的价值来自分发的股利，而公司现金流贴现模型则认为公司价值来自公司的经营现金流。公司价值与股东获得的价值是不同的，公司价值包括了股东获得的价值及债权人获得的价值。计算公司价值时，应对公司股东和债权人可以获得的现金流进行贴现，而不是对仅由股东获得的现金流进行贴现。如果要计算股东获得的价值，则需要将公司价值减去债权人获得的价值。

公司现金流贴现模型如下：

$$V_0 = \frac{\text{FCFF}_1}{1+\text{WACC}} + \frac{\text{FCFF}_2}{(1+\text{WACC})^2} + \frac{\text{FCFF}_3}{(1+\text{WACC})^3} + \cdots \tag{9-12}$$

其中，FCFF$_1$、FCFF$_2$…表示公司各期的自由现金流，用如下公式进行计算：

$$\text{FCFF} = \text{EBIT} \times (1-\text{所得税率}) + \text{折旧} - \text{资本支出} - \text{非现金性流动资本变化} \tag{9-13}$$

贴现率为 WACC，计算公式如下：

$$\text{WACC} = K_e \times \frac{V_e}{V_e+V_d} + K_d(1-t) \times \frac{V_d}{V_e+V_d} \tag{9-14}$$

其中，K_e、K_d 分别代表权益资本成本和债务资本成本；V_e、V_d 分别代表权益价值和债权价值；t 为税率。

权益资本成本可以用 CAPM 计算。

需要注意的是，公司的现金流贴现模型中也存在以下缺陷：第一，依赖于对未来现金流的估计，特别是对增长率的估计；第二，在计算 WACC 时，也存在概念循环的问题。WACC 的计算中要用到权益价值，而这一价值是以股价为基础计算的，实际上是假定股价已经反映了公司的权益价值。第三，公司的加权资本成本在每期是固定的。但是，随着公司资本结构和外部经济环境的变化，公司的加权资本成本也会发生变化。

尽管现金流贴现模型存在上述缺陷，但在公司估值中仍被广泛使用。

专栏 9-9　某公司采用现金流贴现模型估值

某公司 2013 年有总股本 3 000 万股，股价 18.12 元。无风险利率为 3.5%，贝塔系数为 1.1，市场年均收益率为 11%，债务成本为 3.8%，税率为 25%，债务的价值为 18 780 万元。对公司现金流的预测分为三期：第一阶段为 2014~2018 年，根据公司的经营规划进行预测；第二阶段为 2019~2026 年，假设现金流按 0.8% 的固定增长率进行预测；第三阶段为 2026 年之后，假设现金流零增长。

第一阶段的现金流预测如表 9-5 所示。

表 9-5　第一阶段的现金流预测

第一阶段	2014E	2015E	2016E	2017E	2018E
FCFF/万元	2 457.00	3 250.00	4 358.00	5 760.00	6 783.00

市场对这个公司的股价是高估了还是低估了？

公司的股价是股东出售股票可以获得的价格，这一价格取决于股东所持股票的价值。为了估算公司股票的价值，可以分成如下步骤进行。

首先，计算第二阶段的现金流。根据 0.8% 的增长率，计算出的现金流如表 9-6 所示。

表 9-6　第二阶段的现金流预测

第二阶段	2019E	2020E	2021E	2022E	2023E	2024E	2025E	2026E
FCFF/万元	6 837.26	6 891.96	6 947.10	7 002.67	7 058.70	7 115.17	7 172.09	7 229.46

其次，计算贴现率。由于分子所用的现金流是公司现金流，因此我们计算贴现率时应计算加权资本成本。而计算加权资本成本又需要先计算权益资本成本。

权益资本成本按 CAPM 模型计算如下：

$$K_e = R_f + \beta \times (R_m - R_f) = 3.5\% + 1.1 \times (11\% - 3.5\%) = 11.75\%$$

WACC 计算如下：

$$\text{WACC} = K_e \times \frac{V_e}{V_e + V_d} + K_d(1-t) \times \frac{V_d}{V_e + V_d}$$

$$= 11.75\% \times \frac{18.12 \times 3\,000}{18.12 \times 3\,000 + 18\,780} + 3.8\% \times (1 - 25\%) \times \frac{18\,780}{18.12 \times 3\,000 + 18\,780}$$

$$= 9.46\%$$

最后，计算各阶段现金流的现值。

第一阶段的现金流现值为

$$V_1 = \frac{2\,457}{(1+9.46\%)} + \frac{3\,250}{(1+9.46\%)^2} + \frac{4\,358}{(1+9.46\%)^3} + \frac{5\,760}{(1+9.46\%)^4} + \frac{6\,783}{(1+9.46\%)^5}$$

$$= 16\,606.69(\text{万元})$$

第二阶段的现金流现值为

$$V_2 = \left(\frac{6\,837.26}{(1+9.46\%)} + \frac{6\,891.96}{(1+9.46\%)^2} + \frac{6\,947.10}{(1+9.46\%)^3} + \frac{7\,002.67}{(1+9.46\%)^4} + \frac{7\,058.70}{(1+9.46\%)^5} \right.$$

$$\left. + \frac{7\,115.17}{(1+9.46\%)^6} + \frac{7\,172.09}{(1+9.46\%)^7} + \frac{7\,229.46}{(1+9.46\%)^8} \right) \Big/ (1+9.46\%)^5$$

$$= 24\,249.46(\text{万元})$$

第三阶段的现金流现值为

$$V_3 = \frac{7\,229.46 / 9.46\%}{(1+9.46\%)^{13}} = 23\,573.80(\text{万元})$$

将三个阶段的现值加和，即为公司当前的价值 V_0。

$$V_0 = V_1 + V_2 + V_3 = 64\,429.95(万元)$$

为了求得股东拥有的价值，需要从公司当前价值中减去债务价值，即

$$\bar{V}_e = V_0 - V_d = 64\,429.95 - 18\,780 = 45\,649.95(万元)$$

由于公司有 3 000 万股，因此每股估值为 15.22 元。市场价格 18.12 元高估了该公司的价值。

5. 权益现金流贴现模型

运用公司现金流贴现模型计算股东获得的价值时，需要先计算出公司价值，然后减去债权人获得的价值。股东获得的价值还可以通过直接贴现股东获得的现金流来计算，这种方法也称为权益现金流贴现法。与公司现金流贴现模型不同的是，权益现金流贴现模型所采用的现金流是股东获得的现金流，贴现率是权益资本成本。

权益现金流贴现模型如下：

$$V_0 = \frac{\text{FCFF}_1}{1+K_e} + \frac{\text{FCFF}_2}{(1+K_e)^2} + \frac{\text{FCFF}_3}{(1+K_e)^3} + \cdots \tag{9-15}$$

其中，K_e 为权益资本成本，用 CAPM 计算；FCFE_1、FCFE_2…表示公司股东各期的自由现金流，用如下公式进行计算：

$$\text{FCFE} = 税前利润 \times (1-所得税率) + 折旧 - 资本支出$$
$$-非现金性流动资本变化 + 新增债务 - 债务偿还 \tag{9-16}$$

专栏 9-10 某公司采用权益现金流贴现模型估值

某公司 2013 年有总股本 3 000 万股，股价 18.12 元。无风险利率为 3.5%，贝塔系数为 1.1，市场年均收益率为 11%，债务成本为 3.8%，税率为 25%，债务的价值为 18 780 万元。对股东可获得的现金流的预测分为三期：第一阶段为 2014~2018 年，根据公司的经营规划进行预测；第二阶段为 2019~2026 年，假设股东获得的现金流按 0.8% 的固定增长率进行预测；第三阶段为 2026 年之后，假设股东获得的现金流零增长。

第一阶段股东获得的现金流预测如表 9-7 所示。

表 9-7 第一阶段股东获得的现金流预测

第一阶段	2014E	2015E	2016E	2017E	2018E
FCFF/万元	2 350.00	3 120.00	3 980.00	5 237.00	6 158.00

市场对这个公司的股价是高估了还是低估了？

公司的股价是股东出售股票可以获得的价格，这一价格取决于股东获得的现金流。为了估算公司股票的价值，可以分成如下步骤进行。

首先，计算第二阶段股东获得的现金流。根据 0.8% 的增长率，计算出的现金流如表 9-8 所示。

表 9-8 第二阶段股东获得的现金流预测

第二阶段	2019E	2020E	2021E	2022E	2023E	2024E	2025E	2026E
FCFF/万元	6 207.26	6 256.92	6 306.98	6 357.43	6 408.29	6 459.56	6 511.24	6 563.33

其次,计算贴现率。由于分子所用的现金流是股东可获得的现金流,因此我们计算贴现率时应采用权益资本成本。

权益资本成本按 CAPM 模型计算如下：
$$K_e = R_f + \beta \times (R_m - R_f) = 3.5\% + 1.1 \times (11\% - 3.5\%) = 11.75\%$$

最后,计算各个阶段股东获得的现金流的现值。

第一阶段股东获得的现金流现值为
$$VE_1 = \frac{2\,350}{(1+11.75\%)} + \frac{3\,120}{(1+11.75\%)^2} + \frac{3\,980}{(1+11.75\%)^3} + \frac{5\,237}{(1+11.75\%)^4} + \frac{6\,158}{(1+11.75\%)^5}$$
$$= 14\,344.80(万元)$$

第二阶段股东获得的现金流现值为
$$VE_2 = \left(\frac{6\,207.26}{(1+11.75\%)} + \frac{6\,256.92}{(1+11.75\%)^2} + \frac{6\,306.98}{(1+11.75\%)^3} + \frac{6\,357.43}{(1+11.75\%)^4} + \frac{6\,408.29}{(1+11.75\%)^5} \right.$$
$$\left. + \frac{6\,459.56}{(1+11.75\%)^6} + \frac{6\,511.24}{(1+11.75\%)^7} + \frac{6\,563.33}{(1+11.75\%)^8} \right) \Big/ (1+11.75\%)^5$$
$$= 18\,272.82(万元)$$

第三阶段股东获得的现金流现值为
$$VE_3 = \frac{6\,563.33/11.75\%}{(1+11.75\%)^{13}} = 13\,178.57(万元)$$

将三个阶段的现值加和,即为权益价值 VE_0。
$$VE_0 = VE_1 + VE_2 + VE_3 = 45\,796.19(万元)$$

由于公司有 3 000 万股,因此每股估值为 15.27 元。市场价格 18.12 元高估了该公司的价值。

6. 经济附加值贴现模型

EVA 是"economic value added"的缩写,中文叫经济增加值或经济附加值。

经济附加值的计算公式如下：
$$\text{EVA} = \text{NOPAT} - I_0 \times \text{WACC} \qquad (9\text{-}17)$$

其中,NOPAT 为税后净营业利润；I_0 为期初投入资本,包括债务资本和权益资本两部分；WACC 为加权平均资本成本。

对上市公司来说,求 WACC 与公司现金流贴现模型相同。对非上市公司来说,由于没有直接的市场交易数据,所以无法测算 β 值。可以通过类比法来求出近似的 β 值。先选择与该非上市公司行业相同的一些上市公司,计算出这些上市公司的平均无杠杆 β 值。然后按照该公司的财务杠杆对无杠杆 β 值进行调整。调整公式为

$$\beta_{\text{负债}} = \frac{\beta_{\text{无负债}}}{1+(1-t)(D/E)} \qquad (9\text{-}18)$$

经济附加值贴现模型是通过计算公司未来经济增加值的贴现值来估计公司价值或权益资本价值的一种模型。公司的价值等于未来经济增加值加上已投资资本的价值。权益资本价值等于公司价值减债务价值。权益资本价值经济附加值贴现模型如下：

$$VE_0 = I_0 + \frac{EVA_1}{(1+WACC)^1} + \frac{EVA_2}{(1+WACC)^2} + \cdots - VD_0 \qquad (9\text{-}19)$$

其中，VE_0 代表权益资本内在价值；I_0 代表当前投入资本；EVA 代表未来各期公司的经济附加值；WACC 代表加权平均资本成本；VD_0 代表当前债务价值。

专栏 9-11　某公司采用经济附加值模型估值

某公司 2013 年有总股本 3 000 万股，股价 18.12 元。无风险利率为 3.5%，贝塔系数为 1.1，市场年均收益率为 11%，债务成本为 3.8%，税率为 25%，债务的价值为 18 780 万元。对公司经济附加值的预测分为三期：第一阶段为 2014~2018 年，根据公司的经营规划进行预测；第二阶段为 2019~2026 年，假设经济附加值按 0.8% 的固定增长率进行预测；第三阶段为 2026 年之后，假设经济附加值零增长。

第一阶段经济附加值预测如表 9-9 所示。

表 9-9　第一阶段经济附加值预测

第一阶段	2014E	2015E	2016E	2017E	2018E
NOPLAT/万元	3 860.00	4 765.00	5 643.00	6 785.00	7 687.00
WACC/%	9.46	9.46	9.46	9.46	9.46
投入资本 I/万元	34 675.00	38 657.00	40 245.00	41 325.00	42 348.00
EVA/万元	579.75	1 108.05	1 835.82	2 875.66	3 680.88

市场对这个公司的股价是高估了还是低估了？

为了估算公司股票的价值，可以分成如下步骤进行。

首先，计算第二阶段的经济附加值。根据 0.8% 的增长率，计算出的经济附加值如表 9-10 所示。

表 9-10　第二阶段经济附加值预测

第二阶段	2019E	2020E	2021E	2022E	2023E	2024E	2025E	2026E
EVA/万元	3 860.00	3 890.88	3 922.01	3 953.38	3 985.01	4 016.89	4 049.03	4 081.42

其次，计算贴现率。由于分子所用的现金流是公司的经济附加值，因此我们计算贴现率时应采用加权平均资本成本 9.46%。

最后，计算各个阶段经济附加值的现值。

第一阶段经济附加值现值为

$$V_{EVA1} = \frac{3\,860}{(1+9.46\%)} + \frac{4\,765}{(1+9.46\%)^2} + \frac{5\,643}{(1+9.46\%)^3} + \frac{6\,785}{(1+9.46\%)^4} + \frac{7\,687}{(1+9.46\%)^5}$$

$$= 7\,199.86(万元)$$

第二阶段经济附加值现值为

$$V_{\text{EVA2}} = \left(\frac{3\,860}{(1+9.46\%)} + \frac{3\,890.88}{(1+9.46\%)^2} + \frac{3\,922.01}{(1+9.46\%)^3} + \frac{3\,953.38}{(1+9.46\%)^4} + \frac{3\,985.01}{(1+9.46\%)^5} \right.$$

$$\left. + \frac{4\,016.89}{(1+9.46\%)^6} + \frac{4\,049.03}{(1+9.46\%)^7} + \frac{4\,081.42}{(1+9.46\%)^8} \right) \Big/ (1+9.46\%)^5$$

$$= 13\,695.52(万元)$$

第三阶段的经济附加值现值为

$$V_{\text{EVA3}} = \frac{4\,081.42/9.46\%}{(1+9.46\%)^{13}} = 13\,322.91(万元)$$

将三个阶段的经济附加值现值加和,即为公司经济附加值现值 V_{EVA0}。

$$V_{\text{EVA0}} = V_{\text{EVA1}} + V_{\text{EVA2}} + V_{\text{EVA3}} = 34\,218.29(万元)$$

为了求得股东拥有的价值,需要从公司经济附加值现值中加上投入资本再减去债务价值,即

$$VE_0 = V_{\text{EVA0}} + I_0 - VD_0 = 34\,218.29 + 34\,675.00 - 18\,780 = 50\,113.29(万元)$$

由于公司有 3 000 万股,因此每股估值为 16.70 元。市场价格 18.12 元高估了该公司的价值。

7. 剩余收益模型[①]

剩余收益的计算公式是

$$剩余收益 = 收益 - (要求的回报率 \times 初始投资) \tag{9-20}$$

从计算公式来看,剩余收益等于收益高于投资者要求回报的额外部分。例如,投资者投入了 100 万元,要求的回报率是 10%,如果企业获得了 15 万元的收益,那么剩余收益就是 5 万元(15-100×10%)。

剩余收益才是企业创造的价值。只有当剩余收益大于零时,企业才能创造价值增量。这个含义与经济附加值的含义是类似的,即价值增量来自企业创造的真实回报超过投资者要求的回报。实际上,经济附加值是在剩余收益的基础上发展而来的。

由于未来的剩余收益反映了企业的价值增量,所以将未来的剩余收益贴现加上当前的初始投资,就可以估算出企业的内在价值。而如果未来的剩余收益为 0,企业没有创造价值增量,这意味着企业的内在价值仍等于当前的初始投资。例如,上述投资者投入了 100 万元,要求的回报率是 10%,如果企业只获得了 10 万元的收益,那么剩余收益是 0 元(10-100×10%)。投资者投入的 100 万元没有增值,企业没有创造价值。

人们经常会用市净率 P/B 来作为筛选股票的一种方法,认为 P/B 低的股票更具有防御性。然而,在资本市场不完全有效的情况下,我们真正需要筛选的应该是 V/B,即企业内在价值与账面价值的比值。如果内在价值等于账面价值($V/B=1$),这时投资者支付的价格上限为企业的账面价值 B;一旦投资者支付的价格 P 超过 B($P/B>1$),都将成为亏损的投资。但如果内在价值高于账面价值($V/B>1$),投资者支付的价格上限为企业的内在价值 V;即使投资者支付的价格 P 超过 B($P/B>1$),只要 P 小于 V,投资者的投资仍是明智的。

内在价值 V 为什么经常和账面价值 B 不一致?这是因为企业在未来既可能创造价值增量又可能毁损价值。当企业在未来创造价值增量时,内在价值会高于账面价值;相反,内在价

[①] 佩因曼在《财务报表分析与证券定价》一书中详细解释了剩余收益模型的操作。

值会低于账面价值。

内在价值高于账面价值的部分正是来自剩余收益。当企业未来创造的剩余收益大于零时，内在价值比企业当前账面价值高；当企业未来创造的剩余收益等于零时，内在价值与企业当前账面价值相等；当企业未来创造的剩余收益小于零时，内在价值比企业当前账面价值低。

基于上述原理，我们可以得到企业剩余收益估值模型如下：

$$V_0 = B_0 + \frac{RE_1}{1+K_e} + \frac{RE_2}{(1+K_e)^2} + \cdots \quad (9\text{-}21)$$

其中，V_0 为公司股权的内在价值；B_0 为公司股权的当前账面价值；RE 为公司股东得到的剩余收益，计算公式如下：

$$RE_t = E_t - K_e \times B_{t-1} \quad (9\text{-}22)$$

其中，E_t 为公司第 t 期的收益；B_{t-1} 为第 $t-1$ 期公司股权账面价值。

式（9-21）表明公司股权的内在价值等于当前的账面价值与未来剩余收益的贴现值之和。

专栏 9-12 某公司采用剩余收益模型估值

某公司 2013 年有总股本 3 000 万股，股价 18.12 元。无风险利率为 3.5%，贝塔系数为 1.1，市场年均收益率为 11%，债务成本为 3.8%，税率为 25%，债务的价值为 18 780 万元。对公司剩余收益的预测分为三期：第一阶段为 2014~2018 年，根据公司的经营规划进行预测；第二阶段为 2019~2026 年，假设剩余收益按 0.8%的固定增长率进行预测；第三阶段为 2026 年之后，假设剩余收益零增长。

第一阶段剩余收益预测如表 9-11 所示。

表 9-11　第一阶段剩余收益预测

第一阶段	2014E	2015E	2016E	2017E	2018E
E_t/万元	4 376.00	6 460.00	7 834.00	8 964.00	9 215.00
K_e/%	11.75	11.75	11.75	11.75	11.75
B_{t-1}/万元	32 145.00	35 467.00	43 567.00	51 323.00	59 876.00
RE/万元	598.96	2 292.63	2 714.88	2 933.55	2 179.57

市场对这个公司的股价是高估了还是低估了？

为了估算公司股票的价值，可以分成如下步骤进行。

首先，计算第二阶段的剩余收益。根据 0.8%的增长率，计算出的剩余收益如表 9-12 所示。

表 9-12　第二阶段剩余收益预测

第二阶段	2019E	2020E	2021E	2022E	2023E	2024E	2025E	2026E
RE/万元	2 197.01	2 214.58	2 232.30	2 250.16	2 268.16	2 286.30	2 304.59	2 323.03

其次，计算贴现率。由于分子所用的是股权获得的剩余收益，因此我们计算贴现率时应采用权益资本成本 11.75%。

最后，计算各个阶段剩余收益的现值。

第一阶段剩余收益现值为

$$V_{\text{EVA1}} = \frac{598.96}{(1+11.75\%)} + \frac{2\,292.63}{(1+11.75\%)^2} + \frac{2\,741.88}{(1+11.75\%)^3} + \frac{2\,933.55}{(1+11.75\%)^4} + \frac{2\,179.57}{(1+11.75\%)^5}$$
$$= 7\,448.94(万元)$$

第二阶段的剩余收益现值为

$$V_{\text{EVA2}} = \left(\frac{2\,197.01}{(1+11.75\%)} + \frac{2\,214.58}{(1+11.75\%)^2} + \frac{2\,232.30}{(1+11.75\%)^3} + \frac{2\,250.16}{(1+11.75\%)^4} \right.$$
$$\left. + \frac{2\,268.16}{(1+11.75\%)^5} + \frac{2\,286.30}{(1+11.75\%)^6} + \frac{2\,304.59}{(1+11.75\%)^7} + \frac{2\,323.03}{(1+11.75\%)^8} \right) \Big/ (1+11.75\%)^5$$
$$= 6\,467.50(万元)$$

第三阶段的剩余收益现值为

$$V_{\text{RE3}} = \frac{2\,323.03/11.75\%}{(1+11.75\%)^{13}} = 4\,664.44(万元)$$

将三个阶段的剩余收益现值加总,即为公司剩余收益现值 V_{RE0}。

$$V_{\text{RE0}} = V_{\text{RE1}} + V_{\text{RE1}} + V_{\text{RE2}} = 18\,580.88(万元)$$

为了求得股东拥有的价值,需要再加上权益账面价值,即

$$\text{VE}_0 = V_{\text{RE0}} + B_0 = 18\,580.88 + 32\,145.00 = 50\,725.88(万元)$$

由于公司有 3 000 万股,因此每股估值为 16.91 元。市场价格 18.12 元高估了该公司的价值。

8. 调整现值模型

在应用上述模型时,都存在同一个假定:权益资本成本或加权平均资本成本在未来是不变的。然而,在企业的实际经营过程中,经常会需要增加负债或增加权益融资,为未来的项目筹备足够的资金来源。无论何种融资,最终都会影响到资本成本的变化。例如,增加了负债,企业的风险将提高,而这会使股东要求的回报变得更高,权益资本成本会发生变化,同时加权平均资本成本也跟着变化。通过逐年调整资本成本的方法对上述模型进行改进,虽然是可行的,但操作过程太复杂。在实践中,可以选择 APV 模型来进行处理。

APV 模型是在把公司的所有资本全部当做权益资本计算得到的公司价值基础上加上债务融资获得的税盾的价值。这一模型的理论基础来源于莫迪利安尼和米勒的 MM 理论。他们指出,在没有税收的完美市场条件下,公司的融资结构不会影响公司价值。而存在税收时,由于债务有税盾的作用,因此,有债务的公司价值不同于没有债务的公司价值。有债务的公司价值还应加上债务产生的税盾价值。APV 模型就是把无负债的公司价值和因融资方式产生的价值明确分开。

APV 模型的操作通常分成两个步骤:首先,以无负债权益资本成本对公司自由现金流进行贴现估算无负债的公司价值;然后在无负债的公司价值上计算负债可能带来的价值增量(税盾)或潜在损失(可能陷入破产)。

莫迪利安尼和米勒提出,公司资产的总风险等于对这些资产财务求偿权的总风险,这也意味着公司资产的混合资本成本等于债务融资和权益融资的混合资本成本。读者可以从资产负债表的两边去理解。资产负债表的左边是资产,右边是负债和权益融资。企业通过负债和权益融资将资金吸纳进来,然后投放到各项资产上。负债和权益融资总是等于总资产。所以

总资产的混合资本成本应等于债务融资和权益融资的混合资本成本。

如果把公司资产区分为无负债的经营资产和能产生税盾的资产，那么可以得到如下等式：

$$\frac{V_{\text{unlev}}}{V_{\text{unlev}}+V_{\text{tax}}}k_{\text{unlev}}+\frac{V_{\text{tax}}}{V_{\text{unlev}}+V_{\text{tax}}}k_{\text{tax}}=\frac{D}{D+E}k_d+\frac{E}{D+E}k_e \quad (9\text{-}23)$$

其中，V_{unlev} 表示无负债的资产价值；V_{tax} 表示带来税盾的资产价值；k_{unlev} 表示无负债的资产的资本成本；k_{tax} 表示带来税盾的资产的资本成本；D 表示债务价值，E 表示权益价值；k_d 表示债务融资资本成本；k_e 表示权益融资资本成本。

通过对（9-23）进行变换，可以得到有负债时的权益资本成本的公式，即

$$k_e = k_{\text{unlev}} + \frac{E}{D}(k_{\text{unlev}}-k_d) - \frac{V_{\text{tax}}}{E}(k_{\text{unliv}}-k_{\text{tax}}) \quad (9\text{-}24)$$

式（9-24）表明有负债的权益资本成本包含三个部分，即无负债的权益资本成本、负债引起的风险溢价和税盾降低的负债成本。

为求出无负债的权益资本成本 k_{unlev}，通常有如下两种做法。

（1）如果公司的负债水平稳定在一个比率上（如有的公司一直按最优资本结构进行融资），带来税盾的资产的风险将与无负债的资产的风险同时变化。这种情况下，可以假设 $k_{\text{tax}}=k_{\text{unlev}}$，根据式（9-24），可以得

$$k_e = k_{\text{unlev}} + \frac{E}{D}(k_{\text{unlev}}-k_d) \quad (9\text{-}25)$$

对式（9-25）进行变换，得

$$k_{\text{unlev}} = \frac{D}{D+E}k_d + \frac{E}{D+E}k_e \quad (9\text{-}26)$$

（2）如果公司的负债比例不是一个固定比例，那么带来税盾的资产的风险就与负债比例高度相关。这时，可以假设 $k_{\text{tax}}=k_d$，根据式（9-24），可以得

$$k_e = k_{\text{unlev}} + \frac{D-V_{\text{tax}}}{E}(k_{\text{unlev}}-k_d) \quad (9\text{-}27)$$

对式（9-25）进行变换，得

$$k_{\text{unlev}} = \frac{D-V_{\text{tax}}}{D-V_{\text{tax}}+E}k_d + \frac{E}{D-V_{\text{tax}}+E}k_e \quad (9\text{-}28)$$

上述公式中只有带来税盾的资产价值 V_{tax}，这一变量需要通过将税盾以债务资本成本贴现，其他变量都是可观察的。

当一个公司每年的债务金额保持恒定，未来每年的税盾为 $D \times k_d \times \text{TAX}$。使用零增长模型估计税盾的资产价值 V_{tax} 为

$$V_{\text{tax}} = \frac{D \times k_d \times \text{TAX}}{k_d} = D \times \text{TAX}$$

代入式（9-28），得

$$k_{\text{unlev}} = \frac{D \times (1-\text{TAX})}{D \times (1-\text{TAX})+E}k_d + \frac{E}{D \times (1-\text{TAX})+E}k_e \quad (9\text{-}29)$$

专栏 9-13　某公司采用 APV 模型估值

某公司 2013 年有总股本 3 000 万股，股价 18.12 元。无风险利率为 3.5%，贝塔系数为 1.1，市场年均收益率为 11%，债务成本为 3.8%，税率为 25%，债务的价值为 18 780 万元。对公司

现金流的预测分为三期：第一阶段为 2014~2018 年，根据公司的经营规划进行预测；第二阶段为 2019~2026 年，假设现金流按 0.8% 的固定增长率进行预测；第三阶段为 2026 年之后，假设现金流零增长。

第一阶段的现金流预测如表 9-13 所示。

表 9-13　第一阶段现金流

第一阶段	2014E	2015E	2016E	2017E	2018E
FCFF/万元	2 457.00	3 250.00	4 358.00	5 760.00	6 783.00

市场对这个公司的股价是高估了还是低估了？

为了估算公司股票的价值，需要先估算无负债时的公司价值，然后加上负债产生的税盾价值，再扣除负债价值后得到权益价值。采用 APV 模型可以分成如下步骤进行。

第一，计算第二阶段的现金流。根据 0.8% 的增长率，计算出的现金流如表 9-14 所示。

表 9-14　第二阶段现金流

第二阶段	2019E	2020E	2021E	2022E	2023E	2024E	2025E	2026E
FCFF/万元	6 837.26	6 891.96	6 947.10	7 002.67	7 058.70	7 115.17	7 172.09	7 229.46

第二，计算无负债时的权益资本成本。

有负债时的权益资本成本 K_e 为

$$K_e = R_f + \beta \times (R_m - R_f) = 3.5\% + 1.1 \times (11\% - 3.5\%) = 11.75\%$$

根据式（9-29），得到无负债时的权益资本成本 K_{unlev}。

$$k_{unlev} = \frac{D \times (1-\text{TAX})}{D \times (1-\text{TAX}) + E} k_d + \frac{E}{D \times (1-\text{TAX}) + E} k_e$$

$$= \frac{18\,780 \times (1 - 25\%)}{18\,780 \times (1 - 25\%) + 3\,000 \times 18.72} \times 3.8\% \frac{3\,000 \times 18.72}{18\,780 \times (1 - 25\%) + 3\,000 \times 18.72} \times 11.75\%$$

$$= 10.11\%$$

第三，计算无负债时的公司价值。

第一阶段的现金流现值为

$$V_{unlev1} = \frac{2\,457}{(1+10.11\%)} + \frac{3\,250}{(1+10.11\%)^2} + \frac{4\,358}{(1+10.11\%)^3} + \frac{5\,760}{(1+10.11\%)^4}$$

$$+ \frac{6\,783}{(1+10.11\%)^5}$$

$$= 16\,283.63(\text{万元})$$

第二阶段的现金流现值为

$$V_{unlev2} = \left(\frac{6\,837.26}{(1+10.11\%)} + \frac{6\,891.96}{(1+10.11\%)^2} + \frac{6\,947.10}{(1+10.11\%)^3} + \frac{7\,002.67}{(1+10.11\%)^4} + \frac{7\,058.70}{(1+10.11\%)^5} \right.$$

$$\left. + \frac{7\,115.17}{(1+10.11\%)^6} + \frac{7\,172.09}{(1+10.11\%)^7} + \frac{7\,229.46}{(1+10.11\%)^8} \right) \Big/ (1+10.11\%)^5$$

$$= 23\,049.67(\text{万元})$$

第三阶段的现金流现值为

$$V_{\text{unlev3}} = \frac{7\,229.46/10.11\%}{(1+10.11\%)^{13}} = 20\,428.18(万元)$$

将三个阶段的现值加和，即为无负债公司当前的价值 V_{unlev0}。

$$V_{\text{unlev0}} = V_{\text{unlev1}} + V_{\text{unlev2}} + V_{\text{unlev3}} = 59\,761.48(万元)$$

第四，计算债务带来的税盾价值。

$$V_{\text{tax}} = D \times \text{Tax} = 18\,780 \times 25\% = 4\,695(万元)$$

第五，计算股东拥有的价值。

为了求得股东拥有的价值，需要从公司无负债价值中加上税盾价值再减去债务价值，即

$$\overline{\text{VE}} = V_{\text{unlev}} + V_{\text{tax}} - D = 59\,761.48 + 4\,695 - 18\,780 = 45\,676.48(万元)$$

由于公司有 3 000 万股，因此每股估值为 15.23 元。市场价格 18.12 元高估了该公司的价值。

当企业的债务非常高时，在估值的时候还需要考虑可能发生的破产成本，并将该成本从公司价值中减除。要计算预期破产成本，需要参考破产概率以及破产成本占无债务时公司价值的比例。目前美国有比较详细的参考数据，而我国这方面的数据还有待加强。

假设上述公司的债务评级为 AA 级，破产概率为 0.3%，破产成本占无债务时公司价值的比例为 5%，则预期的破产成本为 8.96 万元（59 761.48×0.3%×5%）。股东拥有的价值为 45 667.52 万元（45 676.48–8.96），每股价值为 15.22 元。

9. 实物期权法

在评估是否要投资一个项目或收购一个企业时，常常会遇到不确定性的问题。例如，投资一个新专利项目时，由于新专利的市场前景还不明朗，此时进行投资可能造成前期的亏损，而且后期的盈利可能不足以弥补前期的亏损，最终导致项目的净现值评估为负数。但如果将投资延迟到市场前景明朗时，则会将前期的亏损减少，后期的盈利反而超过前期的亏损，最终导致项目的净现值转为正数。那么，在某个时间点是进行投资、等待投资还是放弃投资？要进行这样的决策需要借助实物期权的评估方法。

期权的英文是 option，即选择权。"期"是未来的意思，"期权"就是未来的选择权。实物期权（real option）是指在进行某一投资项目时允许项目持有人在未来改变原来计划的权利。例如，新专利项目的持有人，可以现在不投资，而在未来市场前景明朗时再进行投资；又或者已经投入了初始资金的项目持有人，在未来市场前景变差时可随时选择放弃项目。这种选择权是有价值的，因为如果新专利项目的持有人现在投资和放弃投资都不是最优的，而等待几年再投资才是最优的。

可是，这种选择权的价值如何确定呢？1973 年，Black 和 Scholes 提出了著名的期权定价公式（即 Black-Scholes 模型）为这一问题提供了解决方案。

Black-Scholes 模型基本的假设前提为：①没有套利机会；②可按已知的无风险利率进行资金借贷；③可购买或出售任何金额的股票，包括卖空；④上述交易没有交易费用或交易成本；⑤股票价格服从几何布朗运动不断漂移和波动；⑥标的股票没有分发红利。

在上述假设前提下，可得到买入期权的定价公式，即

$$\begin{aligned} P(S,t) &= Ke^{-r(T-t)} - S + C(S,t) \\ &= Ke^{-r(T-t)}N(-d_2) - N(-d_1)S \end{aligned} \quad (9\text{-}30)$$

其中，

$$C(S,t) = N(d_1)S - Ke^{-r(T-t)}N(d_2) \quad (9\text{-}31)$$

$$d_1 = \frac{\ln\left(\dfrac{S}{K}\right) + \left(r + \dfrac{\sigma^2}{2}\right)(T-t)}{\sigma\sqrt{T-t}} \quad (9\text{-}32)$$

$$d_2 = d_1 - \sigma\sqrt{T-t} \quad (9\text{-}33)$$

其中，P 为买入期权价格；K 为执行价；S 为标的资产当期现价；X 为期权执行价格；T-t 为期权距到期日剩余时间（年）；r 为无风险利率；σ 为股票年回报率标准差；$N(d_i)$ 为标准正态分布变量累积概率分布函数。

这一期权定价公式最初是用于金融期权的定价，1977 年被 Stewart Myers 首次引入项目投资中。Stewart Myers 提出实物期权可用于估价，并对传统资本预算产生了巨大的影响。传统资本预算认为评估项目是否可行取决于净现值是否为正，而实物期权的评估则认为即使项目净现值为负，只要项目含有的期权价值能弥补负的净现值，仍然可以投资该项目。

专栏 9-14 某高科技公司的项目决策

某高科技公司拥有一项为期 10 年的专利。由于市场前景不明朗，目前投产产生的效益并不高。假设生产该专利产品的初始投资为 400 万元，目前投产所获得的现金流量现值为 320 万元。该公司预计该专利获得的收益在未来随着市场前景的明朗会非常可观。预计未来现值的年方差为 0.08，无风险利率为 3.5%。

如果采用净现值法判断，该项目的净现值为 -80 万元（320-400），应拒绝该项目。但如果不放弃该项目，而是等待时机投产，有可能在该项目上获得未来较高的收益。为做出正确的决策，可以根据上述条件计算保留该项目在未来获得高收益的权利所获得的价值，即根据期权定价公式计算买入期权的价值。

首先，计算期权定价公式中的各项参数。

$$\text{标的资产价值}(S)=\text{项目的现值} 320 \text{ 万元}$$
$$\text{执行价格}(K)=\text{初始投资} 400 \text{ 万元}$$
$$\text{方差}(\sigma^2)=0.08$$
$$\text{有效期}(T\text{-}t)=10 \text{ 年}$$
$$\text{无风险利率}(r)=3.5\%$$

$$d_1 = \frac{\ln\left(\dfrac{S}{K}\right) + \left(r + \dfrac{\sigma^2}{2}\right)(T-t)}{\sigma\sqrt{T-t}} = \frac{\ln\left(\dfrac{320}{400}\right) + \left(3.5\% + \dfrac{0.08}{2}\right)\times 10}{\sqrt{0.08\times 10}} = 0.5328$$

$$d_2 = d_1 - \sigma\sqrt{T-t} = 0.5328 - \sqrt{0.08\times 10} = -0.4561$$

$N(d_1)$ 和 $N(d_2)$ 的计算可查阅累积概率分布表，也可通过 excel 的如下函数形式计算：

$$N(d_1) = \text{NORMDIST}(0.5328, 0, 1, \text{TRUE}) = 0.7029$$
$$N(d_2) = \text{NORMDIST}(-0.4561, 0, 1, \text{TRUE}) = 0.3241$$

其次，根据上述参数计算实物期权价值。

$$P(S,t) = Ke^{-r(T-t)}N(-d_2) - N(-d_1)S$$
$$= 400 \times e^{-3.5\% \times 10} \times (-0.3241) - (-0.7029) \times 320 = 133.56$$

由于实物期权的价值比净现值的绝对值还高，因此不应放弃该项目，而可以选择等待市场前景明朗时投资。

专栏 9-15　某公司采用实物期权模型估值

某公司 2013 年有总股本 3 000 万股，股价 18.12 元。无风险利率为 3.5%，贝塔系数为 1.1，市场年均收益率为 11%，债务成本为 3.8%，税率为 25%，债务的价值为 18 780 万元。公司股价的年波动率为 0.06。对股东可获得的现金流的预测分为三期：第一阶段为 2014~2018 年，根据公司的经营规划进行预测；第二阶段为 2019~2026 年，假设股东获得的现金流按 0.8% 的固定增长率进行预测；第三阶段为 2026 年之后，假设股东获得的现金流零增长。

第一阶段股东获得的现金流预测如表 9-15 所示。

表 9-15　第一阶段股东获得的现金流

第一阶段	2014E	2015E	2016E	2017E	2018E
FCFF/万元	2 350.00	3 120.00	3 980.00	5 237.00	6 158.00

市场对这个公司的股价是高估了还是低估了？

之前我们已通过权益现金流模型计算出这个公司权益的内在价值为 45 796.18 万元，这相当于投资该公司的全部股票可获得的未来现金流的现值，即期权定价公式中的 S。目前该公司股票价格为 18.12 元，总市值为 54 360 万元，即期权定价公式中的 K。

$$\text{方差}(\sigma^2)=0.06$$
$$\text{有效期}(T-t)=5\text{年}$$
$$\text{无风险利率}(r)=3.5\%$$

$$d_1=\frac{\ln\left(\frac{S}{K}\right)+\left(r+\frac{\sigma^2}{2}\right)(T-t)}{\sigma\sqrt{T-t}}=\frac{\ln\left(\frac{45\ 796.18}{54\ 360}\right)+\left(3.5\%+\frac{0.06}{2}\right)\times 5}{\sqrt{0.08\times 10}}=0.873\ 7$$

$$d_2=d_1-\sigma\sqrt{T-t}=0.873\ 7-\sqrt{0.06\times 5}=-0.326\ 0$$

$N(d_1)$ 和 $N(d_2)$ 的计算可查阅累积概率分布表，也可通过 excel 的如下函数形式计算：

$$N(d_1)=\text{NORMDIST}(0.873\ 7,0,1,\text{TRUE})=0.808\ 9$$
$$N(d_2)=\text{NORMDIST}(0.326\ 0,0,1,\text{TRUE})=0.627\ 8$$

其次，根据上述参数计算实物期权价值

$$P(S,t)=Ke^{-r(T-t)}N(-d_2)-N(-d_1)S$$
$$=54\ 360\times e^{-3.5\%\times 5}\times(-0.627\ 8)-(-0.808\ 9)\times 54\ 796.18=8\ 395.05$$

公司权益的价值可由现金流的现值和期权的价值之和来计算，即

$$VE=45\ 796.18+8\ 395.05=54\ 191.23（\text{万元}）$$

由于公司有 3 000 万股，所以每股估值为 18.06 元，接近目前的股价 18.12 元。

三、企业估值的调整

1. 非上市公司的流动性折价

对上市公司来说，由于其股票很容易在资本市场上出售，因此流动性能得到保证。所谓流动性，就是指资产持有者在不承担或承担很少交易成本的情况下将资产变现的速度。在股

票市场上，上市公司的股票可以在只承担很少交易成本的情况下出售变成现金，因此上市公司的股票流动性强。

但是对于非上市公司来说，其股权转让变现的速度非常慢，这使得持有非上市公司股权的投资者必须承担较高的交易成本才能将手中的权益出售变现。这意味着出售同样价值的股权，相对于上市公司来说，非上市公司的股东必须在原来的价格上打一个折扣才能使股权更容易出售。这个折扣就是流动性折价。

但是，折价到底应该是多少并没有明确的理论依据。在实践中，经常采用20%或1/3这两个经验数值来作为流动性折价。

2. 控制权溢价

控制权是指对公司的主要事务拥有决策权和控制力。通常持有一定股份的控股股东对公司拥有控制权。而对公司主要事务不能起决定作用的股东被称为少数股东。拥有50%以上股权的股东对公司的主要事务拥有绝对的控制权，而拥有50%以下股权的控股股东对公司的主要事务拥有相对的控制权。

当股东拥有控制权时，能影响公司的决策，从而能尽可能使公司按照自己的期望发展，最终获得预期的收益。而当股东没有控制权时，缺乏对公司决策的影响导致其对未来收益的实现无法进行预期。

由于拥有控制权和没有控制权对公司的影响完全不同，因此在购买公司股权时，需要考虑控制权的溢价。要想让目标公司的控股股东让渡控制权，通常都需要在目标公司股权内在价值之上再支付一定的控制权溢价。而如果只购买少数股权，通常可以在目标公司股权内在价值之上再要求一个少数股权的折价。

少数股权的折价计算公式如下：

$$\text{Discount} = 1 - 1/(1+\text{CP}) \quad (9\text{-}34)$$

其中，Discount为少数股权的折价；CP为控制权溢价。

> **专栏9-16　对非上市公司收购少数股权**
>
> 某非上市公司股东欲出售其10%的少数股权。收购方对该公司进行估值，约为12元/股。控制权的溢价平均为40%，流动性折价平均为20%，收购方出价多少比较合适？
>
> 首先，计算少数股权折价，得
>
> $$\text{Discount} = 1 - \frac{1}{1+\text{CP}} = 1 - \frac{1}{1+40\%} = 28.6\%$$
>
> 其次，计算流动性折价得20%。
>
> 最后，计算收购方的出价，得
>
> $$P = 12 \times (1-28.6\%) \times (1-20\%) = 6.85(元)$$
>
> 收购方可将出价定在6.85元左右。

1）价值管理模型

科勒等（2012）提出了从六条分析线考察公司的潜在价值，这一分析线可看做公司的价值管理模型（图9-4）。

对于任何一个公司来说，在准备以价值创造为导向对公司进行管理时，可采用上述价值管理模型的思路。

第一，分析公司当前市价，这一步实际上是在评估公司股票的表现。评估时既可以以市

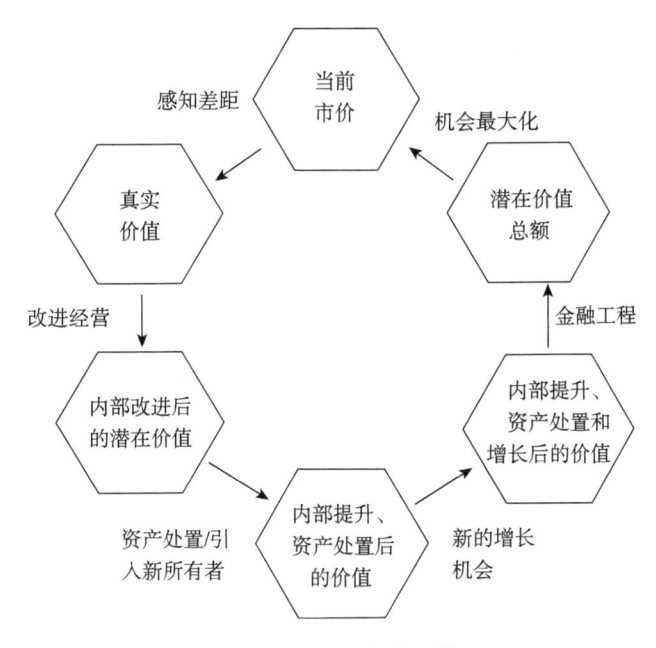

图 9-4　公司的价值管理模型

资料来源：科勒 T，戈德哈特 M，威赛尔斯 D. 价值评估：公司价值的衡量与管理. 高建，魏平，朱晓龙译. 北京：电子工业出版社，2012

场整体的回报率为基准，也可以以同行业的公司回报率为基准。如果公司带来股东的回报率长期低于市场整体回报率或同行业公司的回报率，这意味着公司的经营策略没有得到资本市场的认可。公司一定在某些方面存在问题，如目前的经营策略没有办法维持未来的增长。

第二，评估公司的真实价值或内在价值。这需要用到公司估值分析技巧，通常可以分成两个环节：第一个环节先评估基于历史绩效的现值，即按照过去的经营计划继续经营，未来产生的现金流（或经济增加值、剩余价值）的现值。在这个环节中可以根据公司前 3 年的历史经营数据来预测未来的现金流等。第二个环节是评估当前的经营计划下公司的内在价值。在这个环节中根据当前而不是过去的经营计划来预测未来的现金流（或经济增加值、剩余价值），并用贴现模型估计公司内在价值。上述两个环节能帮助公司分析按照过去的经营计划经营的公司内在价值、按照当前的经营计划经营的公司内在价值，并能比较两者之间的差别。如果按当前的经营计划经营的公司内在价值比按过去的经营计划经营的公司内在价值高不了多少，甚至还有可能降低的话，说明公司当前的经营计划需要重新调整。这也可以说明为什么公司股票的表现比市场整体或同行业公司要低。

第三，寻找内部改进后的潜在价值。如果现有的经营计划不能明显提升公司的内在价值，则说明公司尚未找到价值创造的驱动因素。作为公司的管理者，可以先通过敏感性分析来判断销售增长每提高 1%或资本投入每降低 1%时，公司价值会受到什么样的影响。这实际上是在分析公司的增长机会是否有提高的空间，资本投入是否有缩减的空间。如果公司的内在价值对销售增长率更敏感，则公司应将重心放在追求增长上；相反，如果公司的内在价值对资本投入更敏感，则公司应将重心放在控制资本投入或节约成本上。如果公司的经营多元化，则管理者还应对各项业务进行单独分析，判断这些业务是否具有增长空间以及资本投入的缩减空间。通过这样的分析，管理者会对各项业务的潜在价值有更为详细的了解，有助于判断哪些业务需要拓展、哪些业务维持现状、哪些业务需要收缩、哪些业务需要剥离。对于未来有增长空间的业务部门,应努力思考如何拓展业务;对于未来增长仍有增长但增长空间已确定的业务部门,可维持现状;对于未来没有增长空间,且资本成本可能逐步增长的业务,应考虑收缩战线;对于未来呈负增长且资本成本将超过经营利润的业务,应尽快剥离。

第四,评估内部提升的价值和资产处置后的价值。对于多项业务,公司可在上述第三步的基础上进一步分析公司通过内部提升可创造的价值,以及处置部分资产可获得的价值。有些业务部门单独评估时创造的价值可能是负的,但放在公司整体价值评估中,由于有协同效应的存在,这部分业务部门对公司仍然是有贡献的。因此,分析时需要考虑某个业务部门的内部提升给公司整体创造的价值。公司管理者可比较潜在收购方可能给出的收购价格、内部提升的价值、分拆的价值、清算的价格等,从而确定最佳的方案(表 9-16)。

表 9-16 不同价值下的资产处置策略

项目	潜在收购方出价/元	内部提升的价值/元	分拆的价值/元	清算的价格/元	策略
A 业务	2 000	2 000	1 500	1 000	保留
B 业务	1 000	900	800	700	出售
C 业务	600	800	400	200	内部提升
D 业务	400	550	600	500	分拆
E 业务	260	280	290	300	清算

表 9-16 中,A 业务潜在收购方给出的收购价与内部提升的价值相同,且 A 业务是公司目前的主营业务,因此 A 业务将保留在公司内部;B 业务出售给收购方带来的价值更大,因此出售能给公司股东创造最大的价值;C 业务通过内部提升能比分拆的价值高出一倍,并且比潜在收购方的出价要高,因此可采用内部提升的策略;D 业务从公司整体中独立出来的价值更高,因此可分拆;E 业务持续经营所创造的价值低于清算价值,因此最佳策略是立即清算。

第五,找到新的增长机会。如果确定 A 业务是公司未来创造价值的最大来源,则管理者需要考虑如何寻找新的增长机会来推动 A 业务的发展。当公司的业务重组进行完毕后,主要精力就是寻求 A 业务的增长,从而提升公司价值。

第六,评估是否需要通过金融工程来对公司价值进行改造。之前的五个步骤基本上都是从公司的经营层面来寻求价值的来源。经营层面的价值来源是公司价值的来源,但对股东来说,通过融资层面的分析可以扩大股东获得的价值。如果公司能更充分地利用负债,一方面可以获得税盾的价值,另一方面也可降低公司的资本成本。当然,负债的提高也会增加公司的经营风险。合理地设置资本结构能帮助公司股东获得更多的价值。除此之外,公司是否还需要通过期货、资产证券化等复杂的金融交易来为股东创造更多的价值,同样也是金融工程中要考虑的问题。

2)价值驱动因素分析

为弄明白公司创造价值的根源在哪里,可借助价值驱动因素分析方法。价值驱动因素的分析是采用杜邦分析法,一层层地将公司价值分解,从而找到最关键的驱动因素。以经济附加值为例,可以对价值驱动因素进行如下分解。

经济附加值的计算公式是

$$EVA = NOPAT - I \times WACC \tag{9-35}$$

将式(9-35)变形为

$$EVA = (NOPAT/I - WACC) \times I \qquad (9\text{-}36)$$

我们可以得到 EVA 的三个一级驱动因素，即 NOPAT/I、WACC、I。

NOPAT/I 是单位投资产生的税后净经营利润，我们将其称为投资收益率。当 NOPAT/I>WACC 时，即投资收益率高于资本成本率时，增加投资就能增加经济附加值，创造更多的价值。提高经济附加值的另一个办法就是增加投资收益率与 WACC 之间的差距，这需要通过努力提高资本利用效率或者通过资本结构的调整降低 WACC 来实现。

有了 NOPAT/I，我们就可以按照杜邦分析法进一步对其进行分解。

NOPAT/I 分解式如下：

$$\frac{NOPAT}{I} = \frac{NOPAT}{S} \times \frac{S}{I} \qquad (9\text{-}37)$$

其中，S 为销售收入；NOPAT/S 为单位销售收入产生的税后净营业利润，我们可称为销售税后净营业利润率；S/I 为资本周转率。提高资本利用效率的办法：一是提高销售税后净营业利润率；二是提高资本周转率。

对 NOPAT 的进一步分解可以找出影响到价值创造的更具体的环节。按新会计准则，NOPAT 的计算和调整事项如下：

NOPAT =营业利润+利息支出+资产减值准备增加额–公允价格变动收益
　　　–调整后递延资产本年增加额+调整后递延负债本年增加额–EVA 税收调整
$$\qquad (9\text{-}38)$$

EVA 税收调整=所得税费用+ [利息支出+资产减值准备金额的增加
　　　–公允价值变动损益+营业外支出–营业外收入]×税率
$$\qquad (9\text{-}39)$$

按新会计准则，资本 I 的计算如下：

$$I = 债务资本+股本资本+约当股权资本–现金和银行存款–在建工程净额 \qquad (9\text{-}40)$$

其中，

$$债务资本=短期借款+一年内到期非流动负债+长期借款+应付债券 \qquad (9\text{-}41)$$
$$股本资本=股东权益合计 \qquad (9\text{-}42)$$

约当股权资本＝递延所得税负债余额–递延所得税资产余额+减值准备合计
　　　–在建工程减值准备+累计税后营业外支出–累计税后营业外收入 $\qquad (9\text{-}43)$

WACC 的计算公式是

$$WACC = K_d(1-t)\frac{D}{E+D} + K_e \frac{E}{E+D} \qquad (9\text{-}44)$$

影响 WACC 的因素就是债务资本成本率 K_d、股权资本成本率 K_e、税率 t、资本结构 D/E。这几个因素之间的关系是：当 $K_d(1-t) > K_e$ 时，D/E 降低将会减少 WACC，即税后负债资本成本率超过股权资本成本率时，债务的减少可以降低 WACC。这点很容易理解，也可以通过简单的数学推导来证明。证明如下：

设 $D/E=h$，$K_d(1-t)=a$，$K_e=b$，则

$$WACC = a \times \frac{h}{1+h} + b\frac{1}{1+h} \qquad (9\text{-}45)$$

设 $h_1 > h_2$，那么

$$\text{WACC}_1 - \text{WACC}_2 = \frac{ah_1+b}{1+h_1} - \frac{ah_2+b}{1+h_2} = \frac{(h_1-h_2)(a-b)}{(1+h_1)(1+h_2)} \quad (9\text{-}46)$$

当 $a>b$ 时，即 $K_d(1-t)>K_e$ 时，$\text{WACC}_1>\text{WACC}_2$。证明完毕。

从经济附加值的分解计算中，可以提取一些重要的驱动指标，图 9-5 是经济附加值的价值驱动指标分解。

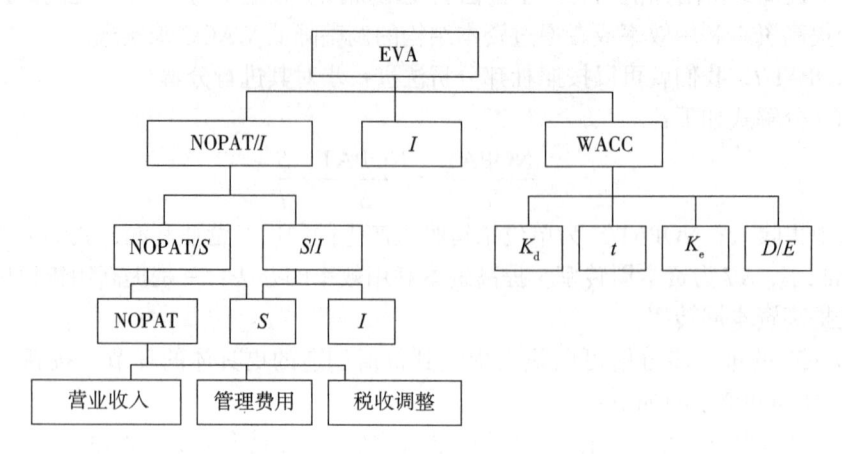

图 9-5 经济附加值的价值驱动指标分解

通过上述分解，能够让管理者清晰地看到在哪个环节创造了价值或在哪个环节毁损了价值。可以将经济附加值的价值驱动指标分成三层：第一层有三个核心因素，即税后净营业利润/资本（NOPAT/I）、资本（I）、WACC 作为一级指标；第二层有六个核心因素，即税后净营业利润率（NOPAT/S）、资本周转率（S/I）、债务资本（K_d）、税率（t）、股权资本（K_e）、资本结构（D/E）作为二级指标；第三层有三个核心因素，即营业收入（S）、管理费用、税收调整作为三级指标，有时还可加入营业利润和资本（I）。

从第一层来看，如果公司要创造更大的价值，应在 NOPAT/I 大于 WACC 的条件下，增加更多的投资 I。但很多公司的做法刚好相反，它们是在 NOPAT/I 小于 WACC 的情况下继续扩张，这种毁损公司价值的做法最终让公司掉入深渊。

从第二层来看，要创造足够高的 NOPAT/I，需要提升 NOPAT/S 或 S/I，即需要提升每一单位销售收入创造的税后净营业利润或提升每投入一单位资本所创造的销售收入。同时，为维持较低的资本成本，应关注税后债务资本成本和权益资本成本之间的关系。当 $K_d(1-t)>K_e$ 时（即税后负债资本成本率超过股权资本成本率时），应降低负债比例，从而降低 WACC，提升公司价值。

从第三层来看，要提升 NOPAT/S，需要在增加营业收入的同时降低管理费用可能才是有效的做法，又或者利用税收调整来提升税后净营业利润。

3）价值管理策略

所谓的价值管理（value-based management，VBM），就是按照一项业务只有在它的回报超过它的资本成本时才创造了价值这一标准进行管理[①]。"基于利润的管理"与"基于价值的管理"最重要的区别在于有没有考虑到一项业务的资本成本。VBM 认为，要实现股东价值最大化，就必须对企业创造价值的过程进行管理。

[①] 黄卫伟，李春瑜. EVA 管理模式. 北京：经济管理出版社，2005.

VBM 是一种使公司内部各级管理层的管理理念、管理方法、管理行为、管理决策与公司的目标——股东价值最大化相一致的管理机制。这一管理机制使公司管理中的一些核心环节紧扣股东价值最大化这一目标。这些核心环节包括公司战略、投资规划和预算控制、公司治理、组织结构、员工报酬、绩效管理。

20 世纪 80 年代，VBM 开始被英美的一些公司应用，包括可口可乐公司和劳氏银行（Lloyds Tsb Bank）等。90 年代中期拓展到欧洲大陆，直至 90 年代后期才在亚洲一些经济发达的国家和地区（日本、新加坡、中国香港）得到应用。

目前，VBM 已被大多数企业所接受，但并非采用了 VBM 就一定能提升股东价值。Haspeslagh 等（2001）指出，价值管理方案听上去都很简单，让你恨不得马上实施，然而采用 VBM 的公司中只有一半获得成功。最成功的案例当属劳氏银行，1983~1991 年实施 VBM 使银行的市场价值增长了 40 倍。通过对 117 家正式实施 VBM 的公司进行研究发现，成功实行 VBM 的公司有五处共同点：第一，公开对股东价值做出明确的承诺。第二，开展密集的培训，使员工能够接受 VBM 项目将会带来的变革。第三，它们建立一些覆盖范围广泛的激励方案，用来强化培训效果。这些激励方案跟 VBM 绩效指标紧密结合。第四，给业务单位授权，成功的 VBM 公司愿意做出重大的组织变革，以便让所有员工做出创造价值型决策。第五，实行广泛的流程改革，成功的 VBM 公司会全面审视自己的业务流程，对各种体系和流程进行变革，而不仅仅局限于财务报告和员工薪酬。它们在变革中会遵守四条原则：采用简单的会计体制；确定价值驱动因素；整合预算编制和战略规划流程；对信息系统进行大量的投资[①]。

由此看来，价值管理是管理领域的一项重大变革，不仅要将"利润至上"的观点转变为"价值至上"，从而改变企业的目标导向，还需要通过一系列的组织变革（包括报酬激励体制、组织结构重组、业务流程改革）才能完成。

专栏 9-17　双汇收购史密斯菲尔德

随着中国企业的实力不断增强，越来越多的企业萌发了并购外国企业的想法，中国企业跨国并购掀起了第二个浪潮。这波跨国并购的动力，主要是为了瞄准欧美市场，或者接收欧美拥有的先进技术，又或是收购外国的原材料供应商，获得稳定的原料供应。

而双汇收购史密斯菲尔德（SFD），主要是作为中国最大的肉食品供应商，双汇需要对自身的肉类加工产业结构进行产业链整合，并实现双汇成为世界级集团公司的愿景。虽然双汇是中国领先的肉制品加工品牌，但是双汇最近的发展仍然遇到了不小的瓶颈。首先是一再发生的食品安全问题对双汇打击不小。受限于国内生猪规模的低养殖率，双汇对猪肉质量的把控力度一直不够；其次是肉制品加工技术的落后，使双汇在低温及生鲜肉的高端产品加工技术方面落后金锣和雨润，技术面临淘汰和升级；最后是双汇的品牌和产品线太过单一，产品以中低端为主，利润率普遍不高。

而这一次的收购，将给双汇带来巨大的协同效应。SFD 是全美第二大肉制品生产商，是美国也是世界上第一大生猪养殖及猪肉生产商，目前占有 30% 的美国猪肉市场份额，具有从生猪养殖—屠宰—猪肉加工全产业链。对双汇来说，第一可降低对中国猪肉养殖市场的依赖，这是在"瘦肉精事件"后双汇要着重解决的问题，SFD 最为擅长的是肉猪养殖，而这是双汇

---

① Haspeslagh P, Noda T, Boulos F. Managing for value: it's not just about the numbers. Harvard Business Review, 2001,79（7）: 64-73.

的"短板";第二,双汇在低温肉制品及生鲜肉上竞争力不够,而这正是SFD的强项;第三,SFD拥有丰富品牌和产品线,双汇可以实现从单一品牌策略到多品牌策略的转型,抢占高端市场,提升产品利润率。

为了顺利达成收购,双汇付出的可是真金白银。双汇支付了较高的交易溢价,根据协议,所有SFD股票持有者都将收到每股34美元的现金(前一日收盘价溢价31%)。早在2009年,双汇就向SFD表达了收购意向,而直到2013年3月,双方交易的金融支持环节才初具雏形。2013年5月29日,双汇和SFD联合公告达成最终并购协议。在并购协议呈报美国海外投资委员会(CFIUS)进行了两轮审查后,2013年9月16日,双方完成了交易。这一次并购的障碍是CFIUS,他们基于美国的公共健康、经济安全,对外资并购进行审查。这一次收购之所以能顺利通过审查,首先是因为双汇的收购本质上不涉及国家安全问题;其次双汇应对CFIUS审查积极有效,不仅全力配合美国国会的听证,而且还在听证会上阐明了交易不会影响到美国的食品安全,而且还有利于美国本土产业的生产与盈利。根据SFD披露的交易公告,此案并非一个完全意义上的杠杆收购方案。从本质上来讲,只是一起上市公司的全面要约收购案。这次的并购分为两个部分:双汇将付出48.14亿美元,全面收购SFD发行在外的股份;双汇还将支付39亿美元,对SFD的现有债务进行重组。

这一次的收购是反向三角并购。第一步,双汇国际设立全资子公司Sun Merger Sub,以该公司作为此次并购的壳公司,方便后续与SFD的整合;第二步,Sun Merger Sub全面要约收购SFD,收购完成后,SFD退市并成为Sun Merger Sub的全资子公司;第三步,SFD吸收合并Sun Merger Sub,SFD成为双汇国际的全资子公司,Sun Merger Sub则注销;第四步,对SFD进行债务重组。由于债务压力沉重,SFD将借助于循环贷款、银行借款的额度调整以及债券的赎回进行债务重组,使SFD获得更优惠的资金。值得一提的是,在这一次收购中,国家资本的支持发挥了关键作用。在完成收购发起的总共79亿美元的融资中,中国银行牵头的辛迪加贷款40亿美元,积极参与了双汇并购SFD,其中包括25亿美元的三年期贷款,以及15亿美元的五年期贷款。这部分的融资主要用于SFD股权收购。而另外的39亿美元的融资,则由摩根史坦利(Morgan Stanley)充当债务重组的融资顾问,所获贷款额度和贷款资金全部由SFD的相关资产进行担保或抵押。完成收购后,双汇国际初步形成国内以双汇发展为主,国外以SFD为主的双轮驱动模式。而SFD的资产负债表没有发生重大变化,40亿美元银团贷款全部由双汇国际承担。

收购完成后,仍然给双汇国际留下了不少的后续发展问题。首先是债务偿还难题。由于SFD的杠杆率实在是偏高,将给双汇国际带来巨大的债务偿还压力,而此前进行的债务展期,也只是以时间换空间,不仅不能从根本上解决问题,而且还有可能进一步加重双汇国际的债务负担。此后,双汇国际更名为万洲国际,并于2014年8月5日,在中国香港成功上市,全球发售募集所得款项净额增至约22.8亿美元,全数用于偿还并购SFD时的三年期25亿美元贷款。偿还25亿美元债务后,其负债权益比率218.8%减少至88.2%,每年节省融资成本约9 000万美元。此外,双汇还进行了贷款置换。万洲国际宣布与12家银行及金融机构签订15亿美元五年期银团贷款,置换为收购SFD所签署的五年期贷款,从而每年节省3 000万美元的财务成本。

作为一家美国本土企业,SFD与双汇存在很大的企业文化差异。根据收购中著名的"七七理论",70%的并购没有实现期望的商业价值,而其中70%失败于并购后的文化整合。双汇承诺,收购完成之后SFD继续原有经营,保持包括管理层、品牌、总部、工厂、员工、上下游供应六项"不变",而双汇将利用自身的渠道与分销网络,协助 SFD 打开中国市场,这有助于在美国业绩严重饱和的 SFD 打开更广阔的国际市场。

双汇成功收购 SFD 对中国企业海外并购的启示首先是收购动因充足,此次最大的交易动因在于双方的协同效应;其次收购方要有强大的实力,包括企业自身的实力与融资能力;再次收购条件要足够吸引对方;最后善于利用董事会、股东及国内外媒体的宣传能力,向市场传递正能量,将有利于推动其他公众股东接受交易。

资料来源:双汇"非典型"收购肉食品业跨国并购案详解. http://www.xcf.cn/jrdd/201309/t20130923_497142.htm

▶本章小结

并购分为横向收购、纵向收购和混合收购,并购浪潮也是沿着收购方式的变革而发生的,而收购方式的变革又来自对并购的管制。并购离不开资本市场融资工具的发展,而当为并购进行融资的市场崩溃后,并购浪潮也随之结束。

收购公司之所以要收购目标公司,其动因可能在于差别效率理论、协同效应理论、税盾理论、市场势力理论、价值低估理论、委托—代理理论、过于自信假设、自由现金流量假设、交易成本理论、股票市场驱动、流动性过剩。

收购的操作过程包括筛选目标公司、尽职调查、对目标公司进行估值、制定收购策略、收购后整合。

目标公司可能存在的反收购措施包括毒丸计划、董事轮换制、累积投票制条款、绝对多数条款、限制大股东表决权条款、公平价格条款、双重资本化、限制董事资格条款等。

对目标公司的估值是收购过程中很重要的环节,出价过高将使收购公司陷入"胜者之诅咒"。并购估值的方法包括比较法和贴现法。

收购公司在收购前需要制定收购策略,包括建立立足点、熊式拥抱、要约收购、公开市场收购、代理权争夺。

成功完成收购过程并不意味着收购是成功的,当文化整合和人事整合失败时,收购不仅不会带来绩效的提升,还会导致公司陷入困境。

衡量并购绩效的方法可以通过事件研究法来观察并购给股东创造的财富效应,或者通过观察财务指标的变化来分析。

目标公司在应对敌意收购时,需要证明对方的出价太低。而估值的方法可以采用资产基础法、可比公司法、股利贴现模型、公司现金流贴现模型、权益现金流贴现模型、经济附加值现模型、剩余收益模型、调整现值模型、实物期权法。

▶思考与练习

1. 兼并与收购的联系和区别是什么?
2. 公司进行横向收购、纵向收购、混合收购的动因分别是什么?
3. 什么是 MBO?
4. 什么是 LBO?
5. 美国六次并购浪潮兴起的原因是什么?并购浪潮结束的原因又是什么?
6. 股权分置改革对我国的并购市场有什么影响?
7. 并购的协同效应体现在哪些方面?为什么有的并购产生不了协同效应?
8. 为了应对敌意收购,公司应采用哪些防御措施?

9. 毒丸计划有几种类型？对公司价值会产生什么影响？

10. 什么是"胜者之诅咒"？并购中为什么会出现"胜者之诅咒"？

11. A上市公司看中了B上市公司，如果你是A公司负责收购的主管，你会建议公司怎么做？

12. 微软收购雅虎时，雅虎认为微软的收购价低估了雅虎的价值。请你根据雅虎的财务报表分析当时雅虎的价值，并判断微软的收购价是否合理。

13. 衡量并购的绩效有哪些方法？

14. 请找一起我国上市公司的并购案，用事件研究法分析并购给股东带来的财富效应。

15. 请找一家我国上市公司，并运用所学估值模型和公开的财务报表信息对其估值。

参考文献

陈玉罡. 2007. 并购与剥离的可预测性——基于交易成本视角的研究. 北京：经济科学出版社.

陈玉罡. 2011. 并购中的价值驱动指标体系. 北京：经济科学出版社.

陈玉罡，李善民. 2007. 并购中主并公司的可预测性——基于交易成本视角的研究. 经济研究，(4)：90-100.

陈玉罡,李善民. 2010. 资产剥离如何不再毁损公司价值？——基于价值驱动指标的实证研究. 管理评论,(1)：105-114.

陈玉罡，莫夏君. 2013. 后股权分置时期公司控制权及其私有收益之争——基于鄂武商的案例研究. 审计与经济研究，(4):104-112.

冯根福，吴林江. 2001. 我国上市公司并购绩效的实证研究. 经济研究，(1)：54-61.

干春晖. 2004. 并购经济学. 北京：清华大学出版社.

高鹤. 2009. 并购案例评鉴. 北京：中信出版社.

国务院国有资产监督管理委员会业绩考核局，毕博管理咨询有限公司. 2005. 企业价值创造之路——经济增加值业绩考核操作实务. 北京：经济科学出版社.

黄卫伟，李春瑜. 2005. EVA管理模式. 北京：经济管理出版社.

康雁，宋风华. 2003-11-07. 谁在创造价值，如何创造价值——2002年上市公司价值创造与毁灭排行榜. www.sternstewart.com.cn/ss/eva2002.pdf.

科勒 T，戈德哈特 M，威赛尔斯 D. 2012. 价值评估：公司价值的衡量与管理. 高建，魏平，朱晓龙译. 北京：电子工业出版社.

李善民，陈玉罡. 2002. 上市公司兼并与收购的财富效应. 经济研究，(11)：25-35.

李善民，陈玉罡，曾昭灶，等. 2003. 中国上市公司并购与重组的实证研究. 北京：中国财政经济出版社.

李善民，王彩萍，曾昭灶，等. 2004. 中国上市公司资产重组长期绩效研究. 管理世界，(9)：131-136.

陆瑶. 2010. 激活公司控制权市场对中国上市公司价值的影响研究. 金融研究，(7)：144-157.

马丁 J D，佩蒂 J W. 2005. 价值管理——公司对股东变革的反应. 娄芳译. 上海：上海财经大学出版社.

莫兰德 P. 1999. 不同公司体制中的替代性约束机制. 改革，(3)：47-51.

帕特里克 A G. 2004. 兼并、收购与公司重组. 朱宝宪，吴亚君译. 北京：机械工业出版社.

佩因曼 S H. 2013. 财务报表分析与证券定价. 第3版. 林小驰，王立彦译. 北京：北京大学出版社.

思特三世. 2004. 探寻价值——21世纪高管人员的圣经. 康雁，等译. 北京：中国财政经济出版社.

威斯通 F，郑光，侯格 S. 1998. 兼并、重组与公司控制. 唐旭，等译. 北京：经济科学出版社.

殷醒民. 1999. 企业购并的金融经济学解释. 上海：上海财经大学出版社.

俞明轩. 2004. 企业价值评估. 北京：中国人民大学出版社.

郑志刚. 2006. 外部控制、内部治理与整合——公司治理机制理论研究文献综述. 南大商学评论，9：74-101.

朱宝宪，王怡凯. 2002. 1998年中国上市公司并购实践的效应分析. 经济研究，11：20-26.

朱叶. 2013. 公司金融. 北京：北京大学出版社.

Aghion P，Bolton P. 1992. An incomplete contracts approach to financial contracting. The Review of Economic Studies，59（3）：473-494.

Alexandridis G, Mavrovitis C F, Travlos N G. 2012. How have M&As changed? Evidence from the sixth merger wave. European Journal of Finance, 18: 663-688.

Allen J W, Lummer S L, McConnell J J, et al. 1995. Can takeover losses explain spin-off gains? Journal of Financial and Quantitative Analysis, (30): 465-485.

Aloke G. 2001. Does operating performance really improve following corporate acquisitions? Journal of Corporate Finance, 7: 151-178.

Amihud Y, Lev B. 1981. Risk reduction as a managerial motive for conglomerate mergers. Bell Journal of Economics, 12: 605-617.

Andrade G, Mitchell M, Stafford E. 2001. New evidence and perspectives on mergers. Journal of Economics Perspectives, 15: 103-120.

Arrow K J. 1975. Vertical integration and communication. Bell Journal of Economics, 6: 173-183.

Barbopoulos L, Sudarsanam S. 2012. Determinants of earnout as acquisition payment currency and bidder's value gains. Journal of Banking & Finance, 36, (3): 678-694.

Berkovitch E, Narayanan M P. 1993. Motives for takeovers. Journal of Financial and Quantitative Analysis, 28(3): 347-362.

Bradley M, Desai A, Kim E H. 1988. Synergistic gains from corporate acquisitions and their division between the stockholders of target and acquiring firms. Journal of Financial Economics, 21: 3-40.

Cybo-Ottone A, Murgia M. 2000. Mergers and shareholder wealth in European banking. Journal of Banking & Finance, 24: 831-859.

Donaldson L, Davis J H. 1991. Stewardship theory or agency theory: CEO governance and shareholder returns. Australian Journal of Management, 16(1): 49-64.

Firth M. 1980. Takeovers, shareholder returns and the theory of the firm. Quarterly Journal of Economics, 94: 235-260.

Gaughan P A. 2010. Mergers, Acquisitions, and Corporate Restructurings. 5th ed. New York: John Wiley & Sons, Inc.

Gordon M J, Shapiro E. 1956. Capital equipment analysis: the required rate of profit. Management Science, 3(1): 102-110.

Grossman S J, Hart O D. 1980. Takeover bids, the free-rider problem, and the theory of the corporation. The Bell Journal of Economics, 11(1): 42-64.

Gugler K, Mueller D C, Yurtoglu B B, et al. 2003. The effect of mergers: an international comparison. International Journal of Industrial Organization, 21: 625-653.

Harford J. 2005. What drives merger waves? Journal of Financial Economics, 77: 529-560.

Harris M, Raviv A. 1988. Corporate control contests and capital structure. Journal of Financial Economics, 20: 55-86.

Harris M, Raviv A. 1990. Capital structure and the informational role of debt. Journal of Finance, 45: 321-349.

Haspeslagh P, Noda T, Boulos F. 2001. Managing for value: it's not just about the numbers. Harvard Business Review, 79(7): 64-73.

Hayn C. 1989. Tax attributes as determinants of shareholder gains in corporate acquisitions. Journal of Financial Economics, 23: 121-153.

Healy P M, Palepu K G, Ruback R S. 1992. Do mergers improve corporate performance? Journal of Financial Economics, 31(2): 135-175.

Houston J F, Ryngaert M D. 1994. The overall gains from large bank mergers. Journal of Banking and Finance, 18(6): 1155-1176.

Houston J F, James C M, Ryngaert M D. 2001. Where do merger gains come from? Bank mergers from the perspective of insiders and outsiders. Journal of Financial Economics, 60: 285-331.

Israel R. 1992. Capital and ownership structure, and the market for corporate control. Review of Financial Studies, 5(2): 181-198.

Jensen M C. 1986. Agency costs of free cash flow, corporate finance, and takeovers. American Economics Review, 76 (2): 323-329.

Jensen M C. 1988. Takeovers: their causes and consequences. Journal of Economics Perspectives, 2 (1): 21-44.

Jensen M C, Meckling W. 1976. Theory of the firm: anagerial behavior, agency costs and ownership structure. Journal of Financial Economics, 3: 305-360.

Jensen M C, Ruback R S. 1983. The market for corporate control: the scientific evidence. Journal of Financial Economics, 11: 5-50.

Johnson S, La Porta R, Lopez-de-Silanes F, et al. 2000. Tunneling. American Economic Review, (90): 22-27.

Kaplan S. 1989. The effects of management buyouts on operating performance and value. Journal of Financial Economics, 24 (2): 217-254.

Kohers N, Ang J. 2000. Earnouts in mergers: agreeing to disagree and agreeing to stay. The Journal of Business, 73 (3): 445-476.

La Porta R, Lopez-de-Silanes F, Shleifer A. 1999. Corporate ownership around the world. Journal of Finance, 54: 471-517.

La Porta R, Lopez-de-Silanes F, Shleifer A, et al. 2002. Investor protection and corporate valuation. Journal of Finance, 57: 1147-1170.

Lang L, Rene H P, Stulz M, et al. 1989. Managerial performance, Tobin's Q, and the gains from successful tender offers. Journal of Financial Economics, 24: 137-154.

Lang L, Stulz R, Walkling R W. 1991. A test of the free cash flow hypothesis: the case of bidder return. Journal of Financial Economics, 29: 315-335.

Leeth J D, Borg J R. 2000. The impact of takeovers on shareholder wealth during the 1920's merger wave. Journal of Financial and Quantitative Analysis, 35 (2): 217-238.

Malatesta P H. 1982. The wealth effect of merger activity and the objective functions of merging firms. Journal of Financial Economics, 11: 155-181.

Manne H G. 1965. Mergers and the market for corporate control. Journal of Political Economy, 73: 110-120.

Marris R. 1963. A model of the "managerial" enterprise. Quarterly Journal of Economics, 77: 185-209.

Masulis R, Wang C, Xie F. 2007. Corporate governance and acquirer returns. Journal of Finance, 62(4): 1851-1890.

Miller M H, Modigliani F. 1961. Dividend policy, growth and the valuation of shares. Journal of Business, 34: 411-433.

Morck R, Shleifer A, Vishny R. 1990. Do managerial objectives drive bad acquisitions? Journal of Finance, 45: 31-48.

Nielsen J F, Melicher R W. 1973. A financial analysis of acquisition and merger premiums. Journal of Financial and Quantitative Analysis, 8: 139-162.

Offenberg D, Straska M, Waller G. Who gains from buying bad bidders? Journal of Financial and Quantitative Analysis, 49 (2): 513-540.

Pound J. 1992. Belong takeovers: politics comes to corporate control. Harvard Business Review, 93: 83-92.

Randall H, Erik L. 2002. Operating performance and the method of payment in takeovers. Journal of Financial and Quantitative Analysis, 37 (1): 137-155.

Rhodes-Kropf M, Robinson D T, Viswanathan S. 2005. Valuation waves and merger activity: the empirical evidence. Journal of Financial Economics, 77: 561-603.

Roll R. 1986. The hubris hypothesis of corporate acquisitions. Journal of Business, 59: 197-216.

Sheard P. 1997. Mein Banku Shihon Shugi no Kiki (Main Bank Capitalism in Crisis). Tokyo: Toyo Keizai Shimpo-sha.

Shleifer A, Vishny R. 2003. Stock market driven acquisitions. Journal of Financial Economics, 70: 295-311.

Song M H, Walkling R A. 2000. Abnormal returns to rivals of acquisition targets: a test of the "acquisition probability hypothesis". Journal of Financial Economics, 55: 143-171.

Stulz R. 1988. Managerial control of voting rights: financing policies and the market for corporate control. Journal of Financial Economics, 20: 25-54.

Switzer J A. 1996. Evidence on real gains in corporate acquisitions. Journal of Economics and Business, 48: 443-460.

Wang C, Xie F. 2009. Corporate governance transfer and synergistic gains from mergers and acquisitions. Review of Financial Studies, 22 (2): 829-858.

Williams J B. 1938. The Theory of Investment Value. Cambridge: Harvard University Press.

Williamson O E. 1985. The Economic Institution of Capitalism. New York: Free Press.

第十章

风险管理

>>> 引导案例

企业经营中遇到的主要风险示例

在瞬息万变的今天，企业面临的外部环境不断变化，企业经营面临着原材料价格、利率和汇率等诸多不确定性，即面临着各类风险。随着互联网技术、经济全球化、贸易一体化的发展，企业经营面临着前所未有的更广阔的外部环境，这也加剧了各类风险的联动性与相关性；而金融实践中的诸多金融工具创新，尤其是金融衍生工具，为企业管理这些风险提供了有力工具。合理使用这些金融工具管理企业所面临的各类风险，对企业健康稳定发展具有非常重要的作用；当然，如果不能很好地管控这些风险，则会使企业蒙受巨额损失，甚至破产。下面通过几个小案例予以简单介绍。

（1）客户信用风险。赊销作为企业经常采用的销售方式，可以刺激客户购买商品、增加销售收入，并形成企业的应收账款。例如，为应对日益下滑的市场环境，机械行业龙头三一重工通过采取较低首付的营销策略促进销售收入增长，相应地，公司的应收账款大幅增加。财报数据显示，2013年第一季末，三一重工应收账款为225亿元，较2012年年末的149.7亿元增长了50.3%。与此同时，赊销行为也往往伴随着客户的信用风险，这种风险带来的后果就是客户不完全偿付所有欠款，公司还要承担管理应收账款的成本。如果应收账款管理不当，则会给公司带来巨大的损失，四川长虹的应收账款危机就是一个典型事例。四川长虹2004年度报告显示，全年巨亏36.81亿元，这也是四川长虹自新股上市以来的首次亏损，亏损的最直接原因则是大量计提应收账款准备[①]。APEX公司2004年度由于经营不善、涉及专利费、美国对中国彩电反倾销等因素出现较大亏损，全额支付四川长虹欠款4.63亿美元存在较大困难。四川长虹年报披露，需要对该项4.63亿美元的应收账款计提的坏账准备金额约为3.13亿美元，按照当时的汇率计算折合人民币25.97亿元。2001年度以来，四川长虹采取赊销方式实施大规模的海外扩张，最直接的后果是应收账款激增（尤其是海外应收账款），2001年年末的应收

[①] 详见四川长虹电器股份有限公司的2002年度、2003年度和2004年度的报告。

账款为 28.81 亿元，2002 年应收账款高达 42.20 亿元，较 2001 年的应收账款增幅高达 46.49%。不幸的是，正是不能收回大量的应收账款，导致四川长虹出现严重亏损。可以看出，公司面临着在增加销售收入与管理应收账款带来的潜在风险之间的权衡问题。公司一方面需要根据客户的信用条件，通过制定各种的销售条件和销售政策，如提供不同的信用期间、现金折扣等，促进销售、加速回款；另一方面公司需要采取适合的应收账款管理措施，防范客户的信用风险。

（2）原材料价格波动风险。燃料成本在航空公司的运营成本中占有很大比例，占 40%~50%，因此，燃料价格对航空公司的经营具有重要影响，若不能有效管理燃料价格波动带来的风险，将会影响企业的经营状况。作为一家国有大型航空公司——中国国际航空股份有限公司（简称中国国航），较早在国内对燃料价格进行套期保值。由于 2008 年以前国际油价的一路高涨，中国国航 2003 年开始进行衍生品的投机交易，并在 2005~2007 年分别获得了 0.95 亿元、1.13 亿元和 2.36 亿元的净收益。出于对国际原油价格走高的预期，中国国航在原油价格高达 140 美元左右通过买入看涨期权和卖出看跌期权对燃油价格进行交易，然而，由于 2008 年金融危机，国际原油价格开始走低，中国国航 2008 年 11 月 22 日的公告显示，截至 2008 年 10 月 31 日，燃油套期保值已经损失了 31 亿元。在本案例中，由于中国国航签订的结构性期权合约，使公司在燃油价格出现不利变动的情况下，获得了巨大损失，是一种典型的投机行为。2008 年，国际棕榈油价格经历了一次百年不遇的急涨和急跌，油价从 2007 年的每吨 4 000 元左右一路飙升至 2008 年 3 月初的每吨近 14 000 元，2008 年 7 月，棕榈油价格又迅速掉头下挫，到 10 月中旬，棕榈油价格暴跌至每吨 4 200 元。棕榈油价格的暴跌，让国内大部分棕榈油生产企业损失惨重，但天津聚龙集团却并未因此受到损失，这得益于聚龙集团的套期保值操作。通过签订套期保值合约，聚龙集团成功地锁定了企业的生产利润，这是一个运用套期保值管理价格波动风险的成功案例。

（3）汇率风险。2008 年 10 月 20 日，中信泰富发出盈利预警，声称公司为了降低西澳洲铁矿项目所面对的货币风险，签订了若干杠杆式外汇买卖合约，这些外汇买卖合约使公司的实际亏损超过 8 亿港元。至 2008 年 10 月 17 日，仍在生效时间内的杠杆式外汇合约按公平价计算的亏损为 147 亿港元。换言之，由已签订的杠杆式外汇买卖合约导致的已经变现以及还未变现的亏损总额为 155.07 亿港元。事件发生后中信泰富集团财务董事张立宪和财务总监周至贤先后辞职，香港证监会和港交所对中信泰富进行联合调查，集团高层对中信泰富由于投资外汇衍生品而导致的 105 亿港元的亏损极为不满，认为荣智健应对风险监管疏忽承担责任，中信泰富董事会面临重大改组。不仅如此，信用评级机构穆迪公司、标准普尔纷纷将中信集团的信用评价下调，各大投行也不断减持中信集团的股票。据了解，这期外汇杠杆交易是因为澳元走高引起的，但是中信泰富没有遵守远期合约风险对冲的政策，对合约的风险进行评估和测量没有给以足够的重视，签订了风险收益极不匹配的合约，进而使公司蒙受了巨大的损失。

（4）流动性风险。1996 年刘五一在美国获得"普尔斯马特"的特许权，注册成立了北京普尔斯马特会员购物企业集团（简称普马）。作为世界 500 强之一，全球最大的仓储制会员店，美国第三大超市，普马以会员制起家并一直坚持会员制。作为第一个将会员制理念引入中国的外资企业，中国普马在成立后的短短 8 年内在中国开设了近 50 家分店，并迅速跻身为中国最大的零售商之一。如此大规模的扩张需要大量的资金来支持，为此普马通过如下"三步走"战略进行扩张：第一步，在当地注册一家公司，由普马独资或与当地公司合资，然后以当地注册的普马公司向当地银行贷款。由于普马大力拓展二线及至三线城市，政府招商心切，加上部分银行贷款草率，缺乏预警机制，使普马轻易获得了大量贷款。第二步，普马用银行贷款在当地租赁店面或直接购置地产，投资建设店面，以赊销方式获得当地供应商供货来经营，如此其经营现金流几乎用不到自己产业的一分钱。尽管普马资金运营全部建立在大量贷款赊销上，但如果能抓好经营，不仅可以降低偿债的风险，还能促进现金流的良性循环，可普马扩张的第三步却将经营产生的现金，甚至还有大量注册资本抽调至北京普马用来作为开设下一家新店的资本金，使其彻底失去了造血的能力。这种高速增长的模式看似完美无缺，但是流动性不足，资金链始终处于紧绷状态。因此，普马2003年中国销售额达60亿元时宣称要在2004年发展到70多家，实现年销售额100亿元，可在2004年3月，当西南某银行收回一笔2亿元贷款后，各地普马店被迫拖欠贷款和铺租。随后普马陷入供应商、业主和银行的讨债风波中，"领跑中国零售市场"的梦想转瞬成空——在不到半年的时间内，遍布全国的普马连锁超市，像多米诺骨牌一样地崩塌了。

企业在经营过程中面临着上述客户信用风险、原材料价格波动、汇率变动、流动性等多种风险，为何有的企业能够采用有效的方法管控这些风险，使企业稳健经营并获得巨大收益；而有的企业却暴露在风险之中，遭遇重大损失，甚至破产倒闭。对于企业如何识别、测量和管理这些风险，有什么金融衍生工具可以消除或者对冲这些风险，我们将在接下来的章节内容中进行详细讲解。

第一节 风险管理的一般框架与基本原理

一、风险管理的一般框架

企业在经营管理过程中，风险始终伴随其中，风险管理也成为企业可以持续稳健发展的重要因素。从风险管理过程的角度，风险管理的一般框架包括风险识别、风险测量、风险处理策略、风险管理的评估与调整等。

1. 风险识别

风险管理的第一步主要是对风险进行识别，风险识别是风险管理后续过程得以顺利开展的前提。

风险管理在企业的日常经营活动中起着至关重要的作用。对资产的风险管理不善，将给企业造成一定的影响，若企业对现金头寸的管理不到位，持有的现金较少，企业可能面临偿付危机，并有可能进一步使企业陷入财务危机，若持有的资金较多，将增加企业的机会成本；若企业给予客户的信用期限较长或者现金折扣较大，有可能使企业的资金成本提高，甚至造成坏账损失的增加，从而影响企业的经营利润；若企业对其日常经营活动中所需要的原材料等管理不善，不能对原材料的价格进行有效管理，将有可能使原材料的价格产生较大的波动，进而影响企业产品的生产成本，降低产品在市场上的竞争力；若企业生产经营涉及对外出口或进口等活动，其还面临汇率波动所产生的潜在风险。由此可见，企业作为社会经济活动中重要的参与主体，其在生产经营活动中面临着多种类型的风险，企业若要实现长期稳健的发展，必须对流动资产所面临的各项风险进行管理，通过风险对冲、风险转移、风险分散等措施为企业的正常经营提供有力保障。

具体来讲，企业所面临的风险主要包括客户信用风险、价格波动风险、利率风险、汇率风险和流动性风险等。在这里，客户信用风险主要是指在赊销方式下，由于客户信用的恶化或者道德风险问题等客户不能或不愿偿还公司欠款给企业带来的风险。价格波动风险主要是指由企业商品或原材料等的市场价格变动导致企业销售价格或者生产成本变动所可能给企业带来的风险，在套期保值中，主要指企业要进行套期保值的被套期对象的价格波动风险。利率风险指由于利率的波动使资产价值或利息收入减少，或者使负债利息支出增加的可能性。汇率风险主要针对具有进出口业务的企业，指由于企业与国外公司产生业务往来从而产生外汇收支业务，外汇汇率的变化导致企业盈利能力、净现金流量和市场价值发生变化的可能性。流动性风险主要是指由于缺乏现金及现金等价物而引起损失的风险，即由于不能合理而有效地筹资，或者不能以一个合理的价格顺利将资产变现，或难以获得外部融资，借以偿还到期债务而导致损失的风险。

2. 风险测量

风险识别是对风险定性的分析，要对风险进行管理，必须将其量化，这就涉及风险的测量问题。风险测量即对企业所面临的风险进行定量的测算，研究不同影响因素对风向的影响程度，是风险管理的核心，其直接决定了风险管理的有效性。企业面临的风险多种多样，对风险进行测量的方法也是多种多样的，需要根据所识别的不同风险，采用相应的方法对其进行测量。

根据资产的不同特性及风险测量方法，对资产进行风险测量的方法主要有净现值法、信用评分法、套期保值法、利率敏感性缺口分析法、久期分析法、风险价值方法及压力测试等。这些测量方法会在随后的章节中予以使用和介绍。

（1）净现值法主要是将未来的现金流按照一定的折现率折现到现在，针对各项目的净现值的大小决定项目的优劣，进而在项目决策过程中做出决策。该方法可以用于信用政策的制定，通过比较不同信用政策的净现值，决定采用哪种信用政策。

（2）信用评分法主要是对客户信用风险进行测量，即公司通过采集与其有业务关系的企业的信息，使用传统的"信用5Cs"来评定公司信用等级。信用"5Cs"是指品德（character）、能力（capacity）、资本（capital）、担保（collateral）和条件（conditions）。借助信用评分法来评价客户的信用等级，根据评分结果来判定哪些客户值得提供信用和哪些客户不应该提供信用。

（3）利率敏感性缺口（interest rate sensitive gap）是指利率敏感性资产和利率敏感性负债的差额。利率敏感性资产（interest rate sensitive assets）是指在一定的考察期内到期的或需要重新确定利率的资产，主要包括公司的短期贷款、政府或个人的短期证券等。利率敏感性负债（interest rate sensitive liabilities）是指在一定的考察期内到期的或需要重新确定利率的负债，主要包括公司的短期借款等[1]。利率敏感性缺口分析是衡量利率变动对公司当期流动资产投资收益的影响的一种方法。其依据是公司短期投资利息收入和利息支出是否会随着利率水平的变化而变化。

（4）久期（duration）也称持续期，是以资产在未来时间内发生的现金流，按照目前的收益率折现成现值，再用每笔现值乘以现在距离该笔现金流发生时间点的时间年限，然后进

---

[1] 朱淑珍. 金融风险管理. 北京：北京大学出版社，2012.

行求和，并以这个总和除以资产目前的价格，得到的数值就是久期。久期可以直接用来衡量资产对利率敏感程度或利率弹性，因为市场利率的微小变化将使资产的价格发生反比例的变动，而且其变动幅度取决于该项资产久期的长短，即久期越长，变动幅度越大。

（5）风险价值（VaR）方法是由JP摩根的风险管理人员经过艰苦努力研发出来的一种风险计量方法，这种方法可以度量不同交易、不同业务部门的市场风险，并将这些风险体现为一个数值的风险度量方法。现在，风险价值方法已经在金融机构和一些非金融企业中得到了广泛应用。风险价值方法已经被视为风险度量的一种标准，巴塞尔委员会已经将风险价值方法作为内部模型度量市场风险的核心技术。风险价值指的是在一定的持有期和给定的置信水平下，利率、汇率等市场风险要素发生变化时可能对某项资金头寸、资产组合或机构造成的潜在最大损失。可以利用风险价值对企业流动资产所面临的利率风险和汇率风险进行测量。

（6）压力测试可以对企业面临的价格波动风险、流动性风险、利率风险和汇率风险等进行测量。通过设定一系列可能对企业生产经营产生巨大影响的情景，分析企业在极端情况下可能面临的损失。根据压力测试的结果，企业应对极端情形制订相应的应急处理方案，防治企业可能遭受的损失。

以上方法可以针对不同的流动资产风险进行测量，在具体应用中，应在风险识别的基础上，根据风险的类型，采用相应的方法进行风险测量。

3. 风险处理策略

风险管理策略就是根据目前的风险类型和风险水平，通过可行的风险处理措施实现风险控制或风险利用。企业常用的风险管理策略包括风险保留、风险减轻、风险规避、风险转移、风险对冲等。

风险保留是指企业对所面临的风险采取主动或被动接受的方式，并承担风险带来的后果。企业需保持一定的风险/收益结构，为此，企业需主动接受一些风险以优化自己的风险收益特征，从而确保公司承担的风险具有较高的风险调整的收益率。与此同时，在企业所面临的大量风险中，也会存在部分能识别的风险，这部分可能是因为企业的资产或核心业务中所包含的风险的性质极为复杂，且很难向第三方转移，或转移时伴随的信息披露要求会降低企业的核心竞争力，企业不得不被动地接受。

风险减轻是指通过控制风险事件发生的动因、环境、条件等，来达到降低风险事件发生的概率或较低风险发生时的损失的目的。因此这是一种风险防范与控制措施，即在企业经营过程中，对影响某一风险的因素进行严格的监控和控制，在风险发生之前降低风险发生的可能性，在风险发生之后降低风险带来的损失程度。风险减轻的对象一般是可控的风险，包括多数经营风险，如质量、安全和环境风险，以及法律风险中的合规性风险等。

风险规避是指企业回避、停止或退出蕴含一定风险的商业环境或商业活动，从而避免承担该风险所带来的可能后果。企业在下面几种情况下应采取风险回避措施：蕴含某类风险类型的业务不是公司的主要业务；风险较为复杂，超过了企业有效管理下的风险管理能力；风险太大而无法承担或风险承担与期望收益不平衡。例如，当客户信用不好时，由于存在账款难以收回的风险，企业会选择拒绝与该客户进行商业往来；在激烈的竞争市场上，产品无法占有市场的风险过大，企业因而会选择退出这一市场。

风险转移是指企业通过特定合同或其他形式，将风险转移到第三方，并且企业对转移后的风险及其收益不再拥有所有权。风险转移的方式有很多种，典型的如通过与保险公司签订保险合同，向保险公司支付一定的保险费用，从而在公司发生预定的损失时由保险公司对损失进行支付补偿。而风险转换一般是企业通过战略调整或衍生品交易，将企业面临的风险转换成另一个风险，在减少某一类型风险的同时，增加另一类风险，因而一般不会直接降低企业总的风险。但是通过风险类型的调整，企业可以优化自身的风险配置，在低成本或无成本的情况下达到最佳效果。例如，企业可以降低对客户赊销的条件，增加了应收账款，但同时扩大了销售，从而将销售风险转换为信用风险。可见风险转移与风险转换的主要区别在于风险是否还停留在公司内部，以及为此支付的成本。

风险对冲则是指在存在某一种风险的同时，采取各种手段，引入其他风险因素或承担其他风险，使这些风险的影响可以相互抵消，即能够相互对冲。常见的例子包括资产组合、分散经营等。在企业资产管理中，一部分对冲也包括使用衍生产品，如利用远期、期货、互换等进行套期保值等。例如，公司的远期产品交易可以通过购入期货合约的形式，锁定将来的交易价格，从而对冲市场价格的波动风险。又如，在企业融资时，可以通过利率互换，锁定未来的利息支付。同时在企业的风险中，有些风险天然具有对冲的性质，应当加以利用，如不同行业的经济周期风险对冲。需要认识到，风险对冲必然涉及风险组合，而不是对单一风险进行风险规避、控制。同时对冲也意味着收益被固定，也因此会失去获得超额收益的机会，甚至存在由于对价格错误的预期导致的损失，但是从根本上讲，对冲仍然达到了在事前消除风险的目的。

尽管有着许多风险管理的策略，但在考虑每一个风险应对策略和具体措施之前，应立足整个企业去分析风险，以决定哪些风险可以整体应对，哪些风险需要跨部门或业务单位的配合才能有效应对，哪些风险可以在企业内部形成互补而不必采取不同的应对方案，以及哪些风险同时发生可能会对整体造成严重影响等。

对同类的风险，可以有不同的风险管理策略。以出口企业为例，汇率变动对其影响较大，企业可以采用套期、利率互换，或者在合同中约定固定汇率等方式来管理风险。同样，对不同的风险也可以采用相同的管理策略。例如，运用风险分散策略（如购买各种保险），与其他公司建立战略合作关系等来降低经营风险、财务风险等。因此，在选择风险管理策略时，应根据风险的类型与水平，做出正确的判断或者进行策略组合，实现风险管理的目标。

4. 风险管理的评估与调整

风险管理的评估与调整是指对风险管理策略实施的有效性进行评价，并在此基础上进行调整和改进。风险管理的评估包括内部评估和外部评估。内部评估是将企业的风险暴露状况、风险管理的实施方法和结果报送企业有关部门，对企业风险管理效果进行评价。评估的主要内容包括风险识别的准确性、风险测量和结果的正确性、风险处理策略选择和实施的有效性等。外部评估一般是指风险监管机构和其他咨询分析机构对企业风险状况和风险管理能力进行的评估。评估的内容主要包括企业总体风险的暴露情况、企业风险管理的方法和模型的合理性、企业抵抗风险损失的能力等。

然而随着时间的推移，市场环境以及企业的经营业务可能发生改变，企业面临的市场风险状况也随之发生了变化。与此同时，风险测量方法的改进、风险处理策略的多样化，也会改变企业的风险测量方法和风险处理策略。这些都决定了企业的风险管理还需要结合对市场环境状况和企业经营业务发展变化趋势的分析，对现有风险管理的策略与实施进行动态调整。

二、风险管理的基本原理

1. 风险分散化与资产组合管理

公司在进行投资时通常投资于不同种类的资产，这实际上就是一种投资组合管理的思想。现代的投资组合理论最早由马柯维茨（Markowitz）于1952年提出，是针对化解投资风险的可能性，研究在各种不确定的情况下，如何将可供投资的资金分配于更多的资产上，以寻求不同类型的投资者所能接受的收益和风险水平相匹配的最适当、最满意的资产组合的系统方法。马柯维茨认为，最佳投资组合应该是具有风险厌恶特征的投资者的无差异曲线和资产的有效边界的交点。通过投资不同种类的资产，公司就可以在一定程度上降低公司的资产组合所面临的风险，从而找到与公司自身风险管理能力和资本实力相匹配的风险和收益的最佳投资组合。

马柯维茨的现代投资理论指出，组合投资对风险的分散效果与投资组合内证券的相关系数有关系，组合内证券的相关系数越小，投资组合在相同风险水平下收益更大，或者说在相同收益水平下风险更小。

2. 风险对冲与套期保值

套期保值是企业实现风险对冲的主要方式。所谓套期保值（hedging）是指经营者为了规避某种风险，在期货市场上卖出（买入）与其要在现货市场上买入（卖出）的现货商品或资产相同或相关、数量相当或相等、交割时间相同或相近的期货合约，从而在现货和期货市场之间建立盈亏冲抵机制，将自己买入（卖出）的现货价格波动风险转移。套期保值是交易者将现货交易与期货交易联合起来运作，利用期货合约规避价格波动风险的一种经营管理活动，在成熟的期货市场，套期保值者占有重要地位。套期保值的重要作用表现在以下三方面。

（1）对于生产经营者，套期保值能够锁定生产成本，实现预期利润。在现实生活中，价格波动是一种常见的经济现象。在市场经济活动中，商品在从生产到消费的过程中，会受到供求关系的影响而产生价格波动，给企业的生产经营带来一定的价格波动风险。企业经营者为了转移现在准备买进以后准备卖出的商品，或者将来需要买进的商品的价格风险，可以利用期货合约作为将来在现货市场上进行买卖商品的临时替代物，尽可能地消除价格波动风险，从而稳定生产成本，能够集中精力进行生产经营，保证获取正常、持续的经营利润。

（2）具有价格发现功能。期货市场具有众多的买家和卖家，套期保值者为了规避未来的价格波动产生的风险而参与期货交易。套期保值者的市场交易行为，既带来了快捷、准确的信息，又给予了市场需求与供给信息的分析与判断，加之期货市场的集中交易、公开竞价和自由的合约转让，有助于实现期货市场的价格发现功能。

（3）具有社会保险效应，促使国民经济平稳发展。作为一种普遍的经济活动，社会性的套期保值能使某些短期行为转换为长期行为，个别企业行为转换为社会行为，因而使社会竞价运行增加了一种时间趋前（套期保值）、空间扩展（跨市套利）的调节力量。

金融衍生产品通常被企业用于套期保值，常见的用于套期保值的金融衍生产品主要包括远期合约、期货合约、期权合约和互换合约。

1）远期合约

远期合约（forward contract）是指一个在未来某个确定的时间按照某个确定价格购买或出售某种资产的协议。其中，未来某个确定时间按照确定价格购买标的资产的一方称为多头（long position），未来某个时间按照确定价格出售标的资产的一方称为空头（short position），未来某个确定的时间称为交割日或远期合约的到期日（expiration date），确定价格称为交割价格，该交割价格应该选择使合约价值为零的远期价格。远期合约交易双方可以根据自身的需要协商确定远期合约的价格、时间、交割数量及标的资产等，具有较大的灵活性。由于远期合约没有保证金制度，到期日某一方可能会出现违约情况，因此，远期合约面临着较大的不确定性和违约风险。

在交割日，远期合约的空头持有者将确定数量的标的资产交付给多头持有者，多头持有者则按照确定价格向空头持有者支付现金。远期合约可以用做避险工具、投资工具和套利工具使用，同时也能够用于管理企业所面临的价格波动风险。

2）期货合约

期货合约（future contract）是由交易所设计，经国家监管机构审批上市的标准化合约。期货合约的持有者可以通过交收现货或进行对冲交易来履行或解除合约义务。目前，期货合约主要在农产品、金属与石油、金融资产三个领域交易。按标的物分类，以商品为标的物的期货称为商品期货，如铜、铝、铅等金属类期货，小麦、玉米、大豆等粮食类期货，石油等能源类期货；以金融资产为标的物的期货成为金融期货，如股票期货、股指期货、利率期货等。

期货合约与远期合约具有很多相似之处，但相比于远期合约，期货合约又具有以下特点：期货合约的交易发生在固定的期货交易所内；期货合约的面值是标准化的；期货合约的到期日是标准化的；期货合约实行的是保证金交易制度；期货合约大部分通过现金结算，很少实际交割；期货合约实行盯市制度，即每日结算；期货合约几乎不存在违约风险。

与远期合约类似，期货合约同样具有套期保值、套利及投机的作用。期货合约的一个很重要的应用便是进行套期保值。与远期合约相比，期货合约具有以下优点：属于场内交易，标准简明；保值成本低；逐日盯市，信用风险低；流动性强；等等。期货合约具有以下缺点：资金占用较多，有追加保证金风险；能够规避价格不利变化风险，但不能获得价格有利变化带来的好处。

期货套期保值策略有买入套期保值和卖出套期保值。其中，买入套期保值是套期保值者为了规避未来价格上涨带来的风险，先在期货市场上买入与其将在现货市场上买入的现货商品或资产数量相等、交割日期相同或相近的以该商品或资产为标的的期货合约，然后，当该套期保值者在现货市场上买入现货商品或资产的同时，将原先买进的期货合约对冲平仓，从而为其在现货市场上买进现货商品或资产的交易进行保值。

3）期权合约

期权合约是指合约的买方在未来规定的时间内，可以按照约定的价格从合约的卖方处买入或向合约的卖方出售一定资产的权利。期权分为看涨期权和看跌期权，如果合约赋予买方从合约卖方处购入一定资产的权利，则该期权被称为看涨期权；反之，如果合约赋予买方拥有按一定价格出售给合约卖方一定资产的权利，则该期权称为看跌期权。

与期权合约相关的几个重要术语分别为执行价格（strike price）、到期日（expiration date）和行权方式（exercise style）。执行价格是指期货合约中规定的约定价格，在看涨期权中指买方为某项资产所支付的价格，在看跌期权中指买方出售资产所收到的价格。到期日即期权到期的日子，与远期合约和期货合约相同。期权的行权方式规定了期权能够行权的时间，若买方有权在到期日前的任意时间行权，那么该期权便是美式期权（American options）；若买方仅可以在到期日行权，那么该期权便是欧式期权（European options）。根据期权标的物的不同，可将期权分为债券期权、股票期权、货币期权和股指期权等。

由于期权合约赋予了期权买方以合约约定的价格购买标的资产的权利，而非义务，因此，在期权到期日，若执行价格有利于期权买方，则执行期权；反之，则不执行期权。由此可见，相比于远期合约或者期货合约通过锁定资产价格防范资产价格不利变动所产生的风险，而无法获取资产价格有利变动带来的收益，期权合约不仅能够防范价格不利变动带来的风险的同时，还可以获得资产价格有利变动带来的收益，其代价是购买期权的成本（期权溢价）。

期权套期保值具有资金占用少，无追加保证金风险；能回避价格不利变化风险，获得有利变动的好处；保值的一次性成本一般高于期货的特点；如果是场外交易，有一定信用风险。

4）互换合约

互换合约（swaps）是一种要求在一段时间内进行支付交换的合约，签订互换合约的一方向另一方的支付取决于最终价格是否真的高于或低于互换合约中规定的参照价格，因此，互换提供了一种对风险进行套期保值的途径。例如，通过签订天然气互换，一个面对不确定的天然气支付流的天然气买方，能够在一段时间内将天然气的购买价格锁定在某个固定值。

互换合约的两种最主要的形式是货币互换（currency swaps）和利率互换（interest rate swaps）。货币互换是指交易双方同意在未来持续数个期间内，交易甲方将以某种外币本金计算的利息支付给交易乙方，而交易乙方以另外一种外币本金计算的利息交付给甲方，且在合约的期初和期末交易双方交换等值外币本金。利率互换是指交易双方同意在未来持续数个期间内向对方支付利息，即交易的一方向交易的另一方支付的金额为双方商定的利率和名义本金的乘积。通过签订互换合约，公司能够对其面临的外汇波动风险及利率波动风险进行管理，货币互换和利率互换的具体应用将在利率风险管理和汇率风险管理章节介绍。

3. 风险转移与保险

保险是一种科学有效的风险转嫁机制。作为一种损失分散机制，保险的作用就在于使个体风险由保险公司负担，使个体风险的负担社会化。公司通过保险消除了负担未来风险的忧虑，可以更大胆地从事各种经济活动，促进生产和贸易发展，促进经济增长和提高社会福利。其中，企业需支付保险费，这是为摆脱灾害的不确定性所支付的价格。通过这一过程，企业通过既定的支付，将未来的损失固定化，并且将经营中的部分风险转嫁到保险公司上。保险的风险管理机制如下。

（1）风险评估定价。首先，保险人对经济活动中各潜在损失进行评估，在科学评估的基础上，预测最终遭受损失的可能性并进行定价。如果风险发生的可能性太高，那么几乎任何理性价格保险人都会拒绝承保。同时评估定价的过程可以引导被保险人量化其风险，并降低风险行为，然后理性地对待风险。企业所有者也可以通过保险人的系列评估定价行为更清楚地认识到企业的风险特征，做出更明智的决策。

（2）风险转移。银行和证券公司等金融中介机构的风险转移功能主要体现在，这些金融机构在充当融资中介的过程中，为投资者分散投资风险或资产风险提供服务。一是通过资产的多样化来分散和降低风险，二是利用金融衍生工具进行套期保值。与之不同，保险公司的转移和管理风险功能则体现在对可保风险的集中和分散上。被保险人可以按照一定价格把财产、责任、收入损失等风险转移给保险人，使其自身风险状况得以改善。

（3）风险的汇集和降低。保险以风险的客观存在为前提条件，集合多数同类单位的风险，将其中少数风险单位的重大风险损害分散到众多单位共同承担,实现了保险的经济保障功能。再保险则是对同业中原保险人风险的分散,通过它可以建立起有效的巨灾保险和农业保险等风险标的比较大的保险品种,不仅扩大了保险的可保范围,还降低了此类风险发生时原保险公司的损失。

保险人不需要对具体哪个被保险人发生损失做出预测,而是依赖大数法则对集合的总体损失做出预测。总的来说,被保险人集体数目越大,发生损失的记录越稳定,越易于预测。保险公司掌握着有关造成损失的事件、行为和工艺的详细统计资料和知识,在风险评估和控制方面拥有得天独厚的优势,它们会从经济角度出发,协助被保险人进行减损和防损。同时,如果保费定价与损失纪录相关联,则被保险人也就有主动参与进行损失的控制的动力。保险人通过开展防火、工业损失预防、职业健康安全、毁损减轻、盗窃和人身伤害等损失控制方法,可以有效减轻个人或企业的损失,总体上促进社会的风险管理,进而产生经济效益。可以说,通过保险的风险管理功能,不仅可以使各个被保险人所面临的风险有所降低,也使整个社会面临的风险有所降低。

第二节 客户信用风险管理

在赊销方式下,公司向购买者销售商品或者提供劳务时[①],就是向购买者提供了信用,授予客户信用其实就是对客户的投资。从会计的角度来说,当授予信用时,在公司账面上就产生了应收账款。公司之所以采用这种销售方式的主要原因是授予客户信用是刺激销售的一种常见方法。与此同时,授予客户信用伴随着客户的信用风险,这种风险带来的后果则是存在客户不完全偿付所有公司欠款的可能性,以及公司必须承担管理应收账款时的所有成本。因此,公司面临着在增加销售额与客户信用风险带来的成本之间的权衡问题。

公司在应收账款上的投资取决于客户赊销的金额和平均的应收账款回收期。例如,如果一家公司的应收账款回收期是 45 天,则意味着在任何给定的时点上都存在 45 天所对应的销售额没有收回。如果该公司每天的赊销额为 2 000 元,那么平均来说,该公司的应收账款将达到 90 000 元(45 天×2 000 元/天)。图 10-1 是提供信用的现金流程。应收账款回收期是收回销售款项所需的时间,这一时期中存在赊账销售、客户提供支票、公司将支票存入银行、公司账户计入销售支票金额几个事件节点。

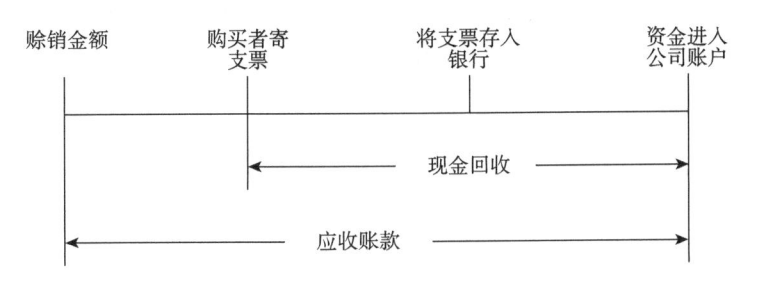

图 10-1 提供信用的现金流程

一旦公司决定对其客户进行投资,那么它必须做好客户的信用风险分析和管理工作,制

---

① 本章是指公司向其他公司提供的商业信用,不包括向消费者提供的消费信用。

定与客户类型相匹配的信用政策，这些政策对赊销金额和应收账款回收期有着重要影响。具体来说公司应处理好如下几个方面的信用政策。

（1）销售条件（terms of the sale）。销售条件将决定公司如何销售其商品或提供劳务，最基本的决策内容就是公司要获取现金还是提供信用。如果公司决定向其客户授予信用，那么将会附加一定的销售条件，如具体的信用期限、现金折扣和信用工具等。

（2）信用分析（credit analysis）。公司向客户提供信用时，应尽力区分哪些购买者会付款和哪些购买者将可能不会付款。许多公司使用一系列方法和程序用以确定购买者不会付款的概率。

（3）收账政策（collection policy）。公司向客户提供信用后形成应收账款，存在着未来如何收回的问题，因此公司应制定收账政策。

一、销售条件

销售条件是指公司提供的商业信用条件，包括信用期限、现金折扣和折扣期限、信用工具等。例如，公司提供的信用条件为"N45"，这是无现金折扣的信用条件，表示允许商品或者劳务购买者从公司开具发票日起 45 天的付款期限，即可以在第 1~45 天任何一天付款。又如，"3/15、N45"，假如客户订购的货款为 1 000 元，这是有现金折扣的信用条件。该信用条件意味着客户从开票日到偿付全部支票金额之间可以长达 45 天，但是，如果客户在 15 天内付款，将可以享受3%的现金折扣，即只需要支付 1 000 × （1-3%）=970（元）；如果在第 16 天至第 45 天付款，客户不能获得任何的现金折扣，需要全额付清货款 1 000 元。

1. 信用期限

信用期限就是公司商业信用的授信期限。信用期限在行业间存在较大的差异，但通常情况下都在 30~120 天。如果提供了现金折扣，信用期限包括净信用期限与现金折扣期限两个组成部分。净信用期限就是客户需要付清款项的时间期限，而现金折扣期限则是可以获得现金的期限。例如，前面的"3/15、N45"信用条件，那么净信用期限是 45 天，而现金折扣期限是 15 天。

开票日是信用期限的起点。对于单个条款来说，通常情况下开票日期是装货日期或者出票日期，而不是买方收到货品或者票据的日期。但是，在一些特殊情况下，信用期限的起点也可能是客户收到订单的日期，或者双方指定的特定月份的月末、月中等。

公司在设置商业信用期限时，必须考虑如下几个因素。

（1）客户违约的可能性。客户的信用风险越高，信用期限就可能越短。如果客户处于高风险行业或之前存在不良的信用记录或正陷于财务困境时，公司会执行相对苛刻的信用期限，甚至不提供商业信用。

（2）易腐坏程度以及抵押价值。容易腐坏商品不容易保存，周转率相对较快，变现能力很差，同时抵押价值相对较低，因此公司应该提供比较短的信用期限。

（3）交易规模。如果客户购买的金额很大，或者购买者是公司的主要客户，则信用期限可以相对长一些。通常情况下小规模的交易会耗费更高的管理成本，而且相应的客户也不太重要。

（4）客户类型。公司可以向不同的购买者提供不同的信用期限。如果购买者的议价能力很强，那么公司可以向客户提供较长的信用期限；反之，提供较短的信用期限。另外，如果公司有两类不同的客户类型（如批发商和零售商），公司可能会为每一类客户群提供不同的信用条件。

（5）客户需求。已经成功打开市场的产品一般来说周转率较快，而较新的产品和滞销商品通常会以较长的信用期限来吸引购买者；有时公司为了延长淡季的销售而选择将信用期限予以延长。

（6）信用环境的好坏。如果整个社会的信用环境良好，公司愿意提供宽松的信用期限；如果整个社会信用环境恶化，公司则只愿意提供较短的信用期限，甚至不提供信用期限。

（7）竞争。如果公司处于一个竞争激烈的市场环境，公司会将更长的信用期限作为吸引客户的一种手段。

可以看出，影响信用期限的因素很多，而且这些因素之间通常都是相互联系的。同时信用期限的改变，也会引发很多方面的相应变化。一方面，延长信用期限会刺激销售，带来销售收入的增加；应收账款余额会随着销售额的增加、应收账款周转期的延长而增加。另一方面，随着应收账款的增加，公司的坏账规模、管理成本也会随之增加。因此，信用期限的确定是一个十分棘手的问题，受到多方面的影响。

2. 现金折扣

为鼓励买方尽早付货款，公司通常会设定一个折扣期限，如果买方在该折扣期限内付款，则可以享受现金折扣（cash discount）。加速应收账款的回收是卖方设置现金折扣的重要原因之一。在信用条件为"3/15、N45"的情况下，理性的买方可以选择在15天内付款，以最大化地运用无息信贷，或者选择在第45天内付款，放弃现金折扣，从而获得对交易金额更长期限的使用权。放弃这一现金折扣，买方获得了30天的无息信贷。这样来看，卖方提供的现金折扣也是向已经延展信用的客户收取高价格的一种方式。

上述的例子表面来看折扣额很小，在信用条件"3/15、N45"的情况下，买方提前支付货款可以获得3%的现金折扣，但是其隐含的利息率其实相当高，足以吸引客户尽早付款。假定订单金额为1 000元，那么买方可以在15日内支付970元，或者再等30天（即第45天）支付1 000元。这样相当于买方借入970元30天，需要支付30元的利息，30天的利率水平是30/970 = 3.092 8%。接下来计算其相对应一年的利率水平，一年中有365/30 = 12.17个这样的期限。如果放弃这一现金折扣，那么买方的实际利率就是 $(1+3.0928\%)^{12.17}-1=44.87\%$。这样来看，买方这项融资的成本非常高。在忽略买方可能违约的情况下，如果客户选择放弃现金折扣，实际上卖方可以获得这一好处。

现金折扣鼓励买方尽早付货款，事实上将会缩短应收账款的周转周期，进而减少被应收账款占用的资金。现金折扣可以加速应收账款的回收速度，同时卖方提供的现金折扣也会带来很大的折扣成本。这样来看，只有加速收回应收账款所获得的收益超过折扣成本时，现金折扣才是加速应收账款的有效政策。

二、分析信用条件

不同的信用条件或者信用条件的改变会影响公司的销售收入，也可能影响公司的坏账费用、机会成本、催账费用等。例如，宽松的信用条件会增加应收账款的存量，违约客户造成的坏账损失也可能会增加；另外因为应收账款平均收账期的延长而增加了公司应收账款占用的资金水平。因此，在设定或者改变信用条件时，需要在其带来的多方面收益和成本之间进行权衡，分析授予信用决策带来的净现值，只有当相应的信用条件下的净现值为正时这种信用条件才是可行的。大致来看，在评价信用条件时，需要考虑如下五个方面的基本因素。

（1）收入效应。如果卖方向客户提供信用，公司可以为授予信用设置较高的价格水平，并增加公司的销售量，销售收入会增加。

（2）成本效应。尽管公司因提供信用而增加销售收入，买方可能会利用信用条件而延后支付货款进而导致收入延后。但是公司销售产品的成本却是立即发生的，公司必须为购买原材料或生产商品进行付款。

（3）债务成本。当公司向客户授予信用后，必须为由此产生的应收账款进行融资，这些短期融资也会发生相应的资金成本。

（4）违约概率。可能会有一部分因获得信用条件的买方不会付款或者少付款，从而导致公司承担相应的违约损失，但在现金销售情况下不会发生坏账损失。

（5）现金折扣。当公司提供现金折扣时，有一些客户会提早支付货款进而获得相应的折扣。

如果设定宽松的信用条件后所带来的收益超过其潜在成本，则会产生净收益，那么公司应该采用更为宽松的信用条件，该信用政策下的应收账款就是最合理的应收账款。

【例 10-1】ABC 公司的财务经理正在考虑两种互斥型的信用条件：公司提供信用"N30"和不提供信用。假如 ABC 公司原来只有现金销售，每个商品的价格 P 为 50 元，商品的单位付现成本 C 为 40 元；若向客户提供"N30"信用时，客户会在第 30 日付款，并预测到信用销售情况下的销售量 Q_1（120 件）超过现金销售情况下的销售量 Q_0（100 件），月度必要收益率为 1.0%，分析 ABC 公司是否愿意转换销售政策，提供"N30"的信用条件。

这里假定忽略现金折扣、违约率和税收的影响，其不影响最终的分析结论。

ABC 公司在原有现金销售情况下的月度净现金流量为

$$现金销售下的月度净现金流量 = (P-C) \times Q_0$$
$$= (50-40) \times 100$$
$$= 1000(元)$$

ABC 公司如果将现有的现金销售条件转化为"N30"的信用销售，该商品的销售收入将随着销售量增加而增加，那么信用销售下的月度净现金流量为

$$信用销售下的月度净现金流量 = (P-C) \times Q_1$$
$$= (50-40) \times 120$$
$$= 1200(元)$$

信用销售相对于现金销售的月度增量现金流量为

$$增量现金流量 = (P-C) \times (Q_1 - Q_0)$$
$$= (50-40) \times (120-100) = 200(元)$$

信用销售相比现金销售可以为 ABC 公司每月带来 200 元的收益。因为这一销售政策转换后的每月 ABC 公司都能获得相同的收益，可以将月度的增量现金流量看做永续年金，那么这个现值为

$$PV = \left[(P-C) \times (Q_1 - Q_0)\right] / R$$
$$= \left[(50-40) \times (120-100)\right] / 0.01$$
$$= 20\,000(元)$$

接下来，我们计算销售政策转换产生的增量成本，共分为当期增加生产商品的成本和当期延期收到的销售额两部分。第一，由于销售量由100件上升到120件，ABC公司需要多生产20件，相应的增量成本为$C \times (Q_1 - Q_0)$，即$40 \times (120-100) = 800(元)$；第二，由于现金销售情况下的销售额[$50 \times 100 = 5\,000(元)$]不能够在当月收回。因此，销售政策转换产生的增量成本为

$$销售政策转的增量成本 = P \times Q_0 + C \times (Q_1 - Q_0)$$
$$= 5\,000 + 800$$
$$= 5800（元）$$

将上述销售政策转换带来的增量收益和增量成本综合后，得到这一销售政策转化的净现值为

$$NPV = -[PQ_0 + C(Q_1 - Q_0)] + [(P-C)(Q_1 - Q_0)]/R$$
$$= -5\,800 + 20\,000$$
$$= 14\,200（元）$$

总体来看，如果这一销售政策转换带来的收益能够永久持续下去，那么收益还是相当丰厚的。

【例10-2】在例10-1的基础上，如果ABC公司的现金销售转换为"N30"的信用销售，假定预期销售数量不变，这项销售政策转换的净现值是多少？更进一步，假定销售转换的净现值为0，即两种政策没有显著差异情况下需要的销售数量增加额应该是多少？

可以看出，依据$NPV = -[PQ_0 + C(Q_1 - Q_0)] + [(P-C)(Q_1 - Q_0)]/R$，销售数量增量$(Q_1 - Q_0)$为0，那么净现值为

$$NPV = -[PQ_0 + C(Q_1 - Q_0)] + [(P-C)(Q_1 - Q_0)]/R$$
$$= -PQ_0$$
$$= 50 \times 100$$
$$= -5\,000（元）$$

这说明，销售政策的变更就是永久性地将每月的销售额的收款期向后推迟一个月，却没有任何收益。

可以看到，如果转换销售政策后的净现值为0，也就是所谓的盈亏平衡点可以通过将$NPV = -[PQ_0 + C(Q_1 - Q_0)] + [(P-C)(Q_1 - Q_0)]/R$ 设为0进行求解得到$Q_1 - Q_0$，即

$$Q_1 - Q_0 = PQ_0 / [(P-C)/R - C]$$
$$= 5\,000 / [(50-40)/0.01 - 40]$$
$$= 5.21（件）$$

这说明ABC公司如果相信"N30"的信用销售每个月可以多销售至少5.21件商品，就可以认为该销售政策转换是值得的。

上述两个例子是不考虑违约率和重复购买的情况下对不同信用政策的决策分析。接下来，我们分析存在违约率、单次销售的情况，如何做出销售政策的决策。

【例10-3】在前面的例10-1基础上，假设ABC公司有一名新客户打算购买一单位的商

品，但不接受现金销售条款，希望按照"N30"的信用条款购买商品。但是，由于该新客户在一个月内有可能付款，也可能以违约概率 π 不付款，ABC 公司需要决策是否向新客户授予"N30"的信用条件。

这可以计算信用销售下的净现值来进行分析。如果 ABC 公司直接拒绝新客户的要求，那么净现值为 0。接下来如果 ABC 公司授予信用，在月初支出单位商品的付现成本，并期望在月末收回 $[\pi \times 0 + (1-\pi)P]$ 的现金，提供"N30"信用的净现值为

$$NPV = -C + [\pi \times 0(1-\pi)P]/(1+R)$$
$$= -40 + [(1-\pi) \times 50]/1.01$$

可以看出，授予信用的净现值依赖于这一新客户的违约概率 π，如果假设违约概率 π 为 10%，那么授予信用的净现值则为 4.55 元（大于 0），所以应该向新客户提供信用，具体计算如下：

$$NPV = -40 + [(1-10\%) \times 50]/1.01$$
$$= 4.55(元)$$

这说明 ABC 公司提供信用要承担客户不还款时的生产成本的风险，已获得价格总额的收益。对于新客户可以计算出达到盈亏平衡点时的违约概率 π，只要 ABC 公司认为新客户的违约概率低于这个盈亏平衡点，向客户提供信用就是有利可图的。在本例中使净现值为 0 时的违约概率 π 为

$$NPV = 0 = -40 + [(1-\pi) \times 50]/1.01$$

求得 π 为 19.2%。

这一百分比（19.2%）是 ABC 公司能够接受的新客户最高违约概率，这也解释了为什么很多高利润公司都具有非常宽松的信用条款。

实际上，客户在当期的支付与不支付对于获得信用决策是有用的。接下来我们可以分析考虑违约概率、重复购买情况下的信用决策。上面 ABC 公司中有 90% 的客户在第一期付款，这里假定客户在第一期如期付款，那么双方在第二期将继续新一轮的交易，第一期付款的客户在第二期继续付款的概率是 100%；当然，如果客户在第一期违约，ABC 公司在第二期将不会对其提供信用。

这种情况可以描述为：如果公司提供信用，那么公司本月花费商品的付现成本 C；下个月客户按期付款公司得到销售价格 P，否则客户违约则收到的款项为 0；客户按期付款后将会再次以信用的形式购买一单位的商品，公司支付商品的付现成本 C，这一个月公司的净现金流入则为 $(P-C)$；未来则是客户当月支付上期的商品销售价格并购买新的商品，这种方式一直持续下去。实际上，ABC 公司收到 0 的概率是 π，永久性地每月收到现金流 $(P-C)$ 的概率为 $(1-\pi)$。公司以成本 C 发现了一个永久的净现金流量为 $(P-C)$ 的客户，这个客户的价值为

$$PV = (P-C)/R$$
$$= (50-40)/0.01$$
$$= 1000(元)$$

重复购买情况下向客户提供信用的净现值为

$$\begin{aligned}\text{NPV} &= -C + (1-\pi)(P-C)/R \\ &= -40 + (1-10\%)(50-40)/0.01 \\ &= 860(元)\end{aligned}$$

可以看出，在重复购买情况下，ABC 公司向客户提供信用时可以承受很高的违约率，因为向客户提供信用的成本远远低于一个优质客户所带来的价值。

从原则上来讲，卖方提供信用的最优额度（最佳的信用条件）需要满足如下条件，即从销售额增加所实现的增量现金流量要恰好等于应收账款所占用资金增加所带来的增量成本。

留存成本是同信用提供和应收账款投资相联系的成本，包括现金的延迟收入所要求的必要收益率、坏账损失、信用管理和回收账款的成本。如果一家公司的信用政策非常严格，那么所有相关成本都会比较低。在这种情况下，公司将会产生信用"短缺"，因此可能产生机会成本。这个机会成本就是从信用销售由于授信被拒绝而没有完成时所产生的额外的潜在收益。放弃信用所带来的潜在收益主要来源于两个方面，即销售数量的增长以及潜在的更高的价格。随着信用条件的放宽，机会成本会下降。

特定信用政策下的置存成本与机会成本的总和被称为"总信用成本曲线"，如图 10-2 所示，在总信用成本曲线上存在一个最小成本点，这个点对应着最优的授信规模或者最优的应收账款占用金额。

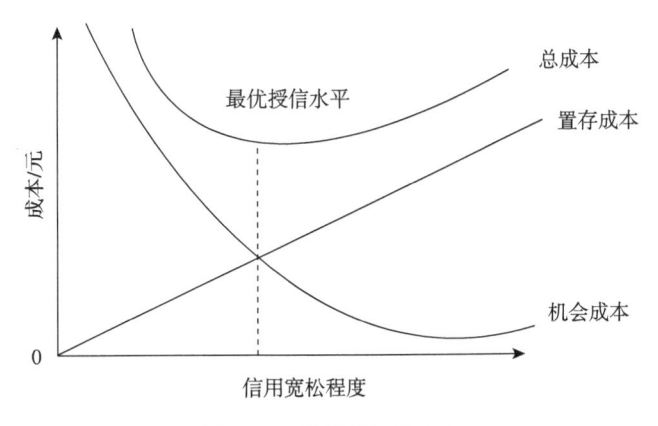

图 10-2 提供信用的成本

如果公司放宽信用条件，超出了最小成本点，那么新客户带来的增量净现金流将不能弥补在应收账款所占用资金的置存成本。如果应收账款的水平低于这个最小成本点，那么公司就相当于放弃了有价值的营利机会。

通常情况下，公司的最佳信用政策依赖于特定的公司和行业特征。在所有其他条件相同的情况下，如果公司的信用政策比公司的价格具有更高的弹性，或者公司相对于别的公司而言具有更雄厚的实力、产能过剩、更低的变动经营成本、更稳定的客户群等，该公司将更愿意提供相对宽松的信用条件。

三、信用分析

公司提供信用时，需要对商业信用受信者的信用状况进行分析，评价其信用可靠程度，据此决定授信条件。

1. 信用信息

公司在评价客户信用的时候，通常用到的信息包括财务报表、信用评级和信用报告、银行信息、公司与授信对象的交往历史。

（1）财务报表。财务报表是获得授信对象的相关信息中最经济的方式之一，通过分析财务报表可以计算授信对象的盈利能力、长短期还款能力等很多指标。而经过外部审计后的财务报表更增加了信息的真实性、准确性和规范性。公司可以要求客户提供经外部审计的财务报表进而判断其财务状况，但若公司无法获得经外部审计的财务报表，则很难对受信者提供的财务报表的真实性、公允性进行准确判断。

（2）信用评级和信用报告。众多机构出售商业公司信用度方面的信息，其中最著名的也是最大的公司是邓白氏公司，它向订购者提供信用参考书及其单个公司的商业信用报告，报告内容通常包括公司的发展、高级管理层的简介、经营业务的性质、过去的信用历史记录。因此，公司可以从各类信用评级机构获得受信者的信用信息。

（3）银行信息。当商业客户向银行要求获得关于其他公司的信用信息时，银行一般会提供一些帮助。例如，美国大多数银行都设有信用管理部门，其掌握了诸如客户平均现金余额、贷款历史等信息，授信方可以间接地利用这些信息对受信者的商业信用进行判断。

（4）公司与授信对象的交往历史。如果公司与客户有很长的交往历史，可以查阅受信者过去的商业信用历史，获得客户不付款概率的估计量的最明显方式就是该客户是否已经付清了以往的账单。

可以看出，由于信息的搜集以及信用分析的每一步都需要花费成本，而对规模较小、违约风险很低的公司进行信用评价往往会得不偿失。通常对比较熟悉、无违约记录的老客户不再进行信用分析。但是，对于新客户，授信方必须进行信用分析，以免承受信用风险。

2. 信用评分

公司收集信息后将面临着是否提供信用的艰难抉择，很多公司使用传统的"信用 5Cs"来评定公司信用等级。品德是指客户愿意履行其付款义务的可能性，客户是否愿意尽最大努力来归还货款，直接决定账款的回收速度和数量，品德因素是信用评估中最重要的因素。能力是指客户偿还贷款的能力，可根据客户的资产规模和经营状况来判断。资本是指客户拥有的资本金。担保是指客户无力偿还债务时的保护性资产，如果有担保资产则对顺利收回货款比较有利。条件是指客户所面临的一般经营环境。通常情况下，将这些信用特征与客户过去的信用历史联系起来分析，基本上可以判断客户的信用状况。

有时授信者可以使用信用评分法来评价客户的信用等级，根据评分结果来判定哪些客户值得提供信用和哪些客户不应该提供信用。一家公司可能运用所有可获得的信息，将客户按照五个 C 的条件分别进行打分，从低（非常差）到高（非常好）确定不同的分数，信用评分就是五个评分的总和，给超过某一总分的客户提供信用。例如，信用卡公司通过建立信用评级模型以确定客户的违约概率，这些模型对客户的这些特征进行数量化的评分，然后根据总评分计算客户的信用状况，确认哪些客户值得提供信用和哪些客户不应提供信用，进而制定针对不同客户制度不同的信用政策。

四、收账管理

收账管理是客户信用风险管理的重要组成部分,主要包括监控应收账款从而及早发现问题,以及收回逾期账户的货款。

1. 监控应收账款

为了跟踪客户的支付行为,大多数公司都会对应收账款的账户进行监控。应收账款监督可以对应收账款是否恶化的迹象进行预警,便于公司及时采取一些措施阻止应收账款进一步恶化。应收账款的监督方法主要有账龄分析法、应收账款平均账龄法等。

(1)账龄分析法。公司的应收账款按照账龄的长短可以分成几类,通常按照0~30天、31~60天、61~90天、90天以上四种账龄将应收账款余额进行划分,反映了应收账款的质量。表10-1是一张ABC公司截至2014年12月31日所有尚未收到货款的账龄分析表。

表10-1 账龄分析表

账龄/天	金额/元	占应收账款的百分比/%
0~30	50 000	50
31~60	25 000	25
61~90	15 000	15
90天以上	10 000	10
合计	100 000	100

账龄分析表能够反映出公司所提供的信用条件、客户的付款习惯以及最近的销售趋势等。如果公司改变其信用条件,如延长客户的信用期限,应收账款的账龄则会反映出这种变化,账龄会相应延长。这种变化是正常情况,并不代表公司应收账款质量的好坏。但是,如果账龄超过了信用期限,则说明该部分应收账款不能如期收回,公司需要特别关注这部分应收账款。例如,公司对外提供的信用期限是60天,那么ABC公司的账户有20%的账户都是延迟的,公司应该特别关注这部分应收账款。这种情况是否严重取决于公司账款回收以及客户的特点,一般情况下,超过一定账龄的账款就很难收回。

(2)应收账款平均账龄法。应收账款平均账龄是指当前公司尚未收回的应收账款的平均账龄,通常有两种算法。一是使用加权平均法计算所有个别未收回应收账款的平均账龄,将个别应收账款在所有应收账款中所占的比重作为权重;另一种是利用账龄分析表,分别计算出四类不同账龄应收账款的平均账龄,再根据加权平均法计算出应收账款的平均账龄,权重为不同账龄应收账款所有应收账款中的所占的比重。如上面的账龄分析表,假定账龄在0~30天的所有应收账款账龄为15天(0天和30天的中点),并假定其他31~60天、61~90天和90天以上的平均账龄分别为45天、75天和105天,对应权重分别为45%、35%、15%、5%。那么,ABC公司应收账款的平均账龄为

$$15 \times 45\% + 45 \times 35\% + 75 \times 15\% + 105 \times 5\% = 39(天)$$

如果公司的销售呈现出季节性,账龄分析表中的百分比构成在一年中会有所波动,应收账款的平均账龄也将会在一年中波动,但应收账款的平均账龄的意外延长仍然值得格外注意。不管是由于多数客户的支付时间均有所延长,还是部分客户的应收账款账户严重逾期。

2. 催收拖欠账款

公司的授信对象有很多种类别,信用好的客户会按时付款,信用差的则常常欠账不还,

大多数客户介于两种极端情况之间。对于未如期付款的客户，公司通常采取如下的步骤催收拖欠款项。①发函催促，当应收账款逾期若干天之后，公司可以友好地提醒客户。②电话催讨，在发函仍未取得效果后，公司可以通过电话方式与对方沟通；如果客户确实存在支付困难的话，公司可以考虑先让客户支付一部分款项，剩余部分留待日后支付。③登门拜访，促成这笔销售的销售员（或其他特别收款员）可以拜访客户，请求付款。④委托收款机构，可以把应收账款交由专门催收逾期账款的收款机构负责，但通常需要缴纳一定的费用。⑤采取法律手段。

值得注意的是，逾期应收账款催收的难度具有普遍性。催收拖欠款项要遵循如下原则：①收款努力的顺序应该从成本最低的手段开始，只有在前面的方法失败后才继续采用成本较高的方法。②早期的收款接触要友好，后面的催款则可以逐渐严厉。③要考虑催款款项的成本收益，一旦继续收款的努力所产生的现金流量小于继续收款所追加的成本，催账不能产生正的净现值，停止追讨可能是正确的选择。

第三节 价格波动风险管理

在全球一体化的背景下，各种商品的价格波动幅度和频率都大大增加，如原油、煤炭、钢铁、铜和大豆多种大宗商品价格在 2000~2015 年（尤其是金融危机爆发后）出现了大幅飙升和剧烈波动，原油价格 2003 年每桶价格为每桶 30 美元左右，随后价格出现大幅飙升，2008 年 7 月 14 日的纽约商品交易所期货价格达到每桶 147.27 美元，受金融危机的影响 2009 年原油价格出现了大幅下跌，在 2013 年之前恢复至每桶 100 美元左右，在 2014 年则出现了断崖式下跌，跌幅一度达到 41%左右。企业的原材料及其商品价格会受到各种供需、政治、经济因素的影响，准确预测其价格走势几乎是不可能完成的任务。面对这种剧烈波动的价格波动风险，作为管理现货的企业，通过采购原料、管理生产、流通销售来参与市场竞争，如果不能很好地识别并管理好这些风险，企业可能会遭遇很大的经营困难甚至破产。这就要求企业采用合适的风险管理方法和工具，管理原材料和产成品的价格风险。为了规避价格波动带来的风险，企业主要采用的就是风险对冲的方法，利用金融衍生产品做套期保值，通过金融衍生产品锁定成本及预期利润以对冲现货价格波动带来的风险，保证经营计划顺利完成。

一、风险对冲（套期保值）

常见的风险对冲工具包括远期合约、期货合约、期权合约和互换合约。

1. 远期合约

运用远期合约进行套期保值时，在交割日，远期合约的空头持有者将确定数量的标的资产交付给多头持有者，多头持有者则按照确定价格向空头持有者支付现金。将远期合约用做避险工具、投资工具和套利工具使用，管理企业所面临的价格波动风险。例如，某公司是农产品加工企业，为了控制企业的农产品成本，该公司在 2013 年 3 月 1 日与某农园主签订了一份远期合约，合约中规定 2 个月后该公司以每吨 2 000 元的价格从农园主处购买小麦 10 吨。通过签订远期合约，该公司将其未来原材料（农产品）的采购成本锁定在 2 000 元/吨，有效控制了农产品价格波动所可能带来的风险，即在合约到期日 2013 年 5 月 1 日，无论小麦的价格是多少，该公司都能够以每吨 2 000 元的价格购买 10 吨小麦。

2. 期货合约

与远期合约类似，期货合约同样具有套期保值的作用。但是由于期货合约属于标准化合约，所以其几乎不存在违约风险。运用期货合约进行套期保值时，可以分别运用期货的买入套期保值和卖出套期保值策略来应对企业的价格上涨和下跌的风险。例如，某公司的主要原材料是大豆，本年度 2 月初大豆现货价格为 4 000 元/吨，公司认为大豆价格将会上涨，为了规避以后生产中需要购进大豆时价格上涨的风险，公司可以使用买入期货合约的方式进行套期保值。本年度 2 月初公司以 4 200 元/吨的价格买入未来 6 月到期的大豆期货合约。到了 5 月初，现货市场大豆的价格上涨到 4 500 元/吨，高出 2 月初现货价格 500 元/吨，而此时期货价格上涨到 4 700 元/吨。通过买入套期保值，该公司实现了完全的套期保值。具体来讲，在 5 月初，虽然现货市场大豆上涨了 500 元/吨，但期货市场大豆同样上涨了 500 元/吨。该公司可以在现货市场以 4 500 元/吨的价格买入大豆现货，同时将买入的套期保值合约进行平仓，因此，现货市场价格上涨带来的损失（500 元/吨）可以由期货市场价格上涨带来的收益（500 元/吨）对冲，从而实现了套期保值的目的，将企业的原材料成本锁定在 4 200 元/吨。若不进行套期保值，则购买原材料的成本将为 4 500 元/吨，可见，运用套期保值策略能够有效管理企业所面临的价格波动风险。

另外，也可以通过期货合约卖出实现套期保值。例如，某农场主要种植小麦，3 月初的小麦现货价格为 1 400 元/吨，该农场担心新小麦上市后，销售价格可能会下跌，为了防止未来小麦价格下跌带来的风险，该农场以 1 500 元/吨的价格卖出 11 月交割的小麦合约进行套期保值。7 月，随着新小麦的大量上市，小麦价格开始出现下跌，现货市场价格跌至 1 200 元/吨，期货市场跌至 1 300 元/吨，该农场将期货合约进行买入平仓，并在将小麦在现货市场上进行出售，从而实现了完全的套期保值。具体来讲，在 7 月，虽然现货市场小麦价格下跌了 200 元/吨，但期货市场小麦同样下跌了 200 元/吨。该农场可以在现货市场以 1 200 元/吨的价格卖出小麦现货，同时将卖出的套期保值合约进行平仓，因此，现货市场价格下跌带来的损失（200 元/吨）可以由期货市场价格下跌带来的收益（200 元/吨）对冲，从而实现了套期保值的目的，将小麦的销售收入锁定在 1 400 元/吨。若不进行套期保值，则小麦的销售收入将为 1 200 元/吨。可见，运用套期保值策略能够有效管理企业所面临的价格波动风险。

3. 期权合约

由于期权合约持有人只有权利没有义务，相比于远期合约或者期货合约通过锁定资产价格防范资产价格不利变动所产生的风险，而无法获取资产价格有利变动带来的收益，期权合约不仅能够防范价格不利变动带来的风险，还可以获得资产价格有利变动带来的收益，其代价是购买期权的成本（期权溢价）。例如，公司预计 3 个月后收到 10 000 元，并计划运用该笔资金购买资产 A，资产 A 当时价格为 10 000 元。由于公司担心 3 个月后资产 A 价格上涨，可以通过买入执行价格为 10 000 元的看涨期权锁定资产价格，防止资产价格上涨带来的风险。假设期权价格为 100 元，3 个月的无风险利率为 3%。在期权到期日，如果资产价格超过 10 000 元，公司可以通过执行期权，获得资产市场价格与执行价格之间的差额，以弥补购买资产 A 的溢价损失。如果资产价格低于或等于 10 000 元，则该看涨期权将不被执行，ABC 公司能以市场价格购买资产 A，获得因价格下跌带来的收益，其代价是期权的价格与利息之和 103 元。

套期保值能够帮助企业有效地管理其面临的价格波动风险，但在进行套期保值时，需要注意以下事项。

（1）在进行套期保值时，企业需要根据需要套期保值的对象，确定是进行买入套期保值还是卖出套期保值。一般来讲，对于原材料等产品，需要进行买入套期保值以锁定成本；对于产成品，需要进行卖出套期保值以锁定利润。

（2）在进行套期保值时，需要选择与所要套期保值的对象相同或相近的产品，并且具有较强的相关性，从而保证所选择的套期保值商品与套期保值对象的价格走势尽可能的一致，减少套期保值风险。

（3）在确定买卖合约的规模时，应尽可能地与所要买卖的商品或资产的规模相等或相当，以保证现货市场的收益（损失）能够尽可能地被期货市场的损失（收益）相抵消，降低套期保值风险。

（4）在进行套期保值后，还应加强风险管理。市场价格并不是一成不变的，即使企业之前进行了完全的套期保值，但基差的变化会影响套期保值的效果，因此，企业需要市场关注价格走势，进行动态的套期保值操作。

二、基差风险

在以上讨论的套期保值交易中，都是假定现货市场和期货市场的价格波动幅度完全相同，即某一市场的亏损（盈利）能够被另一市场的盈利（亏损）完全抵消，从而实现完全的套期保值。然而，在现实操作中，期货市场与现货市场的价格虽然高度相关，但变动幅度并非完全相同，进而使两个市场的盈亏不能完全相抵，影响了套期保值的效果，这就是基差风险。

基差（basis）是某一特定地点某种商品或资产的现货价格与同种的某一特定期货合约价格间的价差。如果基差为正，则现货升水，期货贴水；反之，则期货升水，现货贴水。产生基差的原因可归结为时间和空间两方面的差异，时间差异是指同一种商品的基差反映了不同交割时间的持有成本（储藏费用、利息、保险费用等），空间差异是指由于地域不同而引起的期货与现货之间价格的不同。

一般来讲，基差风险的来源主要包括以下几方面。

（1）基差未来收敛情况。在有效市场上，由于套利因素的存在，基差的波动幅度不大且相对稳定，基差风险较小。另外，随着到期日的临近，现货价格与期货价格将趋于一致，基差风险也很小，但在某些特殊情况下，基差会持续扩大或者缩小，使套期保值者面临较大的风险敞口。

（2）持有成本的变化情况。期货价格等于现货价格加上持有成本，商品期货的持有成本变化风险主要表现为储存成本、保险成本、资金成本和损毁等因素的变化。如果这些影响持有成本的因素发生变化，基差也会发生变化，从而影响套期保值的效果。

（3）合约品种与标的资产的匹配情况。今天的期货市场虽然已经取得了较大的发展，但是相比于需要进行套期保值的商品，期货品种仍然较少，此时，往往需要进行交叉套期保值，即用价格相关性比较高的期货品种做套期保值，如用与豆油价格高度相关的大豆期货合约为豆油价格做套期保值。交叉套期保值的基差风险由两部分构成，一部分来源于套期保值资产的期货价格与现货价格之间的价差，另一部分来源于套期保值资产的现货价格与被套期保值资产的现货价格的价差。由于被套期保值的风险资产与套期保值期货合约的标的资产不同，其影响价格变化的基本因素也不同，导致交叉套期保值的基差风险相对偏高。

（4）合约月份与标的资产匹配情况。根据传统套期保值理论，套期保值者在期货市场上所选择的合约月份应与未来在现货市场上买进或卖出商品的时间一致，但是由于期货合约有限，而且随着合约交割期的临近，交易保证金成倍上升提高了保值成本，合约流动性的降低带来无法以理想价格平仓的风险，因此套期保值者往往不会遵循"时间相同"的原则，最多只能"时间相近"。在实际操作中，也就隐含着合约月份的选择风险。对于现货交易时间大于所有期货合约的情况，套期保值者往往选择一个流动性较强的合约，然后将该套期保值组合向前进行延展，即在期货合约到期前平仓，同时持有下一个到期日较晚的期货合约，如此向前延展若干次，直到保值期结束为止，而此时整个保值组合包含了若干个基差风险。

（5）保值头寸匹配情况。由于期货合约的标准化特征，使购买的期货合约必须是交易单位的整数倍，而实际需要保值的标的资产的价值并不一定是交易单位的整数倍，从而导致现货与期货的头寸不一致而带来基差风险。另外，最优套期保值比例不是一成不变的，套期保值者必须综合考虑现货价格和期货价格的波动性及两者相关系数的变化，用动态套期保值的思想适时调整套期保值比例。考虑需保值品种现货价格波动性、期货价格波动性以及两者的相关性，最优的套期保值比例本身就带有一种不确定性。因此选择最优套期保值比例时的误差也会引发保值头寸风险。

1. 基差风险测量

在套期保值情况下，基差就是现货价格与期货价格的差。基差也存在着现货市场和期货市场的"时间"和"空间"的价格差异。时间基差是因为现货市场上持有商品所需要支付的费用，这种费用也被称为持有成本。空间基差是由于两个不同的现货市场之间的运输费用和该地点的现货商品与期货标的交割产品之间品种差异的价差组成。

基差既可以为正值，也可以为负值。当基差为负值，即期货价格大于现货价格时，表明市场处于正常状态下，之所以期货价格大于现货价格是商品的持有成本造成的；当基差为正值，即期货价格小于现货价格时，表明市场处于反向市场形态，交易者持有现货商品所支付的持有成本并未得到补偿。

在传统意义上的套期保值下，可将基差风险用方差（或标准差）来衡量，即

$$\sigma_b^2 = \sigma_s^2 + \sigma_f^2 - 2\rho\sigma_s\sigma_f \qquad (10\text{-}1)$$

其中，σ_s 表示现货价格的标准差；σ_f 表示期货价格的标准差；ρ 表示现货价格 S 和期货价格 F 的相关系数。很显然，基差风险受现货价格的波动、期货价格的波动以及与它们之间的相关性影响。对于现代意义上的套期保值，基差可定义为 $b_t = S_t - RF_t$，这里 S_t 为 t 时刻现货市场的价格，F_t 为 t 时刻期货市场的价格，R 为期货市场交易头寸与现货市场的交易头寸的比率，即用一单位的现货与 R 个单位的期货对冲进行套期保值。则相应的基差风险为

$$\sigma_b^2 = \sigma_s^2 + \sigma_f^2 - 2\rho R\sigma_s\sigma_f \qquad (10\text{-}2)$$

2. 基差风险管理

在对基差风险进行管理时也是使用套期保值的方法，与上述套期保值不同的是，此处是考虑基差以后的套期保值。正常市场形态下，由于存在套利的压力，期货价格等于现货价格加持有成本（基差值为负），即

$$F_t = S_t + b_t \tag{10-3}$$

由于期货市场的不确定性,基差在不同时期表现的形态会有所不同,即基差会呈现波动性,如果在未来某个时期,期货的价格变化(增量)超过了现货市场的价格变化(增量),则基差表现为基差扩大;反之,基差表现为基差缩小。基差不同的波动形态反映了市场的供需状况和投资者对市场的预期。把握基差的变动趋势,对要进行套期保值的交易者来说至关重要。

1)不考虑持有成本的基差套期保值

对套期保值者来说,正确分析、预测未来的基差变动方向和变动幅度,进而把握好入市与出市时机是获取良好的套期保值效果重要保证,对多头套期保值者来说,不考虑持有成本的基差分析如表10-2所示。

表10-2 不考虑持有成本的基差分析(多头套期保值者)

时刻	现货市场价格	期货市场价格	基差
t	S_t(卖出)	F_t(买入)	$b_t=S_t-F_t$
T	S_T(买入)	F_T(卖出)	$b_T=S_T-F_T$
Δ	$\Delta S=S_t-S_T$	$\Delta F=F_t-F_T$	$\Delta b=\Delta S+\Delta F$

如表10-2所示,当 $\Delta b>0$ 时,即 $b_T<b_t$ 时,即套期保值者预示未来时期$[t, T]$基差扩大时,从现货市场出发,应进行卖高基差买低基差操作,这样套期保值者能获得盈利,当 $\Delta b=0$ 时,出市基差与入基差相同,套期保值者实现了预期的套期保值,但这种情形一般出现较少。当 $\Delta b<0$ 时,即 $b_T>b_t$,在未来时期$[t, T]$基差缩小,此时进行卖高基差买低基差操作,这样套期保值者将发生亏损,还没有完全达到实际意义的套期保值。虽然套期保值的效果不太理想,但进行了套期保值减少了损失的程度。

对空头套期保值者来说,不考虑持有成本的基差分析如表10-3所示。

表10-3 不考虑持有成本的基差分析(空头套期保值者)

时刻	现货市场价格	期货市场价格	基差
t	S_t(买入)	F_t(卖出)	$b_t=S_t-F_t$
T	S_T(卖出)	F_T(买入)	$b_T=S_T-F_T$
Δ	$\Delta S=S_t-S_T$	$\Delta F=F_t-F_T$	$\Delta b=\Delta S+\Delta F$

由表10-3知,当 $\Delta b>0$ 时,即 $b_T>b_t$,即套期保值者预示未来时期$[t, T]$基差缩小时,从现货市场出发,应进行买低基差卖高基差操作,这样套期保值者能获得盈利。当 $\Delta b=0$ 时,出市基差与入市基差相同,套期保值者实现了预期的套期保值,但这种情形一般出现较少。当 $\Delta b<0$ 时,在未来时期$[t, T]$基差扩大,此时进行买低基差卖高基差操作,这样套期保值者将发生亏损,没有实现真正意义上的套期保值。然而进行了套期保值,使套期保值者还是实现了一定程度的减亏。

2)考虑持有成本的基差套期保值

上述基差分析是在不考虑持有成本及交易费用的情况下进行的,显然,考虑了持有成本与交易费用后,套期保值的效果将会受到一定的影响。

假设现货市场商品持有者每月的持有成本为 c,而交易费用为 f,则对多头套期保值者来说,考虑持有成本的基差分析如表10-4所示。

表 10-4 考虑持有成本的基差分析（多头套期保值者）

时刻	现货市场价格	期货市场价格	基差
t	S_t（卖出）	F_t（买入）	$b_t = S_t - F_t$
T	S_T（买入）	F_T（卖出）	$b_T = S_T - F_T$
Δ	$\Delta S = S_t - S_T$	$\Delta F = F_t - F_T$	$\Delta b = \Delta S + \Delta F$
持有成本与交易费用		$C = c(T-t) + fQ$	
净损益		$\Delta b - C$	

从表 10-4 中可知，若净损益 $\Delta b - C > 0$，套期保值盈利，这说明在期货市场的这种保值结果，即一个市场的盈利不但弥补了另一个市场的亏损，而且在抵销相关费用后还有结余。作为现货市场的套期保值者来说都希望看到这种结果，若 $\Delta b - C = 0$，套期保值者实现了实际意义上的套期保值，即一个市场的盈利恰好弥补了另一个市场的损失及相关的费用。若 $\Delta b - C < 0$，套期保值亏损，即一个市场盈利不足以弥补另一个市场的损失及相关的费用，这是套期保值者不希望看到的。如何避免或减少这类事件的发生，确保良好的套期保值效果，掌握基差风险的成因及相应的避险工具对套期保值者来说是必不可少的。

第四节 利率风险管理

利率风险是指由于利率的波动使负债利息支出增加、资产价值或利息收入减少的可能性，当企业拥有需要支付浮动利率的银行借款或者发行债券融资时，或者拥有债券等金融资产时，就会面临利率风险问题。

企业投资中的货币借贷既可以采用固定利率，也可以采用逐期依据当时市场利率进行调整的浮动利率。当企业采用固定利率进行投资时，如市场利率在投资期内上涨（下跌），则逐期实际收入的利息金额将少于（多于）按当时市场贷款利率计量的可能收入数。这样，市场利率变动的结果就可能使企业蒙受利息收入相对减少的经济损失。如果企业将债券于期满之前在二级市场上转让出去，则利率风险的表现形式较为特别。在投资于固定利率短期金融资产的情况下，如果市场利率在投资期内，即购入日至卖出日之间上涨，将导致所购买的资产价格在投资期内下跌，则企业既要蒙受相对少收利息的经济损失，又要蒙受因资产价格下跌而产生的资本损失，此时企业蒙受的经济损失为相对少收利息的经济损失与资本损失之和。在投资于浮动利率短期金融资产的情况下，如果市场利率在投资期内下跌，将导致所购买资产的流通价格在投资期内上涨，则企业在蒙受相对少收利息的经济损失的同时，也会获得因债券价格上涨而产生的资本收益，从而企业蒙受的经济损失为相对少收利息的经济损失与资本收益之差。

一、久期分析法

久期（duration）也称持续期，最早由 Macaulay 于 1938 年提出，是对金融工具的利率敏感程度或利率弹性的直接衡量。久期与资产价格变化的关系式为

$$\frac{dP}{dy} = -\frac{D}{(1+y)}P \qquad (10-4)$$

当市场利率变化很微小时，也可近似写成

$$\Delta P = -P \times D \times \frac{D}{(1+y)} \quad (10\text{-}5)$$

变换后得

$$\frac{\Delta P}{P} = -D \times \frac{\Delta y}{(1+y)} \quad (10\text{-}6)$$

其中，P 代表金融资产的当前价格；ΔP 表示价格的变动量；y 代表收益率即市场利率；Δy 代表市场利率的变动量；D 为久期。式（10-6）显示市场利率的微小变化将使资产的价格发生反比例的变动，而且其变动幅度将取决于该资产久期的长短，即久期越长，变动幅度也越大。

例如，公司持有多种债券资产组合，则其债券组合的久期可以通过计算组合内所有债券的久期的加权平均数来计算，权重是各个债券在组合中的投资比重，用公式表示，债券组合的久期为

$$D_P = \sum_{i=1}^{k} w_i D_i \quad (10\text{-}7)$$

其中，D_P 表示债券组合的久期；w_i 表示债券 i 的市场价值占该债券组合市场价值的比重；D_i 为债券 i 的久期；k 为该组合中所含债券的个数。

所以，久期实质上是一个经过加权平均之后的时间度量指标，其单位是年，权重是各期现金流的现值占债券价格的比重。从久期的公式可以看出：第一，债券的票面利率越高，债券的久期越短；第二，投资者的内部报酬率，即对债券的到期收益率越高，债券的久期越短；第三，债券距离到期日越近，债券的久期越短。

【例 10-4】ABC 公司购买了某种债券，债券的现价为 92.53 元。债券的面值为 100 元，票面利率为 7%，每年付息一次，3 年后到期，到期一次性偿还本金，到期收益率为 10%。计算该债券的久期。计算过程和数据见表 10-5。

表 10-5　久期计算过程

未来现金流支付时间 (t)	未来现金流 (C_t)/元	现值系数 ($1/(1+y)^t$)	未来现金流的现值 ($C_t/(1+y)^t$)/元	现值乘以现金流支付时间 ($tC_t/(1+y)^t$)/元
1	7	0.909 1	6.36	6.36
2	7	0.826 4	5.78	11.56
3	107	0.751 3	80.39	241.17
合计			92.53	259.09

根据久期的计算公式，该债券的久期为

$$D = \frac{\sum_{t=1}^{T} t \times C_t / (1+y)^t}{\sum_{t=1}^{T} C_t / (1+y)^t} = \frac{259.09}{92.53} = 2.80(\text{年})$$

为了方便，当收益率采用一年计一次复利的形式时，人们常用修正久期（modified duration）来代替久期，修正久期用 D_m 来表示，表达式为

$$D_m = \frac{D}{1+y} \qquad (10\text{-}8)$$

由于久期是到期收益率的减函数，所以修正久期也是到期收益率的减函数。这说明到期收益率越高，修正的久期越小，所以债券的利率风险越小；反之，到期收益率越低，修正的久期越大，所以债券的利率风险越大。所以，以上久期与金融工具价格变化的关系式可以写为

$$\frac{\Delta P}{P} = -D_m \Delta y \qquad (10\text{-}9)$$

根据麦尔齐（Malkiel）提出的债券定价原理，对于期限既定的债券，由收益率下降导致的债券价格上升幅度大于同等幅度的收益率上升导致的债券价格下降的幅度。收益率波动导致的债券价格波动并不是线性的关系，而式（10-9）所表现出来的久期与金融工具价格变化的关系是一种线性关系，所以用久期或者修正的久期来计量收益率变动与价格变动之间的反比例关系只是一种近似的计算，其中忽略了债券的凸性。

债券的凸性（convexity）是指债券价格变动率与收益率变动关系曲线的曲度。债券的凸性定义为债券价格对收益率二阶导数除以价格，表达式为

$$C = \frac{1}{P} \times \frac{d^2 P}{dy^2} \qquad (10\text{-}10)$$

久期与凸性的关系可以用图 10-3 来说明。久期描述的价格与收益率的关系如图 10-3 中的直线所示，而凸性描述的价格/收益关系则由图 10-3 中的凸向原点的曲线表示。目前债券的收益率是 r，债券价格是 P。当收益率（利率）在小范围变化时，久期描述的线性关系与实际情况大致相符。但是当收益率（利率）的变动比较大时，价格的变动与到期收益率就不再是线性关系。这时需要考虑二阶量，即凸性。

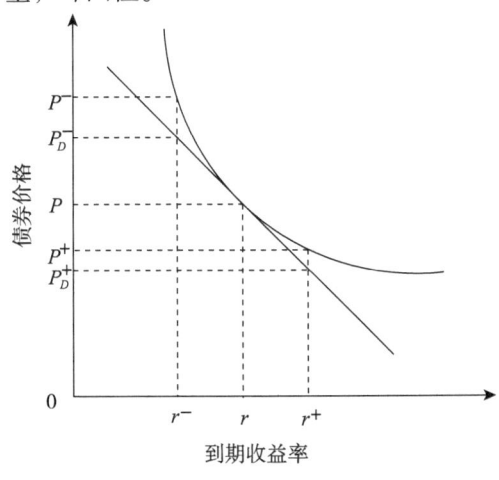

图 10-3　久期与凸性的关系

从图 10-3 中可以看出，当到期收益率降低时，债券价格的实际上升高于用久期计算出来的近似值，并且凸性越大，债券价格的上升幅度将会越大；当到期收益率升高时，债券价格的实际降低少于用久期计算出来的近似值，并且凸性越大，债券价格的下降幅度将会越小。所以，在同等条件下，凸性大的债券（或投资组合）对于投资者比较有吸引力。

在考虑了债券的凸性以后，到期收益率变动与债券价格的变动的关系式就变为

$$\frac{dP}{P} = -D_m \times dy + \frac{1}{2}C \times (dy)^2 \qquad (10\text{-}11)$$

当到期收益率变动微小时，式（10-11）就可以表示为

$$\frac{\Delta P}{P} = -D_m \times \Delta y + \frac{1}{2}C \times (\Delta y)^2 \qquad (10\text{-}12)$$

久期分析也称为持续期分析或期限弹性分析，是衡量利率变动对公司经济价值影响的一种方法。久期是证券价格变化对利率变化的敏感度。久期分析法的基本思想是将公司持有的利率敏感性资产和负债分别看做两个组合，以这两个组合的久期计算公司总的久期缺口，以此估算某一给定的小幅（通常小于1%）利率变动可能会对公司经济价值产生的影响（用经济价值变动的百分比表示）。下面介绍久期缺口的计算方法。

组合的久期的计算方法在本节中已经介绍过，首先计算公司的利率敏感性资产和负债两个组合的久期，表达式如下：

$$D_A = \sum_{i=1}^{N} D_i^A \times w_i^A \qquad (10\text{-}13)$$

$$D_L = \sum_{i=1}^{N} D_i^L \times w_i^L \qquad (10\text{-}14)$$

其中，D_A 表示资产组合的久期；D_L 表示负债组合的久期；w_i 表示资产或负债组合中每项资产负债市值占组合总市值的比重。

根据久期计算式（10-14），可以将公司利率敏感性资产和负债的组合的价格变动分别表示为

$$\frac{dA}{A} = -\frac{D_A}{1+y}dy$$

$$\frac{dL}{L} = -\frac{D_L}{1+y}dy \qquad (10\text{-}15)$$

假设公司流动资产投资组合总的市值变化等于资产市值变化与负债市值变化的差为

$$dE = dA - dL$$

整理得

$$\begin{aligned}dE &= dA - dL = \left(-D_A \times A \times \frac{dy}{1+y}\right) - \left(-D_L \times L \times \frac{dy}{1+y}\right) \\ &= (-D_A \times A + D_L \times L)\frac{dy}{1+y} \\ &= -\left(D_A - D_L\frac{L}{A}\right) \times A \times \frac{dy}{1+y}\end{aligned} \qquad (10\text{-}16)$$

其中，$\left(D_A - D_L\dfrac{L}{A}\right)$ 为久期缺口。值得注意的是，式（10-16）的计算隐含了一个假设，即利率变化对所有的资产和负债的影响都是一样的。

一般而言，金融工具的到期日或距下一次重新定价日的时间越长，并且在到期日之前支付的金额越小，则久期的绝对值越高，表明利率变动将对公司的经济价值产生较大的影响。从公司流动资产投资组合总的市值变化的等式可以看出，投资组合总的市值受到久期缺口、

资产规模和利率变动的影响。由于公司流动资产投资组合的资产规模一般为正值,所以,投资组合总的市值的变动主要受久期缺口的正负、大小以及利率变动的方向和幅度的影响。

如果久期缺口为正,那么当利率上升时公司投资组合总市值就会减少,即面临利率上升的风险;如果久期缺口为负,那么当利率下降时公司投资组合总市值就会减少,即面临利率下降的风险;当久期缺口为零时,无论利率水平如何变化,公司投资组合总市值都不会发生改变。

与缺口分析相比较,久期分析更为先进,久期分析能计量利率风险对企业短期投资组合价值的影响,从而能够对利率变动的长期影响进行评估。但是,久期分析的局限性在于:第一,如果在计算敏感性权重时对每一时段使用平均久期,则久期分析只考虑了金融产品因重新确定利率时间的不同而带来的利率风险,依然没有考虑因各种金融产品基准利率的调整幅度不同而带来的利率风险,以及因利率和支付时间的不同而导致的期权性风险。第二,在没有引入凸性以前,对于利率的大幅变动(大于 1%),由于金融资产价格的变化与利率的变动再不能近似为线性关系,因此,久期分析结果的准确性就大打折扣。

二、利率风险管理

1. 限额管理

公司进行利率风险管理时,仅通过调整资产投融资策略是无法对利率风险进行精确控制的,限额管理是公司对市场利率风险进行有效控制的一项重要手段。利率风险的限额管理的目的是将公司在资产投资中所承担的利率风险规模控制在可以承受的范围之内,与公司自身的风险管理能力和资本实力相匹配。限额管理中的风险限额常常包括交易限额、风险限额和止损限额等。交易限额是指对总交易头寸或净交易头寸限定的限额。总交易头寸限额是指对流动资产管理中利率敏感性资产或利率敏感性负债的余额分别加以控制。净交易头寸限额是指对流动资产管理中利率敏感性资产和利率敏感性负债相抵后的净额加以限制。通常这两种方法会被结合起来使用。风险限额是指对经过计量得出的市场利率风险规模进行限制。止损限额是指公司在流动资产投资中因利率风险导致的允许的最大损失额。在实践中,当公司的流动资产投资中某一项金融资产的累计损失达到或接近止损限额时,就必须对该金融资产进行对冲或变现。

2. 组合管理及风险对冲

管理利率风险还可以通过持有金融衍生品等金融工具的头寸,在一定程度上实现控制或对冲其所面临的利率风险的目的。风险对冲是指通过购买与基础资产收益波动负相关或完全负相关的某种金融资产或金融衍生品来冲销风险的一种风险管理策略。当原有金融资产因利率风险出现亏损时,与之负相关的金融产品或衍生品则能够盈利,并且使盈利能够尽量抵补亏损。可以通过多种金融衍生工具对冲利率风险,如远期利率协议、利率期货、利率期权、利率互换等等。

1)远期利率协议

远期利率协议(forward rate agreements)是一种场外交易的金融衍生品,是指交易双方约定从将来某一商定的日期开始,在某一特定时期内按协议商定利率借贷一定规模的、以具体货币表示的名义本金的协议。远期利率协议中的借贷双方不需要进行本金的交割,只需要在结算日根据协议利率和参考利率之间的差额以及名义本金规模，由一方向另一方支付利息的差额（结算金）。远期利率协议的功能在于通过将未来实际借贷的利率锁定在协议利率而避免交易者所面临的利率风险，不管未来利率变动如何，交易双方将来收付资金的成本或收益将固定在协定利率的水平上。远期利率协议的买方实际上是名义本金的借款人，通过签订远期利率协议可以规避利率上升导致的借款成本的增加；远期利率协议的卖方实际上是名义本金的贷款人，通过签订远期利率协议可以规避利率下降导致的贷款收益的减少。下面通过一个例子来简单了解利用远期利率协议来规避利率风险的过程。

A公司预计3个月之后有一笔1 000万元的现金流入，公司计划将这笔资金存入银行来获取存款利息收入，存期为6个月。为避免在这3个月中市场利率的下跌给公司带来的利息收入的减少，公司决定向银行卖出一份期限为3×9（3个月对9个月）、名义本金为1 000万元、协议利率为5%的远期利率协议。3个月后，若市场利率下跌至4.5%，则该公司可以从银行获得以名义本金为基础的、以市场参考利率和协议利率之间利息的差额计算的结算金，公司将结算金以及获得的资金按照市场利率存入银行，实际获得的收益将与公司将资金按照协议利率存入银行所获得的收益相等，从而实现对利率的锁定，规避了利率风险。相反，在3个月内若市场参考利率上升至5.5%，公司将向银行支付一笔结算金，但是公司将资金按照较高市场利率存入银行得到的多于预期的利息将弥补公司结算金支付的亏损，从而达到实际存款利率的锁定。

远期利率协议由于其场外交易的特点，具有交易灵活、简便、不需要保证金等优点，因此在利率风险管理中有着广泛的应用。但是，利用远期利率协议对冲利率风险其本身也具有一定的风险。因为远期利率协议是一种场外交易工具，其中必然隐含着交易对手的信用风险和流动性风险，因此在使用远期利率协议进行利率风险管理时还要全面考虑其本身风险的防范。

2）利率期货

利率期货（interest rate futures）是指买卖双方按照事先约定的价格在期货交易所买进或者卖出某种有息资产，并在未来的某一时间进行交割的一种金融期货业务。利率期货的功能是通过期货交易将标的资产——有息有价证券的价格固定下来，从而使交易者能获得固定的收益率，避免因市场利率波动对公司所持有的有价证券的价格造成的影响，实现对冲利率风险的目的。

利用利率期货进行利率风险对冲，基本的操作方法是在期货市场上持有与现货市场上相反的头寸。若公司在即期市场上持有一项有息金融资产的多头头寸，为避免因市场利率上升带来的金融资产的价格下降给公司造成的损失，公司应在期货市场上卖空期货合约，即持有期货空头。这样当市场利率如预期一般上升时，该资产的期货合约价格将会下降，公司就可以在期货市场上以低价买入同等数量的同种期货合约来填平期货空头头寸，这样公司就可以以期货市场上的盈利来弥补现货市场上因利率上升带来的资产价格下降造成的损失。

前面介绍的远期利率协议在本质上是一种场外交易的利率期货，因而其本身隐含着交易对手的信用风险。而利率期货是场内交易的金融工具，其交易合约的履行有期货交易所和清算所作保证，因此几乎不存在信用风险。与远期利率协议相比，利率期货是一种标准化的远期协议，因此在交易灵活性方面逊于远期利率协议。

3）利率期权

利率期权（interest rate options）是关于利率变化的一种权利，利率期权的买方既可以在利率发生不利变动时锁定利率水平，也可以在利率发生有利变化时获得收益，买方只要向卖方支付期权费就能享有这些权利。利率期权的卖方则承担相应的损失，其收益为买方支付的期权费。下面通过一个例子来简单了解利用利率期权来规避利率风险的过程。

假如某公司在 3 个月后将有 1 000 万元的资金收入，公司希望能将资金投资于短期国债，投资期限为 6 个月，目前 6 个月期的短期国债收益率为 6%。在这 3 个月中市场利率既可能上升，也可能下降，公司希望能将投资收益锁定在 6% 的水平。这时，公司可以购买 1 000 万元，期限为 3 个月，执行价格为 6% 的欧式期权，期权合约约定公司可以在 3 个月后以 6% 的收益率买入这种 6 个月期的短期国债，期权费为 0.3%。这样，在 3 个月后如果市场利率下降到 6% 以下，公司就可以执行期权，以约定的收益率买入短期国债；若市场利率上升至 6% 以上，公司则放弃执行期权，直接在市场上以更高的收益率买入短期国债。

利用利率期权可以使投资者实现单方面防范利率风险，但是利率期权价格的确定仍然是一个复杂的问题，使运用利率期权对冲利率风险的难度很大。若要利用利率期权实现高效的套期保值，需要公司对利率风险和收益做出深入分析以及对利率期权这种套期保值工具有深入的理解。

4）利率互换

利率互换（interest rate swaps）是指交易双方约定在未来一定期限内交换同种货币的名义本金以不同基础计算的利息支付的合约。利率互换中通常一方的现金流根据浮动利率计算，另一方的现金流根据固定利率计算。利率互换的原理是英国经济学家大卫·李嘉图提出的比较优势理论，交易双方进行利率互换的原因是双方分别在固定利率和浮动利率市场上具有比较优势。双方各自通过自己具有比较优势的途径借入资金，双方互换利息支付的现金流，可以达到锁定利率和降低借款成本的目的。利率互换通常只交换利息差额，所以信用风险较小。

【例 10-5】假设公司 ABC 和 XYZ 都需要借入 100 万元借款，借款期限为 5 年，假设利息均为每年支付一次。ABC 公司想借入浮动利率借款，XYZ 公司想借入固定利率借款。但是两家公司因为信誉等级不同，所以它们面临的借款利率水平也不同，如表 10-6 所示。

表 10-6　ABC、XYZ 公司面临的市场利率

公司	固定利率/%	浮动利率
ABC	12	LIBOR+0.1%
XYZ	13.4	LIBOR+0.6%

从表 10-6 中可以看出，ABC 公司的信誉等级优于 XYZ 公司，在固定利率市场和浮动利率借款两个市场上利率都低于 XYZ 公司。但是 ABC 比 XYZ 的绝对优势在固定利率市场上为 1.4%，浮动利率市场上为 0.5%，也就是说 ABC 公司在固定利率市场上有比较优势，XYZ 公司在浮动利率市场上有比较优势。这样，ABC 公司就可以以 12% 的利率借入 100 万元固定利率贷款，XYZ 公司可以以 LIBOR+0.6% 的利率借入 100 万元浮动利率贷款，双方交换利息现金流，ABC 公司向 XYZ 公司支付浮动利息，XYZ 公司向 ABC 公司支付固定利息。

这样，双方总的借款成本降低了 0.9%（13.4%+ LIBOR+0.1%–12%–LIBOR–0.6%），即为互换利益。双方通过谈判确定互换利益的分享比例，若双方约定各分享一半的互换利益，则 ABC 公司向 XYZ 公司支付 LIBOR–0.35% 浮动利率利息，XYZ 公司向 ABC 公司支付 12% 固定利率利息。利率互换的条款可以约定在每个付息日由一方向另一方支付固定利率与浮动利率的差额。利率互换流程如图 10-4 所示。

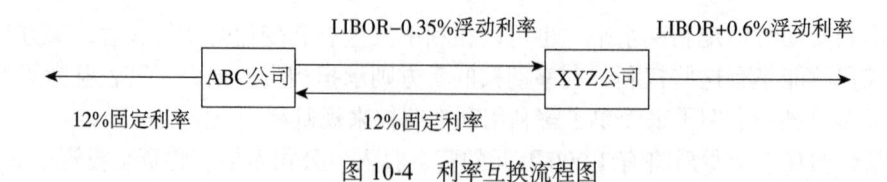

```
                    LIBOR-0.35%浮动利率           LIBOR+0.6%浮动利率
         ┌──────┐ ──────────────────→ ┌──────┐
    ←────│ABC公司│                     │XYZ公司│────→
         └──────┘ ←────────────────── └──────┘
       12%固定利率        12%固定利率
```

图 10-4　利率互换流程图

可以看出，利率互换的交易十分灵活，双方可以通过协商，确定利率互换的期限，借贷利率以及互换利益的分成。通过利率互换，双方可以锁定负债成本或者资产收益，规避或者减少利率风险。

从以上几种金融衍生品的介绍可以看出，利用金融衍生品来对冲公司所持有的金融资产的利率风险有其明显的优点，如构造方式多种多样、交易灵活便捷等，但是通常不能完全消除利率风险，而且可能会由交易对手带来新的信用风险。不仅如此，金融衍生品本身也存在巨大的潜在市场风险，因此，公司在运用金融衍生品进行利率风险对冲时必须要对各种衍生品的风险特征和投资组合的复杂性有正确的认识和理解，还要具备对冲利率风险所需的强大的知识和信息技术支持。

第五节　汇率风险管理

汇率风险（exchange rate risk）也称外汇暴露（foreign exchange exposure），是指由于外汇汇率的变化而导致企业盈利能力、净现金流量和市场价值发生变化的可能性。尤其是很多跨国公司在其国际化经营过程中，拥有许多以外汇表示的资产、负债、现金和费用，而跨国公司海外附属公司的经营结果均以其所在国当地货币表示。但是，跨国公司最终所关心的是以母公司职能货币表示的利润和收益。这样，跨国公司就会经常遇到由于有关货币汇率变动而带来的损益。同样，外贸企业也会遇到类似的情况。

汇率风险主要包括交易风险、换算风险和经济风险三种，其中交易风险是最直接的风险，损失明白无误，也最容易防范。换算风险比交易风险复杂一些，管理也困难一些。但换算风险更多的是一种会计风险，或者是形式上的"亏损"（名义上换算成母国货币后亏损了多少或者盈利了多少，但都是名义上的，资产的实际价值并未发生变化）。经济风险影响公司的现金流量，如果处置不当，它所造成的损失比某一笔交易造成的损失，或者换算损失要严重很多。从长期来看，汇率风险管理的目标就是保护企业资产和长期经营活动的收益，它是企业的一个战略目标。日常汇率风险指公司在经常性业务活动中所出现的汇率风险，指公司的投资及资金流动中因汇率变化而受损害的程度，它是企业汇率风险管理中最基本的任务。经济风险属于企业的长期风险管理，而交易风险和换算风险则属于企业日常汇率风险管理。

一、交易风险

交易风险（transaction exposure）指的是已经达成协议但尚未结算的外币交易，因汇率变动而发生损益的可能性。交易风险主要是由于汇率变化导致企业应收账款和应付账款的价值发生变化的风险，反映汇率变动对企业交易过程中所发生的资金流量的影响。交易风险出现的情况通常是一个公司赊账购买商品，然后以外汇支付货款；或者是通过赊账销售产品，之后等待客户用外汇结账。除非公司通过远期合约等手段对这个风险进行对冲，否则这个公司的交易风险在交易发生日起到实际支付日止的期间内一直存在。另外，如果一个公司的债务是外币，并且要以外币支持利息和本金，它也会面临所谓的交易风险。

测量交易风险时，首先需要确定哪些交易项目承担着交易风险，并掌握结算日与成交日汇率变化的幅度，然后对交易风险进行计量。对于外贸公司或某企业的进出口业务中较少的外汇头寸比较易于测量。而对于涉外业务较多，或者有跨国经营业务的公司，交易风险的测量则比较复杂。对于这类企业，可以利用以下方法进行测量。首先，从分析该企业资产负债表开始，按不同币种对各项风险性资产和负债分类，从企业的外币应收项目（如应收账款、应收票据等）中减去外币应付项目（如应付账款、应付票据、银行短期借款、到期的长期债务等）算出净额；然后再搜集资产负债表以外的有关经济信息加以调整，最后得到各种外汇币种的净头寸，从而得到总的外汇交易风险的暴露。跨国公司倾向于关注短期（一年以内）的交易风险，因为短期内货币的现金流量能够合理、准确地予以预计。交易风险的计量要求按货币类型预测所有子公司的合并货币流入量或流出量净额，然后，中央部门合并子公司的财务报告，以便确认整个跨国公司在未来期间内各外币的预计净头寸，根据整体的交易风险决定是否套期保值。因为跨国公司的理财目标是使跨国公司总价值最大化，而非某一个子公司。

就我国的外贸企业而言，其外币现金流量主要产生于下述四种经营业务：①在国际贸易中，以合约方式或信用方式产生的赊购或赊销，即以外币计价的应收、应付款；②在国际借贷中，以外币计价的资金借入或借出；③为了应对未来国际业务中对外币的需要，进行的人民币对外币远期外汇交易；④以外币计价的债务或应得资产。综合各种业务中的外汇现金流量，就可以根据前述的步骤计算各种外汇净头寸。

公司可以采用多种方法来降低或对冲交易风险，包括货币远期合约、现金—持有策略、使用国内货币进行买卖、收款和付款的匹配、提前和滞后等。

1. 货币远期合约

货币远期合约（currency forward contract）是公司与银行签订的合约，并约定了汇率、汇兑的货币金额和汇兑的交割日。货币远期合约设定的汇率又称为远期汇率（forward exchange rate），它是应用于未来货币买卖所用的汇率。通过签订货币远期合约，公司就提前锁定汇率，减少货币价值波动的影响。

【例10-6】2012年12月银行提供给一个美国公司的1年货币远期合约设定的远期汇率为0.987美元/欧元。当时这家美国公司与一家意大利公司签订了货款为50万欧元的订单，同时它与银行签订了一份货币远期合约，合约规定美国公司在2013年12月以0.987美元/欧元的远期汇率购买50万欧元。那么到2013年12月时，美国公司需要支付多少美元？

虽然在2013年12月的实际汇率上升到1.22美元/欧元，表明了欧元升值（美元贬值）。但是，美国公司通过货币远期合约，可按0.987美元/欧元的远期汇率购买50万欧元。这样在2013年12月美国公司需要向银行支付500 000×0.987＝493 500（美元），就可以获得500 000欧元，然后再将这笔欧元支付给意大利公司。

远期合约对美国公司来说是一个不错的交易，如果没有货币远期合约的套期保值，美国公司就要按2013年12月当时的1.22美元/欧元的汇率兑换欧元，那么它需要支付61万美元（500 000×1.22），导致了美元成本的上升。

然而，远期合约也可能给公司带来负面的影响。如果2013年12月的汇率下跌至0.85美元/欧元，然而远期合约仍要求美国公司按 0.987 美元/欧元的汇率进行兑换。换言之，货币远期合约锁定了汇率，消除了汇率波动的风险——不管汇率的波动对公司有利还是不利。

从上面的例子可以看到远期合约允许进口商消除了欧元升值的风险，那么这一风险被转移给谁了呢？显而易见，在最初这一风险被转移给提供货币远期合约的银行。由于银行承诺以固定汇率将美元兑换成欧元，所以如果欧元升值的话，银行将会遭受损失。在上面的例子中可以看到银行在远期合约中只收到了 493 500 美元，却要付出价值 610 000 美元的欧元。

那么银行为什么愿意承担这种风险呢？首先，与小规模的进口商相比，银行的规模更大，资金更雄厚，所以银行能够承受这种风险而不至于陷入财务困境。更重要的是，在大多数情况下，银行甚至不承担风险——它将寻找愿意将欧元兑换为美元的另一方。银行通过与另一方签订可降低银行风险的远期合约，就可以完全抵消其风险。

图 10-5 阐释了利用货币远期合约消除汇率风险这一过程。必须用欧元支付货款的美国进口商，通过设定远期汇率为 0.987 美元/欧元的远期合约，向银行购买欧元。这一交易将美国进口商的成本锁定在 493 500 美元。类似地，将来会收到欧元货款的美国出口商，会利用远期合约向银行出售欧元，锁定其收入为 493 500 美元。这样，银行就会持有两份货币远期合约：一份是把美元兑换成欧元，另一份是把欧元兑换成美元。银行不但没有承担汇率风险，而且从出口商和进口商那里赚得了手续费。

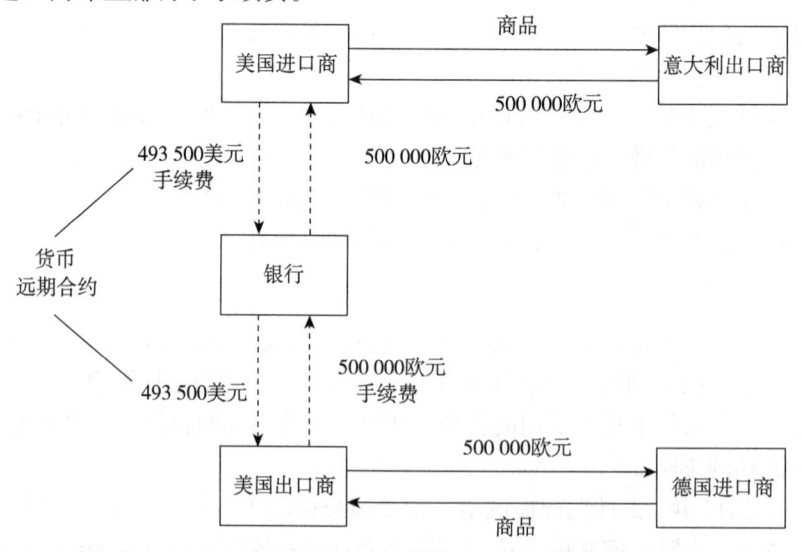

图 10-5 利用货币远期合约消除汇率风险

在本例中，美国进口商和美国出口商都利用货币远期合约（如虚线所示）对冲汇率风险。通过开立可抵销的合约，银行不仅没有承担汇率风险，还从每笔交易中赚得了手续费

2. 现金—持有策略

公司利用"现金—持有策略"，也可以消除汇率的交易风险。这种策略可提供与远期合约相同的现金流，根据一价定律，可以用它来确定远期汇率。我们先来考察，投资者在未来把外币兑换为美元的不同方法。

一价定律和远期汇率。货币远期合约允许投资者在未来按远期汇率把外币兑换成美元（假定美元为本币）。我们用图 10-6 中的货币时间线（currency timeline）来说明兑换的过程。水平线表示日期（与标准的时间线一样），垂直线表示货币（美元和欧元）。"1 年后的美元"对应于时间线右上方的点,"1年后的欧元"对应于时间线右下方的点。要转换两点之间的现金流,必须按照适当的比率进行转换。利用远期汇率,我们可按照远期汇率(用 F 美元/欧元表示),在1年后将兑换成美元。

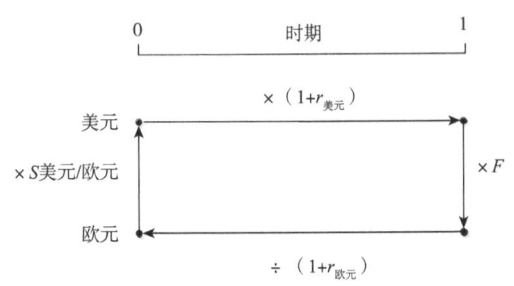

图 10-6　表示外汇远期合约和现金—持有策略的货币时间线

通过借入一种货币,以即期汇率将其转换为另一种货币,然后再投资于这种新货币(储蓄),
现金—持有策略(用实现表示的3笔交易)即可复制外汇远期合约(虚线所示)

图 10-6 还显示了在货币时间线上的不同日期或货币之间移动的其他交易途径。今天,我们可以按照当前汇率,也称作即期汇率(spot exchange rate)。通过以美元利率 $r_{美元}$ 借入或贷出美元,我们可以在今天的美元和1年后的美元之间转换。最后,按照欧元利率 $r_{欧元}$,即银行对以欧元计价账户规定的借贷利率,可以在今天的欧元和1年后的欧元之间自由转换。

如图 10-6 所示,将这些其他交易结合起来,也可以实现在1年后把欧元兑换成美元的目的。现金—持有策略包括下面三项交易:今天以利率 $r_{欧元}$ 借入1年期欧元贷款;按即期汇率 S 美元/欧元把欧元兑换成今天的美元;以利率 $r_{美元}$ 将今天的美元投资(储蓄)1年。

1年后,我们将欠欧元(来自于交易1的欧元贷款),收到美元(来自于交易3的美元投资)。这也就是说我们把1年后的欧元换成了1年后的美元,就如同利用了远期合约。这种做法就称作现金—持有策略,即先借入资金,然后持有至未来。

远期合约和现金—持有策略实现了同样的转换,根据一价定律,两者必然有相同的交易价格。综合现金—持有策略中用到的利率和汇率,可得到如下远期汇率的无套利公式:

$$F = S \times \frac{1+r_{美元}}{1+r_{欧元}} \tag{10-17}$$

2012年12月的欧元兑美元的即期汇率为1美元/欧元,1年期的美元利率为1.66%,欧元利率为3.00%。根据式(10-17),2012年12月,1年后兑换的无套利远期汇率为

$$F = S \times \frac{1+r_{美元}}{1+r_{欧元}} = 1 \times \frac{1+0.0166}{1+0.0300} = 0.987$$

这一汇率正是前面货币远期合约中银行提供的汇率。

式(10-17)称作抛补利率平价等式(covered interest parity equation),它表明远期汇率和即期汇率的差异与两种货币的利率差异有关。不同国家的利率存在差异时,投资者就有动机借入低利率货币,兑换后将其投资于高利率货币。当然,投资期间存在高利率货币可能贬值的风险。如果通过使用远期合约锁定未来汇率来规避这种风险,那么根据等式,远期汇率将正好抵消较高利率带来的收益,从而消除了任何套利机会。

公司为什么会选择货币远期合约,而不是现金—持有策略呢?首先,远期合约更加简便,通过一次即可完成,而不需要三笔交易,这样交易费用会更低。其次,许多公司很难以不同

的货币借款，如果公司的信用水平较低的话，还可能会支付较高的利率。一般来说，大银行主要采用现金—持有策略，因为它们比较容易筹集外币资金，且交易成本也低。银行通常采用这种策略来对冲其承诺的远期合约所带来的汇率风险。

远期合约是具有约束性的合同。一旦签订了合同，合同双方都要履行合同下的义务，并在双方同意的交割日期进行交易。这也就意味着远期汇率合约可被来对冲风险，因为它把汇率锁定了，从而可以避免因汇率变动而引发损失的风险。同时，在合同签订的情况下，即使将来汇率出现了有利于自己的变动，当事人一方也无法从中受益。

3. 使用国内货币进行买卖

有时企业可以通过使用国内货币购买货物或者销售商品来避免汇率风险。如果公司是出口商，它在给国外客户发账单时，可以在发账单上指定以出口商的本国货币支付。如果公司是进口商，它可以要求国外的供货商安排以进口商的本国货币下账单。尽管进口商和出口商都可以通过这种方式回避风险，但总是只有一家能够实现以自己的本币结算。因此，另一家必须承担汇率风险。如果一家英国公司能要求海外的买家同意以英镑结算，那么英国公司就把汇率风险转移给了这个海外公司。如果英国公司向海外公司购买产品，可能劝说海外的供货商按英镑结算，这样也可以把外汇风险转移给外国的供货商。虽然这种对冲风险的方式能够避免汇率的变动对其收益的影响，但是这样做可能会导致海外业务的流失。因为承担货币汇率风险且以外币结账的出口商在销售市场上占有很大的优势，因为国外的买家由于担心货币风险，从而更加愿意购买以本国货币支付的商品。在某些出口市场上，外币（通常是美元）是常用的交易货币，因此英国的出口商为了吸引客户也可以考虑按这些外币的价格进行报价。

4. 收款和付款的匹配

如果一个公司的买卖商品都使用一种货币，或者借款、贷款都使用一种货币，那么它就可以通过把收款和付款进行匹配的方法降低企业的外汇交易风险。公司应该尽可能地使用同一币种的收款和付款进行冲销。公司用外币收款冲销外币付款，那么它可以不用考虑外币在外汇市场上相对于本币是升值还是贬值，因为它根本没有外币的买卖。例如，一个英国公司预计在一个月后会支付 100 万美元，同时会收到 125 万美元的收款。在这种情况下，公司就可以考虑用收到的美元款项去支付要支出的美元款项，这样它实际承担的净交易风险只有 25 万美元所承担的交易风险，大大降低了交易风险。

收款付款的冲销提供了一个完美的化解货币汇率风险的手段。只要收款和付款匹配得当，那这个方法可随时用来管理货币汇率风险。但是正如上面的案例中显示的那样，公司的付款和收款在金额上总是有些差异，这些差额部分的风险还是需要自己来承担。

5. 提前和滞后

提前和滞后的意思是在付款到期日之前就付款，或者一直拖到到期日之后才付款。提前和滞后主要是利用汇率的变动，来有效地降低自己的交易风险。一个意大利公司在两个月后需要支付一笔 30 万美元的款项，但是现在的即期汇率下美元非常便宜。公司因此会决定提前付款，这样就可以用较少数额的欧元购得所需美元的款项。同样的道理，如果当前美元的即期汇率很高，那么公司可以选择推迟付款，希望等汇率低一些的时候再付款。

如果提前付款，付款人会有财务上的成本，也就是损失了在没有提前付款情况下，将欧元存入银行产生的利息。例如，一个意大利公司欠美国供货商 3 万美元，这笔款项要在 90 天后支付。公司担心在这 3 个月的期限内，美元会相对欧元升值。即期汇率 1.5 美元=1 欧元。因此，这个公司可以选择现在付款，而不是等到 3 个月后再付款，它损失的就是这 2 万（30 000/1.5）欧元在 3 个月内的利息。如果欧元利率为每年 6%，那么这笔钱的利息即为 296 欧元（20 000×6%×90/365）。

二、换算风险

换算风险（translation exposure）指的是由于有关货币汇率的变化而引起跨国公司海外子公司的资产负债表和损益表上的某些项目价值，在转换成母公司所在国货币时发生的变化。根据一般会计原理，在一个财务年度结束的时候，作为跨国公司母公司的海外附属机构，无论是全资子公司还是控股子公司，都要与母公司合并财务报表，包括资产负债表、利润表、现金流量表等，也就是将子公司以东道国当地货币表示的资产、负债、损益和现金流量换算成母国货币，然后与母公司财务报表的相关科目合并在一起，共同构成公司的财务状况。在这个换算过程中，相关科目原来发生时折合母国货币的价值，就有可能因汇率变化而发生增加或减少。

换算风险所造成的损失可能是因为海外子公司的资产在准备资产负债表时重新折算造成的。例如，一个英国公司在德国设有子公司，其年初的资产是 1.05 亿欧元，年末的资产仍为 1.05 亿欧元。假设英镑对欧元的汇率从年初的 1.4 变成了年末的 1.5，那么这个子公司的资产按英镑计算的价值就从 7 500 万英镑降到了 7 000 万英镑，母公司在当年的集团财务报表上就必须记录这 500 万英镑的损失。子公司的利润也要进行换算。例如，该子公司去年的利润和今年的利润都是 350 万欧元。去年的利润按 1.4 的汇率换算，而今年的利润按 1.5 的汇率换算。虽然以欧元衡量的利润保持不变，但是账面上的实际利润由 250 万英镑（3 500 000/1.4）降到了 233.3 万英镑（3 500 000/1.5）。

只要公司不出售资产，那么这种损失对公司的现金流就没有多大的影响。即使这样，它们对母公司的股价还是有影响的。

有人对换算风险的重要性要提出了质疑。质疑的主要焦点主要集中在报告的换算损益对公司的股价是否存在影响。有一种有力的反对意见是：只要现金流不受影响，就没必要考虑换算风险。但是，那些认为财务报表上由于换算风险产生损益会对股价起关键影响作用的人会反驳说要将换算风险降低到最低程度。

集团公司可通过借入货币为子公司所用外汇币种的借款来化解换算风险。回到上面的例子，母公司可以借入欧元，数目可以和子公司的净资产相当，通过这种方式可以化解换算风险。如果子公司净资产的价值在换成英镑后有所下降，母公司的外汇负债也会有相应水平的降低。同样，如果子公司的利润换成英镑后有所下降，母公司需要支付的外币贷款利息也应有相应水平的降低，这样就可以冲销子公司利润方面的损失。

三、经济风险

经济风险（economic exposure）又称经营风险（operation exposure），指的是由于意外的汇率变动而导致企业未来的经营性现金流量发生变化，从而影响到公司的市场价值。从经济风险的概念可知，经济风险发生于跨国公司经营过程当中，最终表现在现金流量的变化上。

实际上，当跨国公司海外附属公司当地货币发生贬值或者升值的时候，就会对公司的经营产生整体性影响，无论是成本、销售，还是产量和利润都会影响到公司的税后现金流上。例如，一家英国公司在东欧设立了一家子公司，但在五年之内，这个东欧国家的货币一直在贬值。这样，从这个东欧国家汇往英国的英镑利润就逐年减少，从而投资项目的价值就越来越低。又如，另一家英国公司购买的原材料是以欧元定价的。公司用原材料加工的成品主要销往美国，因此成品是以美元标价的。在几年的时期内，英镑相对于欧元有所贬值但相对于美元却一直是升值的。在这种情况下，以英镑计算的公司收入减少了，并且以英镑计算的原材料成本增加了，从而导致公司现金流的价值不断降低。

对于外贸企业的长期发展来说，经济风险产生的后果要比交易风险和换算风险复杂得多，也重要得多。它所反映的是汇率变动对企业当期和未来的现金流量的潜在影响，在此基础上所形成的外汇损益是实实在在的真实价值的变化，而且其产生的影响远远超过了汇率变动的会计期间，因为经济受险程度取决于未来的销量、价格和成本受意外汇率波动的影响。

经济风险衡量的是变动的汇率在未来几月或几年中对公司的自身运营及相对竞争力的影响。未预期的汇率变化在四个层次上影响公司预期的现金流。

（1）短期影响：第一层次的影响是对于一年以内营运预算中预期现金流的影响。短期内很难对销售价格重新定价，也很难就成本重新谈判，因此，汇率变化将使实际现金流与预算中的预期现金流产生差异。

（2）中期均衡条件下的影响：第二层次的影响是对于中期的现金流，如 2~5 年预算现金流的影响。假定汇率、通货膨胀率、利率之间的平价关系成立，在均衡条件下，公司能够通过调整价格和成本以维持预期的现金流水平。在这种情况下，国家的货币政策、财政政策和国际收支政策决定了均衡条件是否满足，公司是否能够调整价格和成本。如果均衡条件持续成立，并且公司可以自由调整其价格和成本以维持预期的竞争地位，那么公司的营运风险就为零，因为它可以实现预期的现金流，公司的市场价值将保持不变。

（3）中期非均衡条件下的影响：第三层次的影响是假设非均衡条件下汇率改变对中期预期现金流的影响。在这种情况下，公司不能调整价格和成本来应对汇率变化所导致的新的竞争状况。实际现金流不同于预期的现金流，从而使公司的市场价值发生改变。

（4）长期影响：第四层次的影响是对公司长期的预期现金流，即 5 年以上的现金流的影响。从战略的角度来说，公司的现金流将受到已有的和潜在的竞争者的反应的影响。事实上，只要外汇市场不是处于持续均衡状态时，所有受到国际竞争影响的公司，无论是完全国内运营的还是跨国经营的，都暴露在外汇经济风险之中。

很多公司采用情景分析法测量利润对汇率的敏感度。把公司的现金流量划为不同的利润表项目，依据汇率预测值预计每个利润表项目，然后考虑备选的可能汇率，修正利润表项目的预测值。通过观察利润表盈利预测值如何随备选的汇率值改变，企业就能确定货币币值变动对利润及现金流量的影响。情境分析法在实践中得到了广泛应用，但是这种方法的分析效果在很大程度上依赖于管理者对国内外市场情况的深入了解。作为一种模拟分析，如果管理者无法对可能出现的变化做出合理的估计和判断，或者预期的各种组合变动与实际情况存在较大的差距，管理者对经济风险分析的结果就会失去实践意义，甚至会引发错误的套利政策，从而导致不必要的损失。尽管如此，通过谨慎周密的市场分析并结合专业人员合理的汇率预测，这种方法仍不失为一种可行的分析方法，为企业选择合理的风险规避措施，有效地管理汇率损失，提高信息基础和决策依据。

公司可以采用资产负债匹配、供货商和客户的多元化等多种方式来对冲经济风险。例如，采用资产负债匹配方法时使每种货币的资产和负债相匹配，对海外子公司的资金支持尽可能地采用当地货币的贷款解决，如果该种货币的贬值会导致利润的减少，那么也降低了偿债资金的支出，从而规避汇率波动对公司利润的影响。另外，也可以使公司的供货商和客户的多元化规避经济风险，公司的很多供货商分布不同国家，公司需要支付不同币种的货款，如果某个供货商所在国家的货币升值，公司可以从另一国更加便宜的供货商进货。

第六节　流动性风险管理

企业的生存与发展，不仅与获利能力相关，而且与流动性相关。如果说持续的获利能力是企业价值的驱动，那么适度的流动性则是企业得以持续经营的保障。如果一个企业拥有充足的现金，或者其资产能够在短期内迅速转化为现金，抑或其很容易从外部取得融资，则该企业具有流动性。

流动性风险则是由于缺乏和获取现金及现金等价物而引起损失的风险，即由于不能合理而有效地筹资，或者不能以一个合理的价格顺利将资产变现，或难以获得外部融资，借以偿还到期债务而导致损失的风险。从这个意义上说，流动性风险也被称为现金流风险，其本质就在于为了得到现金保障而可能带来经济损失的风险。分解来看，企业的流动性风险又包括两层含义：一是变现力风险，这是引发现金不足和现金不能清偿风险的根源，二是企业支付能力和偿债能力发生问题，这直接促使了企业破产。只要企业存在，流动性风险就不可避免。对有过量交易问题的公司来说，这个问题尤其致命，因为它们用有限的长期资金进行快速的业务扩张，很容易导致现金流紧张。

一、现金流量

为保障自己的生存，公司必须具有足够的现金流量以满足其支付需求。这就要求对营业现金流量和其他的现金流量进行适当的管理。对现金流量的测量主要包括营业产生的现金流、投融资产生的现金流和自由现金流。

1. 营业产生的现金流

由于折旧成本计入当期费用，但并没有发生当期支付，这会导致营业产生的现金流与营业利润的差异。此外，由于存在赊销赊购等因素导致的流动资金的变化也导致了两者的差异（流动资金等于库存加应收款减应付款）。如果在某个时期出现流动资金增加的情况，现金流就会低于盈利利润，低的部分正好等于流动资金的增量。如果相反地出现流动资金减少的情况，现金流就会高于营业利润，高的部分正好等于流动资金减少的部分。可以从营业利润和流动资金的变动获得营业活动现金流量，见表 10-7。

表 10-7　营业活动现金流量（单位：元）

项目	减少	增加
营业利润（息税前利润）		5 000
回加：折旧		2 500
回加：摊销		1 000

续表

项目	减少	增加
		8 500
流动资金的变动		
库存的减少（或增加）	（400）	
应收款的减少（或增加）	100	
应付款的增加（或减少）	（300）	
		（600）
营业活动产生的现金流		7 900

2. 投融资产生的现金流

一个公司的现金流可能不只来自于其经营活动，还包括利息支付、税金支付、股息支付及新资本支出的现金流等，也可以通过出售固定资产实现现金流，或通过投资收入取得现金流及融资得到现金流。这些非营业的现金流归结起来如表10-8所示。

表10-8 其他现金流量（单位：元）

项目	减少	增加
营业活动产生的现金流		7 900
加：投资产生的现金流		100
		8 000
减：支付的利息	1 000	
支付的税金	3 000	
资本性支出	3 500	
付给股东的股息	2 000	
		（9 500）
		（1 500）
加：新募集的资金（或减：赎回的债券或股票的回购）		900
现金的变化		（600）

3. 自由现金流

自由现金流是指公司自己可以自由支配的现金流。作为一种财务方法，它可以用来衡量企业实际持有的能够回报股东的现金，是在不危及公司生存与发展的前提下可供分配给股东和债权人的最大现金额。公司可以选择保留这部分现金，也可以决定花掉这部分现金。

自由现金流量可以衍生出两种表现形式，即股权自由现金流量（free cash flow of equity，FCFE）和公司自由现金流量（free cash flow of firm，FCFF）。FCFE是公司支付所有营运费用、再投资支出，所得税和净债务支付（即利息、本金支付减发行新债务的净额）后可分配给公司股东的剩余现金流量，其计算公式为

FCFE=净收益+折旧−资本性支出−营运资本追加额−债务本金偿还+新发行债务

FCFF是公司支付了所有营运费用、进行了必需的固定资产与营运资产投资后，可以向所有投资者分派的税后现金流量。FCFF是公司所有权利要求者，包括普通股股东、优先股股东和债权人的现金流总和，其值可通过如下公式获得：

FCFF=息税前利润×（1-税率）+折旧-资本性支出-追加营运资本

如果公司拥有充足的自由现金流，我们说这个公司的现金流风险比较低。如果公司的现金流短缺就没有必要向普通股东支付股息也没有必要进行不关键的资本性支出，或者将其推迟。需注意的是，自由现金流没有考虑任何新募集的资金，因为它所涉及的是公司自己产生的现金流，而不是从资本市场获得额外的资金。

二、流动性风险测量

通常引起风险的标的物的变量是动态的和无法预测的，因此测量流动性风险很有挑战性。流动性风险的测量必须以单独的经营单位、地区群体和法律上的实体为单位，且能够精确地收集、核对企业详细的财务数据，否则测量工作的实际意义会受到限制。流动性风险的测量技术因公司和行业而异，一般方法有流动性比率和现金流量缺口，其中流动性比率是通过测量企业的资产负债表、利润表和现金流量表的各个项目确定资源的充足程度，反映出机构的流动性状况；现金流量缺口是通过预测不同期间的现金流入流出来确定可能的盈余或者赤字。另外还有金融资产流动性测量、折扣和压力测试

1. 流动性比例

营运资金是企业流动性的一个基本指标，是流动资产与流动负债之和。流动资产包括现金和现金等价物、可变现的证券、应收票据和存货；流动负债包括短期负债（包括商业票据、票据和存款）、长期债务中的流动部分和应付账款。净营运资金等于流动资产减去流动负债，当净营运资金的数字是正数，企业才可以看做是流动的。营运资金比率是净营运资金与资产总额的比率，是测量企业在经营扩张或收缩时其流动性是在增加或是减小。比率随着时间增加，表示在收支减少时营运资金保持稳定，在收支增加时营运资金更快地增长。

流动比率是流动资产与流动负债的比率，以比率的形式表示营运资金：当比率高于 1.0 时，表示企业具有充分的流动资产来应对流动负债；而当比率低于 1.0 时则表示可能存在风险。速动比率也被称为酸性测试比率，是流动资产减去存货后与流动负债的比率。在这里假定存货是在需要的时候，不能以接近账面价值的价格卖出。现金收益比率是现金加上可变现证券与流动负债的比率，反映的是最主要的流动资产账目用以应对即将到期的债务。如果企业实力是在不断增强，则流动比率、速动比率和现金比率会随着时间增加，如果随着时间减少则表示企业出现了财务问题。

流动性偿债能力系数是将企业的速动资产与平均的日常营业费用相比较，用来预计其"生存性"，也就是说一家公司仅使用其流动资源（排除任何新的筹资或营业收入）能够持续经营多少天。偿债能力越强，生存性的范围越大。它是一个变异指标，还可以测量核心营业现金偿付即将到期的债务的能力，比率越高，状况越好。

现金流量的流动性是指以经营活动现金流量支付即将到期债务的能力，常用经营活动现金流量净额对债务的比值来测度，这类比率的设计是基于经营活动现金流量的创造能力，最基本的情况是保障偿还债务的能力，但在实际应用时应注意这类比率的隐含假设，用当期已经发生的经营活动现金流量对应尚未到期的负债是存在时间上的差异的。显然用这类比率来测度债务偿还能力是基于"企业目前经营状态可以持续下去，并未发生重大变故，现金净流量相对稳定"的前提假设。如果分析的样本公司发生了诸如债务重组等重大变故，就需要结合企业的实际情况对偿债能力做出一个客观的评价。在这类比率计算公式中，分子都是经营

活动现金净流量,而分母则根据考察的侧重点不同选用不同的数据。

流动负债比率是指流动负债比负债总额、权益或者资产总额,可以表示企业资产负债表中不同方面的短期债务负担,比率越低,短期负债的负担越轻。

应付账款周转率表示购买额与年平均应付账款的比率,用来测量企业偿还其应付账款是快还是慢,周转越慢,交易信用的使用就越多。也可以用应付账款到期的平均期限,即应付账款除以平均购买账款来表示授信的到期期限是不是随着时间越来越快。如果到期的时间越来越短,企业面临的短期筹资压力就越来越大。应收票据的平均周转率是销售额与年平均应收票据的比率,也可以用应收票据的平均到期期限,即应收票据的平均账款除以平均应收票据,来测量账目多快能够得到偿还,反映客户的支付能力是慢还是快,周转的期限比较长表示应收票据投资组合的流动性比较低。

资本支出支付能力是营业现金流量与资本支出的比率。资本支出是指长期资金投入的增加,即购置更新长期资产的支出,减去无息长期负债的增加。

2. 现金流量缺口

当一家企业拥有稳定的筹资和资金流动性来源,但要建立健全的流动性计划,就必须同时管理好两者之间的缺口。由此可见资产负债缺口对管理流动性风险很重要。

流动性风险是一段时间内流动性的供给(接近现金资源)减去净融资需求额。如果流动性风险小于零,说明净融资需求额大于有效的流动性,需要补充一些现金;如果流动性风险大于零,净融资需求额小于有效的流动性,企业可以有一些缓冲。一个时间段内的净融资需求是此时间段内现金流入减去现金流出。现金流入包括运营收入、到期资产变现、资产提前报废、资产出售、资产抵押、信用调拨和资产负债表外业务带来的收入,现金流出包括运营成本、到期负债、提前通知偿还负债和资产负债表外业务所需的现金。

通过对各种可能的流动性渠道所对应的不同时间点、不同成本的现金流量进行统计分析,可以使现金流量缺口的测量达到适当的精确。现金流量和时间两个因素可能是确定的,也可能是不确定的,可以分为在一定的时间范围内确定的净现金流量、在不确定的时间范围内确定的净现金流量、在一定的时间范围内不确定的净现金流量、在不确定的时间范围内不确定的净现金流量。为了处理净融资需求额和时间这两个不确定的因素,企业可以使用统计概率来估计一个特定的范围内出现净现金流量赤字的可能性。例如,用一定的时间范围内不确定的现金流量的概率分布来反映特定范围可能的现金流量;在不确定的时间范围内确定的现金流量的情况下也是如此。现金流动缺口可以用所有时间范围内具有充分流动性的概率(即获得流动性渠道的概率乘以可能的流动性数额)作为特殊的净现金流量出现在时间范围 t 的概率乘以资产出售或筹资渠道所提供的预期价值的概率来度量。

3. 市场深度

企业需要建立一个战略来管理其资产的流动性风险,以保证其所有资产具有特殊的流动性特征,即在需要大量卖出或者抵押资产的时候,能够使资产价值的减少最小化,另外在使每一项资产控制在特定的价格和清算范围之内将其所获得的资产现金流量尽量最大化。但要考虑的两个因素是影响市场风险中的投资组合风险的各种变化和由于企业自身的销售活动所造成的价格下跌。具体到金融资产的流动性测量的方法包括市场深度、紧密度、弹性等。

深度是指市场交易量的大小,或者说是在价格变化之前市场可以接受的交易量的大小。深度的测量可以通过交易记录中反映的指令数额,或者通过柜台交易的交易产品系列中的买卖流量。指令的数额越大，市场的深度越深，机构在将其头寸进行平仓的时候就越有可能达到或者接近账面价值。紧密度是指某一资产的买价和卖价之间的展开程度，或者说是交易价格与市场中间价格距离有多远。紧密度的测量可以通过观察买卖差价。二者之间越紧密，市场的活跃程度和深度就越大，因此越具有流动性。弹性是指价格运动消失的速度，或者说是市场在吸收了一份大的买单或大的卖单之后回到"正常条件"所需要的时间。弹性非常难以测量，一般来说，市场越具有弹性，能够承受大量资产清算的能力就越强。

金融资产流动性测量的方法还有资产交易数目、资产交易的金额、资产交易的频率、资产的周转和做市商的数量。通常在一定的交易规模下资产交易的总的数目越多，越具有良好的流动性。资产交易的金额越大。资产交易的频率越高，其流动性越好。不管其交易的金额是多少，每分钟或每秒钟交易若干次的资产比"只靠预约"交易的具有更好的流动性。周转快的资产比周转慢的资产更加具有良好的流动性（周转指平均交易量除以未偿付证券）。能够对某一资产报出双向价格的市商的数目越多，该资产的流动性就越好。

4. 折扣

折扣是卖方按原价给予买方一定百分比的减让，即在价格上给予适当的优惠。为了提供一个与资产的出售或抵押价值相关的缓冲，机构通常要进行测量，然后对有问题的金融资产的价值进行打折。这一过程通常有相当程度的保守倾向，因此折扣的测量可以将出现失误的概率降至最低。把能很快转换成现金的资产（直接转换或通过贷款）打的折扣很小甚至没有折扣，把那些不能很快转换的资产打较大的折扣。

折扣的测量可以根据资产的质量和类型，以及一些特殊的内容，如该资产价格的波动性、清算的范围和资产可以转抵押的程度。通常资产的波动性越大，它的折扣就越大。价格波动性同时受市场深度、紧密度和弹性的影响。市场比较深、比较紧密和比较有弹性，由于可以吸收比较大的数额活动，报出的中间市场价格就不会产生明显的改变，显示出比较小的波动性。市场比较浅、比较松，则显示出更大的价格波动性和更大的折扣。通常清算时间越长，折扣就会越小。转抵押能力强的资产的折扣小于不能转抵押能力弱的资产，转抵押能力强的资产组合更具有弹性和流动性。在大多数情况下，任何非流动的资产的折扣大约会在账面价值的25%~50%，或许更多。

5. 压力测试

压力测试是指将金融机构或资产组合置于某一特定的极端情境下，如经济增长骤减、失业率快速上升到极端水平、房地产价格暴跌等异常的市场变化，然后测试该金融机构或资产组合在这些关键市场变量突变的压力下的表现状况，看是否能经受得起这种市场的突变。流动性问题经常随着尾部风险出现，虽然事件出现的概率很低，但潜在的财务影响很大。通过内生压力测试和外生压力测试可以揭示潜在的损失。假设前提是以不同的参数来反映极端的案例，或"重现"过去发生过的某些灾难事件，检查内部的融资结构和流动性模式。造成压力的是一些决定宏观经济的变量，如经济发展速度减缓、消费者信心丧失、通货膨胀出现及企业信用普遍恶化等。单一的风险事件和联合事件可以造成更加严重的尾部事件。压力测试程序要依赖许多工具，如模拟分析、数学程序和预测模型，以便取得预期的结果。压力测试能够用来分析市场流动性参数，如波动性、相关性、清算范围、筹资差额、折扣和流动性风险调整值，也可以运用到现金流量中的资产、负债、表外项目和净融资需求额，以及资产变卖和抵押中的投资各种投资组合、应收票据存货和财产厂房与设备，筹资方式中的商业票据、应付账款、中期票据、贷款、可退回安排和债券，契约和终止中的流动性比率、杠杆比率和重大不利变动，抵押品的收讫与交付，货币风险，突发事件的风险和联合风险。

三、流动性风险管理

由于流动性风险是由于缺乏和获取现金及现金等价物而引起损失的风险，所以流动性风险管理最直接的方式是现金管理。现金管理包括现金流量管理和现金存量管理。现金流量管理是探讨企业如何有效利用现金，提高现金的使用效率；现金存量管理则是指如何确定企业的最佳现金持有量，使企业在维持适当流动性的同时，尽可能降低资金占用，从闲置资金中获得最大的收益。

1. 现金流量管理

现金流量管理的主要目的在于提高现金的使用效率，有效的现金管理方法包括现金流量同步化、使用现金浮游量、加速收款和推迟付款等。

1）现金流量同步化

如果企业的现金流入与现金流出发生在同一时间，那么就可以使其持有的现金余额降到最低水平，减少现金持有成本，提高企业的盈利能力。但是企业的现金流入与流出一般很难预测，要做到企业现金流量同步化使现金流入与现金流出合理匹配，就需要企业的财务人员具有较高的现金预测能力和现金管理能力。

2）使用现金浮游量

所谓"现金浮游量"指的就是企业账簿上"现金余额"与"银行存款"的差额。由于企业的款项收支与银行电子转账之间存在一定的时间差，这段时间作为付款方的企业虽然已经开出了支票，但是仍然可以动用银行存款账户上的这笔资金。为了保证企业现金的安全流转，财务人员就必须对这个时间差异有清楚的了解，避免发生银行存款透支等情况。

3）加速收款

加速收款主要是指缩短应收账款的收款时间。应收账款会增加企业资金的占用，提高企业的成本，但是赊销又是企业扩大销售收入，增加盈利的一个必要方式。所以，企业应该在收入与成本之间找到一个合理的平衡点，采取适当的信用政策。

4）推迟付款

付款管理的目标是在不影响自己信誉的前提下，尽可能推迟应付账款的支付时间。公司除了可以尽量充分地利用供货方所提供的信用政策外，延期支付最主要的技术就是要延长支票的邮寄时间和清算时间。积极的付款管理方式主要包括用足净浮存，获得净浮存收益；选择合理的结算方式，从延期付款的角度来讲，商业汇票和托收承付的结算方式是付款人的首选；零余额账户，即付款公司始终保持公司的子账户余额为零，有效减少资金的闲置时间。

2. 全面应对策略

此外，企业流动性风险的管理可以从不同的角度探讨，现金管理只是企业流动性风险管理的一个重要方面。企业仍需建立全面的流动性风险应对策略，包括事前防范、事中监控、事后补救三步。事前防范是指流动性日常管理，是企业所采取的所有与流动性风险管理相关的管理措施，包括建立流动性预警指标、拓展融资途径、制定应对流动性风险管理的内部控制制度等，事前防范是流动性风险管理的核心环节；事中监控是对流动性风险的影响因素的动态监控和评估过程；事后补救是流动性风险产生后的危机处理。

1）建立流动性预警指标

企业应该建立比较完善的风险预警机制，使其贯穿在企业的整个经营活动中，无论是国有企业、上市企业，还是中小企业均应该建立较完善的流动性的风险预警机制。企业财务中的流动比率、资产负债率、利息保障倍数及速动比率等指标能够有效反映企业财务的变动趋势；而用每股现金流量、经营现金流量、现金流债务比及现金流量比率等能够反映企业现金流量的能力；而资产利润率、每股收益、主营的业务利润率及权益净利润等有效构成了企业的盈利能力指标。这些财务指标能够有效反映出企业经营状况及资金流动的风险性，依据预警机制里的财务指标能够对企业财务困境进行预测，从而采取相应措施进行规避。

2）提高长期资产的流动性

企业对于长期资产的管理，往往只重视它的营利性，而忽视其流动性。长期资产变现需要较长的时间且由于其变现后的价格与原值之间的价差制约了长期资产的流动性，但是长期资产可以通过变现以外的其他方式实现流动性。企业对于已闲置的机器设备以及使用率低的厂房、办公楼，可以通过租赁、合营、债务重组、对外投资等渠道盘活。还可以将无形资产流动性提高，运用契约形式把无形资产进行出租及授权，企业可以通过收取加盟费、租金及使用费来获得收益。

3）拓展其他融资途径

其他融资途径主要是指银行贷款、借款和上市以外的融资渠道。通过多种融资方式，降低企业的资本成本和融资风险。企业应当结合自己的实际，在提高自身信用的同时，积极利用新的金融工具，拓展融资渠道，降低融资成本。这些融资途径包括金融租赁、二级市场融资、风险投资等。

4）建立以现金流量为中心的全面预算制度

全面预算是指企业对未来一定时期的生产、销售及财务管理所做的量化的预测，与风险控制一样，是对未来事件结果的不确定性所做的监测、评判及其运行状态的控制管理。根据预算管理侧重点的不同，有以销售量为中心、以目标成本为中心、以目标利润为中心和以现金流量为中心等多种预算管理模式。以销售量为中心的预算管理模式比较适用于市场变动较为剧烈、产品时效性较强的企业。以目标成本为中心的预算管理模式一般适用于市场需求比较稳定的企业，这类企业往往依靠低成本取得竞争优势，因此把目标成本作为管理的重心。以目标利润为中心的预算管理模式，适用于企业较高层次的经营预算。以现金流量为中心的预算管理模式，通过对现金流量的规划和控制来达到对企业内部各项生产经营活动的控制。

5）完善应对流动性风险的内部控制制度

随着企业风险意识的提高，企业越来越重视内部控制的完善与规范。内部控制是企业正常生产经营和财务活动的保障。其主要内容有授权和分工、资产安全、信息处理的可靠性、人员控制等。应对企业流动性风险的内部控制包括风险防范控制和内部审计制度。

6）制定流动性风险应急管理机制

当企业由于突发事件可能面临流动性危机时，首先应当正视风险，做出客观正确的判断；其次应当建立应急管理机制，其目的是当企业出现持续的流动性应对危机时，恢复流动性能力。企业经营管理过程中会不可避免地遇到很多突发事件，建立一套适合企业的应急管理机制对企业的稳健发展不可或缺。第一，在正常融资结构基础上，制订应急筹资计划，确定应急筹资计划所覆盖的期间、检测执行计划的可行性和有效性；寻找还未利用的无担保融资渠道、审议可取得有担保融资的能力和适用的有抵押负债水平。第二，注重在日常培育应急融资能力，包括树立良好的信誉和保持良好的上下游企业关系。企业应当将对已执行的应急方案的反馈和评价信息及时总结，得出最有效的应急方案，不断完善预案库，这样，一旦出现流动性危机，便能有效地分散风险，融通资金，化解危机。

本章小结

风险管理目前已经成为企业可以持续稳健发展的重要因素。从风险管理过程的角度来看风险管理的一般框架包括风险识别、风险测量、风险处理、风险管理评估与调整等过程。风险管理的原理包括风险分散化和资产组合原理、风险对冲和套期保值原理以及风险转移与保险原理等。其中风险对冲和套期保值原理又包括远期合约、期货合约、期权合约及互换。

客户信用风险是指在赊销情况下客户不完全偿付公司欠款的可能性。公司可以通过设置不同的销售条件和收账政策对信用风险加以管理，信用期限、现金折扣和折扣期限是销售条件的主要条款。公司的信用政策决策可以采用净现值准则来判别，在设定或者改变信用条件时，需要在其带来的多方面收益和成本之间进行权衡，只有当相应的信用条件下的净现值为正时这种信用条件才是可行的。

价格波动风险是指由商品的市场价格变动导致衍生工具价格变动或价值变动而引起的风险，在套期保值中，主要指要进行套期保值的被套期对象的价格波动风险，可以通过远期合约、期权合约、互换合约来管理价格波动风险。

利率风险是指由于利率的波动使资产价值或利息收入减少，或者是负债利息支出增加的可能性。而影响利率变动的因素主要包括影响利率变动的基本因素、风险因素和利率管制等，可以采用利率敏感性缺口分析、久期分析、风险价值法及压力测试测量利率风险。

汇率风险是指由于外汇汇率的变化而导致企业盈利能力、净现金流量和市场价值发生变化的可能性，可分为交易风险、换算风险和经济风险三种。可以采用多种对冲风险方法来管理汇率风险，具体包括货币远期合约、现金—持有策略、使用国内货币进行买卖、收款和付款的匹配、提前和滞后等。

流动性风险是由于缺乏和获取现金及现金等价物而引起损失的风险，其实质是为了得到现金保障而可能带来的经济损失。现金管理是流动性风险管理最直接的方式，包括现金流量管理和现金存量管理。企业仍需从事前防范、事中监控、事后补救三个方向做好流动性风险应对策略。

思考与练习

1. 企业风险管理的一般框架是什么？
2. 风险管理的原理有哪些？
3. 什么是套期保值，套期保值有哪些类型？
4. 套期保值工具有哪些，各有什么特点？
5. 在确定商业信用政策时，应该关注哪些重要的因素？
6. 销售条件：一家公司提供了"1/15、N/45"的信用条件，请问顾客放弃现金折扣的实际年利率是多少？不进行计算，阐述下列情形中的实际年利率如何变化：①折扣变为2%；②信用期限延长至60天；③现金折扣期限延长至30天。

7. 评估信用政策：ABC 公司有一名新客户订购 10 件产品，单位付现成本是 100 万元，信用销售的单位售价是 150 万元。信用将延迟 1 个月，基于历史销售数据，在每 200 名新客户中会出现 1 名客户的销售款无法收回，假设每月的必要收益率是 1.5%。

（1）假定这次是单次销售，是否应该进行此项销售？假设在现金销售的情况下客户不会购买 ABC 公司的产品，盈亏平衡点对应的违约概率是多少？

（2）假设那些未违约客户将成为重复购买的客户，未来的每期订单相同，并且重复购买的客户不会发生违约，那么是否应该进行此项销售？盈亏平衡点对应的违约概率是多少？

（3）阐述在一般情况下，为什么存在重复销售时公司的信用条件可以变得更为宽松？

8. 信用政策评价：ABC 公司正在考虑是否改变其现金销售政策。新的信用条件将有 1 个月的信用期，基于下表的信息决定 ABC 公司是否应该改变其销售政策，假定每月的必要收益率是 2.0%。

项目	现行的现金销售政策	新的信用销售政策
单位价格/元	100	110
单位付现成本/元	60	60
每月销售数量/个	4 000	4 200

9. ABC 公司的账龄分析表如下，计算该公司应收账款的平均账龄。

账龄/天	金额/元	占应收账款的百分比/%
0~30	30 000	40
31~60	15 000	30
61~90	10 000	30
90 以上	0	0
合计	55 000	100

10. 常用于进行利率风险管理的金融衍生工具有哪些？请简述它们各自的特点。

11. 如何对交易风险、换算风险和经济风险进行管理？

12. 欧元汇率为 1.25 美元/欧元，以美元为计价单位的连续复利为 5%，以欧元为计价单位的连续复利为 4%。假设你借入欧元并借出美元 1 年，没有利用期货合约进行套期保值。

（1）对于这种头寸，当汇率为多少时能够盈亏平衡？

（2）如果 1 年后汇率为 1.3 美元/欧元，你的利润是多少？

（3）如果 1 年后汇率为 1.2 美元/欧元，你的利润是多少？

13. X 公司的主要原材料是小麦，10 月初大豆现货价格为 3 500 元/吨，公司认为小麦价格将涨，但是由于资金问题，现在无法大量采购，为了规避以后购进小麦时价格上涨的风险，公司决定进行买入套期保值。10 月初公司以 3 700 元/吨的价格买入来年 6 月到期的小麦期货合约。到了 5 月初，现货市场小麦的价格上涨到 4 500 元/吨，高出 2 月初现货价格 1 000 元/吨。而此时期货价格上涨到 4 700 元/吨。根据以上材料，对 X 公司的套期保值方案进行分析。

14. 市场上有某种债券，它的面值是 1 000 元，票面利率为 8%，每年付息一次，到期后一次偿还本息。已知该债券还有 3 年到期，市场上售价为 950 元，计算该债券的到期收益率。

15. 市场上有某一种债券，它的面值是1 000元，票面利率为9%，每年付息一次，到期后一次偿还本息。已知该债券的到期收益率为11%，计算该债券的价格和久期。假设到期收益率下降到10%，试通过久期计算其价格的改变量。

16. 假设某公司持有流动性投资组合中资产的价值为100万元，负债的价值为80万元，资产的平均久期为3个月，负债的平均久期为4个月，此时市场利率为6%。请计算该公司流动性投资组合的久期缺口。当市场利率上升0.1百分点时，试问该公司流动性投资组合价值变化量是多少？

17. 假设公司A和B都需要借入1 000万元借款，利息均为每隔6个月支付一次。A公司想借入浮动利率借款，B公司想借入固定利率借款。A、B两公司在市场上的借款利率如下表所示。

公司	固定利率/%	浮动利率
A	10	6个月期LIBOR+0.3%
B	11	6个月期LIBOR+1.0%

试问A、B两公司是否可以通过签订利率互换协议降低双方借款成本？如果能，假设双方协商A公司享有2/3互换收益，B公司享有1/3互换收益，请为A、B两公司设计一个利率互换协议。

18. 迪士尼公司预计在90天后从墨西哥收到1 600万墨西哥比索的演出费，当前即期汇率为0.091 5美元/墨西哥比索，90天远期汇率为0.090 3美国/墨西哥比索。

（1）迪士尼公司的这笔收入比索的交易风险是多少？

（2）若90天后的即期汇率为0.090 8，这笔收入的预期美元价值是多少？

（3）这笔收入套期保值后的美元价值是多少？

19. 一家英国公司希望借入100万英镑，借期为1年。借入英镑的资金成本为6%，但是公司的财务总监发现日元贷款的利率是1%。当前英镑对日元的即期汇率是1英镑=170日元，一年期的远期汇率为1英镑=162日元。如果公司现在按日元的利率借入1年期的日元，并通过远期汇率合约锁定未来还款的汇率，这样做对公司是否有利？

20. A企业去年的息税前利润为200万元，支付税金6万元，支付利息7万元，支付股息9万元。去年，公司的库存增加2.7万元，应收款项增加2.2万元，应付款增加5万元，新增银行贷款10万元。试计算企业的营业现金流和自由现金流，并阐述企业现金流的风险状况。

参考文献

黄达. 2009. 金融学精编版. 第二版. 北京：中国人民大学出版社.
荆新，王化成，刘俊彦. 2009. 财务管理学. 北京：人民大学出版社.
卢太平. 2007. 规避基差风险策略研究. 经济管理，29（8）：54-57.
罗斯 S A，韦斯特菲尔德 L W，贾菲 J F. 2012. 公司理财. 吴世农，等译. 北京：机械工业出版社.
麦克唐纳 L L. 2009. 衍生品市场基础. 任婕茹，戴晓彬译. 北京：机械工业出版社.
潘飞. 2008. 管理会计. 上海：上海财经大学出版社.
齐默尔曼 J L. 2000. 决策与控制会计. 陈晖丽，刘峰译. 辽宁：东北财经大学出版社.
乔瑞 F. 2000. VaR：风险价值——金融风险管理新标准. 张海鱼，等译. 北京：中信出版社.
曲怀国. 2010. 套期保值工具及其风险管理. 时代金融，（2）：31-32.

施琴. 2009. 中国企业流动性风险管理研究. 安徽农业大学硕士学位论文.
宋逢明. 2007. 金融工程原理：无套利均衡分析. 北京：清华大学出版社.
孙茂竹，文光伟，杨万贵. 2010. 管理会计学. 北京：中国人民大学出版社.
王跃生. 2009. 跨国公司金融：原理与案例. 北京：中国发展出版社.
魏斌. 2001. 利率风险对企业经营的影响及其存在形态. 财会通讯，（3）：19-20.
吴可. 2011. 金融衍生产品保值与套利技术. 北京：清华大学出版社.
张亦春，郑振龙，林海. 2008. 金融市场学. 北京：高等教育出版社.
张宗信. 2005. 金融资产价格波动与风险控制. 上海：复旦大学出版社.
中国注册会计师协会. 2014. 财务成本管理. 北京：中国财政经济出版社.
朱淑珍. 2012. 金融风险管理. 北京：北京大学出版社.
朱叶. 2009. 公司金融. 北京：北京大学出版社.
Berk J，DeMarzo P. 2009. 公司理财. 姜英兵，等译. 北京：中国人民大学出版社.
Shapiro A C，Sarin A. 2010. 跨国公司财务管理基础. 蒋屏译. 北京：中国人民大学出版社.